범죄
그리고
범죄인

새로운 범죄학

이만종

현재 호원대학교 법경찰학과 교수, 한국테러학회장, 대테러안보연구원장, 국무총리실 및 국가정보원, 경찰청,
경기도 대테러정책자문위원과 행정안전부와 국방부 정책 자문위원으로 활동한다.
조선대학교 치과대학에 입학, 다시 법학과 및 동대학원을 졸업했다. 법무부 및 안보지원사령부자문위원, 국방부 조사본부수사과장,
공군본부헌병과장, 공군사관학교와 국민대 법무대학원외래교수, 국방대학교객원교수 등을 역임했다.
여러 방송출연시사토론진행과 주요 일간지의 고정필진으로도 활동 중이다.
'전쟁의 다른 얼굴' '테러리즘과 국가안보' '한국사회의 논쟁공저' '국제정치의 이해공저' '범죄학 개론' '범죄 수사론' 등
수많은 저서와 논문을 게재, 발간했다.

범죄 그리고 범죄인

초판 인쇄	2021년 1월 16일
초판 발행	2021년 1월 20일

지 은 이	이만종
펴 낸 이	김재광

펴 낸 곳	솔과학
등 록	제10-140호 1997년 2월 22일

주 소	서울특별시 마포구 독막로 295번지 302호(염리동 삼부골든타워)
전 화	02-714-8655
팩 스	02-711-4656
E-mail	solkwahak@hanmail.net

ISBN	979-11-87124-81-8 (93360)

이 도서의 국립중앙도서관 출판예정도서목록(CIP)은 서지정보유통지원시스템 홈페이지
(http://seoji.nl.go.kr)와 국가자료종합목록 구축시스템(http://www.nl.go.kr/kolisnet)에서
이용하실 수 있습니다.(CIP제어번호 : CIP2020000092)

범죄는 왜 일어나는가?

CRI MINAL

범죄 그리고 범죄인

새로운 범죄학

이민종 지음

솔과학

왜 사람들은 범죄를 저지르는 것일까? 이 의문은 범죄학의 영원한 테마라 해도 무방한 문제입니다. 이를 둘러싸고 시대를 넘어서 다양한 조사와 논의가 펼쳐져 왔습니다. 특히 유전소질인가, 환경인가?라는 양자택일적인 논의는 중점적 사항이었습니다. 지금까지도 이러한 범죄원인 탐구는 각종 인접 과학의 도움을 빌리면서 집요하게 지속되어 오고 있습니다. 이러한 노력은 수많은 귀중한 지견과 이론을 낳으면서 범죄원인 규명에 기여해 왔습니다.

그러나 오늘날의 입장에서 보면 이와 같이 활발하게 범죄원인을 탐구하고 이론을 구축하려는 시도에도 불구하고 현재는 여러 이론과 논의들을 종합적으로 고찰하고자 하는 입장이 정착되고 있습니다.

사실 눈만 뜨면 우리 사회 곳곳에서 발생하는 범죄는 일상화되고 있습니다. 그 원인과 방법도 다양합니다. 어떻게 보면 범죄는 유전적, 사회적 현상이기도 하지만. 그러나 범죄를 단순히 이러한 현상으로만 파악하려 든다면, 범죄의 원인을 분석하기에는 한계가 있기 때문입니다.

범죄는 그 사회의 법률에 따라 정의되는 것이 일반적입니다. 또한 그 사회와 구성원을 통해 범죄의 원인을 발견하므로 사회의 병리현상으로 이해하기도 합니다. 그래서 범죄학은 범죄 또는 범죄자에 대해 법학, 사회학, 심리학, 의학생물학, 통계학 등에 이르기까지 다양한 분야의 지식을 통해 과학적으로 연구하는 학문이라고 정의하며, 역사와 발전과정에 따라 종합과학적 성격의 학문적 정체성을 확립해 왔습니다.

따라서 범죄학은 앞으로도 "사람은 왜 범죄를 저지르는가?" 혹은 "어떻게 범죄피해화를 예방할 것인가?"라는 문제에 답변하기 위해 다양한 관점에서 끊임없이 연구를 진행해 나가지 않으면 안 됩니다.

이 책은 범죄와 범죄인을 다룬 이론서입니다. 그래서 범죄학 이론의 기초적이고 전반적인 내용을 학습할 수 있도록 구성했습니다. 그런 측면에서 금후의 범죄학 연구에 있어서의 중점적 유의점을 종합해 봅니다.

1. 현실에 부합한 논의 지향

첫째, 가능한 현실에 부합한 논의를 지향하지 않으면 안 됩니다. 범죄는 일상적으로 발생하고 있으므로 범죄보도가 없는 날이 없습니다. 따라서 범죄학의 살아있는 소재는 언제나 우리 신변에 있다고 해도 좋습니다. 그럼에도 불구하고 그러한 소재로부터 눈을 돌리고 관념적인 논의로만 일관한다면 범죄의 실태를 이해하는 것은 불가능합니다. 끊임없는 관심과 강한 문제의식을 가지고 접근할 때 비로소 범죄의 실태가 사실적으로 부상하게 되는 것이기 때문입니다. 철저한 현실주의(사실주의)야말로 범죄학의 보편적인 원리라 할 수 있습니다.

2. 범죄자에 대한 차별과 편견 배제

둘째, 범죄자에 대한 편견이나 차별의식을 제거해야 합니다. 범죄는 현실과 동떨어진 세계의 일이 아니기 때문입니다. 범죄자는 우리들과 별반 다른 점이 없는 사람들이며 피해자 측에서 보더라도 그들 자신은 범죄의 피해를 입을 것을 예상하지 못했던 사람들입니다. 그렇기 때문에 그러한 범죄자와 피해자들에 의해 만들어지는 범죄현상도 당연히 우리들이 살고 있는 일상세계 속에서 일어난 일입니다.

종래의 범죄학 학설 중에는 비록 시대적인 제약이 있었다 하더라도 범죄자에 대한 편견이나 차별의식을 그 근저에 두고 있었던 것이 적지 않았습니다. 이에 반해, 이미 한 세기 전에 "모든 사회와 시대에서 공통적으로 적용될 수 있는, 시간과 장소를 초월한 범죄의 개념이란 인정될 수 없습니다.

특정사회에서 형벌의 집행대상으로 정의된 행위가 바로 범죄이고 따라서 어느 사회든지 일정량의 범죄는 있을 수밖에 없다"는 범죄정상설犯罪正常說을 주장한 뒤르껭Durkheim의 시각은 오늘날에도 여전히 유효하다 할 수 있습니다. 범죄는 범죄자와 동일한 선상에서 파악할 때 비로소 그 실태를 파악할 수 있다는 사실을 명기해 둘 필요가 있습니다. 그리고 이를 위해서는 범죄자에 대한 편견이나 차별의식을 범죄학으로부터 제거해 나가지 않으면 안 될 것입니다.

3. 미지의 분야에 대한 도전의식

셋째, 범죄학의 「상식」에 휩싸이지 않도록 노력하지 않으면 안 됩니다. 범죄학은 인접한 여러 과학적인 지견을 구사하여 범죄의 실태와 원인을 탐구하고 있습니다. 따라서 이러한 인접 과학의 진보에 따라 발전을 이루어 나가고 있지만, 어제까지의 상식이 한 순간에 뒤집혀 버릴 가능성도 있는 것입니다.

범죄학은 「침체기」에 있다고 지적을 받기도 합니다. 이러한 지적은 혼미한 상황에서 아직도 벗어나지 못하고 있는 범죄학의 단면을 보여주는 것이기도 하지만, 현재의 서구에서의 범죄학 동향을 살펴보면 미지의 분야에 끊임없이 도전하는 역동성을 범죄학은 잃지 않고 있습니다. 범죄학에서는 절대적인 상식은 존재하지 않습니다. 그렇기 때문에 기존의 상식에 휩싸이지 않고 종래에 이루어져 왔던 논의를 뒤집어 보려는 자세를 견지하는 것이 그야말로 필요한 것이라고 할 수 있겠습니다.

마지막으로 저자는 형벌의 본질적 목적은 어디에 있는가를 먼저 생각해봅니다. 처벌과 사회로부터의 격리인가 아니면 사회복귀를 위한 교육인가? 의 관점입니다. 만일 범죄인을 교화의 가망성이 전혀 없는 재생 불가능한 인간쓰레기로서만 취급한다면 우리 사회의 화합과 일치는 영원히 이루어질 수 없을 것입니다. 범죄가 없는 평안한 사회를 꿈꾸는 것은 우리 인류의 소망이지만 범죄인이라 하여 '혐오하고 경멸'하며 또한 '낙인하고 배제'한다면 세상은 깨끗해지고 범죄는 제거될 수 있는지 묻지 않을 수 없습니다.

그것은 경제적 불황과 함께 고용의 불안이 증가하고 있고 더욱 심화되고 있는 양극화된 사회문제는 경제력 우위의 사회분위기를 유도하여 법과 도덕보다는 물질 우선의 풍조가 하나의 세태로 자리하게 되어 성실하고 묵묵히 살아가는 대다수 시민들에게 깊은 자괴감과 상실감을 주고 이러한 것이 범죄발생의 한 원인이 되고 있는 듯하기 때문입니다.

본 책자는 범죄가 급속도로 지능화되고 흉포 화되는 작금의 현상을 범죄 실무경험과 연구자로서 직접 목도目睹한 바 있어 이제 범죄 없는 사회를 기대하는 것은 요원한 일이 되지 않을까 하는 우려와 문제 상황 속에서 저자의 이전 자료들을 새롭게 정리하여 보았습니다.

이 책이 각종 시험 준비생들에게 참고자료로서, 또한 대학의 범죄학 교육의 교재로서, 나아가서는 형사사법실무자들이 범죄의 원인과 동기를 이해하고, 범인에 대한 이해와 접근을 보다 체계적이고 용이하게 하여 범죄수사능력 향상에 도움이 되고 범죄예방과 대책을 수립하는 데 활용이 되었으면 하는 바람입니다. 끝으로 그 동안 책자가 발간되도록 도와주신 솔과학 출판사에게 감사를 드립니다.

2020년 12월 세밑

이 만 종

목차 CONTENTS

1

CRIMINAL

범죄학의
기초이론

제 1장 범죄학이란 무엇인가?

　　사람들은 왜 범죄를 하는가? 범죄가 발생하는 원인은 과연 무엇이며 이것을 타개할 수 있는 예방대책은 없는 것인가? 이러한 의문에 관한 명확한 대답은 결코 쉽지 않다. 만일 왜 사람들이 범죄를 저지르는가 하는 범죄의 동력動力들을 알아낼 수 있다면, 세상은 더 안전하고 평화로울 것이다. 그러나 범죄란 다양한 원인에 의한 산물이며, 범죄자와 그의 행동에 대한 이해는 범죄자의 심리와 사회적 현상 등 다양한 측면을 고려하여야만 알 수 있는 것이기 때문에 범죄의 원인을 탐구하고 통제하는 방법을 연구하는 것은 쉬운 일이 아니다.

　　그래서 범죄학자 D·에이브라함센은 범죄란 머리가 많은多頭 괴물이기 때문에 그 촉수는 멀리 뻗쳐 인간생활의 어느 구석에도 안 닿는 곳이 없고 그것이 일으키는 문제는 모든 사람과 사회현상에 관련되어 있으며 매우 복잡하여 그것을 해결하려고 시도하는 사람은 마치 「정글」 속에서 길을 잃은 것같이 느끼게 될 것이라고 하였다. 개인적으로는 범죄가 발생할 경우 범인을 단죄斷罪하기보다는 먼저 범죄자의 반사회적 행동을 이해하고 보다 현명하게 취급하는 일이 더 중요한 일이라 판단된다. 이와 같은 문제를 해결하기 위한 이론적 배경을 제공하는 학문이 바로 범죄학이다. 범죄와 범죄자의 사회적 일탈행위 및 이에 대한 통제방법을 연구하는 사실학 내지 경험과학이라고 할 수 있다.

　　우리나라 경우는 학문적 영역에서 범죄학과 형사정책학을 넓은 의미에서 같은 의미로 사용하고 있지만 일반적으로 범죄학은 형사정책적 결단의 경험적 기초를 제공하고, 형사정책학은 범죄학의 연구결과로서 규범적 과정을 통해 여러 가지 규율 가능성 가운데 형사정책적 실현을 위한 규범적 척도를 제공하는 학문이라 정의하고 있다. 정리하면 '범죄학'은 범죄의 현상·원인론에 중점을 둔 것으로서 범죄행위와 그에 대한 사회의 반응에 관한 연구의 과학적 접근을 일컫는 '범죄의 학문'인 반면, '형사정책학'은 범죄대책 론에 중점을 두고 있다고 주장하는 견해가 가장 타당하다 할 수 있다.

최근 우리사회에서 발생하고 있는 범죄현상을 살펴보면, 일반인의 보통 상식으로는 도저히 이해할 수 없을 정도로 흉포 화되고 비인간화되는 등 너무나 경악스러운 범죄양상이 진행되고 있다. 이로 인해 결국 우리의 형사사법체계에 대한 불신을 낳게 하고, 나아가서는 우리와 우리의 자손이 함께 살아야 하는 사회와 일상의 평온에 대한 많은 우려를 갖게 한다.

이에 대하여 도대체 법은 무엇을 하는 것인가 하는 개탄과 함께 또한 기존의 법체계의 한계는 무엇이며 이러한 범죄자로부터 범죄피해를 당하지 않기 위해서는 어떻게 해야 하는가 하는 의문이 연이어 생겨난다. 이러한 문제의식 속에서 범죄에 대한 관심과 효과적인 통제방법의 필요성이 대두되면서 범죄에 대한 이해와 해석 및 학문적인 연구는 더욱 활발하게 요구 된다. 그러나 범죄는 사회를 위협하는 행위이기 때문에 이를 예방하기 위해서는 강력하게 처벌되어야 한다는 주장과 반면에 범죄는 권력자의 권력유지를 위해 악용될 소지가 있으므로 신중한 처벌이 필요하다 하는 모순되지만 필요한 두 가지 측면의 진술은 우리에게 범죄의 원인을 객관적으로 밝혀낼 수는 없을까?라는 의문을 하도록 만들고 있다.

저자는 이 책에서 「범죄학」을 형사학의 한 분야로 규정하였다. 그리고 범죄학의 대상이 형법학보다 더 광범위하기 때문에 주요 테마를 ① 범죄현상론, ② 범죄원인론, ③ 범죄학 이론의 세 분야로 나누어 고찰하였다. 일반적으로 형법학은 범죄구성요건에 해당하는 위법 그리고 책임 있는 행위만을 그 대상으로 삼고 있는 것에 비해, 범죄학에서는 형사책임을 물을 수 없는 정신장애자나 형사미성년자의 행위나 악덕상법 등에 의한 새로운 일탈행위(앞으로 「범죄」로 규정되는 행위)까지도 그 대상으로 하고 있기 때문이다. 또한 오늘날 우리사회는 정보화, 국제화, 고령화가 급속히 진행되고 있다. 이러한 사회의 변화에 맞추어 범죄현상에도 변화가 있기 때문에 현실사회의 움직임을 토대로 한 논의도 필요하다.

따라서 본서에서는 범죄의 본질과 실태, 범죄학 이론, 범죄의 원인, 범죄의 피해자 그리고 향후 범죄학의 전망과 범죄예방론 등 범죄학에 대한 개괄적인 사항들과 주요 논쟁들에 대하여 설명하려 한다. 특히, 본장에서는 먼저 범죄학의 기본적인 개념을 정리하고, 범죄학의 대상과 사회변화에 따른 범죄학 변화 그리고 「범죄학」이라고 하는 학문 영역의 특징을 간단히 정리해 보고자 한다.

① 제왕의 학문이라는 학제적 성격을 가졌다

일찍이 저명한 범죄학자인 토르스텐 셀린Sellin은 범죄학Criminology을 '영토를 가지지 않는 제왕의 학문'[1]이라고 갈파하고 "범죄를 연구하는 학문분야에 관하여 전문가인 범죄학자는 없다"[2]라고 표현하였다. 또한 범죄학은 다양한 학문과의 연합 또는 교류를 그 특징으로 하고 있기 때문에 일부학자들은 흔히 범죄학을 '學際的'interdisciplinary 성격여러 학문분야의 이론과 기법을 동원하여 문제를 다면적 혹은 체계적으로 파악하려고 하는 것을 가지고 있다 하며, '집결지 학문'rendezvous discipline or subject[3]이라고 말하기도 한다.

이는 그만큼 범죄학이라는 학문적 분야가 다양한 주제와 분과가 결합된 학문이기 때문이다. 그래서 셀린은 범죄원인은 종합적으로 규명되어야 하며, 모든 관련 주변학문영역에 대해 개방적일 수 없음을 표현하기도 했다. 한마디로 범죄학이라는 학문은 여러 방면의 다양한 학문적 성과를 단순히 결합시키는 데 그치는 게 아니라 범죄방지를 위한 체계적인 대책을 확립하는 것을 목표로 하는 독립과학이라는 의미이기도 하다. 또한 범죄학Criminology은 학문영역적인 측면에서 보면 범죄행위에 대한 과학적인 연구로서 형사학의 한 분야라고도 구분하기도 한다.

형사학은 처음에는 범죄학과 형사정책을 통괄하는 의미로 사용되었다. 이는 범죄현상을 사회과학분야에서 활용되는 여러 연구기법들을 구사하여 분석함으로써 범죄의 원인을 탐구하고, 범죄대책을 제시하는 학문으로서, 형법학, 형사소송법학과 함께 형사법학을 구성하고 있기 때문이다. 반면에 학문적 측면에서 범죄학은 범죄의 발생과 그 원인 그리고 대책을 탐구하는 학문분야로 사회학, 심리학, 법학, 경찰행정학 등의 다양한 학문적 부문에서 접근하는 학제적 분야라 구분할 수 있다.

또한 범죄학을 범죄사회학, 범죄심리학 등으로 나누기도 하지만, 이는 범죄학은 그 자체가 사

---

1 박상기/손동권/이순래, 형사정책(제11판 제8쇄), 한국형사정책연구원, 2015, 11–12면.

2 Tim Newburn, Criminology, Devon: Willan Publishing, 2007, p.5.

3 Nigel South, Avi Brisman and Piers Beirne, "A guide to a green criminology", in Routledge International Handbook of Green Criminology, Edited by Nigel South and Avi Brisman, New York: Routledge, 2014, p.28.

회학, 심리학, 법학 등의 다양한 학문들로 부터 관계되고 있기 때문에 이러한 구분은 사실상 무의미하다. 단지 범죄학을 연구하는 학자들 대부분이 일반적으로 사회학적 배경을 가진 사람들이 주류를 이루고 있기 때문이라 할 수 있다. 정리하면 인문학, 사회과학, 자연과학 분야가 융합된 학제적 성격이 가장 두드러진 분야가 바로 범죄학이라 할 수 있다.[4]

그래서 미국의 범죄학자 에이커스Ronald Akers는 범죄학의 분야를 크게 1. 법의 제정과 집행을 연구하는 분야, 2. 범죄의 원인을 연구하는 분야, 3. 범죄에 대한 대책을 연구하는 분야로 나누기도 했다. 그러나 이 세 가지 중에서 가장 중요한 부분은 두 번째의 범죄의 원인을 연구하는 분야로서, 일반적으로 좁은 의미의 범죄학이라고 할 때는 이것을 말한다. 좀 더 세부적으로는 다음과 같이 구분 설명할 수 있다.

1) 형사학

형사학은 지금까지 '최선의 사회정책이 최량의 형사정책이다'고 주장한 학자인 리스트Franz von Liszt[5]의 전숲형법학[6] 사상에 대응하는 광범위한 의미로 사용되었다. 최근에는 그 발상지인 프랑스에서도 형사법에 관한 학문분야들을 통합하는 개념으로 '범죄과학'Science Criminales이라는 표현이 사용되면서 점차 그 사용빈도가 줄어들고 있다. 특히 형사학은 1914년 프랑스의 형법학자인 가로René Garraund[7]가 처음으로 사용한 『Sciences pénales』라는 용어를 일본의 마끼노牧野 교수가 번역한 것으로 범죄원인학현상범죄학:Criminology, 행형학Penologie, 형사정책학Politique Criminelle까지도 포괄하는 넓은 개념이라 할 수 있다. 형사학의 구체적인 테마로서는 ① 범죄현상론, ② 범죄원인론, ③ 범죄학 이론, ④ 형사사법 정책론, ⑤ 형벌·보안처분론, ⑥ 범죄자 처우론으로 구분하고 있다. 즉 형사학이 범죄중심의 학문이라고 한다면 형사정책은 범죄방지대책에 치중된 학문분야라고

---

4 South, Brisman and Beirne, p.28.
5 ① 범죄원인을 개인적인 원인(형벌을 통해 제거)과 사회적인 원인(사회정책을 통해 제거)으로 구분하였으며, ② 형법은 형사정책의 극복할 수 없는 한계라고 주장하였다.
6 범죄사회학 + 범죄생물학 = 범죄학(사실학)과 규범학인 형법학을 포괄하는 것.
7 프랑스 리용대학 교수를 역임하였으며, 가르송과 함께 현대 프랑스 형법학의 기초를 확립하였다. 실증학파와 형사정책학파의 이론을 해석론에 채용하여 『형법의 이론과 실제』 등 많은 저서를 냈다.

볼 수 있다. 그러나 오늘날에는 이들의 관계는 상호 접근적으로 이해하고 있는 게 일반적 경향이다.

2) 범죄학

「범죄학」이라는 말을 듣고 실제사건에서 현장에 남겨진 증거로부터 범인을 추리하고 탐구하는 명탐정 '셔얼록 홈즈'의 세계를 연상하는 사람이 있을지도 모른다. 그러나 범죄학은 「범죄추리학」이나 「수사과학」을 의미하는 것은 아니다. 역사적 관점에서 보면, 범죄학은 1879년 프랑스의 인류학자인 또삐나르Topinard에 의해 처음 사용되었으며, 1885년 이태리의 법학자 가로팔로Rafáele Garofalo가 저술한 『범죄학』에서 범죄의 현상과 원인을 규명함을 주된 내용으로 본격적으로 사용되었다. 범죄학의 변화과정을 살펴보면, 당시초기유럽의 범죄학은 사실학 내지 경험과학을 의미하는 좁은 의미로 사용하였다. 이후 20세기에 들어와 영국과 미국에 도입되면서 범죄에 대한 방지대책까지도 포함하는 광범위한 의미로 사용하게 되었다.

정리하면 본래의 「범죄학」은 범죄의 현상과 원인을 규명해서 효과적인 범죄방지대책을 수립하는 학문으로서 범죄와 범죄자, 사회적 일탈행위 및 이에 대한 통제방법을 연구하는 경험과학 혹은 규범학이 아닌 사실학의 총체를 의미한다.경험 과학:연구방법이 의견을 제시하는 것보다 관찰과 실험에 기초한 탐구방법 구체적 연구영역으로는 범죄와 범죄자, 사회적 범죄통제조직 및 범죄피해자와 범죄예방을 포함하는 학문이라고 할 수 있다. 특히 범죄학이라는 학문은 주로 범죄현상론, 범죄원인론, 범죄학 이론이라는 세계의 주요테마를 취급하고 있다. 테마 별 연구 주안점으로는 범죄현상론은 범죄의 실태를 분석하여 그 특징을 정확히 파악하고, 범죄원인론은 생물학, 심리학, 사회학 등의 관련 있는 과학의 지견知見을 응용하여 범죄의 원인을 탐구하며, 범죄학 이론은 범죄현상이나 범죄의 원인을 체계적 혹은 통일적으로 설명하기 위한 이론을 구축한다고 정리할 수 있다. 하지만 학자들에 따라서 각자 철학과 세계관이 다르기 때문에 범죄와 인간에 대한 이해, 범죄원인 설명, 그에 따른 미래예측과 범죄대책 수립들은 서로 해석이 다를 수밖에 없다는 것은 학문적 고려사항이다. 범죄학자 리스트von Liszt가 '범죄 퇴치는 범죄에 대한 인식을 전제로 한다'고 주장한 것은 범죄학적 연구가 없이는 형사정책의 수립이 불가능함을 말한 것이라고 이해할 수 있다.

3) 형사정책

형사정책은 범죄원인과 범죄현상, 피해자행동에 관한 이론 및 형벌효과 등을 연구내용으로 한다는 점에서 경험 과학적인 측면을 지닌 학문분야이다. 그러나 범죄현상에 기초하여 바람직한 범죄대책까지를 연구대상에 포함하기 때문에 규범학적 측면도 지닌다. 원래 형사정책[8]이라는 용어는 독일어의 'kriminalpolitik'를 번역한 말로서, 1803년 독일의 형법학자인 A·포이에르바하가 그의 저서에 사용한 것이 시초라고 알려져 있다. 국제연합UN에서는 Criminal Policy로 통일하여 사용하고 있기도 한다. 당시에는 주로 「형사입법정책」을 의미했었으나, 그 후에는 형사사법 정책론, 형벌·보안처분론, 범죄자 처우론을 포함하는 개념으로 사용되어졌는 바, 각각 연구의 주안점으로 형사사법 정책론은 형사사법의 목적을 검토하여 경찰, 검찰, 재판소 등 형사사법 기관의 역할과 기능을 체계적으로 검토하였으며, 형벌·보안처분 론은 사형, 자유형, 재산형 등 개개의 형벌이나 보안처분의 본질·목적을 탐구하여 그 문제점을 명백히 하였다. 또한 범죄자 처우론에서는 범죄자에 대한 적절한 처우를 연구의 주안점으로 검토하였다.

즉 '형사정책'이라는 학문은 범죄가 어떠한 원인에 의해서 어떠한 과정을 거쳐서 실제로 발생하는가에 관심을 가지고 있는 학문이다. 범죄의 개념을 파악하는 것으로부터 출발하여 형법이 규정하고 있는 형벌이 범죄대책으로서 효과적인 수단인가라는 정책적 연구와 판단을 내용으로 하는 것으로서 형법학보다는 연구대상이 포괄적이라고 할 수 있다. 그러나 일정한 사회에 일정한 범죄는 항상 존재하기 마련이고, 범죄는 병리가 아니라고 보는 페리Ferri의 '범죄포화의 법칙'과 뒤르껭Durkheim의 '범죄 정상설'은 어떠한 범죄대책도 완벽할 수 없다'라는 형사정책의 한계를 표현하기도 하는 의미라 할 수 있다.

---

8 형사정책의 사전적(辭典的) 의미는 '범죄의 원인을 탐구해, 이에 기하여 범죄를 방지하는 대책을 강구하는 국가적 정책'이다. '刑事'란 형법의 적용을 받는 사건을 의미하고, '政策'이란 정치상의 방책(方策)을 의미한다.

2 범죄학은 범죄의 원인연구와 진단에 중점을 두고 있다

우리나라와 일본에서는 '범죄의 현상과 원인을 규명하는 것을 주된 내용으로 하는 사실학' 내지 경험과학을 '범죄학' 또는 '사실학으로서의 형사정책'이라고 부르고, 범죄에 대한 방지대책을 '협의의 형사정책' 또는 '규범학으로서의 형사정책'이라고 지칭하며, 양자를 합한 것을 '형사학' 또는 '형사정책'이라고 부른다. 따라서 범죄학은 원인론에 중점을 두고 있으며, 형사정책학은 대책론에 관계되는 것으로 보는 것이 타당하다. 즉 「범죄학」이나 「형사학」이라는 말은 「형사정책」이란 용어와 함께 동일하게 넓은 의미로도 사용되기도 하지만 개념적으로 구별되기도 한다고 설명할 수 있다.

또한 일반적으로 좁은 의미의 범죄학으로서의 범죄이론범죄원인론은 범죄의 발생원인, 범죄에 대한 해석론을 설명하므로 범죄에 대하여 어떻게 대처해야 하는가 하는, 좁은 의미의 형사정책의 토대가 되기도 한다. 정리하면 범죄를 병disease이라고 이해한다면, 범죄학은 병의 원인연구와 진단에 중점을 두는 것이고, 형사정책은 치료행위에 중점을 두는 것이다. 결국 현대에 있어서의 범죄학은 형사정책의 범주 안에서 검토되고 있으며 형사정책은 범죄학을 전제로 하여 전개되고 있다고 이해하는 게 타당하다.

3 범죄학의 학문적 영역은 독립적 형태로 발전 한다

범죄학의 학문적 영역에 관해서 사회과학자들과 법률가들의 주장은 상호 다르다. 사회과학자들은 법률가들이 사회의 실정규범을 지나치게 신봉한다는 의문을 품기 일쑤이고, 반면에 법률가들은 사회과학자들이 범죄와 은밀히 야합한다고 의심한다. 따라서 형법학과 범죄학의 관계는 의심 많은 남편형법과 젊은 아내범죄학의 나쁜 부부관계로 비유하기도 한다. 이 책에서는 범죄학을 범죄정책을 강의하는 데 필요한 지견을 제시하는 형사법학의 중요한 영역의 하나로 규정하였다. 그러나 범죄학은 단지 이러한 측면에서만 파악되어지는 것은 아니다. 생물학, 심리학, 사회학 등의 영역에서는 범죄현상을 이해하고 그 원인을 탐구하기 위하여 다양한 각도에서 접근하고 있다.

즉 범죄학은 범죄의 현상과 원인을 규명해서 효과적인 범죄방지대책을 수립하는 학문으로 범죄와 범죄자, 사회적 일탈행위 및 이에 대한 통제방법을 연구하는 경험과학 혹은 규범학이 아닌 사실학의 총체를 의미한고할 수 있다. 그래서 이들 접근방법을 집적한 「범죄학」이라고 하는 고유 학문영역이 존재하는 것이라고 볼 수 있다. 20c 미국이나 유럽에서는 「범죄학」과 「법률학」이 반드시 직결되지는 않으며 범죄예방대책까지 포함하는 광의의 개념으로서 독립적인 형태로 발전을 이루어 왔다.

제 2 장 범죄의 개념과 연구대상은 무엇인가

 범죄학을 논하기 위해서는 먼저 범죄의 개념을 특정하고, 반드시 그 대상의 범위도 어느 정도 명확히 해 둘 필요가 있다 .일반적으로 범죄학은 그 연구대상을 범죄와 범죄인 및 형벌 등 3가지를 대상으로 하고 있기 때문에 종합적인 학문이라 할 수 있다. 즉 연구대상은 범죄심리학, 범죄사회학, 범죄생물학, 범죄정신병리학, 범죄수사학, 형벌학 등과 같은 학문분야로 나누어지지만 형사학 또는 형사정책학과는 같은 학문이라 할 수 있다. 하지만 형법학의 대상과는 반드시 일치하지는 않으며 보다 광범위하다.

범죄의 개념

 범죄학이란 "사회현상으로서의 비행과 범죄에 대한 지식의 체계"로서, 주요 연구대상의 중심은 「범죄」이다. 여기서 말하는 범죄는 법에 의해 보호되는 이익인 법익을 침해하고, 사회의 안전과 질서를 문란하게 만드는 반사회적 행위 중 이를 처벌하기 위해 법에 규정되어 있는 행위를 말한다. 즉 범죄의 개념에 관하여는 형식적 범죄개념과 실질적 범죄개념으로 나눈다. 형식적 범죄개념은 범죄를 형벌법규에 의하여 형벌을 과하는 행위라고 정의하고 있으며 실질적 범죄개념에서는 범죄란 형벌을 과할 필요가 있는 불법不法일 것을 요한다. 그것은 사회적 유해성有害性 내지 법익을 침해하는 반사회적 행위를 의미한다고 해석하고 있다.

 여기서 사회적 유해성이란 사회공동생활의 존립과 기능을 현저히 침해하는 것을 말한다. 따라서 범죄의 개념은 형식적·실질적 범죄개념의 양면에서 검토되어야 한다. 영미의 범죄학에서는 절도, 강도, 폭행·상해 등 전통적인 범죄유형을「길거리 범죄street crime」라고 부른다. 이는 이전부터 그러한 범죄가 노상에서 빈번하게 발생하였기 때문에 붙여진 이름이다. 오늘날에는 기업범죄기업 활동에 수반되는 범죄나 화이트칼라 범죄사회적 지위가 높은 자가 저지르는 범죄 등 현대형 범죄와 대비되는 의미로 자주 사용된다. 다음은 구체적인 범죄개념에 대해 살펴본다.

1) 교과서 속 범죄개념

범죄는 일정한 국가의 법질서와 관련하여 성립되는 것이다. 앞에서 언급한 것처럼 범죄의 의미에는 형식적 의미의 범죄와 실질적 의미의 범죄로 나누어진다. 형식적 범죄개념은 형벌법규에 의하여 형벌이 부과되는 행위를 범죄로 파악하는 견해로, 어떠한 행위가 범죄로써 처벌되기 위해서는 반드시 법률의 규정에 의하여 그 행위가 처벌될 것이 규정되어야 한다.

이 관점에 따르면 범죄는 구성요건에 해당하고 위법하고 유책한 인간의 행위를 말한다. 따라서 법률에 규정되지 않는 행위에 대해서는 처벌을 받지 않는다는 신뢰를 국민에게 부여하여, 죄형법정주의 원칙에 충실하고 일반인에게 신체의 자유를 보장한다. 어떠한 행위도 법률에 규정되지 않으면 처벌되지 않는다는 보장적 기능을 수행함으로써 국민의 인권보호에 기여한다. 다만 무엇이 범죄인가에 대해서는 아무런 기준을 제시하지 못하는 단점이 있다.

반면에 실질적 범죄개념은 형벌법규를 떠나서 인간의 행위 중 사회에 해악을 끼치고, 사회질서에 반하는 행위를 범죄로 인식하는 관점이다. 이는 범죄의 실질적 의미를 파악하려는 입장으로 범죄를 법에 의해 보호되는 이익인 법익을 침해하는 행위로 인식하고 있다. 그러나 이는 범죄와 범죄가 아닌 것에 대한 기준은 제시하고 있지만, 사법기관의 자의적인 처벌이 가능하게 하고, 재판과정에서 법관에게 무엇이 범죄이고 어떻게 처벌해야 하는지에 대한 기준을 제시하기 어렵다는 난점이 있다.

2) 범죄의 주체

범죄를 행할 수 있는 주체는 자연인이다. 이는 모든 사람은 범죄를 저지를 수 있다는 의미이기도 하다. 따라서 범죄가 성립하기 위해서는 인간의 의식적, 무의식적 행동으로 인하여 법익에 위험이나 법익을 침해하는 결과를 형성해야 한다. 물건이나 동물에 의해서는 인간의 행위가 아니기 때문에 범죄가 성립할 수 없다. 하지만 동물의 행위라고 하더라도 사람에 의해 사주된 것이라면 그것을 사주한 인간의 행위가 범죄행위로 될 수 있다. 이는 동물을 도구로 이용한 것이기 때문에 인간의 행위로 평가할 수 있기 때문이다.

그러나 법인이 범죄의 주체가 될 수 있느냐에 대해서는 견해가 대립한다. 일반적으로 법인은 범죄를 저지를 수 없다는 것이 다수의 견해이다. 이는 법인에게는 행위능력을 인정할 수 없고, 행위를 한 자연인에 대해서만 형벌법규를 적용해도 되기 때문이다. 다만 법률의 규정에 의하여 법인에 대해서도 처벌을 하는 규정이 있는 때에는 법인에 대해 형벌을 부과할 수 있다. 이를 양벌규정兩罰規定: 위법행위에 대하여 행위자를 처벌하는 외에 그 업무의 주체인 법인 또는 개인도 처벌하는 규정이라고 한다. 반면에 범죄의 객체는 각 범죄의 구성요건에서 정하는 사람이나 물건이다. 즉 범죄의 객체를 통하여 법익을 침해하는 행위가 범죄가 된다. 법익은 사람에 대한 것일 수도 있고 물건에 대한 것일 수도 있다. 결론적으로 범죄는 인간의 행위가 법익을 침해하는 것으로서 그 행위가 구성요건에 해당하고 위법하고 유책한 인간의 행위라고 말할 수 있다.

② 범죄의 확장 개념에 대한 성립요건

범죄를 실질적으로 정의하면 '사회 공동생활의 존립이나 기능, 기타 사회 생활상의 이익이나 가치를 손상하는 행위'를 말한다. 그러나 범죄를 형법적으로 정의한다면 '구성 요건에 해당하는 위법하고 유책한 행위'라 할 수 있다. 이러한 범죄의 형식적인 정의에서 출발하여 형법은 범죄가 되기 위한 성립 요건으로서 이른바 구성 요건 해당성, 위법성, 유책성 등 세 가지범죄 성립요건를 요구하고 있다. 그러므로 이 세 가지 요건 중에서 어느 하나라도 결여되면 범죄는 성립되지 않거나 처벌할 수 없게 된다.

1) 구성요건 해당성

첫째, 범죄는 구성요건에 해당하는 행위이어야 한다. 위법성違法性·책임성責任性과 함께 범죄성립요건 중의 하나로 구체적인 사실이 구성요건에 해당되는 것을 말한다. 구성요건이란 형법 기타 형벌법규에 금지되어 있는 행위가 무엇인가를 구체적으로 규정해 놓은 것을 말한다. 즉 형벌부과의 전제가 되는 범죄에 대하여 사람의 행위유형을 추상적으로 법에 서술해 놓은 것을 말한다. 형사법의 각 조항에는 금지의 대상이나 요구하는 행위를 기술하고, 그러한 행위를 하지 말거나 또 반대로 행위할 것을 요구하고 있는데 이를 구성요건이라고 한다.

예컨대, 살인죄에 있어서 '사람을 살해한 사람은 사형, 무기 또는 5년 이상의 징역에 처한다형법 250조1항'는 규정은 그 배후에 사람을 살해하는 행위를 금지하는 금지규범을 전제로 하고 있다. 이러한 금지규범에 위반하는 행위가 구성요건에 해당하는 행위인 것이다. 따라서 구성요건은 어떠한 사람의 행위가 범죄가 되는지에 대해 구체적으로 행위유형을 명확히 기술하여야 하며 인간의 행위가 구성요건에 포함이 될 때에는 구성요건해당성이 인정된다.

또한 구성요건에는 사람의 오감을 통해 인식할 수 있는 사실적 측면과 사람의 평가를 수반해야 되는 규범적 측면이 존재한다. 예를 들어 살인죄에 있어서 사람은 인간의 오감을 통해 인식할 수 있어야 한다. 반면에 절도죄에 있어서 타인의 재물이란 사회 질서 속에서 평가를 내려야 하는 규범적 요소를 가지고 있다. 그래서 구성요건에 해당하기 위해서는 인간의 행위로 인하여 그것이 그 형벌조항이 규정하는 행위의 객체에 대한 일정한 행위를 하여야 한다.

또 그것이 결과로 발생하였을 때에는 인간의 행위가 그 결과발생의 원인이 되었다는 인과관계가 필요하다. 이들 전부를 객관적 구성요건요소라고 한다. 범죄는 인간의 행위로부터 발생하게 되는 것인데, 인간의 행위라고 하기 위해서는 행위가 인간의 의사에 의해 지배될 것을 요구한다. 범죄를 지배하는 인간의 의사를 고의라고 하며, 고의는 범죄행위에 대한 인식과 의사로써 구성되기 때문에 고의가 존재하지 않으면 범죄는 성립되지 않는다. 다만 고의가 없고 정상적인 주의를 게을리한 과실이 있는 때에는 특별히 과실을 처벌하는 규정이 있는 때에 한하여 과실범으로 처벌될 수 있다. 따라서 만약 어떠한 사실이 구성요건에 해당하면 위법성조각사유違法性阻却事由·책임조각사유責任阻却事由가 없는 한 범죄는 성립한다. 따라서 범죄의 성립을 위해서는 제일 먼저 구성요건해당성構成要件該當性이 필요하다는 것이 현재의 통설이다.

2) 위법성

　둘째, 범죄는 더 나아가 위법하다고 평가되어야 한다. 같은 살인의 결과가 발생했어도 정당방위로 살해한 경우에는 일단 살인죄의 구성요건에 해당하지만 위법성이 없다. 형법이 정해놓은 구성요건에 해당하는 행위는 위법한 것이라고 보게 되지만, 예외적으로 그 행위를 정당화시켜줄 수 있는 사유'위법성 조각 사유'라고 한다가 있으면 위법성은 부정되는 것이다. 형법은 위법성을 없애는 위법성 조각 사유로 정당 행위, 정당방위, 긴급 피난, 자구 행위, 피해자의 승낙에 의한 행위의 다섯 가지를 정해놓고 있다.

　위법성은 구성요건에 해당하는 인간의 행위가 전체 법질서에 어긋난다는 평가를 내리는 것을 의미한다. 구성요건의 행위는 일단 형법규정에 적용됨으로써 잠정적으로 불법성을 띤다고 판단하게 된다. 즉 위법성은 종국적으로 구성요건에 해당하는 행위가 전체 법질서에 반한다는 부정적 가치판단을 내릴 수 있게 한다. 따라서 위법성은 구성요건해당성에 의해 징표된 부정적 가치판단에 대하여 예외적으로 허용여부를 판단하는 과정으로 소극적 형태를 띠게 된다.

　구성요건에 해당하게 되면 위법성이 징표 되게 되는데, 위법성 조각사유가 존재하지 않으면 최종적으로 그 행위는 위법하다는 평가를 내리게 된다. 그러므로 위법성은 전체 법질서 속에서 객관적으로 판단해야 하며, 행위자의 주관적 측면을 고려해서는 안 된다.

3) 책임성

　행위의 구성요건 해당성은 범죄가 되기 위한 1차 관문이고, 위법하다고 평가되는 것이 2차 관문이라면, 범죄의 마지막 관문은 유책성위법행위를 한자에 따르는 법률적 제재이다. 이것은 구성 요건에 해당하고, 위법성 조각 사유도 없어서 '위법하다'고 평가되는 행위를 한 '행위자'에 대해서 형법이 비난, 즉 처벌할 수 있는가의 문제다. 그런데 "책임이 없으면 형벌도 없다"는 것이 근대 형법의 대원칙이다. 형법적으로 행위자에게 (형사) 책임을 지우기 위해서는 책임 능력이 있을 것, 행위의 위법성을 인식했을 것, 적법 행위를 기대할 수 있을 것 등을 요구하고 있다. 따라서 만 14세 미만인 자의 행위형사미성년자, 심신 상실자의 행위, 강요된 행위에 대해서는 형사 책임을 지우지 않고 있다. 그 이유는 이러한 행위자나 행위는 적법 행위를 기대할 수 없다고 보았기 때문이다.

정리하면 일반적으로 책임은 범죄성립의 제3단계로써 어떠한 행위가 구성요건에 해당하고 위법하다는 평가를 받은 경우라 하더라도 행위자에게 그 행위에 대한 책임을 물을 수 있는 것을 말한다. 구성요건 해당성과 위법성은 행위자의 개인적 사정은 고려하지 않고, 그 행위가 법질서에 반하느냐에 대한 판단을 하는 반면에 책임은 위법한 행위를 저지른 그 행위자의 행위에 대해 행위자의 상황을 고려하여 비난할 수 있는가에 대한 문제_{비난 가능성}를 다루게 된다. 행위자를 비난할 수 있는 근거는 불법한 행위임에도 불구하고 그를 감히 행하는 행위자의 의사에 근거한다. 즉 책임은 행위자가 법규범에 대하여 적법하게 행위 할 수 있음에도 불구하고, 이를 무시하고 불법을 결의하여 위법하게 행위하였다는 법 적대적 의사에 그 근거가 있다.

일반적으로 형법에는 엄격한 책임주의가 존재한다. 책임주의는 아무리 위법한 행위를 한 자라 하더라도 책임능력이 없으면 책임을 지지 않고, 자기 행위 이상의 결과에 대해서는 책임을 지지 않는다는 원칙을 말한다. 그러나 책임은 소극적으로 규정된다. 구성요건에 해당하는 행위가 위법성단계에서 위법하다는 확정적인 판단이 내려지게 되면, 그 다음단계로써 그 사람에게 책임을 물을 수 있느냐를 판단하게 되는데, 그 사람의 행위에 대한 책임을 물을 수 없는 경우에 한하여 책임을 조각함으로써, 범죄의 성립을 부정하는 구조를 가진다.

그리고 책임이 부정되는 사람을 책임무능력자라고 한다. 만14세가 되지 않는 미성년자의 행위나_{형사미성년자} 심신장애로 인하여 사물을 변별할 능력이 없거나 의사를 결정할 능력이 없는 사람이 여기에 해당한다. 심신장애로 인하여 이러한 능력이 미약한 사람의 행위와 농아자의 행위에 대해서는 형을 감경한다. 다만 위험의 발생을 예견하고 자의로 심신상실이나 심신미약의 상태를 야기한 자의 행위에 대해서는_{음주 후 행위} 그 행위가 책임무능력상태에서 행한 것이라 하더라도, 책임을 조각하지 않는다. 이를 원인에 있어서 자유로운 행위라 하는데, 심신장애를 예견하면서도 그러한 행위를 하였다는 데에 비난 가능성이 있기 때문이다.

이처럼 형법은 하나의 행위에 대하여 범죄로 평가하고 형벌을 부과하기 위해서는 여러 가지 엄격한 관문을 거치게 하고 있는 것이다. 여기에 더하여, 그 전제로서 헌법과 형법은 사회적 존재로서의 인간의 수많은 행위 중 어떤 것이 범죄인가, 그 범죄에 대해서는 과연 어떤 형벌을 부과할 것인가를 미리 법률로 정해놓아야 한다는 죄형법정주의를 채택·선언하고 있기도 한다. 이외에도 범죄의 성립과 처벌은 원칙적으로 행위 당시의 법률에 의하여야 하며_{행위시법주의}, 사회적 필요에 의해서 법률을 제정 또는 개정하더라도 제정이나 개정 이전의 행위에 대해서는 원칙적으로 처벌할 수 없도록 하고 있다_{형벌 불소급의 원칙}. 법률의 이러한 다양한 장치들은 행위자, 피해자를 포함한 모든 국민의 자유와 권리, 즉 인권을 지키기 위한 것임은 두말할 것도 없는 것이다. 그렇기 때문에 형법은 선량한 사람의 대헌장이며 동시에 범죄인의 대헌장이라고 부르는 것이다. (재미있는 법률 여행 3 - 형법, 2014. 11. 14., 한기찬)

③ 처벌할 수 없는 범죄도 연구대상에 포함한다

앞에서 설명 드린 것처럼 범죄가 법률상 성립하기 위한 요건으로서 형법학에서는 구성요건에 해당하는構成要件該當性 위법하고違法性 책임 있는責任性 행위를 의미한다. 그러나 구성요건에 해당되는 위법한 행위를 하여도 행위자가 정신장애자, 약물중독자, 음주에 의한 만취자原因에 의한 자유로운 행위: 자의로 심신장애를 초래한 경우, 형사미성년자14세 미만의 자의 경우에는 책임이 조각阻却되어 범죄가 되지 않는 경우가 있으며책임조각사유, 정당행위, 긴급피난, 자구행위, 정당방위, 피해자의 승낙 등은 위법성이 조각위법성조각사유된다.

그러나 이들 행위에 대해서는 비록 형법상으로 처벌을 할 수 없다 하더라도 그 현상을 정확히 파악하여 대책을 강구할 필요가 있으며 이러한 형사책임이 결여된 행위도 범죄학상의 대상에는 포함되어진다. 또한 피해자가 가해자의 처벌을 원하지 않는다는 의사를 표시하면 처벌할 수 없는 범죄로서 반의사불벌죄反意思不罰罪 또는 해제조건부범죄解除條件附犯罪가 있다. 이것은 피해자의 의사와 관계없이 소추訴追할 수는 있지만, 그 후 피해자가 처벌을 원하지 않는다는 의사를 표시하거나, 처벌 의사표시를 철회한 경우에는 공소기각公訴棄却의 판결을 선고하여야 한다형사소송법 327조 6항는 것이다. 이때 처벌을 원하는 의사표시의 철회는 1심 판결 전까지 해야 하고, 일단 고소를 취소하면 다시 고소할 수 없다232조 3항.

형법의 외국 원수에 대한 폭행·협박 등의 죄107조, 외국사절에 대한 폭행·협박 등의 죄108조, 외국의 국기國旗·국장國章 모독죄109조, 단순·존속폭행죄260조 3항, 과실치상죄266조 2항, 단순·존속협박죄283조 3항, 명예훼손죄 및 출판물 등에 의한 명예훼손죄312조 2항 등이 이에 해당된다. 그러나 반의사불벌죄 경우 처벌을 원하는 피해자의 의사표시 없이도 공소할 수 있다는 점에서 고소·고발이 있어야만 공소를 제기할 수 있는 친고죄親告罪와는 구별된다.

 ## 4 반사회적 일탈행위까지 연구대상에 포함한다

일탈deviance은 사회적으로 말한다면 사회적인 규범으로부터 벗어나는 일을 하는 것으로서 한 사회의 행동규범을 어기고 자기가 원하는 대로 하는 행동을 뜻하는 인간행위의 한 유형이다. 그래서 일탈행위는 어느 사회에서나 어느 때나 쉽게 관찰할 수 있는 인간행동이다. 상식적인 차원에서 말할 때 일탈은 흔히 이탈, 탈선 또는 이상행위로 간주한다. 그러나 사회학적 관점에서 볼 때 일탈은 반드시 부정적인 측면만을 내포하고 있는 '나쁜 행위'라든가, 사회나 개인을 파괴하는 행위를 뜻하는 것만은 아니다.

왜냐하면 일탈행위는 기성규범 체제를 맹종하거나 묵인하지 않고 항상 비판적인 안목으로 행동할 때 나타날 수도 있기 때문이다. 물론 범죄나 마약중독 같은 일탈은 사회와 개인을 해치기 때문에 '나쁜 행위'임에 틀림없다. 그러나 모든 일탈을 그렇게 생각할 수는 없다. 어떤 조직의 규율이나 규범구조가 옳지 않다든가 또는 어느 특정계층의 이익을 도모하고 그들에게 유리하게 되어있다고 할 때, 그에 대한 개선의 노력으로 규범을 어기면 기성권력층은 이를 일탈로 간주하고 통제하기 때문이다. 즉, 일탈은 누구의 입장에서 보는가에 따라 이해를 달리할 수 있다.

따라서 일탈은 특정세대, 계층, 조직이라는 관점에서 바라보는 것이 아니라 전체적인 사회구조적 윤곽 속에서 일탈의 원인을 규명하려는 노력이 필요하다. 사회문제란 어떤 사회적 현상이 사회적 가치에서 벗어나고, 상당수의 사람들이 그 현상으로 인하여 부정적인 영향을 받고 있으며, 그 원인이 사회적인 것이며, 다수의 사람들이나 영향력 있는 일부의 사람들이 문제로 판단하고

있고, 사회가 그 개선을 원하고 있으며, 개선을 위하여 집단적 사회적 행동이 요청되는 것이라고 할 수 있다

그래서 사회의 사회화기능과 통제기능을 강화하거나 또는 사회의 물질적 및 기회의 분배기능을 강화하거나 수정하는 방법을 통하여 구조적인 문제의 해결을 실천해 최상의 사회정책을 만들어 나가는 것이 필요하다고 생각한다.

더구나 일탈은 그 행위 자체가 일탈적이라기보다는 대부분 사회적 소산이기 때문에 흔히 일탈이라 하면 일종의 사회병리 현상처럼 인식하거나 사회문제시 하는 경향이 높다. 또한 사회는 어떤 특정 집단의 이해 관심에만 급급해서 창의롭고 혁신적인 개인을 일탈자로 낙인찍는 오류를 범하기 쉽다. 그러나 많은 경우 인간의 자율성은 사회 규범에 대한 동조와 일탈의 밸런스에서 나온다고 볼 수 있다.

그래서 일탈에 대한 연구는 어떤 일탈이 좋고 나쁜지를 판단하기 위해서가 아니라 일탈의 사회적 상대성 및 사회통제와의 연관성을 파악하고 그럼으로써 사회학의 탄생초기부터 제기되어왔던 가장 근본적인 질문, 즉 사회는 어떻게 유지되어 가고 있으며 또 어떻게 변동해 가는가에 관한 의문을 풀어보려는 노력의 일환이라 하겠다.

결론적으로 일탈행위에 대하여 범죄학에서는 종래의 형사법상의 규제대상이 아니었지만, 사회의 변화에 따라 형사법상의 대책이 요구되기 때문에 그 대상에 포함시키고 있다. 예를 들면 공해, 수질, 대기환경 오염, 지역 난개발 및 국토훼손, 밀렵 등 생태계 파괴행위와 환경사범행위나 사이버 공간의 무한 팽창에 따라 증가한 컴퓨터 악용은 그 전까지는 법률에 의해 범죄로 규정되어져 있지 않았지만, 문제가 가시화 되면서 비로소 법적 대응이 취해졌던 것이다. 또한 「악덕상법」은 소비자보호법규에 의해 일정한 규제를 받고는 있지만, 그러한 법의 망을 빠져나가 계속적으로 많은 소비자에게 피해를 주고 있다. 즉 형법학에서는 범죄로써 법률에 규정됨으로 인해 비로소 그 대상에 포함된 반면, 범죄학에서는 법률에 규정되지 않더라도 사회에 존재하는 모든 반사회적 일탈행위에 대해 형사법상의 대책이 필요 한가 아닌가 라는 관점에서 논의를 시작했다고 할 수 있다.

5 범죄학의 영역은 다양하다

지금까지의 설명처럼 일반적으로 범죄학은 심리학, 법학, 사회학 등 다양한 분야의 학문들이 결합한 영역이다. 즉 범죄·범죄자·범죄에 대한 통제 방법을 연구하는 경험과학_{사실학}으로서 범죄학이 뒤따라야 하는 영역은 광범위하다. 따라서 대책 면을 검토할 때에는 형법전의 조문만으로는 해결이 되지 않으며, 보건복지법, 청소년보호법 또는 일련의 소비자보호법제 등 다양한 법률에 대한 이해가 필요하다. 이러한 의미에서 보더라도 범죄학은 법률학으로서 심오한 면을 지니고 있다고 할 수 있다.

제 **3** 장

시대변화에 따라 범죄형태도 진화한다

최근 들어 발생하는 범죄를 살펴보면 우발적인범죄보다는 지능적이고 계획적인 범죄가 증가하고 있으며, 범죄의 유소년화 그리고 여성화, 재범률의 상승 등을 볼 수 있다. 더구나 여러 종류의 범죄가 하루에도 수백 건 이상 발생하고 범죄의 형태와 양상은 시대의 변화에 따라 다양하게 변화하고 있다. 따라서 역동적으로 변화하고 있는 시대의 범죄환경 변화 속에서 범죄의 원인을 규명하는 것 역시 다양한 측면에서 연구되어야 할 필요가 있다. 여기에서는 그러한 현대사회의 변화와 범죄학의 움직임을 「정보화」, 「국제화」, 「고령화」의 세 가지 관점에서 살펴보고자 한다.

① 정보화 사회와 범죄

인터넷과 AI 등 4차산업이 모든 산업의 근간이 되어 기존산업과 사회 환경에 근본적인 변화를 초래하고 있다. 이는 정보를 얻는 방식에 더해 삶을 살아가는 방식까지 큰 변화를 겪게 된 것이다. 그래서 현대는 정보화 사회라고 일컬어진다. 세계 인터넷 이용자가 소비하는 데이터량은 지난 몇 년 동안 급증하고 있으며, 수많은 사람들은 방대한 데이터를 소셜 미디어와 화상회의, 메시지 앱으로 사용하고 있다.

인터넷 통계사이트 '인터넷 월드스태츠'가 공개한 최근 자료에 의하면 2020년 현재 전 세계 인터넷 이용자 수는 45억 3600만 명으로, 전체 인구77억 1600만 명 대비 인터넷 보급률은 58.8%로 조사되었으며, 우리나라의 인터넷 보급률은 2020년 기준 95.9%로 사실상 누구나 인터넷을 이용할 수 있는 환경을 갖춘 상태이다. 스웨덴(96.4%)과 독일(96.0%)의 뒤를 이어 국가기준 14위였다. 이 수치가 말해 주듯이 이제 사이버 공간은 급격한 발전 및 확산으로 국민의 일상생활 공간으로 위치하고 있으며, 현실세계와의 구분이 힘들 정도로 일상화, 세계화가 되었다.

따라서 인터넷 사기, 명예훼손, n번방 사건과 같은 성 착취 및 아동포르노, 개인정보 침해 등 인터넷을 이용한 신종범죄들이 급증하고 있으며, 자살, 폭발물 등 반사회적 유해 사이트 등장이 사회문제화 되는 등 정보화의 역기능에 대한 종합적인 대책이 필요하게 되었다. 이러한 문제에 대처하기 위해 형법이 개정되고, 컴퓨터를 이용한 업무방해나 사기가 범죄로 규정되었다. 이중에서 컴퓨터 통신을 매개로 타인의 컴퓨터에 무단 접속하여 데이터를 열람하거나 개찬改竄하는 이른바 해킹은 가장 전통적인 컴퓨터 범죄이다. 컴퓨터의 데이터나 파일을 파괴하는 프로그램컴퓨터 바이러스의 사용도 더욱 진화되고 있다.

또한 세계적으로도 최근에는 인터넷범죄가 범죄대책 상 긴급한 과제가 되고 있다. 즉, 인터넷을 이용해 외설적인 화상데이트가 인터넷 상에서 공공연하게 유포되거나 자살 사이트로 인한 동반자살과 악질 상거래가 이루어지고 있는 것이 문제가 되고 있으며 인터넷 포털사이트에 범죄동업자를 모집하는 카페와 블로그가 기승을 부리고 있다.

회원모집 방법도 과거에는 은밀하게 이루어지던 것이 이제는 아예 '범죄동업자를 모집합니다', 또는 '기소중지자들의 모임', '장물카페' 등 범죄의도를 노골적으로 드러내놓고 회원모집 활동을 하기도 한다. 특히 인터넷에서는 얼굴을 보지 않고 대화를 나누기 때문에 상상을 초월하는 생각들이 공유되고, 사람들이 겁이 없어지는 경향이 있다. 그러나 진화하는 컴퓨터 범죄에 대응하기에는 아직도 효과적인 단속 방법이 미흡한 실정이다.

② 사이버 범죄와 모방범죄 증가

사이버 범죄의 특징은 인터넷과 같은 정보통신망으로 연결된 컴퓨터시스템이나 이들을 매개로 한 사이버공간에서 행하는 범죄로서 빠른 시간 안에 불특정 다수에게 많은 악영향을 미친다. 그래서 개인의 호기심 충족 위주로 자행되던 해킹, 바이러스 유포 등이 이제는 특정집단의 정치적 이념 달성 및 경제적 목적을 위한 방법으로 다양화되기도 한다. 특히 해킹 등 사이버 테러는 정부기관 전산망을 비롯하여 금융, 항공, 철도, 전기, 수도 및 주요기업 전산망 등 국가 주요정보통신 기반시설로 확대되어 국가사회 전반에 걸쳐 막대한 피해를 야기할 수 있는 심각성을 내포하고 있다.

더구나 사이버공간이라는 특성상 정보발신자의 특정이 어렵고, 전자정보의 증거인멸 및 수정이 간단하기 때문에 범죄수사에도 어려움이 많다. 일반적으로 사이버범죄는 범행목적에 따라 사이버테러형 범죄해킹, 컴퓨터 바이러스와 일반사이버범죄사이버 명예훼손, 전자상거래사기, 개인정보침해, 불법사이트 개설, 디지털 저작권침해로 구분된다. 또한 사이버 범죄는 국내 국외에 동시에 발생할 수 있다는 특성 때문에 국가 간의 법제도의 서로 다른 상이성을 초월한 국제적인 형사사법의 규칙제정도 필요하다.

사이버테러형범죄로는 Hacktivism hacking과 terrorism의 복합어 및 Cyber War 1999년 세르비아 전쟁 당시 유고 해커의 미국전산망 해킹, 중국과 대만 간 해킹전쟁 등의 등장으로 각국 정부가 사이버테러의 위험성에 대해 특단의 대책을 마련하고 있다. 우리나라역시 국가적 차원에서 사이버테러에 대비한 대응전략을 수립, 추진 중에 있다. 또한 정보화 사회를 배경으로 한 일반사이버 범죄현상으로는 컴퓨터 범죄 이외에도 극장범죄를 들 수가 있다.

이는 실제로 일어난 범죄가 보도됨으로써 대량으로 모방되어지고 범죄의 유행현상을 빚어낸 것을 말하는 것으로 방송이나 보도에서 범죄에 대한 내용이 지나치게 구체적이거나 자극적으로 묘사되는 경우 자칫 잘못하면 범죄사실을 미화하거나 범죄에 대한 호기심을 불러일으켜 모방범죄 심리를 자극할 우려도 있다. 특히 관련범죄에 대한 사회적 관심이 높아진 시점의 보도는 더욱 영향력이 클 수 있다. 이처럼 최근 사이버범죄의 대량화는 많은 사람들이 범죄수법을 알았기 때문에 가능한 현상으로 다른 측면에서는 일종의 정보화 사회의 부산물이라 할 수 있다.

③ 국경 없는 범죄

최근의 범죄환경과 양상을 살펴보면, 경제, 사회, 문화 등 각 부문에서 국경이라는 장벽이 없어지고, 사람과 물자, 기술, 문화 등이 자유롭게 교류되면서 외국인 내방객의 증가와 함께 입국자의 국적도 다양해지고 있는 등 우리사회의 다국적화 양상이 진행되고 있으며, 범죄조직의 세계화 및 국가 간 시장경제의 가속화 등으로 범죄도 정보와 마찬가지로 국경을 초월하는 활발한 움직임을 보이는 일종의 범죄의 무국경화Borderless 경향이 확산되고 있다. 특히 앞에서 언급한 사이버범죄는 국경이 없으며 24시간 365일 발생하고 있지만, 범죄단서는 휘발성이 강해 즉시 없어진다.

이제 현대사회를 이해하는 데 있어서 국제화Internatinalization는 중요한 키워드가 되었다. 즉, 최근 들어 국제화는 문화적 요소에서도 동일문화권이 아닌 다른 문화권과의 교류협력이 활발하게 이루어지고 있으며, 무역에서도 무역서식이나 통화규정 등을 통일된 규정으로 통일된 조약이나 협약 아래 동시대 및 동시간 같은 지역에서 범용할 수 있는 등 사회의 국제화가 정치적인 레벨에 그치지 않고 무역이나 국제교류 등에서도 다양한 형태로 진행되고 있다.

통계청의 통계에 의하면 2019년을 기준으로 우리나라 산업현장에서 고용허가를 받고 일하고 있는 외국인노동자만 137만 명에 달한다. 그러나 통계에 잡히지 않는 미등록 체류자를 합치면 더 많을 것으로 추정된다. 따라서 이러한 국제화 사회 속에서 범죄에도 국제화의 움직임이 보여지고 있다. 특히 외국인범죄가 갈수록 강력범죄화 되고 있는 추세인데다 산업단지 밀집지역을 중심으로 외국인 노동자들 간 범죄도 늘어나고 있는 상황이지만 지문 등 생체정보가 없는 외국인이 범죄를 저지를 경우 용의자특정이 어려워 탐문 등 아날로그 수사를 진행해야 하는 취약점 등이 많은 실정이다.

특히 불법체류나 불법취업은 허가된 체류자격과 체류기간의 범위를 넘어선 출입국관리법 위반의 범죄이지만, 이러한 「한국에 체재하기 위한 범죄」뿐 아니라 「한국에서 생활하는 가운데서 발생하는 범죄」나 「범죄목적으로 한국에 입국한 자의 범죄」도 근년 들어 급속히 증가하고 있다. 형법범으로는 절도와 폭행이 많은데, 그 수는 외국인 형법 범 검거인원 총수의 80%를 점유하고 있다. 또한 살인, 강도, 강간, 협박, 공갈 등도 최근에는 증가하는 경향을 보이고 있다. 더욱이 마약 밀매, 매춘알선, 불법돈세탁 등 배후에 일본의 야쿠자, 홍콩의 삼합회, 러시아 마피아 등 국제 범죄조직과 연계된 조직폭력단을 둔 범죄도 두드러지고 있으며, 최근에는 국제마약밀수조직의 무차별적인 필로폰 공급이 증가하고 조직원들의 국내거주지 또는 필로폰 수령지에 대한 단속망을 강화하고 있는 실정이다.

 ## 약자의 범죄

약자의 범죄는 두 가지로 구분된다. 약자를 대상으로 한 범죄와 약자에 의한 범죄이다. 먼저 약자대상범죄로는 여성, 장애인, 아동, 노인, 다문화가정 등 방어능력이 취약한 사회적 약자들에 대한 범죄로 최근 우리사회가 고민해야 할 가장 중요한 사항이다. 특히 사회양극화와 실업난으로 우리사회의 분노지수가 치솟으면서 여성과 아동 등 사회적 약자를 대상으로 한 범죄가 늘고 있다. 최근에는 이주여성 아내를 무차별 폭행한 사건 등 이주여성에 관한 폭력피해사례가 지속해서 발생함에 따라 결혼이주여성의 인권과 가정폭력 등 국가 간의 문제가 되고 있다.

다음으로 약자에 의한 범죄는 약자가 가해자가 되어 저지르는 범죄로서 노인과 여성, 소년범죄를 말한다. 특히 경기불황은 급격한 고령화와 맞물려 경제적 자립도가 떨어지는 노인들 생계유지를 위해 범죄의 유혹에 빠지는 경우가 늘고 있음을 보여주는 현상이다. 더구나 최근에 와서는 평생직장 개념이 없어지면서 조기퇴직 되고 평균수명은 길어져 고령화 사회는 앞으로 더욱 큰 사회문제가 될 것으로 예측되어진다. 실제 우리나라 노인의 상대빈곤율은 경제협력기구OECD 회원국 평균2019년 기준 13.5%의 3배를 넘고 있으며, 고령범죄자가 저지른 범죄가운데 재산범죄가 가장 가파른 속도로 증가하고 있다.

또한 이혼율의 증가로 인한 가정불화, 가정·학교교육의 미흡으로 우범청소년의 양산과 유흥업소 증가 등 청소년 유해환경에 기인한 소년범죄의 증가도 최근의 현상이다. 이는 고령화 사회와 과거에 비해 성숙이 빠른 청소년층에 대한 사회복지·보장제도와 청소년 대책이 미흡함을 보여주는 것으로 사회적으로 약자인 미성년자와 고령자에 대한 형사정책마련이 시급하다.

일반적으로 고령자에 의해 발생될 수 있는 범죄로는 살인, 절도, 방화 등을 들 수 있다. 보통 살인이나 방화는 중대한 결과를 수반하기 때문에 흉악한 범죄라는 이미지가 강하지만, 실제로는 그 수법 여하에 따라 체력이나 완력을 필요로 하지 않기 때문에 예를 들면 독약이나 성냥 한 개피로 가능하다 노인과 여성, 소년들에 의해서도 저질러질 수 있어 「약자의 범죄」라 불리기도 한다. 우리사회도 이제 고령화 사회가 도래하였다는 사실에 주목할 필요가 있다.

제4장 한국의 범죄추이

1 서설

최근 사회구조의 변화는 범죄지형도를 빠르게 바꾸고 있다. 특히 한국의 5대 강력범죄_{살인,} 강도, 강간, 절도, 폭력발생의 증가추세는 사회, 경제적 요인의 변화추세와 무관하지 않는 등 일반적으로 우리사회의 분위기를 대변한다고 볼 수 있다. 최근 미성년자를 포함한 일반여성들을 상대로 한 성 착취 영상이 해외 모바일 메신저인 텔레그램을 통해 대대적으로 공유, 판매된 엽기적인 성범죄사건인 n번방, 박사방 사건이나 초등학생이 유괴 살해된 사건, 무고한 시민 수십 명을 특별한 이유 없이 살해한 연쇄살인범 소식은 우리사회 일각에 번지고 있는 대표적 이상 징표라고 할 수 있다.

이중 n번방 사건이나 박사방 사건 같은 새로운 범죄유형은 해당 채팅방 운영자들이 미성년자를 비롯한 일반여성을 대상으로 성 착취 영상을 찍도록 협박하고, 그 영상을 텔레그램 비밀대화방에서 판매하는 잔인한 행각을 벌인 사건이다. 가해자들이 텔레그램을 쓴 것은 해외에 서버를 두고 있어 압수수색 등이 어렵고, 대화내역을 지우는 기능이 있기 때문이다. n번방이라는 명칭은 1번부터 8번까지 각각 다른 이름이 붙여진 8개의 텔레그램 비밀대화방에서 서로 다른 피해여성들의 신상정보와 성 착취물이 올라온 데서 붙은 것이며, 박사방은 '박사'라는 닉네임을 가진 인물이 운영한 데서 붙은 이름이다. 가해자들은 피해자들의 성 착취 영상과 신상정보까지 모두 공개해, 피해자들이 자신들에게 복종할 수 있도록 고통을 주고, 방문객들에게는 문화상품권이나 가상화폐처럼 추적이 어려운 금품을 받은 뒤 방문자들에게 해당 채팅방으로 향하는 링크를 공유하는 수법을 사용하였다.

이처럼 사회구조의 변화에 수반되는 새로운 범죄현상은 우리를 어리둥절하게 하고 있다. 특히 인터넷 등 컴퓨터 통신망의 발달에 따라 해킹 등 첨단 사이버 범죄, 위폐, 신용카드 위조 등 하이테크형 범죄가 대폭 증가하고 있다. 또한 익명성에 숨은 사이버 군중테러, 동반자살 급증, 미성년자 성 매매알선, 도착적 성 풍조의 만연은 인터넷 확산의 결과이자 요인이면서 또한 우리사회의 어두운 치부가 되고 있다.

이것은 마약의 확산과 더불어 우리사회의 퇴폐를 급속화 할 위험이 있으며, 때로는 고급 선진문화 이면에 싹트는 언더그라운드 풍속으로 분식粉飾된다는 점에서 더 민감한 경계가 요구된다. 따라서 이러한 것들이 공연화되고 상례화되기 전에 의식적·제도적 대항력을 어떻게 세련된 법法장치로 발전시키는가 하는 것이 시급한 사항이다. 퇴폐와 일탈의 속도를 지연, 차단시키고 절대 다수인 선량한 국민들을 범죄로부터 보호해야 하는 것이다. 이를 위해 우리는 실제 범죄 상황을 정확히 파악하여 대책 강구에 최선을 다하여야 한다.

이 장에서는 우리나라의 범죄현황에 대해서 개관한다. 범죄 상황을 살펴봄에 있어서도 시기별로 그 변천과정을 살펴보고 또한 주요 범죄발생 동향을 비교해 봄으로써 비로소 현실에 근거를 둔 논의가 가능해진다. 최근 우리나라의 범죄현황에 대해서도 많은 사람들이 우려를 하는 경향이 있다. 물론 우리나라의 범죄는 점차 증가하는 추세이다. 그러나 곧바로 그것이 「흉악화」를 의미하는 것만은 아니다. 왜냐하면 범죄증가를 초래하고 있는 주요인이 범죄통계관리가 누락되는 등 암수의 원인도 있으며, 경미한 재산범 등의 발생증가로 전체통계가 증가된 것으로 나타날 수도 있기 때문이다.

다행히 아직은 우리의 범죄현황이 서구와 비교해 보면 그 정도가 우려할 사태는 아니라 할 수 있지만 최근에는 우리 고유의 사회구조에 변화가 보여지고 있고, 이에 따라 범죄현황에도 많은 변화가 생겨나고 있다. 따라서 범죄의 대책 마련도 이제는 단발적 접근방법에서 벗어나 범죄문제를 국가의 주요정책 아젠다로 삼으려는 정부의 노력과 사회안전망 구축 등 범죄에 대응하는 종합적인 대책 마련이 시급하다.

② 우리나라의 범죄발생 추이

1) 범죄발생 추이

최근 우리나라의 전체 범죄 건수는 크게 줄었다. 이는 과학기술의 발전과 수사력이 개선된 영향이다. 우리나라의 최근 10년간2019년 기준 범죄발생 추이를 보면 2009년까지 200만 건 이상이었으나 2010년에 200만 건 미만으로 감소하면서 100만 건대를 유지하고 있다. 2018년에는 158만 건으로 10년 전인 2008년과 비교하면 23.3% 감소한 추세를 보였다. 특히, CCTV폐쇄회로의 발달로 인하여 강도, 절도, 살인 등 강력 범죄는 눈에 띄게 감소하고 있는 반면, 사기와 같은 지능범죄는 나날이 증가하고 있는 추세이다. 10년 새 남성 범죄자 수는 3.4% 감소한 반면, 여성 범죄자 수는 3.4% 증가하였다. 성별로는 19~50세 사이 범죄자 수는 감소한 반면, 51~61세 범죄자 수는 증가하였다.

평균적으로 전국 시·도별 범죄발생은 서울이 전체 범죄의 20.2%를 차지하는 등 전국 7대 도시의 범죄발생률은 전체 범죄의 48.6%를 차지한다. 이것은 인구와 경제의 도시편중에 따라 불가피한 현상으로 판단되고 있다. 범죄발생의 원인 분석 결과 우발적 요인18.3%, 부주의14.6%, 이욕利慾: 금전욕심 3.7%, 사행심1.1%, 호기심1.1% 등으로 나타났다. 또한 요일별로 보면 금요일이 범죄가 가장 많이 발생하였으며, 일요일에 가장 적게 발생하여 안전한 날이었다.

또한 범죄로 인한 인명 및 재산 손실을 보면 살인·강도 등 형사범죄에 의한 인명피해는 사망이 8.5%, 부상자가 7.3% 증가하였으며, 월별로는 통상 8월이 범죄가 가장 많았다. 가장 적은 달은 2월로 여름철에 범죄발생이 많았다. 이는 휴가철과 겹치는 8월에 절도사건 등이 가장 많이 발생하였기 때문인 것으로 판단된다. 죄종별로는 형법범죄는 8월, 특별법 범죄는 10월에 가장 많이 발생하였다.

2) 최근의 범죄동향

2020년 초에 발생한 n번방 사건은 우리사회에서 최근의 범죄가 얼마나 지능화되고 비인간적 경향인지 짐작할 수 있다. 특히 인공지능과 빅 데이터, 5세대5G이동통신 등 첨단 ICT기술을 활용해 디지털 성범죄와 같은 '사회문제형 범죄'는 신종범죄로서 주의할 범죄유형이다. 더구나 생명공학과 정보통신의 비약적인 발전으로 해킹 등 사이버 범죄, 위폐, 신용카드 위조 등 하이테크형 범죄도 날로 증가추세에 있으며, 지능, 광역, 첨단, 국제성 범죄도 증가추세에 있다.

발생된 범죄의 특징으로는 첫째, 아동·청소년대상 성범죄가 증가하였다. n번방 사건 같은 범죄 유형은 누구나 손쉽게 성범죄가 이뤄지는 플랫폼에 들어가서 돈을 벌 수 있는 구조로서 온라인 메신저 텔레그램을 이용해 성 착취 영상을 제작 유포한 대표적 사례이다. 둘째, 형법범죄가 크게 늘어났다. 특히 절도는 과거에 비해 크게 증가하였으며, 무분별한 유흥비 등으로 카드빚 등을 지고 저지르는 범죄가 증가하고 있고, 이유 없이 화풀이로 다른 사람을 해치거나 기물을 파손하는 묻지마 범죄도 증가하고 있다.

셋째, 여성범죄와 청소년 범죄자 수가 증가하였다. 여성범죄의 증가는 독신 및 이혼율증가, 여성의 사회참여 확대, 경기침체에 따른 생계곤란과 무관치 않으며[9] 소년범죄 증가의 경우 이혼 등 가정불화, 가정·학교교육의 미흡으로 우범청소년의 양산과 유흥업소 증가 등 청소년 유해환경의 증가에 기인한다.

넷째, 검거된 범죄자의 절반 이상이 재범자로 특히 방화범, 강도, 살인 등 강력범의 재범률이 증가하고 있다. 중요범죄의 재범현황을 보면 방화, 살인, 강간, 강도 등의 경우가 재범률이 비교적 높게 나타났는데 흉악범에 대한 사회교정 및 갱생기능이 내실 있게 이루어지고 있지 않은 것이 주된 원인으로 판단된다.

이러한 전통적인 범죄의 변화 이외에 최근에 와서 대두되고 있는 것으로 해킹 등 사이버 범죄가 있다. 사이버 공간의 무한팽창에 따른 인터넷 사기, 명예훼손, 아동 포르노, 개인 정보침해 등 인터넷을 이용한 각종 신종 범죄들이 급증하고 있으며, 자살·폭발물 등 반사회적 유해 사이트의 등장이 사회문제화 되는 등 정보화의 역기능에 대한 종합적인 대책이 필요하게 되었다.

---

9 이만종, "한국의 여성범죄 증가 원인 분석 및 대책", 「교정연구」, 제32호, 2006, 33쪽.

또한 마약류 범죄가 급증하고 있는 실정으로 국제화·광역화에 따른 외국산 마약류의 밀반입과 유통이 증가하고, 마약소비계층도 특수계층에서 일반서민으로 급속히 확산되고 있다. 이외에 수질오염, 대기환경오염 등 환경범죄 발생증가도 새로운 범죄추세이며, 사회지도층과 일부 공직자 등의 부정부패형 비리도 근절되지 않고 있으며, 여성에 대한 성폭력 범죄, 가정폭력 범죄 등도 여전히 발생하고 있다.

특히 국제적으로도 여성과 어린이 유괴와 인신매매human trafficking범죄가 증가하고 있어 제네바에 본부를 둔 '국제이주기구IOM'는 현재 여성과 어린이의 국제 인신매매 건수가 한해 200만 명에 이를 것으로 추정되어 대책을 찾기 위한 국제회의를 개최한 바 있다. 국가별로 보면 인도에서는 해마다 13만 5천여 명의 어린이들이 거래되고 있는 것으로 추정되며, 중국의 경우도 매년 7만여 명의 아동들이 불법입양목적으로 유괴되기도 한다. 또한 미국에서는 FBI가 「통일범죄보고서Uniform Crime Report: UCR」의 데이터를 근거로 하여 각 범죄가 어떠한 비율로 발생하고 있는가를 종합하여 보고하고 있다. 이를 범죄시계crime watch라 부르며, 미국 내의 범죄현황을 나타내는 잣대의 하나로 범죄학에서 종종 사용되고 있다.

범죄시계CRIME CLOCK

현재 미국 연방수사국FBI에서는 범죄예측 서비스의 전단계인 범죄시계통계를 이용해 범죄데이터를 축적하고 있다. 범죄시계는 범죄의 종류별 발생 빈도를 시간 단위로 분석한 것으로, 범죄가 얼마나 자주 되풀이되는가를 알아보기 위해 종류별 사건의 수를 시간으로 나눈 수치이다. 인구수에 비례하기 때문에 국가 간의 정확한 비교가 어려운 반면, 범죄 유형별 발생 시차를 알 수 있고, 범죄발생 현황을 통해 전반적인 사회상을 알 수 있어 여러 국가에서 채택하고 있다. 범죄데이터가 빅데이터로 축적될 미래의 범죄는 '돌이킬 수 없는 사건'이 아니라, '예측 가능하고 예방할 수 있는 사건'으로 바뀔 것이다.

우리나라의 경우 미국 연방수사국FBI이 해마다 발간하는 연례보고서를 인용하여 매년 경찰청에서 범죄시계를 발표한다. 최근 5년 새 (2019년 기준) 경찰청이 발표한 범죄시계에 따르면 성범죄, 마약투약, 경제범죄 등의 범죄시계가 짧아진 반면 살인, 강도 등 강력사건은 늘어난 것으로 나타났다. 높아진 성의식, 지능형 범죄증가, 경기둔화 등이 범죄발생 지형에 영향을 미친 것으로 풀이 된다.

경찰청의 '최근 범죄시계'자료에 따르면 강간·추행 사건의 입건 주기는 지난 2014년 25분, 2016년 23.7분, 2018년 22.4분으로 점차 짧아졌다. 범죄시계란 범죄 한 건당 평균 경찰 입건 주기를 뜻하며 365(일), 24(시간), 60(분)을 곱한 값을 발생 건수로 나눠 산출한다. 범죄시계가 짧아질 경우 그만큼 입건 빈도가 늘었다는 뜻이다.

마약투약 사건의 경우 2014년 108.9분에서 2018년 80.7분으로, 사기 사건은 2014년 2.2분에서 2018년 1.9분으로 짧아졌다. 횡령도 2014년 14.2분에서 2018년 9.5분에 한 번씩 경찰에 넘겨진 빈도가 꾸준히 상승했다. 최근 5년간 입건 건수가 강간·추행의 경우 10.4%, 마약은 25.9%, 사기는 13.6%, 횡령은 33% 늘었다. 반면 살인·강도·폭력 사건의 범죄시계는 이전과 비슷하거나 다소 느려졌다. 살인은 2014년 575.1분마다 발생했지만 2018년에는 659.5분마다 일어났다. 강도 사건도 2014년 331.4분에서 2018년 640.2분으로 주기가 길어졌다.

출처: https://www.sedaily.com/NewsView/1VPPMIBBRI

③ 범죄의 경향 평가

1) 범죄가 흉악화·폭력화하고 있다

　　2020년을 기준으로 살펴보면 버닝 썬 사건, 화성연쇄사건 범인 이 춘재의 검거, 장대호의 한강 몸통 시신사건, n번방 사건 등 지금까지 경험하지 못한 새로운 형태의 범죄가 증가하고 있다. 이는 최근 우리사회의 범죄 경향이 과거에 비해 더욱 흉악화하고 폭력화되었다는 의미이다. 그 원인 중의 하나로 지적되고 있는 것이 범죄의 흉악화·폭력화라는 일부 특수한 사례가 매스미디어에서 전파되어 강조되고 보편화된 것이 큰 원인이라 한다. 이는 방송, 신문 등 매스미디어에 의해 일부 특수한 사례가 강조됨으로써 사회적인 반응이 더욱 증폭되고 근거 없는 불안이모럴·패닉: 도덕적 공황 사회에 퍼지기 때문이라는 주장이 지배적이다. 그러나 이러한 모럴·패닉 상황 하에서 범죄대책을 검토하면 냉정한 판단이 어려워지며 적절한 범죄대책을 강구할 수 없게 된다. 따라서 이러한 문제를 회피하기 위해서는 범죄현상을 냉정하게 파악할 필요가 있다.

　　일반적으로 범죄학에서는 지나친 방종과 자유의 확대는 범죄가 증가하는 데 한몫을 한다고 주장하고 있다. 실제로 사회분위기가 자유분방한 서구 여러 나라에서는 1960년대 이후 범죄가 급증하였고 이에 대한 대책에 고민하고 있다. 그러나 지금까지의 검토에서도 알 수 있듯이 우리나라의 범죄현황은 서구의 범죄에 비해 아직은 크게 우려할 만한 상황은 아니라고 할 수 있다.

우리나라가 서구의 경제선진국과 다른 이유로 다음 6가지 점을 들고 있다.

첫째로 비공식적인 사회통제가 여전히 심하다. 한국에서는 가족관계가 매우 긴밀하기 때문에 "범죄를 저지르면 가족에게 폐를 끼친다"라고 하는 자제심이 발동하는 경향이 있다. 또한 지역사회의 결연도 강하기 때문에 그 속에서 상호 감시가 이루어지고 있다는 견해도 가능하다. 또한 한국에서는 학교나 직장에서 구속되는 시간이 길고 이러한 조직에 대한 귀속의식도 강하기 때문에 범죄를 저지르는 시간이 물리적으로 제한되어 있으며, 조직에 폐를 끼치는 것을 우려하는 성향이 강하므로 범죄가 줄어드는 경우도 많다.

두 번째로 커다란 사회적인 트러블이 적다. 한국에서는 국민의 언어, 전통, 풍습, 종교가 비슷하기 때문에 정치인들에 의해 형성된 지역 간의 갈등은 있을지언정 커다란 사회적 알력이 생기지 않는다. 오히려 지역 간의 갈등도 국제 스포츠행사 응원과 같은 국가적 행사시마다 보여준 단합한 국민의 모습을 볼 때 오래지 않아 극복되리라 생각된다. 그뿐 아니라 일상생활 속에서 문제가 발생하였을 때 굳이 비합리적인 해결책을 취하지 않더라도 의사소통을 통해서 해결되는 경우가 많다. 세 번째로 총기통제가 잘 이루어지고 있다. 미국처럼 일반시민이 무기를 소지·휴대하는 습관은 없다. 이 때문에 살상능력이 높은 무기에 의한 범죄가 비교적 일어나기 어렵다.

네 번째로 중류의식을 지닌 사람의 비율이 높다. 우리나라의 경제발전의 특징으로 중류 의식을 지닌 사람의 비율이 매우 높다는 점을 들 수 있다. 이러한 중류의식에는 IMF 이전까지만 해도 평생직장 개념의 영향으로 실업률이 낮아지고 안정된 수입 확보가 보장되었다는 점도 적잖은 영향을 미치기도했다. 이러한 상황 하에서는 사회에 대한 불만이 범죄의 형태로 나타나는 경우는 적다. 다섯 번째로 교육수준·식자율이 높다. 한국에서는 부모의 뜨거운 교육열로 취학률이 매우 높고 그 결과 세계적으로 보더라도 매우 식자율이 높다고 한다. 이러한 교육의 성과로 인해 문제를 합리적으로 해결하려는 사고가 발달했다고 할 수 있다.

2) 새로운 범죄현상이 출현하고 있다

최근 급변하는 사회구조의 변화로 인하여 지금까지 보여지지 않았던 새로운 범죄현상이 두드러지기 시작했다. 다크웹이나 텔레그램과 같은 암호화 웹과 메신저를 이용한 집단성착취 및 영상거래와 같이 암호화 익명화기술을 사용해 수사망을 피하려고 하는 범죄유형은 가장 대표적 범죄현상이다. 몇 가지 측면에서 살펴본다. 첫째로 치안의 안정요인 측면에서 살펴보면, 비공식적인 사회통제가 약화되고 있다는 사실이다. 예를 들면 핵가족화, 단신부임, 독신생활자의 증가는 가족관계를 약화시키는 요인으로 꼽힐 것이다. 또한 대도시에서는 이웃주민 간의 결집력이 약하고 사회의 익명성누가 옆집에 살고 있는지 모르고, 심지어는 알고 싶다는 생각을 안 하는 상태이 점점 확대되고 있다. 게다가 최근에는 고용형태가 변화하고 구조조정에 의한 조기퇴직 등 평생직장 개념이 무너지면서 회사에 대한 귀속의식도 엷어지고 있다.

두 번째로 범죄의 활동범위가 국가 간의 경계를 넘는 국제범죄가 증가하고 있다. 이는 첨단과학기술의 발달과 세계화로 국가 간에 신속하게 이동할 수 있는 범죄기동여건이 조성되고 범행공간도 크게 확대되는 등 국제화가 진행됨에 따른 현상으로, 사이버범죄, 보이스피싱, 산업스파이, 신용카드사기 등의 신종범죄와 외국인의 불법입국, 체류 증가로 인한 체류 외국인의 각종 범죄가 증가하고 있으며, 그 범죄양상도 충동, 우발적인 수준을 벗어나 조직화·지능화 되는 경향을 보이고 있어 외교적, 사회적 트러블을 일으킬 가능성이 높아지고 있다. 우리나라 경우 2020년 1월 기준 국내 전체 불법체류자는 39만 5천 명으로 매년 2만 명 가량씩 늘어나고 있다. 하지만 이들 대부분은 직업을 갖기 어려워 범죄에 빠질 가능성이 많은 실정이다.

또한 최근에는 범죄목적으로 입국하거나 국제적인 범죄조직이 한국에서도 활동하고 있기도 하며, 불법체류 외국인 중에서 한국인을 상대로 공갈, 강도행위를 저지르는 범죄조직도 출현하는 사례들이 증가하고 있어 이에 대한 대책이 시급한 과제로 대두되고 있다. 실제로 한국에 취업을 희망하는 동남아인들의 밀입국 등 불법 입국 사례가 끊이지 않고 있으며, 취업·결혼 등을 빙자한 사기 및 절도·갈취·성폭력 등 범죄행위도 기승을 부리고 있는 게 현실이다.

세 번째로 총기를 사용한 범죄가 확산되고 있는 추세이다. 지금까지 우리나라에서는 총기를 사용한 범죄는 폭력단 사이의 싸움 등에서나 극히 드물게 존재했다. 그러나 최근에는 총기범죄의 확산이 주목되고 있다. 총기범죄의 확산은 다음의 2가지 측면에서 살펴야 한다. ① 총기 사용 범죄자가 폭력단 이외에 확산되고 있다는 점, ② 2007년에 발생한 한국교포 학생에 의한 미국 버지니아공대 교내 총기난사사건 사례와 같이 총기 사용 범죄의 피해자가 이제는 일반인에게도 확산될 수 있다는 점이다.

그 밖에도 세계적 경제 불황기, 최근 코로나19 사태 등과 같은 예상치 못한 환란으로 나타난 경제의 붕괴에 의한 경제범죄의 다발이나 화이트칼라 범죄의 증가 등도 지적할 수 있다. 이처럼 사회구조의 변화는 범죄 상황에도 영향을 미칠 수 있는 위험성이 항상 존재하기 때문에 이에 대한 대비책 강구에 주목하여야 하겠다.

3) 점차 범죄연령이 낮아지고 있다

최근 사회적으로 가장 크게 이슈가 되고 있는 소년범죄는 디지털 성범죄와 사이버학교폭력 등의 문제이다. 특히 학교폭력 등 소년범죄는 연령이 급격히 낮아지고 있으며, 그 양상도 성인범죄 뺨칠 정도로 걷잡을 수 없이 지능적이고 험악해지고 있다. 폭력유형을 보면 개인 간의 학교폭력은 물론 조직폭력 형태의 가해사례도 나오고 있어 충격을 주고 있다. 전체적으로는 출산율이 떨어지면서 청소년 인구가 줄어들기 때문에 통계상으로 소년범죄의 수는 감소하고 있지만, 인터넷 등을 통한 모방범죄와 강력범죄 측면에서는 증가하고 있으며, 신체 조숙함으로 인해 범죄연령도 점차 낮아지고 있다.

더구나 인권보호강화에 따른 불구속 수사가 확대되고 있는 데다, 형사미성년자에 해당되더라도 만 10~14세 미만으로 형벌을 받을 범법행위를 한 형사미성년자는 형사책임능력이 없기 때문에 촉법소년_{비행청소년}으로 분류해 형사처벌 대신 가정법원등에서 감호위탁, 사회봉사, 소년원송치 등 보호처분을 받도록 하고 있다. 일부 비행청소년들은 경찰에 검거되더라도 형사입건은 물론 전과기록조차 남지 않는다는 점을 악용하여 각종범죄를 계속 저지르며 범죄의 '단골손님'이 되고 있다. 처벌이 미약하니 범죄연령이 점차 낮아지고 죄의식이 약하고, 조사를 받은 사실을 마치 훈장처럼 여기고 과시하는 또래문화가 이를 부추기기도 한다는 분석도 있다. 현실적으로도 보호관찰 등의 사회 내 처우 인프라가 미흡하여 재범률이 증가하고 있다는 점도 보완이 필요한 사항이다.

제1장 　서설

　　범죄통계는 범죄에 대한 수량적 연구로서 범죄에 대한 일정한 환경을 나타낸다는 점에 착안하여 사용된 방법으로 어떤 범죄가 얼마나 발생했는지에 대한 정확한 조사는 효과적인 범죄방지대책수립에 있어서 중요한 전제이다. 일반적으로 현재 운용되고 있는 범죄통계는 경찰관서에 신고된 사건발생통계원표, 검거된 사건검거통계원표, 피의자통계원표을 토대로 작성된 공식적인 통계자료를 말한다.

　　이 장에서는 범죄실태를 파악하는 데 있어 중요한 데이터를 제공하는 범죄통계에 대해 몇 가지 관점에서 살펴보고자 한다. 최근에는 범죄의 통계적인 분석은 국가기관뿐만 아니라 다른 연구기관에 의한 것도 공표되고 있다. 특히 범죄의 기록, 기록 수집 및 분석, 통계처리 등에 AI와 컴퓨터가 도입되어 범죄통계의 정확도가 매우 높아지고 있다.

　　우리나라의 공식적인 범죄통계로는 법무연수원에서 매년 발간되고 있는 「범죄백서」, 대검찰청과 경찰청에서 분기마다 발간하고 있는 범죄분석과 주요 범죄통계가 있다. 이밖에도 청소년 백서를 비롯하여 관계부처에서 매년 발간되는 통계가 있으며, 법무부 교정 국에서 발간한 교정통계도 있다. 이 중에서 범죄동향을 살펴봄에 있어 현실적으로 가장 유익한 것은 경찰통계인데, 여기에는 경찰에서 인지하고 있는 범죄와 범죄자에 관한 통계가 나타나 있다. 또한 이들 공식통계를 분석하고 범죄대책과 관련이 있는 『범죄백서』와 『경찰백서』도 유익한 정보를 제공해 주고 있다.

　　과거에는 범죄현상 연구에서 거의 유일한 자료로 가장 광범위하게 사용됐던 것은 형사사법기관에서 작성한 공식통계였다. 그러나 범죄통계를 범죄연구에 활용하는 데는 한계가 있다. 즉 범죄통계를 가지고 범죄현황을 논할 때에는 반드시 유의해야 할 점이 있다. 그것은 바로 암수(暗數)의 존재이다. 「암수」라 함은 수사기관이 인지하지 못하거나 공식적으로 처리되지 않은 숨어 있는 범죄 수를 말하는 것으로 실제 발생한 범죄량과 통계상에 나타난 범죄량과의 사이에 상당한 차이가 나타나는 것이다. 그 비율은 범죄에 따라 다르지만 일반적으로 인지건수의 수 배 혹은 수십 배에 달하기도 한다.

　그래서 암수는 자칫 통계에 대한 신뢰도를 뿌리째 흔들어버리기 때문에 범죄통계를 사용함에 있어 매우 신중한 자세가 요구된다. 또한 범죄현황을 이해함에 있어서는 공통된 특징을 지니는 범죄를 유형화하는 방법이 유효하지만,『범죄백서』와『경찰백서』의 유형분류 방법은 서로 다르기 때문에 이 점에도 주의할 필요가 있다. 더구나 통계조사 도중에 관련법이나 통계집계방법이 달라지거나, 국민인식의 변화, 신고율의 증가 등이 범죄통계에 큰 영향을 미칠 수도 있기 때문에 통계를 살펴 볼 때는 단순히 범죄통계의 숫자를 보이는 대로만 해석하게 되면 범죄의 실상을 왜곡할 수 있고, 보다 정확한 이해를 위해 수치가 나타나게 된 배경을 알아야 하기 때문에 숫자만을 맹목적으로 따져서는 안 된다.

제2장 범죄통계

범죄의 통계를 일정한 형식과 방법에 의하여 정확하고 신속하게 과학적인 검토를 행하고 범죄현장을 분석, 연구한 범죄대책 상 자료를 범죄통계라 한다. 이것은 범죄 및 범죄자에 대한 객관적이고 일반적인 추세를 이해하는 데 가장 효과적이기 때문에 오늘날 세계 각국에서는 다양한 형태의 범죄통계표를 작성하고 있으며, 학자들도 범죄의 원인과 실태를 파악하기 위해서 그들의 많은 연구에서 범죄현상을 통계적으로 집약하여 분석한 범죄통계를 자료로써 활용하고 있다.

그래서 범죄통계는 오늘날에는 국가기관에 의해 실시된 것 이외에도 다른 연구기관에 의한 통계가 많은 나라에서 공표되고 있으며, 이로써 각국의 범죄현황을 어느 정도 파악 할 수가 있다. 최근에는 범죄의 기록, 기록의 수집과 분석, 통계처리 등에 컴퓨터가 도입되어 범죄통계가 매우 정밀화되었다. 범죄통계의 일관성, 국제비교 성 및 분석력 제고를 위해 국제적으로 합의된 개념과 원칙에 따라 개발된 ICCSInternational Classification of Crime for Statistical Purposes:2015년 유엔통계위원회에서 제정 체계에 기인해 우리나라의 상황에 맞게 범죄분류를 도입하기 위한 연구가 계속되고 있다.

① 우리나라에서 운용되고 있는 범죄통계

우리나라는 아시아, 태평양 지역 국가 중 유일하게 국제범죄분류 자국어 버전 번역 및 11개 대분류 전체에 대한 연계성 검토를 완료하여 유엔마약범죄사무국UNODC으로부터 아시아, 태평양지역 범죄통계 협력센터 제안에 합의한 국가이다. 일반적으로 우리나라에서 현재 운용되고 있는 범죄통계는 경찰관서에 신고된 사건발생통계원표, 검거된 사건검거통계원표, 피의자통계원표을 토대로 작성된 공식적인 통계자료를 말한다. 범죄관련 통계원표는 경찰뿐만 아니라 검찰, 소방관서, 군수사기관등 모든 수사기관에서 작성한다.

이외에 범죄학상 주요 공식통계로 활용되는 자료는 범죄분석대검찰청, 매년 발행, 범죄백서법무연수원, 매년 발행, 검찰연감, 사법연감, 비행소년 통계, 청소년백서문화관광부, 매년 발행, 교정 수용 통계 연보법무부 교정국, 경찰백서경찰청, 매년 발행 등이 있다. 그리고 범죄피해 자료로는 한국 형사정책 연구원이 3년 주기로 전국적인 범죄피해자 조사를 실시하고 있다.

그러나 이중에서 범죄동향을 살피는 데 가장 유익한 것은 대검찰청에서 발간하는 범죄분석이다. 그래서 이것은 우리나라의 가장 대표적인 공식통계로서 가장 상세하고 포괄적이다. 경찰청에서 발행하는 「범죄분석」 역시 많이 활용되는 자료로서 경찰에서 인지하고 있는 범죄와 범죄자에 관한 통계가 잘 나타나 있다. 여기서 말하는 「인지」라 함은 피해자의 신고, 제3자의 신고, 경찰관이 인정하고 있는 사실, 직무 질문, 사건 청취, 자수, 고소, 고발 등의 단서에 의해 수사기관이 범죄발생을 알고 있다는 사실을 말한다.

이러한 자료는 범죄가 발생되는 원인과 범죄환경을 연구하고 예방대책을 강구하는 데 유익하고 필요한 자료를 제공하며, 범죄통계자료의 보존연한은 1년발생통계원표, 검거통계원표, 3년피의자통계원표 대장, 5년범죄발생, 검거통계 원표대장, 20년경찰청 및 지방경찰청, 경찰서, 해양경찰서 발간 범죄 통계분석지이다. 또한 이러한 범죄분석 자료와 비슷한 종류의 통계는 여러 외국에서도 공표되고 있어 각국의 범죄동향과 비교할 때에 이용되고 있다.

예를 들면 영국의 「잉글랜드 및 웨일즈 범죄통계」, 독일의 「경찰 범죄통계」, 프랑스의 「프랑스

범죄」 등이 그것이다. 또한 미국에서는 1930년부터 매년 연방조사국(FBI)에서 「통일범죄 보고서 Uniform Crime Report: UCR」를 발행하고 있다. 이 보고서는 FBI에서 집계한 각 주, 도시의 경찰기관 등이 인지한 범죄가 수록되어 있어 범죄동향 분석에 이용되고 있다. 구체적으로 UCR은 2부로 구성되어 있는데, 이 중 제1부에서는 미국의 범죄동향에 대한 개괄적인 현황을 나타내기 위한 지표로서 다음의 주요 8개 중죄felony를 지정하였고, 이들 범죄의 범죄율인구 10만 명당 범죄발생률을 공표하고 있다. 8개 중죄로는 ① 살인murder and nonnegligent manslaughter ② 강간forcible ③ 강도robbery ④ 가중폭행미수aggravated assault ⑤ 불법목적 침입burglary ⑥ 절도larceny/theft ⑦ 자동차 절도 motor vehicle theft ⑧ 방화arson가 있다. 그리고 제2부에서는 이 밖의 21종의 범죄에 대한 연간 체포 인원 등을 기록하고 있다.

2 『범죄백서』와 『경찰백서』

범죄현상에 효과적으로 대처하기 위해서는 장기간에 걸쳐 통계자료를 수집하여 범죄 및 범죄자의 동향을 심층적으로 분석하고, 이를 통해 범죄에 대한 체계적이고 종합적인 대책을 마련하는 것이 필요하다. 이러한 목적을 위해서 발간되는 자료로는 앞에서 언급한 것처럼 『범죄백서』와 『경찰백서』가 있다. 범죄백서는 법무연수원에서 편집, 간행되는데, 각 형사사법 담당기구의 고유 업무에 한정된 다른 범죄관련 정부 간행물범죄통계, 범죄분석, 검찰연감, 사법연감 등과는 달리 수사기관에서 인지한 범죄의 발생 및 처리뿐만 아니라 법원, 교정시설, 보호관찰소, 소년보호기관 등 여러 형사사법기관들에서 생산한 범죄자의 처리 및 처우에 관한 각종 통계자료를 수집하여 제시함으로써 범죄의 발생 및 형사사법 활동 전반에 대한 종합적인 이해를 가능하게 해주는 자료이다. 또한 여기에는 최근의 범죄동향과 범죄자 처우의 실상이 개관되어 있으며, 아울러 특정범죄나 범죄 유형 등을 다룬 특집도 기록되어 있어, 그 시점에서 중요도가 높은 문제를 심도 있게 파헤친 조사결과가 보고되어 있다.

반면에 경찰백서는 경찰청이 범죄에 관한 내용을 국민에게 알리기 위해 작성하는 보고서로서 지난 1년간의 경찰활동을 총정리하여 공표하는 것을 주목적으로 하여 매년 경찰청이 편집하여 간행하고 있다. 여기에는 치안정세와 경찰활동에 대한 해설이 담겨져 있으며, 경찰이 중점적으로 다루는 범죄문제 중에서 화제를 불러일으킨 것들이 특집으로 꾸며져 있다.

제3장 범죄통계의 딜레마

범죄통계의 딜레마라는 말이 있다. 이는 경찰이 범죄를 강하게 단속하면, 범죄통계가 증가해 치안이 나빠지는 것처럼 보인다는 것이다. 물론 범죄통계는 범죄예방과 대책을 수립하고, 형법범의 발생건수가 어느 정도 있는가를 파악하는 데 역할을 담당하는 등 범죄현황을 이해함에 있어서 매우 유익한 것이다. 그러나 범죄통계에 있어서 유의해야 할 사항은 범죄통계기준으로 하는 범죄발생률을 먼저 이해하여야 한다는 점이다. 즉 범죄발생률은 인구 10만 명당 발생건수를 기준으로 하는데, 여기에서 말하는 발생건수란 경찰에 신고, 접수된 사건만을 의미하는 것이기 때문에 범죄발생률은 실제 발생한 전체범죄건수가 아닌, 신고 된 범죄건수만을 뜻하는 것이다. 따라서 범죄통계에는 신고 되고 공식적으로 처리되지 않는 숨은 범죄 또는 암수범죄의 문제가 있게 마련이기 때문에, 이것으로 인해 통계의 부정확성이라는 요인 등 일정한 한계를 유발할 수 있다. 공식통계자료에 자기보고자료, 범죄피해자료 등이 보충적으로 활용되고 있는 이유이기도 하다. 따라서 범죄통계 활용시에는 이러한 측면을 고려하여 해당 통계의 분석과 인용에 유의할 필요가 있다.

세상에 드러나지 않는 범죄, 숨은 범죄暗數

1) 범죄 실태와 통계의 신뢰도를 왜곡시킨다

앞에서 언급한 것처럼 범죄통계에는 실제통계보다는 허실이 있기 마련이다. 그래서 범죄통계는 일국의 범죄발생건수 전부를 나타내지 못한다. 특히 암수범죄暗數犯罪는 통계의 신뢰도를 가장 많이 떨어뜨리는 것으로 실제로 발생하였으나, 수사기관에 인지되지 않거나 수사기관에 인지되어도 용의자 신원이 미파악되어 해결되지 못하여, 공식적 범죄통계에 집계되지 않은 범죄를 말하는 것이다. 주로 성범죄와 같이 피해자가 수사기관에 신고하기를 꺼리거나 마약범죄와 같이 범죄자가 피해자이면서 가해자이기도 한 범죄에 많기 때문에 「숨은 범죄dark figures」라 불리기도 한다.

이처럼 일반적으로 범죄통계는 사회의 변화 추세와 범죄유형의 변화 경향을 잘 나타내주고 있다. 하지만 실제로 통계에 기록된 범죄수치는 사회에서 실제로 발생한 범죄의 일부에 지나지 않는다. 현실적으로 발생하고 있는 범죄 중에는 가격카르텔 등 피해자가 자신이 입은 피해에 대해 전혀 알지 못하는 범죄알지 못하는 범죄나, 도박 등 직접 피해를 입은 자가 없는 범죄피해자 없는 범죄 등이 적잖이 존재하고 있다.

일례로 손님을 가장하여 물건을 훔치는 자를 발견하여도 주의만으로 끝내고 경찰에 신고하지 않는 경우가 있는 것처럼, 피해자가 피해를 입었다는 사실을 알았음에도 불구하고 경찰에 신고하지 않는 경우도 있다. 이들 범죄는 그 대다수가 경찰에 인지되지 못하기 때문에 범죄통계에 포함되지 않는다. 이처럼 경찰에 인지되지 못한 범죄 수는 범죄통계의 의의를 상실시키는 중요한 요인으로 여겨져 왔다.

또한 경찰에 신고 되었어도 엄중한 주의만 준 다음 범죄자를 석방하는 경우에는 기록에 남지 않을 수도 있다. 특히 미국에서는 이러한 경찰의 재량이 매우 자의적으로 이용되어 인종이나 사회계급에 따라 차별적인 취급이 이루어지고 있지 않다는 지적이 많다. 물론 경찰의 재량에 의해 기록되지 않은 범죄라 하더라도 이미 경찰에 인지되어 있기 때문에 원래 암수에는 포함되지 않는다. 그러나 그것이 자의적으로 행해진 경우에는 범죄의 실태를 왜곡시켜 버릴 위험성이 높으므로 주의할 필요가 있다.

암수의 실태를 파악하기 위하여 지금까지 많은 암수 조사가 실시되었다. 예를 들어 이미 오래전에 영국의 L·래디노비츠는 암수가 범죄 전체의 85%에 달하며 특히 성범죄의 암수는 90%를 넘을 것이라고 했다. 또한 여성범죄 연구가 폴락Pollak이 여성범죄의 가장 큰 특징을 은폐성이라고 지적했듯이 여성범죄는 암수가 많다. 폴락은 여성범죄율이 적은 이유에 대한 가설로 기사도 정신가설Chivalry hypothesis[10]를 설정하였다. 그리고 1967년 미국에서 보고된 전국 1만 세대를 대상으로 한 피해조사에서는 경찰에 통보된 범죄는 49%에 지나지 않았다. 1991년 미국 사법통계국의 데이터에서도 경찰에 통보된 범죄는 전체의 38%였다. 일본에서는 도시방범연구센터가 1989년에 전국 성인남녀 3,000명을 대상으로 피해경험을 조사하여, 실제로 피해를 입었던 범죄 중 44%가 암수화되어 있다는 사실을 보고하였다.

2) 낙인의 악영향을 최소화하기 위한 피해자 없는 범죄와 비범죄화 논의

범죄행위의 결과로 인해 즉각적으로 피해를 입는 사람은 없지만, 법을 위반한 행위를 피해자 없는 범죄Victimless Crime라 말한다. 이 용어의 개념적 기초가 되는 논리는, 어떤 행위가 누군가에게 피해를 준다는 것이 입증되면 범죄로 간주된다고 하는 데 있다. 즉 어떤 행위가 피해를 주지 않는다고 증명되면, 이때 이러한 행위는 바람직하지 못한 것이지만 불법적인 것으로 간주되지는 않는다는 것이다.

일례로 상해와 같은 범죄는 피해가 분명히 드러나지만, 마약이나 대마초·마리화나 복용, 도박, 음주와 주정, 매춘, 동성연애 및 공중 앞에서의 노출행위와 같이 타인에게 해를 끼치지 않으나, 사회적으로 받아들여지지 않고, 법적으로 금지된 상품이나 서비스를 비밀리에 필요로 하는 당사자 간에 교환하는 행위와 같은 것이 피해자 없는 범죄의 대표적 사례이다. 가장 빈번하게 인용되

---

10 기사도 정신가설은 여성범죄를 기본적인 자연적 여성성향으로부터의 일탈로 보지 않고 자연적으로 범죄지향적인 성향이있다고 보는것이다. 즉, 여성이 남성보다 더 일탈적이고, 악의적이며, 생리적이고, 사회적으로 어떤 유형의 범죄에 대해서는 더 용이하기 때문에 여성이 남성에 못지 않는 범죄를 하지만 단지 여성의 범죄는 은폐되거나 편견적인 선처를 받기 때문에 통계상 적은 것으로 보일 뿐이라는 것이다.

는 매춘의 경우 피해자가 분명히 나타나지 않는다. 매춘부들은 자신을 찾는 남성들에게 단지 서비스를 제공했을 뿐이며 법이 간섭해서는 안 된다고 주장한다.

이는 금지된 행위의 주체자나 금지된 물품의 상호당사자를 제외하고는 타인에게 어떠한 해를 끼치지 않는다는 의미에서 슈어E. Schur가 피해자 없는 범죄라고 명명했다. 이 범죄는 위법한 행위이지만 상호 동의하에 행해지는 교환행위에 의한 범죄이며, 가해자가 동시에 피해자이면서, 개인적 법익을 침해하지 않는 공공법익에 관한 범죄로서 이러한 행위는 대체로 도덕률을 침해하는 행위를 하기 때문에 종교와 가족과 같은 중요한 사회제도를 보호하려는 목적으로 지배계급이 피지배계급에 금지조치를 과한 것이다.

또한 이것은 사회의 규범질서를 침해하는 범죄이기 때문에 다른 법규의 위반자보다 그 수가 많지만, 특별히 개인적으로 피해를 입는 자가 없고, 그 때문에 눈에 잘 띄지 않고, 신고 되지도 않으므로 대부분 숨은 범죄로 된다. 이러한 의미에서 피해자가 없는 범죄를 '신고 없는 범죄' 또는 '희생 없는 범죄'라고도 한다. 이 범죄에 대해서는 입법론적 차원에서 처벌해야 하느냐 아니면 비범죄화 하여야 하느냐에 대해서 지금까지도 많은 논란이 제기되고 있다. 비 범죄는 과태료 등 행정처분은 할 수 있어도 징역이나 벌금형 등 형사처분은 하지 않는 것이다. 주로 대마초와 성매매의 도입에 대해 말할 때 자주 나오는 단어이다. 그러나 "사회는 도덕률까지도 법률로 규제할 권한이 있다"고 보는 법 도덕주의legal moralism를 비판하는 입장에서는, 피해자가 없는 범죄에 대해 비범죄화를 지지한다.

따라서 슈어 등은 낙인의 악영향을 최소화하기 위해 비범죄화를 적극 주장했다. 반면에 "사회는 사회에 대한 반사회적인 행위를 억제하는 것과 똑같이 악덕 내지는 반도덕적인 행위에 대하여서도 또한 억제해야 한다"고 주장하는 데블린P. Devlin과 같은 법 도덕주의legal moralism를 지지하는 입장에서는 비범죄화에 반대한다. 그 논거는, 만약 당사자에게만 영향을 주는 행위를 형법의 대상에서 제외한다면, 안락사, 자살, 근친상간, 낙태 및 결투와 같은 행위 또한 범죄로 규정하지 말아야 히기 때문에 비범죄회 주장은 타당하지 않다는 것이다.

3) 암수가 발생하는 주요원인

암수는 일반적으로 그 특성상 피해자의 자진신고율이 떨어질 수밖에 없는 범죄에서 주로 발생하는데, 대표적으로 피해자의 수치심과 2차 가해의 우려 때문에 신고율이 낮은 성범죄 및 명예에 관한 죄와, 피해액이 미미한데 비해 신고할 경우 여러 가지로 피곤해지므로 그냥 넘어가는 절도, 국가적 법익에 대한 죄 또는 사회적 법익에 대한 죄일 뿐 범죄의 당사자들 사이에서는 피해자와 가해자를 나누기가 어려운 도박이나 마약범죄 같은 경우나 뇌물이나 밀수 및 성매매도 이에 포함된다.

종합하면, 암수가 발생하는 원인으로는 다음 사항을 들고 있다. 1) 완전범죄로 인한 범죄의 미인지 내지 미검거. 2) 피해자의 신고기피 사항으로 ① 범죄가 완료되지 않고 미수에 그친 경우 ② 경제적 또는 신체적으로 피해가 없는 경우 ③ 경미한 범죄로 범죄피해가 심각하지 않은 경우 ④ 무기류가 사용되지 않은 경우 ⑤ 범죄피해에 대한 보상을 받기가 어렵다고 여기는 경우 ⑥ 피해자가 범죄자의 보복이 두려워 통보하지 않는 경우조직범죄 등 ⑦ 성 범죄와 같이 범죄가 개인비밀을 누설할 우려가 있는 경우 ⑧ 형사 사법절차에 대한 부담감으로 경찰에 불신감을 갖고 있거나 적대감정을 지니고 있는 경우. 3) 법집행기관의 선별화 과정에서의 자의적 처리에 의한 누락으로 인한 경우법 집행의 차별성 문제로 화이트칼라 범죄나 여성범죄분야에서 많이 발생하며 선별과정에서 암수를 줄이기 위해서는 경찰통계를 활용하여야 한다Sellin. 4) 형사사법기관의 활동의 소극성 및 무능에 의한 경우. 5) 형사사법기관이 어떤 이념이냐에 따라서도 암수비율에 차이가 난다. 가령 응보이념을 취하면 인지된 대부분의 사건이 공식적으로 처리되지만, 갈등해소 서비스가 중심이 되면 대부분의 사건들이 비공식적으로 처리되기 때문이다. 이뿐만 아니라 소추하였으나 증거불충분 등으로 무죄판결을 받는 경우, 사법기관들의 통계행정체계의 미비로 인한 탈루, 정치적 이유로 통계조작에 따라서도 발생되는 등 다양한 원인에 의해 암수는 발생된다.

4) 범죄통계가 가지고 있는 한계

앞에서 언급한 것처럼 범죄통계는 사법당국이나 각 경찰력이 집계한 '기소된 위법'의 기록으로부터 수집한 '범법적 범죄'를 기록한 공식적 통계를 말하지만, 범죄통계에는 허실이 많기 때문에 일국의 범죄 발생 건수 전부를 나타내는 것은 되지 못한다는 게 형사학자들이 한결같이 강조해 온 사실이다. 그래서 서들랜드Sutherland Edwin 교수와 크레시 교수는 "범죄와 범죄자 수에 관한 일반적 통계표들은 아마 모든 종류의 통계표 가운데서도 가장 신뢰할 수 없고 또 가장 집계하기도 어려운 것이라고 주장했다.

따라서 범죄통계는 일정시기·일정지역에서의 범죄수량을 정확히 결정한다는 것은 불가능한 일이다. 즉 분명하게도 범해진 범죄의 다수가 적발되지 않고 있는 것이며, 실제로 발생한 범죄건수에 비하여 적발된 건수는 극소수에 불과한 경우도 있고 피해자 가운데는 범죄를 대수롭게 생각지 않거나 자기의 성명이 공표되기를 싫어하거나 경찰에 신고하는 일과 증인으로 출두하는 일을 귀찮게 생각하거나 경찰에 신고하면 오히려 범인 적발이 더 어렵다고 생각하거나 또는 범인이 처벌되는 것을 불쌍하게 생각하는 등의 이유로 신고하지 않게 되는 경우도 있는 것이다.

이런 이유로 경찰정책police policy의 변화 즉 집권하고 있는 정치가가 자기 집권 시에 범죄량이 감소되었다고 주장하고자 할 경우에는 범죄통계표가 범죄의 감소를 나타내게 되지만, 때로는 이와 반대로 집권자가 범죄처리 건수의 증가를 주장하는 곳에 〈정치적 가치〉political value를 주고자 하는 경우에는 범죄검거 건수가 격증하여 범죄통계표의 수치는 갑자기 상승하게 되기도 한다.

정리하면 범죄통계표는 일국의 범죄 량과 그 질에 관한 정확한 현상파악을 하기가 거의 불가능한 일이며, 다만 국가의 강제적 사법기관을 거쳐 가는 범죄소년의 수가 얼마나 되고 있는가에 관한 단순한 기록적 파악만을 할 수 있을 뿐이라는 뜻이다. 따라서 범죄통계표가 국민의 여론과 경찰정책의 변덕스러운 변화로 인해 전체 실제 범죄수와의 비율을 일정하게 유지하지 못할 수 있기 때문에 그러한 변화의 정도가 심하면 심할수록 범죄통계표는 〈범죄지수〉를 계산하는 기초자료로서의 가치를 적게 가지게 될수도 있다.네이버 지식백과, 범죄통계의 한계 :사회복지학 사전, 2009. 8. 15. 이철수 그래서 범죄학연구의 초기학자들인 케틀레Quetelet, 외팅겐Oettingen, 페리Ferri 등은 "범죄통계는 모든 통계 중 가장 신빙성이 없고 난해한 분야"Sutherland이고, "암수에 대한 정확한 이해는 범죄통계의 중요한 급소라 할 수 있다"Exner고 하여 통계학적 고찰에서 가장 중요한 영역으로 부각되기 시작했다.

결과적으로 범죄통계에 나타난 인지건수는 경찰의 인지활동을 나타내는 것에 지나지 않으므로 모든 공식적 통계가 정확한 범죄발생률의 지표로서 신뢰성이 있는가에 대한 논쟁이 존재하며,

이로 인해 범죄통계연구의 전면적인 포기를 제창하는 견해도 있다. 이와 같이 범죄통계에서 암수의 존재는 범죄통계의 본질적인 한계를 나타내는 것이라 할 수 있다. 그러나 범죄통계만으로 범죄의 실태를 완전히 파악할 수 없다는 사실에 주의하지 않으면 안 되지만, 암수의 존재로 인해 범죄통계가 완전히 무의미해지는 것만은 아니다. 따라서 그 한계를 감안하여 어느 정도의 범죄동향을 나타내는 지수로서 범죄통계를 이용한다면, 범죄의 실태를 이해함에 있어 유익한 방법이 될 것이라고 생각된다. 또한 암수를 추정하는 방법은 다양하지만 주요 방법으로 자연적 관찰, 인위적 관찰(실험)식 피해자조사, 실제 범죄를 범한 범죄자에 대한 자기보고self report조사, 정보제공자 조사제3자를 통한 조사, 형사사법기관의 재량 연구를 들 수 있다.

② 범죄통계에 관한 편견과 부정확성의 근원

범죄통계를 수집하는 데 있어서는 수많은 '편견'과 부정확성의 근원들이 존재한다. 예를 들면, 어떤 범주의 범죄는 수사기관의 결정으로 기소되지 않는 반면, 다른 범주의 범죄는 공공의 관심이 되기 때문에 기소되기도 한다. 또한 시간의 흐름에 따른 차이, 통계가 수집되는 유효성에 있어서 여러 경찰력 간의 차이도 존재한다. 그래서 범죄통계를 살펴볼 때는 다음의 세 가지 점에 유의할 필요가 있다. 첫째로 범죄의 인지건수는 실제 범죄수의 증감 이외에 다른 요소로부터도 영향을 받는다. 예를 들면 경찰 등 수사기관이 어떤 이유로 일정 범죄에 대한 단속을 강화한 경우, 실제의 범죄발생건수에 변화가 없더라도 범죄의 인지건수가 증가할 가능성이 있다.

또한 범죄의 인지건수는 범죄에 대한 시민의 대응에 따라서도 영향을 받는다. 예를 들면 영국이나 미국에서는 1980년대에 들어서자 보수당과 공화당 정권 하에서 형사사법 강화와 엄벌화를 추진하는 「법과 질서law and order」 캠페인이 펼쳐진 바, 범죄에 대한 엄격한 대응을 요구하는 국민의 목소리가 높아졌다. 또한 미국에서는 뉴욕 무역센타에 대한 9·11 테러 사건(2001. 9. 11) 이후 강화된 치안활동으로 범죄자에 대한 검거활동이 동반되자 범죄자 검거건수도 증가되는 등 이로 인한 범죄의 통보건수가 급속하게 증가되었다고 한다. 그리고 미국에서는 보험제도가 충실화되어 그 범위가 가재도구에까지 이르자, 보험급부를 받기 위해 범죄피해 신고가 증가했다는 지적도 있다.

두 번째로 인지건수는 유죄자의 수가 아니라는 점이다. 이는 인지건수 안에는 나중에 경범죄 처분으로 처리되어 검찰에 송치되지 않은 것, 검찰에 의해 기소가 유예된 것, 재판단계에서 정당 방위나 심신상실로 인정되어 무죄가 된 것도 포함되어 있기 때문이다. 세 번째로 범죄를 기록함에 있어서 일정한 계상 처리가 이루어지는 경우가 있다. 예를 들어 피의자의 행위 수에 따라 「건수」를 계산하는 경우이다. 단 범죄가 경합한 경우_{한 사람이 동시에 복수의 구성요건에 해당되는 행위를 한 경우,} 통계에는 이 중에서 가장 무거운 죄만이 기록된다. 「인원」에 대해서도 마찬가지다. 동일인물이 복수범죄를 저지른 경우에는 법정형의 가장 무거운 범죄_{법정형이 동일한 경우에는 주된 범죄를 한 사람이} 실행한 것으로 계상된다. 그리고 예비·미수나 결과적 가중범이 처벌되는 경우의 범죄는 각 범죄의 인지건수에 포함된다. 따라서 범죄발생에 대한 대안적 자료로 범죄조사_{crime survey}가 활용되기도 한다.

③ 범죄 유형을 분류하는 이유는 무엇인가

범죄유형을 분석하고 분류하는 이유는 다양한 범죄유형을 모두 설명하기 힘들기 때문이라고 할 수 있다. 범죄의 유형분류는 범죄학이 태동하던 초기에는 실정법이 규정한 죄목에 따라 분류 하다가 범죄의 상황과 범행동기를 중심으로 구분하던 것을, 이제는 범법자의 특정한 행위체계와 의 연관성을 기준으로 분류하는 단계로까지 발전하고 있다. 이처럼 범죄동향을 파악하기 위한 범죄유형화가 다양한 형태로 이루어지고 있다. 이것을 살펴보면,

첫째로, 이들 범죄는 크게 형사범과 행정범으로 나뉜다. 이 중 형사범은 그 성질이 사회윤리에 반하는 범죄를 가리키며, 자연범이라고도 불린다. 이에 비해 행정범은 행정단속 목적을 위해서 원래는 사회윤리에 반하지는 않는 행위를 범죄화한 것을 가리킨다. 각양각색의 범죄가 존재하는

오늘날에는 양자를 구별하기가 쉽지 않다. 그러나 기본적으로 형사범의 대다수는 형법 전에 의해 규정되어 있으며, 행정범의 대부분은 형법 전 이외의 법규특별법에 의해 규정되어 있다.

두 번째로, 다음과 같은 동기에 의한 유형화가 있다. ① 이욕범범죄자가 자신의 경제적인 이익을 위해서 행한 범죄(절도, 횡령, 배임, 통화위조 등) ② 곤궁범범죄자가 경제적인 곤궁으로부터 벗어나기 위하여 실행한 범죄(절도, 영아살인, 유기 등) ③ 격정범증오, 질투, 복수심, 성욕 등의 격정에 휩싸여 저지른 범죄(폭행, 상해, 살인, 강간 등) ④ 유쾌범경제적인 목적이나 격정에 의한 충동 없이 스릴이나 흥분을 얻고자 하는 목적으로 저지른 범죄(가게 물건 훔치기, 스피드 위반 등) ⑤ 정치범정치적인 목적으로 저지른 범(내란, 소란 등).

세 번째로, 다음과 같은 행위양태의 성질에 의한 유형화가 있다. ① 폭력범피해자의 신체에 대해 공격을 가하는 범죄(살인, 상해, 강도, 강간) ② 지능범피해자에게 물리적인 공격을 가하지 않고, 기망(欺罔, 사기행위로 남을 속여 넘기는 일)이나 임무위반 등의 방법으로 저지른 범죄(사기, 횡령 등) ③ 무력범범죄자의 무력한 태도에 의해 실행되는 범죄(절도, 영아살인 등).

또한 형법상의 범죄는 그 보호하는 법익法益에 따라 국가적 법익에 대한 죄, 사회적 법익에 대한 죄 및 개인적 법익에 대한 죄의 셋으로 크게 나눌 수 있다. 먼저 국가적 법익에 대한 죄는 다시 국가의 존립에 대한 죄내란·외환의 죄 등, 국교國交에 관한 죄외국원수·외국사절에 대한 폭행죄 등, 국가의 권위 및 기능에 대한 죄국기, 공무원의 직무·공무방해·도주·범인은닉·위증·증거인멸·무고의 죄 등로 나눌 수 있으며, 사회적 법익에 대한 죄는 공공의 안전에 대한 죄공안을 해하는 죄, 즉 범죄단체조직 죄·소요죄 등과, 폭발물·방화·실화·익수(溢水)·수리(水利)·교통방해에 관한 죄 등, 공공의 신용信用에 대한 죄통화·유가증권·우표·인지·문서·인장에 관한 죄 등, 공중위생에 대한 죄음용수·아편에 관한 죄 등, 사회도덕에 대한 죄풍속을 해하는 죄, 즉 간통죄 등, 도박과 복표福票에 관한 죄, 신앙에 관한 죄 등으로 나눌 수 있다.

개인적 법익에 관한 죄는 생명·신체에 대한 죄살인·상해·폭행·과실사상·유기의 죄 등, 자유에 대한 죄체포·감금·협박·약취·유인의 죄, 정조에 관한 죄강간·강제추행·혼인빙자간음죄 등, 명예·신용 및 업무에 관한 죄명예훼손·모욕·신용훼손·업무방해죄 등, 사생활의 평온平穩에 관한 죄 및 권리행사방해죄비밀침해·주거침입·권리행사방해죄 등, 재산에 대한 죄절도·강도·사기·공갈·횡령·배임·장물·손괴의 죄 등로 나눈다. 이외에도 범죄 통계에서는 형법범, 재산범죄, 강력범죄흉악, 폭력, 위조범죄, 공무원범죄, 풍속범죄, 과실범죄, 기타 형법 범죄 등 9가지로 나누기도 한다.

미국의 경우 FBI에서는 범죄자 프로파일링을 위해 2분법 즉, 범죄자들을 범죄현장에 나타난

행동특성과 성격적 특성을 바탕으로 범죄를 체계적이고 반사회적인 유형_{organized nonsocial}과 비체계적이고 비사회적인 유형_{disorganized asocial}으로 나누기도 한다. 이는 체계적인 유형의 범죄자들은 체계적인 범행을 저지르고, 비체계적인 범죄자들은 비체계적인 유형의 범죄를 저지르기 때문이다. 결국 범죄를 분류하는 기준은 하나로 정해진 것이 아니라 그 기준이 법익, 행위주체, 행위객체, 방법 등에 따라 다양하게 분류된다 할 수 있다.

제4장 범죄예측

1 범죄를 조기에 예측하는 법

2054년을 배경으로 한 영화 〈마이너리티 리포트〉에는 '프리크라임'이라는 시스템이 등장한다. 예지능력을 지닌 초능력자 3명을 활용해 앞으로 일어날 범죄를 미리 보고, 그것을 막을 수 있게 해주는 시스템이다. 그런데 이 시스템이 현실 속에서도 등장할지도 모른다. 예지능력을 이용하는 것은 아니지만 AI와 빅데이터를 활용한 기술이다. 중국의 안면인식을 범죄 용의자에게 활용하는 방법, 일본의 소셜미디어, 실시간 기상 레이더, 과거 범죄기록, CCTV, 총성 탐지기, 교통 시스템 등을 통해 범죄 가능성이 높은 지역을 예측하는 히다치 데이터 시스템즈HDS, 미국의 시카고 경찰의 시간 계절 등 주기 정보, 날씨, 지역 경제, 과거 범죄 데이터 등을 종합적으로 분석해 범죄 속에서 발견되는 일정한 규칙을 도출해 내는 헌치랩이란 범죄예측시스템 그리고 우리나라에서도 구축하고 있는 도시 환경설계CPTED 플랫폼 시스템 등이 대표적 방법이다. 이처럼 범죄대책은 범죄 이전의 대책과 범죄 이후의 대책으로 나눌 수 있다. 범죄의 발생가능성, 빈도·정도 등을 내다보는 범죄예측과 그에 따라 범죄발생을 사전에 방지하는 범죄예방은 범죄 이전의 대책에 속한다. 범죄의 조기예측에 대해서 살펴본다.

1) 의의

범죄를 미리 예측해서 막을 수 있다면 얼마나 좋을까? 범죄의 조기예측법Crime Prediction Method 이란, 장래에 어떤 사람이 범죄행위를 행할 가능성징후이 얼마나 되는가를 측정하여 그 위험성을 사전에 예방하기 위한 목적으로 행해지는 활동을 말한다. 즉 범죄예방·수사·재판·교정 등 범죄자의 형사처리 시 각 단계에서 범죄자·비행소년의 범죄성향이나 재범위험성의 정도를 측정·판단하는 것으로 기상예보나 병원에서 환자의 상태를 예측하는 '예측진단'과 유사하여 사회적 예후 social prognosis라고도 한다.[11]

따라서 형사학 상 '조기범죄예측'은 의학상 '예진'이며, '누범예측'은 '예후'와 같은 의미이다. 이 예측척도에 의하여 범죄를 분석하고 범죄성향 성격 자를 사전에 발견, 이들에 대한 과학적인 처우방법을 결정하고 형사정책상의 처분이나 그에 대한 개입을 가능하게 함으로써 범죄예방 또는 재범을 방지할 수가 있다.

2) 범죄예측을 해야 하는 목적

범죄도 이젠 사후 대응에서 사전예방 중심으로 패러다임이 점점 변화하고 있다. 대부분의 선진국에서는 '예측치안predictive policing'을 강조한다. 예측치안은 미래에 일어날 잠재적인 범죄활동을 식별하기 위해 법집행에서의 수학적, 예측 적, 분석기법의 사용을 가르킨다. 예측치안방식은 다음과 같이 3가지 분류로 나눌 수 있다.범죄를 예측하는 방식, 가해자의 개인정보를 예측하는 방식, 범죄의 피해자를 예측하는 방식이다. 이 기술은 범죄가 일어나기 전에 범죄를 방지할 수 있는 혁신이라 할 수 있다. 최근에는 인공지능이 CCTV 화면을 실시간으로 분석해 강력범죄의 징후를 사전 포착하고 미리 확률로 알려주는 기술이 개발되고 있다. 앞으로 AI와 빅 데이터 기술이 발전하면, 보다 많은 범죄를 미리 예측하고 예방 할 수 있을 것으로 예상된다.

범죄의 조기예측 법은 심리학적 원인론과 성과를 응용한 분야로 특히 정신의학적 진단과 깊은 관계를 가지고 있다. 따라서 심리학과 정신의학분야에서는 진단용으로, 형사정책상의 가석방심사와 보호관찰의 분야에서는 예후의 성행도Character and Conduct Degree를 측정히는 도구로써 활용될 수 있다. 예컨대 비행청소년이나 수감 중인 범죄청소년들의 현재 또는 가까운 앞날에 나타날지도 모르는 범죄성향과 범죄위험성의 유무, 그 정도와 재범가능성 여부를 객관적으로 판정할

---

11 의학에서는 예측이라는 말을 사용하지 않고 예진(豫診: P.M.E.)에 대응하는 예후(豫後: prognosis)라고 하는 용어를 사용한다. '진단'은 의사가 환자를 진찰하여 병상의 현황을 판단하여 치료하는 데 반하여 '예후'는 병의 징후가 장차 어떻게 변화할 것인가를 판단하여 이에 합당한 치료방법을 결정하여 치료하는 것을 말한다.

수 있는 임상연구에 활용될 수단과 방법으로 개발된 것이 바로 범죄 조기예측법이다. 조기범죄예측은 가석방 대상자의 재범위험성을 판단하기 위한 목적으로 하였으나 최근의 범죄예측은 일반적 범죄예방을 위한 목적으로 하고 있다. 따라서 최근 범죄예측은 범죄성이 있는 자의 인격특성·범죄경력·환경조건 등을 분석하여 일정한 범죄예측의 법칙을 정립하고 장래 개인의 범죄 등 비행 가능성을 파악하여 범죄예방대책을 모색하는 것을 주된 목적으로 한다.

범죄성향성격자란 범죄를 저지를 가능성이 보통사람들보다는 많이 지니고 있는 성격소유자를 말한다. 범죄예측에 있어 그러한 성격은 어디까지나 소질과 환경에 의해서 형성된다.[12] 더구나 범죄자가 된다는 것은 분명 유전요인과 주위의 나쁜 환경만으로 결정되는 것은 아니라고 본다. 이는 범죄성향성의 유전요인과 주위 환경요인으로 범죄자가 될 가능성의 여부를 그의 주위환경은 물론 가정 내에서의 성장배경, 성격의 형성요인을 주관(객관)적 사회 예측 척도와 인성검사를 통하여 범죄성향성격자를 예측하게 된다.[13]

3) 범죄예측 시 전제해야 하는 조건

앞에서 언급한 것처럼 범죄예측이란 범죄가능성이 있는 사람을 조사하거나 사회의 환경변화를 연구하여 장래의 범죄행위에 대한 발생가능성·빈도·정도 등을 미리 내다보는 것을 말한다. 이에는 사회적 차원에서 장래의 범죄행위를 예측하는 것과 특정한 개인이나 집단의 범행가능성을 예측하는 두 가지 측면이 있다. 그러나 형사정책에서 범죄예측이라고 하면 대개 개별적 행위자에 대한 범죄예측을 말하는 것이 일반적이다. 전체적인 사회단위의 범죄예측은 범죄예방의 한 영역으로 파악하는 것이 보통이다.

따라서 범죄예측은 범죄원인론과 범죄대책론의 양쪽에 모두 걸쳐 있는 영역으로서 현대 형사정책에서 중요시되고 있다. 이러한 범죄예측에는 진단, 분류, 그리고 예언의 세 가지 개념요소가 있다. 우리가 보통 범죄예측이라고 할 때에는 여기의 예언을 뜻하는 경우가 대부분이다. 따라서 범죄예측은 객관성신뢰성, 타당성, 단순성 그리고 효율성경제성이 전제되지 않으면 안 된다.

---

12   박정근, 『인격책임의신이론』, 법문사, 1986, 71쪽.

13   지광준,『 범죄학』, 350쪽.

(1) 신뢰성reliability

객관성이라고도 하는데, 측정도구가 측정대상을 일관성 있게 측정하는 정도를 말하는 것으로서 누가 예측하든 동일한 결과를 얻을 수 있어야 하는 조건을 말한다. 신뢰성이 있는 범죄예측법은 예측척도의 작성과 예측방법의 객관화가 전제되어야 한다.

(2) 타당성validity

예측의 목적에 따라서 예측이 합목적적 방법으로 수행되는 것을 의미한다. 즉 어떤 판단이 어떤 가치기준에 비추어 그럴 수 있다고 믿는 성질을 말한다. 예를 들어, 파란불에 건널목을 건너야 한다는 것, 무단횡단을 하지 말아야 한다는 것 등이 타당성에 맞는 예이다. 범죄예측도 예측의 목적에 적절한 기능을 수행하기 위해서는 타당성이 있어야 한다.

(3) 단순성simplicity

예측 방법과 결과가 쉽게 이해될 수 있도록 단순하게 구성되어야 하는 것을 뜻한다. 즉 단순한 성질이나 특징을 말하는 것으로 복잡하지 않고 간단한 것이다. 범죄예측척도의 판정을 위한 조작이 간단하고 단시일 내에 최소비용으로 마칠 수 있어야 한다.

(4) 효율성effectiveness

들인 노력과 얻은 결과의 비율이 높은 특성을 말하는 것으로서, 예측에 소요되는 비용과 시간이 무제한 일 수 없다는 깃을 의미한다. 따라서 가능한 한 최소예측인자로써 최고의 정밀도를 얻어낼 수 있어야 한다.

2 범죄예측은 언제 해야 하고 그 방법은 무엇인가?

범죄예측이론은 미국의 계량적 형사학의 선도자인 힐리Healy가 학술적으로 기술한 것인데, 그는 개개범죄자의 생활력을 추구하는 새로운 연구방법을 사용하여 생활력에 나타난 제 인자를 지능검사 및 기타방법에 의해 계량적으로 파악, 기술하려고 했다. 결국 범죄예측의 목표는 사회에 부정적인 현상이 되는 범죄성의 실태를 정확히 파악하여, 그 원인을 밝혀서 종국적으로 바람직한 예방대책을 강구하는 데 있다. 따라서 범죄예측은 각기 범죄대책을 위한 필요시점에서 예측이 이루어져야 한다. 즉 예측시점에 따라 조기예측早期豫測, 재판 시裁判時예측, 석방 시釋放時예측으로 분류된다. 또 예측방법에 따라 직관적 예측방법, 통계적 예측방법, 임상적 예측방법경험적 개별예측, 통합적 예측방법구조예측의 방법이 있다.

1) 예측시점에 따른 분류

(1) 조기예측일차적 범죄예방을 위한 예측

만약 사건이 발생하기 전에 미리범죄를 예측할수 있다면, 범죄로 인한 불안은 해소될 것이다. 범죄의 조기예측 법은 잠재적 범죄자를 사전에 식별하여 개별적으로 범죄성의 발전이나 심화 또는 범죄성의 발현을 사전에 예방하기 위한 예측으로 1950년 Glueck박사 부부의 『소년비행의 해명解明』에 나타난 통계적 가설검정 설統計的假說檢定說에 기초하고 있다.[14] 이것은 예방단계, 경찰조사 단계에서 행하여지므로, 범행 후 사법절차상에서 행해지는 사법司法예측과는 구별되며 조기예측은 특히 연소한 소년의 범죄나 비행예방에 중요한 의미를 가진다. 예컨대 초등학교를 입학하거나 중학교 재학 중의 연령층에 있는 소년들을 조기 예측함으로써 가정·학교·사회복지기관 등에서 효과적인 지도와 훈육·감독 등을 할 수 있게 될 것이다.

---

14 Glueck 부부는 500명의 비행소년과 500명의 非비행소년을 비교연구한 결과를 이용하여 조기비행예측표를 작성한 바 있다.

우리나라의 경우 소년 분류심사원[15]에서도 일반소년들에 대한 외래감별外來鑑別이 많아지고 있는 현상도 초범예측 또는 조기예측의 중요성이 인식되어진 하나의 단면이라 할 수 있다.[16] 영국에서는 지금까지 범죄예측이 범죄가 언제 어디서 일어날지 예측하는 데 집중되어 왔지만, 현재는 누가 범죄를 저지를지 예측하는 데 연구를 집중하고 있다. 영국에서 개발 중인 프로젝트는 NDASNational Data Analitytics Solution로서 AI로 경찰기록과 통계를 바탕으로 폭력범죄의 위험성이 있는 사람을 찾는 연구를 시행하고 있다.

(2) 재판 시 예측

재판 시 예측이란 형의 선고유예·집행유예 양형과 같은 범죄자의 처분을 결정하는 데 기초가 되는 범죄예측으로 재판의 단계에서 피고인의 개별처우를 위해 그들의 장래 범죄성향행동을 예측하는 것을 말한다. 이는 유럽이나 미국에서 보호처분을 명하는 경우와 상습범에 대해 보안처분 조치를 하는 경우에 행해지고 있다. 우리나라에서도 형의 선고유예의 선고요건 가운데 재판 시 예측을 통하여 양형조건을 참작하여 이를 결정하도록 하고 있다.

그런데 피고인의 양형을 선고하는 단계에서는 양정을 결정하는데 법원의 재량권이 많이 주어지므로 예측판단에 의한 개별화의 가능성은 매우 넓다. 이때의 개별화란 범죄뿐만 아니라 피고인의 범행 당시의 정상에 따라 과형을 선택해 나가는 것을 말하며 현행 형법에서도 양형 상 참작해야 할 조건을 정하고 있다(형법 제51조 참조).

또한 재판 시 예측에서는 단기간에 조사와 판단이 이루어진다. 따라서 범죄 전 행위와 판결 후의 행동을 파악하거나 관찰하기 어렵기 때문에 재판 시까지 수집한 증거자료에 의해서 예측상의 良과 不良을 보다 정확하게 하기 위해서는 판결 전 조사제도判決前調査制度와 같은 별도의 장치가 요구된다.

---

15 법원소년부(가정법원소년부 또는 지방법원소년부)가 결정으로서 위탁한 소년을 수용하여 그 자질(資質)을 분류심사하는 시설로 분류심사는 의학·심리학·교육학·사회학·사회사업학 등의 전문적인 지식과 기술에 근거를 두고 보호소년의 신체적·심리적·환경적 측면을 조사 판정한다.

16 지광준, 『범죄학』, 353쪽.

(3) 교정단계의 예측

교정단계에서의 예측은 범죄자의 교화개선을 통한 재범방지를 목적으로 한 합리적인 처우방법의 선택을 위해 필요한 예측으로 수형자에 대해 수감 중의 행장行狀, 교도소에서 죄수의 복역 태도에 대하여 매기는 성적을 1~4급 또는 우·양·가·보통 따위로 매긴다 등을 고려하여 가석방을 할 것인가의 여부, 만일 가석방을 한다면 어느 시기에 하는 것이 가장 효과적일 것인가를 판단하는 자료를 얻기 위해 행해진다. 이 제도는 수형된 때로부터 석방이 결정되기 직전까지 교정시설로부터 얻어낸 자료를 통해 석방 후의 행동이 양호할 것인지의 여부를 예측하는 것이라 할 수 있다. 이 자료의 내용은 예측 대상자가 수용될 때까지의 생활력, 행형성적, 그가 복귀할 가정적·사회적 주위환경 등을 고려하고, 이를 수량화한 성적과 범죄성향인자의 관계를 정밀 진단하여 전체적 평가방법이나 점수법을 통해 예측을 완성한다.

현행 형법에서는 가석방 요건의 하나로, 수형자의 행장이 양호하고 개전의 징후가 현저한 때(형법 제72조 제1항)임을 들고 있다. 이러한 실질적 가석방 요건은 수형자가 재소 중에 규율을 잘 준수하고 선행이 보장되어 개전하고 있다는 것을 인정할 수 있는 정상을 의미한다. 종국적으로는 예측대상자가 가석방 후, 재범을 저지를 염려가 없다는 예측 결과가 나와야 한다는 것을 의미한다.[17]

2) 예측방법에 의한 분류

(1) 직관적(판단적) 예측방법

주관적 예측기법으로는 경험적 자료도 없고 이론도 없는 경우에 전문가나 경험자 등 직관적 판단에 의해 범죄를 예측하는 사람의 통찰력이나 직관적인 예측능력을 토대로 한 예측방법을 말하는 것으로 보통 사람의 보편적인 인식능력 외에 판사·검사·교도관 등 범법자를 대상으로 직업적인 경험을 가진 사람이 중요한 역할을 한다. 이 방법은 대상자의 인격전체를 분석·종합한다는 점에서 보통 전체적 관찰법이라고도 한다.[18] '브레인스토밍'이나 '델파이 기법' 등이 대표적 방법이다. 그러나 판단자의 주관적 자의에 의하여 판단이 좌우되고, 주관적 입장·지식·경험 등에 의

---

17 지광준, 『범죄학』, 354쪽.
18 배종대, 『형사정책』, 293쪽.

존한다는 점에서 신뢰성과 과학성이 없다는 비판을 받고 있다.

(2) 통계적 예측방법

통계 값을 사용하는 객관적인 예측방법으로 범죄자의 특징을 계량화하여 특정사회에서 일어나는 다양한 행위의 발생빈도에 초점을 맞추어 발생빈도가 높은 것은 정상이며 발생빈도가 낮은 것은 일탈적인 것으로 예측하고 있다. 이 방법은 일정한 점수를 기초로 한다는 점에서 점수법이라고도 한다. 구체적 범죄자의 다양한 특성을 객관적으로 평가하기 위한 예측 표를 작성하고, 이에 따라서 전체득점을 계산하는 방법을 널리 이용한다. 이 방법은 범죄예측을 객관적 기준에 의존함으로써 실효성이 높고 비교적 공평하며 예측비용도 절감되는 장점이 있으나 예측 표를 작성하는 데 문제가 있다. 서류상의 범죄요인을 토대로 할 경우에는 서류에 등재되는 과정의 상이한 선별기준에 대한 대책이 없다. 따라서 범죄예측표의 목록은 개별연구자에 따라 각기 다른 내용을 가질 수밖에 없다.[19]

(3) 임상적 예측방법경험적 개별예측

전문가인 정신과 의사나 범죄학의 교육을 받은 심리학자가 행위자의 성격분석을 토대로 범죄인이 사후에 범죄를 저지를지를 판단하는 방법이다. 조사와 관찰방법을 사용하며 임상실험의 도움을 받기도 한다. 대상자의 사회영역도 같이 고려하고 신체검사나 의학적 보조검사도 병행된다. 단점으로는 판단자의 주관적 평가가 개입될 가능성이 높고, 판단 자가 경험부족으로 자료를 잘못 해석할 수 있는 위험성도 많다. 더구나 비용이 많이 들어 사용이 쉽지가 않다.

(4) 통합적 예측방법구조예측의 방법

우선적으로 판단자가 먼저 직관적 예측을 하고, 다음으로 통계적 예측 표를 이용하여 그의 직관적 예측이 맞는지 검토하는 방식을 말한다. 만일 양자 사이에 많은 차이가 생길 경우에는 경험

---

19 배종대, 『형사정책』, 293쪽.

이 풍부하고 자격을 가진 전문가가 임상적 예측을 하도록 위탁하는 절충적 방법을 사용한다. 그러나 이 방법은 많은 시간과 경비가 들기 때문에 실용화하는 데 문제가 많이 있다.

③ 범죄조기예측법의 변화와 발전경향

인류의 오랜 꿈 중의 하나는 미래의 일을 사전에 파악하는 것이다. 영화 '마이너리티 리포트'는 범죄 발생을 사전에 파악해 원인을 제거하면 '범죄 없는 도시'라는 유토피아를 만들 수 있을 것이라는 '미래예측'에 대한 상상력을 보여주는 영화이다. 최근에는 그동안 예측불가의 영역으로 남아있던 지진과 테러리즘 영역의 조기 예측방법도 연구되고 있다.

1) 조기예측법의 발전 방향

범죄예측은 예방, 수사, 재판, 교정의 각 단계에서 잠재적 범죄자의 범행 가능성이나 범죄자의 재범 가능성을 판단하는 것으로 미국에서 Warner 등 사회학자들의 실천적 필요에 의하여 처음 개발되었다. 독일의 예측법은 미국의 범죄예측연구에 많은 영향을 받아 등장하였다. 특히 범죄예측분야는 범죄원인론의 한 부문으로 정신의학자들의 연구에 의하여 주로 발달하였다. 오늘날 범죄예측에 대한 연구는 미국의 조기예측법이 주류를 이루고 있다.[20]

특히 소년범죄의 예방을 위해 끊임없이 노력하는 학문 중의 하나가 청소년범죄·비행의 조기 발견과 치유를 위한 조기예측법이다. 청소년범죄·비행의 조기예측연구는 잠재적인 청소년범죄 성향자를 조기에 발견하고, 이것에 심리학적·정신의학적인 치료를 함으로써 청소년범죄를 근본적으로 예방하려는 데 그 목적이 있다.[21]

이와 같이 범죄조기예측척도를 범죄성향성격의 발견과 범죄원인의 진단을 위하여 범죄·비행에

---

20 정영석·신양균, 『형사정책』, 294쪽.

21 法律のひろば編輯部編, "Glueck犯罪豫測理論と刑事學", 『犯罪豫測の理論と實際』, 帝國地方行政學會(株), 1960, 20쪽.

가장 중요한 원인이 되는 사회적 요인과 심리적인 특질을 규명·발견하는 데 집중하였다. 그리고 Glueck박사 부부는 보다 빠른 원인적 치료목적으로 과학적이며 근본적인 치료를 행하고 범죄예 방과 교정 적 치료, 보도와 지도의 효과를 증대하였다. 또한 이것을 적극적으로 활용할 수 있 도록 간편하며 누구나 쉽게 사용할 수 있으며 신뢰성이 있고 예측성이 높은 예측척도로 완성 하였다.[22]

2) 미국의 범죄예측법의 발전

(1) 범죄예측연구의 계기

범죄의 조기예측연구는 1923년 최초로 미국에서 Warner 교수가 점수법을 기초로 가석방을 예 측한 데에서 시작하여 세계 각국에서 연구되었다. Warner 교수는 오레곤대학의 형법·형사학연구 소의 범죄통계부장으로 재직 중 매사추세츠주 교도소의 요청으로 가석방 심사위원회에서 사용 하고 있는 판정기준이 얼마나 정당한가를 평가하기 위해 점수법을 제창했다. 그 판정기준은 수 용 중 교정여부·행위, 석방 후 직업·귀향지, 사실진술능력, 범행사실, 전과, 신병인수인, 석방 시 전후행동 등이다. 이 연구가 예측표 작성연구는 아니지만 수용자의 가석방 후 재범여부를 처음 연구하였다는 데 큰 의미를 부여하고 있다. 이로 인하여 미국·독일 학자들에게 범죄조기예측에 관한 연구를 하는 데 계기가 되었다는 점에 커다란 의의가 있다.

(2) Burgess의 재범 예측을 위한 범죄예측 표 연구계량범죄학

1928년 시카고대학 교수인 Burgess는 재범예측을 위하여 처음으로 예측표 구성을 위한 연구를 하여 각종 예측 법에 영향을 주었으며, 이를 Ohlin이 수정하였다. 버제스 교수는 일리노이주의 3 개 교도소에서 석방된 후 2년 반 이상 지난 가석방자를 각 교도소마다 1,000명씩 선정하여 21개 의 예측인자를 주어 조사하였다. 그의 연구는 형사학에 계량분야의 도입을 시도하였다는 데 커 다란 의미와 가치가 있다. 특히 그는 죄질·공범자·결혼여부·직업경력·가석방시 연령 등 21개의

---

22   지광준, 『범죄학』, 358쪽.

예측인자를 매개로 하여 가석방 범죄인의 가석방위반율과 다른 범죄인의 위반율을 비교하는 방법을 사용하여 예측표상의 점수가 높을수록 위반율이 낮다는 양점법量點法을 주장하였다.

Burgess의 연구는 범죄학에 계량학을 도입하고, 각종 예측법에 많은 영향을 주었다는 점이 범죄학 상 큰 의미가 있다. 그러나 각 점點의 중요성이 다르다는 것, 교도소와 교정원을 함께 취급한 점, 자료원이 현지조사의 결과가 아니라 관청의 통계라는 점, 대조군을 사용하고 있지 않다는 점 등의 결함이 있다는 비판을 받고 있다.[23] 버제스 교수의 가석방 예측표가 발표된 이후 Glueck 부부가 이 방면의 연구에 크게 기여하였다.

(3) Glueck 부부가 주장한 범죄예측재범예측은 난점법難點法이다

Glueck 부부는 Burgess의 연구 결함을 보완하기 위하여 1930년 매사추세츠주에서 가석방된 500명의 범죄인을 연구하여 재범예측을 시도하였다. Glueck 부부는 50개 인자를 선정하여 예측척도를 작성하고, 그 중에서 범죄예측 효과가 있는 7개 인자를 선정하여 소종별小種別로 분류하였다. 그리고 가석방 후의 생활과 비교하기 위하여 성공과 실패에 대한 평점을 하였다. Glueck 부부는 각 예측인자의 평점을 합계한 점수가 높을수록 범죄율이 높다는 난점법難點法을 주장하였다.

또한 Glueck 부부는 가중실점加重失點 방식에 의한 조기예측표로 1950년 『소년비행의 해명 Unraveling Juvenile Delinquency』을 발표, 비행소년의 조기예측을 위한 광범위한 연구를 통하여 형사학계에 혁혁한 공을 세웠다.[24] 특히 Glueck 부부에 의해 고안된 사회적 범죄 조기예측표[25]는 통계학 등 다각적인 범죄학적 방법에 의한 범죄성의 계량적인 측정을 하고 예측척도를 세밀하게 하여 초등학교 입학 시6~7세의 소년들에 대한 비행가능성까지 예측이 가능하다고 주장한 예측표이다.

(4) Glueck 부부의 가정을 토대로 한 사회예측항목 5요인

가정은 가족의 공동체임과 동시에 삶을 배우는 최초의 장소이며 최소단위의 사회통제기관으

---

23 지광준, 『청소년범죄와 비행』, 54쪽.

24 김종구·전광문·김명해·김대진 공저, 『소년비행의예측-이론과실제』, 중앙청소년회관발행, 1973, 28~32쪽.

25 Glueck, S. & E., *Unraveling Juvenile Delinquency*, Harvard University Press, Mass, 1950, pp. 258~260.

로서 비행과 범죄억제역할을 수행하고 그 발생 조건이 되는 경우도 많다. 또한 가정은 자라나는 청소년들의 가치관과 인격과 품성에 많은 영향을 미치기도 한다. 특히 최근 들어서는 결손가정 broken home이 증가추세에 있다. 과거에는 결손가정의 주원인이 부모의 사망에 있었으나 현대사회에서는 이혼 및 별거의 증가, 미혼모 증가, 경제적인 이유와 자녀해외유학으로 인한 기러기가족 증가 등으로 인하여 결손가정이 늘고 있다. 이와 같이 가정은 중요하기 때문에 Glueck 부부는 가정을 토대로 사회예측항목 5가지 요인을 제시하였다.

① 아버지의 훈육방법

환경이 좋지 않은 지역에 거주하면서 가정의 훈육과 감독방법이 잘못되어 있으면 더욱 쉽게 비행화를 초래하게 된다는 것이다.[26]

② 부모의 감독방법

부모의 감독방법과 범죄성향과는 매우 긴밀한 상관관계가 있어 너무 엄격하거나 무관심한 감독이 아닌 확고하고 친절한 감독 밑에서 성장한 청소년들은 범죄성향이 적다[27]고 Glueck 부부는 지적하고 있다.

③ 아버지의 사랑·어머니의 사랑

가정이란 인간이 태어나면서 부모의 사랑을 느끼면서 자라는 삶의 양육처라 할 수 있다. 이러한 가정이 결손 되었을 때, 자녀들에게 미치는 영향은 중대하며 치명적일 수밖에 없다. 글륙 박사 부부의 조사결과에서도, 자녀에 대한 부모의 사랑이 무관심하고, 적대적이며, 거부적인 경우 자녀들의 성격이 범죄 성향화가 될 확률이 높다고 한다. 반대로 온정적인 부모의 사랑을 받으며 자란 자녀들은 보다 활동적이고 온순한 성격 소유자로 커 나간다고 한다. 부모의 애틋한 사랑이 성장기 청소년들의 성격형성요인으로 크게 작용하고 있음을 말해주고 있다.

---

26 Sutherland, E. and Cressey, D., *Principles of Criminology*, 7th ed., Lippincott, 1966.
27 Glueck, S. & E., *Ventures in Criminology*, Harvard University Press, Cambridge Mass: 1967, p. 128.

④ 가족 간의 결합성 정도

가족구성원이 갈등으로 가족의 결속력이 떨어지고 불화하게 되면 가족 간에만 문제가 생기는 것이 아니고 그가 속해 있는 사회의 일부까지도 나쁘게 전염시킨다. 특히 가정의 중심이라 할 수 있는 부모 사이의 갈등은 자녀의 성격형성과 행동에 결정적인 영향을 끼친다. 이러한 가족 간의 갈등현상은 부부간, 친자간의 불화와 대립, 가족 간의 대화부재에서 찾을 수 있으며, 이로 인하여 가정의 집단적 통합성이 약화되어 이혼·가출 등의 형태로 가정이 붕괴되어진다. 또 글륵 박사 부부의 연구[28]에서도 가족의 결합성이 결여된 가정의 청소년들은 정상가정에 비해 약 24% 정도 비행가능성이 높은 것으로 나타났다.

⑤ 가정 내의 도덕적 행동기준

가정은 인생의 최초의 교육의 장으로서 기본적인 생활양식을 학습하는 장소이다. 따라서 자녀교육을 위해서 필요한 것은 가정을 둘러싸고 있는 가정의 건전성이다. 우리는 옛날부터 한 개인의 인격과 품성을 가늠하는 척도로써 그 사람의 '가풍family tradition'을 중시하여 왔다. 가풍이란 그 집안에 전해 내려오는 특유의 전통과 풍습, 분위기 등을 말한다. 그리고 가풍이 좋다 나쁘다는 뜻은 그 집안의 도덕적 행동기준이 어떠한가를 말해 주는 것이다.

특히 대부분의 범죄성향성격의 형성은 가정에서 이루어지며, 범죄행동 역시 가족과 친구들 사이의 상호교류 속에서 익혀지며 습득된다고 한다.[29] 또한 가정 내의 도덕적 행동기준은 인격을 형성하고 애정과 인정을 체득함과 동시에 안정감을 누리며 이타주의와 비범죄적 행위와 같은 순종적 행동을 학습하는 데 매우 중요한 역할을 하게 된다. 특히, 준법적인 성격형성이야말로 학습받지 않으면 안 되는 어려운 과정이다주관적 사회 예측항목으로 「가정 내의 도덕적 행동기준」은 Glueck 부부의 사회예측 5인자 속에는 포함되지 않는다.[30] 결국 가정에서 교육은 경계와 규칙을 정해주는 훈육이 필요하다. 즉, 아이의 도덕성과 사회성을 길러주기 위해서는 폭력은 안 되지만 분명 훈육은 필요하다.

---

28 Glueck, S. and E., *Unraveling Juvenile Delinquency*, Harvard University Press, 1950, p. 261.

29 Chang, D. H., *Crime and Delinquency*, Schenkman Publishing Co., 1977, p. 68.

30 지광준, 『범죄학』, 363쪽.

다양해지고 있는 범죄조기예측방법

현대사회의 범죄현상은 과거에비해 보다 복잡하고 다양한 형태로 나타나고 있다. 따라서 범죄현상을 예측하고 분석하는 방법도 다양하다. 최근에는 첨단정보기술이 경제, 사회 전반에 융합되어 혁신적인 변화가 나타나는 4차 산업혁명시대의 범죄예측은 과거에 비해 복잡하고 다양한 방법을 요구하고 있다. 특히 표본에 근거한 제한된 결과만을 알 수 있던 과거와 달리 AI를 이용한 머신러닝의 경우 과거의 데이터를 통해 학습한 후 모집단인 빅 데이터를 학습학습을 통하여 발견된 속성을 기반으로 모형을 개발하여 예측하기 복잡하고 다양한 새로운 데이터로 범죄현상을 보다 정확하게 예측할 수 있다.

1) 조기예측법의 변화와 검사방법

범죄조기예측검사방법으로는 목록법inventory method이라 하여 피검사자가 자기 스스로 관찰하여 어떤 질문에 "예", "아니오"라고 응답하는 자기보고의 형식을 취하는 방법이 많이 활용되고 있으며 이외에도 전문가가 직접 피검자의 행동을 관찰하여 그 정도를 척도 치로 표시하는 평가법rating method이 있다. 또한 피검자에게 작업을 부과하여 그 수행과정을 통해 성격을 테스트하는 작업검사법이 있다.

일반적으로 조기예측 법들은 모두 성격의 표현이나 징후를 형식적으로 파악하는 일이 주가 되어 있다. 따라서 성격의 심층을 파헤치면서 진단할 수 있고, 새로이 나타난 성격이론에 대응할 수 있는 측정 또는 검사방법이 필요하여 투사적 기법이 발전되었다. 그러나 투사법을 실시하려면 고도의 심리학적 지식과 기술 및 경험이 있는 전문가가 아니면 불가능하므로 특수한 경우에만 한정하고 일반적인 조사에는 잘 쓰이지 않고 있다.

투사법 投射法, PROJECTION METHOD

투사법이란 직접적인 질문이 아니고 간접적인 자극물을 사용해서 응답자의 의견이 투사되도록 하는 조사 방법이다. 개인 성격의 특성을 발견하는 인성검사법으로 잉크자국, 그림, 미완성문장 등을 보고, 그에 대한 피조사자의 해석을 토대로 그의 심리상태나 욕구 등을 파악하는 방법으로 '투영법' 또는 '프로젝티브 테크닉'이라고도 부른다. '투영'projection이란 뜻은 프로이트S.Freud가 창안한 인간심리의 매커니즘을 가르키는 것으로 자신이 불안하거나 죄의식의 감정에서 벗어나기 위해 취하는 심리를 말한다. 자기에게 어디엔가 결점이 있어서 생기는 죄악감 또는 열등의식, 욕구불만, 공포감등을 외부의 어디엔가 투영하는 현상이다. 예를 들어 한밤중에 두려운 마음으로 산길을 가다가 나뭇가지를 유령으로 보고 놀라는 경우는 으스스하다는 두려움 때문에 나뭇가지가 유령으로 보이는 것이다. 이와 같이 인간의 심리가 투영되는 현상을 이용하여 개발한 인성검사 또는 태도조사의 기법을 말하는 것으로 인간의 무의식적 충동, 감정, 사고 및 태도를 다른 대상에 투사시킴으로써 자신의 긴장을 해소하려는 일종의 방어기제이다. 모호하거나 구조화되지 않은 자극에 개인의 내면심리를 투사시켜 피험자의 성격 · 욕구 · 정서 · 태도 등을 분석할 수 있다.

즉 인간의 잠재된 심층심리를 분석하는 방법으로 개인의 다양한 성격과 역동성을 묘사하고 발견해낸다. 객관적인 검사들이 지나칠 수 있는 감정과 태도 등을 잘 발견할 수 있도록 검사지가 구성되어 있다. 또한 투사법에는 로르샤하Rorschach검사잉크반점검사 · 주제통각검사TAT · 그림욕구좌절검사PFT · 아동용주제통각검사CAT · 연상검사 · 모자이크검사 · 문장완성검사 등이 있다. 우리나라에서 사용되고 있는 성격검사에는 로르샤하검사 · 그림좌절검사 · TAT성격진단법 · 아동용 주제통각검사 · 문장완성검사 · 나무그림검사 · 인물화검사 등이 있다.

2) 대표적인 조기예측검사법은 무엇이 있는가?

① 문장완성검사법SCT

빈칸에 자신이 떠오르는 생각을 적어서 제시된 문장을 완성시키는 심리검사법으로 50여개 문항의 미완성문장을 완성시키도록 하는 것으로서 제시된 문장에 수검자들은 자신이 현재 가지고 있는 무의식의 세계를 드러내게 하고, 하나의 질문으로 이에 대한 반응 내용을 분석하여 부친상, 모친상 및 상대가 가지고 있는 자기 자신의 과거, 현재와 미래에 대한 자아상을 기초로 자신에 대한 개념을 엿볼 수 있으며, 그 사람의 중요한 문제점을 파악하여 도움을 주려는 것이다. 투사법에 속하는 검사법으로서 학력이 낮은 소년에게도 실시할 수 있는 장점이 있다. 그러나 분석방법이 복잡하고 전문가의 해석이 필요하기 때문에 많은 인원을 짧은 시간 내에 검사하는 데는 부적합한 검사법이다.

② 크레펠린Kraepelin 정신작업검사법

독일의 정신의학자로서 근대정신의학의 아버지라 불리는 크레펠린1856-1926의 연속 가산작업에 의한 실험적 작업심리검사법을 기본으로 해서 작성한 정신의 실용적 검사법으로 주로 산업계, 교육계에서 널리 이용하는 검사법이다. 이것은 객관적 조건이 일정한 경우, 작업능력의 여러 인자가 작업경과 및 결과에 반영된다는데 기초를 둔 우치다-크레펠린 정신작업검사용지를 써서 피검자에게 25분법 또는 30분법으로 한 자리 숫자를 제한된 시간 내에 연속적으로 가산하여 작업에 대한 의지, 작업에 따르는 흥분, 작업의 익숙한 정도, 작업 반복에 따른 연습효과 및 피로라는 작업능력의 여러 인자를 그 작업량과 전체 작업곡선에 의해 정신기능의 모든 특징과 결함여부를 진단하는 것으로 학력과는 관계없이 많은 집단에서 한꺼번에 실시할 수 있으며, 범죄 및 비행성향 식별에 매우 유효한 장점을 가지고 있으나 검사 후 채점 시 고도로 숙련된 전문가가 필요하다는 단점을 가지고 있다.

③ 길 퍼드 목록표Guilford Inventory

창의성 연구의 선구자인 미국의 심리학자 길 퍼드가 고안한 것이다. 이 표는 질문지 형식으로 되어 있으며, 사회적 내향성-외향성, 사고적 내향성-외향성, 우울성, 회귀성, 태평성 등 5개 특징을 검증할 수 있는 척도로서, 13개의 요인별 '기질특성'의 점수가 나오게 된다. 또한 객관성, 협동성, 우호성은 물론 일반적 활동성, 지배성과 복종 성, 남향 성-여향 성, 열등감, 신경성 등의 요인을 검사할 수도 있다. 일반적으로 이 검사법은 산업체 근무요원이나 교육 및 임상에 활용할 가치가 많이 있으며, 검사표의 문항은 모두 511개로 구성되어 있다. 검사 절차는 검사자가 질문 항목을 하나씩 읽으면 피험자는 그것에 대하여 '예', '아니요' 중 하나에 표시하는 간단한 것으로서 소요시간은 약 30분 정도다. 우리나라에서는 가장 포괄적인 검사이지만 확실한 타당도 연구가 걸여된 아쉬움이 있다.

④ 그림좌절검사법PFT: Picture Frustration Test

욕구에 대한 좌절을 평가하기 위해 1945년에 로젠쯔바이그S.Rosenzweig가 개발한 검사법이다. 상대방에 의해서 좌절을 겪게 되는 인물이 어떤 반응을 보이게 될지를 피험자로 하여금 상상하도록 하는 만화로 구성되었다. 대상은 아동부터 성인까지로 모두에게 사용할 수 있다. 정식 이름은 '욕구 불만에 대한 제 반응을 측정하는 회화 연상검사'지만 간단하게 '그림좌절검사Picture-Frustration Study' 또는 'P. F. Study'로 불리고 있다. 욕구불만에 대한 반응을 측정해서 그들의 인격 구조를 이해하는 것은 교육적으로나 혹은 임상적 진단에 대단히 의의가 있다는 데 이 검사의 중요성을 말할 수 있다.

그래서 사회욕구 불만검사라고도 부른다. 이 검사는 풍자적인 그림으로 구성되어 있어서 검사를 받는다는 긴장감을 피험자에게 주지 않고도 실시할 수 있으며, 실시시간이 짧고 정리방법도 다른 투사법과 비교해 보면 간단하므로 학교를 대상으로 검사를 실시할 때는 무척 적절한 임상검사다. 검사는 아동, 청소년, 성인용이 있으며, 욕구좌절 상황을 나타내는 24개의 재미있는 그림으로 구성되어 있다. 즉 그림에 욕구불만의 장면을 표시하여 이에 대한 반응을 기입시켜 그 반응을 분석함으로써 그 개인의 성격을 판단하고자 함이다. 자아저해장면ego-blockingsituation과 초자아저해장면super ego-blocking situation의 재미있는 그림 24매로 구성되어있다. 이를 피검자가 보고 어떠한 반응을 나타내는가를 분석하는 것이다. 어느 면에서 PFT는 단어연상검사법이나 TAT주제통각(統覺)검사: Thematic apperception test와 매우 유사한 검사방법이다. 검사방법으로 자아저해장면의 경우 자아에 대한 직접적인 위협을 묘사한 것이고, 초자아저해장면이란 중심인물이 자신의 실수로 인하여 다른 사람에게 욕구불만을 품게 하여 비판을 받거나, 그 실수를 자인하도록 하는 것을 묘사한 것이다. 이렇게 표시된 장면을 피검자에게 보여주고 그 반응을 보며 채점을 하게 된다. 각 그림마다 두 사람이 등장하고 왼쪽 사람이 오른쪽 사람에게 좌절감을 자극하는 상황을 설명하거나 그런 상황을 유발하는 말을 하고 있다. 이러한 자극에 대해 피험자는 자신에게 제일 먼저 떠오르는 생각을 오른쪽 위의 빈 공간에 써넣어야 한다. 이처럼 이 검사는 욕구좌절에 대한 피험자의 반응을 평가하는 데 목적이 있다.

검사시간도 비교적 짧고약20분, 결과의 정리도 비교적 쉬우면서 객관화시킨 부분도 있어 임상장면 등에 이용되는 경우가 많다. 여기서 욕구좌절이란 유기체가 욕구를 만족시키는 과정에서 어떤 장애나 방해물에 직면했을 때 나타나는 것으로 정의한다. 일반적으로 사람은 욕구가 좌절되었을 때 공격적 반응이 나타난다고 보고 있으며, 그런 측면에서 욕구좌절 검사는 욕구가 좌절되었을 때 나타나는 다양한 공격성을 세 가지 방향과 세 가지 유형으로 개념화한다는 데 의미가 있다. 그러나 이 검사법 역시 고도로 숙련된 전문가가 없으면 시행하기가 어려운 난점을 가지고 있다.

⑤ 아동용 주제통각검사법CAT: Children's Apperception Test

아동용 주제 통각검사는 벨락크Bellak 부부에 의해 아동들의 내면세계를 각각의 검사도판에 투사시켜 아동들이 지니고 있는 욕구체계 및 갈등과 상황처리와 같은 성격적 특징들을 진단 할 수 있게 만든 것으로 1945년에 3세부터 10세 사이의 어린이들에게 실시하기 위하여 제작한 아동용의 투사적 성격검사다. 도판의 자극 장면들을 유아기, 아동기에 주로 나타나는 여러 가지 심리적 문제들이 비교적 쉽게 투사될 수 있는 그림들로 바꾸고, 도판에 등장하는 주인공도 동물로 전환하여 아동용 검사인 CAT를 만들었다. 동물을 등장시킨 이유는 어린이들에게는 인간 자극보다 동물 자극이 더 잘 동일시된다는 가정 때문이다. 같은 종류의 검사로는 TAT가 있는데, 이것은 성인의 성격을 진단하는 데는 매우 유용하지만 아동들에게는 적합하지 않다. 그 이유는 TAT의 도판들의 자극장면은 성인에게 알맞게 그려져 있기 때문이다.

그래서 아동용은 CAT, 성인용은 TAT이며, 청소년은 Symonds의 그림 이야기검사법Symonds picture story test이 활용되고 있다. 벨락크 부부는 CAT가 투사적이기보다는 통각적이라고 말하고 있다. 이 검사법은 어린이들에게 애매한 인물장면30매 카드를 하나씩 보여주면서 나름대로 '주인공'을 '동일시'하여 과거, 현재, 미래에 대해 자유롭게 이야기를 만들도록 함으로써 이를 통해 개인의 심정을 '투사'한 내용에서 그 어린이와의 관련을 파악하고 이해하기 위해 연구된 것으로 어린이들이 일정한 표준적인 자극을 지각할 경우, 개인차의 역동적 의의를 연구함으로써 인성을 검사할 수 있는 방법이다.

Bellak에 의하면, CAT는 어린이가 주요한 인물이나 충동에 대응해 나가는 방식을 이해할 수 있도록 해준다는 것이다. 그래서 어떤 집단, 학교 또는 유치원 등에서 어린이들의 반응과 함께 형제간의 경쟁, 부모에 대한 태도, 부모의 부부로서의 상호관계, 가정에서 일어나는 사건에 대해 어떠한 역동적 요소가 관련되어 있나를 결정하기 위해 임상적으로 이용할 수 있다. 이와 같이 CAT는 아동의 성장과정에 관계되는 문세라든지 일상생활에 관련되는 문세들을 투사시켜 아동들의 심리적 특성을 이해할 수 있게 하는 검사이다.

로르샤하Rorchach 검사에서는 보다 기본적인 성격 구조에 대한 정보를 얻을 수 있는데 반해, CAT검사법은 TAT와 마찬가지로 대인관계, 사회적 상호작용, 동일시 양식등과 같은 아동의 보다 구체적인 문제들을 반영하는 반응들이 나타난다. 이와 아울러 반응내용에서 공포, 공격성, 애정의 원천이나 그 대상, 반응기제에 관한 단서도 얻을 수 있다. 아직 타당도의 신뢰성 여부에 대해서는 결정적인 확신을 할 수 없으나 사춘기 이전의 어린이들에게 효과가 있는 예측척도로 활용가치가 높다. 그러나 CAT 역시 매우 전문적인 검사척도이므로 고도로 숙련된 전문가에 의해 취급되어져야 하며 비전문가들이 함부로 사용해서는 안 되며, 아동의 성장과정에 관계되는 문제라든지 일상생활에 관련되는 문제들을 투사시켜 아동들의 심리적 특성을 이해할 수 있게 하는 검사이다.

⑥ 로르샤하 투사기법Rorschach test

이 검사는 1921년 스위스의 정신과 의사인 Rorschach가 만든 것으로 가장 대표적인 투사법에 의한 성격진단방법으로 청소년비행 임상검사 분야에서 가장 광범위하게 사용되고 있다. 일반적으로 투사법이란 직접적인 질문이 아니라 간접적인 자극물을 사용해서 응답자의 의견이 투시되도록 하는 조사 방법이다. 응답자의 태도, 의견, 동기, 행동을 파악하는 데 유용하며 특히 직접적인 질문에 대한 응답결과가 피상적이거나 왜곡되어서 응답자의 마음상태나 행동을 진실하게 나타내지 못할 때 유용하다.

조사방법과 도구로는 데칼코마니 양식에 의한 대칭형의 잉크얼룩으로 이루어진 무채색카드흑백카드5장, 부분적인 유채색카드2장, 전체적인 유채색카드3장등 총10장의 카드로 구성되어 있다. 10장의 카드는 한번에 하나씩 정해진 순서로 피검사자 에게 제시되며 피검사자는 잉크의 얼룩처럼 그린 여러 장의 그림을 보여주고, 그 그림이 무엇처럼 보이는지를 설명하게 된다. 피검사자는 카드를 돌려서 어떤 각도로든 각 잉크반점을 볼 수 있으며 각 잉크 반점에 대해 제한 없이 여러 가지 반응을 할 수 있다.

막연하고 무의미한 잉크 반점에 대한 자유연상반응의 '양적 분석'과 언어표현, 상징적 의미에 대한 '질적 분석'을 기초로 하여 내면세계, 갈등영역, 적응방식 등 정신역동적인 심리현상을 파악하는 방법이다. 특히 로르샤하 검사법은 제1차 세계대전 중에 미군병사들의 선발 분류 시 많은 성과를 올렸다. 그러나 이를 검사하고 해석하는 데 고도의 전문적 지식과 숙달된 기술을 소지한 전문가가 절대 필요하며, 제대로 된 기준이 없어 사람마다 진단이 다 다르고, 주관이나 감정이 너무 과하게 개입될 수 있다는 점이 단점이다. 이 검사는 주로 정신병정신분열병을 심리학적 측면에서 이해하고 임상적인 치료법을 찾아내려는 수단으로 연구개발한 것이다.

⑦ 미네소타다면적성격목록표MMPI:MinnesotaMultiphasicPersonality Inventory

성격검사는 크게 구분하면 성격목록 표와 투사검사라는 2가지 유형으로 나눌 수 있으며, 성격목록 표는 대개 수많은 질문으로 이루어져 있는데, 검사대상자는 예를 들면 '나는 혼자 있는 것을 두려워한다'거나 '나는 나 자신이 행복한 사람이라고 생각 한다'는 따위의 질문에 대해 '그렇다' 또는 '아니다'로 대답해야 한다. 이런 검사는 실시하기도 쉽고 채점도 간편하며, 객관적 결과를 얻을 수 있고, 여러 개인의 검사 결과를 비교할 수도 있다. 이런 유형의 검사 가운데 가장 널리 쓰이는 것은 '미네소타 다면적 성격검사'MMPI이다. MMPI는 1940년에 미네소타 대학교의 S. Hathaway와 J. Mckinley에 의해 10여년 간의 연구를 거쳐 제작 표준화된 인성 또는 성격검사의 하나로서, 사람의 성격진단과 상담치료를 하는 데 많이 활용되어 왔다. 이 검사는 피검자의 개인적이고 사회적인 적응을 좌우하는 주요 인성특징을 객관적으로 측정하는 것이다.

이 검사는 고전적인 성격측정도구로서 9가지 임상 기준척도를 가지고 있으며, 응답의 소요시간은 1시간이다. 사람의 정신질환적인 면을 측정하는 데 주안을 두고 제작된 것이다. 현재 우리나라에서는 성격검사로서 표준화된 검사법 중의 하나이다. 예를 들면 우울증이나 분열적 성격, 또는 과대망상증 같은 기준에 대해 각각 채점된다. 이 가운데 어떤 기준의 점수가 높을수록, 그 사람은 거기에 해당하는 정신장애를 갖고 있을 가능성이 더 커진다. 이 검사의 평가와 진단대상인 인성특징은 누구나 일단 형성되고 나면 쉽게 변용되기 어려운 것으로서 비교적 소극적인 인성특성들이 아니다. 이것은 지도 상담이나 치료에 따라 변화될 수 있는 정신신경증neurotic tendency, 정신병적 징후 또는 증후군psychotic symptom or syndrome, 그리고 행동장애behavior disorder 등의 인성특징이다. 따라서 이 검사의 목적은 피검자의 징후·비정상 또는 이상성을 여실히 진단 포착하여 상담지도나 정신치료에 기여하고자 한다. 또 이 검사의 실시로 피검자가 장래 비정상적이고 불건전한 행동방향으로 진전될 가능성을 미리 알아내어 예방과 선도책을 강구하려는 수단으로 연구·발전되어 왔다.[31]

⑧ 법무부가 개발한 '범죄 징후 예측 시스템'

우리나라는 현재 성범죄자의 재범을 막기 위해 전자발찌를 착용토록 한다. 이는 피부에 착용

---

31 MMPI 방법은 문항수가 너무 많고, 피검사자의 학력수준이 상당히 높아야 정확한 측정을 할 수 있는 단점이 있다.

한 부착자가 어디에 있는지 파악하기 위한 조치이다. 그래서 일반적으로 피부착자 정보는 전자감독 시스템에서 관리한다. 예를 들어 성범죄를 저질렀던 전자발찌 피부착자가 과거 피해자 거주지역 등 가서는 안 될 곳에 접근하는 것을 막게 된다. 하지만 이런 전자감독 시스템은 '사후'대응 체계이다. 혹시라도 피 부착자가 재범을 저지르게 되면, 사건 '후' 경찰 출동 등 대응이 가능해진다. 그래서 이를 개선하기 위한 것이 바로 '범죄 징후 예측 시스템'이다.

'범죄 징후 예측 시스템'은 전자발찌 피부착자가 재범을 저지를 수 있는 다양한 요인을 종합 분석한다. 요인에는 과거 범죄 수법, 이동 경로, 정서 상태, 생활환경 변화 등이 있다. 이를 종합 분석해서 이상 징후를 나타내면 미리 탐지하고 보호 관찰자에게 알려주게 된다. 시스템은 과거 비정형 데이터로 남겨진 전자발찌 부착 명령 청구전조사서, 판결문, 이동 경로 정보, 보호관찰 일일 감독 소견 등도 컴퓨터가 인식하게 한다. 따라서 비정형 데이터를 정형 데이터로 자동 추출·변환하는 기능을 탑재했다. 즉 전자발찌 피 부착자의 거의 모든 정보를 컴퓨터가 인식할 수 있는 형태로 탈바꿈하는 것이다.

또한 대상자가 현재 있는 곳의 지역 정보를 속성에 따라 분류하고 실시간 위치를 파악하게 한다. 이를 위해 지리정보시스템GIS과 연동하며, 전국을 570만개 구역으로 나누고 이를 다시 14개 속성으로 분류한다. 유흥시설·숙박·학교·아파트·단독주택·공원·여가시설·의료시설·도로 등으로 분류해 전자발찌 피부착자 위치 정보를 분석한다. 더구나 피부착자 평소 이동 경로 정보를 지속적으로 축적한 다음, 시간대별로 정상 생활 지역기존 이동 패턴을 설정하고 이를 벗어나면 바로 탐지한다. 즉 전자발찌 피부착자가 평소 하지 않은 행동, 일상적으로 가지 않은 곳에 있을 때 등 이상 징후를 미리 파악해 조치한다는 것이다.

그래서 정상 이동 경로를 이탈하거나 실직·생활고·이별·질병·과음 등 급격한 생활 여건 변화를 감지해 이를 상시 탐지해 보호 관찰자에게 정보를 전달하는 방식이라 할 수 있다. 그러나 범죄 징후 예측 시스템은 바로 효과를 보기는 어렵다. 이는 전자발찌 피부착자 생활 패턴 정보와 과거 데이터를 모두 축적해 유의미한 데이터베이스DB를 구축하는 데 시간이 걸리기 때문이다. 즉 우선적으로 빅 데이터가 생성돼야 한다는 의미이다. 또 이를 인공지능AI 기술과 접목, 오류 없이 이상 징후 정보를 발굴해야하기 때문에 빅 데이터 구축까지 약간의 시간이 소요될 것으로 전망된다.

사실 AI와 빅 데이터를 범죄 예측과 사전 예방에 활용하는 건 우리나라가 처음은 아니다. 2018년 4월 미국의 IBM은 인신매매 예방 활동을 하는 비정부 기구 'STT Stop the Traffik'과 국제은행 웨스턴 유니온, 통신사 리버티글로벌, 유럽 형사경찰기구 유로폴, 유니버시티 칼리지 런던 대학 등과 손을 잡고, 인신매매 범죄를 막기 위한 국제 협력 데이터센터 'TAHub Traffik Analysis Hub'를 출범시키기도 했다.

이는 법무부 범죄 징후 예측 시스템처럼 인구, 인구 통계학적 특성, 범죄 단체가 이용하는 운송수단, 언어 사용 특성, 인신매매 피해자 운송방법과 경로, 인신매매 관련 범죄자 고용 방법 등 수천 건의 인신매매 사건 정보를 매일 입력한 것으로 기계학습 ML으로 인신매매 범죄 조직의 행동 패턴을 분석하고 이를 시각화하였다.

앞으로 AI와 빅 데이터 기술이 더 발전하면, 인신매매 징후와 가능성이 농후할 때, 정부와 수사기관의 정보를 공유해 보다 많은 범죄를 미리 예측하고 예방할 수 있을 것으로 예상된다. 하지만 이러한 범죄 징후 예측 시스템의 정당성에 대한 논란이 우려되는 사항이다. 법무부 범죄 징후 예측 시스템만 하더라도 지금은 이상 징후를 파악해 보호 관찰자에게 정보를 전달, 이상 여부를 파악하고 범죄를 예방하는 수준이다.

그러나 적용 범위가 확대되면, 이상 징후만으로 잠재적 범죄자로 판단하는 오류가 생길 수 있다. 물론 '범죄를 사전에 예방하는 게 무엇이 문제냐'라고 반문할 수도 있지만 발생하지 않은 범죄에 대한 제재라는 논란을 일으킬 수 있기 때문이다. 따라서 그러한 판단 여부를 인간이 아닌 AI가 했을 때의 책임 소재가 명확해야 하고, 또한 범죄 행위에 대한 판단 시기를 어떻게 잡느냐 사전 혹은 사후 등 법철학적 논쟁이 불거질 수 있기 때문에 앞으로 범죄 징후 예측 시스템의 고도화와 확산에 앞서 사회적 논의와 검토가 충분히 이뤄져야 할 사항이다.

⑨ '테러조기경보모델' 개발

과학기술이 발달하여도 예측불가의 영역으로 사람의 가장 큰 변수로 작용하는 테러리즘의 예측은 어렵다. 그러나 최근 과학자들이 이 분야에 도전장을 내 관심을 끌고 있다.

미국 노스웨스턴대 복잡계연구소, 켈로그 경영대학원 소속 수학자들로 구성된 공동연구팀은 메릴랜드대에서 운영하는 '국제 테러리즘 데이터베이스'GTD와 랜드 연구소의 '국제 테러리즘 랜드

테이터 베이스'RDWTI'를 바탕으로 테러조직의 성장가능성과 테러의 규모및 강도를 사전에 판단할 수 있는 테러조기경보 모델을 개발하기도 하였다.

GTD에 따르면 2000~2015년 매년 61개의 새로운 테러집단이 생겨나 전세계적으로 테러공격이 20세기말과 비교해 약800% 늘었다. 연구팀은 알카에다 이슬람국가IS처럼 잘알려진 테러집단은 물론 인도 아삼지역 통일해방전선, 소말리아 알샤바브, 필리핀 모로 이슬람 해방전선까지 1970년부터 2014년 사이에 전세계에서 운영된 모든 테러집단을 대상으로 이들이 초기에 벌인 테러사건 10건만으로 앞으로 벌일 테러규모나 치명성을 예측하는 모델을 만들었다. 분석결과 미래에도 가장 위협적이고 공격적이며 파괴력이 큰 테러를 저지를 가능성이 높은 집단은 IS라고 주장한다.

이와 같은 모델은 일종의 범죄조기예측 모델로서 현재는 소규모이고 보잘것없지만 파괴력 큰 집단으로 커질 수 있는 조직을 사전에 파악해 대응함으로써 미래에 많은 비용과 노력을 투자하지 않아도 되도록 하기 위한 계획이라고 말하고 있다.(서울신문 2019. 10. 09)

 ## 5 범죄예측의 한계

영화 같은 생각이지만 AI 등 과학기술발전 속도를 감안하면 정밀한 범죄예측 결과를 근거로 '예정범인'을 체포하는 날이 조만간 올지도 모른다. 하지만 많은 범죄, 뇌인지 과학자들은 '사람의 선택에 100%란 없다. 인간에게는 자유의지가 있고 생각을 행동으로 옮길 때 너무 많은 변수가 개입한다'며 회의적이다. 그래서 완벽한 범죄예측이 과연 가능할지는 한계가 있다. 결국 범죄예측은 일반적인 경우에는 타당한 예측이 가능하지만, 예측표에 의한 범죄예측은 각 개인의 특수한 사정과 개성을 고려하지 않아 예외적인 경우에는 타당한 예측이 어렵다는 기술적 측면의 한계성을 갖고 있어 잘못된 예측으로 인해 개인의 인격침해와 법관의 양형판단의 오류를 초래할 수 있다. 또한 윤리적 측면에서도 임상적 예측의 경우는 주관적인 판단이 근거가 되어 죄형법정주의를 위반하는 결과를 낳을 수도 있고 통계에 의한 예측점수법의 경우에는 행위자의 인격적 특수성이나 자유의지를 고려하지 못한다는 한계가 있다.

⑥ 범죄예측을 활용해야 하는 방안은 무엇인가?

미국 영화 '마이너리티 리포트2002는 미 경찰 예방수사국 우발범행수사반 대원들이 아내의 불륜 현장을 지켜보던 남편을 예정살인 혐의로 검거하는 장면에서 시작한다. 경찰이 범행을 아직 저지르지 않은 남성을 주저없이 결박할 수 있었던 것은 남성이 아내와 내연남을 죽일 것이라는 예지자 3명의 예언이 근거였다. 존 앤더슨 팀장톰크루즈분이 범행을 저지르지 않은 남성을 주저없이 결박할 수 있었던 것은 예측 적중률이 100%라는 믿음 때문이었다. 범죄예측은 작은 불씨가 대형화재를 일으키는 것처럼, 사전에 범죄요인을 발견하여 제거하는 것은 매우 중요한 일이다. 따라서 우리나라에서도 범죄예측 시점에 따라 조기예측, 재판 시 예측, 석방 시 예측 이외에도 용의자체포의 필요성에 대한 판단, 피의자에 대해 경찰에서 검찰로 송치여부에 대한 판단, 불기소여부에 대한 판단, 재판단계에서 각종 유예처분에 대한 판단, 보호관찰의 필요성에 대한 판단, 처우방법의 선택 및 결정, 보호관찰의 해제 여부에 대한 결정 등을 위해 이를 널리 활용할 수 있다.

그러나 범죄·비행예측은 아직도 새로운 분야이다. 따라서 형사사법이나 교정보호의 실무에 전적으로 도입하여 활용한다는 일은 시기적으로 조금 빠르지 않나 하는 비판도 있다. 하지만, 예측분야의 활발한 연구와 실증적인 조사와 검토가 이루어져 이를 범죄대책에 선제적으로 활용한다면 매우 효과적이며 유익하리라는 생각이다. Wilkins는 범죄방제란 범죄를 유혹하는 기회와 요인을 조장하는 것을 제거하거나 유혹하는 기회와 요인, 그 자체를 찾아 없애는 방법을 발견하는 일이라고 하였다. 이러한 점에서 그는 범죄예측분야에 대한 역할을 기대하였다.[32]

---

32   지광준, 『범죄학』, 372쪽.

3

범죄학
이론의 발전

제1장 서설

지구상에 인류가 존재해 온 역사만큼이나 범죄의 역사도 길다고 볼 수 있다. 기독교경전인 구약성경은 예수가 나기전의 이스라엘민족의 역사와 하나님의 계시 등을 기록한 것으로, 창세기에서 말라기까지 39권으로 구성되어있다. 그런데 여기에 나타난 인류의 조상은 모두 범죄와 관련되어 있었다. 창세기에 나오는 인류의 시조인 아담과 이브가 사탄의 유혹에 넘어가 선악과를 따먹음으로써 원죄를 짓게 되는 이야기가 바탕이다. 이브가 사탄을 상징하는 뱀으로부터 선악과 열매를 받아 아담에게 건네주고 있다. 또한 인류 최초의 살인자로서 아담과 하와의 두 아들인 카인살인자과 아벨피해자의 이야기도 나온다창세기 4장1절–16절.

이외에도 세익스피어의 작품 중 유명한 비극인『맥베드』에 보면 선왕先王을 죽이고 왕위를 차지한 맥베드의 부인이 그 손에 묻었던 피를 무서워하며 씻으려 노력했지만 늘 불결감을 느껴 고민하는 모습이 나온다. 이렇듯 인간과 범죄는 처음부터 떨어질 수 없는 운명적인 관계를 맺어 왔다. 이처럼 인류의 역사를 살펴볼 때 사람들은 범죄그리고 형법 및 형사절차에 관하여 끊임없는 관심을 보여 왔다. 따라서 범죄학이론은 '범죄에 관한 과학적 접근방법에 대한 인식을 설명하는 것'이라고 정의할 수 있을 것이다.

그러나 범죄에 관한 과학적인 연구가 시작된 이래, 범죄학이론은 많은 변천을 거치면서 다양하게 발전해 왔으며, 비슷한 유형의 이론들은 학파를 형성하였다. 즉 범죄학의 역사는 한 범죄학이론이 태동하여 발전·소멸하고, 이를 극복하고자 새로운 이론이 등장하거나 과거의 이론이 새로운 시각에서 재조명되어 부활하는 과정을 거치면서 발전되었기 때문에 범죄학의 역사는 바로 범죄학이론의 역사라고 하여도 과언이 아닐 것이다. 따라서 이를 정리하고 이해하는 일은 범죄학연구의 초석이 될 것이다. 이 장에서는 범죄학이 확립되기 이전의 시대부터 근대적인 범죄학이 탄생하기까지를 개관한다. 범죄학이 학문으로 확립되기 이전에도 "왜 범죄가 일어나는가?"라는 물음에 대해 다양한 설명이 이루어져 왔다. 그러한 시도의 대표적인 예로 악마론과 자연주의적 경험론을 들 수 있다. 그러나 계몽주의시대 이전에는 학문적으로 정립된 범죄학의 이념은 존재하지 않았다.

19세기 전반에는 계몽사상의 발전을 배경으로 하여 고전파 범죄학이 대두하였다. 여기에는 봉건적인 형사재판이나 형벌제도를 극복하는 데 주안점이 두어졌다. 따라서 고전파 범죄학의 주된 관심은 근대시민사회에 걸맞은 형사제도 확립에 쏠려 있었다. 그 후 19세기 후반부터 유럽의 여러 나라에서는 재산범을 중심으로 한 범죄가 증가하기 시작하여 커다란 골칫덩어리가 되었다. 이는 자본주의경제의 발전에 수반된 많은 빈곤층의 출현에 기인하는 것이었지만, 사회는 빈곤층이나 실업자를 「위험한 계급」으로 특별시하게 되었다.

또한 범죄학에 있어서도 당시의 자연과학의 급속한 발전을 밑바탕으로 생겨난 실증주의 범죄학이 유력해지기 시작했다. 그 중에서도 C·롬브로조가 주창한 생래적 범죄인설선천적 범죄자설은 첨단 실증과학의 성과를 도입한 것으로서 커다란 기대 속에서 받아들여졌다. 여기에서 「범죄학」이 탄생하였으며 범죄학의 발전 역사는 단순히 이론에만 국한되지 않고 형사정책의 발전에 커다란 영향을 미쳤다.

제2장 근대 이전의 범죄학 이론

형벌의 기원은 복수復讐라고 할 수 있기 때문에, 일반적으로 근대 이전의 형벌은 잔혹하고 공개적이었다. 즉, 피해자의 아픔을 되돌려 주어야 했기에 잔혹했고 주위에 경고하기 위해 공개적이었으며, 동해보복同害報復에 기반을 두고 있었다. 앞에서 언급 한 것처럼 인류의 역사에서 「범죄없는 사회」는 존재하지 않는다. 인류역사는 가히 범죄의 발생과 그대응의 역사라 해도 과언이 아닐 것이다. 때문에 우리 인류는 늘 "왜 사람은 범죄를 저지르는가?"라는 문제에 직면하고, 그 해명을 위해 다양한 가설을 세워 왔다.

우리는 범죄와 형벌이 초기공동사회에서부터 상당한 관심의 대상이 되어 왔다는 것을 잘 알고 있다. 이는 동양과 서양을 불문하고 모두 같았다. 하지만 동양에서는 유감스럽게도 과학적인 방법에 의한 범죄학이 독자적으로 생성되었다고 보기 어렵다. 따라서 여기에서는 서구사회에서 발전된 범죄학의 역사를 대상으로 살펴보기로 한다.

역사적으로 범죄의 개념은 수메르의 함무라비법전B.C.1750, 이스라엘의 모세율법B.C.1200 그리고 로마의 12표법B.C.451 등에 나와 있지만 이러한 법전들은 로마제국의 몰락 이후 수백 년이나 계속된 중세시대 동안에 사라져 버렸다.

고대는 물론 중세시대에도 사람들은 악한 혼령에 지배받아 범죄를 저지르며, 지진이나 천둥, 번개 등 초자연적인 힘이 발생하는 것은 자신들이 범한 잘못범죄 때문에 벌을 받는다고 생각했다. 이러한 사고방식은 범죄와 형벌에 관한 철학적이고 과학적인 생각이 나타나기 시작한 근대 이전까지 계속되었다고 하여도 과언이 아니다. 물론 그 전에도 영국의 대헌장Magna Charta, 1215이나 프랑스의 형사칙령the Criminal Ordinance, 1670, 그리도 독일의 카롤리나형법전Constitutio criminalis Carolinesis, 1532 등이 있어 범죄와 형벌을 규율하기도 하였지만, 그러한 노력에도 불구하고 법률과 범죄 그리고 사회를 연관시켜 과학적인 측면에서 범죄와 형벌을 파악하려는 입장은 18세기가 되어서야 비로소 발전하기 시작되었다.

따라서 범죄를 이론적으로 고찰하는 접근방법은 18세기 후반의 고전파 범죄학classical criminology으로부터 시작되었지만, 범죄를 과학적으로 분석하고자 했던 근대적인 「범죄학」 접근방법은 19세기 중반에 탄생한 실증주의 범죄학positivist criminology이 처음이었다. 그렇다면 이들 접근방법이 출현하기 이전에는 범죄, 특히 범죄의 원인에 대해서 어떠한 견해가 있었던 것일까? 여기에는 대략적으로 2개의 견해가 있었다. 하나는 악마론demonology[32]이고 또 하나는 자연주의적 경험론이다.

범죄는 악마의 소행이다

2019년 후반 중국우한시에서부터 시작된 '코로나19' 감염증이 세계를 휩쓸었다. 수많은 사망자가 발생하고 지구촌을 공포로 몰아넣은 상황이 발생하였다. 이성적이고 과학이 고도로 발달한 21세기에는 맞지 않는 주장이지만, 상당수 사람들은 이와 같은 바이러스 확산의 원인을 악마의 소행으로 규정하기도 했다. 첨단과학의 시대에도 이처럼 황당한 논리는 지배한다. 그래서 종교적·미신적 사회규범에 의해 사회질서가 유지되었던 고대국가 이전의 원시시대에는 범죄가 악마의 소행으로 취급되었으며, 이 시대의 악마론은 원시사회의 애니미즘에 기원을 두고 있으며, 범죄가 악마라는 초자연적인 존재를 부정하지 않았고, 악마의 존재를 긍정하고, 때려잡아야 하는 것임을 주장하였다. 그래서 범죄에 대해서는 피해자 측의 개인적 또는 집단적 복수행위私刑가 인정되어 복수는 정의이고 의무가 되었다. 즉 마녀사냥을 정당화한 것이다.

---

32 고전학파 이전에는 서양에서는 악마주의의 영향 하에 사람의 나쁜 행동은 신에 대한 믿음이 약해지고, 악마의 유혹에 빠진 결과로 나타난다고 믿었다. 따라서 범죄자로 의심받는 자가 고백하지 않는 것은 신에 대한 모독 또는 왕권에 대한 도전이라고 받아들였다. 범죄에 대한 심판은 신부 등 종교인들의 종교심판에 의해서 이루어졌으며, 왕권과 교권이 연관되어 왕권에 의한 도전 역시 신에 대한 도전만큼 중대하게 여겨졌다. 마녀심판과 같이 심판과정은 고문과 화형 같은 잔혹한 처벌이 수반되어, 고전학파 이전에는 진정한 형사정책은 없다고 봐도 과언이 아니다.

따라서 고대에는 범죄자의 두개골에 구멍을 뚫어 악마의 영혼을 제거하려 했던 천두술trephing 등 다양한 형태의 악마 쫓아내기 의식이 거행되었다. 채찍형을 시초로 하는 신체형도 악마를 내쫓기 위한 하나의 수단이었다. 또한 중세 중엽부터 근대에 이르기까지 행해진 마녀 재판 Hexenprozeb은 악마론의 극한을 보여주고 있다. 마녀 재판은 13세기말부터 17세기에 걸쳐 유럽 각지에서 행해졌는데, 악마와 결합했다는 이유로 여성때로는 남성이 재판을 받아 처형되었다.

마녀 재판에서 처형된 자의 수는 수만 혹은 수십만이라고 알려져 있지만 정설은 없다. 마녀 재판의 목적은 ① 악마 내쫓기 ② 이교도 탄압 ③ 정신장애자 배제 등에 있었다고 하는데, 마녀 재판이 절정기에 달했을 때인 11세기부터 17세기의 유럽에는 대한파 급습, 페스트 유행, 농작물 흉작 등으로 인해 민중의 불만도 피크에 달해 있었다. 여기에는 그러한 불만을 위정자가 마녀에게 돌렸다고 하는 시대적 배경이 깔려 있다. 마녀 재판은 18세기 후반 들어 급속히 그리고 조용히 종식되었다고 한다. 그 이유는 자세히 알려져 있지 않지만 일반적으로 교회세력의 쇠퇴가 지적되고 있다. 여기에 한 가지 덧붙여 산업혁명 기를 맞이하여 사회·경제 질서가 안정화된 것도 지적할 수 있을 것이다. 19세기에 들어와서도 영국의 형사재판에서는 범죄행위뿐 아니라 「악마에게 유혹되고 교시되어 신의 가르침에 등을 돌린 것」도 소추대상이 되었다. 이러한 악마론은 비합리적인 것이지만 실제 역사상에서 사라지지는 않았다. 오늘날에도 신비주의 경향을 지닌 종교 중에서 악마론과 관련된 것도 적지 않다. 종교적인 미신에 의한 「신체로부터 악마 내쫓기」최근에는 동물의 영을 내쫓기 위해 구타하여 사망에 이르게 하는 케이스가 있다, 그리고 악마 내쫓기 의식 예를 들면 미국에서 있었던 C·맨슨의 샤론 테이트 살해사건1969도 현대적인 악마론의 사례라 할 수 있다.

*악령을 쫓아내기 위한 천공술

중세에 외과의사barber surgeon는 간질을 앓는 환자에게 머리에 구멍을 내는 천공술穿孔術을 적용하였으며 만성, 혹은 급성의 심한 두통을 앓는 환자에도 사용하였다. 그러나 이 시술을 받은 환자의 최소 40%가 이 시술 자체 때문이 아닌 감염으로 사망하였다. 현재 천공술은 신경외과의에 의해 수행된다. 이 시술은 완전히 멸균된 기구를 사용하여 전신 마취하여 시행한다. 천공술의 목적은 뇌조직의 압력을 경감시키거나, 뇌골절을 교정, 뇌의 혈액 응고 덩어리를 없애는 것이다. 그래서 천공술은 매우 위험한 시술이며 드물게 적용되고 있다.

구멍 뚫린 두개골은 1만 년 전 구석기시대의 유적지들에서도 출토되었다. 살아 있는 사람의 두개골에 구멍을 뚫을 필요에 대해서는 여러 가지 설이 있는데 첫째, 천공술Trepanation은 뇌에 구멍을 내는 외과술의 일종이다. 이미 4000년 전 페루의 잉카 인디언들이 정신질환자에게서 악을 쫓아내기 위해 시술했었다. 기원전 3~4세기의 의학자 히포크라테스는 왜 뚫는가에 대한 언급은 없고, 다만 머리에 외상을 입었을 때 베푼 것이라는 암시만 주고 있을 뿐이다. 13세기 초에 태어난 헨리 1세는 14세에 죽었는데 궁전에서 놀다가 기왓장인가에 맞아 머리에 함몰 골절을 당하고 머리뼈를 절개하는 천두술을 받는데 그 후유증으로 죽었다.

둘째로 원시시대의 주술적 치료방법으로 뚫었을 것이라는 설이다. 원래 양羊.Sheep이 정상적이지 않은 이상행동을 할 때 유목민들은 양의 머릿속에 악령이 들어 일어나는 일로 알고, 이를 쫓기 위해 머리에 구멍을 뚫는 관습이 있었다고 한다. 이에 사람의 두통이나 현기증·혼수·조울증·치매·간질 등 신경정신성 질환에 대해서도 악령의 소치로 알고 그 악령 추방을 위해 구멍을 뚫었을 것이라는 설이다.

셋째로 의례상 높은 신분의 표징表徵.Sign으로 구멍을 뚫었을 것이라는 통과의례설도 있다. 고대 희랍의 사학자 헤로도토스의 『역사』에 보면 유목민들은 4세만 되면 머리의 두개골에 상처를 내고 양기름으로 불을 붙임으로써 평생 악령의 위해로부터 보호받는 것으로 알았다 했고, 원시종교에서 보다 차원 높은 신령과 교감할 수 있는 신통력을 천두술로 얻을 수 있다고 생각하기도 했다. 많은 원시종족들 간에 자신의 뼛조각을 둥글게 만들어 목에 걸고 다니면 병마나 악마로부터 보호받는다는 부적관념으로 골편을 얻고자 두개골에 구멍을 냈다는 설도 있다. 우리나라에서는 삼한시대의 기록에 아기가 태어나면 평평한 돌로 머릿박을 짓눌러 납작한 머리를 만든다는 기록은 있어도 구멍 뚫는다는 기록은 없다. 정신을 담는 그릇이기에 수난도 많았던 두개골이다_{이규태, 2002. 5. 13, 조선일보.}

② 자연주의적 경험론

자연주의적 경험론은 신비주의나 종교적 도그마를 배제하고 경험적으로 관찰한 지견에 근거하여 범죄의 소질·환경적 요인을 찾아내려 했다. '자연'Nature이라는 말의 어원은 라틴어의 Natura 이며, '본질적 특성' 혹은 '본연의 성향'을 뜻하는 것으로, 철학에서 자연주의는 우주 안에 있는 모든 존재와 거기서 발생하는 모든 사건은 그 본질적인 특징이 어떻든 간에 오로지 자연적인 것일 뿐이라고 주장하면서 철학에 과학적 방법을 밀접히 관련시켜 논의하는 사고의 경향이다. 결과적으로 우주에 관한 모든 지식은 과학적 탐색의 범위 안에서 생산된다는 이론이다. 범죄학에서도 그 역사는 기원전 고대 그리스부터이다. 예를 들어 아리스토텔레스는 "관찰을 동반하지 않는 이론은 공허하다"는 입장에서 일탈자의 행동을 주의 깊게 관찰했다.

그는 범죄성의 유전에 주목하여 신체적 특징두개골이나 인상과 정신 상태와의 상관관계를 주장하는 한편, 나쁜 습관이 악성을 조장한다는 견해를 피력하였다고 한다. 이러한 견해에 대해 「직감적인 견해」에 지나지 않는다고 반박하는 설도 있으나, 이는 오늘날의 과학수준에서 본다면 극히 불충분하기는 하지만 어디까지나 당시의 표준적인 생물학적 지견에 의거한 것이다. 중세에는 봉건사회의 성립과 더불어 교회의 지배가 강화되면서 신권정치 시대에 들어갔다. 그래서 아리스토텔레스 류의 과학적인 자연주의적 견해는 후퇴하고 오히려 악마론에 근거한 설명이 주류를 이루게 되었다. 그러나 근대에는 다시 근대과학의 발달로 인해 이른바 「과학혁명」의 시대(17세기)에 들어섰고, 경험주의적인 견해가 지배적이 되면서 실증주의 범죄학의 탄생으로 이어졌다.

제3장 근대 이후 범죄학 이론

---

1 이론발달의 배경: 새로운 시대와 사상이 나타나게 되다

근대 이후에는 범죄학 이론도 새로운 시대와 사상이 나타나면서 발달하게 되었다. 수세기 동안 계속된 암흑의 세계에 나타난 변화의 배경은 지리상의 발견, 과학문명의 발달이다. 이로 인해 학문의 관심영역도 신神.God 중심에서 인간 중심으로 옮겨졌다. 뉴턴Isaac Newton, 1642-1727, 하비 Wiliiam Harvey, 1578-1657, 갈릴레이Galileo Galilei, 1564-1642, 케플러Johanes Kepler, 1571-1630 등을 비롯한 많은 과학자들에 의하여 천문학, 물리학, 의학, 생물학 등이 발전하였고, 이와 더불어 몽테스큐, 루소, 달랑베르, 데카르트, 볼테르, 로크, 칸트, 헤겔, 포이에르바하 등 계몽철학자들이 나타나 인간의 존재와 진리의 탐구에 지대한 영향을 미쳤다. 특히 법 앞의 평등과 천부인권 그리고 인도 주의humanism를 강조한 계몽주의사상은 범죄와 형벌에 관한 태도에도 큰 영향을 미쳤다. 이러한 사회적 변화를 바탕으로 범죄학 이론도 발전하였다. 대표적으로 베까리아Cesare Beccaria, 1738-1794 와 벤담Jeremy Bentham, 1748-1832은 이른바 고전주의 범죄학Classical Criminology을 형성하게 된다.

2 고전주의 범죄학의 형성 및 발달

　고전주의classical criminology라는 이름은 19세기 실증주의positivism 이전의 이론이라는 의미에서 붙여졌으며 법률의 구성이나 형사사법제도의 운용이 한 사회의 범죄현상에 미치는 영향에 초점을 맞춘 이론체계이다. 이것은 18세기 프랑스혁명 이후에 인본주의, 합리주의를 표방하는 계몽주의를 사상적 배경으로 나타난 이론으로 범죄와 형벌을 설명함에 있어서 합리적·자연주의적 접근방법을 취했다. 또한 본인의 행위에 대해서는 인간은 이성을 지닌 존재이므로 자유의지에 따라 행동할 수 있으므로 본인의 행위에는 본인이 책임져야 한다는 원칙을 기초로 하고 있으며, 神 중심의 사고방식이 인간중심적 사고방식으로 전환되었다.

　더구나 당시의 엄격한 교회법 체계와 중세의 규문주의적 형사절차에 대한 반동으로 죄형법정주의가 정립되기도 하였다. 또한 고전주의 이론은 인간의 권리천부인권론와 적법절차를 중시하였는데, 이것은 만인은 자연권을 가지는데 시민들은 국가가 모두의 이익을 위해 사회를 규제하는 데 필요한 만큼의 자연권을 국가에게 양보하고, 입법자는 시민의 권리를 보장하기 위해 위법을 구성하는 정확한 행위를 명시하는 법률을 제정하여 이같은 법률은 유죄로 밝혀진 자에게 죄와 형벌을 확정하고, 절차를 명시한다는 것이다.

　또한 고전학파는 피의자의 인권에 관심을 가졌었는데, 당시 유럽의 자의적이고 비합리적이며 잔혹한 형사사법제도에 반대하여 범죄를 효과적으로 예방하면서, 피의자의 인권을 보호할 수 있는 형사사법제도를 주장하였다. 이외에도 자백을 얻기 위한 고문 사용에 반대하였으며, 책임에 따른 정확한 양의 형벌을 강조정기형의 부과하고, 형사사법제도의 개선을 통한 범죄의 예방에 중점을 두어 처벌의 유일한 정당성을 예방에서 찾았다. 그리고 죄형법정주의를 확립하여 형법전이나 금지행위에 대한 처벌체계는 법률적으로 구성되어야 한다고 주장하고, 모든 인간을 장래적인 범죄자로 인식하였으며 과도하게 잔혹한 형벌과 사형에 반대하였으나 사변적思辨的 연구방법[33]의 사용으로 실증적·객관적 범죄연구는 이루어지지 못했다. 그리고 중세부터 근대 초기에 걸친 유럽의

33　경험이나 실증에 의하지 아니하고 순수한 이성과 사유思惟만으로 인식에 도달하려는 연구방법.

형사 재판은 국왕을 정점으로 한 당시의 지배세력승려, 귀족 등의 사정이나 이익에 맞추어 운영되었다. 이러한 앙상레짐ancien régime : 구제도의 형사재판과 형벌제도에는 다음 세 가지의 특색이 있다. 첫째는 형사재판의 자의적인 운용이다. 여기에는 범죄와 형벌의 내용이 처음부터 명확히 밝혀지지 않았을 뿐 아니라 재판관에게 과다한 재량권이 부여되어 있었다. 둘째는 형법의 불평등한 운용이다. 형법이 승려, 귀족, 시민, 농민 등의 신분에 따라 불평등하게 적용되었던 것이다. 셋째는 가혹한 형벌 부과이다. 당시의 형벌은 사형 및 신체형이 중심이며 일반 사람들에게 본보기를 보여주기 위한 목적으로 사용되고 있었다.

정리하면 고전주의 범죄학은 범죄의 본질을 외부에 나타난 부분, 즉 외부적인 행위와 결과에 두고 형벌의 종류와 경중도 이에 상응하여야 한다는 이론으로서 핵심적인 내용을 보면 다음과 같다. 첫째, 사람들은 그들의 욕구충족이나 문제해결을 위하여 정상적인 해결책과 범죄 가운데 하나를 선택할 수 있는 자유의지free will를 가지고 있기 때문에 합리적으로 계산하는 이성적 존재로서 전제하고, 범죄는 범죄로 얻는 쾌락이 처벌의 고통보다 크기 때문에 발생한다고 보았다.

둘째, 범죄는 일을 덜 하고도 더 많은 보수를 얻을 수 있기 때문에 다른 정상적인 해결책보다 더 매력이 있으므로 사람들은 범죄를 선택하기 쉽다. 따라서 범죄를 선택하는 사람들에게는 사회가 그러한 부정적인 행위에 대한 반작용으로서 두려움형벌을 주어 통제해야 한다. 셋째, 그러한 반작용은 엄격하고 분명하며 신속할수록 범죄행위를 더 잘 통제할 수 있다. 넷째, 가장 효과적인 범죄예방은 범죄를 선택하지 못하게 하는 형벌이다. 즉 고전주의 범죄학 이론의 기본적인 전제는 형벌의 두려움으로 통제할 수 없다면 모든 사람들은 범죄자가 될 가능성이 있다는 것이기 때문에 범죄대책으로 인간의 범죄유발충동을 억제하기 위해서는 형벌과 제재로서 두려움을 갖도록 하여 통제 할 수 있기 때문에 가장 효과적인 범죄예방은 엄격한 처벌이라 하여 일반예방을 주장하였다.

1) 공리주의 영향으로 등장한 고전주의 범죄론과 형벌관

사상적으로 18세기 공리주의 영향으로 등장한 고전주의 범죄론과 형벌관은 앞에서 설명한 것처럼 모든 사회에서 사람들은 자신의 욕구를 충족하고 자신의 문제를 해결하기 위해 합법적이거나 불법적인 해결책을 선택할 자유의사를 가진다는 것을 기초로 한다. 즉, 대부분의 사람은 적은 노력으로 더 많은 이익을 얻기를 바라기 때문에 불법적 해결책이 더욱 매력적으로 생각된다고 본다. 따라서 범죄를 선택하는 것은 처벌에 대한 두려움에 의해 통제되며, 범죄를 효과적으로 제지하기 위해서는 처벌이 엄격하고, 확실하며, 신속하게 이루어져야 한다고 강조한다.

즉 범죄는 자유주의적 인간의 합리적 선택의 결과로서 사회에 대한 반도덕적 행위이고, 사회계약을 침해한 행위라는 범죄론을 가지고 있으며, 형벌관으로서는 형벌의 정당성을 사회계약의 보존에서 찾았고, 형벌의 목적을 반사회적 행위의 장래 예방에 두었다일반예방사상. 따라서 형벌은 반사회적 행위를 얻을 수 있는 결실을 상쇄시키고, 범죄충동을 억제하는 데 필요한 만큼만 정당화된다고 주장하였다. 이후 고전주의 범죄학은 1960년대에는 무죄추정의 원칙 등 피의자의 권익 보호를 강조하는 적정절차모델Due Process Model로 발전되었다. 또한 1970년대 이후에는 실현하기 어려운 범죄자의 교화개선보다는 사회계약과 형벌에 의한 예방효과를 강조하는 현대 고전주의적 범죄학이 나타났다. 베커Becker 등이 대표자로서 경제학의 합리적 선택모형을 범죄학에 원용했다.경찰학사전, 법문사, 2012. 11. 20. 신현기 외 베카리아와 밴덤이 대표적 학자들이다.

 * 공리주의功利主義. Utilitarianism는 9세기 중반 영국에서 나타난 사회사상으로 가치판단의 기준을 효용과 행복의 증진에 두어 '최대 다수의 최대 행복실현'을 윤리적행위의 목적으로 보았다. 즉, 어떤 행위의 옳고 그름은 그 행위가 인간의 이익과 행복을 늘리는 데 얼마나 기여하는가 하는 유용성과 결과에 따라 결정된다고 본 것으로, 인간을 언제나 쾌락행복을 추구하고 고통불행을 피하려 하는 본성을 지닌 존재로 파악한다. 따라서 인간의 쾌락과 행복을 늘리는 데 기여하는 것은 선한행위지만, 고통과 불행을 크게 하는 것은 악한행위라 한 원리이다공리의원리Principle of utility.

(1) C·베카리아

고전파 범죄학의 대표자는 근대 형법학의 선구자라는 별칭을 가지고 있는 이탈리아의 계몽사상가로서 경제학자이면서 형법학자인 체사레·베카리아Ceasare Bonesana Beccaria: 1738-1794이다. 그는 1764년에 『범죄와 형벌』을 저술하여 전근대적이고 비인간적이며, 야만적인 당시의 형사사법제도를 비판하였다. 이 책에서 그는 종교로부터 법을 해방시켜야 한다고 강력히 주장하였으며, 이로 인해 중세의 주관주의적 형법사상에 대해 근대적 객관주의의 형법사상이 확립하게 되어, 당시의 서유럽 지식사회에 커다란 반향을 일으키는 등 자유주의적이고 인도주의적인 그의 형법이론은 형법근대화에 매우 큰 공헌을 하였으며, 고전학파의 선구자가 되었다.

원래 베카리아는 경제학자이었기에 법률학에 정통하지는 않았지만 계몽사상의 영향을 받아 이 책을 통해 당시의 형사정책에 날카로운 문제제기를 하여, 일약 형법학자로서 유명해졌다. 그의 주장의 요점은 다음과 같다. (a) 국가가 개인을 처벌할 수 있는 근거는 오로지 사회계약에 있으며, 사회계약에 포함되지 않은 형벌은 부당한 것이라 주장하였다. (b) 범죄에 대한 형벌은 권한 있는 입법자에 의해 창설된 법률로써만 정할 수 있기 때문에 마땅히 입법자에 의하여 법률로 엄밀히 규정되어야 한다고 역설하였다. (c) 재판관은 입법자가 아니므로 법률을 해석할 권한이 없으며 법의 정신을 고려해야 한다는 명분도 인정되어서는 안 된다.

(d) 형벌의 무게는 어디까지나 범죄에 의해 생긴 사회적 손해에 비례해야만 한다범죄와 형벌의 양은 균형을 이루지 못하면 안 되며 : (죄형균형론). 그 균형은 법률로써 정해야 한다죄형법정주의 사상. (e) 신분에 의거한 차별적인 형법 적용은 폐지되어야만 한다동일범죄에는 동일한 형벌. (f) 범죄를 처벌하기보다는 그것을 예방하는 쪽이 바람직하다형벌의 목적은 억제 : Deterrence. 이를 위해서는 교육이 중요하다일반예방주의. (g) 범죄의 예방은 심한 처벌보다 신속하게 확실한 처벌에 의해 이루어져야 한다신속한 형벌. (h) 형사재판에서 피고인의 권리는 보호되어야 한다특히 무죄추정의 원칙에 반하는 고문은 금지되어야 한다.

(i) 사회계약 시에 인간의 생명에 관한 권리까지도 국가에 양도된 것이 아니므로 일반예방효과가 부족한 사형은 금지되어야 한다. (j) 형벌이 그 목적을 달성하기 위해서는 형벌의 고통이 범죄로부터 얻은 이익을 상쇄시킬 정도로 한정되어야 한다. 이것을 넘어서는 것은 무용한 형벌이다가혹한 형벌 금지. (k) 범죄를 잘 억제할 수 있는 방법은 가혹한 형벌이 아니라 형벌의 확실성이다형벌의 확실성. (l) 인간행위의 원동력을 쾌락의 추구와 고통의 회피로 보고, 형법은 인간의 공리성을 고려하여 범죄방지를 위한 공리적 기능에 중점을 두어야 한다. (m) 사면은 범죄자의 요행 심을 불러일으킴으로써 법에 대한 존중심을 훼손하는 결과를 가져온다사면제도 반대.

이처럼 베카리아의 저서인 『범죄와 형벌』은 당시로서는 혁명적인 내용을 담고 있었기 때문에 익명으로 출판되었지만, 유럽 각국에 커다란 반향을 불러 일으켰다. 이 책은 이탈리아나 프랑스의 카톨릭 교회의 금서 리스트에 지정되면서 심한 비난을 받았지만, 한편으로는 형사법 개혁의 성전으로 군림하여 궁극적으로는 유럽과 미국의 형사법 개혁에 영향을 미쳤고, 특히 1791년 프랑스 형법의 이론적 토대를 제공하는 등 이후 각국의 입법 작업에 영향을 주었다.

베카리아의 주장을 하나씩 세부적으로 살펴보면, 형벌의 기초론(앞의 (a)와 (i))는 1762년에 J·루소Jean Jacques Rousseau : 1712-1778가 저술한 『사회계약론』을 기초로 하고 있으며, 기타 제도개혁의 제안(앞의 (b)~(h))은 주로 1748년에 몽테스퀴에Montesquieu: 1689-1755가 저술한 『법의 정신』에 의거하고 있어, 특별히 독창적인 제안인 것은 아니다. 그러나 이 책에 일관되게 흐르고 있는 정열과 기백에 넘친 휴머니즘은 많은 사람들의 마음을 움직였고, 당시 봉건체제에 대한 레지스탕스 운동의 도화선이 되었다.

(2) J·벤덤

행복은 개인의 쾌락의 만족이고, 사회는 개인의 총화에 불과하기 때문에 최대다수 개인의 최대쾌락이 도덕적 선의 척도라고 하는 일명 「최대다수의 최대행복」이라는 공리주의 사상가로서 유명한 영국의 J·벤덤Jeremy Bentham: 1748-1832은 범죄를 포함한 인간의 행위는 고통을 피하고 쾌락을 추구하는 합리적 판단의 결과라고 주장하였다. 앞에서 언급한것처럼 공리주의는 1700년대 말 영국에서 크게 발전한 이론으로 옳고 그름의 기준을 사람들의 이익과 행복에 두는 사상으로 벤덤은 당시 공리주의를 체계적으로 연구하였는데, 그는 C·베카리아와 더불어 고전파 범죄학의 대표적인 학자이다. 또한 계몽사상을 구체화시킨 법률학자로서 「최대다수의 최대행복」이라는 공리주의 원리를 전면에 내세워 개정법과 법전화法典化를 적극적으로 추진하였다.

더구나 그는 「도덕과 입법의 원칙」을 간행하여 "법의 목적은 사회 공유의 행복을 창조하고, 보장해 주는 것"이라 하여 공리주의적인 형벌만을 취했으며 "형벌부과의 목적은 범죄예방에 있고일반예방사상, 만일 범죄의 예방이 불가능한 경우 덜 중요한 범죄로 유도하고, 범죄자로 하여금 범죄에 필요한 만큼의 힘을 다른 분야에 사용토록 유도하여 피해확대를 방지하며, 범죄예방에 가능한 한 적은 비용을 사용하는 것이다"라고 주장했다.

특히 벤덤은 법개정 특히, 그 중에서도 형법개정과 형벌의 개량화를 주장하며 다음과 같이 주장했다. (a) 범죄는 형법이 갖추어지지 않았기에 생겨난 것으로 범죄 없는 사회를 실현하기 위해서는 형법개정이 필요하다. (b) 형벌의 목적은 ① 본보기 ② 개선 ③ 격리 ④ 피해자보호 ⑤ 경제성에 있다. (c) 형벌은 인위적인 고통이므로 그보다 큰 해악을 제거하는 것이 보증될 때에 한해서 정당화될 수 있다. 따라서 이러한 관점에서 도출되는 부정한 형벌로는 ① 근거 없는 형벌범죄행위 자체에 해악성이 없는 케이스, ② 유효성이 없는 형벌형벌에 의해서도 범죄행위를 저지할 수 없는 케이스, ③ 고가의 형벌형벌의 해악이 범죄의 해악을 웃도는 케이스, ④ 불필요한 형벌다른 방법으로 범죄방지가 가능한 케이스 등이 있다고 주장하였다.

그리고 형벌집행의 기준으로는 ① 강제노역을 받는 자에게 추가적으로 육체적 고통을 부과해서는 안 된다는 관대성 원칙, ② 수형자는 사회의 극빈층보다 좋은 처우를 받아서는 안 된다는 열등처우원칙, ③ 범죄인 관리는 경제적으로 행해져야 하며 공공부담의 증가를 초래하거나 또는 강제노역에 의한 수익도모는 허용되지 않는다는 경제성 원칙을 제시했다. 아울러 벤덤은 재판상 재량이 큰 것에 반대하긴 했으나, 범죄자들에게는 모종의 합리성이 결여되어 있음을 고려할 수 있다고 하여 어느 정도의 재량은 인정하였으며, 근거가 없을 때범죄행위 자체가 해악성이 없는 경우, 실효성이 없을 때정신착란자에 대한 형벌처럼 형벌에 의해 범죄가 제지되지 않는 경우, 무익할 때, 불필요할 때다른 방법으로 범죄가 방지되는 경우, 형벌의 해악이 범죄의 해악을 상회할 때 형벌이 가해져서는 안 된다고 하였다.

또한 범죄는 학습된 행위라고 보지만, 범죄행위에서 인간내면에 있는 범죄동기를 중시하는 범죄원인의 사회성 중시와 상상적 범죄와 실재적 범죄의 구별, 사적인 죄와 공적인 죄의 구별, 대인 죄와 대물죄, 신용위반죄의 구별 및 필요악으로서의 형벌을 강조하였으며, 국제형법이라는 용어를 제창하고 피해자에 대한 국가보상제도도 주장하였다. 이와 같은 벤덤의 주장은 베카리아의 견해에 다대한 영향을 받고 있지만, 형사입법을 통해 계몽주의적인 사회개혁을 실천적으로 추진하려 했다는 점에 그 특징이 있다. "벤덤시대 이후의 법 개혁에서 그의 영향을 받은 흔적이 없는 것은 하나도 없다"라고 불릴 정도며, 특히 1825년부터 1875년경까지의 법 개혁은 「벤덤주의의 시대」라고 일컬어질 정도이다.

형벌론에 국한해 말한다면, 벤덤의 주장은 A·포이엘바하Anselm V. Feuerbach: 1775-1833의 심리강제 설에 기초한 일반예방뿐 아니라 범죄자의 개선·갱생이라고 하는 특별예방을 받아들이면서도, 다른 한편으로는 범죄피해자의 구제나 비용·편익론까지도 시야에 넣음으로써 「피해 없으면 형벌

없음」이라는 원칙을 관철하고 있다. 이러한 그의 주장은 탁월한 기능주의적 형벌사상이라고 말할 수 있다.

또한 벤덤은 감옥의 중요한 기능이 규율과 통제의 확보라는 점을 자각시켜 감옥 개혁과 개량화에도 열의를 보였고, 그래서 1791년에는 「파놉티콘 : Panopticon」을 제안했다. 파놉티콘한 눈 감시장치이라는 말은 벤덤이 만든 조어인데, 그가 구상한 정다각형(혹은 원형) 건축양식을 가리킨다. 벤덤은 이 건축양식이 감옥 설계에 효과적이라고 주장했다. 구체적으로는 효율성과 경제성을 중시한 교도소 운영 관점에서 다음 2가지 조치가 취해질 것을 주장했다.

(a) 교도소 중앙에 감시소를 두고 그 주위에 독방을 배치하여 효율적인 감시가 가능토록 할 것. (b) 독방 안팎에 창을 설치해 빛의 각도를 이용하여 감시자는 수형자를 볼 수 있지만 수형자는 감시자가 보이지 않도록 할 것이다. 그러나 이와 같은 벤덤의 '파놉티콘' 계획은 재정적 원조가 뒤따르지 않아 좌절되었다. 하지만 그 후 유럽 각지의 교도소 운영에 커다란 영향을 미쳤다. 또한 '파놉티콘'은 민간인에게 교도소 운영을 위탁하는 것을 원칙으로 하고 있으며, 따라서 최근의 교도소 민영화의 선구자라고 할 수 있다한국 최초 민영교도소로는 경기도 여주 '에아가페소망교도소가 설치운영중이다. 결론적으로 벤덤은 국민들이 행복하게 사는 것에 관심이 많았던 학자로서 인생의 목적이 쾌락에 있다고 생각하고, 행복은 쾌락이고, 불행은 고통이라 하였다. 이런 이유로 벤덤 은 가장 많은 사람들에게 최대의 행복을 주는 '최대다수의 최대행복'을 주장하였으며, 이런 그의 철학을 '공리주의'라 한다. 결국 그의 사상은 근대시민사회의 윤리가 되었을 뿐만 아니라, 자본주의 질서를 잡는 데 토대가 되었다.

2) 고전파 범죄학의 견해

고전파 범죄학은 중세에서 근대로 넘어오는 계몽기의 형사법사상이다. 즉 근대사회가 성립되려고 하는 18세기 후반부터 19세기 초반의 유럽에서 왕권신탁 설에 근거를 둔 절대왕정이 무너지기 시작한 시기에 등장했다. 이 학파는 형법학에서는 고전학파혹은 구파, 특히 전기 구파라고 불린다. 고전파 범죄학의 대표적인 학자인 베카리아나 벤덤의 제안 대부분은 이후 유럽 각국의 입법작업에 채용되었다. 구체적인 형사입법으로는 ① 1789년 프랑스 형법전 ② 1791년 프랑스 형법전 ③ 1810년 나폴레옹 형법전이 있다. 또한 그들의 주장 중에서 근대형법의 기본원칙으로 구체화된 것은 ① 죄형법정주의 ② 죄형 균등 ③ 신분형법 폐지 ④ 형벌의 인도화 ⑤ 형사절차의 정당화 등이다. 그러나 이 두 학자들에 대해 "범죄대책이라는 실천적 문제에 무관심하여 형사정책 논의에 적극적인 공헌을 하지 못했다"라고 보는 견해도 있다. 하지만 고전파 범죄학의 제안은 형이상학적인 사고로부터 생겨난 것이 아니라 당시의 형사재판이나 형벌에 대한 날카로운 비판정신을 토대로 하여 실제적인 제도개혁을 목표로 한 것이었다.

한편 고전파 범죄학의 일반 예방론의 기초이기도 한 쾌락·고통 설은 인간은 기쁨을 극대화 하고 고통을 최소화하려는 속성을 지녔으므로, 형사사법기관의 처벌로써 범죄를 억제할 수 있다는 주장으로 오늘날에는 과거의 산물에 지나지 않는다고 보는 비판도 있는데 이는 잘못된 것이다. 첫째로 1960년대 이후에 미국의 경제학자가 사형의 억지력을 대규모로 연구하였지만, 그 근저에 깔려 있는 모델은 쾌락·고통설이었다. 둘째로 최근 합리적 선택이론이 주목되고 있는데, 거기에서 그리고 있는 인간상도 쾌락·고통설에 근거하고있다.

또한 고전파 범죄학은 종교적 초현실주의 범죄관에서 탈피하여 현실적·인간적 범죄관을 제시하였으며, 인본주의 및 천부인권 등을 추구하여 야만적인 형사사법제도를 개혁하고, 규문주의적 형사사법을 비판, 적법절차에 바탕을 둔 합리적 형사사법제도 정립과 죄형전단주의에 반대하여 법률주의를 주장하고, 범죄방지 목적의 형벌제도 등을 통해 현대적 형사사법제도 발전에 기초를 제공했다. 그리하여 아직도 형사사법기관들이 가장 보편적으로 수용하는 이론적 견해를 제공하였으나, 범죄원인에 대해 사변적으로 고찰하여 환경 등의 요인을 간과했고, 범죄를 형벌과의 연관 하에서만 인식하여 형벌 중심의 범죄이론에 국한했다는 지적도 있다.

지금까지 살펴본 바와 같이 벤덤과 베카리아는 사상적으로 매우 유사하다. 이는 두 사람이 공리주의를 사상의 기초로 삼고 있기 때문이다. 다만 구체적인 주장을 개별적으로 살펴보면, 벤덤은 ① 고문을 반드시 부정하지는 않는다는 점 ② 묵비권에 소극적인 입장을 취하고 있는 점, 이 두 가지 점에서 베카리아와 다른 입장에 있다는 사실에 주의할 필요가 있다. 이는 베카리아가 설령 공리주의적인 관점에서 보았을 때 유효하다 하더라도 사회계약의 틀에서 벗어나는 고문이나 묵비권 제한은 인정될 수 없다는 입장을 취한 것에 비해, 벤덤은 공리주의를 철저히 관철시켜 고문이나 묵비권의 제한으로 무고한 사람에게 형벌을 부과한다고 하는 부정적인 면보다 많은 범죄자에게 형벌을 부과할 수 있다는 긍정적인 면이 클 때는, 그러한 가능성을 인정해도 무방하다는 입장을 취하고 있는 데서 비롯된 것이다. 그러나 개인의 자유의지를 지나치게 강조함으로써, 범죄행위에 대한 책임을 개인에게 집중시키게 되고 범죄행위의 사회적 요인과 생물학적 요인 등 외적 요인을 간과했다는 비판이 있다.

3) 형벌중심의 범죄방지 이론, 신 고전, 현대적 고전주의 및 범죄경제학

'신고전주의'는 고전주의에 의한 형사사법제도를 현실에 맞게 수정한 견해로서, 자유의지론과 행위자의 도의적 책임을 전제로 한 형벌중심의 범죄방지를 추구하는 이론이다. 고전주의 범죄 론의 전제는 계몽사상에서 강조한 인간이성의 합리성을 강조한다. 즉 자신이 취하는 이득보다 피해가 크다면 행동하지 않는다고 본 것으로 형벌이 정확하고 신속하며 잔혹할수록 범죄행동은 억제된다고 보았다. 그러나 고전주의이론은 재범자에 대한 설명이 어려웠으며, 이에 생물학적 원인론을 따지는 '실증주의 범죄학'으로 바뀌게 된 것이다.

하지만 새로운 범죄이론으로 설명해도 재범이 계속 발생하게 되자. 새롭게 '신고전주의 범죄학Neo classical'이 태동한다. 이들은 인간의 이성적 판단이 모두 동일하지 않고, 개인마다 다른 기준을 가지고 있기 때문에 개인에 대한 억제방법이 달라야 한다는 '억제이론'을 주장하였으며,그 개인기준에 따른 행동은'합리적 선택'에 의해 결정된다고 보았다. 즉 범죄자는 나름의 합리적 판단을 하지만 일반인들의 합리적 판단과는 다른 기준을 지니고 있을 수 있기 때문에 형벌적용에 있어서 범죄자의 연령·정신상태·범죄 상황 등을 고려하여 이러한 한도 내에서 처벌의 개별화를 허용해야 한다는 입장이다.

다시 말해 현대적 고전주의 이론은 고전주의와 마찬가지로 형벌이 확실하고, 신속하고, 엄격할수록 범죄는 잘 억제될 수 있다고 주장하는 것으로억제이론 실현하기 어려운 범죄자의 교화개선보다는 사회계약과 형벌에 의한 예방효과를 강조하여 1970년경 현대 인간행동과학의 지식을 바탕으로 고전주의 범죄관과 형벌관을 부활시킨 이론이다. 이들은 ① 집단비교분석법Gibbs, Tittle, ② 시계열분석법Ross, ③ 형벌에 대한 인지수준과 범죄행위와의 관계를 직접 분석하는 방법 등을 사용하여 형벌의 엄격성과 확실성이 어느 정도 범죄억제효과가 있는지를 실증적으로 분석·연구했다. 그 결과 형벌의 신속성에 대한 억제효과는 측정상의 어려움으로 고려하기 어렵지만, 형벌의 엄격성은 살인범죄억제에만 효과가 나타났으며, 형벌의 확실성은 모든 범죄에 매우 중요한 영향을 미치는 것으로 나타났다.

또한 범죄경제학 이론은 경제학적인 측면에서 범죄비용과 범죄편익의 개념을 상정하고, 범죄행위도 다른 인간행위와 마찬가지로 범죄이익이 비용보다 큰 가 작은가를 합리적으로 계산하여 선택되는 것이므로, 형벌의 신속·확실·엄중성을 강화해야 억제할 수 있다는 주장으로 경제학의 합리적 선택모형을 범죄학에 원용했다. 이것의 이론체계는 미국의 경제학자인 베커G. Becker에 의해 정립되었으며, 클라크R. Clarke와 코니쉬D. Cornish의 합리적 선택이론에 의해 정교화되었다.

제4장 실증주의 범죄학

실증주의 범죄학positivist criminology은 사회문제의 연구에 과학적인 방법을 적용하였던 19세기의 실증철학에서 따온 이론이다. 일반적으로 범죄학이 추구하는 목표가 범죄를 예방하는 방안의 모색에 있다는 점에서 범죄현상의 원인에 대한 정확한 이해는 과학적인 형사정책 수립에 필수적이다. 따라서 이러한 배경에서 범죄의 원인을 규명하기 위한 노력이 있었고, 그 결과 범죄원인을 바탕으로 한 혁신적인 정책들이 모색되었는데, 가장 대표적인 범죄원인론으로 고전주의와 실증주의를 들 수 있다.

여기서 실증주의 범죄학이란 범죄행위 내지 범죄인에 초점을 맞춘 결정론적 범죄원인 연구로서 사회문제의 연구에 과학적인 방법을 적용하였던 19세기의 자연과학의 발전을 배경으로 태동한 과학적 연구방법론인 실증철학에서 따온 이론이라 할 수 있다. 이 이론에서는 범죄는 개인이 자유의사에 의해 합리적으로 선택하는 것이 아니라, 개인의 통제할 수 없는 요소에 의해 결정되어지는 것이라 분석한다.

따라서 고전주의는 사람의 내부inside-the-person에 있는 비정상적이고 병적인 요소가 범죄성을 일으킨다고 보고, 그 요소가 제거되지 않는 한 범죄는 발생할 수밖에 없다고 본다. 즉 인간의 행위는 생물학적 원인론, 심리학적 원인론, 사회학적 원인론 등 13가지 요인에 의해 결정되기 때문에 범죄의 원인은 인간의 이성을 제한하는 여러 가지 요인에 의해 범죄성이 발생한다는 이론이다. 따라서 범죄에 대한 대응은 범죄의 원인이 되는 요인을 과학적으로 발견하여 그것들을 통제(사전적 범죄예방 위주)해야 한다는 주장으로 소년사법제도의 근간을 이루는 이론으로서 현대 범죄학적 연구의 대부분을 차지하는 이론이라고 할 수 있다.

사실 근대 계몽사상의 태두를 배경으로 고전학파의 범죄론과 형벌론은 지지를 받기 시작했고 실제의 형사정책에도 적지 않은 영향을 미쳤으나 19세기 후반에는 이처럼 과학을 중심배경으로 한 실증주의 범죄학positivist criminology이 등장하여 범죄와 형벌에 대한 고전학파의 생각을 정면으로부터 비판하기 시작했다. 이 실증주의 범죄학이론의 주된 특징은 인간의 권리보장과 범죄자 처벌을 통한 범죄예방과 같은 법적 혹은 제도적인 문제 대신에 범죄행위 자체의 성격과 범죄인에 초점을 맞춘 과학주의적 결정론적인 범죄원인 탐구로서 과학적 연구방법을 사용하여 인간의 행위를 연구하는 실증적 접근법을 사용하였다. 정리하면 실증주의 범죄이론은 생물학적·심리학적 그리고 사회학적 특성의 연구에 대한 과학적인 방법을 적용하여 인간행위는 주로 소질이나 개인들의 외부에 존재하는 경제·사회·물리적 환경에 의해 통제되고 결정된다고 보았으며, 이러한 원인으로 범죄인은 비 범죄인과 본질적으로 다르므로 처벌이 아니라 처우교화개선에 의하여 사회를 보호해야 한다고 주장했다.

1 실증주의 범죄학의 태동胎動

19세기 중엽부터 유럽 각국에서는 범죄특히 재산범가 급증하고 누범자나 소년범죄자의 출현이 주목되기 시작하여, 그 동안 행해져 왔던 형사정책에 본질적인 의문을 갖게 되었다. 이와 같은 범죄 증가현상은 자본주의 경제가 초기단계를 벗어나 성숙해 감에 따라서 공업화나 도시화가 진행되고 대량의 실업자·빈곤자위험한 계급가 출현되면서 생겨난 것이다.

범죄의 큰 물결이라 일컬어진 이러한 현상을 눈앞에 두고, 고전파 범죄학에서 주장하는 죄형 균등을 원칙으로 한 형법 하에서는 형이 너무 가볍기 때문에, 일반예방이나 범죄자의 개선갱생에도 도움이 되지는 않을까 하는 의문이 실증주의 범죄학에서 생겨났다. 또한 형무소를 출소한 후에 범죄를 반복하는 자가 다수로 늘었기 때문에 베카리아나 벤덤이 구상한 감옥으로는 재범방지에 효과가 없을 것이라는 회의론도 출현했다. 이러한 고전파 범죄학에 대한 의문을 재빨리 그리고 강력하게 주창한 것이 실증주의 범죄학의 아버지라고 말할 수 있는 C·롬브로조Cesare Lombroso : 1836-1909였다.

이탈리아 실증주의 학파

19세기 자연과학의 발달로 과학적 연구방법을 범죄학에 도입한 최초의 실증주의 학파로 현대 형벌에 있어 범죄인의 교화개선철학의 기초를 마련했다. 통상 이탈리아 학파는 범죄인류학파로 지칭되고 있는데, Lombroso, Garofalo, Ferri 등이 대표적인 학자이다. 특히 롬브로조의 생래적 범죄인설과 가로팔로의 자연범설은 범죄원인으로 소질 면을 상대적으로 강조하였다. 또한 이 학파는 신파 형법이론의 기초를 형성하고 특별예방이론 발전의 기초를 제공하였고, 범죄행위로부터 범죄인에게로 연구의 중심을 전환시켰으며, 신파이론의 실증적 기초를 마련했다. 아울러 국제범죄인류학회의 창설로 학문연구의 국제화를 주장하였다.

1) 범죄학의 아버지 롬브로조의 생래적선천성 범죄인설

현대 범죄학의 시작은 일반적으로 이탈리아의 의사 롬브로조lombroso와 그의 추종자들의 업적에서 시작 하였다. 범죄인류학파犯罪人類學派의 대표자이며 수립자인 롬브로조는 이탈리아의 정신의학자로서, 근대적 과학적 형사정책의 선구자이다. 정신병원과 형무소에서 정신병 환자와 범죄자의 체격형태를 조사하던 중 두개골에 현저한 격세유전적 특징이 있음을 발견하게 된 것을 계기로, 1876년에『범죄인』을 출판하여 범죄인류학의 기초를 쌓았다.

격세유전은 두 세대 이상의 유전이 진행되어 어떤 형질이 변형되거나 사라지게 된 이후 몇 세대를 걸러서 사라지거나 변형된 형질이 유기체에서 다시 나타나는 형상을 말한다. 즉 조상에 존재했던 유전형질이지만 이후의 세대에 사라졌다가 다시 자식세대에서 되살아난 형질을 의미한다. 이것은 유전자가 진화의 과정을 통해 변화하는 방식 또는 과정 때문에 발생 가능하다. 이 책에서 그는 고전파 범죄학의 추상적인 범죄자 인식을 벗어나, 당시 유행하고 있던「인체측정학」의 수법을 이용하여 개별적으로 범죄자를 조사하고, 구체적인 사실에 근거하여 선천성 범죄자의 존재를 실증해 보려 했다. 그의 가설의 중심은 범죄자는 태어날 때부터 범죄를 저지르도록 운명 지워져 있으며, 인류학 상의 한 변종범죄인류이라는 주장으로 생래적 범죄인을 진정한 범죄인으로 보았다. 특히 당시 이탈리아의 롬 바르니아 지방을 휩쓸던 강도 빌레라Vilella가 처형된 후 그 시체를 해부하던 중 두개골에서 원인류에 있는 특징이 있음을 발견한 후 범죄인에 대한 새로운 관점에서 인류학적 연구를 하여 범죄인류형, 생래적 범죄인 등의 개념을 주장하였다. 그러나 후기 연구에서는 생물학적 원인뿐만 아니라 여러 요인들을 범죄의 원인으로 고려하고 환경적 영향도 중시했다. 생래적 범죄인이라는 용어는 Ferri가 최초로 창안한 용어이다.

또한 롬브로조는 갈Gall의 골상학을 확대하여 인간 육체의 모든 해부학적 특징을 연구한 결과, 신체적 특징을 통하여 '생래적 범죄자'를 구별할 수 있다고 믿었다. 신체적인 비정상은 범죄인의 타고난 특징이라 하였다. 즉, 생래적 범죄자를 인간진화의 초기상태로 '격세유전'으로 설명하였으며 원시인의 체격, 정신능력, 본능을 지니고 있다 하였다. 이 생래적 또는 선천성 범죄인설은 다음의 세 가지 가설로 이루어졌다. (a) 범죄자는 태어날 때부터 범죄를 저지르도록 운명지워져 있으며, 말하자면 인류학 상의 한 변종(범죄인류)이다. (b) 범죄자는 신체적 및 정신적 특징을 지니고 있으며 이로 인해 일반인과의 식별이 가능하다. (c) 범죄자는 신체구조가 현대인과는 다른 하등동물에 가까운 야만인의 「선조가 회생」한 자, 혹은 퇴화한 원시야만적인 신체적 퇴행성을 지닌_{격세 유전설 및 범죄인 정형설} 자이다.

예를 들면 얼굴이나 머리의 비대칭, 원숭이 같이 큰귀, 두꺼운 입술, 들어간 턱, 뒤틀린 코, 튀어나온 광대 뼈, 긴팔, 많은 주름 살, 정상보다 많은 수의 손가락이나 발가락 등을 지닌다고 하였다. 이러한 비정상적 특성 가운데 남자들은 5개 이상을 지니고, 여성은 비정상적 특징 3개만 지니고 있으면 생래적 범죄자로 파악하였다. 생래적 범죄인설은 당시로서는 선진화된 임상실험을 이용하여 도출된 것이었다. 롬브로조는 ① 66명의 남자 범죄자를 해부학적으로 조사 ② 832명의 현존 범죄자 신체측정 ③ 868명의 병사 및 90명의 정신질환자에 대한 신체적·정신적 특징 조사를 실시하는 한편, 전기고통 측정기로 고통의 정도, 혈압계로 감동의 정도를 측정하였다. 이러한 조사결과 범죄자에게는 선천적으로 신체적·정신적 특징이 존재한다는 결론을 내린 것이다.

또한 롬브로조에 의하면 선천성 범죄자의 신체적, 정신적 특징으로는 다음과 같은 것이 있기 때문에 일반인과의 식별이 가능하다고 하였다. ① 작은 뇌 ② 두꺼운 두개골 ③ 커다란 턱 ④ 좁은 이마 ⑤ 커다란 귀 ⑥ 이상 치열 ⑦ 매부리 코 ⑧ 긴 팔. 이러한 범죄자의 신체적 특징을 거론할 때, 롬브로조는 수년에 걸친 동물연구 성과를 토대로 하여 원숭이, 다람쥐, 쥐, 뱀 등의 동물의 형태적 특징을 상기시켰다. 즉, 범죄자의 신체적 구조는 현대인과는 다른 하등동물에 가까운 야만인의 '선조가 회생' 한자, 혹은 퇴화한 원시 야만적인 신체적 퇴행성을 지닌격세유전설 및 범죄인 정형설 자라고 주장하였으며,

정신적 특징으로는 다음과 같은 것을 들었다. ① 도덕감각 결여 ② 잔인성 ③ 충동성 ④ 나태 ⑤ 낮은 지능 ⑥ 감각 둔화 혹은 마비. 이리하여 롬브로조가 그린 생래적 범죄자의 이미지는 마치 크로마뇽인의 재출현이라고나 할까, 유사이전 인류의 뇌를 지닌 「반 인간 반 짐승의 괴물」이다. 구체적으로는 미개민족, 유아, 간질환자, 배덕성 정신장애자였다. 또한 롬브로조는 이러한 생래적 범죄인설을 토대로 하여 아프리카의 나일강 상류지역에 사는 몇몇 부족을 조사하였다. 그 결과 그들에게 선천성 범죄자의 특징이 다수 존재하였기 때문에 그들 부족에게는 범죄가 일상적인 행동일 것이라고 추측하였다.

물론 롬브로조는 "자연이 범죄를 만든다", "사회는 범죄를 저지르기 위한 조건을 부여하는 것에 지나지 않는다"는 식의 운명적인 범죄자 인식을 기반으로 하고 있지만, 모든 범죄자를 선천적 범죄자로 보지 않았다는 사실에 주의할 필요가 있다. 그리고 롬브로조는 선천성 범죄자는 전 범죄자의 60%～70% 정도라고 생각하고 있었다나중에 35%～40%로 수정하였다. 또한 이외의 범죄자 유형으로 ① 정신장애 범죄자 ② 간질성 범죄자 ③ 기회성 범죄자크로미나로이드를 포함 ④ 격정성 범죄자 ⑤ 잠재적 범죄인을 상정하고 있었다. 여기에서 말하는 크로미나로이드는 선천성 범죄자와 일반인의 중간 카테고리에 속하는 것으로서, 오늘날의 정신병 질환자에 가까운 개념이라고 해석할 수 있다.

한편 롬브로조의 형벌관은 철저한 사회방위와 범죄자의 개선을 목적으로 한 것이었다. 선천성 범죄자에 대해서는 형벌이나 종신구금형을 부과하는 한편, 다른 범죄자에 대해서는 부정기형, 벌금형 및 정신병원 송치를 부과할 것을 주장하였다. 이보다 가벼운 조치로는 ① 질책과 단식 ② 냉수욕 ③ 신체형 ④ 자택구금 등을 제창하였다.

또한 여성범죄에 대해 여성은 대부분이 기회범이나, 주로 매춘부 그룹에서는 모성 감각의 결여로 생래적 범죄성이 부각될 수 있다 하고 매춘의 범죄성을 긍정하여 여성범죄가 남성범죄보다 적다는 여성범죄의 양적 특징을 부정하고 "여성범죄에 매춘을 포함시키면 남성범죄를 훨씬 능가 한다"고 주장하였으며, 여성범죄인은 신체적인 특징뿐 아니라 감정적인 면에서도 여성보다는 남성에 가까운 특징을 보이고, 여성범죄의 지역적 특성을 인정하여 스웨덴에는 영아살해가 많고, 미

국에는 낙태, 프랑스 파리에는 상점절도가 많다는 주장도 하였다.

그러나 롬브로조에 대한 비판도 많아졌는데 C. Goring은 『영국의 수형자』를 저술하여 3천 명의 영국범죄자를 통계적 검증을 통해 연구, 범죄자와 비 범죄자 사이에는 신체적 특징에 있어서 아무런 차이가 없다고 하여 범죄인 정형설을 반박했다. 그러나 그는 범죄성의 유전은 인정하였으며, 범죄인은 비 범죄인에 비해 신장과 체중이 열등하다고 하였다. 롬브로조의 이론은 독일, 오스트리아에서는 범죄생물학으로 발전하였고, 미국에서는 소질론적 범죄론의 영향을 받아 롬브로조의 신체적 유형을 정신의학적 유형으로 바꾸어 범죄인을 정신박약자 또는 정신병자로 취급하는 경향이 나타났다.

그 뒤 Lenz, Seeling, Kretschmer, Hooton 등이 그의 이론을 발전시켜 신 롬브로조 학파로 계승 발전시켰다. 그러나 그의 연구는 초기에는 범죄인론에서 소질을 중시해 생래적 범죄인설과 격세유전설, 범죄인 정형설을 주장하면서 전체 범죄인 중 65%가 생래적 범죄인이라고 주장하였지만, 후기에 와서는 '범죄의 원인과 대책'에서 환경의 영향도 중시해 생래적 범죄인은 전체 범죄인의 35%라고 수정했다.

2) 범죄사회학의 창시자 페리의 범죄원인의 삼원설

롬브로조와 함께 이탈리아 학파의 대표적인 학자인 페리는 Marx의 유물론, Spencer의 사회관, Darwin의 진화론, Lombroso의 생래적 범죄인설을 결합하여 범죄사회학을 창시, 스스로 '실증학파'라고 하였으며, 범죄 발생 원인을 인류학적 원인, 물리적 원인기후 등, 사회적 원인빈곤, 직업, 교육 등으로 구분하고 특히 사회적 원인을 중시하였다.

또한 「형법 및 형사소송법에 있어서 새로운 지평선」을 논술하여 나중에 「범죄사회학」에 수정·보완하여 수록하였으며, 결정론적 사고를 기초로 하여 일정한 사회에 있어서는 일정한 양의 범죄가 존재한다는 「범죄포화의 법칙」을 주장하였고, 규칙적·항상적인 범죄발생 이외에 사회물리학적 예외 조건에 의해서 「범죄의 과포화 현상」이 야기된다는 점도 인정하여 기본적인 범죄와 부수적인 범죄의 관계를 설명공무집행방해죄와 모욕·위증·손괴 죄의 병발, 절도와 장물죄의 병발, 간통죄와 명예훼손·위증죄 병발, 살인·상해죄와 불법무기소지죄의 병발 등하였다.

또한 형벌의 등가물로서의 예방적 사회개혁조치를 죄형법정주의에 기초한 추상적이고 응보적인 기능을 가진 고전형법의 무용론을 주장하여 "사회제도와 법제도의 근본적 개량이 범죄에 대한 근본적 대책이다"라고 주장하였으며, 실업에 기인한 궁핍범죄에는 이민의 자유 인정, 사기와 문서위조 방지책으로는 조세경감, 정치범에 대한 대책으로는 언론·사상의 자유 확대 등 형벌 대체물로서 예방을 강조하였다. 페리는 그의 저서 '사회적 범죄자'에서 범죄인을 6개 그룹으로 나누었다. 롬브로조의 격세유전인과 같은 생래적 범죄인, 만성적 정신적 문제나 감정 상태에 따른 격정범, 가족과 사회의 조건에 의한 기회범, 사회 환경으로 생긴 습관에 의한 습관적 범죄인, 부득이한 범죄인 또한 그는 이탈리아 형법초안을 작성하였으며, 1884년 발표된 『살인범』이라는 저서에서 롬브로조가 범죄원인론에서 사회적 원인을 경시한 점을 비판, 기회적 범죄인을 중시하고 생래적 범죄인에 대해서는 교화가 불가능하므로 이들에 대하여는 보안처분을 부과하여야 한다고 주장하였으며, 무기격리나 유형으로 대처사형 부정해야 한다고 주장했다.

3) 가로팔로의 자연범설

가로팔로Raffaele Garofalo :1852-1934는 C.롬브로조, E.페리와 함께 이탈리아의 형사학파를 대표하는 법률실무자이면서, 형법학자, 사회학자로서 범죄인류학의 발전에 기여한 인물 중에 빼놓을 수 없다. 그는 인간에 내재하는 범죄인 자연범自然犯과 법률로 제정된 법정범法定犯을 구별하여, 자연범의 형벌은 자연범에 대하여 사회가 보호한 것을 본질로 한다고 자연범설을 주장하였는데, 범죄자는 지능의 부족이나 타인에 대한 이타利他의 정이나 도덕적 감정이 결여되어 있다고 보았다.

즉 자연범이란, 인륜의 근본인 연민동정심과 성실정직성의 정조가 결핍된 자로서 생래적이므로 어떠한 사회정책이나 제도도 무용하므로 사형 내지 유형에 처할 것을 주장하였는데, 살인범, 폭력범, 절도범, 성범죄인 등이 대표적이다. 이 중 살인범은 애타적 정조愛他的情操에 대한 침해의 전형적인 예이고, 절도범은 성실의 정에 대한 침해의 전형적인 예라고 주장하고 애타적 정조의 결여 원인을 인류학적 변이성인류 진화와 사회화의 거역에서 찾았다자연범죄인=원시인= 생래적 범죄인. 그는1885년 『범죄학』을 저술하여 범죄의 현상과 원인을 규명하는 사실학의 의미로 '범죄학'이라는 용어를 최초로 사용하였으며, 또한 범죄원인으로서 심리학적 측면을 중시하여 범죄행위는 심리적 또는 도덕적 변종에 의한 것이라 주장하였다.

제 5 장

생래적 범죄인설의 시작

　범죄증가에 고민하고 있던 유럽 각국에 롬브로조의 생래적 범죄인설은 커다란 기대를 가져다 줌으로써 범죄인류학파를 형성시켰으며, 이는 범죄학 역사상 「코페르니쿠스적인 전환」이라고까지 평가되었다. 오늘날에는 이 설은 기상천외한 학설로 여겨지고 있지만, 19세기 후반의 여러 과학 분야의 발전을 시야에 넣어 생각해 볼 때, 결코 돌연변이 식으로 나타난 것이 아님을 알 수 있다. 범죄학적인 관점에서 보면 생래적선천성 범죄인설은 범죄통계학과 골상학의 두 연구 성과를 집대성한 것으로 풀이되기 때문이다. 또한 자연과학 측면에서 보면 범죄자가 진화 이전의 유인원이 회생 혹은 퇴화한 존재라는 발상은 다윈의 『종의 기원』(1859)의 진화론에 바탕을 둔 것이었다.

1 제도학파범죄통계학파

　롬브로조가 범죄자의 개별 데이터를 집계하고 통계적인 수치로 만들어 자신의 가설을 내보이고자 했던 것은 제도학파범죄통계학파의 영향에 의한 것이다. 이 제도학 파는 통계학적 수법을 이용하여 범죄현상을 해명하려 했던 학파를 가리키는데, 대표적인 학자로 프랑스의 A·게리Andre-Michel Guerry: 1804-1866와 벨기에의 A·케틀레Adolphe Quetelet : 1796-1874를 들 수 있다. 유럽에서 통계적인 기록이 정비되기 시작한 것은 16세기이며, 초기의 통계는 출생과 사망을 중심으로 한 것이었다. 범죄에 관한 최초의 공식통계가 간행된 것은 1821년 프랑스에서였고, 이후 범죄에 관한 통계분석이 본격화되었다.

게리는 사법대신을 지낸 법률가이지만, 『프랑스 도덕통계』(1833)에서 1825년부터 1830년의 통계를 이용하여 범죄율을 농담 색으로 구분하여 분류한 범죄생태지도를 작성하여 '범죄지리학의 창시자'라는 평가를 받고 있다. 특히 사회적 제 조건과 범죄의 관계를 분석하였다. 이 책은 범죄통계를 구사하고 이를 토대로 도표를 많이 그려 넣은 대작으로, 범죄사회학의 최초의 업적저서로 꼽히며 이후의 범죄통계 발전에 기여했다. 그는 프랑스의 범죄통계를 분석한 후, 범죄는 25∼30세에 가장 많이 범하고, 빈곤이나 일반교육수준은 범죄에 큰 영향을 미치지 않으나, 국민의 비도덕화는 범죄발생에 가장 큰 영향을 미치므로 성격형성적 도덕교육을 통해서 범죄를 경감시켜야 한다고 주장했다.

케틀레는 천문학자이면서 수학자였지만, 『인간 그리고 그 능력의 발달−사회물리학 시론』(1835)에서 게리의 통계적 수법을 정밀화하였고, 연령, 성별, 계절, 빈곤, 교육 및 인종 등의 제 조건과 범죄와의 관계를 고찰하여 다음과 같은 결론을 얻어냈다. 첫째는 범죄의 원인을 본질적으로 도덕적 결핍이라 하였는데 이것은 특히 얼굴과 머리 모양에 나타나며, 절대적 빈곤보다 상대적 빈곤이 범죄원인으로 중요하다고 주장하였으며, 둘째는 '범죄항상설'의 제창이다. 그는 범죄의 반복이 놀랄 정도로 일정하게 이루어지고 있는 현상에 주목하여, "범죄는 일정 사회에서 항상적인 법칙성을 지니고 반복된다"고 말하고, 그렇기 때문에 감옥 이나 처형장의 비용은 정확하게 예산 화할 수 있다고 주장했다.

셋째는 범죄의 사회적 요인에 대한 강조이다. "범죄를 준비하는 것은 사회이다. 범죄자는 이를 실행하는 도구에 지나지 않는다"라는 말은 케틀레의 유명한 말이다. 넷째는 온도법칙설의 제창이다. 그는 대인범죄는 따뜻한 지방인 유럽의 남부에 많고 절도범 등의 재산범은 추운 지방인 북부특히 추운 계절에 많다고 지적했다. 그러나 범죄원인에 있어서 개인적 요인인 심리학적·사회적 학습과정을 무시했다는 비판도 있다.

이처럼 게리와 케틀레는 범죄통계를 이용하여 과학적으로 범죄의 원인을 찾아내려고 한 사람으로, 범죄현상에 관한 최초의 실증적 연구자이다. 범죄통계학은 실증주의 범죄학 탄생의 하나의 기초가 되었으며 동시에 이후의 범죄사회학 발상을 이끌어냈다. 특히 게리의 통계지리연구는 나중에 기술하게 될 시카고학파에 커다란 영향을 주었다. 케틀레는 범죄가 사회의 필연적 산물이라는 점을 강조하는 한편 범죄의 생물학적 요인예를 들어 범죄성의 유전을 중시하였다는 점을 기억해둘 필요가 있다.

2 범죄자의 신체적 특징

범죄자가 생물학적인 이상을 나타내는 신체적 특징을 지닌다는 발상은 머나먼 고대까지 거슬러 올라가지만, 학문적인 포장을 하고 등장한 것은 18세기 전반의 '두개학'이다. 이 '두개학'은 18세기 후반에는 인상학으로, 19세기 초반에는 골상학으로 발전해 나갔다.

1) 두개학

두개학에서는 두개골의 형태적 특징에 따라 동물과 인간의 지능 정도를 측정할 수 있다고 생각하고 있었다. 이것을 「안면각 이론」이라 부른다. 초기의 「안면각 이론」을 간단히 설명하면 다음과 같다. 우선 두개골을 측면에서 관찰하여 ① 코가 붙어 있는 부분에서부터 귓구멍까지의 사이, ② 이마의 돌기부에서부터 턱 끝까지의 사이에 선을 긋는다. 2개의 선이 교차하여 만들어진 각도가 지능의 정도를 나타내는 지표가 된다. 바꿔 말하면 이마가 넓은 사람은 두뇌가 잘 발달되어 있고 이마가 좁은 사람은 뇌가 압박되어 발달에 저해된다고 보고 있었다. 이 이론의 주창자인 P·캠퍼에 의하면 유럽인의 안면각은 80도, 원숭이는 42도~50도라고 한다. 흑인의 안면각은 70도로 인간과 원숭이의 중간적인 존재로 여겨졌다. 두개학파 사람들은 두개 용적의 대소에 따라 지능 정도를 측정하고자 했다.

2) 인상학

인상학은 인간의 얼굴 각 부분의 특징을 발견하고, 그것으로 성격이나 지능 정도를 밝혀내려고 한 학문이다. J·라베이터 J.K. Lavater : 1741-1801가 저술한 『인상학 시론』(1775)은 4권을 넘는 대작이며, 당시 인상학의 성과를 체계화한 책이다. 이 책에서는 반사회적인 행동을 행하는 자의 특징으로 (a) 남성의 경우 턱수염이 없다, (b) 여성의 경우 턱수염이 있다, (c) 눈초리가 교활해 보인다, (d) 턱이 약해 보인다, (e) 코가 「오만」하다 등을 들고 있다.

3) 골상학

골상학은 두개골의 각 부분에 성격이 표출되어 있다고 생각한다. 골상학은 해부학자인 F·갈Franz Joseph Gall : 1758-1828과 그 제자인 J·슈플츠하임Johann K. Spurzheim : 1776-1832에 의해 비약적인 발전을 이루었다. 갈은 어린 시절에 성적이 좋았던 친구가 커다란 눈을 가지고 있고 눈알이 튀어나온 것을 보고, 이는 뇌의 어느 부분이 이상으로 발달하여 눈을 밖으로 밀어낸 것이라 생각하여, 뇌의 발달과 지적능력이 밀접하게 연관되어 있다고 주장한 것이다.

골상학에서 세운 가설은 다음의 세 가지이다. (a) 뇌는 사고와 감정의 중추이다. (b) 두개골의 형태는 뇌의 형상에 의해 결정된다. (c) 두개골 전체를 만졌을 때 그 돌기부분을 가지고 성격을 알 수 있다. 갈은 두개골을 21개로 구분하고 그 중 어디에 돌기가 있는가에 따라 성격을 알 수 있다고 생각했다. 예를 들면 눈 위는 색 감각에 관련되어 있으므로 이 부분에 돌기가 있으면 뛰어난 색 감각이 있다고 하였다. 이러한 구분은 슈플츠하임에 의해서도 주장되었지만, 그는 두개골을 35개로 구분하였다. 이 두 사람에 의하면 파괴성을 나타내는 것은 오른쪽 귀의 후부이며, 따라서 이곳에 돌기부가 있는 자는 폭력적인 경향이 있다고 보았다.

갈과 슈플츠하임은 인간의 정신작용은 대뇌피질에서 이루어진다고 생각했다. 이러한 생각은 정신을 신비한 힘으로 간주하고 있었던 중세 기독교사회에는 받아들여지지 않았다. 때문에 당시 오스트리아 정부는 골상학 금지령을 내렸다. 그래서 그들은 파리로 이주하여 골상학 보급에 주력했다. 결국 그들의 노력은 빛을 보아 19세기 전반에는 미국을 중심으로 골상학 연구가 활성화되었다.

4) 대뇌생리학의 단서 제공

이상과 같은 두개학 → 인상학 → 골상학의 흐름은 롬브로조의 생래적 범죄인설이 예로든 신체적 특징에 커다란 영향을 미쳤다. 이들 학문은 당시에는 일정한 과학성이 인정되어 사회적으로 인지되어 있었다고 보여진다. 아리스토텔레스 이후, "정신작용의 중심은 심장이다"라고 하는 생각이 지배적이었지만, 18세기부터 19세기 초엽에 이르는 시기에는 이들 학문의 등장으로 "정신작용의 중심은 대뇌피질이다"라고 하는 생각이 일반화되어 갔던 것이다. 따라서 골상학은 「잘못된 생각의 과학」의 전형적인 예이나, 오늘날의 대뇌생리학의 단서를 제공해 주었다는 점에서는 큰 의의가 있다.

다윈의 진화론evolution theory

1) 자연선택설

생물학의 뉴턴으로 불리는 다윈은 『종의 기원』에서 자연선택자연도태설을 제창하면서, 인간을 포함한 생물이 진화의 과정을 거쳐서 오늘날의 모습에 이르렀다고 주장하였다. 생물체가 진화한다는 것은 다윈 이전에도 존재하였지만 당시는 기독교의 영향이 강해 창조설이 세상의 만물은 신에 의해 만들어졌다고 하는 설이 일반적으로 받아들여지고 있었기에, 다윈의 자연선택설은 사회적으로 커다란 반향을 불러 일으켰다.

다윈의 자연선택설은 생물의 진화과정을 다음과 같이 설명한다. (a) 생물은 일반적으로 높은 번식력을 지니지만 자손을 남길 수 있는 것은 엄격한 자연환경에 적응하여 생존경쟁에서 살아남은 일부의 개체에 불과하다. 즉 생물의 종은 다산성을 원칙으로 하여 그 때문에 일어나는 생존경쟁에서 환경에 잘 적응한 변이를 갖는 개체가 생존하여 자손을 남기고 그 변이를 전하는 확률이 높기 때문에 각각의 좋은 환경에 적응한 방향으로 변화하는 과정이라고 하였다. (b) 통상적으로 동일한 종에 속하는 생물들의 적응력에는 커다란 차이가 있지만, 어떠한 이유로 인해 돌연변이가 발생한 개체는 다른 개체보다 적응력이 강한 경우가 있다. (c) 변이를 일으킨 적응력이 뛰어난 개체는 자손을 남길 가능성이 높기 때문에 수백 세대·수천 세대 후에는 변이체가 동일 종 안에서 다수를 차지하게 된다. (d) 그 결과 새로운 종이 탄생하게 된다. 이러한 다윈의 견해는 말서스가 『인구론』에서 펼친 주장빈곤이나 범죄의 원인은 인구증가율과 식량생산율 사이에 커다란 갭이 존재하기 때문에 생겨난다에 힌트를 얻은 것이라고 알려져 있다. 그러나 빅토리아시대의 영국에서 전성기를 맞이한 자유방임 자본주의의 「강자생존」이나 「적자생존」 가치관과 일치하였다는 점에서 커다란 지지를 받게 되었다. 즉 다윈은 도처에서 생존경쟁이 일어나고 있기 때문에 생존경쟁 아래에서는 유리한 변종이 보존되고, 불리한 변종은 소멸당하는 경향을 보일 것이며, 이 결과로 새로운 종이 형성된다는 주장이다.

2) 자연선택설의 영향

다윈의 자연선택설은 진화론에 그치지 않고 그 이후의 유럽 문화에도 다대한 영향을 주었다. 첫째로 기독교적 가치관의 붕괴를 촉진하는 역할을 하였다. 둘째로 자유방임 자본주의 경제 하에서 이루어지고 있는 경쟁을 정당화하는 근거가 되었다. 셋째로 강자생존의 사고를 사회활동의 여러 측면에 응용하여 사회적 약자 제거를 주장하는 「사회진화론」이나 인류의 생존력 유지를 위해 뛰어난 자만이 자손을 남겨야 한다는 우생학 사상을 낳는 계기를 마련하였다. 넷째로 아프리카 원주민을 백인보다 진화가 늦어진 인종으로 받아들임으로써 인종차별을 긍정하는 근거를 제공했다. 이러한 다양한 영역에 미친 영향과 마찬가지로 다윈의 자연선택설은 롬브로조에게도 커다란 시사를 주었다. 롬브로조는 인류의 진화를 전제로 하여 선천성 범죄자를 퇴화한 존재로 본 것이다.

제6장 범죄학의 발전경과

실증주의 범죄학이 롬브로조에 의해 제창된 이후, 19세기 후반부터 20세기 전반에 걸쳐 범죄학은 급속하게 발전하였다. 그 발전의 경과는 ① 범죄생물학 ② 범죄심리학 ③ 범죄사회학의 세 가지 접근방법으로 분류할 수 있다. 이들 세 가지 접근방법을 축으로 하여 전개된 설은 오늘날의 현대 범죄학에도 커다란 영향을 미치고 있다. 이 중에서 범죄생물학은 롬브로조의 생래적 범죄인설을 둘러싸고 격심한 논의가 이루어지면서 급속한 발전을 이루었다.

그리고 범죄의 심리적 요인과 정신적 특징을 연구하는 범죄심리학 영역에서는 이 시기에 많은 성과가 산출되었다. 특히 프로이드의 정신분석은 이후의 범죄학 발전에 커다란 영향을 주었다. 범죄사회학 분야에서는 두 개의 커다란 흐름을 발견할 수 있다. 첫째로 뒤르껭의 사회무질서론을 필두로 하여 사회의 다양한 요인을 분석함으로써 범죄현상에 대한 설명이 시도되었다. 20세기에 들어서는 특히 미국 시카고학파의 「도시화와 범죄」 연구가 주목된다. 둘째로 사회주의를 사상적 배경으로 한 학파가 독자적인 발전을 이루어, 범죄를 자본주의 사회의 모순이 표출된 것으로 파악하는 이론을 전개하였다.

4

범죄사회학 이론

제1장 서설

범죄사회학犯罪 社會學, criminal sociology은 범죄 행위나 현상을 사회학적 관점과 방법에 기반하여 연구하는 사회학社會學, sociology의 분과 학문 분야로 범죄 행위의 발생 요인을 범죄 행위자가 속해 있는 사회적 환경이나 맥락의 측면에서 조명함으로써 범죄 현상을 설명하는 이론을 고안하는 데 주안점을 두고 있다. 따라서 범죄사회학은 범죄 행위를 개인의 생물학적 구조 측면에서 설명하는 생물학적 관점이나 개인의 심리적 구조나 과정 측면에서 설명하는 심리학적 관점과는 구별되는 사회 구조나 과정의 측면에서 범죄 행위를 설명하는 사회학적 관점이 투영되어 있다. 대표적으로 미국의 시카고학파의 사회 생태학적 연구에서는 범죄 행위를 개인의 특성으로 한정시켜 설명하지 않고, 범죄 행위가 발생하는 사회적 과정이나 상황 구조 등 범죄자의 사회학적인 환경에 초점을 맞추어 범인 성을 규명하고자 하는 사회학적 접근이 본격적으로 발달하게 되었다.

특히 제2차 세계대전 이후 범죄학은 비약적인 발전을 이루었다. 그리하여 오늘날 범죄원인론은 미국의 범죄사회학 이론을 중심으로 발전하고 있다. 이 장에서는 20세기를 맞이한 이후 미국을 중심으로 급속하게 발전한 범죄사회학의 제 이론을 개관하고자 한다. 이 시기에 미국에서 범죄사회학이 발달한 것은 각 주에서 도시화가 진전되고 그 과정 속에서 지역별 혹은 사회계층별로 범죄율이나 범죄형태가 현저하게 다른 양상을 보였다는 사실이 밝혀짐으로써, 지역·사회계층과 범죄의 상관관계를 거시적으로 분석하고자 하는 사회학적인 시점이 대두하였기 때문이다. 이러한 시점의 대두는 역으로 범죄생물학이나 범죄심리학에 기초하여 범죄자의 개성에 주목하는 미시적인 시점을 후퇴시키는 결과를 낳게 되었다.

제2장 범죄사회학의 전개

범죄사회학이 가장 발달한 나라는 미국인 것처럼 보인다. 그러나 범죄사회학의 학문적 터전을 닦은 이들은 19세기 중반 이후 한 시대를 풍미한 프랑스 석학들이었다.

사회학의 아버지라고 불린 프랑스의 철학자 A·꽁뜨A. Comte는 『실증철학 강의』(1840)를 저술하여 사회학의 기초를 쌓았다. 그러나 범죄에 대해 사회학적 접근방법을 실제 사용하였던 사람은 범죄통계의 대표적 학자인 1830년대 프랑스의 게리와 벨기에의 케틀레이다. 이들은 사회적 조건이 범죄를 초래한다고 결론 내렸으며, 통계자료를 통하여 범죄를 분석하였는데, 이들의 통계학적 수법을 이용한 범죄현상의 해명 방법은 실증주의 범죄학 탄생에 하나의 기초가 되었으며 이후 범죄사회학 이론의 태동에 이론적 동기를 제공하였다. 사회학에 있어서 이 시대는 요람기라고 불릴 만한 시기였다. 그 후 사회학이 발전함에 따라 19세기 후반에는 범죄사회학 이론이 등장하였고 20세기에 들어서면서 구미에서 커다란 발전을 이룩하였다.

 1 범죄사회학 이론 형성

앞의 설명처럼 범죄 행위를 사회학적 관점에서 접근한 최초의 시도는 19세기 후반에 실증주의적 사회학 연구 방법을 활용하여 당시 사회의 주요 변화 양상을 연구한 프랑스의 게리A.M.Guerry와 벨기에의 통계사회학자인 램버트 아돌프 자크 케틀레Lambert Adolphe Jacques Quételet이었지만, 프랑스의 리용 환경학파와 에밀 뒤르껭Émile Durkheim 등의 실증주의實證主義, positivism 사회학자들에 의해서도 이루어졌다.

1) 프랑스 환경학파

이탈리아 학파는 범죄인의 소질을 중시하여 인류학적 고찰방법을 강조하였다. 그러나 프랑스학파는 대량적 범죄 관찰을 기초로 하면서 범죄를 일종의 사회병리현상으로 파악하여 환경을 중시하였다. 그래서 프랑스학파는 환경학파 또는 리용Ryon학파라고도 불리어지며 대표적 학자로는 라까사뉴, 따르드, 뒤르껭이다. 이처럼 범죄사회학이 하나의 학파로서 형성된 것은 19세기말에 프랑스의 라까사뉴를 총수로 하는 리용 환경학파가 범죄인류학파에 대항하여 등장하면서부터였다.

라까사뉴는 리용 대학의 법의학 교수로 원래 이탈리아의 범죄인류학파에 가담되어 있었으나, 로마에서 열린 제1회 국제범죄인류학회의에서 롬브로조 설을 비판하였고, 그곳에서 결별하여 그 이후 범죄의 환경요인을 중시하는 입장에서 "곰팡이가 생기는 것은 습한 온도 때문이다", "사회는 범죄의 배양기이고 범죄자는 미생물(박테리아)에 해당되며, 이 미생물은 번식기에 적당한 배양기를 찾아낼 때까지는 단지 범죄의 일 요소에 불과할 뿐이다. 그래서 벌해야 할 것은 사회이지 범죄자가 아니다."라고 주장하면서 범죄사회학을 주도하여 리용학파환경학파를 구성하였다.

또한 라까사뉴는 범죄자의 정신적·신체적 이상도 "빈곤이라는 질병"에서 유래한다고 하여 범죄의 원인으로서의 사회적 요인, 즉 환경적 요인 중에서 특히 경제 상태를 가장 중시하여 곡물가격과 재산범죄의 관계에 대하여 실증적인 연구를 하였으며, 그 결과로 물가의 앙등과 실업의 증대가 범죄의 증가를 가속시킨다고 주장하였다. 예를 들면 그는 1828년부터 1876년까지의 기간 중에 보리 가격의 투기시기차익 얻기 위한 매매와 재산범의 증가시기가 일치한다는 사실을 증명함으로써 물가가 상승하고 실업률이 높을 때 범죄율 역시 높아지는 현상을 지적하면서 사회 환경과 범죄의 관련성을 강조하여 빈곤이 범죄의 원인이 되고 있음을 시사하였다.

그의 생각을 지지한 사람으로는 마뉴벨리에, 로랑, 마스네 등이 있으며, 이들은 범죄 인류학에 커다란 동요를 가져다주었다. 롬브로조 등이 이탈리아학파라 불린 것에 비해 라까사뉴의 견해를 계승한 그들은 프랑스의 리용학파를 구성하였다. 그러나 "범죄자는 박테리아다"는 표현에서 알 수 있듯이, 라까사뉴는 범죄인류학을 완전히 부정한 것은 아니었다. 여기서도 롬브로조학파가 커다란 영향을 주었음을 알 수 있다. 라까사뉴는 인류학적인 요인이 환경적인 요인을 능가하는 경우, 이는 어디까지나 정신장애자일 뿐이지 범죄자는 아니라고 했다. 리용 환경학파가 범죄대책론의 하나로 사회 환경 개선을 제창하였다는 사실은, 그들이 〈자본주의 경제의 변혁 ⇒ 사회주의 수립〉을 목표로 하고 있다는 것을 말해 준다. 이러한 점에서 리용 환경학파가 사회주의 범죄학파의 출현의 계기가 되었다는 점을 덧붙여 두고자 한다.

2) 프랑스 사회학파

프랑스 사회학파의 대표적 학자는 E·뒤르껭Emile Durkheim : 1858-1917이다. 그는 프랑스의 19세기 실증주의를 가장 잘 대변하는 학자이자 범죄원인 연구부분에서 가장 중요한 영향을 미친 학자 중에 하나로, 법치 문제를 사회학적 시각에서 고찰하였다. 현대범죄학 연구에 끼친 그의 역할은 지대하다. 그는 개인과 사회관계에 있어서 사회가 인간을 만들고 규제하는 측면을 강조하면서 사회적 규범해체가 이기주의와 아노미 때문에 발생한다고 파악하였다. 또한 그는 수하에 많은 제자를 두어 「뒤르껭 학파」 혹은 「프랑스사회학파」라 불리는 학파를 형성시켰으며 꽁뜨 이론을 계승하여 실증주의를 일관한 프랑스의 사회학자이기도 하다. 19세기 프랑스는 프랑스혁명과 산업화 과정으로 인하여 정치적, 경제적인 모든 영역에서 급격한 변화를 겪는 상황이어서 그의 극된 관심은 안정적이며 도덕적인 사회를 가능하게 하는 사회적 질서를 확보하려는 것이었다.

더구나 그는 1893년에 『사회적 분업에 관하여』와 1897년에 『자살론』을 저술하여 자살·범죄 문제 등을 논급하면서 이러한 현상은 사회문화구조상의 모순에서 기인한다고 주장하기도 하였다. 그러나 뒤르껭의 최대 업적 중에 하나는 그가 아노미의 개념사회적 규범의 동요, 이완, 붕괴 등에 의하여 일어나는 혼돈 상태 또는 구성원의 욕구나 행위의 무규제 상태을 제시한 것이다. 그는 범죄발생의 원인으로 사회적 통합과 도덕적 통합의 수준을 강조하기도 했다. 여기서 사회적 통합이란 일상생활을 하는 중에 얼마나 상호간에 밀접히 연관되어 있는가에 관한 것이며, 도덕적 통합의 수준은 자기가 속해 있는 사회적 단위와 얼마나 일체감을 느끼고 권위를 인정하는가에 관한 것이다.

특히 『사회분업론』에서는 아노미anomie라는 개념을 제창하였다. 즉 기계적 연대 사회에서 유기적 연대사회로 발전함에 따라 아노미가 나타날 수 있다고 하였다. 그에 의하면 모든 시대와 사회에서 공통적으로 인정되는 객관적인 범죄란 있을 수 없고절대적 범죄개념 부인, 다만 특정사회에서 형벌의 집행대상으로 정의된 행위가 범죄라고 하였으며 그가 범죄발생 원인으로 중시한 것은 사회적 통합의 수준 및 도덕적 통합의 수준을 내용으로 하는 사회적 상황이었다. 즉 통합의 정도가 범죄의 발생량을 결정한다는 것이다.

이러한 그의 주장은 후에 허쉬의 사회유대이론에 영향을 미쳤다. 한편 뒤르껭을 라까사뉴와 더불어 리용 환경학파에 포함시키는 견해도 있는데, 이는 잘못된 견해이다. 또한 뒤르껭의 범죄에 대한 견해에 의하면, 범죄라 함은 「집합의식conscience collective」을 침해하는 행위이며, 형벌은 규범을 중시하는 집합의식을 형성시키는 역할을 함으로써 사회연대를 강화한다는 것이라고 하였다. 즉 여기서 말하는 집합의식「집합표상」이라고도 부른다은 사회의 대다수 사람이 갖고 있는 도덕적 감정이며 이것을 구체화한 것이 법이라는 것이다.

이처럼 뒤르껭이 집합의식을 제창한 데는 2가지의 목적이 있다. 하나는 법에 위반하는 행위를 범죄라고 한다면, 법이 존재하지 않는 미개사회에서의 범죄행위를 설명할 수 없으므로 사회학 고유의 정의로 사용하고자 한 것이다. 또 하나는 르봉의 군중 심리론이나 따르드의 모방설에서는 인간의 사회학적 행동이 심리학에 편중되어 설명되고 있어 애매한 것이 많으므로 사회학적인 시점을 전면에 내놓으려 한 것이다. 종합적으로 말한다면 그의 목적은 사회학 고유의 입장에서 접근하려고 했다는 것이다. 뒤르껭은 많은 시사를 후대에 남겼으며, 특히 범죄학의 입장에서는 범죄정상설과 사회무질서론 2가지 이론이 주목된다.

(1) 범죄정상설범죄 필요설

이 이론의 주장은 세상에 일정량의 범죄는 항상 존재하며, 범죄가 없는 것이 오히려 비정상적이며 병리적인 상태라는 뒤르껭의 주장이다. 그는 1895년에 저술한 『사회학적 방법의 기준』에서 범죄는 회피할 수 없는 갈등적이고 공격적인 현실 사회에서 범죄행위는 정상적인 사회현상일 뿐아니라 사회의 규범 유지를 강화시켜 주는 필수적이고 유용때로는 건전한 것이라고 주장하였다. 즉, 범죄는 출산, 결혼 혹은 사망과 마찬가지의 사회현상이고, 사회에서 항상 일정한 수치를 보이는 것이므로 결코 특수하거나 이상한 현상은 아니라고 한 것이다. 단지 그가 "일정량을 훨씬 초과하는 범죄 건수가 발생하고 있다면 그것은 이상한 것이다"고 생각하고 있었다는 점에 주의를 기울일 필요가 있다. 그러나 범죄 정당성을 범죄가 도덕적으로 정당화하다는 것을 의미하는 것은 아니며 집단 감정을 침해하는 것을 본질로 하는 범죄에 대해서는 강력한 대처를 주장하였다.

이와 같은 범죄정상설은 케틀러가 주장한 범죄 항상설, 페리의 범죄 포화의 법칙과 일맥상통한다. 뒤르껭은 한 걸음 더 나아가 범죄는 사회에 있어서 불가결하며 유용한 것이라 했다. 이는 다음과 같은 의미이다. 범죄는 사회를 창조적으로 발전시키는 에너지를 내장한 것이며, 따라서 범죄 없는 사회는 병적이라 해도 무방할 정도로 과도하게 통제된 사회라 할 수 있다는 것이다. 또한 범죄자에 대한 처벌은 법을 준수하는 시민에게 도덕적인 우월감을 심어줌과 동시에 사회가 해악을 진압할 정도의 힘이 있다는 것을 상징적으로 보여주는 것이라고 생각했다.

　19세기 후반에는 범죄인류학이 지배적인 세력이 되었고, 범죄를 병리현상으로 간주하여 범죄자 개인에게 범죄의 원인을 찾으려 했다. 뒤르껭의 견해가 이와 같은 생각에 대한 통렬한 비판을 내포하고 있었음은 두말할 필요가 없으며, 동시에 리용학파에 대한 비판도 내포하고 있었다. 즉 리용학파도 범죄를 일종의 병리현상으로 파악하여 그 원인을 사회 내부의 개별적인 제 조건에서 찾으려고 했던 것에 비해, 뒤르껭은 사회 그 자체가 범죄를 생산하는 구조를 갖추고 있었다고 생각한 것이다.

(2) 사회무질서론

　뒤르껭은 1897년에 저술한 『자살론』에서 사회무질서론을 전개하였다. 일반적으로 자살은 극히 개인적인 행위로 이해되고 있었지만, 뒤르껭은 자살 발생률에 지역차가 존재한다는 사실에 주목하여 자살의 발생은 개인적인 원인뿐만 아니라 사회 연대성의 강도에 의해서도 영향을 받는다고 생각했다. 또한 그는 사회를 ① 동질의 것이 상호 독립되어 있는 기계적 사회그 전형은 원시사회와 ② 분업이 발달된 사회구조 속에서 이질의 것이 서로 결합되어 있는 유기적 사회그 전형은 근대사회의 2개로 분류하였는데, 특히 기계적 사회에서 유기적 사회로 전환되는 전환기에는 전통적인 사회규범 시스템이 붕괴하여 사회의 연대성이 약화된다고 보았다. 그와 동시에 사회무질서무규제 상태가 발생하여 자살이나 범죄 등의 사회병리현상이 발생한다고 하였다. 또한 기계적 사회에서는 범죄의 본질이 집단의식의 침해라고 주장했고 형벌은 범죄로 침해된 집단감정의 반작용으로 보며, 형벌제도는 집합의식을 통한 사회유지를 위해 반드시 필요하다 하였으며, 형벌의 종류·정도 그리고 제재의 합리적 근거는 사회의 조직구조에 따라 다르다고 보았다.

　즉 동질적 차별 없는 기계적 사회에서는 범죄란 집단의 도덕심을 해치는 행위이므로 집단의 도덕심을 유지·강화시키기 위해 응보적 형벌도 인정되지만, 진보된 사회일수록 다양성에 대해 관대해지므로 분업화된 유기적 사회에서는 타인에게 해를 주는 행위가 범죄로 규정되므로 이러한 사회에서는 배상 내지 원상회복 및 비행자에 대한 개선을 위해 제재가 적용된다고 이해하였다.

즉 사회연대의 보전이라는 기능을 지니는 보복적 형벌에서 개인에게 중점을 두는 배상적 규제로 전환되어 간다고 주장하였다. 아울러 범죄율의 변화와 관련해서는, 유기적 사회가 기계적 사회보다 다양성에 대해 관대해지지만, 분업화된 사회 각 부분을 규제·조정하려는 기능적 법률도 증가하고, 특히 급속한 사회변동으로 인해 아노미_{무규범} 상태가 나타나므로 범죄율은 증가할 것이라고 주장하였다.

결론적으로 뒤르껭의 견해는 프랑스 혁명 이후, 사회가 근대화됨에 따라 사회의 연대성이 약화되고 그 결과 범죄의 증가가 초래되었다고 보았기 때문에, 연대 재 강화를 주장하는 실천적인 의도를 내포하고 있었다. 그러나 그 후의 연구 성과에서는 아이러니컬하게도 당시 범죄는 증가하지 않았다는 사실이 밝혀졌다.

(3) 자살론

막스베버와 함께 근대 사회학의 양대 산맥인 에밀 뒤르켕Emile Durkheim의 '자살론'1897은 자살에 대한 새로운 인식을 제공해준 혁신적인 이론이자 저작이다. 그는 자살은 엄연히 사회현상이며 자살의 원인 역시 사회적이다라고 하며, 자살은 산업사회에서 증가하는 경향을 보인다고 주장하였다. 그래서 경제적인 풍요와 정치적인 자유가 보장되는 나라에서 오히려 자살율이 높고, 산업화가 덜된 나라에서 자살율이 낮은 편으로 산업화와 자살율은 공존한다는 논리로, 이는 산업사회가 곧 경제적인 풍요로움을 의미하는 것이 아니라 그 경제적 풍요로움을 따라가야 하는 존재하기 때문이라는 논지이다. 경제적 어려움이 자살의 가장 많은 이유를 차지하고 있는 것이 그 근거라 할 수 있다. 즉 당시 사회적 통합 및 도덕적 규제와 관련하여 유럽 사회의 자살률이 급격히 증가하는 것은 산업화되는 과정에서 급격한 정치·경제·기술적 사회변동으로 사회통합이 약화됨으로써 이기적 자살이 증가하였기 때문이라고 주장하였다.

또한 집합의식이 높은 사회나 집합의식을 강조하는 종교일수록 자살률이 낮고, 반대로 집합의식이 낮은 사회에서 자살율이 높다고 강조 하였다. 결론적으로 자살은 범죄처럼 사회문화구조상의 모순에서 발생하며 개인적 원인이 자살의 원인이 아니라고 하였으며, 자살론에서 불경기와 호경기에 자살률이 급증하는 경향이 있음을 보여주는 자료를 통계적으로 분석하였다. 따라서 그는 불경기에 발생하는 자살은 쉽게 이해할 수 있으므로, 왜 호경기에 자살이 증가하는가 하는 문제에 중점을 두고 연구하였다. 또한 자살의 원인 및 유형을 다음과 같이 3가지로 분류하였다. ① 아노미 상태아노미적 자살의 자살: 이 유형은 급격한 사회변동으로 인한 기존 규범력의 상실·혼란에 기인한 자살로서 지금까지 당연하게 여겨진 가치관이나 사회규범이 혼란 상태에 빠졌을 때 자주 일어난다. 집단무질서적 상황에서 현재와 미래를 유의미하게 연결해주는 자기 연속성self-continuity을 확보하지 못하는 개인은 자살충동을 느끼게 된다. 예컨대 인기가 순식간에 떨어지거나 오른 연예인의 자살, 갑작스러운 실직에 따른 자살 등의 유형이 이에 속한다. ② 이기주의적 자살: 오직 자살자 자신만의 원인에 의해하는 자살로서 이 유형은 현대사회의 지나친 개인주의 경향으로 인해 일어나며, 개인이 사회에 통합되지 못하고 자신의 욕망에 따라 발생하거나입시실패 소속감을 상실해 발생한다. 개신교도, 미망인, 독신자, 교육자 등의 자살이 여기에 속한다.

③ 이타적 자살: 자살의 이유가 자기본위적이지 않고, 타자본위적, 곧 남을 위해 죽는다는 의미를 지닌다. 이 유형은 사회통합이 강화된 곳에서 집단의 종속을 위해 주로 발생자살 특공대 하는 것으로 강력한 통합력이 작용하는 주로 기계적 연대에 기초한 사회환경에서의 자살로, 개인이 집단에 완전히 동화되어 있어 집단의 목적이나 정체가 자기 자신의 것과 동일시 될 때 발생한다가미카제, 정치인의 순교 등. 이외에 사회의 외적인 권위, 즉 과도한 규제력으로부터 발생하는 숙명적 자살이라는 유형도 있다. 이는 아주 강력한 압력, 곧 구속적 통제가 가해지는 극단의 상황에서 일어나는 자살의 유형, 노예의 자살, 전쟁포로나 장기복역수의 자살, 고대 순장 등이 있다.

(4) 범죄기능설

범죄란 이에 대한 제재와 비난을 통하여 사회의 공통의식을 사람들이 체험할 수 있도록 함으로써 사회의 유지존속에 있어 중요한 역할을 담당한다는 이론으로 뒤르껭이 주장하였다. 그는 범죄의 본질은 사회유해성이 아니라 집단감정이 일정한 각도로 그리고 상당히 명확하게 침해되었다고 주장하여 "범죄 없는 사회는 집합의식에 의한 구속이 너무 엄격하여 아무도 이에 저항할 엄두를 내지 못하는 사회이며 이런 상황에서는 범죄는 제거되겠지만 진보적인 사회변화의 가능성도 함께 말살된다"고 하여 "이러한 상태에서는 사회발전에 필요한 비판과 저항이 없기 때문에 사회는 발전하지 못하고 정체에 빠져들게 된다"고 하였다.

그러므로 "범죄는 진보의 가능성을 위해 사회가 치르는 대가이다"라고 범죄의 개혁적 기능을 강조하여 전통적인 행동양식의 틀을 깨뜨리는 것이기 때문에 어느 정도까지의 범죄행위는 사회의 진보를 위해 필요하다고 하였다. 예컨대 소크라테스는 당대에는 범죄자였다는 것이다. 또한 범죄는 사회의 통합을 위한 경계유지의 기능이 있다고 하여 "범죄는 사람들의 정상적인 심정을 통합하고, 이를 결집시키는 기능을 한다"고 주장하기도 하였다. 뒤르껨의 이론은 그 후 미국의 범죄학에서 개화기를 맞이하여 사회해체론, 머튼의 사회무질서론, 긴장이론, 낙인이론 등으로 계승되어 갔으며, 고유이론으로서도 결코 시들지 않는 영향력을 지니게 되었다. 그러나 뒤르껨은 범죄가 사회적 문제로 일어나는 것임을 강조하였음에도, 그에 대응할 수 있는 사회 정책을 제시하지 못했다는 비판을 받기도 하였다.

2 범죄사회학 이론의 새로운 전개

지금까지 앞에서 설명한 것처럼 범죄사회학犯罪 社會學, criminal sociology은 사회학적 분석 방법을 이용하여 범죄의 원인을 해명하려고 하는 학문으로 유전보다 환경에 초점을 맞춘 것이 특징이다. 즉 범죄 행위나 현상을 사회학적 관점과 방법에 기반하여 연구하는 사회학社會學, sociology의 분과 학문 분야로 범죄 행위의 발생 요인을 범죄 행위자가 속해 있는 사회적 환경이나 맥락의 측면에서 조명함으로써 범죄 현상을 설명하는 이론을 고안하는 데 주안점을 두고 있다. 특히 범죄사회학은 범죄 행위를 개인의 생물학적 구조 측면에서 설명하는 생물학적 관점이나 개인의 심리적 구조나 과정 측면에서 설명하는 심리학적 관점과는 구별되는 사회 구조나 과정의 측면에서 범죄 행위를 설명하는 사회학적 관점이 투영되어 있다. 그러한 범죄사회학은 20세기에 들어서자 이론·조사 양쪽에서 한층 더 발전하였다. 이 발전 상황을 유럽과 미국에서 발전한 이론을 중심으로 나누어 살펴보기로 하겠다.

1) 형사사회학파와 사회주의 범죄학파

19세기 후반의 범죄사회학은 주로 이탈리아와 프랑스를 중심으로 하여 전개되었으나 20세기에 들어서는 독일, 오스트리아, 네덜란드, 벨기에 등의 여러 나라로 확산되어 새로운 움직임을 보이기 시작했다. 주목할 만한 것은 2개학파로서 F·리스트를 중심으로 한 형사사회학파와 봉거를 중심으로 한 사회주의 범죄학파이다. 전자는 범죄의 원인이 되는 사회적 요소를 고려하여 형벌이나 그 밖의 범죄 대책을 연구하는 학파로 우파 범죄사회학이라 하며, 후자는 좌파 범죄사회학이라고 부르기도 한다.

(1) 리스트의 형사사회학파

풍부한 형사 정책적 인식을 토대로 범죄사회학과 범죄생물학을 통합하여 「범죄학」이라 명명하고, 이것과 형법학을 포괄하는 「全刑法學」 개념을 확립한 학자로서, 형사사회학의 중핵이라 할 수 있는 독일의 F·리스트Franz von Liszt : 1851-1919는 형법학에 있어서의 근대학파 총수인 동시에 범죄학·형사정책 측면에도 커다란 공적을 남긴 사람이다. 리스트는 범죄원인으로 소질과 환경을 모두 고려하면서도 범죄의 사회적 요인을 중시하여 "최고의 형사정책은 최고의 사회정책이다"고 주장하였다.

또한 그는 고전학파의 행위주의를 비판하여" 벌에 처해져야 하는 것은 행위가 아니라 행위자이다"라고 하는 행위자주의를 표방함과 동시에, 특별예방을 중시하고 개개의 범죄자의 위험성에 대응하는 형벌목적형을 제창하였다. 구체적인 범죄자 유형에 따라 살펴보면, ① 우발적 범죄자·기회범죄자에 대해서는 위협형 ② 개선 가능한 범죄자에 대해서는 개선형 ③ 개선 불가능한 범죄자에 대해서는 사회 해악 제거를 목적으로 한 사형·종신형을 부과해야 한다고 하여, 형벌의 개별화를 통한 사회방위와 인권보장을 동시에 강조하여 "형법전은 범죄인의 마그나 카르타이며, 형사정책의 넘을 수 없는 한계이다"라고 주장했다.

그 밖에도 리스트는 1889년 벨기에의 프린스, 네덜란드의 함멜과 함께 국제형사학협회IKV를 설립한 것으로도 알려져 있다. 제1차 세계대전 후에는 독일을 중심으로 범죄사회학적인 실증연구가 공표되었다. 여기에서는 전쟁과 범죄의 관계가 조사되어 급속한 발전을 이루었다. 주요 연구 성과로는 리프만의 『독일에서의 전쟁과 범죄』1927, 엑스너의 『오스트리아에서의 전쟁과 범죄』1930 그리고 자우너의 『범죄사회학』이 있다.

(2) 사회주의 범죄학파

사회주의 범죄학파는 1890년에 등장한 이론으로서 '범죄의 사회성'보다는 '사회의 범죄성'을 중시하였다. 같은 사회주의 범죄학 이론으로서 리용 환경학파의 주장 속에는 자본주의 경제의 변혁이 포함되어 있었지만, 사회주의 범죄학파는 마르크스주의 원리를 전면에 내세웠다는 점에서 다르다. 이 학파의 기본적인 입장은 K·마르크스Karl Marx : 1818-1883와 F·엥겔스Friedrich Engels : 1820-1895의 『공산당 선언』1848이나 『자본론』1867-1894에서 전개된 사상을 범죄학 영역에서 펼친 것이라고 보면 된다. 즉 범죄의 근원은 자본주의 사회의 모순생산수단의 사유화, 노동착취에 있다고 보고 사회주의 사회가 실현되면 범죄는 근절된다고 주장한 것이다.

이 입장의 목적은 범죄의 사회성을 명백히 하는 데 있는 것이 아니고, 사회의 범죄성을 명백히 밝혔다는 점에 있다. 이 학파에 속한 초기의 학자로는 독일의 베벨1840-1913, 라파르그1842-1911, 「이탈리아 제3학파」라 불리운 쯔라티1859-1932, 코라얀니1847-1921가 있으며, 가장 저명한 사람은 네덜란드의 W·봉거William Adrian Bonger : 1876-1940이다. 그는 범죄의 생물학적 원인의 존재 그것 자체는 승인하고 있지만, 범죄는 모두 사회적 조건에 의해서만 설명되어져야 한다고 하는 고전적인 마르크스주의적 입장에서 자칭 사회주의학파를 표방하였다.

더구나 범죄 사회주의학파는 범죄 증가를 경제적 조건, 특히 빈곤에 의한 것이라는 사실을 통계적으로 밝히려고 했으며, 자본주의 경제의 해악성이 범죄를 야기한다는 것(경제적 결정론)과 사회주의 경제체제가 실현되면 빈곤은 해소되어 범죄를 유발하는 요인도 소멸된다고 주장했다. 이러한 생각은 단순한 「경제주의적 일원론」에 지나지 않아, 마르크스주의로 보는 것에 의문을 제기하는 견해도 있다.

또한 가진 자와 못 가진 자의 간격으로 인한 양자의 도덕적 타락이 인간의 이기적 욕망을 부추기기 때문에 범죄가 발생한다고 하여 자본주의의 탈도덕화를 주장하기도 하였다. 이 같은 주장은 오늘날의 시점에서 보면 낙천적인 고전적 마르크스주의에 속하는 것이지만, 당시 학계의 상황 하에서는 범죄인류학을 정면에서 부정하면서도 다른 한편으로는 리용 환경학파와도 다른 제3의 입장을 표명한 것이었다. 결국 사회주의 범죄학파는 사회주의 국가에서 독자적인 발전을 이루게 되지만, 국제적으로는 커다란 영향력을 행사하지는 못했다. 그러나 이 이론은 최근 들어 새로운 범죄학, 즉 New Criminology의 흐름에 속하는 연구자들과 함께 특히 주목받고 있다.

2) 시카고학파

제2차 세계대전을 전후로 하여 독일과 같이 사변적이고 관념론적인 사회학적 연구방법이 다원의 사회구조를 해명하는 데 무력해짐에 따라 세계범죄학의 연구추세는 미국의 실용주의적인 이론에 주도되어 범죄사회학 이론은 미국에 건너가 개화하여 현재 세계범죄학을 주도하고 있으며, 1920년대에는 대규모의 범죄사회학적 리서치가 속속 발표되었다. 특히 범죄현상을 생태학의 시점에서 분석한 학파는 시카고학파Chicago School라 불린다. 당시의 시카고는 19세기 후반부터 상공업의 발전, 이민인구 증가로 인해 도시화가 진행되면서 여러 가지 사회문제가 발생하고 있었다.

그 중에서도 제1차 세계대전 후에는 대불황과 함께 「범죄의 커다란 파도」가 밀려와 범죄가 중요한 사회문제로 대두되었다. 또한 금주법 시행 하에서의 갱단 범죄가 사회적인 이목을 집중시켰다. 이러한 상황 속에서 R·파크Robert Ezra Park : 1864-1944는 생태학의 시점을 인간행동 분석에 응용할 것을 제안하였다.

이 제안은 특정 자연환경 속에서의 동식물의 생태를 조사하는 방법을 가지고 급격하게 도시화되어 가는 사회에서의 인간행동에 접근한 것으로서, 「사회생태학」 혹은 「인간생태학」이라 불린다. E·버제스Ernest Watson Burgess : 1886-1966는 도시 발전을 동심원상에 그려놓고,[34] 중심에서부터 원심 형태로 도시가 확대되어 가는 모습을 지적하였다.

시카고학파의 대표적인 연구로서 쇼와 맥케이의 연구가 있다. C·쇼C. Shaw는 H·맥케이H. Mckay와 함께 파크, 버제스의 수법을 사용하여 시카고시의 비행소년 거주지 분포를 조사하였고 다음과 같은 연구성과를 발표하였다. ① 쇼『비행지역』(1929) ② 쇼 / 맥케이『소년비행의 사회적 요인』(1831) ③ 쇼 / 맥케이『소년비행과 도시지역』(1942). 여기에서 얻어진 귀결은 다음과 같다. (a) 비행률은 상공업 중심지역에서 높다. (b) 비행률이 높은 지역은 경제수준이 가장 낮고 아울러 이 지역에서는 등교거부율, 유아사망률, 결핵 감염률, 정신장애 발생률이 높은 등의 사회문제를 껴안

---

34 동심원지대이론(同心圓地帶: concentric zone theory): 미국의 시카고학파의 대표적 사회학자인 버제스가 주장한 이론으로 한 도시의 발전 형태는 도시의 특정 활동이 특정 공간 지대에 몰려 있게 되는 동심원 유형을 띤다고 주장한 것으로 시카고의 실증적 연구를 통해 1923년 도시의 구조를 ① 중심비즈니스지구 ② 천이지대(遷移地帶: 슬럼 등 저소득자 거주지대로 도시발전과정에서 중심비즈니스 확장으로 소멸될 가능성이 강하다) ③ 노동자주택지대 ④ 일반주택지대 ⑤ 통근자주택지대의 5가지로 분류하여 이 지대들이 동심원적 구조를 이루어 저마다 바깥쪽에 인접한 지대로 침입하면서 팽창해 간다고 했다.

고 있었다. (c) 비행률이 높은 지역을 인구구성비로 살펴보면, 외국에서 이민 온 이민1세와 흑인이 많았고 인구이동이 심했다.

이 조사결과는 생태학에서 말하는 〈침입 ⇒ 지배 ⇒ 탈취〉로 진행되는 동식물 세계에 있어서의 변화과정 공식과 일치되는 것이었다. 즉 새로운 주민그룹의 침입에 의해 그 지역이 지배되고 탈취가 완료되는 과정 속에서, 기존의 공생관계가 무너지고 사회통제 시스템이 붕괴됨으로써 비행의 증가로 이어진다는 것이다. 이러한 조사결과는 〈사회변동 ⇒ 사회통제이완 ⇒ 범죄증가〉라고 하는 사회해체론social disorganization 공식을 실증한 셈이다. 이 사회해체론이 앞서 말한 뒤르껭의 사회무질서 론의 흐름에서 벗어나지 않는다는 것은 굳이 말할 필요가 없을 것이다. 한편 쇼와 맥케이는 1900～1906년과 1917～1923년을 비교한 결과, 비행다발지대가 시대의 흐름이나 주민구성원의 변화에도 불구하고 높은 비행률을 유지하고 있다는 사실에 주목하여, 반사회적인 가치체계는 개인·집단과의 직접적인 접촉에 의해 전달되어 간다는 생각을 가지게 되었다. 이것을 문화전파이론이라 한다. 쇼와 맥케이의 일련의 연구는, 생물학의 일부분인 생태학 아날로지로는 인간행동을 분석하는 것이 불가능하다든지, 분석의 기초가 오로지 공식통계에 근거하고 있다는 등의 비판을 받았지만, 그들의 연구에 자극을 받아 그 후에도 다양한 생태학 시점을 응용한 범죄조사가 다수 출판되었다.

쇼와 맥케이 이외의 시카고학파의 대표적인 연구로는 W·토마스와 F·주나니엑의 『구미의 폴란드 농민』(1915), 토마스의 『부적응 소녀』(1923), 슬랙셔의 『갱』(1927), L·워스의 『갯트』(1928) 등이 있다. 시카고학파의 이러한 조사연구는 빈곤, 질병, 범죄의 빈발이 유전적인 요인에 의한 것이 아니고 사회해체의 결과라는 점을 밝혀냈다는 점에서 중요한 의의를 지닌다. 그도 그런 것이 당시 미국에서는 사회적으로도 멸종법이나 이민제한법이 제정되는 등 이른바 우생학적인 사조가 깊숙이 침투해 있었기 때문이다. 그러한 시대적 상황 속에서 시카고학파는 범죄의 환경적인 요인의 중요성을 지적함으로써 우생학적인 사조에 대한 안티테제를 표방하였고, 미국에서의 범죄사회학 기초를 쌓았다는 점에서 높이 평가되어야 한다. 또한 시카고학파의 연구는 사회통제 과정이 약화될 때 비관습적이고 일탈적인 행동이 나타나며, 범죄란 권력을 가지고 있는 어떤 집단이 그들의 가치를 법에 반영시키고, 다른 문화적 집단이 그 법을 위반하기 때문에 발생한다고 주장하기도 하였다.

제3장 사회구조 접근방법

20세기 들어서면서 미국에서 본격적으로 발전된 범죄사회학 이론은 ① 사회구조social structure 접근방법 ② 사회과정social process 접근방법 ③ 사회갈등social conflict 접근방법의 3가지 접근방법으로 대별할 수 있다. 이 중 사회구조 접근방법에서는 R·머튼의 사회무질서론, A·코헨의 비행하위문화론, R·칼라워드와 L·올린의 분화적 기회구조론 등이 중요하다. 사회과정 접근방법에서는 E·H·서덜랜드의 분화적 접촉이론이, 그리고 사회갈등 접근방법에서는 T·셀링의 문화갈등론과 R·퀴니와 A·타크의 투쟁이론이 주목된다.

사회구조 접근방법은 뒤르껭의 사회학 이론특히 아노미론의 흐름에 속한 것으로, 사회구조사회계층이나 문화 등 자체 속에 범죄를 유발하는 요인이 내재되어 있다는 입장에서 접근한 것이다. 이 접근방법에서는 ① 아노미론사회무질서론 ② 하위문화론비행 부차문화론 ③ 분화적 기회구조론①과 ②의 종합론의 3가지 계열이 있는데, 최근에는 「긴장이론strain theory」이라고 불리는 경우가 많다.

 아노미 이론 Anomie Theory : 사회무질서론

사회구조 접근방법의 첫 번째 계열은 앞장에서 설명한 아노미론사회무질서론이다. 아노미의 어원은 무법·무질서의 상태, 신의神意나 법의 무시를 뜻하는 그리스어 아노미아anomia로서 이 개념은 급격한 사회 변동기에 나타나는 규범의 동요·이완·붕괴 등에 의하여 일어나는 혼돈 상태 또는 구성원의 욕구나 행위의 무규제 상태를 의미한다. 즉 한 사회의 문화목표와 제도화된 수단 간의 괴리로 사회연대가 약해져 무규범 상태 또는 규칙의 붕괴상태를 말하는 것으로 중세 이후 사용

하지 않다가 뒤르껭Durkheim이 「자살론」과 「사회분업론」에서 무규제 상황을 설명하기 위해서 근대 사회학에 부활시켜 처음 사용하였고, 그 후 자살을 설명하는 개념으로 사용되었는데, 집단이나 사회의 '무규범 또는 탈규제 상태' 또는 '이중규범의 혼재상태'로서의 사회구조적 속성으로 앞에서 말한 시카고학파의 쇼와 맥케이 등의 사회해체론이 발단이 되어 시작된 것으로, R·머튼Robert King Merton의 사회무질서 론을 거치면서 1950년대 후반에 이론적 완성을 보았다.

1) 뒤르껭Durkheim의 아노미론자살이론

19세기 말 프랑스 사회학자 뒤르껭Emile Durkheim은 사회적 분업division of labour 과정에서의 병리현상들 예컨대 부분들 간의 부조화, 사회연대성의 약화, 사회계급 간의 갈등을 아노미anomie라고 규정했다. 그는 이러한 아노미 개념을 자살 연구에도 적용했는데 즉 자살이라는 사회병리는 사회통합 또는 사회연대성의 함수라는 것이다. 그는 자살의 유형학typology을 만들었는데, 이것은 사회적 결속social bond의 성질에 대하여 관심이 집중되어 있다. 다시 정리하면 자살은 다음과 같이 유형화된다.

가) 이기적 자살egoistic suicide
사회적 규범의 개인에 대한 규제력속박이 붕괴되었을 때 발생. 사회적 통합도가 낮은 경우의 자살(미혼 남녀의 연예자살)
나) 이타적 자살altruistic suicide
사회적 규범의 개인에 대한 규제력이 지나치게 강할 때 발생, 사회적 통합도가 지나치게 높은 경우의 자살(일본의 가미가제 특공대)
다) 아노미적 자살anomic suicide
규범이 붕괴되어 행위의 기준을 상실했을 때 발생, 급격한 계층 이동을 경험하고 좌절하여 자살하는 행위파산한 중소기업 사장의 자살
라) 숙명적 자살fatalistic suicide
규범이 과도하게 개인을 지배하여 개인의 인격이 파탄나서 발생하는 자살, 숨막히는 분위기를 참지 못하고 거기서 탈출하기 위한 한 방편으로 자살하는 경우탈영병의 자살

위 네 유형을 사회통합의 측면과 사회규제의 측면에서 설명하면, 사회통합적 측면이 약하면 이기적 자살이 발생하고, 강하면 이타적 자살이 증가한다. 반면에 사회규제적 측면이 약하면 아노미적 자살이 많이 발생하고, 반면에 강하면 숙명적 자살이 증가하는 경향이다. 또한 사회통합 측면과 사회규제 측면이 약할 때 발생하는 이기적 자살과 아노미적 자살의 차이를 이해하는 것도 중요하다. 이기적 자살은 사회통합의 약화가 개인의 '삶의 의미를 상실'하게 만들어 자살에 이르게 만드는 경우라고 한다면 아노미적 자살은 사회적 규제가 약화되어 '수단-목표 간의 괴리'를 불러오고 이것이 결국 자살을 야기한다는 점에서 서로 다르다. 자살의 네 가지 유형 중 가장 중요한 아노미적 자살은 급격한 사회변동 시기에 증가한다. 즉 경기주기에 따라 자살률이 다르다는 것으로 불경기일 때는 실업이 증가하고 임금이 하락하여 삶의 목표와 이를 달성하는데 필요한 수단이 괴리되고 이는 스트레스를 증가시키며 그 결과 자살에 이르게 만든다. 호경기 때는 목표에 대한 성취도가 상승하고 또 열망수준이 커지는데 이것도 목표·수단 간의 괴리를 가져오며 스트레스를 증가시켜서 자살에 이르게 한다.

2) 머튼Merton의 아노미론사회무질서론

'아노미Anomie'는 문화적 목표예. 재정적 성공가 과잉 강조되거나 이러한 목표를 성취하기 위하여 합법적 기회가 차단되는 경우에 발생한다. 즉 사회규범의 와해무규범상태와 그러한 규범이 더 이상 사회성원들의 활동을 통제할 수 없는 상황을 말하는 것으로, 미국의 사회학자 머튼은 1938년에 발표한 「사회구조와 아노미」라는 유명한 논문에서 규범적 통제 및 그 부재가 아노미 상태로 이끌어간다는 뒤르껭의 원래의 개념을 버리고 인간 개인보다는 사회체계, 사회제도를 중심적 패러다임으로 삼아 범죄나 형벌의 의미를 파악하는 구조기능주의 범죄이론을 배경으로 사회인의 공통목표인 문화적 목표(예를 들면, 부를 획득하여 부유하게 되는 것과 이 목표를 달성하게 하는 합법적인 수단: 제도적 수단) 사이에 간극이 있을 때 구조적 긴장과 불협화음이 생기고 여기서 사회무질서(아노미)가 초래된다고 하였다.

즉 사회가 문화적 가치목표[35]에 너무 큰 비중을 두는 반면에 이를 성취할 수 있는 합법적 방법

---

35 한 사회에서 거의 모든 성원들에게 바람직하다고 규정된 것이며, 동시에 모든 구성원이 소유하기를 원하는 대상을 의미한다.

제도화된 수단³⁶은 일부계층에게만 제한되어 있을 때 또는 목표는 중시하나 거기에 이르는 수단방법은 중요시하지 않을 때 사회적 긴장이 조성되고 이러한 사회적 긴장은 사회적 압력으로 작용하여 원래 선량한 사람들을 소외감을 갖게 하고 범죄로 이끌리게 하여 높은 일탈 또는 범죄율을 초래한다는 주장이다. 현대사회에서는 「경제적인 성공」이 만인의 목표로 강조되고 있지만, 다른 한편으로는 모든 사람이 부를 획득하기 위한 합법적인 수단을 가지고 있는 것이 아니기 때문에 많은 어려움이 뒤따르고 있다. 따라서 합법적인 수단으로 목표를 달성할 수 없는 자는 목표를 달성할 수 없다고 하는 무질서한 긴장상태에 빠지게 되고, 그 긴장상태에서 벗어나기 위하여 범죄를 사용해서라도 목표를 달성하려고 한다. 즉 준법의식이 쇠퇴한 사회구조 속에서 범죄가 생겨나는 것이다.

3) 사회무질서 상황에서 적응

머튼은 이러한 합법적 수단과 문화적 목표 간의 교차점은 5가지 형태의 일탈을 만들고 이에 대한 적응양식이 나타난다고 이론화하였다. 그는 1957년 불평등한 미국사회에 대한 반응의 유형을 발전시켰는데 사회무질서 상황에 처해졌을 때의 대처방법적응형태을 ① 동조제도적 수단을 이용하여 문화적 목표를 달성하는 것 ② 혁신목표를 성취하기 위하여 합법적인 수단을 이용하지 않고서 비합법적인 수단을 채용하는 것으로 문화적 목표를 달성하는 것 ③ 의례주의이것은 합법적 목표를 거절하고, 수단만을 강조함 ④ 은둔이것은 문화적 목표와 제도화된 합법적인 수단도 거절하고 사용하지 않는 것 ⑤ 반항이것은 문화적 목표와 수단의 기존 제도를 다른 새로운 것으로 바꿔버리는 것의 5가지 유형으로 유형화하였으며(참조), 이 중에서 「혁신형」은 절도·사기·마약·도박·매춘행위 등 불법적인 활동을 통해서 경제적 성공을 성취하려고 하는 경우로서 범죄자들의 전형적인 적응방식으로 수단·방법을 가리지 말고 무조건 목표만 달성하면 된다는 가치관을 지닌 자들이다.

「의례 형」은 관료제의 말단에 있는 사람에게서 많이 발견되는데, 목표의식이 없이 주어진 생활에 안주하면서 절차적인 규범이나 규칙에만 집착하는 행동양식이다. 즉 개인의 초점은 목표라기보다도 수단이 된다. 「은둔형」은 일반사회에서 탈락하여 다른 세계에 살고 있는 사람으로서 정신이상자, 마약중독자, 알콜중독자 등이 여기에 속한다. 또한 「반항형」은 기존의 문화적 목표와 제

---

36 문화목표를 달성하는 데 합당한 방법을 말한다.

도화된 수단을 명시적으로 거부하고 새로운 목표와 수단으로 대치시킨 경우로 정치범죄가 발생되기 쉽다고 하였다.

머튼은 이 사회무질서론을 통해 전통적인 범죄의 대부분이 하류계층에 속하는 자들에 의해 실행된다고 하는 사실을 설명하고자 하였다. 또한 이러한 적응양식의 차이는 개인적인 속성에 의해서가 아니라, 사회적 문화구조에 의해 결정된다고 보기 때문에 머튼의 이론은 개인적 범죄이론이 아니라 사회학적 이론인 것이다. 이 이론은 범죄학상으로 높은 평가를 얻어「단독 이론으로는 지금까지의 일탈사회학에서 가장 영향력을 지닌 공식화」라는 식의 평가를 받았다.

 ## 2 하위문화이론비행 부차문화론

사회구조 접근방법의 두 번째 계열은 하위문화이론비행 부차문화론이다. 이 이론에서 하위문화subculture란 어떤 집단 내의 전통적인 가치, 규범 및 행위 패턴을 말하는 것으로 사회전체의 문화와의 관계에서 보면, 부분문화주문화의 일부일 수도 있고 종속문화주 문화에 종속된 문화일 수도 있고, 대항문화주 문화에 저항하는 문화일 수도 있다. 즉 문화적 목표에 대해 기회가 박탈된 하위집단이 비행을 유발한다고 보는 이론으로 어떤 사회이건 각계각층의 구성요인들이 보편적으로 향유하는 주류문화main culture와 특정한 일부집단에 의해서만 지지되는 부차문화sub culture 내지 부문화하위문화가 있으며, 부차문화는 다양하게 존재하는데 그 중 건전한 부문화도 있고, 비도덕적·범죄적 부문화도 있다. 하위문화이론은 공통적으로 범죄행위를 특정한 하위문화의 소산으로 보는 이론으로 1960년 전후부터 1970년대에 걸쳐 많은 연구가 이루어졌다. 비행 하위문화론의 주창자는 A·코헨Albert K. Cohen이다.

1) 비행 하위문화론

코헨이 1955년 처음 언급한 이론이다. 이론의 주된 논점은 하류계층 청소년들의 비행행위는 중산층의 규범과 가치에 대한 반항이라는 것이다. 즉, 하류계층의 청소년들에게는 정당한 방법으로 성공할 수 있도록 사회적 조건이 제한되어 있는데, 그들에게는 항상 중산층의 측량 잣대가 강조되어 '지위 좌절status frustration'을 경험하게 되고, 그 결과로 인해 그들은 폭력적 집단에 가입하거나 불법적 행위에 가담하게 된다고 본다. 코헨Cohen은 아노미론과 상징적 상호작용론의 전망을 합하여 아노미 상태 하에서의 적응문제에 대한 '집단적 반응'을 설명하였다. 주로 하층계급에서 발생하는 집단적 비행은 계급 간의 긴장과 갈등이라는 사회구조적 지반과 관련이 깊다. 미국 사회의 모든 청소년들의 행동과 성취는 주로 중산계급의 기준에 의해 평가된다. 중산계급의 기준이란 열망수준의 고도화, 야심의 미덕화, 개인의 책임강조, 성취와 숙련의 중시, 세속적 금욕주의, 합리적인 생활태도와 예의범절의 연마, 사유재산의 존중 등이다. 하지만 하층계급의 소년들은 어려서부터 받아 온 계급차별적인 사회화의 양식 때문에 거기에 동조할 수 있는 능력을 결여하고 있다.

따라서 그들은 중산계급의 가치체계가 지배하는 사회 안에서는 지위에 대한 욕구불만과 자존심의 상실이라는 문제에 봉착한다. 따라서 비공리주의경제적 이득의 추구보다는 상대를 단순히 괴롭히고 자기집단에서 영웅적 지위를 얻을 목적으로 비행을 저지르는 성향일종의 유희적 성격을 가진 행위. 사유재산제도에 대한 반발, 악의 성기성사회, 갱이 아닌 동년배 및 중산계급의 문화와 상징에 대한 적대행위, 다른 사람의 고통에서 쾌감을 얻는 성향 거부주의일반적인 규범의 기준에 비추어 나쁜 것은 무조건 옳다고 여기는 태도, 반항성으로 표현되며 넓게는 기성세대의 가치관을 거부하는 것와 같은 그들 나름대로의 하위문화를 만든다. 즉, 비행하위문화는 중산계급의 문화가 지배하는 사회구조 속에서 하층계급의 소년들이 당면하는 지위 좌절을 집단적으로 해소하려는 반동 형성의 소산이다.

따라서 비행 하위문화론이라 함은 전통적인 문화에 저항하는 비행집단의 사고와 행동양식을 총칭한 것이다. 이데올로기적으로는 계급지향적 이론에 기초를 두고 있다. 즉 사회계급이 실제로 존재하며 사회계급들은 가치규범·생활양식 등에 있어서 중요한 차이가 있고, 이것들의 차이는 계급 간에 긴장을 야기시키며, 이러한 긴장은 계층 내부에 하위문화를 발생시킨다는 가정 위에 비행집단이 가지는 하위문화로서의 특성을 가지고 비행을 설명하려는 논리를 전개했다긴장이론.

즉 코헨의 문제의식은 「왜 비행소년의 대부분이 하류계층에 집중해 있는가?」였다. 거기서 실제 소년비행이 ① 하류계층의 소년들에 의해 집단적으로 이루어지고 있다는 점 ② 경제적인 이익과 무관하게 이루어지고 있다는 점을 지적하고, 하류계층의 소년비행이 중류계층의 그것과는 달리 「경제적 성공」이라는 사회전체의 공통목표를 추구하기 위한 것이 아니라, 「비행집단 내에서의 지위 향상」이라는 개별적인 목표 추구를 위해 실행된다고 설명하였다. 그리고 이 목표는 「전통적인 문화에 대한 적대감정에서 생겨난 그들의 부차적인 문화」 속에서만 통용된다는 지적도 하였다. 하류계층의 소년은 지배적 계층인 중류계층의 문화 속에서는 불리한 입장에 놓여 있기 때문에 지위를 상승시키기 위한 시도가 자주 좌절되는데, 여기에서 전통적인 문화에 적대감정을 품게 되고 그 반동으로 특유의 부차문화서브컬쳐를 생성하면서 비행에 이른다고 하였다. 코헨은 비행 하위문화의 특징으로 악의적이고, 비공리적이며, 반항적부정적이며, 여러 가지 형태의 비행적 행위에 관여하고변덕 성, 장래보다는 현재에 주된 관심을 가지며단기쾌락주의, 국외자에게 적대적인집단자율성 특징이 있다고 한다.

2) 관심집중론focal concern theory ; 하류계층문화이론

앞의 코헨의 견해로부터 2개의 새로운 흐름이 형성되어 갔다. 하나는 관심집중론이라 하는 W·밀러Walter Miller가 만든 이론으로서 하류계층문화론이다. 밀러는 하류계층의 소년이 비행에 이르는 것은 코헨이 말하는 것처럼 중류계층문화에 대한 적대감정에서 기인하는 것이 아니고, 하류계층 문화에 적응하면서 생겨난 소산이라고 생각했다. 이 이론에 의하면, 비행은 중산계급의 가치에 대한 하층계급의 갈등적 반응cohen의 이론의 결과가 아니라, 하층계급의 생활 속에서 오랫동안 지속되어온 문화적 전통의 산물이다. 즉, 하위문화를 그 자체 고유한 문화로 이해하는 것이다. 예를 들어 밀러는 광범위한 거리의 비행소년집단의 실태조사에 기초하여 노동계층의 소년들은 그들 계층의 가치관에 동조함으로써 비행소년이 되고 있다고 보았다.

그래서 하층계급에는 독특한 문화규범이 존재하는데 독자적인 문화규범의 동조가 넓은 사회의 법규범 특히, 중산층 문화의 법규범에 위반함으로써 범죄가 생긴다는 것이다. 하지만 이는 중류계급의 규범에 대한 악의성의 표출이 아닌 그들이 집중된 관심의 추구가 범죄를 구성하게 된다는 것이다. 문화인류학자인 밀러는 추상적으로 '이상적'인 것을 의미하는 가치보다는 직접 현지에서 관찰할 수 있는 '관심의 초점focal concern'이 더욱 적절한 어휘라고 보고, 가치 대신에 관심의 초점이란 용어를 사용하고 있다.

밀러가 기술하는 하류계층의 문화란 국외로부터의 이민과 국내이주 및 수직적인 사회이동의 과정에서 고유하게 생성된 결과로서, 성공하지 못한 이민과 흑인들에게서 주로 나타나는 문화이다. 밀러에 의하면 비행소년들은 지위향상의 열망은 가졌으나 그러한 열망의 실현이 봉쇄된 집단이나, 아버지가 없이 홀어머니에 의해 양육되고 있는 가정여성가장 가구에서 많이 배출되고 있다. 왜냐하면 이들 하류계층은 인습적인 수단에 의한 성공을 권장하지 않고, 그들이 주로 관심을 갖는 가치의 내용이 비행소년의 행동규범이 되기 때문이다.

코헨이나 클라워드와 올린 등이 중상류층과의 구조적 긴장을 전제로 비행을 설명하는 데 반해, 밀러는 하류계층사회의 주요한 구조적인 특성의 하나로 '여성가장 가구'를 들고, 범죄행위를 하위문화의 가치와 규범에 대한 정상적인 반응이라고 하면서, 하류계층에는 독자적인 문화규범이 존재하고 이에 따라 행동하는 자는 보다 넓은 사회의 법규범중류계층문화의 규범의 관점에서 보면 규범위반이 됨으로써 하류계층에서 보다 많은 범죄가 나타나게 된다고 한다문화갈등적 관점.

또한 하류계층 사람들의 「주된 관심사focal concern」로 다음 6가지를 들었다. 밀러가 말하는 관심의 초점이란 하류계층 성원들의 광범위하고 끊임없는 관심사인 동시에 이들이 감정적으로 몰입하고 있는 여섯 가지 분야를 들었다. ① 말썽거리에 대한 관심사회적인 소동을 일으킨다든지 거기로부터 회피하는 것으로 기관원들과 환영할 수 없는 복잡 미묘한 관계를 갖게 만드는 상황을 의미한다. 하층계급의 규범의식은 일반 법규범 위배로 불이익을 우려하여 법을 지키려는 것이 아니라, 그 사회 내에서 말썽을 일으키지 않으려는 생각에서 마지못해 법을 준수하며, 경우에 따라서는 법이나 법집행기관 등과의 말썽이 오히려 영웅적이거나 정상적이며 성공적인 것으로 간주된다. ② '강인toughness'은 남성다움과 육체적 힘의 과시, 용감성 및 대담성에 대한 관심이다. ③ '교활smartness'은 남이 나를 속이기 이전에 내가 먼저 남을 속일 수 있는 능력이다. 다른 사람을 잘 속이는 반면, 자신은 남에게 속아서는 안 된다는 것을 의미한다. ④ '흥분excitement'은 스릴, 모험 및 권태감을 탈피하는 데 대한 관심이다. 흥분의 추구함은 도박이나 음주 및 마약사용 등의 다양한 비행의 원인이 된다. ⑤ '숙명론fate'은 하층민들이 그들의 생활을 숙명이라 생각함으로써 자기의 현실을 정당화하며, 따라서 성공은 요행이 중요하다고 생각하고 체포되면 운수가 좋지 않았기 때문이라고 생각한다는 것이다. ⑥ '자율autonomy'은 외부의 통제나 간섭을 받기 싫어하는 속성으로, 자신들의 사회계층상의 위치 때문에 항상 명령과 간섭을 받고 있는 현실에 대한 잠재의식적인 반발이다.

결론적으로 청소년의 비행행위는 중류계층 가치의 수용불능이기보다는 하류계층의 문화나 가치가 중요 동인으로 작용한다고 한다. 따라서 하류계층의 문화를 체득하여 나온 행동패턴은 지배적인 계층인 중류계급이 희망하는 행동패턴과는 상치하게 된다.

그러나 밀러의 이론은 다음과 같은 결함이 있는 것으로 알려지고 있다. 첫째, 밀러는 하류계층의 문화가 비행소년을 '조성하는 환경'이 되고 있다고 하나 다른 연구결과에 의하면 대부분의 하류계층 성원들이 준법자가 되며 또한 중류계층과 비교해서 차이는 있다고 하겠으나, 개인의 성공과 업적을 강조하는 가치관을 지지한다. 따라서 이러한 관점에서 볼 때 인습적인 수단에 의한 성공을 권장하지 않는 것은 가치관의 상이함보다는 성공의 목표를 달성하는 데 장애가 되는 사회구조적인 요인에 기인하는 것처럼 보인다. 둘째, 인습적·사회적 가치의 지지에 있어서 계층 간의 차이는 미비하므로 하류계층의 문화라고 하는 것은 별도로 존재하지 않는 것처럼 보인다.

3) 상대적 결핍론

코헨의 견해에서 생겨난 또 하나의 다른 흐름은 S·스톡 등이 주장한 '상대적 결핍론'이다. 이것은 정치사회학 이론으로서 W·랜쉬만에 의해 제창된 것이며, 급진적인 범죄학자들에 의해 범죄원인론에 응용되었다. 여기서 말하는 상대적 결핍이란 자신을 타인과 비교함으로써 불만이나 선망이 생겨나는 것을 지칭한다. 즉 물질적 풍요라는 문화적 목표는 고정 불변한 것이 아니고, 그것을 달성하고 나면 그것에 만족하지 않고 오히려 더 많은 것을 추구하는 욕망 때문에 더욱 높아진 목표를 추구하게 된다.

따라서 사람들은 다른 사람과의 비교에서 느끼는 상대적 박탈감으로 불법적 수단을 택하게 된다. 이러한 상태는 하류계층의 사람들뿐만 아니라 중류·상류계층의 사람들에게도 생긴다. S·스톡은 이 상대적 결핍이 범죄의 원인이 된다고 주장한 것이다. 즉 상대적 결핍상태에 빠진 자가 자신의 역경을 정치적 수단으로 극복할 수 없다고 생각하거나, 그러한 수단을 사용하는 것은 부적절하다고 판단했을 경우에 범죄를 이용하여 자신의 목표를 달성하고자 할 때가 있다는 것이다.

그러나 분명한 것은 물질적으로 부족함이 없는 사회 속에서도 불만이나 선망이 생겨난다는 사실이다. 이는 「풍요로운 사회에서의 긴장이론」이라고 불러도 무방한 것으로서, 예를 들면 이 이론 하에서는 국민의 경제적 불평등이 큰 나라에서는 범죄율이 높고 작은 나라에서는 낮아진다고 생각되었다.

③ 분화적 기회구조론 – 아노미론과 비행 하위문화이론의 통합

사회구조 접근방법의 세 번째 계열은 머튼의 아노미론과 비행 하위문화론을 통합하려는 시도이다. 대표적인 이론은 R·클라워드Richard Andrew Cloward와 L·올린Lloyd E. Ohlin의 분화적 기회구조differential opportunity론이다. 클라워드와 올린은 서덜랜드의 분화적 접촉이론을 매개로 하여 아노미론과 비행 하위문화론의 장점을 살리려는 시도를 하였다. 이들은 먼저 도시의 하류계층 청소년들이 그들의 성취목표를 달성하기 위해 합법적 또는 비합법적인 두 가지 차별적 기회구조를 수단으로 이용할 수 있다고 전제한다. 즉 하류계층에게도 합법적인 기회가 주어진다면 굳이 비합법적인 수단을 통하여 목표를 성취하려 하지 않을 것이다. 그렇다고 합법적인 기회구조에 접근할 수 있는 기회가 차단되어 있다고 해서 곧바로 범죄가 유발되는 것은 아니고 동시에 불법적 수단에 접근할 기회가 주어져야 한다.

사회에는 합법적인 기회구조 못지않게 불법적인 기회구조도 차별적으로 분배되어 있으므로 합법적인 기회구조가 차단되어 있는 사람들도 불법적인 가치와 수단을 익힐 수 있는 기회가 주어져야만 불법적인 수단을 배워서 범죄적 방법으로 사회적 목표를 추구할 수 있다는 것이다.

그리하여 그들은, 아노미 이론은 합법적인 기회구조를 중심으로 하여 합법적인 수단들의 차별은 중시하고 불법적인 수단의 차별은 중시하지 않고 있으며, 반면에 차별적 접촉이론은 불법적인 수단의 차별성은 인정하면서도 합법적인 수단들의 차이에 대한 중요성은 인식하지 못하고 있다고 비판하면서, 아노미 이론과 차별적 접촉이론을 통합하여 차별적 기회구조라는 측면을 이론화한 것이다.

그들은 개인이 목표를 달성할 때에 합법적인 수단을 취할 것인가 아닌가의 문제는 그 개인이 어느 정도 비행 하위문화에 접촉하였고 비행을 학습할 기회를 가졌는가에 의해 결정된다고 생각하였다. 그리고 두 사람은 비행 하위문화를 다음 3가지로 분류하였다. ① 범죄적 하위문화_{청소년}

범죄자들이 모방할 수 있는 조직화된 성인 범죄자들의 활동이 존재하는 지역에서 나타나는 것으로 목표달성을 위하여 비합법적인 수단을 취하는 것이 일상화된 사회구조 속에서 형성되는 문화 ② 갈등적 하위문화_{청소년들에게 모범이 될 만한 관습적 성인 역}할모형이나 범죄적 성인 역할모형이 정립되어 있지 못한 지역에서 나타나는 것으로 목표달성을 위하여 합법적인 수단을 취할 수 없는 사회구조 속에서 형성되는 문화 ③ 은둔적 하위문화_{마약의 확보 및 소비를 위주로 생활하거나 음주 등을 통하여 쾌락을 지}나치게 강조하는 사람들로 구성되며, 이 구성원들은 관습적 또는 범죄적 세계 어디에서도 접근할 수 없기 때문에 일반사회에도 머무르지 못하고 퇴행적 생활로 도피해 버리는 유형으로 합법적 수단도 비합법적 수단도 취할 수 없는 사회구조 속에서 형성되는 문화.

두 사람은 ①의 문화에서는 재산범죄가, ②에서는 가벼운 정도의 폭력범죄가, ③에서는 약물범죄가 발생하기 쉽다고 주장하였다.

이상에서 설명한 아노미론_{사회무질서론}, 하위문화이론_{비행 부차문화론}, 분화적 기회구조론 등의 사회구조 접근방법은 최근에는 긴장이론이라 불린다. 여기서 말하는 긴장이란 개인 내부의 생리적인 반응이 아닌 사회적 반응에서 오는 긴장이다. 구체적으로는 특정 사회구조 속에서 생겨나는 사회적 압박_{사회적 무질서, 지위상승 시도의 좌절, 성공 기회 결여} 등에 의해 욕구불만이나 분노가 생긴다. 사회구조 접근방법에서는 이것을 긴장이라 부르고 있다.

4 사회구조 접근방법에 대한 평가

사회구조 접근방법_{긴장이론}은 범죄의 원인이 성취목표와 기회·수단의 차이에 의한 것이라며 그들에게 보다 많은 기회·수단을 제공하여야 한다는 정책방향을 제시해 주었다. 실제로 1960년대의 미국의 '빈곤과의 전쟁'이나 '청소년을 위한 동원'과 같은 범죄예방정책의 이론적 기초가 되는 등 범죄원인론과 대책론 분야에 영향을 끼치는 등 많은 조사연구를 낳았고 당시 범죄학의 발전에 큰 기여를 했다. 따라서 이러한 접근방법은 앞에서 설명한 바와 같이 1960년대부터 1970년대에 걸쳐 일어난 비행의 상황을 설명하는 데 있어 유용한 것이었다. 또한 이와 같은 ① 대도시의 슬럼 ② 하류계층 ③ 유색인종 등이 소년 범죄율과 상관관계(범죄율 높음)에 있다는 사실이 밝혀졌다. 그러나 다른 한편으로는 사회구조 접근방법의 여러 가지 이론적인 문제점이 지적되었다.

우선 아노미론사회무질서론과 관련하여, 무질서 상황 하에서 압박을 받고 있는 사람들 중에서 범죄에 이르는 자가 있는 반면, 범죄에 이르지 않은 자가 있는 것은 어째서일까 하는 의문이 제기되었다. 다음으로 하위문화이론부차문화론과 관련해서는, 하류 하위문화의 특징은 하류계층에 초점을 맞추는 데 있었지만 그 특징은 중류계층에도 해당되는 것이 아닌가 하는 의문이 제기되었다. 마지막으로 분화적 기회구조론과 관련해서는, 「기회」의 개념이 애매하다는 점과 비행하위문화의 3가지 유형은 단순한 이론적 형태에 불과하여 현실사회에 적용시키기에 부적절하다는 비판이 있었다.

 ## 5 사회구조 접근방법의 적용

사회구조 접근방법은 범죄의 원인을 그 사회의 조직과 사회적 구조의 특성에서 찾고자 하여 개인의 특성이 아닌 환경조건을 강조하였으나, 그 사회의 구성원이 어떻게 범죄자가 되는지에 대해서는 별 관심을 두지 않았다. 이러한 이론은 1960년대의 미국에서 현실적인 비행 방지대책으로 시행되었다. J·F·케네디대통령 정권 하에서 당시 사법장관을 지내고 있던 R·케네디는 분화적 기회구조론에 촉발되어 올린 등에게 소년비행 대책의 구체적인 시책을 입안할 것을 의뢰하였고, 1961년에 소년비행 예방·단속법을 제정하였다. 이 법은 당시 미국정부가 추진하고 있었던 「빈곤에 대한 도전」정책의 일환으로 제정된 것으로, 교육·의료의 충실화, 취업기회의 증대, 하류계층을 위한 주택 건설 등의 시책을 포함시킨, 이른바 소년비행 대책을 위한 액션 프로그램이었다. 이러한 취지를 살려 뉴욕시에서는 「청소년 동원계획Mobilization for Youth: MFY」이라 불리는 청소년 비행 방지 프로그램을 실시하였다. 그리고 L·존슨Lyndon B. Johnson대통령도 「위대한 사회」 추진계획 속에서 「빈곤과의 투쟁」을 선언하여 대규모 예산을 이와 같은 프로그램에 투입시켰다. 하지만 이들 비행대책은 올린 등이 의도했던 「합법적 기회」의 확대에는 미치지 못했으며 결국 실패로 끝났다.

소년비행 대책과 관련하여 상기의 연방정부에서 실시된 정책과 종종 비교되는 것은, 쇼 등의 시카고학파에 의해 실시된 시카고시의 시카고 에어리어 프로젝트Chicago Area Project: CAP이다. 그 이유는 1930년대에 시작된 시카고 에어리어 프로젝트가 일단은 성공을 거두었다고 평가되었기 때문이다. 그러면 연방정부의 시책MFY은 왜 실패로 막을 내렸는가? 이 점에 대해 일반적으로는 CAP가 커뮤니티의 재조직화를 목표로 하고 있었던 것에 비해 MFY는 슬럼가 해체를 중점으로 삼은 것이 실패의 원인이었다고 평가되고 있다. 그리고 현실적인 이유로는 연방행정당국 내부의 부패가 심하여 프로젝트가 효과적으로 기능되지 않아 시민들의 비판을 받았다는 점을 들수 있다.

이와 같은 실제 정책 측면에서 받은 영향과 병행하여 1960년대 후반부터 1970년대에 걸쳐 사회구조 접근방법을 바탕으로 한 조사연구가 진행되었고, 여기에서 다음과 같은 비판도 고조되었다. 첫째, 자기보고 연구가 활성화됨에 따라 소년비행은 하류계층뿐만 아니라 중·상류계층에서도 나타났다. 둘째, 형사사법기관의 비행 처리과정에 대한 연구에 의하면, 하류계층이나 흑인의 비행률이 높은 것은 형사사법기관의 차별적인 대응에서 기인한 것이 아니냐는 목소리가 높았다. 셋째, 하류계층의 의식연구를 통해 그들도 형사사법기관에 의한 범죄방지활동이나 단속 강화를 바라고 있다는 사실이 밝혀졌다. 넷째, 비행 하위문화에 대한 실증연구를 한 결과 하위문화론이 지적한 「서브 컬쳐」의 존재는 명확하게 입증되지 않았다.

지금까지 사회구조 접근방법의 초점이 된 것은 하류계층 출신의 흑인소년 범죄단이었다. 그러나 1970년대에 들어서는 중류계층이나 백인에서도 소년비행을 저지르는 자가 증가함에 따라 소년비행 실태 그 자체가 변화되었다. 그리고 사회의 가치관이 다양화됨에 따라 머튼이 말하는 목표 자체가 다양화되고, 특정 비행하위문화의 존재 자체도 의문시되었다.

이와 같이 사회구조 접근방법에 대한 평가는 정책면에서 실패하였을 뿐 아니라, 실증적인 측면에서 한계에 도달하면서 1970년대에는 소극적인 평가가 내려졌으며 그 영향력도 감소되었다. 그 후 닉슨 정권 하에서 사회구조 개혁을 축으로 한 비행대책이 모습을 감추었고정책적인 측면, 1970년대에는 사회구조 접근방법에 대신하여 사회과정 접근방법이 유력시되었다범죄학 이론 측면.

제4장 사회과정 접근방법

비행행위를 설명하는 사회학적 이론의 사회과정 접근방법의 대표적인 이론으로는 E·H·서덜랜드의 차별적 접촉이론또는 문화적 접촉이론이라고도 불린다이 있는데, 그 원형은 같은 시카고학파인 쇼와 맥케이의 문화전파이론이었다. 사회과정 접근방법에서는 타이드의 모방설에 영향을 받아 범죄행동 학습이 범죄를 유발한다고 생각하였다. 이 접근방법의 문제의식은 개인이 어떠한 사회심리 과정을 거쳐서 범죄에 이르는가? 라는 점에 있기 때문에, 사회구조 접근방법에 비해 범죄자의 심리요소를 중시한 것이다. 여기에서는 학습이론을 축으로 한 사회과정 접근방법에 한정하여 논술해가고자 한다.

 1 ## 차별적 접촉이론differential association theory

이 이론은 사람들은 일탈유형과의 접촉을 통하여 일탈자로 되어간다는 미국의 범죄학자인 E·H·서덜랜드Edwin H. Sutherland의 비행경위를 설명하는 사회학적 이론이다. 왜 특정한 사람이 일탈적 행위유형을 학습하게 되는지를 설명한다. 범죄는 일반적인 행위와 마찬가지로 학습을 통해서 배우게 되고, 학습은 주로 친밀한 사람들과의 상호작용을 통해 일어난다는 것이 이 이론의 중심내용이다. 그러므로 이 이론은 '차별적 교제'에 범죄의 원인을 둔다. 그러나 범죄를 개인적 병리의 산물로 보지 않고 사회적 상호작용을 통해 학습된 행동으로 파악해야 한다고 주장하지만, 사회의 차원에서 범죄를 인식할 경우에도 범죄를 사회해체의 산물로 보는 관점에는 반대하여 하류문화뿐만 아니라 어떠한 문화에서도 일어날 수 있는 일탈적 사회화학습과정의 결과로 이해하는 입장이다.[37] 이 이론은 문화전파이론을 기초로 하고 G·미드의 상징적 상호작용론과 학습이론을 도입시킨 것이다.

1) 차별적 접촉이론의 사회심리학적 명제

차별적 접촉이론은 구체적으로 개인이 범죄행위로 사회화하는 과정을 다음의 8가지 명제로 설명하였다. (a) 범죄일탈행위는 학습의 산물이다. : 범죄는 생물학적 내지 심리학적 원인에 의해 설명할 수 있는 것이 아니다. 또한 타인과 고립된 상태에서 생겨나는 것도 아니다. (b) 범죄행동의 학습은 사람들 간의 상호작용인 의사소통커뮤니케이션 과정에서 이루어진다. : 개인이 단지 범죄적 환경 속에서 거주한다거나 범죄적 성격을 보유하는 것 외에도 안내자·교사로서의 역할을 하는 타인과의 상호작용을 통한 학습과정이 있어야만 범죄자로 될 수 있다. (c) 범행행동 학습의 주요 부분은 주로 친밀한 사적 집단 안에서 잘 일어난다. : 범죄는 누구에게서나 배울 수는 있으나, TV·영화 등의 매체 및 공적 집단보다는 주로 가족, 동료집단과 같은 친밀한 개인적·대면적 접촉이 학습에 큰 영향을 끼친다. (d) 범죄행위가 학습될 때 그 학습되는 내용은 범죄행위의 기술뿐만 아니라 특수한 동기, 충동, 합리화 방법, 태도까지 다양하다. (e) 개념차이에 의해서 서로 다른 학습형태를 취한다. : 법률에 대한 개인들의 관점은 다양하므로 법을 준수하는 태양도 다를 수밖에 없는데, 어떤 개인의 범죄행위에 대한 발전은 그에게 영향력 있는 사람의 범법태도가 중요한 영향을 준다.

(f) 법률위반을 바람직하다고 하는 정의定義가 바람직하지 않다고 하는 정의보다 우세할 때 범죄자가 생겨난다. 즉 범죄 동기나 충동 등은 현행 법률을 긍정적으로 정의하느냐, 아니면 부정적으로 정의 하느냐에 따라 학습된다. 즉 어떤 사람들은 법률을 반드시 지켜야 할 규칙으로 정의하는 사람들 속에 있을 수 있으며, 반면 다른 사람은 법률을 위반하는 것이 바람직하다고 정의

---

37 미국의 범죄학자 에드윈 H·서덜랜드의 범죄학이론으로 사람들은 일탈유형과의 접촉을 통하여 일탈자로 되어간다는 것으로, 왜 특정한 사람이 일탈적 행위유형을 학습하게 되는지를 설명한다. 즉 범죄는 일반적인 행위와 마찬가지로 학습을 통해서 배우게 되고, 학습은 주로 친밀한 사람들과의 상호작용을 통해 일어난다는 것이 이 이론의 중심내용이다. 따라서 이 이론은 '차별적 교제'에 범죄의 원인을 둔다. 즉 범죄행위의 사회화는 비범죄행위의 사회화와 비교하여 좋고 나쁨을 평가할 수 있는 것이 아니라, 단지 '다른 사회화'로 파악해야 한다는 것이다.

하는 사람들 속에 있을 수 있기 때문이다. 이것은 차별적 교제접촉이론의 핵심적인 논리인데, 범죄행위는 법을 경시 내지 배척하는 집단과의 교제를 통하여 법을 배척하는 성향이 보다 강하게 학습되어 준법성향을 능가하게 될 때 발생한다고 한다.

(g) 범죄적 또는 반범죄적 행동양식과의 교제·접촉을 통하여 범행을 배우는 과정은 여타의 준법적 행위와 다르지 않으므로 모든 학습 메커니즘은 동일하다. 동조행위와 범죄행위의 중요한 차이점은 그것이 어떻게 학습되었는가라기보다는 무엇이 학습되었는가에 있다.

(h) 범죄행위는 일반적인 욕구나 가치에 의해 일어나지만 그러한 욕구나 가치가 범죄행위의 본질적 성격을 특징짓지는 않는다. 왜냐하면 비범죄적 행위도 그와 동일한 욕구 및 가치에 의해 이루어지기 때문이다. 즉 준법적 행위도 똑같이 욕구와 가치추구의 표현이긴 하지만 그것들은 구태여 법을 어기지 않고도 욕구와 가치를 달성할 수 있기 때문이다. 도둑과 정직한 근로자는 둘 다 돈에 대한 욕구는 같지만 수단이 다르다. 그러므로 단순히 돈에 대한 욕망 및 그 추구가 왜, 훔치거나 정직하게 일하는지에 대해서까지 설명해 줄 수는 없다.

이들 8가지 명제 중에서 (f)가 가장 중요한 것으로 인식되고 있다. 서덜랜드의 주장은 "먹을 가까이 하면 검어진다"고 설명될 정도로 많은 사람들의 일상 감각과 합치된다. 서덜랜드 이론의 실제적인 의도는 3가지로 정리할 수 있다. 첫째, 각종 범죄 형태에 공통되는 범죄원인을 일반이론으로 정립하는 데 있다. 둘째, 범죄의 소질요인인격결함이나 정서장애을 중시하는 견해를 배제함으로써 범죄학의 중점을 사회학적인 환경요소로 변환시키는 데 있다. 셋째, 사회해체론이 남긴 문제점사회해체된 지역인데도 불구하고 왜 일부 사람만이 범죄에 이르는가을 범죄행동 학습이라는 사회심리학적 개념에서 해명하는 데 있다.

2) 차별적 동일시이론의 대두

차별적 접촉이론이 차별적 반응의 문제를 해결하지 못하고, 또한 범죄의 학습이 반드시 친근한 집단과의 직접적인 접촉을 통해서만 학습되는 것이 아니라는 비판도 있었다. 그것은 똑같이 범죄행동범죄문화에 접촉한 경우에 범죄를 행하는 사람이 있는 반면에 범죄를 행하지 않는 사람이 있다는 사실을 어떻게 해명할 것인가라는 문제이다. 차별적 접촉이론에 대한 이러한 의문에 답변하기 위하여 이후 다양한 수정이 이루어졌다. 차별적 접촉이론 수정의 대표적인 시도는 D·글레이저Daniel Glaser에 의해 이루어졌다. 글레이저는 "개인이 범죄행동에 접촉하여 거기에 동화하였을 경우에 범죄를 저지른다"고 하는 분화적 동일화differential identification이론을 제창하였다. 여기서 말하는 동일화는 타인의 가치관에 공감하여 그 가치관에 따라 자신의 행동을 결정하는 것앞의 설명을 빌자면 "먹을 가까이 하면 검어진다"을 말한다. 또한 동일화는 사람과 사람의 직접적인 접촉뿐만이 아니라 매스미디어 등과의 간접적인 접촉도 포함한다고 하였다.

즉 어떠한 특정인은 범죄자와의 직접적인 접촉을 통해서도 범죄학습이 가능하지만, 또한 대중매체로부터 보고 듣던 사람과의 동일시를 통해서나 스스로 준법세력에 대한 반작용으로서 범법행위를 추구할 수 있다는 것이다. 그 후 글레이저는 자신의 이론을 수정하여 분화적 기대differential anticipation이론을 전개하였다. 이 이론은 "기대가 행동을 결정한다"라는 가정에 입각하여, 범죄에 의해 얻어지는 플러스 기대가 마이너스 예상을 상회할 때 범죄가 발생한다고 하였다.

② 사회과정론 접근방법에 대한 평가

사회과정 접근방법은 사회구조 접근방법과 같이 사회계층이나 사회구조 등의 추상적인 개념이 아니라, 밀접한 사회집단가족·학교·회사·이웃 등에 초점을 맞춘 것이다. 그 설명은 일반적으로도 수용되기 쉽다. 그리고 차별적 접촉이론에 관한 실증적인 연구도 추진되었는데 그 결론을 지지하는 것이 많았다. 그러므로 오늘날에도 차별적 접촉이론의 기본적인 시점은 범죄학에서 무시할 수 없는 것이다.

그럼에도 불구하고 차별적 접촉이론은 사회심리학적인 측면이 매우 강하기 때문에 검증 불가능한 요소가 많은 것도 사실이며, 실증적인 검증이 충분하게 이루어졌다고도 말할 수 없다. 또한 학습과정에서 매스미디어의 중요성을 경시하고 접촉교제 결과에 따른 반응에 있어서 개인적인 차이가 무시되고 있으며 차별적 접촉이론이 화이트칼라 범죄나 블루칼라 범죄에 모두 적용될 수 있다고 하지만, 주로 개인의 지적 능력에 따라 단독으로 터득하는 화이트칼라 범죄에 대해서는 적절하게 설명하지 못하고 있다. 덧붙여 말하면 이 이론은 우발범, 격정범, 단독범행에 대해서도 설명하기 어렵다.

제5장 사회갈등 접근방법갈등론적 범죄이론

현존 자본주의 사회 체제가 사회 불평등과 계급 갈등의 요인이라고 보는 칼 마르크스Karl Marx 와 프리드리히 엥겔스Friedrich Engels의 갈등이론葛藤理論, conflict theory도 범죄사회학의 중요한 이론 적 기초가 되었다. 마르크스는 범죄 자체에 대해서는 주목하여 많이 논의하지는 않았으나 자본 주의 사회에서 부가 증가함에 따라 범죄가 증가한다고 보았으며, 높은 범죄율이 자본주의 사회 질서를 유지하는데 사용되는 경찰력의 규모를 증대시킨다고 주장함으로써 자본주의 사회 체제 와 범죄성과의 연관성을 제시하였다.

한편, 엥겔스는 자신의 저서 『1844년 영국 노동자 계급의 실상The Condition of the Working Class in England in 1844, 1950』에서 자본주의 자체의 야만성이 노동자들로 하여금 도덕성을 파괴하여 범죄 에 빠지게 한다고 주장하였다. 즉, 엥겔스는 자본주의 체제가 인간의 물질적 탐욕을 조장함으로 써 범죄를 저지르기 쉬운 사회적 환경을 조성하게 되었다고 보았다.

갈등론적 범죄원인론은 사회적 갈등이 범죄의 원인이 된다는 것으로 사회생활은 권력, 지위, 자원이 모든 사람들의 욕구를 충족시킬 수 있을 만큼 풍족하지 않기 때문에 이는 필연적으로 갈등을 유발하고 사회가 유지되는 근본적인 동력 자체가 갈등의 산물이라는 입장이다. 이런 관 점에서 사회갈등 접근방법에서는 사회의 다양한 갈등이 범죄를 유발한다고 생각했다. 사회갈등 을 사회구도의 일부로 해석한다면 사회갈등 접근방법은 사회구조 접근방법의 하나로 볼 수 있 다. 오늘날의 범죄학에서는 독립된 접근방법으로 이해되고 있다. 사회갈등 접근방법에는 2가지 이론이 있다. 하나는 1930년대 후반에 출현한 T·셀린Thorsten Sellin의 문화갈등론이론이며, 다른 하나는 1970년대 전반에 출현한 R·퀴니Richard Quinney와 A·터크Austin Turk 등의 투쟁이론이다.

❶ 문화갈등론

문화갈등론cultural conflict theory은 두 개의 다른 인종·민족·문화집단이 서로 다른 가치를 가지면서 충돌하면 갈등이 발생하고 이에 따라 범죄가 발생한다는 이론으로 낙인이론이 발전하게 됨에 따라 새로운 범죄학이론으로서 등장하게 되었다.

1) 갈등이론의 대두

갈등이론은 범죄가 사회에 존재하는 집단 상호간의 갈등과 경쟁에서 비롯된다고 본다. 즉 사회는 구성원들이나 집단 간의 합의에 의해서라기보다는 갈등에 의해 특징지어진다는 것이다. 이러한 점에서 갈등이론은 사회구성원들의 가치합의와 국가기관의 중립성을 강조하는 합의론consensus theory과 다르다. 갈등이론은 1960년대 미국의 사회변화에서 비롯되었다고 할 수 있다. 이 당시 미국은 1950년대의 낙관주의시대가 지나가자 사회의 여러 분야에서 문제들이 야기되었고, 이러한 문제들은 인권운동, 베트남 반전운동, 학생운동 등에 의해서 더욱 가열되었다.

한편, 범죄학에서는 낙인이론의 연장선상에서 낙인행위가 간과되는 사회적·법적 구조에 의문을 제기하는 일단의 이론가들이 생겨나기 시작하였다. 이러한 사회적·학문적 환경에 영향을 받은 이론으로서 새로 등장하게 된 것으로 칼 맑스(Karl Marx)의 사회주의이론에 기반을 둔 일종의 급진범죄학이라고 할 수 있다.

2) 문화갈등론cultural conflict theory의 의미

문화갈등이론은 T·셀린에 의하여 처음 사용되었는데 셀린의 문화갈등은 행위규범 간의 갈등을 가리키는 것이다. 즉 그는 범죄의 원인을 문화갈등에서 찾으려 하였는데 범죄는 문화의 소산이라는 전제 하에 범죄를 이해하고 있으며, 다원적이고 복합적인 현대사회는 고유한 규범의식을 가진 다양한 부분사회를 내포하고 있으므로 전체사회의 규범과 부분사회의 규범 간에 갈등이 생기기 쉽고, 이러한 종류의 문화갈등이 내면화되고 규범갈등이 증대되면 그것이 개인의 인격해체를 일으켜 결국 범죄가 유발된다고 지적한다. 이 문화갈등에는 1차적인 것과 2차적인 것이 있다.

1차적 문화갈등이라 함은 횡적 문화갈등이라고도 하며 이질적인 문화와의 충돌(예를 들면 이주민과 원주민 문화의 충돌)에서 생기는 갈등을 말하고, 2차적 문화갈등이라 함은 동일문화 내에서의 갈등으로 종적 문화갈등으로 문화적 격차(예를 들면 상류계층과 하류계층과의 생활양식 차이)에서 생겨나는 갈등을 말한다. 셀린은 이 문화갈등이 행위규범의 갈등을 낳고 개인의 규범의식이 불안정하게 되어 범죄에 연결된다고 생각하였다. 셀린은 이주민이나 하류계층의 범죄율이 높은 것은 이러한 〈문화갈등 ⇒ 행위규범의 갈등〉으로 설명할 수 있다고 주장하였으며, 이 문화갈등론은 특히 이민과 범죄의 관계를 규명하는 데 강점이 있다.

셀린은 스웨덴의 우프사라에서 미국으로 이주한 자신의 체험에서 힌트를 얻어 이 이론을 만들었다고 전해진다. 시대 배경을 살펴보더라도 당시 미국에서는 이주민의 대량 유입으로 인해 이른바 복합적인 문화가 형성되고 있던 시기였기 때문에, 셀린의 이론은 범죄학자들의 공감을 불러일으켰고 서덜랜드의 차별적 접촉이론과 함께 1930년대를 대표하는 범죄학이론이 되었다. 셀린의 문화갈등론은 그 후 2가지 형태로 발전하였다.

하나는 G·볼드George B. Vold : 1896-1967의 집단갈등이론이다. 이 이론은 1958년의 『이론범죄학』에서 제창된 것으로, 사회적 동물인 인간의 행위는 집단적 행위개념으로서 이해할 때 가장 잘 이해할 수 있다고 하면서 집단 간의 이해관계 대립이 범죄의 요인이 된다고 주장하였다. 사회학자인 짐멜 등에 의해 정립된 갈등사회학의 영향을 받았다고 전해지는 집단갈등이론에서는, 범죄는 "충분한 권력을 지니지 않는 사회집단이 자신들의 이익을 획득하기 위해 벌이는 투쟁이다"라고 정의되고 있다. 이것은 인종분쟁·혁명·노사분쟁·확신범죄 등 전통범죄학에서 도외시되었던 특정 범죄를 이해하려는 시도로 적합하다는 평가를 받고 있다.

또 하나는 S·코브린Solomon Kobrin의 가치갈등이론이다. 이 이론은 범죄적인 가치체계와 합법적인 가치체계의 대립이 범죄의 요인이 된다고 하였다. 코브린은 비행 발생률이 높은 지역을 조사한 결과, 이들 지역도 범죄·합법의 양방 가치체계를 공유하고 있다는 사실을 발견하였으며, 범죄의 가치체계가 합법적인 가치체계를 상회하는 경우에는 이에 상응하는 비행을 저지른다고 주장하였다.

② 투쟁이론

투쟁이론은 1970년대 전반에 출현한 R·퀴니Richard Quinney와 A·터크Austin Turk 등이 주장한 이론이다. 관련된 투쟁이론은 다양하지만, 여기서는 법은 대다수의 합의에 기초하는 것이라고 보는 「컨센서스 이론」을 부정하려는 의도 하에서 1970년대 초두에 등장한 제이론을 취급하고자 한다.

1) 급진적 갈등론사회실체론

급진적 갈등론은 「사회실체론」이라고도 한다. 마르크스의 사상을 바탕으로 한다. 마르크스는 자본과 노동자 간의 대립이 경제부문에 그치지 않고, 정치, 문화, 사회생활 등에 반영되어 법집행에 있어서도 자본가들의 입장의 이익을 보호하여 준다고 지적하였다. 대표적 학자는 봉거, 퀴니, 스핏쩌 등이다. 봉거는 마르크스 입장에서 범죄원인을 처음으로 체계화한 학자이다. 그는 자본주의적 생산양식이 범죄를 야기하고 있다고 주장하였다.

또한 스핏쩌는 자본주의의 특성으로 인하여 문제인구가 증가할 것이라고 예측 했다. 이 중에서 R·퀴니Quinney의 이론은 노동자 계급의 범죄를 적응범죄와 대형범죄로 구분하였다. 적응범죄란 자본주의에 의해 곤경에 빠진 사람들이 다른 사람의 수입과 재산을 탈취하거나 무력을 행사하여 사람의 신체를 해하는 유형 등의 범죄이다. 대항범죄란 자본가들의 지배에 대항하는 범죄행위로, 비폭력적이거나 직접적인 혁명행위 등이 포함된다. 즉 사회구조보다는 범죄화 과정, 합의보다는 갈등, 권력의 차별적 분배, 과잉 사회화된 인간의 개념과 대조적인 자발적·사회적 행위를 하는 인간이라는 가정 하에 동태적 관점을 제시하고자 하며, 다음의 3가지 점을 주장한다. (a) 법은 지배계층의 도구이다. (b) 범죄는 권력자에 의해 만들어진다. (c) 범죄는 권력자의 이익에 반하는 행위이다.

또한 퀴니는 형법을 분석하여 다음과 같은 결론을 이끌어냈다. 형법은 국가와 지배계급이 기존의 사회경제적 질서를 유지하고 영구화시키기 위한 도구이며 자본주의 사회의 범죄통제는 법 이외에도 이데올로기의 제도와 교육, 종교 매스컴들을 통하여 수행된다. 그 결과 피지배계급에 대한 억압은 계속되며 생산관계는 유지될 수 있다는 것이다. 따라서 자본주의 경제에 기초하는 미국사회의 형법은 국가와 지배계급이 기존의 사회경제 질서를 유지하고 영속화하기 위한 도구이며, 재산범에 대해 엄중한 형벌을 부과함으로써 권력을 지닌 자를 보호하는 한편, 기업범죄에 대해서는 관용한 형벌을 부과함으로써 권력자의 착취를 허용하고 있다고 하였다.

즉 범죄의 개념은 권력자와 권력자의 이익보호를 위해 운용되는 형사사법 시스템에 의해 컨트롤되고 있으며, 사람들이 권력자의 이익과 충돌하는 행동을 했을 시에 형사사법 시스템은 그것을 범죄라 규정함으로써 범죄현상을 권력투쟁의 개념 속에서 논의할 필요성을 대두시켰던 것이다. 퀴니는 범죄자는 단순한 사회 부적응자가 아니라, 성공을 위한 노력이 보상받지 못하여 부나 지위를 획득하기 위한 수단 혹은 삶을 유지하기 위한 다른 수단이 필요하게 된 자이며, 따라서 위법행위는 정치적 행위 혹은 준 혁명적인 행위라고까지 볼 수 있다고 주장한 것이다. 또한 그는 자본주의는 노동자 계급뿐만 아니라 자본가 계급의 범죄도 자본주의의 산물로 보았다. 자본가들이 자신의 이익을 보호하기 위해 저지르는 행위들을 지배와 억압의 범죄로 지칭하였다.'

이러한 범죄에는 자본가 계급의 경제적인 이익을 도모하기 위해 유발되는 부당 내부거래, 가격담합 등 '기업범죄', 불공정한 사법기관의 행위인 '통제범죄', 공무원 등이 저지르는 부정부패 행위인 '정부범죄' 등이 있다고 주장하였다.

2) 범죄화이론

문화갈등이론과 낙인이론의 영향을 받은 A·터크Turk는 범죄성과 법질서에서 범죄자의 지위를 갖게 되는 과정인 범죄화이론은 그 사람이 무엇을 했느냐가 아니라, 그 사람의 권위, 즉 정치적 힘에 있어 어떤 위치를 차지하느냐에 달려있다고 주장하였다. 이는 행위규범의 합법성과 범죄성은 정치적 권위에 의해서 결정되는 것이며, 범죄화는 경찰의 법규범과 문화적, 사회적 규범이 일치하는 정도, 법집행자와 피집행자저항자의 힘의 차이, 법규범 집행에 대한 갈등의 존재여부 등에 의해 결정된다는 주장이다.

정리하면, 우리사회를 법을 제정하는 권력자당국와 법에 종속하는 비권력자로 구성되어 있다고 보고, 범죄행위Criminality, 범인성란 권력자 등에 의해서 규정되어지고 부과되는 것이라고 한다. 즉 권력자가 피지배자들을 지배하기 위해 범죄자로 규정하는 법을 제정하기 때문에 범죄행위라는 개념이 생기게 된다는 것이다. 이처럼 터크는 권력자와 비권력자 사이에 생기는 갈등은 법_{문화}규범과 그 집행_{사회규범}에 대한 양자의 이해에 격차가 있을 경우에 생겨난다고 생각했다.

그리고 다음의 3가지 경우에 이 갈등은 비권력자의 행위를 범죄로 인정해 버리는 요인이 된다고 하였다. ① 행위에 대한 법집행자_{경찰관, 검찰, 재판관}의 마이너스 평가가 일치하는 경우 ② 법집행자의 힘이 저항하는 자의 힘에 비해 강대한 경우 ③ 갈등을 강화하는 비현실적인 활동_{예를 들면, 법집행자가 법집행에 따르는 부담을 경감하고자 하는 경우, 이에 저항하는 자가 규범의 철회나 무력화를 요구하는 경우.} 이 3가지 경우가 법집행자와 저항하는 자 둘 중의 어느 쪽에서 이루어지는 경우이다. 이상과 같은 투쟁이론을 상징하는 말로서 마키아벨리의 문장이 종종 인용되기도 한다. "손수건을 훔친 자는 감옥에 가지만, 나라를 훔친 자는 후작이 된다." 이 인용에서 추측할 수 있듯이 투쟁이론은 영국의 신범죄학과 동일한 사상적 기초에 입각한 것이어서, 미국 판 신범죄학이라고 하는 것이 타당한 평가일 것이다.

③ 사회갈등 접근방법의 비판

사회갈등이론에 대한 비판으로는 ① 갈등이라는 개념이 무엇을 의미하는지 개념 자체가 명확하게 정의되지 못하였고, ② 계층갈등이 부의 불평등한 분배 때문에 야기되었으며 이것이 범죄의 근원이라 주장하고 있으나, 사회의 경제적 계층화가 사람들이 열심히 노력하여 부를 축적하게 하는 등의 성취동기로도 작용할 수 있다는 긍정적인 측면을 간과하고 있다. ③ 잉여 노동계급의 실업이 일탈이나 범죄의 중요한 원인이라 하나, 실제 많은 연구 결과 실업과 범죄는 그렇게 큰 상관관계에 있지 않다고 한다. ④ 이상적 사회주의 국가 지향이 범죄문제에 대한 해결책이라 주장하나 사회형평성이 실현되면 어느 정도 범죄를 줄일 수는 있지만 완전히 사라질 수는 없는 것이다. ⑤ 법 집행의 차별성에 대한 가설도 사법기관이 범죄에 대응하는 때 피해자의 압력보다는 범죄행위의 심각성을 중요시하기 때문에 타당하지 않다는 등 비판도 있다.

이와 같이 사회갈등 접근방법이 제시하는 개념은 애매한 것이 많고, 또한 하나의 현상을 과도하게 일반화하고 있는 것이 많다는 비판도 끊이지 않고 있다.

이러한 비판이 고조됨에 따라 1980년대의 사회갈등 접근방법은 급속히 지지를 잃게 되고, 최근 들어서는 사회갈등 접근방법은 이미 존재하지 않는다는 지적마저 등장하였다. 단, 어떤 사회적 갈등이 범죄의 한 요인이 된다는 기본개념 자체상당히 커다란 개념이기는 하지만는 부정되어서는 안 될 것이다. 퀴니는 H·페핑스키와 함께 투쟁이론을 발전시켜 근년에는 피스메이킹 범죄학 peacemaking criminology을 제창하고 있다. 여기에서는 범죄와 투쟁해 온 종래의 형사사법제도의 자세가 비판되었고, 평화와 사회 정의를 목표로 한 형사사법제도 수립이 제기되었다. 다만, 구체적인 정책면에서는 종래의 급진적인 범죄학과 대동소이하여 신선미는 결여되어 있다.

제 6 장 범죄사회학적 접근방법의 한계

1925~1944년 사이에 미국에서 발전했던 시카고학파는 범죄사회학 접근방법의 원류로서 사회생태학적 연구에서 범죄자의 사회적인 환경에 초점을 맞추어 범인성을 규명하고자 하는 사회학적 접근이 본격적으로 발전하였다. 당시에는 대공황을 경계로 다양한 자본주의 모순이 드러났으며, 대도시의 슬럼화가 진행되는 가운데 집단적인 소년범죄단이 급증하고 있던 시기였다. 이들 현상을 설명하기 위해 사회해체론, 분화적 접촉이론, 사회갈등 론이 등장하여 많은 지지를 얻었다.

그러나 1960년대에 들어서면서 미국도 경제적인 번영을 맞이하였고, 이른바 「풍요와 번영」의 시대에 접어들게 되었다. 여기서 주목해야 할 것은 시대의 변화에 따라 비행의 질적 변화가 현저해졌다는 점이다. 따라서 사회적 긴장·비행하위문화·문화적 갈등이 곧바로 비행으로 이어진다는 종래의 설명은 1960년대 이후의 비행실태와는 맞지 않는 것이어서 시대착오적인 것이 되어버렸다.

따라서 범죄사회학적 접근방법에 속한 제이론은 본래 범죄학 접근방법 이론이라기보다는 일반사회학의 지견을 범죄분석에 응용한 가설이었기 때문에, 범죄학의 장면에서 충분히 검증된 후에 주장된 것은 아니었다. 또한 이들 제이론은 모든 범죄·비행에 도입할 수 있는 일반이론이라기보다는 주로 집단적인 소년비행, 조직범죄, 화이트칼라 범죄를 염두에 두고 주장된 것이었다. 즉 이들 이론들은 일부 범죄·비행 현상의 특징을 추출하여 추상적으로 이론화한 것이었기 때문에 「과도한 단순화」에 빠질 수밖에 없었고, 그 결과 많은 예외를 남기게 되었다.

그렇기 때문에 범죄대책 측면에서 보면 그다지 실용성이 없다는 비판을 벗어날 수 없었다. 범죄사회학적 접근방법의 제이론이 정밀화된 1960년대 이후의 미국에서는 아이러니컬하게도 범죄·비행의 증가에 한층 더 고민하게 되었다.

5

1960년대 이후
범죄학 이론의 진보

제1장   서설

　종래의 범죄학은 각각의 이론에 따라 그 주장하는 내용이 다르기는 하지만, 기본전제를 "인간의 의지는 환경에 의해 결정된다"고 하는 사회적 결정론에 두고 있다는 점에서 공통된다. 거기에서는 특정 사회구조긴장가 존재함으로써, 범죄문화에 젖어듦으로써, 혹은 사회갈등이 발생함으로써 사람들이 범죄를 저지른다고 생각되어졌다. 그러나 1960년대 이후의 범죄증가를 배경으로, 사회학적 결정론을 전제로 한 제이론이 지지 기반을 잃게 됨에 따라 그러한 전제 자체에 의문이 제기되었고, 지금까지와는 다른 시점에서 범죄의 원인이 탐구되게 되었다.

　이 장에서는 앞장에서 살펴본 세 가지의 접근방법이 궁지에 몰리기 시작한 1960년대 이후에 주목을 끈 범죄학 이론을 고찰하고자 한다. 이들 이론의 공통점은 종래의 범죄학에서 지닌 시점을 전환하였다는 점이다. 그 당시까지의 범죄학 이론은 시카고학파의 흐름을 받아들인 이른바 「사회학적 결정론」을 전제로 하고 있었다. 이에 비해 이 장에서는 (a) 범죄자에게 자유의지가 존재하였다는 점을 인정한 이론D·맛차의 표류이론, (b) 범죄자뿐만 아니라 형사사법기관이나 사회범죄자에게 범죄자라는 꼬리표를 붙이는 측의 대응에도 관심을 기울인 이론H·베커 등의 낙인이론, (c) 범죄에 이르지 못하도록 하는 통제의 메카니즘에 주목한 이론T·허쉬 등의 통제이론에 대해 살펴보기로 한다.

맛차의 표류이론漂流, Drift Theory

제 **2** 장

비행, 사회 변화, 빈곤에 대해서 많은 연구를 진행한 미국의 사회학자인 맛차David Matza는 자신의 스승 사이크스와 함께 표류이론을 만들었다. 특히 그는 「비행과 표류Delinquency and Drift」1967 라는 논문에서 표류漂流이론이란 지금까지의 범죄관이 범죄나 비행을 하위계급의 특수한 비행적 하위문화의 소산으로 본 것과는 다르게 보았다. 즉 비행소년은 항상 특정한 하위문화에 지배되어 끊임없이 반사회적 행위를 하는 것이 아니라 비행과 무 비행無非行의 생활양식 사이에 표류하고 있는 존재에 불과한 것이라고 보는 이론이다.

따라서 1960년대 이전까지 주류를 이루었던 사회학적 결정론에 반기를 든 맛차는 이 이론에서 비행은 외재적인 환경요인이나 사회적 압력에 의해서 필연적으로 생겨나는 것이 아니라, 비행자의 자유의지에서 비롯된다고 하였다. 물론 그렇다고 해서 표류이론이 환경적인 요인을 완전히 무시한 것은 아니다. 단지 "유전이나 환경에 의해 결정되면서 자신의 의지에 의해 결정하고 있다"고 주장한 것이다탄력성 있는 결정론.

1 표류이론의 기본개념

앞에서 살펴본 바와 같이 맛차는 비행소년이 항상 지배적인 합법적 가치체계를 완전히 부정하는 것은 아니라고 주장한다. 다시 말하면 비행소년은 때로는 합법적인 가치체계에 따르기도 하고 때로는 반항하기도 한다는 것이다. 즉 비행소년은 합법적인 가치체계와 비합법적인 가치체계 사이를 왕래하며 표류하고 있다는 것이다.

또한 소년은 어느 시기에 비행을 저질렀다 하더라도 평생 동안 계속해서 범죄를 저지르는 예는 거의 없기 때문에, 대부분의 소년범죄는 일과성 범죄에 지나지 않는다. 맛차는 이러한 현실을 설명할 수 있는 것은 표류이론뿐이라고 주장한다. 즉 대부분의 비행소년은 성인이 된 후, 비합법적인 가치체계의 사회로부터 합법적인 가치체계의 사회로 환원하여 법을 준수하는 생활을 보내게 된다는 사실은, 비행이 대부분의 소년에 있어서 표류 중의 일시적인 사건임을 말해준다는 것이다. 이러한 관점에서 보면 비행소년들은 '본질적 요소에 의해 강제'되거나 '비행적 가치를 수용'하여 비행을 저지르는 것이 아니라, 단지 사회통제가 느슨한 상태에서 합법과 위법의 사이를 표류하는 '표류자'일뿐이라는 것이다. 따라서 중요한 것은 소년들을 표류하게 하는 여건, 즉 사회통제가 느슨하게 되는 조건이 무엇인지를 밝히는 것이라고 주장한다. 소년들이 표류상태에 빠지게 되는 과정을 설명하기 위해 제시된 것이 바로 중화기술이다.

② 중화中和기술이론

중화中和라는 사전적 의미는 서로 다른 성질을 가진 것이 섞여 각각의 성질을 잃거나 그 중간의 성질을 띠게 하거나 그런 상태를 말하는 것으로 일종의 자기 합리화(변명)이다. 따라서 중화中和 이론이란 범죄자들이 관습적인 가치와 태도들을 지니고 있어 그 특정형태의 행동이 나쁘다는 것을 인정하지만, 자신들의 죄의식을 피 할수 있게 해주는 방식으로 자신의 일탈행동을 합리화할 수 있는 행동이며 그 행동을 정당화하는 것이다. 사이크스G.Sykes 와 맛차D.Matza가 주장한 중화론은 코헨의 비행하위문화론에 반박하여 다른 가정으로부터 출발하였다.

비행하위문화론이 비행소년은 비행이 나쁜 행위라는 것을 알고서 하는 것이 아니라 비행이 나쁘지 않다고 배웠기 때문에 비행을 저지른다는 것과는 달리 중화론에 의하면 대부분의 비행청소년들도 비행이 나쁘다는 사실은 인정한다는 것이다. 즉 비행청소년들이 그들의 비행을 저지르기 전에 비행에 처해 합리화 또는 중화를 한다는 것이다. 이 이론에 의하면 범죄를 합리화하는 기술은 다음과 같은 네 가지이다.

또한 맛차Matza는 사이크스Gresham Sykes와 함께 비행소년이 위법행위를 행할 시에 자신의 행위를 정당화하려 한다고 주장하고, 이를 중화neutralization의 기술이라고 불렀다. 이 이론은 비행자에게도 이미 학습한 규율이 내면화되어 있어, 범죄자들은 범행 시 준법적인 가치와 태도를 유지하고 있지만, 단지 이들은 일탈행위의 정당화 기술변명기술을 잘 배워서학습이론, 이들에게 내면화되어 있는 규범의식이나 가치관을 마비시킴으로써 범죄에로 나아간다는 논리이다.

그리고 이 중화기술을 설명하기 위해 다음과 같은 다섯 가지의 중화기술을 제시하였다. ① 첫째 책임의 부정denial of responsibility이다. 일탈행위가 자신에게는 책임이 없다고 주장하며, 그 책임을 다른 사람 또는 상황에 떠넘기는 방법을 말한다. 즉 자신의 행위가 자신이 어떻게 해 볼 수 없는 상황에서 일어난 것이라고 변명하거나 그 탓을 남에게 돌린다. 즉 자기책임 부정으로 범죄를 저지르려는 마음은 없었는데 주위환경 때문에 어쩔 수 없이 범죄를 저질렀기 때문에 자기 잘못이 아니라는 주장이다. (예: "그것은 나의 잘못이 아니다.") ② 둘째 손해의 부정denial of injury이다. 자신의 일탈행위가 다른 사람이나 사회에 손해를 끼친 게 별로 없다고 생각한다. 즉 가해 부정어느 누구에게도 손해를 입히지 않았다. 예를 들면 기물파괴는 장난이고, 자동차 절도행위는 빌린 행위이고, 불량집단간의 싸움은 사적인 다툼일 뿐이고 방화로 소실된 물건은 보험회사에서 보상해 주므로 자신의 행위는 어떠한 피해도 야기하지 않았다는 변명이다(예: "그들은 그 정도 피해는 감당할 만하다.") ③ 셋째 피해자에 대한 부정denial of victim이다. 자신의 행동이 일탈이 아니라 정당한 행위라는 것으로 자신의 잘못으로 인해 선량한 사람이 피해를 본 경우는 없으며, 누군가가 피해를 입었다면 응당 그럴 만한 사람이었다고 주장한다.

즉 나쁜 것은 오히려 피해자 쪽이다. 침해는 피해자가 응당 받아야 할 피해라는 식으로 범죄행동을 정당화한다. 예를 들면 피해자가 범죄를 자초했다고 여기거나 유혹했다고 변명하거나 상대가 나쁜 놈이라서 맞았다고 주장한다. ④ 넷째 비난자에 대한 비난사회통제기관을 부패한 자들로 규정하여 자기를 심판할 자격이 없다고 함으로써 범죄행동을 정당화한다. 예를 들어 회사를 운영하면서 탈세하는 변명으로 "세무쟁이들, 제×들을 다해 처먹으면서 우리 같이 조그마한 회사 탈세에 대해 비난할 자격이 없다"라는 식으로 공무원이 더 나쁘다는 비난을 하면서 자신들의 질서의식을 약화중화시키는 주장이다.

⑤ 다섯째는 보다 고차원적인 가치규범에의 호소appeal to higher loyalties이다. 자신의 가족이나 친구 또는 자신의 신념에 충실하기 위해 어쩔 수 없이 법을 여기게 되었다고 변명한다.(예: "나는 동료들을 위해 그런 짓을 했다.") 즉 고도의 충성심 호소패거리에 대한 충성심 때문에 범죄를 저질렀다로서 전체사회의 규범을 따르지만 자기 집단에 충성하는 것이 더 옳은 일이라고 생각한다. 이처럼 소년들은 비행을 저지른 경우에 이러한 중화기술을 사용하여 자신의 비행을 정당화변명하려 한다는 것이다. 그리고 그렇게 함으로써 소년들은 비합법적인 가치체계 사회에 머무르지 않고 합법적인 가치체계 사회로 돌아올 수 있게 된다는 것이다.

제3장 낙인이론烙印 : Labeling Theory

낙인烙印이란 사전적 의미는 쇠붙이로 만들어 불에 달구어 찍는 도장을 말하는 것으로 목재나 가구, 가축 따위에 주로 찍고 예전에는 형벌로 죄인의 몸에 찍는 일도 있었다. 그런데 범죄학에서는 어떤 대상에게 부정적인 편견이나 고정관념을 강하게 갖도록 하는 것다시 씻기 어려운 불명예스럽고 욕된 판정이나 평판을 이르는 말을 말하는 것으로 범죄 행위는 특정 행위에 대한 타인들의 부정적 반응에 의해 범죄자로 낙인 받게 되면 자기 자신이 범죄자라는 부정적인 자아 이미지를 갖게 되어 경력 범죄자로서 재범을 하게 된다는 이론으로 범죄 행위를 타인과의 사회적 상호작용을 통한 상징적 의미 부여를 통해 형성된다는 주장으로 하워드 베커Howard Becker와 에드윈 레머트Edwin Lemert 등을 필두로 하는 사회반응이론낙인이론 학파에 의해 주장된 이론이다.

즉, 낙인라벨링이론은 전통적인 범죄이론과는 달리 범죄행위 자체에 초점을 두지 않고, 어떤 사람들은 왜 일탈자로 규정되고, 어떤 행위는 왜 일탈적인 것으로 낙인되는지에 대한 탐구에 연구의 초점을 맞춘다. 이 이론은 자기 자신을 비행자로 인식하는 데에는 남들이 그 사람을 비행자로 낙인 찍은 데서 크게 영향을 받아 비행을 저지르게 된다는 것이 이론의 골격이다.

예를 들어 어떤 사람에게 정신병자 환자라는 명칭이 붙으면 주변 사람들이 그에 대한 부정적 판단을 하게 되고, 그 결과 이전과는 다르게 그를 대한다. 이러한 상태가 계속될 경우 낙인이 찍힌 개인은 자신의 자기지각을 부정적으로 변화시키고, 결국 그 자신뿐만 아니라 주변사람이 보기에도 더욱 더 그 명칭에 부합되도록 행동하는 악순환이 계속된다.

1960년대 중반에 Howard Becker의 『아웃사이더들』(1963)이 출판된 이후부터 각광을 받았다. 이 이론의 기저를 이루는 아이디어 자체는 프랑스 사회학파인 뒤르껭("우리들이 어떠한 행위를 범죄라고 해서 비난하는 것이 아니라, 우리들이 그것을 비난하기 때문에 범죄인 것이다" - 『사회분업론』(1837))으로 거슬러 올라갈 수 있지만, 일반적으로 낙인이론은 역사학자인 Frank Tannenbaum이 『범죄와 커뮤니티』(1938)에서 제창한 것으로 통용되고 있고, 그 후 Edwin Lemert

의 저서 『사회병리학』(1951)에 의해 체계화되었다고 한다.

낙인이론이 주목을 끌었던 1960년대 중반의 미국에서는 기존의 전통적인 가치관이 흔들리기 시작하였고 범죄가 급속하게 증대되고 있었다. 그러한 가운데 Becker 등이 제창한 낙인이론은 그야말로 신선한 것으로 받아들여졌다. 이 이론은 시카고학파의 상징적 상호작용론_{일탈을 한 사람의 고립적 행위로 보지 않고 사회적 상호작용의 결과로 파악} 이론과 방법론에 기반하고 있기 때문에 '후기 시카고학파'라고 불리기도 한다.

 ## 1 낙인이론의 기본개념

사회통제이론에서 대전제로 삼고 있는 조건은 인간이라면 누구나 다 범죄를 저지를 수 있다는 것이다. 즉 인간이 가진 범죄성은 기독교에 있어서의 원죄와 마찬가지로 언제나 상존하며, 이에 대한 사회적 통제 여부에 따라서 범죄가 발생될 수 있고, 안 될 수 있다는 것이다. 낙인이론은 다수에 의한 편협한 시각이나 일반적인 비판이 소수에게 커다란 피해를 줄 수 있다는 점을 핵심으로 하고 있는 것으로 범죄자 개인에게 초점을 맞추어 범죄자에 대한 형사사법기관이나 사회의 대응을 경시하고 있었던 과거의 범죄학 이론에 대해 반성을 재촉한 것이 바로 낙인이론이다. 즉 이 이론은 범죄는 처음부터 존재하는 것이 아니라 누군가가 그것을 비난하고 라벨_{꼬리표}을 붙였기 때문에 범죄가 된 것이라는 입장에 서서, 형사사법기관이나 사회가 범죄자에게 라벨을 붙이는 프로세스에 주목하여 stigma_{낙인}가 찍히는 과정을 재검토하고자 한 것이다. 즉 어떤 행위 시 살인범, 패륜아 등으로 부정적 반응을 하면 범죄자로 낙인이 되고, 낙인이 되면 그 사람은 자아정체감을 부정적인 쪽으로 형성하게 되며, 이후의 행동은 부정적인 자아정체감에 따라 이루어진다는 것이다. 즉 낙인과정에 의하여 비행이 낙인되고 의식적으로 비행을 저지른다는 것이다.

형사사법기관이 행하는 낙인찍기는 2가지 관점에서 문제가 된다. 우선 통제 측에서 보면「사회통제 강화가 오히려 일탈행동을 만들어」내는 것은 아닌가 하는 점이 문제가 된다. 다음으로 범죄자 측에서 보면 사회통제 강화가 일탈적 아이덴티티_{일탈자로서의 자기관념}를 형성하고 그에 걸맞은 생활 스타일을 강요하는 것은 아닌가 하는 점이 문제가 된다.

낙인이론을 형성하는 기본개념으로는 ① 사회 상호작용론 ② 제2차적 일탈 ③ 악惡의 극화 ④ 예언을 통한 자기 성취 ⑤ 패배자 이데올로기 등의 5가지를 들 수 있다.

1) 사회 상호작용론

레머트Lemert가 주장한 이론으로 범죄는 범죄자로 낙인이 붙여진 자범죄자와 낙인을 붙이는 자형사사법기관이나 사회 등와의 상호작용 속에서 만들어진다는 것이다. 즉 잘못된 사회적 반응낙인은 일차적 일탈자를 보다 심각한 이차적 일탈자로 악화시킨다는 것으로 일차적 일탈에 대한 사회적 반응이 일탈을 지속하는 사회적·심리적 과정을 낳게 하고, 일탈을 생활화하게 한다고 한다.

2) 제2차적 일탈일탈의 증폭

일차적 일탈에 대한 사회적 반응에 의해 생긴 문제들을 방어하거나, 또한 그러한 문제에 적응하기 위한 수단으로서 나타난 일탈행위나 사회적 역할들로서 최초의 범행제1차적 일탈에 의해 생겨난 「범죄자」 혹은 「형무소 출감자」라는 낙인 때문에 개인이 사회적 핸디캡을 지니게 된다. 한편 낙인이 찍힌 자는 자신 스스로도 부정적인 자기관념을 키워 결국 재범제2차적 일탈에 이르게 된다. 즉 1차적 일탈은 일시적·우연적으로 일어나고, 2차적 일탈은 상습적·직업적이 되어간다.

정리하면, 레머트의 '2차적 일탈secondary deviance' 개념은 주의 사람들의 시선과 상호작용적 교환이 얼마나 중요한가를 보여주는 개념이다. 가벼운 일탈을 한 초범자에게 범법자라는 낙인이 찍히면, 그는 주위 사람들에게 따돌림을 당하게 되고 그들의 따가운 시선에 자신이 몹시 나쁜 짓을 한 죄인이라는 자아 정체감이 형성되며, 범죄자라는 이유 때문에 일자리를 구하기도 어려워져서 결국에는 상습 범죄자가 된다는 것이다. 특정인에 대한 주의 사람들의 의미 부여가 그 개인의 자아 정체감 형성에 얼마나 중요한가를 보여주는 상징적 상호작용론의 관점을 잘 보여주는 개념이다.

3) 악의 드라마화극화

큰 잘못이 없는 청소년기의 비행을 기성세대와 분위기에 의해 큰 잘못으로 꼬리표를 붙게 하면 그 청소년은 부정적 자아개념이 형성되어 도피수단으로 비행동료와 사귀고 비행활동에 가담하여 더 문제를 심화시킨다. 이러한 무해한 비행이 결과적으로 낙인에 의해 심각한 비행으로 전환되어가는 메커니즘을 탄넨바움은, 마치 일상적인 드라마와 같이 각색 또는 극화되는 것과 유사하다 하여 '악의 극화'라고 설명한 것으로 범죄자가 주역이 되고 형사사법기관이나 사회가 연출가, 관객이 됨으로써 악의 드라마가 상연되기 때문에 비행소년대책의 요점은 이 악의 드라마화를 어떻게 회피하느냐에 달려 있으므로 청소년기의 초기 잘못에 대해 기성세대나 사회통제기관들은 과잉 반응하거나 함부로 낙인을 지우지 말아야 청소년의 심화되는 비행을 막을 수 있다.

4) 예언을 통한 자기성취

개인에 대한 부정적인 예언예를 들면 교사가 한 학생에게 비행소년이 될 것을 시사하는 것이 그 사람에 대한 주위의 거절반응을 불러일으킨다. 그뿐 아니라 그 사람도 일탈적 아이덴티티를 강화하여 결국 예언대로 일탈하는 결과를 초래하고 만다. 즉 범죄행위는 행위의 내재적 속성에 기인된 것이 아니라 사람들이 범죄자라고 낙인을 찍는 행위에서 범죄가 된다.

5) 패배자 이데올로기

베커는 「누구 편에 설 것인가」라는 제목의 논문 속에서 전통적인 범죄학자가 국가권력 측의 패배자 이데올로기에 젖어 있다고 비난하고, 범죄학자는 패배자 측에 서야만 한다고 주장했다.

낙인효과 LABELING EFFECT

우리들은 선입관이나 편견에 의해 안이하게 「불량」, 「비행」 등의 낙인을 타인에게 붙여버리는 경우가 있다. 그러나 일단 한번 붙여진 낙인은 쉽사리 떨어지지 않기 때문에 낙인 지워진 측은 그 낙인에 어울리는 태도를 취하게 된다. Goffman은 "낙인 지워진 일탈자는 그 스테레오타입에 어울리는 역할을 할 때 만족감을 느낀다"고 말하고 다음과 같은 정신병 질환자와 견습 간호사의 케이스를 예로 들고 있다. "정신병원에는 일부러 기괴한 증상을 연기하여 신참내기 견습 간호사가 비정상적인 행동에 실망하지 않도록 훈련시키는 환자가 있다."

② 낙인이론의 평가

사회반응이론 중 대표적인 낙인이론은 범죄학의 이론 측면에서뿐만 아니라 범죄대책 측면에서도 커다란 기여를 하였다. 이론 측면에서의 낙인이론은 일탈의 생성에 있어서 사회통제의 양면성을 보지 못한 구조적 접근이론들의 허점을 지적·보완하고 정신면의 경우에 도 적용되어, 의학적 모델을 비판하였으며 자기보고 연구의 활성화를 촉진시킴으로써 범죄가 특이한 소질이나 환경을 지닌 자들에게서 일어나는 것이 아니라는 점을 명백히 밝혔으며, "우리들 모두가 범죄자인가?"라는 시점 범죄는 인종·계층을 초월하여 보편적으로 보여 지는 현상이다을 제시하였다.

또한 모럴 패닉론정신적 공황상태을 제기했다. 즉 범죄의 현실과 통계와의 상호관계 조사를 촉진함으로써 통계상으로는 범죄증가가 보여진다 하더라도 이는 주로 경찰이나 매스컴에 의해 만들어진 국민들 쪽의 모럴 패닉에 의한 것으로, 범죄증가의 사실은 환상 혹은 신화에 지나지 않느냐는 의문이 제기된 것이다. 그리고 이 이론은 이와 같이 경찰이나 매스컴이 범죄에 관한 특정 정보를 선택하여 국민들에게 제공하고, 특정 일탈행위를 부각시켜 사회적 반응을 과장되게 고조시킴으로써, 통제 강화의 명목을 정당화하고 있다고 비판하였다.

나아가 낙인이론은 커다란 재량권을 지닌 형사사법기관이 범죄자 처리과정에서 자의적으로 범죄자와 비범죄자를 선별하고 있는 것은 아니냐는 이른바 선택적 제재selective sanction 시점을 제시하였다. 특히 미국의 경우에는 체포, 기소, 평결, 형량 등의 각 단계별로 인종이나 사회계층에 관한 선입관·편견이 있는 것은 아니냐는 점이 문제시되었다.

범죄대책 측면에서는 소년사법 분야·경미범죄자·과실범죄자 분야에서 이차적 일탈예방재범방지에 대한 대책수립에 영향을 주었다는 점을 들 수 있다. 따라서 〈사회통제의 강화 ⇒ 일탈〉이라는 명제 하에 형사사법기관은 경미, 과실범죄에 대하여는 공적 개입과 공식 낙인보다는 비범죄화, 비형벌화 등 다양한 대체처분으로 전환해야 한다는 주의로 「불개입 주의」를 채택해야만 한다는 주장이 제기되었는데, 그 구체화된 정책은 4D정책이라 불린다. 4D라 함은 ① 비범죄화 decriminalization, ② 비시설화deinstitutionalization, ③ 전환diversion, ④ 적법절차due process를 의미한다. 이 4D정책은 국가 개입의 최소화와 사회 내 처우의 중요성을 강조하여 미국뿐만 아니라 유럽 각국에서도 1970년대의 지배적인 형사사조가 되었다.

이와 같이 낙인이론은 범죄학 이론과 범죄대책론의 양 측면에서 여러 가지 영향을 주었지만 다른 한편으로는 다음과 같은 많은 비판도 끊이지 않았다. (a) 낙인이론은 일탈의 개념규정에 있어서 낙인이 없이는 일탈도 없다는 상대주의에 빠져 있다. (b) 낙인이론은 일탈자로 낙인되는 사람과 낙인을 부과하는 사람의 역할을 지나치게 단순화하고 있다. (c) 범죄의 소질적인 요인을 완전히 무시한 공상적인 논의로 시종일관하고 있다. (d) 최초의 범행초범의 범죄이 왜 일어났는가에 대한 설명을 할 수가 없다. (e) 낙인이론이 세운 가정 상황은 경미한 범죄나 「피해자 없는 범죄」이므로 중대한 범죄에는 적용할 수 없는 것이 많다. (f) 낙인효과는 부정적인 측면만 있는 것이 아니라 낙인이 당사자에게 반성의 기회를 주기도 하며 나아가 범죄를 억제시키는 일반 예방에도 효과를 발휘할 수 있다.

그 밖에 일탈자와 사회 간의 상호작용을 지나치게 과장하고 있으며, 사회통제기관을 너무 비판적으로 인식하고, 피해자에 대한 관심이 소홀한 점, 이론적인 체계화가 곤란, 일탈자에 대한 반교정주의, 화이트칼라 범죄와 같은 지배계층 범죄에 관대한 결과로 된다는 비판이 있다. 또한 실증적 연구를 살펴보면 그야말로 무수히 많은 리서치가 이루어지고 있는데, 여기에는 낙인이론을 긍정하는 리서치와 부정하는 리서치가 서로 반반이다. 특히 「사회통제 강화가 일탈을 낳는다」는 명제가 반드시 증명되지는 않았다는 점에 주의할 필요가 있다. 형사사법기관의 집행과정에서 인종이나 사회계층에 대한 선입관·편견이 차별적인 처우를 발생시키고 있다는 점도 실증되지 않았다는 지적이 있는데, 이는 낙인이론의 가장 큰 약점으로 남아 있다. 그러나 이와는 반대로 최근에는 범죄가 특정 인종이나 사회계층에 집중되어 있다는 사실을 재확인하는 조사결과가 늘어나고 있다고 한다. 나아가 1970년대 후반부터 급진적인 범죄학이 대두하면서 낙인이론은 자유로운 범죄학 이론에 머물게 되고 결국은 전통적인 범죄학의 아류에 지나지 않는다는 심한 비판을 받았다. 그 때문에 1980년대에 들어서는 「낙인이론은 죽었다」라든가, 「신구이론의 과도기 이론에 지나지 않는다」는 등의 평가를 받았다.

그러나 양적인 증명이 이루어지지 않았다고 해서 낙인이론이 잘못된 것이라고는 말할 수 없다. 오히려 낙인이론은 실증적인 검증 과정에서 극단적으로 단순화되어 본래의 모습을 잃어버렸다는 느낌이 든다. 낙인이론이 「범죄자 ＝ 악, 비범죄자 ＝ 선」이라는 도식의 변경을 촉구하였다는 사실을 잊어서는 안 될 것이다. 그리고 이 이론이 형사사법기관의 움직임을 범죄학 이론의 시야에 넣음으로써 4D정책을 비롯한 1970년대의 범죄대책을 리드하였다는 사실은 긍정적으로 평가되어져야 할 것이다.

한편, 낙인이론은 퇴조 경향을 나타내고 있었지만, 그러한 흐름 가운데에서도 「구축주의 constructionism」라고 하는 사고방식이 대두되어 주목을 끌고 있다. 이 사고방식은 낙인이론 자체가 종래의 원인론적 발상을 불식시킬 수 없다고 비판하고, 사회적인 문제예를 들면 하나의 범죄사건가 구축되어져 가는 과정을원인론 적 발상을 배제하고 이론적으로 분석하고자 한 것이다.

한편 Jason Ditton이라는 학자는 자신의 저서 『Contrology』(1979)에서 낙인접근방법에 의한 실증주의 부정은 단순한 레토릭에 지나지 않기 때문에 낙인이론은 체계화된 범죄연구에 전혀 영향을 끼치지 않았다고 강하게 비판하였다. 그는 낙인이론은 약물중독자나 비행소년의 에피소드를 우스꽝스럽게 다루면서 종래의 범죄학을 중상 모략한 것에 지나지 않는다고 기술하고, 낙인의 관점은 이론화되어 있지 않으므로, 범죄를 「권력자가 범죄라고 생각하는 행위」라고 보았을 때 「contrology」라는 말이 「범죄학criminology」이라는 말보다도 우리가 배워야 할 내용을 적절하게 반영하고 있다는 결론을 내렸다.

제4장 통제이론

1 사회통제이론

　통제이론은 비행을 개인과 그가 속한 사회의 속박과 관련시킨 이론으로 사회적 억제력이 약화되면 비행의 확률이 높아진다는 것이 이론의 골격이다. 이 이론은 최초 1950년대에 라이스Albert J. Reiss와 나이F. Ivan Nye에 의해 주장된 것인데, 특히 1970년대에 들어서면서 낙인이론이 후퇴함에 따라 급속히 지지를 얻기 시작했으며, 1980년대 이후 미국에서는 지배적인 범죄학 이론으로 자리를 굳히게 되었다.

　이 이론은 여타의 범죄이론과 달리 「왜 소수의 사람들이 범죄를 저질렀는가?」라는 물음보다는, 「왜 다수의 사람들이 범죄를 저지르지 않는 것일까?왜 범죄를 통제할 수 있었는가?」라는 물음을 문제화함으로써, 범죄에 이르지 않도록 하는 통제 메커니즘을 탐구하고 설명하고자 하는 이론이다. 즉 이 이론은 인간은 누구나가 범죄를 저지를 가능성을 지니고 있다는 전제성악설에 가까움에 입각하여 사람들이 규칙에 따르는 이유를 찾아내고자 한 것이다.

　낙인이론이 「통제 강화가 일탈을 낳는다」고 생각한 것에 비해 통제이론은 「통제 완화가 일탈을 낳는다」고 생각한 것이다. 학습이론이 범죄를 차별적으로 조직화된 범죄적 집단에 특유한 규범에 대한 '성공적인 사회화'정상적인 동조적 행위로 보는 반면, 통제론 자들은 일반적인 규범에 대한 '결함이 있는 사회화'통제가 약화된 사회화로 본다. 요약하면 사회통제 이론은 다수의 사람들이 범죄를 저지르지 않는 이유를 그 행동과 욕구가 내적·외적 요소에 따라 통제되기 때문에 사람들이 법을 준수하는 것이라 보고 있다.

1) 사회적 결속이론 Social Band : Hirschi

현대 통제이론의 주창자는 힐쉬Travis Hirschi이다. 힐쉬는 일탈행위, 특히 청소년비행의 원인을 사회화의 실패ineffective socialization에서 찾았다. 다시 말해서 성장기의 청소년이 사회화과정에서 잘못되어 가정과 학교, 그리고 사회제도에 동조conformity하지 못하게 되면 비행에의 충동을 적절히 통제하지 못하고 비행에 물들게 된다고 보았던 것이다.

즉 사회통제 론의 사고의 틀을 기초로 비행은 비행을 야기시키는 動因에 의해서가 아니라, 비행을 금지·억제하는 신념 또는 통제의 부재에 의해서 야기된다고 하면서, 특별한 청소년이나 특별한 가정에서 자란 청소년뿐만 아니라 모든 청소년들이 비행에 대한 인자를 가지고 있기 때문에 비행청소년이 될 소지를 누구나 다 가지고 있다는 것이다.

그럼에도 대다수 청소년 들이 비행청소년이 안 되는 이유는 바로 효과적인 사회화effective socialization에 있다는 것으로 사회화가 적절히 이루어지면 청소년은 동조행위conformity에 가담하는데 이를 사회적 결속social bond이라고 주장 하였다. 범인 성을 개인과 사회를 결속시키는 유대의 약화와 관련시키고 비행을 억지하는 다음과 같은 4개의 사회적 끈band이 있다고 주장했다(밴드이론).

① 애착attachment의 끈. 애착이라 함은 양친이나 선생님에 대한 애정, 존경의 마음을 가리키는데, 예를 들면 남에게 폐를 끼치고 싶지 않다는 마음이 비행을 억제한다. 따라서 부모와 가족에게 애착을 가진 소년은 비행을 덜 저지른다. ② 전념commitment의 끈. 전념이라 함은 범죄에 따르는 손익득실을 비교 계량한 후에 지금까지의 생활에서 얻은 것을 잃는 것을 두려워하는 것을 가리키는데, 예를 들면 진학이나 취업을 위해 노력할 때 비행이 억제된다.

③ 참여involvement의 끈. 합법적인 활동에 임함으로써 비행에 빠질 시간이 없는 경우를 가리키며, 예를 들어 시험공부나 서클활동에 열심히 임할 때 비행이 억제된다. 따라서 바쁜 사람은 비행을 덜 범하나 학교에 안 나가고 직업 없는 소년은 비행을 더 저지른다. ④ 신념의식belief의 끈. 사회규칙에 따르지 않으면 안 된다는 의식을 가리키며, 예를 들어 당해 비행행위에 대한 죄의식이 강한 경우에 비행이 억제된다. 그러나 이 이론은 소년비행과 같은 경미한 범죄에 대해서는 잘 적용되나, 강력범죄와 같은 중요범죄 설명에는 적합하지 않다는 지적이 있다.

2) 견제이론봉쇄이론 : Containment Theory

렉클레스Walter C. Reckless는 「범죄와 비행의 새로운 이론」(1961)과 『범죄의 문제』(1961)에서 견제이론을 제창했는데, 여기에서는 범죄적 환경이 왜 어떤 사람에게는 영향을 미치고 어떤 사람에게는 영향을 줄 수 없는가를 해명하기 위해 범죄를 조장하는 3가지 촉진요소와 범죄를 견제하는 3가지 억제요소를 고찰하였다. 범죄의 촉진요소로는 ① 사회적 압력External Pressures : 생활의 곤궁, 가족불화, 기회결여 등, ② 외적 유인Outer Pull : 나쁜 친구, 비행 하위문화, 우상적 범죄인, 일탈집단, 매스컴의 유혹 등, ③ 내적 강요Internal Pushes : 긴장과 좌절감, 공격성, 결정성, 뇌손상, 즉시적, 쾌락요구, 정신적 결함 등에 비해 범죄의 억제요소로는 외적 억제력Outer Containment과 내적 억제력Inner Containment이 있다.

이 중에서 전자는 가족을 비롯한 인간관계 속에서 형성되는 윤리관이나 소속의식, 주위의 기대, 가정교육 등을 가리킨다. 한편 후자는 자기통제, 좋은 자아개념Self-Concept, 책임감, 목적의식, 상승지향 등을 가리킨다. 범죄는 범죄로 이끄는 힘촉진이 차단하는 힘(억제)보다 강하면 발생하고, 반면에 차단하는 힘이 강하면 촉진하는 힘이 있어도 범죄는 발생하지 않는다고 한다. 따라서 범죄의 촉진요소에 주목해 볼 때, 자기관념이 「비행 절연체」가 되는데 자신을 준법적이라고 평가하는 사람은 비행을 저지르지 않는다고 한다. 한편 범죄의 억제요소에 주목해 볼 때, 자기관념이라는 내적 억제력에 환경과 같은 외적 억제력을 겸비한 사람이 비행을 저지르지 않는다고 한다.

3) 사회통제이론의 비판

사회통제이론의 가설을 검증하기 위한 조사연구는 상당수에 이르는데, 그 대부분은 긍정적인 결론에 도달하고 있다. 또한 이 이론은 일반인에게도 받아들여지기 쉬운 측면도 있다. 한편 실증적 연구가 진전됨에 따라 최근에는 통제이론도 적용의 한계가 있다는 지적이 나오고 있다. 비판의 요점은 통제이론은 스스로를 일반이론대이론 : grand theory이라고 표방하고 있지만, 실상은 그렇지 않고 일부 범죄 영역을 설명하는 특수한 이론이 아니냐는 점에 있다.

상세하게 살펴보면 다음 3가지 지적이 있다. 첫째, 사회통제이론을 가지고 경미한 범죄를 설명할 수는 있어도 중대한 범죄를 설명할 수는 없지 않느냐? 둘째, 남성범죄보다도 여성범죄를 설명하기에 쉬운 것이 아니냐? 셋째, 주된 적용대상은 소년이므로 성인범죄를 설명할 수 없지 않느냐? 힐쉬의 사회적 결속이론에 대해서는, 끈이 약해지면 일탈이 생겨난다는 견해는 일면에 지나지 않으므로 범죄의 발생이 끈을 약화시키는 것이 아닌가 하는 관점도 무시할 수 없으며, 「끈과 범죄의 상호작용」론이 중요하다는 비판이 있다.

② 자기통제이론

일반이론general theory이라고도 불리는 자기통제이론이란 1990년대에 들어서면서 「사회통제이론에서 자기통제이론으로」라는 슬로건을 내걸고 M·고드프레드슨Gottfedson과 힐쉬Hirschi가 함께 자기통제이론을 주창했다. 범죄나 비행을 저지름에 있어서는 개인 간의 차이는 인생의 초기단계에서 만들어지고, 그 이후로는 한평생 안정적인 경향이 있다고 한다.

Wilson과 Herrnstein도 이와 비슷한 이론을 발표한 바 있지만 고드프레슨과 힐쉬와 달리 범죄에 대한 생물학적이나 유전적 설명을 제시하지 않았다. 이 이론은 고전주의 범죄학의 가정을 따라서 인간의 본성을 자기이익을 추구하고 이기적인 존재로 보고 있다. 범죄나 비행이 행위자에게 쉽고, 즉각적이고, 확실한 이익을 제공한다는 면에서 모든 사람은 범죄나 비행에의 동기를 가지고 있다는 것이다. 이들의 이론은 특히 행위자의 내적인 통제인 자기 통제력에 초점을 맞추고 있다.

즉 행위자 스스로가 자아통제나 초자아적 통제능력이 미비한 심리상태를 지니고 있어서 사회의 규범이나 규칙들과 마찰을 일으키게 되기 때문에 법도 의식이나 양심, 죄책감을 느껴 스스로 범행 충동을 통제하여야 한다는 이론으로 힐쉬Travis Hirschi는 이들은 1990년에 간행된 『범죄의 일반이론』에서 범죄의 요인을 「self control자기통제의 결여·약체화」에서 찾으려 했다. 그렇다면 자기통제가 약한 사람은 구체적으로 어떤 사람을 가리키는가? 요컨대 「자기통제가 약한 사람은 충동적이고 무감각하며, 신체적인 위험을 돌아보지 않고 근시안적·비언어적인 경향을 지닌 자」를 의미한다.

그래서 욕구를 즉각적으로 충족시키려 하고, 단순한 일을 선호한다. 또한 위험한 행동을 좋아하고, 말보다는 행동으로 스스로를 표현하며, 자기중심적이어서 다른 사람의 고통에 무신경하고, 성미가 급한 경향이 있다고 한다. 힐쉬와 고드프레드슨의 주장은 자기통제이론의 내용을 다음 9가지 점으로 요약할 수 있다. (a) 범죄는 순간의 욕망을 충족시키는 것이다_{자기제어가} 약한 자는 그 상황에서 벗어나기 위한 순간적인 욕망을 충족시키려 한다. (b) 범죄는 안이하면서도 단순한 욕망을 충족시키는 것이다_{자기제어가 약한 자는 근면함이나 끈질김이 결여되어 있다.}

(c) 범죄는 자극적이며 스릴이 있다_{자기제어가 약한 자는 모험을 좋아한다.} (d) 범죄는 총체적으로 보았을 때 이익이 적다_{자기제어가 약한 자는 결혼이나 일 그리고 대인관계 측면에서 불안정하다.} (e) 범죄는 기술이나 계획성을 필요로 하지 않는다_{자기제어가 약한 자는 기술이 없다.} (f) 범죄는 피해자에게 고뇌를 준다_{자기제어가 약한} 자는 자기중심적이므로 피해자의 고통을 생각하지 않는다. (g) 범죄는 순간의 쾌락을 추구한다_{자기제어가 약한 자는} 범죄 이외에도 흡연, 음주, 도박의 중독성이 있거나 상습 벽이 있다.

(h) 범죄는 범죄자와 재물의 상호작용이다_{(자기제어가 약한 자는 사회성이 없다).} (i) 범죄는 초조함으로부터의 해방이다_{자기제어가 약한 자는 인내력이 없고 쟁점이 생기면 말보다 폭력으로 대응한다.}

또한 힐쉬와 고드프레드슨은 이 이론이야말로 모든 범죄에 응용할 수 있는 일반이론이라고 주장하고, 지금까지 전통적인 범죄학이 범죄율의 차이를 인종의 차이, 환경의 차이, 성별 차이 등을 가지고 설명해 왔지만 이는 오류라고 단언하고, 인종 간·지역 간 나아가 남녀 간의 범죄율 차이는 각각의 자기제어 차이에 귀착된다고 하였다. 또한 그들은 범죄_{crime}와 범죄성_{criminality}을 구별할 것을 제안했다.

자기제어가 결여된 자_{범죄성이 있는 자}라 하더라도 범죄기회에 조우하지 않는 한 범죄를 저지르지 않으며, 다른 한편으로 범죄성이 없는 자라 하더라도 범죄기회가 주어지면 범죄를 저지른다는 것이다. 그러나 이 자기통제이론은 제창 당시부터 주목을 끌었지만 아직까지 정확한 평가는 이루어지지 않고 있기 때문에 이 이론을 모든 범죄자에게 적용시키는 것은 무리다. 예를 들어 화이트칼라 범죄 경우 고급관료나 기업경영자를 자기제어가 약한 자라고 일반화해서 볼 수는 없기 때문이다.

3 법률적 통제억제이론

법률적 통제이론은 법률적 처벌이 범죄를 억제하는 사회적·외적 통제수단으로 가장 유효하다고 주장하는 논리로서 기본전제는 인간은 누구나 법을 위반할 수 있는 잠재력을 가지고 있어서 인간의 범죄성향이 억제되려면 어느 정도 통제가 필요하다는 이론으로 인간의 합리성, 이익극대화 추구, 자율적 행동 결정 능력을 전제로 하고 있다. 여기에서 억제Deterrence란 범행의 충동을 처벌하겠다는 유형으로서 제지하는 것을 의미하는데 ① 일반 억제범죄자에 대한 처벌이 잠재적 범죄자에게 범죄의 비용에 관한 정보를 제공함으로써 그들의 범행을 억제시킴 ② 특별 억제범죄자 자신이 경험한 처벌에 대한 고통으로 인해 차후의 범행충동을 억제하는 것 ③ 절대적 억제다시는 범죄 하지 않도록 억제하는 처벌효과 ④ 제한적 억제범행의 빈도를 부분적으로 감소시키는 처벌효과 등 4가지로 구분되고 처벌은 신속하고신속성, 엄중하여야 하고엄중성, 범죄 후 처벌받을 확률이 높을수록확실성 범죄억제효과가 크다고 주장하고 있다.

이 이론은 범죄를 저지르는 이유보다 범죄를 범하지 않는 이유를 설명하는 것으로 왜 이탈을 하는가가 아니라 왜 이탈을 하지 않는가의 이유를 설명 강한 사회적, 개인적 통제로 억제되지 않으면 범죄가 발생한다는 주장이다. 그러나 손익을 합리적으로 계산할 수 있는 도구적 범죄경제범죄에는 적용될 수 있으나, 격정범죄와 같은 표출적 범죄에는 적용하기 어렵다는 비판이 있다.

4 통제이론에 대한 평가

가정 내의 욕구불만과 학교와 같이 교육을 담당하는 사회화 기관들이 소년들을 제대로 순응시키지 못함으로써 나타나는 사회 통제력의 약화가 범죄의 주요인이라고 생각하는 사회통제이론과 자기통제이론의 정책제언은, 가정교육이나 학교교육을 엄격히 하여 지역단위의 범죄대책을 추진하자는 주장과 일맥상통한다. 이러한 주장이 1980년대 이후의 미국에서 지지를 얻게 된 배경

으로는 공화당의 R·레이건과 G·부시 양 대통령의 정권 하에서 펼쳐진 정치의 보수화와 「법과 질
서」 캠페인을 들 수 있다.

"형사 사법기관은 범죄를 감소시키는 데 있어서 그다지 효력이 없으므로, 범죄방지는 오히려
비공식적인 단체 통제 등에 의해서 이루어져야 한다"는 최근의 범죄예방론 주장도 사회통제이론
과 부분적으로 연계되어 있다. 아무튼 사회통제이론을 수정한 자기통제이론에서는 범죄자의 인
격이나 성격에 주된 관심이 집중되어 있으며, 그러한 의미에서 보면 범죄심리학적인 색채가 짙게
깔려 있다는 사실을 부인할 수 없다. 그리고 이 이론에서는 범죄통제의 책임을 국가로부터 일반
시민 측으로 변환시킬 가능성을 지니고 있다는 점도 결코 간과해서는 안 될 것이다.

범죄의
생물학적
요인

제1장   서설

최근에 발생했던 연쇄살인이나 강간 범죄 등은 범죄의 대상을 선택한 이유와 범죄를 저지른 이유가 불명확한 경우가 많다. 이처럼 단순히 범죄자의 눈앞에 존재했고 범죄자의 시야에 들어왔다는 이유만으로 폭력·강간을 행하고, 심하게는 방화·살인을 저지르는 범죄를 우리는 '묻지마 범죄'라고 한다. 이러한 범죄의 경우 범죄의 원인을 파악할 수 없기 때문에 범죄를 예방하는 데에 큰 어려움이 있다.

통상 범죄를 예방하기 위해서는 기본적으로 치안을 지킬 수 있는 인력을 확충한다거나 범죄가 자주 일어나는 시간을 피해서 활동한다거나 하는 방법들이 있겠지만 무엇보다도 중요한 것은 그 원인을 파악하여 그에 맞는 예방책을 강구하는 것이다. 따라서 범죄의 원인을 파악할 수 없는 범죄를 분석하기 위해 여러 가지 이론들이 등장했다. 그 중 하나가 '범죄생물학적 이론'이다.

범죄의 생물학적 요인에 대한 연구는 20세기에 이루어진 것으로서 ① 가계家系연구 ② 쌍생아 연구에서 시작되어 ③ 양자養子연구 ④ 이상염색체 연구로 발전을 이루어 왔다. 이 중 ①은 범죄자를 많이 배출하는 혈통이 있다는 전제를 증명하기 위해, ②와 ③은 환경적인 요인보다 유전적인 요인이 범죄에 미치는 영향력이 크다는 것을 증명하기 위해, 그리고 ④는 범죄와 상관관계가 있는 이상염색체특히 XYY가 존재한다는 것을 실증하기 위해 그 연구가 이루어졌다.

그러나 이들 범죄생물학 연구는 1970년대에 거의 종식되었다. 다만, 쌍생아 연구나 양자연구가 유전학에서는 여전히 활발하게 진행되고 있으나 이전에 비해 유전의 영향력이 그다지 크지 않다는 생각이 지배적이다. 이처럼 최근 의학과 과학 기술의 발달로 인해 더욱 다양하고 정확한 연구 방법들이 나타나면서 생물학적 범죄이론은 새로운 관심영역으로 등장하고 있지만 사실 이 이론이 가지고 있는 비판점은 많다.

예를 들어 알코올이나 마약중독자들이 엽기적인 범죄를 저지르면 정신건강이나 두뇌작용상의 문제로 인해 범죄를 벌였다고 설명하며 책임이 감경될 수도 있고, 과거 차별받았던 인종들의 범죄문제가 심각해지면 단순히 인종적 결함으로 열등하기 때문에 범죄를 저지른다고 설명할 수도 있다. 그렇기 때문에 생물학적 범죄이론은 그 하나의 이론을 가지고 범죄의 원인을 바라볼 것이 아니라 사회·환경학적인 관점과 접목하여 더 넓게 범죄의 원인을 파악하고 편견에 휩싸일 수 있는 학문적 결함을 극복해야 한다고 생각한다. 이 장에서는 범죄의 생물학적 요인에 관한 지금까지 진행된 연구를 살펴보겠다.

제 2 장   범죄생물학의 전개

롬브로조, 페리 및 가로팔로 등 3명의 학자는 범죄학 연구의 대표적 학자이다. 범죄생물학이 처음 대두된 것도 롬브로조의 과학적 범죄분석이론에서 시작되었다. 당시 롬브로조와 생각을 함께한 가로팔로 역시 특정한 생물학적 특성이 범죄행위의 원인을 결정하는 데 상당한 작용을 한다고 보았다. 또 다른 범죄학자인 페리 역시 롬브로조의 이론에 추가하여 사회·환경적 요인과 조직적 요인 등의 개인적인 범죄유발요인을 추가하여 범죄인류학이라는 이론을 발전시켜 갔다. 이들은 가계연구와 쌍생아 연구를 통하여 생물학적 요인이 범죄의 원인이 될 수 있다는 이론을 정립했다.

 1 범죄인류학

범죄인류학은 범죄인을 인류학적으로 연구하는 학문으로 당시의 최첨단 과학의 지견을 응용하여 범죄의 원인을 실증적으로 설명하고자 했던 롬브로조가 생래적 범죄인설 이론을 주장하여 기초이론을 세웠으며, 그 후에도 많은 연구자에게 계승되어 범죄인류학으로 발전하였다. 일반적으로는 이탈리아 학파를 범죄인류학파로 지칭하고 있으며, 롬브로조, 페리, 가로팔로 등이 대표적인 학자이다. 이 범죄인류학은 영국의 C·고링에게 심한 비판을 받기도 하였지만, 20세기에 들어서면서 포장을 새로이 하여 범죄생물학으로 발전하게 되었으며, 롬브로조의 제자인 이탈리아의 E·페리와 R·가로팔로는 스승의 설을 한층 더 수정하여 범죄인류학으로 발전시켰다.

그리고 페리Enrico Ferri : 1956-1929는 이탈리아 볼로냐 대학의 형법 교수로서, 마르크스의 유물론, 스펜서의 사회관, 다윈의 진화론 등의 영향을 받아 롬브로조에 이어 범죄인류학을 주창한 사람이다. 그는 롬브로조에게 사사한 형법학자로 1884년에 『범죄사회학』을 저술하였다. 이 학파는 신파형법이론의 기초를 형성하고 특별예방이론 발전의 기초제공과 범죄인류학회의 창설로 범죄학 연구의 세계화를 주창하였다. 특히 롬브로조는 앞에서도 설명한 바와 같이 가설의 중심을 범죄자는 태어날 때부터 범죄를 저지르도록 운명 지워져 있으며, 인류학 상의 한 변종범죄인류이라는 것에 두고 있다. 따라서 단순히 얼굴의 외양이나 두개골의 모형만이 아니라 육체의 모든 해부학적 모양을 연구함으로써 관상학과 골상학의 전통을 확산하였다.

1) 페리의 범죄원인설

범죄원인설은 페리가 주장한 이론이다. 그는 범죄의 원인으로 ① 인류학적 요인연령, 성별 등 이외에도 ② 물리적·풍토적 요인인종, 기후, 지리, 계절, 기온 등과 ③ 사회적 요인인구밀도, 습관, 종교, 정치 형태, 사회적·경제적 조건 등을 들면서 범죄원인의 3원설을 주장하였으며, 이 중 특히 사회적 원인을 중시하였다. 그는 또 범죄는 이들 3가지 요인에 의해 필연적으로 생겨나는 것으로 생각하고 범죄자의 자유의지의지자유론를 부정하였으며, 범죄자는 스스로 사회적 위험성에 상응하는 책임을 부담해야 한다고 하는 사회적 책임론을 주장하기도 하였다.

뿐만 아니라 「범죄 포화의 법칙」을 주장한 것으로도 알려져 있다. 이것은 "일정 온도를 지니고 일정한 양을 가진 물속에서는 일정량의 화학물질만이 용해되기 때문에 그것을 초과하면 비록 1개의 원소많든 적든 간에라도 용해되지 않는다"는 것과 마찬가지로, "일정한 개인적·사회적 조건이 갖추어진 일정한 사회에서는 반드시 일정량의 범죄가 이루어지는데, 그 이상이 되면 단 한 건의 범죄도 발생하지 않는다"라고 하는 주장이다.

이러한 생각은 "범죄는 일정한 사회에서 항상적인 안정성을 갖고 반복된다"는 케틀레의 범죄 항상설과 근사하지만, 그 사상의 근저에 고전학파의 형벌 관에 대한 비판이 깔려 있다는 사실을 잊어서는 안 될 것이다. 즉 범죄는 그 원인이 존재하는 경우에는 필연적으로 발생하는 것이어서 인과응보적인 형벌을 범죄자에게 부과해도 근본적인 문제해결이 되지 않는다는 주장이 내포되어 있는 것이다.

2) 페리의 범죄대책설

이와 같은 원인설에 대해 다음으로 주장된 페리의 범죄대책설은 범죄가 범죄자의 유전, 성격 등 인류학적 요인 이외에 물리적·사회적 요소에 의하는 것이므로 범죄자의 개인적 요인에 따른 적절한 조치를 하고 범죄를 발생시킨 사회의 원인을 연구하여 그 근원을 제거해야 한다고 하였다.

여기서 주목해야 할 점은, 첫째 범죄자 분류에 따른 대책 론을 강구할 것과, 둘째 예방범죄를 목적으로 한 사회개혁을 제안했다는 점이다. 먼저 범죄자 분류에 대해서, 페리는 5종류의 범죄자 유형을 들면서 각 유형의 범죄자에 대한 대응책을 제시하고 있다. 다음으로 사회개혁에 대해서는 다음과 같은 제안을 하였다. ① 무역자유화 ② 시장독점 금지 ③ 노동자 주택 공급 ④ 서민을 위한 은행 설치 ⑤ 가로 조명등 개량 ⑥ 산아제한.

또한 페리는 1921년에 이탈리아 형법초안페리초안을 기안하였다. 거기에서는 도의적 책임에 상응하는 응보형의 개념이 배제되고 범죄자의 위험성에 상응하는 보안처분(사회방위처분) 일원주의가 관철되어, 「제재」라는 말로 통일되었다. 이 때문에 그 초안은 「책임과 형벌이 없는 형법 전」이라고 불리게 되었다.

일반적으로 페리가 『범죄사회학』을 저술했다는 사실이 인상 깊게 남아 있기 때문에 범죄사회학의 시조라고 생각하기 쉽다. 그러나 페리는 롬브로조의 범죄생물학을 최대한으로 지지한 옹호자라고 해도 과언이 아니다. 한가지 분명한 것은 페리가 범죄의 원인을 인류학적인 요인에 한정짓는 롬브로조의 연구방법은 편협한 것이라고 생각하고 있었지만, 다른 한편으로는 인류학적 요인이 원인 론의 중핵이라는 생각을 하고 있었다는 점이다. 따라서 페리의 주장은 결국 범죄인류학을 긍정한 셈이라 할 수 있다. 특히 "사회 환경은 범죄에 형식을 부여하지만, 범죄의 요인은 반사회적인 생물학적 구조 속에 있다"는 말은 페리가 남긴 유명한 말이다. 덧붙여 말하면 페리는 「선천성 범죄자」라는 용어의 창시자로 알려져 있다.

또한 페리는 1884년 발표된 『살인범』이라는 저서에서 롬브로조가 범죄원인론에서 사회적 원인을 경시한 것을 비판하고 '기회적 범죄인'을 중시하였으며, 생래적 범죄인에 대해서도 무기 격리나 유형으로 대처하자고 하였으며 사형을 부정하였다.

더구나 페리는 자본주의 사회의 모순이 범죄증가를 초래했다고 보고, 사회변혁을 통해 사회

악예를 들면 빈곤을 해소하는 것이야말로 범죄를 감소시키는 길이라고 생각하고 있었던 것이다. 또한 실업에 기인한 궁핍범죄에는 이민의 자유 인정, 사기와 문서위조 방지책으로는 조세경감, 정치범에 대한 대책으로 언론·사상의 자유 확대 등 형벌의 등가물로서의 예방적 사회개혁조치를 주장하였다. 여기서 페리의 저서 『범죄사회학』은 원저의 3판에 붙여진 이름이며, 원래 제목은 『형법 및 형사소송법의 새로운 전개』였었다는 사실과, 만년에 당시의 파시스트 정권에 협조적인 태도를 보이고 있었다는 사실이 논란이 되기도 하였다.

3) 가로팔로의 범죄학 이론

가로팔로Raffaele Garofalo : 1852-1934는 C.롬브로조, E.페리와 함께 이탈리아의 형사학파를 대표하는 법률실무자이면서, 형법학자, 사회학자로서 범죄인류학의 발전에 기여한 인물 중에 빼놓을 수 없다. 앞에서 설명한 것처럼 그는 인간에 내재하는 범죄인 자연범自然犯과 법률로 제정된 법정범法定犯을 구별하여, 자연범은 애타적愛他的 내지 도덕적 감정이 결여된 자로, 형벌은 자연범에 대하여 사회가 보호한 것을 본질로 한다고 설명하였다.

또한 페리와 나란히 롬브로조의 문하생인 가로팔로는 이탈리아 학파의 사회심리학적 측면을 대표하고 있다. 그는 1885년에 『범죄학』을 저술 '범죄학'이라는 용어를 최초로 사용하였는데, 그 속에서 자유의지 및 도의적 책임론을 부정하고 범죄자의 위험성에 상응한 처우를 확립할 것을 주장했다. 그의 이론의 최대 특징은 「자연범죄delitto naturale」의 개념을 들어 「법정범죄delitto legato」와 구별 지을 것을 제창하였다는 점에 있다. 여기서 말하는 자연범죄란, 인륜人倫의 근본인 애타적 정조愛他的情操가 결여된 행위를 의미한다. 애타적 정조는 연민과 성실함의 두 가지 요소로 이루어져 있다. 전자가 타인에게 고통을 주지 않는 감성을 가리키는 반면, 후자는 타인의 재산을 존중하는 감성을 가리킨다. 가로팔로는 자연범죄를 저지르는 자에게는 애타적 정조가 결여되어 있기 때문에 아무런 저항감 없이 범죄를 실행에 옮긴다고 설명한다. 또한 이러한 애타적 정조의 결여는 유전에 의한 기관 이상에서 오는 것으로 범죄자는 이상한 신체적 특징을 지니고 있다고 설명한다.

또한 가로팔로가 말하는 자연범은 상대적인 것으로서 어떠한 사회제도나 정책도 자연범에게는 효과가 없다고 주장하고 있는데, 가로팔로의 범죄대책론을 살펴보면 가로팔로의 범죄자상像은 인류학적으로 퇴화된 자로서 결과적으로 애타적 정조가 결여된 자이다. 따라서 그의 대책론에는 범죄자를 사회적으로 도태시켜야 한다는 발상이 강하게 스며있다. 이는 말할 필요도 없이 당시의 사회진화론의 영향을 받은 것이다. 가로팔로는 자연범죄의 구체적인 범죄자 유형을 세부적으로 분류하고, 각각의 대책을 제시하였다.

아울러 가로팔로는 사회격리 중심의 범죄방어 대책을 전개하여 사형이나 유형 제도를 주장하였으나, 한편으로는 국가의 목적에 의하여 법률이 범죄를 규정한 법정범에 대하여는 정기구금제도를 인정하는 한편 과실범에 대하여 불처벌을 주장하였다. 따라서 가로팔로 이론을 살펴보면, 자연범죄·법정범죄를 구별하였다는 점에서 법률가로서의 진면목을 유감없이 발휘하면서, 애타적 정조라고 하는 범죄자의 심리적 측면을 중시하여 자연범죄를 설명하고 있다는 점에서 범죄심리학의 선구자로서의 또 다른 면을 발견할 수 있다.

그리고 가로팔로의 주장도 페리와 마찬가지로 롬브로조의 범죄인류학의 흐름을 벗어나지 않는다는 것을 확인할 수 있다. 이러한 사실은 그가 애타적 정조의 결여를 설명할 때, 유전적 요소와의 연관성을 강조하면서 범죄자에게는 일반인과는 다른 신체적 특징이 존재한다고 밝혔는데, 이와 같은 설명이 결국은 선천성 범죄자설의 테두리를 벗어나지 않기 때문이다. 그러나 가로팔로도 페리와 마찬가지로 당시의 파시스트 정권에 협조적인 태도를 보였던게 논란이 되었다.

 ## 고링의 범죄인류학 비판

영국의 감옥의사인 C·고링Charles Goring : 1870-1919은 롬브로조를 비판한 대표적 학자이다. 사실 롬브로조를 대표로 하는 범죄인류학은 가로팔로의 『범죄인』이 출간되었을 당초부터 인류학적인 측면에서 보더라도 범죄인류는 존재하지 않는다는 비판을 받는 등 많은 지지자를 획득하면서도 다른 한편으로는 심한 비판의 대상이 되기도 했다. 나아가서는 범죄의 사회적 요인을 중시하는 라까사뉴 등의 리용학파, 범죄의 심리적 요인을 중시하는 타르드 등으로부터의 내부적 비판도 끊이지 않았다.

그 중에서도 영국의 고링의 비판은 롬브로조의 설을 뿌리째 흔들어 놓았다. 그는 수형자와 일반인을 대상으로 생래적 범죄인 조사연구 후 양 집단 간에는 아무런 차이가 없고, 범죄자에 특유한 정형성은 존재하지 않는다고 하여, 생물학적 결정론을 비판하였다. 다만 신체적인 특징이 원인이 되어 지능이 낮거나 타인에 대한 연민의 감정애타주의적 감정이 결여되어 범죄를 유발한다고 주장하여, 범죄행위는 신체적인 변이형태와 관계된 것이 아니라 유전학적 열등성에 의한 것이라고 하였다. 결과적으로 범죄행위는 유전되며, 따라서 이러한 문제 있는 가족의 재생산성을 규제함으로써 범죄를 통제해야 한다고 주장하였다.

결국 고링은 롬브로조의 설을 대규모의 통계조사를 통해 검증하고 비판하였다. 특히『영국의 범죄자 통계적 연구』(1913)에서 근대 수리통계학 수법을 구사하여, "범죄자는 일반인과는 다른 형태학적 특징을 지니며 외형적으로 식별 가능하다"고 말하는 롬브로조의 생각을 반증하고자 하였다. 조사대상이 된 것은 ① 약 3천 명의 남자누범 수형자 ② 비범죄자 그룹케임브리지·옥스포드의 대학생, 근위병, 정신병원 환자 등이었고 이들을 96항목에 걸쳐 비교·대조하였다. 고링은 특히 37가지 신체적 특징을 비교한 결과, ①과 ②그룹 간에 차이가 없었으며 따라서 롬브로조의 설은 부정되어야만 된다는 결론을 내렸다.

그러나 비록 고링의『영국의 범죄자』의 출간은 롬브로조의 선천성 범죄자설에 치명적인 타격을 주었지만, 그렇다고 해서 고링이 롬브로조와 완전히 상반되는 입장에서 비판을 전개했다고 이해하면 안 된다. 고링의 저서는 선천성 범죄자설이 궁극적으로는 롬브로조의 직감적 관찰에 근거한 것이었기 때문에 과학적으로 검증되기 어렵다는 사실을 통계학적 수치를 통해 검증하였다는 점에서 높이 평가되고 있는 바, 형사통계학의 불후의 업적임에는 의심의 여지가 없다.

하지만 고링은 그의 조사결과에 예외가 있음을 인정하였다. 예를 들어 ①의 수형자 그룹에는 (a) 체격이 열등하다폭력범죄자를 제외하면 신장이 1~2인치 작고 체중은 3~7파운드 적다, (b)지능적인 결함이 있다, (c) 도덕적 결함이 있다고 지적하면서 이러한 사실을 유전적인 영향으로 해석하였던 것이다. 게다가 고링은 당시의 사회진화론이나 우생학 운동에 강한 영향을 받아,「악한 사람을 배제」하여 국민의 질을 높이고 대영제국의 권위를 부활시키는 것을 목표로 하고 있었다고 전해진다.

또한 고링은 당시의 유명한 통계학자인 C·피어슨의 협력을 받고 있었다고 소개되고 있는데, 피어슨도 과격한 우생학자의 한 사람이었다. 이상에서 살펴본 바와 같이 고링과 롬브로조의 기본적인 입장에는 커다란 차이가 없으며, 따라서 고링도 범죄인류학의 흐름을 벗어나지 않는다고 보아야 할 것이다.

그 뒤 미국 하버드 대학의 인류학자인 E·프톤은 고링의 롬브로조 비판에 반박하기 위해『영국의 범죄자』를 훨씬 능가하는 대규모의 통계조사를 실시하여 1939년에『미국의 범죄자』를 출간하였다. 이 조사의 대상은 ① 약 1만 4천 명의 수형자를 중심으로 한 범죄자 그룹, ② 약 3천 명의 비 범죄자 그룹대학생, 소방관, 경찰관, 병원환자 등이며, 33개 항목에 걸쳐 상세한 비교 조사를 실시했다. 그리고 범죄자를 비범죄자 그룹과 비교 분석한 후 "범죄자는 선천적으로 열등하다. 범죄는 저급한 인간개체에게 미친 환경의 영향으로 인해 생겨난다. 따라서 범죄의 제거는 신체적, 정신적, 도덕적으로 부적절한 사람들을 근절시키거나 혹은 그들을 사회에 해를 끼치지 않는 환경 속에 격리시킴으로써 비로소 달성된다"고 결론지었다. 이러한 프톤의 결론은 그야말로 롬브로조의 선천성 범죄자설을 계승한 것으로서, 뉴 롬브로조라고 불리기에 적합하다.

 ## 3 범죄생물학의 발전

앞의 설명처럼 범죄의 원인으로써 유전적인 요소를 중시하는 사고는 롬브로조 등의 범죄인류학 이전의 시대부터 존재하였고, 20세기를 맞이한 후에도 실증적·과학적 포장을 하면서 범죄생물학으로 계승되었다. 생물학적 주장의 근저에는 20세기 이후 급속히 발전한 진화론이나 유전학에서 받은 영향이 깔려 있다. 롬브로조, 페리 및 가로팔로의 범죄인류학은 20세기에 들어서면서 독일과 미국을 중심으로 범죄생물학으로서 한층 더 발전했다.

범죄생물학은 범죄자는 이미 생물학적으로 결정되어 있다는 전제생물학적 결정론 하에서 범죄행동의 요인과 메커니즘을 유전학, 체형학, 생리학적인 지견을 응용하여 설명하고자 한 학문이다. 범죄생물학의 발전의 흐름은 3가지로 대별할 수 있다. 즉 ① 범죄성 유전 연구 ② 범죄자의 체형 및 생리 연구 ③ 범죄에 관한 인류학적 사회학 연구가 그것이다.

첫 번째 흐름은 「범죄성 유전」에 관한 조사연구이다. 이것은 범죄성이 유전한다고 보는 생래적 범죄인설의 기본 데이터를 발전시킨 것으로서, 주된 연구로는 ① 범죄자의 가계연구 ② 쌍생아 연구가 있다. 전자는 범죄자가 많은 가계를 찾아내어 그 족보를 통해서 유전과 범죄의 관계를 밝혀내려 한 것이다. 따라서 여기에서는 만약 범죄성이 유전되는 것이라 한다면 범죄자가 많은 가계가 틀림없이 있을 것이라고 생각했다. 저명한 가계연구로는 미국의 R·덕딜이 저술한 『쥬크家』1875를 들 수 있다.

이에 비해 쌍생아 연구는 유전학의 성과를 토대로 하여 일란성과 이란성 쌍생아를 비교하여 범죄와 유전의 관계를 밝혀내고자 한 것이다. 여기에서는 범죄성이 유전하는 것이라 한다면 쌍생아 양쪽 모두 범죄자일 가능성은 거의 동일한 유전자를 지닌 일란성 쌍생아 쪽이 다른 유전자를 지닌 이란성 쌍생아 쪽보다 높을 것이라 생각하였다. 저명한 쌍생아 연구로는 독일의 J·랑게의 『운명적인 범죄』1929를 들 수 있다.

두 번째 흐름은 「범죄자의 체형 및 생리」에 관한 조사연구이다. 이 연구는 범죄자가 일정한 신체적 특징을 지닌다고 본 선천성 범죄자의 기본 데이터를 발전시킨 것으로, 주된 연구로는 ① 체형에 관한 연구 ② 내분비 연구가 있다. 전자는 인간의 체형과 범죄의 연관성을 밝히고자 한 것이다. 여기에서는 특정 체형이 직접 범죄에 직결된다고 보지는 않았기 때문에 인간의 성격을 유형화하였다. 그리고 각 성격마다 저지르기 쉬운 범죄가 존재할 것이고, 각각의 성격은 특정 체형과 관련 있을 가능성이 높다고 생각하였다. 저명한 체형과 범죄연구로는 독일의 E·크레이머가 1921년에 저술한 『체격과 성격』을 들 수 있다.

내분비 연구로는 W·옌쉬Walter Jaensch의 연구가 알려져 있다. 옌쉬는 갑상선 등의 이상과 범죄의 연관성을 밝히고자 했다. 여기에서는 갑상선의 기능 약화가 성격차이를 만들어내고 나아가 범죄경향에도 직결된다고 주장하고 있다.

세 번째 흐름은 「범죄에 관한 인류학적 사회학」이라 불리는 조사연구이다. 이것은 선천성 범죄자설을 기반으로 하면서도 환경적인 요소를 고려한 롬브로조의 만년의 발상을 발전시키고자 한 것으로, 주된 연구로는 ① 범죄자의 인격형성에 관한 연구 ② 인격의 선천성과 환경요소와의 상호 관련성 연구가 있다. 전자는 범죄의 원인을 인격에 있다고 보고 범죄자의 인격형성 과정을 연구한 것이다. 여기에서는 인격을 유전과 환경의 복합체로 파악하여, 이 두 가지 요소가 어떻게 범죄자에게 범죄를 저지르는 인격을 형성시키는가를 탐구하였다.

범죄자의 인격형성에 관한 저명한 연구로는 독일의 A·렌쯔가 1927년에 저술한 『범죄생물학 원론』을 들 수 있다. 후자는 유전적으로 결정되는 인격과 그 인격에 영향을 미치는 환경적인 요인이 어떻게 범죄를 발생시키는가를 연구한 것으로서, 범죄가 다양한 형태로 발생하는 원인은 인격과 환경적인 요인의 결합이 다양한 형태로 이루어지기 때문이라고 생각하였다.

인격의 선천성과 환경요소의 상호 관련성에 관한 저명한 연구로는 독일의 로뎅의 「현대범죄학에 있어서의 롬브로조의 의의」(1930)를 들 수 있다. 그는 유전적으로 결정된 범죄자의 존재를 인정하였지만, 그것은 어디까지나 「범죄자로」 태어난 것이 아니고 「범죄자가 되도록」 태어난 자라고 생각했다.

제3장 범죄의 생물학적 요인

유전적인 요소를 범죄의 원인으로 중시하는 주장은 예전부터 제창되어 왔다. 다만, C·롬브로조 등의 범죄인류학이 출현하면서 생물학적 요인에 대한 실증주의적 접근방법은 이루어지기 시작했다. 앞에서 기술한 것처럼 롬브로조가 주장한 선천성 범죄자설은 이후 부정되었지만, 범죄의 생물학적 요인의 존재 자체가 역사상 완전히 부정되었다고는 할 수 없다. 20세기를 맞이한 후에도 범죄생물학파로 계승되면서 생물학적 요인은 실증주의적·과학적인 포장을 바꾸었고 이를 토대로 다양한 형태의 주장이 지속적으로 제기되었기 때문이다.

1980년경을 분기점으로 범죄의 생물학적 요인을 중시하는 주장은 크게 변모하기 시작했다. 여기서는 1980년 무렵까지의 연구를 살펴보기로 하겠다. 1980년 무렵까지 이루어진 생물학적 요인에 대한 연구의 특색 중에서 주목해야 할 점은 진화론이나 유전학에서 입은 영향이 크다는 점이다. 또한 사람에 따라 질적 격차가 존재한다는 우생학 사상도 짙은 색채를 드리우고 있다. 범죄의 생물학적 요인에 대한 종래의 연구는 ① 가계연구 ② 쌍생아 연구에서 비롯되어 ③ 양자연구 ④ 이상염색체 연구로 발전을 이루었다.

제4장 범죄자 가계연구

대대손손 범죄를 잘 저지르는 집안이 존재할까? 그리고 범죄는 유전되는가? 범죄자 가계연구라 함은 고다드Goddard에 의한 「칼리카크家」의 연구, 덕 데일Robert.Dugdale과 에스터브룩Estabrook에 의한 「쥬크家」의 연구, Glueck 부부의 연구, Goring의 연구, Rath의 연구 등이 대표적인 것으로, 범죄나 사회 일탈자가 많이 배출된 가계를 조사하여 그 족보를 가지고 그 선조 가운데 범죄자, 정신이상자 등을 추급하여 조사, 유전과 범죄의 상관관계를 밝히고자 하는 연구를 가리킨다.

먼저 덕 데일은 1900년경 뉴욕 주의 어느 교도소를 시찰하던 중에 우연히 6명의 특별한 가족 수용자들과 마주치게 되었다. 그래서 관심을 갖고 확인한 결과 이들 6명과 직접적인 혈연관계가 있는 15세에서 75세 사이의 29명의 남자 중 무려 17명이 범죄자였고 이들이 저지른 범죄는 폭력과 살인, 강도 등이었다. 이 가문이 바로 쥬크Juke家였다.

여기서 힌트를 얻은 덕 데일은 7대에 걸친 쥬크家 후손 1000명의 소재를 파악하여 범죄성여부를 조사해본 결과 280명이 걸인, 60명이 절도범, 7명이 살인범, 140명이 잡범, 50명이 매춘부, 40명이 성병환자라는 희한한 사실을 발견하였으며 이러한 연구결과를 학계에 발표하게 되었다.

그러면서 쥬크家에 이처럼 많은 범죄자가 나온 것은 범죄가 유전된다는 결정적인 증거라고 해석하였다. 이런 연구는 독일에서도, 오스트레일리아에서도 다른 학자들에 의해 확인된 바 있다. 물론 최근까지도 범죄성이 유전되기 때문에 특별한 범죄인 집안이 존재한다는 이론도 있다. 그러나 범죄인 가계는 있을 수 있는가? 과연 늘 사고만치는 집안이 존재하는 것 같은가? 그리고 이런 것들은 사회과학적으로 입증 될수 있을까? 하는 문제는 계속 논란이 되고 있다. 이처럼 가계연구는 이전부터 유전학, 정신의학, 심리학 등의 영역에서도 활발하게 이루어져 온 것이며 범죄자뿐 아니라 천재, 정신장애자 등도 연구대상에 포함시키고 있기 때문에 가족연구 혹은 계보연구라고도 불린다.

1 가계연구의 대표

롬브로조는 범죄자 가계연구의 시발자는 롬브로조라고 할 수 있다. 그는 고문서에서 모터글이라 불리는 17세기의 매춘부를 찾아내어 그 자손 900명 중 200명의 범죄자, 200명의 정신장애자와 부랑자를 확인했다고 전해진다. 그리고 롬브로조 비판자의 한 사람인 고링도 범죄자 가계연구에 심혈을 기울여 혈연자 사이에서 범죄성에 관련된 상관관계를 찾아낼 수 있다는 결론을 내렸다. 그러나 가장 대표적인 학자는 덕 데일과 고다드라는 범죄학자로서 이들은 쥬크家와 칼리카크家를 연구하였다.

1) 쥬크家 연구

범죄자 가계에 관한 대표적인 연구로는 R·덕데일Richard Dugdale : 1841-1883이 자신의 저서 『쥬크家The Jukes』(1877)에 수록한 쥬크家가명에 관한 고찰이 있다. 덕 데일은 범죄를 결정하는 요소로 "환경적인 요소"를 무척 강조한 사람으로 뉴욕주 감옥협회 산하 특별위원으로서 1870년대에 뉴욕주의 형무소를 시찰했을 때 그곳에 동일 혈통의 혈연자 6명이 복역하고 있다는 사실을 알게 된 것이 계기가 되어 가계조사를 시작했다고 한다. 그는 맥스·쥬크라는 남성네덜란드계 이민자의 자손과 아더·약크스라는 여성까지 7대를 거슬러 올라가 쥬크家의 자손 709명을 조사했다.

이 중 범죄자는 140명(19.7%)인데 그 범죄 내용을 살펴보면 모살범이 6명, 절도범이 140명이었다. 이 조사결과는 당시의 학회에 커다란 파문을 불러 일으켰으며 범죄인류학 신봉자들에게 힘을 불어넣었다. 덕 데일은 범죄인 가계의 사람들이 공통적으로 가지고 있는 범죄, 빈곤, 질병 등을 막기 위해서는 이들이 처한 열악한 환경을 개선하고 공공복지를 증진시켜야 한다고 주장을 했다. A·에스터브룩Arthur Estabrook은 그 이후의 쥬크家를 추적 조사하여 『1915년의 쥬크家The Jukes in 1915』를 출판하였다. 여기서는 9대에 걸쳐서 쥬크家의 자손 2,820명을 조사한 결과 171명의 범죄자가 존재한다는 사실을 밝혀냈다. 그러나 그는 쥬크家 후손들이 사회적으로 문제를 많이 일으킨 것이 아니라 오래도록 정신지체, 게으름, 방탕한 생활, 부정직과 같은 요소들로 고통을 받아 왔다고 말하며 리차드 덕 데일의 주장을 반박했다.

2) 칼리카크家 연구

미국의 심리학자 H·고다드Goddard는 지능의 유전 여부에 관한 분야를 연구해 유명해진 사람으로 1927년에『칼리카크家의 사람들The Kallikak Family』을 저술했다. 칼리카크家 연구는 쥬크家와 더불어 가계연구의 대표적인 케이스로 알려져 있다. 이는 주로 정신박약자에 관한 가계연구이다. 그가 정신박약자 시설의 책임자로 있을 때 수용자 중에서 8살의 소녀 라보라에게 관심을 가지고 그 가계조사를 실시하여 5대 선조인 마틴·칼리카크라는 남성을 찾아내었다. 이 마틴·칼리카크의 자손에는 2개의 계통이 있었다. 하나는 정신박약자나 알콜중독자가 많은 계통(마틴·쥬니어 계통)이고 다른 하나는 거의가 정상인인 계통프레드릭 계통이다.

이 중 마틴·칼리카크·쥬니어는 미국 독립전쟁 시에 전장 터에서 알게 된 정신박약 여성과의 사이에서 태어난 비적출자였다. 이에 비해 프레드릭·칼리카크는 정상인 여성과의 사이에서 태어난 적출자였다. 전자의 계통에서는 480명의 자손을 조사한 결과 정상인 자가 46명밖에 없었고 정신박약자가 143명이었으며 나머지 291명은 어느 쪽인지 불확실하거나 정신박약의 의심이 가는 자였다. 후자의 계통에서는 490명의 자손을 찾아내었지만 정신박약자는 한 명도 없었고 거의가 정상이었으며 실업가, 변호사, 대학교수 등 사회적 지위가 높은 사람도 다수 있었다단, 알콜중독자 2명, 성적 일탈자 1명도 포함되어 있었다. 고다드는 정신지체자들이 자신들이 살고 있는 사회를 위험하게 만드는 존재라고 믿었다. 그러나 그의 이론은 훗날 많은 비난을 받았으며 그는 이러한 자신의 주장을 1920년대에는 번복을 한다. 하지만 아직도 그의 저서는 많은 사람들에게 정신지체아에 대한 부정적인 선입견을 갖도록 하는데 일조를 하고 있다.

 2 **가계연구의 비판**

범죄 가계연구에 대한 비판의 초점은 두 가지이다. 첫째, 후손들에 대한 사회적 환경에 대한 영향이 무시되었다는 점이다. 과연 범죄자의 자녀가 다른 집안아이들처럼 편안하게 살 수 있었겠는가. 둘째, 후손이 있기 위해서는 배우자가 있어야 되는데 그 배우자로부터의 유전요인 즉 유전의 반쪽부분이 무시되었다는 점이다. 결국 지금까지의 연구결과만으로는 범죄인 가문은 존재한다고 말할 수 없을 것 같다. 이외에도 범죄가계연구에 대해 다음과 같은 비판이 제기되었다. (a) 범죄인 후손뿐만 아니라 모든 사람이 잠재적 범인 성을 소유하나, 사회통제로 그 범죄발현을 억제하고 있을 뿐이라는 점을 간과하고 있다. (b) 명문가문에도 범죄자가 있을 수 있고 나쁜 가문에도 비범죄자가 다수 있을 수 있다는 점을 합리적으로 설명할 수 없다. (c) 환경적 요인을 과소평가하고 유전적 요인을 지나치게 과대평가했다. (d) 18세기 당시의 신분 등록이나 법원 기록이 그다지 정비되어 있지 않았다는 상황을 고려하면, 자손이나 「범죄자」를 어떻게 인정하였는지 그 정확성이나 신뢰도에는 의문이 남는다.

(e) 쥬크家의 자손과 식민지 시대의 전도사인 조나단·에드워드의 자손범죄자는 없고 다수의 저명한 정치가와 재판관을 배출하였다을 대조하여 논하였는데, 그 후의 연구를 통해 에드워드 가계에도 범죄자가 존재하였다는 사실이 밝혀졌다. (f) 에스터브룩의 추적조사에서는 쥬크家자손의 범죄자 출현율이 감소하였다. (g) 이들 연구에서는 환경적인 요인이 무시되고 있다. (h) 하나의 특징이 다세대에 걸쳐 나타났다고 해도 그것이 범죄성의 유전을 설명하는 것이 될 수는 없다.

서덜랜드도 지적한 바와 같이 "식사 시에 포크를 사용하는 것은 오랜 기간에 걸쳐 행해져 온 많은 가정의 특징이지만, 이러한 사실을 가지고 포크의 사용이 유전적 경향이라고 증명할 수는 없다"서덜랜드·크랫시, 1964. 특히 (g)와 (h)는 범죄사회학이 대두되면서 강력하게 주장되었다. 이러한 비판을 수용하면서 범죄자 가계연구는 지지를 잃게 되었다.

19세기 말부터 20세기 초엽에 걸쳐 전성기를 맞이했던 가계연구도 제2차 세계대전 후에는 거의 그 자취를 감추었다. 이와 같은 가계연구의 쇠퇴에는 우생학 사상에 대한 비판의 고조가 영향을 미쳤다고 여겨진다. 최근의 연구에서는 고다드가 자신의 저서 속에 들어 있는 칼리카크家의 정신박약 자손 사진에 수정을 가해 보다 열악한 표정으로 보이도록 조작했다는 사실이 명백히 드러났다. 이러한 생물학적 범죄원인 론의 움직임 속에서 가계조사의 결점을 메우려 한 것이 다름 아닌 쌍생아 연구이다.

유전 부인負因의 연구

유전 부인이라 함은 선조의 유전 조건 중 특히 범죄의 발현에 불리한 영향은 주요 요인들을 조사하는 방법, 즉 혈연자 중에서 유전성 질환이나 이상이 있는 것을 조사하는 방법을 말하는데, 이전에는 「정신병, 정신병질, 정신박약, 성적 도착, 성적 행동이상, 범죄, 알콜중독, 알콜기벽, 자살」 등이 문제시되었다. 그렇지만 범죄에 한정지어 살펴볼 때 범죄성의 유전인자가 증명된 적은 없다. 그리고 "정신병의 부인負因이 범죄와 관련 있다"고 생각되어진 적도 있지만, 이것도 오늘날에는 부정되고 있다. "정신병질의 부인은 상습적인 범죄자나 누범자에게 현저하게 나타난다"는 설이 있기는 하지만, 정신병질 개념 자체가 크게 흔들리고 있는 현실을 고려해 볼 때 이러한 설의 기초도 역시 흔들리고 있다고 보는 것이 타당할 것이다.

제5장 쌍생아 연구

쌍생아 연구는 20세기 초에 독일의 랑게라는 학자에 의해서 시작되었는데 함께 태어난 이들의 특성이 같다면 행동양식도 비슷할 것이라는 전제로 연구되었다. 일란성 쌍생아와 이란성 쌍생아들의 범죄행위 일치율을 비교해 봄으로써 범죄성에 타고난 유전적 영향이 얼마나 작용하는가를 밝혀보고자 하는 이론이다. 지금까지 범죄자 가계연구에서는 범죄자의 범죄성이 유전의 영향인가, 공유하는 생활환경을 반영한 것인가, 그 구별이 명확히 이루어지지 않았다. 그래서 유전학의 성과를 토대로 일란성과 이란성 쌍생아 비교를 통해 범죄와 유전의 관계를 밝혀내고자 한 것이 바로 쌍생아 연구이다.

1 쌍생아 연구의 의의

쌍생아에는 하나의 수정란이 둘로 나뉘어지면서 생겨난 일란성 쌍생아와 2개의 수정란이 각각 발육해서 생겨난 이란성 쌍생아가 있다. 쌍생아가 태어날 확률은 일반적으로 85회의 출산에 1회이며, 일란성 쌍생아와 이란성 쌍생아의 비율은 비슷하다고 한다. 쌍생아 연구는 다음의 2가지 가설에 기초하고 있다. (a) 일란성 쌍생아는 각각의 개체가 지니는 유전자가 비슷하여 동일한 소질을 갖고 있는 반면, 이란성 쌍생아는 서로의 유전자가 달라 각기 다른 소질을 갖고 있다. (b) 범죄는 유전적인 소질에 강한 영향을 받는 것으로서 범죄 일치율쌍생아 중에서 한 쪽이 범죄를 저질렀을 때 다른 쪽도 범죄를 저지르는 비율은 이란성 쌍생아보다 일란성 쌍생아 쪽이 높다. 만일 유전인자를 완전히 공통으로 가지고 있는 일란성 쌍생아의 범죄 일치율이 유전인자가 완전히 공통되지 않은 이란성 쌍생아보다 높게 나타난다면 범죄성향은 환경보다 유전소질에 의해 더 큰 영향을 받는 것으로 보아야 한다는 것이다.

쌍생아 연구의 전개

1) 쌍생아 연구의 시작

쌍생아 연구는 20세기 초에서 시작되었는데 개략적으로 2기로 분류할 수 있다. 제1기1920년대 후반~1940년대에서는 독일의 생리학자 J·랑게Johannes Lange가 『운명으로서의 범죄』(1929)라는 저서를 통해 쌍생아 연구를 범죄생물학에 도입하여 본격적으로 쌍생아 연구의 막이 열렸는데, 특히 1930년대는 쌍생아 연구의 황금시대라 불렀다. 랑게는 이 저서에서 쌍생아이면서 한쪽이 형무소에 수용된 자일란성 쌍생아 13쌍, 이란성 쌍생아 17쌍를 대상으로 선정하여 다른 한 쪽 쌍생아의 범죄 상황을 조사했다.

그 결과 일란성 쌍생아는 이란성 쌍생아에 비해 범죄 일치 율이 높았을 뿐 아니라 범죄의 횟수나 형태 그리고 형무소 내에서의 행동 및 태도가 흡사하다는 것이 확인되었다. 따라서 유전 소질이 범죄성에 결정적인 영향을 미친다고 주장하였다. 이 책은 당시 유전 우위 설을 증명한 것으로 받아들여지면서 이후 미국이나 유럽 각국에서의 쌍생아 연구 활성화에 선구자적 역할을 하였다. 즉 네덜란드의 루그라, 미국의 로자노프, 독일의 슈툼플과 크리스티안센, 핀란드의 버그스톰 등이 쌍생아 연구의 성과를 차례차례로 발표하게 된 것이다. 이들 연구를 토대로 국제적인 범죄 일치율을 개략적으로 계산해 보면 일란성 쌍생아가 약 60%, 이란성 쌍생아가 약 30%이다.

일본에서도 요시마스 박사가 "쌍생아 연구는 범죄원인을 탐구하는 데 있어서 마치 뢴트겐 촬영과도 같은 역할을 한다"는 견해를 가지고 이 연구에 참여하였고, 25세 이전의 조기 발생 범죄와 25세 이후의 범죄로 나누어 검토하였다. 이를 통해 일본의 쌍생아 범죄 일치율은 여러 외국에 비해 낮기는 하지만, "25세 이전에 범죄를 저질러 온 누범에게는 유전소질이 중요한 역할을 한다"는 지견을 밝혔으며 유전우위설을 지지하는 견해도 내놓았다. 요시마스 박사는 그 후에도 쌍생아 연구는 범죄학에 있어서 「마르지 않는 지식의 샘」이라 하여 추가 조사를 하였고, 스가마타, 하야시 두 박사도 이 연구에 참여하였다.

제1기의 연구는 범죄원인론을 둘러싸고 유전이냐 환경이냐의 논쟁이 한창 진행될 시기에 "범죄는 유전에 기초한 불가피적인 현상이며 범죄 소질에 관련된 단일 악성 유전자가 존재 한다"는 기본적인 전제 위에서 이루어졌다. 그러나 이러한 제1기 쌍생아 연구는 심한 비판을 받았다. 첫째는 방법론적인 문제이다. 어느 한 쪽이 범죄자혹은 수형자인 쌍생아만을 조사대상으로 삼은 것은 샘플로서 불충분하며 편견이 개입되기 쉽다. 둘째는 이론적인 문제이다. 쌍생아 연구의 가설 원리 그 자체가 유전우위설에 치우칠 우려가 있다는 비판을 받으면서 쌍생아 연구의 열기는 점차 식어갔다.

2) 쌍생아 연구의 발전

이처럼 쇠퇴한 쌍생아 연구가 다시 국제적으로 각광을 받게 된 것은 1960년대 중반부터이다. 제2기 쌍생아 연구 중에서 그 규모가 큰 것으로는 덴마크의 K·크리스티안센K. Christiansen의 연구를 들 수 있다. 이 연구는 제1기 연구를 극복하려는 의도 하에서 이루어졌다. 이 연구의 조사대상은 1881년부터 1910년 사이에 태어난 일란성 쌍생아로서 15세까지 양쪽이 생존해 있는 자 전원6,000쌍에 다다르고 있고, 비교적 신뢰성이 높은 卵性진단을 이용하여 공유 환경을 고려하면서 연구가 진행되었다. 그 결과 쌍생아 중 어느 한 쪽에 범죄경력이 있었던 경우는 일란성 쌍생아 67쌍, 이란성 쌍생아 114쌍이었다. 그리고 이들 중 다른 한 쪽에도 범죄경력이 있었던 경우는 전자가 24쌍(35.8%), 후자가 14쌍이었다.

나아가 크리스티안센은 1974년에 범죄성이 약한 자들 사이보다 범죄성이 강한 자들 사이에 범죄 일치율이 높다는 것을 확인하였다. 1976년에는 달가드Dargard와 크링글렌Cringlen이 노르웨이의 남자 쌍생아 139쌍을 연구한 결과, 범죄 일치율이 일란성 쌍생아의 경우 25.8%, 이란성 쌍생아의 경우 14.9%로 나타났다. 단, 그들 두 연구자는 일란성 쌍생아의 범죄 일치율이 높은 이유가 주로 양육방법의 공통성에서 기인한 것일 뿐 실제 양육과정별 분석을 하였을 때는 별 차이가 없었다. 그리하여 범죄발생에 있어 유전적 요인의 중요성은 존재하지 않는다는 주장을 하여 종래의 쌍생아 연구와 다른 입장을 취해 유전우위설을 지지하지 않았다.

이와 같이 제2기 쌍생아 연구는 범죄원인을 둘러싸고 「유전인가, 환경인가」의 논쟁이 끝난 이후에 시작되었다. 그렇기 때문에 제2기에서는 범죄가 유전과 환경의 상호작용이라는 전제 하에 연구가 진행되었다. 현대 행동유전학에서는 유전이 사람의 성격과 행동에 미치는 영향에 대해, 그 기본구조는 전체적으로는 유전에 의해서 형성되지만 세부적인 것까지 고정된 것은 아니므로 환경적인 영향에 유연하게 대처하면서 기본구조를 유지한다고 이해하고 있다.

즉 "성격이나 지적 능력의 유전율은 20%~50%이다"라고 여겼던 것이다_{중간 정도 이론}. 또한 범죄 소질에 관련된 단일의 악성 유전자는 존재하지 않으며 다수의 유전자가 복합되어 범죄를 낳는다는 기본적인 전제 위에 입각해 있다는 사실에 유의할 필요가 있다.

3 쌍생아 연구에 대한 평가

쌍생아 연구기법을 고안한 사람은 영국의 갈톤F. Galton이지만, 이를 범죄연구에 도입한 사람은 독일의 정신의학자 랑게이다. 이 이론은 범죄와 유전을 밝혀 보고자 하는 좋은 시도로서 오늘날에도 유전학이나 심리학 영역에서는 많은 관심을 가지고 활발하게 관련조사가 진행되고 있지만, 범죄학의 영역에서는 현재는 거의 종식된 실정이다. 초기에는 쌍둥이들이 범죄 행동 양식에 있어 유사한 점을 발견하여 범죄에 대한 유전적 요인이 있음을 발견한 것으로 보였지만 계속되는 연구를 거듭하면서 쌍생아와 범죄에 대한 유사성은 기대했던 것만큼 높지 않음을 알게 되었다. 이러한 현상은 쌍생아 연구에 본질적인 한계가 있다는 데서 기인한다.

즉, 쌍생아의 구체적인 사례를 대량으로 수집해도 거의 대부분의 경우 각 쌍생아를 둘러싼 상황은 동일하기 때문이다. 그러나 자궁 내 환경에서 시작되어 성장과정에서는 가정환경이나 사회환경이 유사하기 때문에비슷한 환경가설 이른바 「긴밀한 쌍생아 공동체」가 성립되기 쉬운데, 이로 인해 직선적으로 범죄의 유전 규정성을 실증하는 것은 극히 곤란하며, 쌍생아의 제1기 연구에 비해 제2기 연구에서는 범죄의 일치율이 상당히 저하하였다는 점도 간과해서는 안 될 것이라는 비판이 제기되었다. 이는 제1기, 제2기 연구에서 일란성 쌍생아의 일치율을 강조하면서, 불일치의 사례가 나왔기 때문이다. 즉 제2기연구의 범죄 일치율의 저하는 제1기의 유전우위 설에 중대한 의문을 제기하고 있는 것이기 때문이다.

그런 측면에서 제1기 연구뿐만 아니라 제2기 연구에서도 일란성 쌍생아의 일치율을 강조한 나머지 불일치의 사례가 경시되었다는 점에서는 비판을 면할 수 없다. 불일치 사례는 쌍생아를 둘러싼 환경의 중요성을 추측케 하는 것이기 때문이다. 다시 말하면 일란성 쌍생아라 하더라도 태내에 있는 시점에서부터 환경의 차이에 의한 영향을 지속적으로 받고 있기 때문이다. 또한 최근의 쌍생아 연구에서는 일란성 쌍생아의 심리·행동이 크게 다르다는 점이 문제시되고 있다고 한다.

그렇다면 쌍생아 연구의 전제가 되는 가설일란성 쌍생아 = 유전요소의 동일성 범죄의 일치 그 자체가 뿌리째 흔들리고 있다고 할 수 있다. 어쨌든 범죄학의 영역에서 쌍생아 연구가 한계를 드러냄으로써 양자연구로 서서히 전환하는 한편, 유전학의 발전에 따른 이상염색체에 주목한 연구에도 관심이 모아지고 있다.

제6장   양자연구

　앞의 쌍생아와 양자가 범죄와 생물학적인 관련성이 있는가에 대한 연구는 범죄에 대한 원인이 유전적인 원인인가 환경적인 요인인가에 대한 문제 제기에서 시작되었다. 양자연구는 유전이 범죄 원인에 영향을 미치는가를 알기 위한 접근방법으로 범죄인 중에서 양자로 길러진 사람들을 선택하여 실부와 양부의 범죄경력을 비교분석하여 어느 쪽 부모의 영향이 더 큰지를 조사하는 연구 방법이다. 즉 비교적 어렸을 때 양자로 입양된 자를 대상으로 그의 범죄성이 친부모로부터 영향을 받은 것인가, 아니면 양부모로부터 영향을 받은 것인가특히 아버지와의 관계를 중심으로를 비교 검토하는 방법을 취하고 있다.

　이 검토를 통해 친부모와 양자의 범죄성에 상관관계가 존재한다는 것이 인정된다면 범죄와 유전의 상관관계도 인정될 수 있다고 생각했기 때문이다유전과 환경사이의 상호작용 속에 있는 중요한 변수. 결과적으로 친생부가 범죄성이 있었던 경우에 양자가 범죄자로 되는 확률이 높다면, 유전 소질의 영향을 크게 인정하고 반대로 양부에게 범죄성이 있었던 경우에 양자가 범죄자로 되는 확률이 높다 면 범죄에 대한 환경의 영향을 뒷받침해 주는 것으로 생각할 수 있다는 논리이다.

　'톰소여의 모험'을 쓴 미국의 유명소설가인 마크 트웨인Mark Twain : 1835-1910은 그의 만년의 수작 『바보윌슨』(1874)에서 아동의 성장에 있어 염색체보다 후천적·문화적 여건이 더욱 중요함을 강조하였다. 즉 미국의 영화「이사야 지키기Losing Isaiah」에서처럼 어린 시절에 바꿔치기 당한 흑·백의 아이는 각각 자신이 자란 문화적 환경에 따라 백과 흑으로 바뀐다는 것이다. 생물학적 법칙과 혈연보다는 사회적 통합과 인간의 애정이 더욱 중요하고 그리하여 신세기의 인류는 인종적 편견을 극복하고 새로운 통합을 이룰 것이라는 꿈을 제시한다.

① 양자연구의 기원과 전개

처음으로 양자연구를 통해 범죄의 유전성을 밝히고자 한 학자는 F·슐싱어Fini Schulsinger이다. 그는 1970년대 초에 정신병질환자 연구를 위해 이 연구를 시작했다. 양자로 키워진 성인의 혈연자친부모중에 사이코패스가 어느 정도의 비율로 발생하고 있는가를 조사하였다. 정신병질환자 중에서 양자로 입양된 자를 57명 선발하여 이 그룹과 연령, 성별, 입양시의 연령, 양부모의 사회적 지위가 동일한 57명의 비정신병질환자를 비교했다. 그 결과, 정신질환 양자들과 혈연관계에 있는 사람들은 그렇지 않았던 사람들보다 더 많이 정신적인 문제를 가지고 있었고, 정신적 결함이 혈연관계를 통해 전수된다는 것을 알 수 있었다. 정신병질환자의 혈연관계자 중에서 14.4%가 정신병질과 관련성이 있는 이상알콜중독, 약물남용, 범죄 등증세가 인정된 반면, 비정신병질환자의 혈연관계자 중에서 앞의 이상 증세가 보여진 것은 6.7%였다.

또한 R·크로우Raymond Crowe는 어머니가 범죄자였던 양자들의 상태를 연구한 학자이다. 미국의 아이오와 주에서 범죄경력이 있는 어머니로부터 태어나 양자로 보내진 자를 선발하여 이 그룹을 범죄경력이 없는 어머니로부터 태어나 양자로 보내진 자와 비교하였다. 그 결과, 전자의 약 50%는 18세까지 범죄경력이 나타난 반면, 후자 중에서 18세까지 범죄경력을 지닌 자는 5%에 지나지 않았다는 것을 밝혀 유전의 중요성을 주장했다.

② 양자연구의 발전

1) 허칭스와 메드닉의 연구

이상과 같은 비교적 소규모의 양자연구 이후, 비교적 최근에 실시한 양자연구로서 덴마크의 B·허칭스Barry Hutchings와 S·메드닉Sarnoff Mednick에 의해 본격적인 양자연구가 진행되었다. 그는 친부모의 범죄경향과 양자가 된 그들의 아이의 범죄경향 사이에 유의한 결과를 조사를 비교하였다. 이들의 양자연구는 파일럿 연구(1977)와 추가 연구(1984)의 2회에 걸쳐 실시되었는데, 이 두 연구를 비교해 보면 파일럿 연구는 1927년부터 1941년 사이에 코펜하겐 근교에서 태어나 친족 이외의 사람에게 양자로 입양된 남자 1,145명을 대상으로 하였고, 추가 연구에서는 1924년부터 1947년 사이에 덴마크에서 양자로 입양된 14,427명을 조사 대상으로 하였다.

파일럿 연구에서는 양자와 친부·양부의 범죄성을 검증함으로써 범죄의 유전요소에 의한 영향을 확인하는 것을 목적으로 하였으며, 추가 연구에서는 대상을 확대하여 파일럿 연구의 결론을 검증하는 것을 목적으로 하였다. 조사결과 파일럿 연구와 추가 연구 모두 환경적 요소와 유전적 요소가 범죄에 영향을 미친다는 결론을 도출했는데, 전자에서는 유전적 요소 쪽이 보다 강하게 영향을 미쳤다는 결론이 나왔다.

허칭스와 메드닉의 검증 결과를 구체적으로 살펴보기로 하겠다. 우선 파일럿 연구에서는 다음의 3가지 결론이 주목된다. (a) 양부에 범죄경력이 있는 경우보다 친부에 범죄경력이 있는 경우의 쪽이 양자의 범죄율이 높다. (b) 양부의 사회적 계층 등의 요인이 대등한 상태에서 범죄경력이 있는 양자 143명과 범죄경력이 없는 양자를 비교한 결과, 양부의 범죄경력은 전자가 23% 후자가 9.8%, 친부의 범죄경력은 전자가 49% 후자가 28%, 친모의 범죄경력은 전자가 18% 후자가 7%로 전자의 쪽이 모두 높은 것을 알 수 있었다. (c) 연령이나 부모의 직업 등의 요인이 대등한 상태에서 친부모 슬하에서 자란 자와 양자를 비교한 결과, 양자의 범죄율이 친자의 범죄율보다 높았으며, 양자의 양부와 친자의 친부의 범죄율은 비슷했지만, 양자의 친부의 범죄율은 약 3배 높았다.

한편 추가 연구에서는 다음과 같은 결론이 나왔다. (a) 양부모에게 범죄경력이 있는 경우보다 친부모에게 범죄경력이 있는 경우의 쪽이 양자의 범죄율이 높다18.7% : 20.5%. (b) 단, 친부모와 양부모 중에서 어느 한쪽에 범죄경력이 있는 경우보다 둘 다 범죄경력이 있는 경우 쪽이 양자의 범죄율이 높다친부모만 범죄경력이 있는 경우 20.0%, 양부모만 범죄 경력이 있는 경우 14.7%, 양쪽 모두 범죄경력이 있는 경우 25.5%. (c) 친부모에게 범죄경력이 있는 양자는 재산 범죄의 범죄율이 현저하게 높은 데 비해 폭력 범죄의 범죄율은 그다지 차이를 보이지 않았다. 따라서 폭력범죄에 미치는 영향은 그리 크지 않다고 할 수 있다. 허칭스와 메드닉은 이상의 검증에 기초하여 환경요인과 마찬가지로 유전인자가 범죄에 일정한 영향을 준다는 결론을 도출했다. 그러나 여기서 두 사람이 생물학적인 요소만이 범죄에 영향을 준다는 결론에 도달하지 못했다는 점에 유의해 둘 필요가 있다.

2) 기타 양자연구

그 밖의 주요 양자연구로는 다음과 같은 것들이 있다. 첫째, R·캐더릿은 1978년에 아이오와 주에 사는 246명의 양자를 대상으로 검증을 시도하여, 반사회적인 행위의 경우 친부모와의 사이에 상관관계가 있다는 결론을 얻었다. 둘째, M·보먼은 생체 화학과 호르몬의 불균형 문제를 연구한 학자로서, 교도소에 수감되었던 재소자들을 대상으로 내분비선 상태, 신진대사, 물리 검사를 실시하였다. 그 결과 범죄자들은 정상인들에 비하여 2~3배 정도 더 많이 내분비선의 기능장애나 생화학물의 불균형 문제가 있는 것으로 조사되었다. 또한 1978년에 스웨덴에서 실시한 양자연구 결과를 통해 알콜중독자가 되기 쉬운 유전적인 소질이 존재한다고 주장하였고, 알콜중독과 범죄 사이에 일정한 관련이 존재한다는 사실에 비추어 볼 때 범죄와 유전 사이에도 적기는 하지만 관련성이 있다고 주장했다.

셋째, 보먼의 연구 그룹은 1982년에 재산범의 범죄경력이 있는 양자와 친부모 사이에 큰 관련성이 보여 진다는 보고서를 제출했다. 넷째, 캐더릿의 연구 그룹은 1983년에 유전요인과 환경요인 모두 개인의 범죄성에 영향을 미치고 있다는 결론을 도출했다. 다섯째, R·클로닝어와 I·거데스먼은 1987년에 스웨덴에서 양자연구를 실시하여 다른 양자연구와는 달리 환경적인 요인이 양자의 범죄성에 강한 영향을 준다는 결론을 이끌어냈다.

③ 양자연구의 한계

양자연구에도 일정한 한계가 있다는 사실이 양자연구가 활성화됨에 따라 명백히 드러났다. 첫째, 양자 입양에 있어서 양자결연을 알선하는 기관은 실제부모와 비슷한 환경의 양친가정과 결연을 맺어주는 경우가 많으므로 유전적 요인의 중요성을 강조하는 것은 문제가 있다는 점이다. 즉 친부모와 유사한 환경의 양부모 가정을 선발하려고 할 때, 유전적인 요소만을 색출하는 것은 곤란하다. 둘째, 양부모가 범죄자인 것을 양자에게 알리는 것은 일종의 낙인이 되므로 「예언의 자기성취」가 이루어질 우려가 있다. 셋째, 양자연구는 표본의 수가 한정되어 있기 때문에 정확한 결론을 도출하는 것이 곤란하다. 즉, 대규모 연구의 필요성과 그것의 곤란성이라는 딜레마가 이 연구의 한계를 대변해주고 있다. 결론적으로 양자연구는 유전과 환경의 상호작용을 쌍생아 연구 이상으로 실증한 것이라고 평가하기에는 다소 무리이다. 또한 유전요소와 환경요소를 인정한다고 해도 범죄와 관련해서 무엇이 유전하는지는 이 연구를 통해 명백히 밝힐 수는 없다는 한계가 있다.

제**7**장 이상염색체 연구

염색체 이상을 찾아내서 유전질환, 선천성 기형 그리고 혈액/림프성 질환을 진단하는 이상염색체 연구는 성을 결정하는 염색체인 성性염색체sex chromosome라는 개인적 소질 자체에 대한 조사를 통하여 유전소질과 범죄성과의 상호관계를 규명하려는 연구로서 종래의 범죄생물학적인 접근방법이 그 한계를 드러내는 과정 속에서 이들 접근방법을 대신해서 범죄의 유전자 그 자체를 해명하고자 하는 시도로서 이루어졌다. 이러한 염색체 차원에서 범죄와 유전의 관계를 규명하고자 하는 접근방법은 1960년대 중반에 등장하였는데, 당시로서는 첨단과학의 지견을 범죄원인론에 응용하는 것으로 받아들여져 일시적이기는 하지만 붐을 불러일으켰다.

 염색체와 이상염색체

염색체 이상은 염색체의 구조나 개수, 즉 핵형에 문제가 있는 경우를 말한다. 염색체는 다수의 유전자DNA를 배열한 구조체로서 2중 나선의 형태를 취하고 있다. 생물은 각기 다른 종마다 개수가 다른 염색체들을 보유하고 있으며 인간은 통상 모계로부터 23개, 부계로부터 23개를 나누어 받는 것인데, 남성이라면 아버지로부터 Y염색체를, 어머니로부터 X염색체를 받아 XY염색체가 되어, 46개의 염색체를 지니고 있으며, 그 중 44개의 염색체(22쌍)가 신체의 모습이나 체내의 구조를 결정하고, 2개의 염색체(1쌍)가 성별을 결정한다.

전자는 상常염색체라 불리고 후자는 성性염색체라 불린다. 여성의 성염색체는 X염색체 2개를 가지고 있으며 통상 2개가 같은 크기를 이루고 있어 XX염색체라 불리는 반면, 남성의 그것은 X염색체 하나와 Y염색체 하나를 가지며 2개 중 1개가 작기 때문에 XY염색체라 불리며, 이를 통해 개인의 성이 결정된다. 사람의 난자에는 X염색체가 항상 존재한다. 반면 각 정자에는 X염색체 혹은 Y염색체가 존재한다. Y염색체는 남자만이 갖는다. 염색체가 발견된 것은 19세기 말이지만 그 연구가 활성화된 것은 20세기 중반 이후이다.

염색체에 대한 연구가 진행됨에 따라 사람들 중에는 염색체에 이상이 있는 자가 존재한다는 사실이 밝혀졌다. 현재까지 밝혀진 이상염색체는 상염색체의 이상에 의한 것과 성염색체의 이상에 의한 것이며, 또한 이들 상염색체와 성염색체의 이상은 그 수나 구조에 의해 이루어진 것이다. 이 중 범죄학상의 문제가 되는 것은 주로 성염색체의 수의 이상에 의해 생겨난 XXY형과 XYY형이다.

클라인펠터 증후군KLINEFELTER'S SYNDROME

염색체가 세포분열과정 중에서 이상이 생길 경우 성염색체가 두 개가 올 때가 있는데 이때에 XXY염색체가 되며 이를 클라인펠터증후군이라고 한다. 1942년 H · F · 클라인펠터가 기재한 성염색체 이상증후군으로 보통 정상인의 성 염색체형은 남성 XY, 여성 XX'를 나타내지만, 이 증후군에서는 성 염색체형이 XXY, XXYY, XXXXY 등의 여러 가지 이상한 형태를 나타낸다. 외성기外性器, 체격, 성징性徵 등의 특징적인 증세로 볼 때에 완전한 남성이 결혼하여 성생활까지 하였으나, 자식이 없자 부부가 함께 병원을 찾아가서 염색체를 검사해보고 남자에게 이 증후군이 있음을 알게 되는 경우가 많다. 이 밖에 성인이 되어 나타나는 주요 증세를 들면 소고환, 여성형 유방증, 무정자증, 불임, 지능저하 등이 있으며, 치료는 남성호르몬인 테스토스테론의 분비가 매우 낮은 편이기 때문에 2차 성징의 촉진을 위하여 정기적으로 호르몬을 주입받는 요법에 의한 남성화를 시도하는 치료를 적용하게 한다.

1) XXY염색체초 여성증후군, 여성형 남성

XXY형 성염색체 이상클라인펠터 증후군은 가장 많이 나타나는 성염색체 이상이며 남성에게 보여지는 이상염색체로서 남성이지만 정상적인 남성보다 X염색체가 하나 더 많은 것을 말한다. XXY형 성염색체 보유자의 신체적 특징으로는 여성적인 유방을 지닌 경우가 보여지는 이외에도 고환의 발육부진이나 무정자증 등 생식기능에 이상이 생기는 경우가 있다. 또한 정신적인 면에서도 다양한 장애 징후를 보인다고 한다. XXY 염색체와 범죄의 관계를 살펴보면 동성애 경향, 절도, 성범죄, 폭력, 방화의 범죄가 많다고 하나, 범죄학적으로는 크게 위험시되지는 않는다.

일반적으로는 XXY염색체의 형태를 가진 경우가 많지만 일부경우에는 XXXY, XXXXY 등과 같이 X염색체가 다수를 차지하고 있는 모습도 볼 수가 있다. 이 증상은 약 1000명 중 한 명 꼴로 나타나며 다운증후군보다도 많이 발생하게 되는데 남성의 성 기능의 저하를 유발하기도 한다. 이외에도 엉덩이에 지방이 쉽게 축적되어 비만을 유발하기 쉽고 당뇨나 갑상선 이상을 보이기도 한다. 이처럼 클라인펠터 증후군은 특유의 신체적인 특징을 지니기 때문에 성적 이상행동이나 성범죄와의 상관관계에 관심이 집중되기 쉬우나, 실은 양자를 관련시킬 만한 명확한 검증 결과는 아직까지 보고되고 있지 않다.

뿐만 아니라 클라인펠터 증후군과 범죄의 관련성에 대해서는 아직 아무런 확증조차 없다. 클라인펠터 증후군이 정신박약 범죄자들 사이에서 많다는 것은 지금까지 지적되어 왔지만, 정신박약의 개념 자체가 흔들리는 현재로서는 재검토의 여지가 있다. 그리고 XXX염색체는 여성에게 보여지는 이상염색체로서 정상적인 여성보다 X염색체가 하나 많은 경우이다. XXX염색체를 보유한 여성에게 특유의 신체적 특징은 보여지지 않는다고 한다. 그러나 정신장애나 지능장애 등 중추신경계의 기능장애를 일으키기 쉬운 요소를 내재하고 있을 거라는 추론이 제기되고 있다. 단, XXX염색체와 범죄와의 관련성은 현재까지 실증되지 않고 있다.

2) XYY염색체초 남성증후군

일반적으로 범죄학자들의 관심을 가장 끄는 것은 XYY염색체이다. 이는 염색체에 있어서 Y는 남성을 의미하는 것이기 때문에 XYY염색체를 가진 사람은 초 남성超男性, 즉 슈퍼맨과 같은 강력한 남성으로 정상적인 남성보다 더욱 공격적이고 범죄성향이 있으리라는 가정 때문이다. 1961년 샌드버그A.Sandberg가 처음 발견한 XYY형 이상염색체는 남성에게 보여지는 염색체 이상으로 정상적인 남성보다 Y 염색체가 하나 많은 경우로서 범죄와 관련하여 특히 문제되는 유형이다.

XYY염색체는 1960년대에 그 존재가 밝혀진 이래 범죄와의 친화성과 관련해 높은 관심을 모았으며, 많은 조사 결과가 보고되었다. XYY염색체 보유자의 신체적 특징으로는 신장이 크고 두

팔이 길며 저지능이며, 성적으로 조숙하고 조발성 범죄자가 많으며 얼굴에 여드름이 많은 이외에도 뼈나 관절에 이상이 보여진다는 점이 지적되어 왔다. 또한 일반인 표본 집단보다 범죄인 표본 집단에서 60배 이상 출현하였으며, 유전보다는 돌연변이에 의한 것으로 보기 때문에 비유전성이 특징이다.

그러나 현재로서는 신장이 크다는 점을 제외하는 대다수의 XYY염색체 보유자에게 공통되는 특징이라고는 말할 수 없다는 것이 정설이다. 그리고 정신적인 면에서는 공격적인 이상인격을 나타내는 자가 많다고 하는데, 이는 정상적인 남성보다 Y염색체가 많기 때문에 남성적 특징이 강하다는 선입관그로 인해 XYY염색체 보유자는 슈퍼맨이라 불렸다이나 키가 크다는 점에서 생겨나기 쉬운 오해라는 지적도 있다. XYY염색체와 범죄와의 관계를 살펴보면 범죄자 중에 XYY염색체를 보유한 자가 많다고 되어 있다. 예를 들면 정신병자와 수형자 중에서 XYY염색체 보유자의 비율은 일반적으로 높다는 조사 결과가 있으며, 일반 범죄자보다 연령적으로 빠른 단계에서 범죄를 저지른다고 지적(평균 초범연령이 13 ~ 14세로 정상인의 18세에 비해 빠름)한 견해도 보인다.

 ## XYY염색체 연구 성과

1960년대 이후의 범죄의 생물학적 요인에 대한 검토는 전술한 바와 같이 사회적으로 높은 관심을 모으면서 XYY염색체 연구를 중심으로 활발하게 전개되었다. 그로 인해 그때까지 보고되었던 이상염색체에 관한 연구 성과는 국내외를 포함하여 200 내지 300을 넘는 숫자에 달했다. 단, 초기1960년대의 연구와 70년대 이후의 연구가 서로 다른 뉘앙스를 띠고 있다는 점에 주의할 필요가 있다. 이하에서는 이상염색체와 범죄의 관련성에 관한 연구를 1960년대 연구와 1970년대 이후의 연구로 나누어 개관하기로 하겠다.

1) 1960년대의 연구

1961년에 XYY염색체의 실례를 처음 보고한 사람은 A·샌드버그A. A. Sandberg 연구진이다. 다만, 샌드버그 연구진의 보고 후 수년간은 이 이상염색체가 주목을 받지는 못했다. 그러나 1965년에 P·제이콥스Jacobs라는 여성학자가 스코틀랜드의 어느 중구금重拘禁 정신병원에서 위험성과 공격성을 내포한 범죄경향이 강한 남성 정신박약질환자 196명 중에서 12명의 염색체 이상자를 발견했는데 그 중 7명이 XYY염색체라는 것을 발견하고 나서부터 범죄와의 관련성이 일약 주목을 끌기 시작했다. 이후 1960년대의 XYY 연구에서 중심적 역할을 한 사람은 제이콥스 이외에 E·케이시, M·티파, L·무어 등 4명의 여성 연구자였다.

예를 들어 케이시가 신장 180센티미터 이상의 수형자를 대상으로 범죄경력을 조사한 결과 대상자 중에서 성범죄자가 차지하는 비율이 18%를 넘었다. 단, 이 조사에서는 실제로 그 중 어느 정도가 XYY염색체를 보유하고 있는지는 조사하지 않았기 때문에 염색체와 범죄의 관련성을 조사한 것이라고 잘라 말할 수는 없다. 1968년에는 티파가 정신박약자 중에서 일정 수의 범죄자를 추출하여 그 염색체를 조사했다. 그 결과 대상자의 11%가 XYY염색체를 보유하고 있음이 밝혀졌다. 또한 같은 해에 프랑스의 심리학자인 무어는 XYY염색체를 보유한 조사대상자 남성 중에서 46%가 행동장애를 보였다고 보고했다.

2) 1970년대 이후의 연구

1970년대 이후의 XYY염색체 연구에서는 초기의 연구에 대한 비판이 끊임없이 나오고 있다. 1970년대에 T·서어빈과 J·밀러는 메스미디어가 떠들어대는 것처럼 XYY염색체를 지닌 남성이 공격적이라고 결론을 내릴 수는 없으며, 반대로 일반적인 남성보다도 공격성이 결여되어 있다고 말할 수 있다고 기술했다.

H·헌터는 XYY염색체 보유자가 형무소 등의 수용시설에 수용되어 있는 비율이 높은 점에 대해서도 다른 시각에서 설명 가능하다고 지적했다. 즉 XYY염색체 보유자의 시설 수용률이 높은 이유는 그들이 장신이고 체격이 좋기 때문에 재판관은 사회적으로 위험한 존재라는 선입관에 사

로잡혀 우선 그들을 시설에 수용시킬 것을 염두에 두기 쉬운 때문이라 지적했다.

S·케슬러와 R·무스는 이상염색체가 하류계층의 가정에서 발생하기 쉽다고 지적하고 그 이유로서 그들의 불량한 생활환경을 들었다. 즉 구금시설 내에 이상염색체 보유자가 많다 하더라도 이는 생물학적인 요인이 아닌 환경적인 요인으로 설명 가능하다고 하였다. 오웬은 1972년에 그때까지 제시된 증거를 재검토하여 XYY염색체를 확인하기 위한 염색체 분석이 자체의 곤란함예를 들어 초기의 연구에서는 XYY와 XXY가 혼동되어 취급되었다 등을 지적하고, XYY염색체 연구의 방법론이 불충분하다는 점을 밝혔다. 또한 범죄자 중 XYY염색체 보유자의 비율과 일반인 중 XYY염색체 보유자의 비율에 커다란 차이가 존재하지 않는다는 점과 폭력범보다 성범죄자 쪽이 XYY염색체를 보유하기 쉽다는 점 등을 지적하면서 종래 연구의 신뢰성에 의문을 제기했다.

H·비트킨 등은 1944년부터 1947년 사이에 코펜하겐에서 태어난 신장 184센티미터 이상의 남성 약 4,000명으로부터 혈액을 채취하여 조사한 결과, XXY염색체 보유자 16명, XYY염색체 보유자 12명을 발견하였다. XXY염색체 보유자 중 유죄판결을 받은 적이 있는 자가 3명(18.8%)인 반면 XYY염색체 보유자의 경우는 5명(41.7%)이었다. 단, XYY염색체 보유자가 저지른 범죄도 경미한 재산범이 중심이어서 결국 XYY염색체 보유자와 폭력범죄와의 관련성은 발견하지 못했다. 그리하여 비트킨 등은 사회계층이나 높은 신장은 이상염색체와 아무런 관련이 없었다고 보고했다.

그리고 XYY염색체 보유자는 지능이 평균보다 낮기 때문에 체포나 구금을 회피하는 방책을 스스로 강구할 수 없다고 생각하여 지능과 수용률에는 관련이 있다는 주장을 했다. 이상과 같이 1970년대의 XYY염색체 연구는 초기 연구의 성과에 대해 대부분 소극적인 자세를 보이고 있음을 알 수 있다. 주목할 만한 것은 초기 연구에 비해 1970년대 이후의 연구에서는 XYY염색체 보유자 출현 율이 저하되었다는 점이다. 따라서 XYY염색체와 관련 가능성이 남아 있는 것은 지능지수인데, 지금까지 이루어진 조사의 대상인원이 너무 적어 일반인과의 비교가 불충분하다고 할 수 있다.

③ 이상염색체 연구결과 분석

지금까지의 연구결과 유전소질이 범죄에 대하여 중요한 의미를 지닌다는 사실을 보여주고 있으나 XYY염색체 보유자 전원이 범죄자가 될 확률이 더 높다는 것을 입증하지는 못하고 있으며 범죄자의 대부분은 XYY염색체 보유자가 아니다. XYY염색체를 지닌 범죄자와 정상 성염색체를 지닌 범죄자를 비교해 보아도 두드러진 차이점은 발견할 수 없다. 오히려 오늘날에는 Y염색체가 많은 것을 범죄나 성격이상에 결부시키려고 하는 시도에 대해 회의적인 태도를 보이고 있다.

그렇다면 일시적이기는 하지만 왜 XYY염색체와 범죄의 친화성에 대해 높은 관심이 집중되었던 것일까? 우선 실제의 살인사건에서 범죄자가 XYY염색체를 보유하고 있었다는 것이 대대적으로 보도되면서 세간의 관심을 끌었다는 점을 들 수 있다. 예를 들면 1966년에 미국 시카고에서 간호사 8명을 살해한 혐의로 25세의 남성이 기소된 스펙크 사건에서는 피고인인 R·스펙크가 「XYY염색체 보유자다」라는 사실이 매스컴을 통해 보도되었다. 그리고 프랑스에서 배우 쟝·가방의 마부로서 65세의 매춘부를 살해한 혐의로 기소된 D·후공이 자신이 XYY염색체 보유자라는 것을 이유로 책임무능력을 신청함으로써 매스컴에서 크게 보도한 바 있다.

이러한 보도를 통해 XYY염색체는 「살인자 염색체」 등으로 불렸으며 세간의 주목을 끌었다. 그러나 그 후 스펙크 사건은 실제로는 XYY염색체를 보유하지 않았다는 사실이 판명되었다. 또 하나는 범죄자 중에서 XYY염색체 보유자가 반드시 많은 것은 아니라는 조사결과가 발표되면서 범죄와의 관련성 자체에도 의문을 품기 시작했다. 이로 인해 1970년대 후반부터 XYY염색체 연구는 급속히 시들었다. 물론 오늘날의 유전학이나 DNA 연구의 급속한 진보를 살펴보고 있노라면 장래에는 유전과 범죄의 관련성이 다시 주목을 받을 가능성이 있다. 다만 적어도 XYY염색체와 범죄의 관련성을 언급하기란 쉽지 않을 것이다.

범죄의
생화학적
요인

제1장 서설

　생화학biochemistry은 자연계에 존재하는 생명체의 구성성분과 이들 물질의 화학반응, 생리작용 등을 화학적 방법으로 연구하는 생물학의 한분야로서, 유기화학에서 파생되었다. 주로 생명체내에 존재하는 생체분자물질의 구조결정, 작용기능, 물질대사의 조절 등이 주된 연구 대상이다. 이중에서 범죄와 유전의 상관관계를 규명하기 위한 생물학 요인에 의한 범죄원인의 접근방법은 이상염색체 연구를 마지막으로 종식되었다는 견해가 일반적이다. 그러나 서구에서는 1980년대 이후 생물학적 접근방법이 새로운 이론으로 단장을 하면서 부활하고 있다. 이러한 배경에는 지금까지 범죄원인론의 중심이었던 사회학적 접근방법에 대한 회의론과 사회생물학이라고 하는 새로운 학문영역의 등장이 있었다.

　오늘날 새로운 이론으로 활발하게 연구되고 있는 범죄요인의 생화학적 접근방법으로는 ① 생화학 ② 신경생리학의 두 가지를 들 수 있다. 이 중 생화학은 남성호르몬특히 테스타스터로운과 영양의 과잉섭취라든지 부족에 대해 주목을 하고 있다. 또한 신경생리학에서는 이전부터 이상뇌파에 대한 연구가 이루어져 왔으나 오늘날에는 뇌장애에도 관심이 고조되고 있다. 따라서 이 장에서는 범죄의 생화학적 요인에 관한 최근의 연구를 살펴보겠다.

제 2 장 범죄생화학의 대두

종래의 범죄생물학적 요인으로서 연구되었던 가계, 쌍생아, 양자, XYY염색체에 대한 탐구활동은 여러 가지 한계와 비판에 의해 1960년대에 급속히 쇠퇴하기 시작했다. 그러나 1980년대 초두에는 앞에서 말한 바와 같이 범죄생물학적 접근방법이 사회생물학의 대두를 배경으로 다시 각광을 받기 시작했다. 이러한 새로운 범죄생물학에서는 범죄요인을 탐구함에 있어 유전학적 수법을 강조하지 않았으며 생화학이나 신경생리학의 수법을 중시하는 범죄생화학적 요인이 대두하게 되었다.

제3장 범죄의 생화학적 요인

앞에서 설명한 것처럼 생화학이라 함은 생물을 구성하는 물질이나 생물의 생명 현상을 화학적으로 연구하는 학문 분야를 말한다. 생화학의 대상은 크게 나누어 ① 신경계 ② 순환기계 ③ 내분비계로 분류되는데, 범죄와 관련하여 주목되는 것은 내분비계에 관한 연구이다. 생화학적 범죄원인들 중 대표적 이론을 살펴보면, 우선 영양부족과 범죄의 관련성이 존재한다는 주장이다. 이는 사람이 정상적으로 필요한 양 이하로 음식물을 섭취하게 되면 당연히 비타민이 부족하게 되는데 이 때부터 몸의 각 부분들은 비정상적인 방식으로 작용하게 되며, 그 중에서도 특히 두뇌의 활동에 상당한 지장을 초래하여 기억력 감퇴나 집중력 저하, 정서불안, 공포감 등의 부작용을 낳게 된다.

이런 증상들이 심할 경우 극도의 불안감이나 정서불안, 공격적 성향의 강화 등으로 인해 범죄를 저지를 수 있으며, 또한 나트륨, 칼륨, 칼슘, 아미노산, 모노아민, 펩티드 등이 부족할 경우 우울증, 광증, 인지작용상의 장애, 기억상실, 비정상적 성욕 등과 같은 문제를 야기하고, 비타민 B와 D가 부족할 경우 두뇌작용에 이상을 일으켜 범죄나 비행과 같은 반사회적 행위를 유발하게 된다는 의학적 보고도 있다.

또, 체내의 당분과 탄수화물 역시 범죄와의 관련성이 있다고 주장한다. 포도당이 부족할 경우 두뇌의 활동과 작용은 현격하게 둔화되기 시작하며, 극도로 당이 부족하게 되면 전혀 상상도 하지 못했던 비정상적인 두뇌활동이 빚어지고 그에 범죄와 같은 극단적인 양상이 나타날 수 있다. 하지만 과도하게 당분을 공급할 때 역시 인간의 폭력성과 신경질적인 반응을 일으키기 때문에 폭력범죄나 우발적인 범죄를 행하게 된다. 그러나 사실 당의 공급을 얼마만큼 하는 것이 범죄를 줄이는 데 기여할 수 있는가에 대해서 별다른 해답은 없으며, 당의 공급을 적절히 조절했을 때 폭력적이고 우발적인 부분에 국한하여 효과가 나타날 뿐이며, 전체적인 범죄현상에 대해서 당과의 관련성을 설명하는 것은 현실적으로 불가능하다고 보고 있다.

다음으로 호르몬과 범죄의 연관성이다. 많은 범죄생물학자들이 호르몬과 범죄의 관계를 설명하기 위해 갖은 노력을 다해왔다. 특히 성호르몬의 역할과 범죄의 관련성에 대한 연구를 통해 범죄문제에 접근하고자 하였다. 학자들은 주로 엔드로겐과 같은 남성호르몬이 남성의 폭력성을 유발하는 원인이며, 이것이 정상적인 수치보다 높게 분비될 경우 성범죄나 비정상적인 성행위로 발전할 수 있다고 주장하였다.

호르몬의 변화는 본인의 이성적, 합리적 사고와 관계없이 인체에 많은 변화를 준다. 다양한 호르몬의 성격과 그 작용으로 인해 자신이 행동을 스스로 통제할 수 없는 상황이 되거나 정상적인 사고라면 도저히 할 수 없는 비정상적이고 반사회적인 행동들을 서슴없이 자행하는 경우도 많이 있다. 실제로 과도한 폭력성이나 잔인함으로 인해 소년수용시설에 들어온 범죄소년에 대해서 남성호르몬 테스토스테론의 수치를 낮춰주는 실험을 한 경우에도 해당 소년의 폭력성과 잔인함이 크게 완화되는 모습을 보였다. 또한 여성호르몬 중 에스트로겐과 프로게스테론은 상습강간범이나 성 추행범에게 치료제로 쓰일 만큼 남성호르몬에 의해 야기되는 폭력성과 성적 충동을 완화시켜주는 것으로 알려져 있다.

더구나 생화학적 조건 외에도 신경생리학적 조건인 뇌의 화학작용에 의해서도 범죄가 일어난다고 주장하고 있다. 뇌신경전달물질은 뇌의 정보와 반응을 전달하는 역할을 하는데, 이들은 뇌 속에서 이루어지는 다양한 화학작용을 통해 그 기능과 역할을 수행하고 있다. 이러한 신경전달물질들이 비정상적인 방식으로 이루어질 때 부작용과 문제점이 야기된다. 신체 내에서 생산되어 작용하는 화학물질 가운데 범죄와 관련하여 연구가 진행된 종류로는 엔드로겐, 도파민, 부신수질호르몬, 세로토닌, 모노아민옥시다제, 감마아미노낙산 등이 있다.

이들 생체화학물질의 양이 비정상적으로 많거나 적을 경우 폭력성을 일깨운다는 점에 대해서는 거의 확실한 사실로 인정되고 있다. 대표적인 예로 세로토닌의 과다분비를 들 수 있는데, 혈관 속의 세로토닌수치가 급격하게 증가할 경우 자해나 자살, 공격에 대한 충동을 심하게 느끼며, 실제로 행동에 옮겨 범죄를 일으키거나 스스로 목숨을 끊는 경우도 있다.

또한 모노아민옥시다제EMO효소가 비정상적으로 증가·감소하는 경우에 충동적이거나 쾌락적인 부분을 주로 추구하면서도 마약이나 알코올을 남용하는 경향이 강하게 나타기도 했다. 이처럼 인체 내의 생화학적 결핍이나 불균형으로 인한 감정적 장애와 범죄의 상관성을 밝히려는 연구를 범죄의 생화학적 연구라 말한다.

「호르몬과 범죄」 연구

100년 이상의 역사를 가진 내분비학자들은 호르몬이 사람의 일상생활과 밀접한 관계를 가지고 있다고 주장하고 있다. 1924년 미국에서는 시카고대학을 다니던 10대 후반의 대학생 2명이 고등학생을 살해한 사건이 있었다. 이에 2명의 10대의 부모들이 내분비학의 도움을 받아서 사형을 모면하려고 이들이 내분비샘 증후군 환자임을 밝혀냈다. 그 결과는 뇌하수체가 자리잡은 안장부분이 꽉막혀 있었고, 솔방울샘이 석화되어 있어, 비록 계획된 살인 범죄이었지만, 호르몬 결함과 관계있다는 사실은 인정받았지만, 판결에 영향을 미치지는 않았다. '내분비계와 범죄의 상관관계가 명백하고 호르몬이 소년들의 행동을 배후에서 조종한 것이 사실이라고 해도 살인을 저지른 이상 형벌을 모면할 수 없다'는 판결과 함께 종신형에 처했다.

이처럼 범죄원인에 대한 생화학적 접근방법은 인체 내의 화학적 결핍이나 호르몬의 불균형적인 분비에 의해 생겨나는 생화학적인 이상이 사람들의 사고 형태와 동작의 통제에 영향을 미치며, 직·간접적으로 사회 규율을 학습 준수하는 데 영향을 미치거나 범죄와 관련성을 지니고 있다고 보고 있다. 이러한 생화학적 요소를 범죄원인으로 보는 견해는 이미 이전에도 있었다. 그리고 20세기를 맞이했을 무렵에는 이미 갑상선이나 부신 등의 내분비선 이상이 폭력적인 범죄자를 낳는다는 견해가 있었다. 이와 관련하여 특히 주목을 끌었던 것은 1928년에 출간된 M·슈럽과 E·스미스의 『신 범죄학The New Criminology』이다. 이 책에서는 내분비선의 이상이 정서장애를 낳고 범죄를 유발한다고 주장하고 있다. 그리고 L·버만은 1930년대에 뉴욕 주의 형무소에서 실증적 연구를 실시하였는데, 이때 250명의 수형자 그룹과 일반 시민 그룹을 대상으로 호르몬 불균형의 출현율을 비교하였다.

그 결과 전자는 후자에 비해 호르몬 불균형의 출현율이 2~3배 높은 것을 발견했다. 이러한 실험으로부터 버만은 이하의 두 가지 결론을 이끌어냈다. (a) 범죄는 내분비선의 불균형 등을 원인으로 생기는 본능적 충동의 이상에 의해 일어난다. (b) 특정범죄 유형은 특정 내분비선의 기능부전과 상관관계가 있다. 그러나 이러한 주장에 대해 당시의 생화학 수준에서는 구체적인 메커니즘을 충분히 해명할 수 없었다. 따라서 생화학적 요소와 범죄의 관련성은 어디까지나 추측에 지나지 않았으며, 그 후에도 많은 찬동자를 얻지 못한 채 범죄학에서 잊혀진 존재가 되었다.

그런데 20세기 중반부터 과학기술이 비약적인 발전을 이루면서 생화학은 급속히 발전하였고 다양한 물질이 체내에서 어떻게 작용하는가를 해명하였다. 동시에 그러한 작용이 인간의 심리나 외부적인 행동에 어떠한 영향을 미치는가에 대해서도 연구가 진행되었다. 그 중에서도 특히 성호르몬이 범죄에 미치는 영향이 주목되고 있다.

2 성호르몬과 범죄

주지하는 바와 같이 예전에는 「월경과 범죄」라는 테마를 중심으로 성호르몬과 범죄의 관련성에 대한 연구가 이루어졌었다. 여기에서는 "일반적인 호르몬 이상이 정신적인 면에서 트러블을 일으켜 범죄의 원인을 제공한다"라는 가설의 옳고 그름을 묻는 형태로 논의되었다. 그러나 오늘날의 연구에서는 개개의 호르몬의 구체적인 작용에 주목하고 있다.

1) 월경과 범죄

월경은 임신이 가능할 만큼 성숙한 여성의 자궁에서 임신되지 않을 경우 자궁오염방지 및 보호를 위해 주기적으로 일어나는 생리현상이다. 한국인 여성은 보통 12–13세 때 초경을 겪는다. 여성 절도죄는 월경을 전후한 시기에 많이 발생한다고 한다. 이는 여성의 월경 전후 초래되는 비정상적인 호르몬 수치의 변화로 인한 생화학적 불균형과 관련성이 있다고 주장된다. 이와 같이 여성의 월경과 범죄의 관련성에 대해서는 이전부터 지적이 되어 왔다. 예를 들어 롬브로조는

1894년에 공무집행 방해죄로 체포된 여성범죄자 80명을 조사한 결과 범행 당시 월경 중이었던 사람이 71명에 달했다고 기술하고 있다. 또한 K·달튼은 1971년에 영국에서 월경과 반사회적 행동의 관련성을 조사하였는데, 여성은 월경 전 혹은 월경 중에 자살, 공격 행동, 기타 반사회적 행동의 가능성이 높아진다고 보고했다.

월경전증후군PMS: PREMENSTRUAL SYNDROME

내분비적인 이상으로 월경 4~10일 전에 여러 다양한 신체적·정신적 증세가 나타났다가 월경 시작과 함께 증세가 호전되는 것으로 현재 150여 가지 이상의 증세가 있다. 가임기 여성의 40% 정도가 이 증후군을 경험하는 것으로 알려져 있으며 정도가 심해서 일상생활을 할 수 없는 경우는 5% 정도이다. 이 증후군은 가임기에 증세가 생기는데, 일단 증세가 생기면 폐경 때까지 지속된다. 가족력이 있는 질환으로 월경과 관련된 신체 호르몬의 변화로 발생하여 자궁절제수술을 받은 경우에도 난소가 기능하고 있으면 증세가 나타날 수 있다.

그 원인은 확실하게 알려져 있지 않지만 생리주기에 따라서 우울증일 때 분비되는 세로토닌에 화학적인 변화가 일어나서 이 증후군이 나타난다고 한다. 또한 월경주기에 따라서 일어나는 여성호르몬의 변화로 인한 것으로 배란이 일어나는 여성에게만 나타난다. 그밖에는 마그네슘·망간 등 미네랄이나 비타민 E 등이 부족한 여성에게 많이 발생하는 것으로 알려져 있다.

또 단 음식을 많이 먹게 되면 정서변화가 심해지고 피곤하며, 카페인을 많이 섭취하면 안절부절 못하는 증세가 더 심해질 수 있다. 정신적인 증세로는 안절부절 못하고, 불안하며, 예민해진다. 긴장·초조·우울증이 나타나기도 하며 때로는 주위 사람들에게 이유 없는 적개심을 느끼기도 한다. 또한 사회생활을 피해서 혼자 있고 싶어 하며 평소에 늘 하던 일도 우물쭈물하며 제대로 못한다. 심한 경우에는 자제력을 잃고 큰 소리를 치거나 남과 싸우기도 한다. 피로·두통·요통·유방통증 같은 신체적인 증세가 나타난다. 또한 손과 발이 붓고 속이 더부룩하여 근육통이 나타날 수도 있다. 어떤 경우에는 병적으로 짜거나 단 음식을 먹고 싶어 하기도 한다.

미국정신의학협회APA의 진단기준에 따르면, 증세는 월경과 연관되어 황체기의 마지막 주에 시작하여 월경이 시작되면서 완화된다. 다음 증세 중 5개는 있어야 하고 그 중 하나는 반드시 첫 4개 중 하나가 있어야 한다. ① 감정의 불안정성 ② 지속적이거나 심한 노여움, 안절부절 ③ 심한 불안감, 긴장 ④ 심한 우울증 ⑤ 일상생활에 대한 흥미 감소 ⑥ 쉽게 피로를 느끼고, 모든 일을 할 만한 기운이 없음 ⑦ 객관적인 집중력 장애 ⑧ 심한 식욕 변화, 과식 ⑨ 과도한 잠 또는 불면 ⑩ 유방 통, 두통, 부종, 체중 증가 ⑪ 일상생활에 지장을 줄 정도의 증세가 있어야 한다.

한두 번의 치료로 이 증후군이 완치되지 않는다. 치료는 가장 먼저 식습관을 변화시키는 것으로 카페인의 섭취를 줄이고 짠 음식과 단 음식의 섭취를 적게 하면 증세가 훨씬 나아진다. 비타민제와 칼슘·마그네슘 같은 미네랄을 보충하면 증세가 좋아지기도 한다. 규칙적인 운동 또한 증세의 경감에 도움을 준다

이러한 보고에 대해 J·호니는 1978년에 쓴 논문에서 공격성이라고 하는 정신적 혹은 육체적 스

트레스가 월경을 유발하는 경우는 있어도 그 반대의 경우는 있을 수 없다고 반박했다. 현재까지 어느 주장이 옳은지 그 시비는 충분히 해명되지 못하고 있다. 다만, 현재에도 일반적으로는 월경 자체가 범죄충동을 일으키는 것이 아니라 월경에 의한 심리적인 불안정이 다른 요인들과 결합함으로써 사람에 따라서는 범죄충동에 일정한 영향을 미쳐 범행의 가능성을 증대시키는 기여요인이 되고 있다는 사실은 인정되고 있다. 또한 최근에는 「월경전증후군PMS」이라 불리는 월경 시작 3일～10일 전부터 생기는 심신의 변화와 범죄의 관련을 지적하는 연구도 나오고 있다.

2) 남성호르몬과 범죄

한국에서 2019년 흥행에 성공한 바 있는 영화 '보헤미안 랩소디'의 주인공이 동성애자가 된 이유가 남성호르몬인 테스토스테론 부족 때문이라는 평가가 있었다. 그러나 테스토스테론은 남성에게 남자다움과 성을 관장하고, 신체의 전반적인 활력을 조절하는 성호르몬이다. 고환의 라이디히 세포에서 주로 생산되고 남성과 여성의 부신에서도 소량이 분비된다. 테스토스테론 수치가 낮거나 높다고 동성애를 하는 것은 아니다. 남성호르몬의 하나인 테스토스테론testosterone[38]이 남성의 범죄적 폭력성과 관계가 있다고 보는 주장이 있는데, 실제 연구 결과에 의해서도 재소자 중 폭력범죄자의 경우에는 다른 범죄자보다 남성호르몬이 매우 높게 나타난다고 한다.

인간은 태아기와 신생아기에 남성호르몬의 영향을 받아 성의 분화가 이루어진다. 즉 성별에 관계없이 모든 태아는 수정 후 당분간 태내에서 여성의 특질만을 보유하고 있다. 그러나 4～5개월 경과하면 Y염색체를 지닌 태아에게 고환이 형성된다. 그리고 안드로겐이라 불리는 남성호르몬이 분비되기 시작하면서 급속히 남성으로 성분화가 진행된다. 안드로겐에는 테스토스테론, 안드로스테론, 레드로에피앤드로스테론 등이 있다. 이 중 테스토스테론은 가장 강한 남성호르몬으로 이전부터 공격성과 관련이 있다는 지적을 받아 왔다.

이 호르몬은 남성의 2차 성징음경 신장, 수염 발육, 변성 등을 발현시키며 뼈나 근육의 발육을 촉진하는 것으로 알려져 있다. 최근의 연구에서는 이 테스토스테론 정도와 공격성, 충동성, 반사회성

---

38 테스토스테론(testosterone)은 근육을 만들고 힘을 키우는 데 중요한 역할을 하는 성호르몬이다. 미국 조지아주립대의 제임스 다브 박사는 감옥에 수감된 죄수들의 혈액을 조사해보니 같은 죄수들이라도 강력범일수록 체내 테스타스터로운 수치가 더 높다는 사실을 알아냈다.

사이에 밀접한 관련이 있다는 견해가 대두되고 있다. 미국에서는 「강간범의 테스토스테론은 일반인보다 많다」고 보도된 적도 있다. 또한 아직은 범죄와의 상관성을 확실하게 단정할 수 없으나 현실적으로 남성범죄자 처우 시 남성호르몬의 수준을 저하시키는 약물요법이 실행되고 있는 것을 감안하는 것을 볼 때 어느 정도 상관성을 시사하고 있다고 할 수 있다.

폭력 부르는 문제의 유전자

영화 '마이너리티 리포트'에 나오는 범죄 예측 시스템이 미래 현실에서 등장할 가능성은 그리 높지 않다. 그럼에도 불구하고 이 영화에 등장하는 미래 설정은 우리에게 시사하는 바가 크다. 예언자들로 구성된 범죄 예측 시스템은 아니더라도 그것과 비슷한 징후를 느끼게 하는 여러 시도가 벌써부터 벌어지고 있기 때문이다. 최근 미국의 과학전문지 '사이언스'에는 영국 킹스칼리지와 미국 위스콘신대의 공동 연구팀이 연구한 흥미로운 결과가 실렸다.

이들은 논문에서 "특정한 유전자를 가진 아이들은 학대를 받을 경우 반사회적 행동을 보일 가능성이 높다"고 주장했다. 연구진은 1972년 뉴질랜드 다니딘에서 출생한 소년 4백 42명의 성장 과정을 26년간 관찰·분석해 이 같은 결론을 내렸다. 문제는 유전자는 모노아민 산화효소$_{MAOA}$의 양을 조절하는 유전자인데 MAOA는 뇌 속에서 감정을 전달하는 화학물질을 만드는 데 관여하는 것으로 알려져 있다. MAOA의 수치가 낮을 경우 감정 조절이 제대로 이뤄지지 않아 반사회적 행위를 저지를 확률이 높다는 것이다.

그들의 조사에 따르면 전체 대상 4백 42명 중 12%가 '낮은 MAOA 수치'를 만들어내는 유전형질을 갖고 있었으며 이들이 저지른 폭력행위는 전체 폭력의 44%를 차지했다고 밝혔다. 이뿐만이 아니다. 폭력적인 남성들의 경우 테스토스테론이라는 성호르몬을 과다 분비한다는 논문이 등장하는가 하면 폭력적인 사람일수록 세로토닌 호르몬 수치가 낮다는 연구 결과도 보고된 바 있다. 이런 연구들은 모두 폭행, 강간, 살인 등 강력범죄의 70%가 단지 5~6%의 사람들에 의해 저질러졌다는 연구 결과에서 출발한다. 다시 말해 폭력을 저지르는 소수의 사람들은 생물학적으로 우리와는 다른 사람들일 것이라는 가정이다.

물론 인간의 폭력적인 성향에는 단순히 개인 의지의 문제가 아니라 생물학적인 원인이 포함돼 있을 수 있다. 그렇다면 폭력 성향의 정확한 본질을 이해하고 대처한다는 점에서 과학자들의 연구는 매우 중요하다고 볼 수 있다. 그러나 생물학적인 원인에 대한 지나친 맹신은 '유전자 결정론'에 바탕을 둔 또 다른 '범죄 예측 시스템'을 탄생시킬 가능성이 있다는 데 문제가 있다. 만약 어떤 아이가 반사회적 성향의 유전인자를 갖고 태어났다면 우리는 그 아이를 어떻게 대해야 할까? 처음부터 사회와 격리시키려 한다거나 아직 범죄를 저지르지도 않았는데 범죄자로 취급할 가능성은 없을까?

일례로 폭력성향의 유전자를 타고 난 아이에게 범죄 예방 프로그램에 참여하도록 할 것인가 하는 문제는 사회적 이슈로 논쟁거리가 될 것이다. 아이가 범죄를 저지르지 않도록 미리 프로그램을 따르게 하는 방법이 범죄예방에 도움을 줄 순 있지만 '잠재적 범죄자'로 낙인찍는 예방프로그램에 참여시키는 일은 그들의 사회적 활동에 큰 장애로 작용할 수 있기 때문이다. 인간은 왜 범죄를 저지르는 걸까? 반사회적 행동의 원인과 폭력적 성향의 근원은 무엇인가? 우리에게 필요한 사람은 살인사건을 예언하는 예언자들이 아니라 이 문제에 답해줄 과학자와 사회학자가 아닐까 싶다NAVER 블로그 참조.

호르몬과 범죄와의 상관관계를 검증하기 위해 중요한 남성호르몬의 하나인 테스토스테론에 관한 연구에 원숭이를 대상으로 한 것과 사람을 대상으로 한 연구를 실시하였다. 그 결과 특히 동물에 관한 연구에서는 원숭이를 대상으로 실행을 많이 하였는데, 그 결과 E·케이번 등이 1982년에 공표한 연구에서는 단독으로 사육되고 있는 수컷 원숭이로부터는 각각 비슷한 양의 테스토스테론이 검출되었으며, 우리 안에 암컷 원숭이를 한 마리 집어넣어도 그 증가량의 차이는 거의 보여지지 않았다.

그러나 암수가 혼합된 집단에 수컷 원숭이를 넣으면 테스토스테론에 개별적인 차이가 생긴다는 사실이 발견되었다. 원숭이의 집단 내에서의 지위 변동은 테스토스테론 수치의 변화에 밀접하게 연관되어 있다고 전해진다. 즉 우두머리 원숭이는 다른 원숭이보다 테스토스테론 수치가 높다는 것이다. 그리고 암컷 원숭이에게 탄생 전 혹은 탄생 직후에 테스토스테론을 주입시키면 공격성이 높아진다는 보고서도 있다. 그밖에 호르몬 밸런스와 환경 사이에는 밀접한 관계가 있다는 견해도 있지만 이에 대해서는 조사가 지속적으로 진행되고 있다.

반면에 테스토스테론이 인간의 공격성에 미치는 영향은 어떠할까? 이 점에 대해서는 이하의 연구 성과가 보고되어 있다. 첫째, 폭력범 수형자와 재산범 수형자를 비교해 본 결과 폭력범 수형자가 지닌 테스토스테론 수치가 높다. 둘째, 소년의 폭력행위와 테스토스테론의 관련성을 조사하여 폭력행위를 도발의 유무로 분류하였을 때 도발이 없었던 폭력행위에는 테스토스테론의 영향이 있었다. 셋째, 신체적인 공격과 테스토스테론은 관련성이 없지만 말에 의한 공격과는 밀접한 관련이 있다. 넷째, 테스토스테론이 높은 경우 폭력에 호소하기 쉬우며 자극에 반응하기 쉽다. 단, 인간에 있어서 테스토스테론과 공격성의 관련성은 동물 실험 시에 기대되었던 만큼 강하지 않다는 지적도 있다.

1991년에 미국의 L·엘리스와 P·쿤츠는 테스토스테론을 포함한 안드로겐이 뇌 기능에 미치는 영향은 인간의 반사회적 행동과 연관되어 있다고 주장했다. 즉 엘리스와 쿤츠는 안드로겐이 뇌 기능에 미치는 영향으로 인해 사람들은 더 많은 환경적인 자극을 원하고 처벌에 대한 내성을 기르며 충동적인 정서 불안정이나 반사회적인 정서 상태에 빠지기 때문에 폭력범과 같은 중대한 범죄를 촉진시키게 된다고 주장한 것이다.

「성호르몬과 범죄」의 관련성

지금까지의 연구결과에 의하면 이상과 같이 오늘날에는 테스토스테론을 비롯한 성호르몬의 결핍 또는 불균형과 인간의 공격성 사이에 어떠한 관련성이 있다는 시각이 고조되고 있다. 그렇지만 현재까지는 성호르몬이 범죄에 미치는 영향의 메커니즘은 충분히 밝혀지고 있지 않다. 또한 테스토스테론이나 성장환경이 영향을 준다는 근거는 명확하지 않다. 물론 성호르몬 이상이 범죄를 직접 야기하는지에 대한 증명도 이루어지지 않고 있다. 뿐만 아니라 지금까지 범죄자와 일반시민을 비교한 테스토스테론연구의 연구방법도 적절하다고는 말할 수 없다.

1987년에 R·루빈은 성호르몬과 범죄의 관련성에 대한 종래의 연구를 검증해 본 결과 테스토스테론과 폭력범죄의 관련성을 나타내는 결정적인 증거를 찾아낼 수 없다고 진술함으로써 종래 연구의 귀결 그 자체를 의문시하고 있다. 남성이 여성에 비해 더 폭력적인 게 테스토스테론 때문이라는 주장역시 호르몬이 성질을 결정하지 않는다는 비판도 제기된다. 오히려 테스토스테론감소를 촉진하는 요인은 노화, 음주, 흡연, 비만, 수면장애, 고혈압, 당뇨병, 스트레스이며, 더구나 테스토스테론은 성기능 조절과 함께 신체전반에 중요한 역할을 하고, 신체상태가 개선되며, 의욕적이고, 정력적이 된다. 또한 테스토스테론은 성기능 조절과 함께 신체 전반에 중요한 역할을 한다. 신체상태가 개선되며, 의욕적이고, 정력적이게 된다는 주장이 대두되고 있다.

이러한 종래의 평가를 놓고 볼 때 성호르몬과 범죄의 관련성에 대해서는 여전히 많은 과제가 남아 있으며, 따라서 향후 이에 대한 해명을 기다리지 않으면 안 된다. 한편 성호르몬과 범죄의 관련성에 대해서는 해명되지 않은 부분이 많이 남아 있음에도 불구하고 현재 미국에서는 성 범죄자에 대한 의료적인 처우의 하나로 체내의 테스토스테론을 감소시키는 약품이 이용되고 있다. 또한 성 범죄자를 거세하기 위한 방편으로 에스트로겐이나 프로게스테론 등의 여성호르몬 투여 _{약물 거세}가 이루어지고 있다. 하지만 이처럼 장기간 약물을 지속적으로 투여하는 의료적인 처우가 초래하게 될 부작용이나 잠재적인 위험성에 대해서는 아직 불확실한 점이 많다.

제4장 영양과 범죄

오늘날 논하여지고 있는 영양과 범죄에 관한 연구는 생화학의 눈부신 발전을 배경으로 부적절한 영양섭취가 범죄에 미치는 영향을 실증적으로 연구한 것이다. 새로운 범죄생물학에서는 범죄의 내인內因을 규명하고자 호르몬에 주목함과 동시에 외인外因을 밝혀내기 위해 영양에도 주목하고 있는데 체내의 생화학적인 불균형은 부적절한 영양섭취에 의해서도 생겨난다. 그러나 영양과 범죄의 관련성에 대해서는 이르게는 19세기 말부터 지적이 있었으며, 금세기 후반에도 혈당이나 칼슘 부족이 범죄에 영향을 미친다는 지적이 나왔다. 구체적으로는 저혈당증이 공격성을 높이고 칼슘 부족이 정서를 불안정하게 만든다고 생각하였다. 단, 당시의 연구는 매우 조잡하였으며 양적으로도 적었다.

1 「영양과 범죄」 연구 경위

영양이 범죄에 미치는 영향이 본격적으로 주목을 받게 된 것은 1980년대 들어와서인데 다음과 같은 2가지 사건이 배경이 되었다.

하나는, 미국 상원의 '식사, 건강 및 정신질환에 관한 특별위원회'에서 1979년에 저혈당증과 충동적인 범죄 사이에 관련성이 있다는 사실을 보고한 것이다. 저혈당증이라 함은 혈당치가 기준치 이하로 저하하는 병으로서 당분의 과잉섭취나 비타민·미네랄 등의 미량 영양소의 부족으로 생기는데, 이는 불규칙한 식생활이 원인이라고 알려져 있다. 동 위원회에서는 저혈당증은 신체뿐만 아니라 뇌나 정신에까지 변화를 일으키고 그러한 변화가 범죄에 영향을 미친다고 보았다. 또한 오하이오 주의 보호관찰관인 B·리드가 보호관찰 중인 범죄자 100명 이상의 혈당치를 조사한 결과 그 대부분이 저혈당증이었다는 사실도 아울러 보고하였다.

또 하나는, 이른바 「트윈키항변」Twinky defense이라는 사건인데, 이것은 1978년에 미국 캘리포니아 주의 화이트·케이스에서 피고인이 당분이 많은 잭 푸드를 과잉 섭취하여 심신쇠약 상태에 빠졌다고 하여 재판 시 내용이 참조·인정되었고 그 결과 피고인의 형량이 경감된 사건이다. 이 사건은 경찰관 출신인 전 샌프란시스코 시 평의원 D·화이트가 동 시장과 동 시평의원을 살해한 혐의로 제1급 모살죄로 기소된 사건이다.

이 사건에서 변호인 측은 피고인이 스낵 과자를 비롯하여 컵케이크, 사탕 등을 과잉 섭취하였기 때문에 당분 과잉으로 뇌의 화학적 균형이 깨지고 정신에 장애를 초래했다고 주장하였고, 심신쇠약에 의한 책임 경감을 요구하였다. 배심원측은 이 변호인 측의 주장을 인정하여 모살죄보다 가벼운 고살죄를 적용하였고 7년 8개월의 구금형을 언도하였다. 이 항변은 당시 미국에서 인기가 있었던 스낵 과자의 이름을 따 「트윈키항변」이라 불렸으며, 사건의 사회성이나 의외의 기소 전개 때문에 커다란 화제가 되었다.

 ## 「영양과 범죄」의 실증적 연구

영양소가 결핍되면 사람들은 이상행동을 초래한다고 보고 「영양과 범죄」에 관한 실증적인 연구가 동물과 인간을 대상으로 실시되었다. 이와 같은 실험 결과 동물에 관한 연구로는 고양이나 쥐의 연구가 있었는데, 우선 조리된 음식이 주어진 고양이에게는 특정 증상이 발생하기 쉽고 학습능력과 사회적 상호작용의 저하가 보여진다고 하였으며 이러한 증상은 식사요법으로 개선할 수 없으며 3대에 걸쳐 이어진다고 보고되었다. 또한 정제된 음식물을 먹은 쥐는 그 많은 수가 폭력적인 수단에 호소하게 된다는 것도 밝혀졌다. 이와 같은 동물을 대상으로 한 실험을 통해 인간도 마찬가지로 식품으로부터 이와 비슷한 영향을 받을 것이라는 추측이 나오고 있다.

또한 인간을 대상으로 한 실험에서는 1982년에 미국의 S·슈세일러가 6개의 시설에 수용되어 있는 비행소년 1,671명을 대상으로 식사와 반사회적 행동의 상관관계에 관한 실험을 실시하였다. 이 실험에서는 종래 시설에서 소년에게 지급되고 있던 소프트 드링크를 과일쥬스로, 사탕이나 잭 푸드를 과일·야채·팝콘 등으로, 그리고 조식으로 이용되고 있던 당분이 많은 시리얼을 당분을 억제한 것으로 변경하여 소년의 행동에 변화가 나타나는지를 관찰하였다. 그 결과 슈 세일러는 일상생활에서의 정제당 섭취량을 낮춤으로써 소년의 반사회적 행동을 감소시킬 수 있었다고 보고했다. 이 실험을 통해 정제당 섭취율 저하가 특히 폭력행위 감소에 영향을 미치고 있음을 알 수 있었는데, 구체적으로는 50% 이상의 감소율을 나타내었다. 또한 1986년에는 시설에 수용된 비행소년 3,399명을 대상으로 동일한 실험을 실시하였다. 여기에서는 인공식품 첨가물이나 정제당 함유량이 많은 식품의 섭취량을 12개월 동안 감소시키고 그 효과를 관찰하였다. 그 결과 식사 개선 후에는 개선 전의 12개월 간에 비해 반사회적 행동이 21% 감소하였다. 뿐만 아니라 자살 기도도 대폭으로 감소하였다.

 ## 3 영양과 범죄의 관련성

2004년 영국내무부가 범죄예방을 위해 청소년범죄자들에게 비타민 등 영양보충제를 식사를 통해 공급하여 논란이 된 바 있었다. 이 같은 조치는 각종첨가물이 가미되어 영양상태가 엉망인 식사를 할 경우 공격적이고 충동적인 행동을 하는 경향이 있다는 미국의 연구결과를 반영한 것이었다. 아프리카의 '모리셔스 섬' 청소년들을 대상으로 한 미국의 연구 결과, 영양상태가 좋은 식사를 제공받은 청소년들은 범죄를 저지를 가능성이 훨씬 줄어드는 것으로 나타났기 때문이다. 생화학과 범죄에 관련한 일련의 연구를 토대로 최근에는 개개의 영양소나 그 작용이 범죄에 영향을 미치고 있음이 지적되고 있다. 이하에서는 범죄와의 관련성이 지적되고 있는 주요 영양소와 범죄관련 연구를 정리해 두고자 한다.

1) 비타민과 범죄

체내의 비타민양과 범죄의 관련성이 지적되고 있다. 일반적으로는 비타민B 결핍증이 범죄성을 고조시킨다고 여겨지고 있다. 특히 티아민_{비타민B1} 결핍증은 인간의 공격성, 적개심, 비판에 대한 감수성을 높이고 초조함을 발생시킨다. 이러한 정신 상태는 많은 일탈행위에 공통되고 있다. 그리고 알콜중독으로 인해 적절한 식사를 하지 못하는 사람에게 티아민 결핍증의 증세가 나타나기도 한다. 뿐만 아니라 티아민 결핍증은 심각한 웰니케·코르사코프 증후군_{건망증후군}을 불러일으키고 이상한 안구 운동, 협조 장애, 착란, 기억 장애 혹은 학습기능 장애 등을 초래한다고 한다. 나이아신_{비타민B3} 결핍증은 선악의 식별 능력을 빼앗고 반윤리적인 행동을 유발시킨다고 여겨지고 있다. 필리득신_{비타민B6} 결핍증은 집중력 결여나 강한 피로감을 발생시켜 사람을 흥분하기 쉬운 상태로 만들기 때문에 범죄성을 높인다고 여겨지고 있다.

2) 미네랄과 범죄

미네랄도 인간에게 있어서 중요한 영양소인데 특정 미네랄의 부족이나 과다에 의한 중독증은 범죄와 많은 관련성이 있다고 한다. 최근 들어 납의 체내 함유량과 범죄성의 관련성이 지적되고 있다. 가령 납 중독증에 의한 학습능력 저하는 널리 인정되고 있다. 체내에 납의 함유치가 높을 때 자립심, 지구력, 집중력 결여, 강한 충동, 백일몽, 소란과 관련이 있다고 지적되고 있다. 또한 코발트와 일탈행위의 관련성도 지적되고 있는데, 최근의 연구에서는 특히 코발트와 폭력행위의 관련성이 주장되었는데 체내의 코발트가 부족한 만큼 행동이 난폭해진다고 보았다. 그렇지만 코발트가 인체 내에서 어떠한 역할을 하는지 혹은 행위의 폭력성에 어느 정도 영향을 미치는지에 대해서는 충분히 해명되지 않고 있다.

그리고 마그네슘 부족도 코발트와 마찬가지로 폭력적인 경향을 만들어낸다고 알려져 있다. 이러한 인체의 마그네슘 부족 현상은 마그네슘 섭취량이 적은 경우 이외에도 식사를 통해 섭취된 인산이 체내의 마그네슘 농도를 저하시키기 때문에 발생하기도 한다. 인산을 많이 포함한 식품으로는 탄산음료가 널리 알려져 있다. 또한 구리와 아연의 체내 비율에 이상이 생기면 폭력성이 높아진다고 한다. 통상 혈액 중에는 구리와 아연이 1대 8~12의 비율로 포함되어 있다. 구리의 맞세력 인자인 아연의 부족이나 구리의 과잉에 의해 양자의 균형이 무너지면 뇌 기능이 저하되고 공격성이 고조된다는 지적이 있다.

그 밖에도 나트륨, 칼륨, 칼슘, 아미노산, 모노아민, 펩티드 등의 미네랄이 우울증이나 인식능력, 기억력 저하, 이상한 성행동을 초래한다는 보고서가 있으며, 공격성이 많은 사람으로부터는 카드뮴, 알루미늄, 수은 등이 높은 수치로 검출되었다는 보고서가 있다. 그러나 우리들 체내에서의 미네랄 이상은 균형을 잃은 식사에 의해서만 초래된다고는 할 수 없다. 최근에 지적되고 있는 것이 환경오염과의 관련성이다. 즉 대기, 수질, 토양의 오염으로 인해 공기, 음료수, 어패류, 농작물 등에 유기미량 금속이 포함되게 되며, 이는 체내에 섭취한 사람의 심신에 강한 작용을 미칠수 있다는 것이 차츰 밝혀지고 있다.

3) 저혈당증과 범죄

미국의 약학자인 '얼 민델박사'는 '저혈당상태에 빠지면 체내에서 아드레날린이라는 호르몬이 분비되는데, 이 호르몬이 감정관리에 지장을 초래하고 공격적인 성격을 조장한다고 주장했다. 그는 저혈당의 원인을 정제당 탐닉에서 찾았다. 저혈당 상태가 되면 인체는 에너지 쇼크를 막기 위해 아드레날린을 분비하게 되고, 아드레날린은 혈당을 올리는 역할을 하지만, 체내에서 분해되면 아드레노크롬이라는 물질을 생성하게 되며, 이 성분은 오래전부터 정신분열증의 원인물질로 의심되어 왔으며, 마약으로 분류되는 메스칼린의 유효성분과 동일하다는 주장이다.

이처럼 사람은 정상적인 뇌기능을 위해 어느 정도 혈당을 필요로 하는데, 앞에서 기술한 바와 같이 범죄와의 관련을 놓고 가장 주목되고 있는 것이 저혈당증이다. 저혈당증이라 함은 혈액 중의 포도당 양이 통상 뇌가 기능하기 위해 필요로 하는 양보다 적은 증상을 말한다. 저혈당증의 경우에 과민, 불안, 우울, 착란 등의 정신 상태에 빠지거나 발작, 두통의 증상이 생기기도 하며 공격적·폭력적 행동을 유발한다고 알려져 있다. 그리고 심각한 저혈당증은 기억상실이나 무의식 행동을 유발하기도 한다고 한다.

저혈당증 중에서도 특히 반응성 저혈당증_{포도당의 대량섭취에 대한 반응으로서 혈당치가 대폭으로 저하되는 증}상과 폭력행위와의 관련성이 지적되고 있다. 반응성 저혈당증은 폭력적 내지는 반사회적인 성인 남성에게 가끔 보여 진다고 한다. 핀란드의 M·빌크넨은 임상실험을 통해 반응성 저혈당증 경향은 간헐적 발작 장애와 상관관계가 있으며 폭력적이고 반사회적인 인격 소유자에게 높은 비율로 나타난다는 결론을 내렸다. 저혈당증과 알콜의 관련성도 지적되고 있다. 여기서는 정기적으로 대량의 알콜을 섭취한 경우 에탄올이 저혈당증을 유발하고 공격성을 고조시킨다고 보고 있다.

4) 알레르기와 범죄

영화 속 법률문제로서 2020년 아카데미 4관왕을 차지한 영화 '기생충'에서는 '복숭아 알레르기'문제가 나온다. 영화 속에서 복숭아 알레르기가 있다는 사실을 알면서도 복숭아털을 날리는 장면이 있는데, 이로 인해 알레르기반응을 보이게 하였다면 상해죄가 적용된다는 해석이 제기되기도 했다. 알레르기라 함은 체내에 들어온 이물질에 대해 신체가 나타내는 이상 혹은 과도한 면역반응을 말한다. 범죄와의 관련을 둘러싸고 특히 주목되고 있는 것은 뇌 알레르기와 신경 알레르기이다.

이 중 뇌 알레르기는 뇌의 과잉반응을 초래하는 데 비해 신경 알레르기는 신경계에 강한 영향을 준다. 이들 알레르기는 인간의 뇌를 팽창시키거나 공격성과 정서를 고조시켜 폭력을 행사케 하는 등 정신, 정서 및 행동의 다양한 측면에서 문제를 야기한다. 또한 뇌 알레르기와 신경 알레르기는 비행의 전조라고 일컬어지는 어린이의 다동성_{多動性, hyperactivity}과 관련이 있다는 지적도 나오고 있다. 이러한 알레르기의 원인이 되는 식품은 우유, 달걀, 밀, 옥수수 등 300종류에 달한다. 미국에서는 뇌 알레르기의 원인이라고 생각되는 옥수수의 소비량 증가와 전국의 살인사건 건수의 관련성을 지적하는 연구도 나왔다.

「영양과 범죄」 연구에 대한 평가

　미국에서는 시설에 수용되어 있는 비행소년에 대한 처우 프로그램에 영양과 범죄에 관한 연구가 반영되는 등 일정한 평가를 받고 있다. 그렇지만 이러한 일련의 연구가 여전히 많은 미해결 부분을 내포하고 있는 것도 사실이다. 첫째로, 영양과 범죄의 관련성을 체계적으로 설명하는 것은 불가능하다. 지금까지의 연구에서는 영양과 특정 반사회적 행동에 관련성이 보여진다는 점이 지적되고 있으나, 영양불량이 범죄나 비행에 어느 정도 영향을 미치는지는 현재까지도 직접적이고 일관성 있는 증거가 밝혀지고 있지 않다. 그리고 영양개선이 범죄억제나 재범방지에 미치는 영향도 불명확하다.

　둘째로, 영양과 범죄의 관련성에 대한 정밀한 연구조사가 실시되고 있지 않다. 지금까지의 연구에서 사용된 분석은 정밀함이 결여되어 있는 통계학적 방법을 사용하였기 때문에 그로부터 특정 결론을 도출하기란 곤란하다. 영양과 범죄의 연구는 이제 막 출발점에 서 있으므로 그에 대한 평가는 보류하지 않으면 안 된다. 그러나 이상과 같이 영양과 범죄의 관련성이 여전히 미해명의 연구영역에 머물러 있다고 한다면 어째서 1980년대 이후 급속히 주목을 끌게 된 것일까?

　그 원인으로 다음 3가지를 지적할 수 있을 것이다. 첫째, 영양학이 급속한 발전을 이룸에 따라 여러 가지 문제에 영양학의 지견을 적용하는 시도가 이루어졌으며, 그러한 시도가 범죄·비행 문제에까지 파급되었다. 둘째, 앞서 기술한 화이트 케이스트원 키 항변와 같이 특수한 사건이 매스컴에 의해 과대 포장되면서 관심이 집중되었다. 셋째, 1980년대에 일어난 세계적인 건강식품 붐에 편승하여 영양학에 대한 관심이 급속하게 고조되었다. 따라서 영양과 범죄에 관한 연구가 일시적인 유행현상으로 끝날 것인지 아니면 정밀한 체계화를 이룰 것인지는 앞으로의 연구 발전 및 성과에 달려 있다고 할 수 있다.

제5장 신경생리학과 범죄

오늘날 뇌에 대한 학술적 연구는 흔히 뇌 과학이라고 불리는 신생학제인 신경과학에서 이루어지고 있으며, 이미 그 성과도 많이 축적되었다. 특히 범죄학에서 범죄의 원인을 규명하기 위해 두뇌활동에 관해 연구하는 분야를 신경생리학적 연구라 한다. 즉 뇌나 척수spinal cord 등의 중추신경과 신체 각부에 분포한 말초신경의 작용을 생리학적으로 연구하는 학문영역을 말한다. 종래에는 살아 있는 인간의 뇌나 신경을 연구하는 데 있어 많은 한계가 있었다. 그러나 최근 들어 신경생리학은 과학기술의 진보와 더불어 급속한 발전을 이루고 있다. 신경생리학 중에서 범죄와의 관련을 둘러싸고 주목되는 것은 이상뇌파에 관한 연구와 뇌장애에 관한 연구이다.

1 뇌파의 연구뇌에서 전류가 발생한다

뇌파에 관한 연구에서는 이상뇌파가 범죄와 어떠한 관련이 있을 것이라는 생각 하에 이전부터 활발한 연구가 이루어져 왔다.

뇌파라 함은 뇌가 그 활동 중에 발생시키는 100만 분의 1~5볼트, 8~12사이클/초 정도의 미약한 전파를 가리키며, 1924년에 H·벨거에 의해 처음으로 계측되었다. 뇌파의 측정은 임상검사의 하나의 수법으로서 널리 활용되어 왔다. 구체적으로 뇌파는 다음의 순서로 측정된다. (a) 두피에 은 등의 전도율이 높은 금속을 부착하여 두개골 너머로 뇌가 발생시키는 미량의 전류를 수집하고 이를 증폭기에 연결하여 확대시킨다. (b) 증폭기에 걸려 있는 전류를 정현파(正弦波)교류 전류로 바꾸어 일정한 속도로 회전하는 종이 위에 자동적으로 기록한다. (c) 기록된 정현파가 1초간에 몇 개 있고 아울러 그 크기電位를 나타냄가 몇 마이크로 볼트인가를 측정한다.

이렇게 측정된 뇌파는 파장에 따라 α파알파파, β파베타파, θ파세타파 등으로 분류된다. α파는 평균 30∼50 마이크로 볼트, 12사이클/초 정도의 뇌파로 통상 눈을 감고 안정을 취했을 때 발생한다. β파는 13사이클/초 이상, 30마이크로 볼트 이하의 뇌파로 긴장하거나 몸을 움직였을 때 발생한다. θ파는 α파보다 약간 느린 4∼7사이클의 뇌파로 심호흡 시에 가끔 발생한다. 측정했을 때 뇌파에 이상이 발견되는 경우가 있는데, 이러한 이상뇌파 측정은 간질이나 뇌종양 등의 진단에 유효하다고 하여 1970년대 중반 무렵 CT스캔이 등장할 때까지 중요한 역할을 담당하였다.

② 이상뇌파와 범죄살인범에 흐르는 이상뇌파

이상뇌파와 범죄와의 관련성은 1930년대 후반에 P·잭스퍼, B·브랫들리가 이상행동 아동을 대상으로 이상뇌파를 연구한 이래 현재까지 많은 성과가 축적되어 왔다. 예를 들어 D·스탠포드 클라크는 1949년에 살인범의 뇌파를 조사하였는데, 그 결과 통상의 살인범에게는 보여지지 않는 이상뇌파가 동기가 불명확한 살인범의 경우에는 높은 비율로 나타났다는 보고서를 제출하였다. 이와 비슷한 지적은 D·힐과 D·파운드가 1952년에 영국의 수형자 105명을 대상으로 실시한 뇌파 측정에서도 보여졌다. 그리고 1952년에 힐과 D·워터슨은 정신병질범죄자를 몇 개의 컨트롤 그룹과 비교한 결과 공격성 정신병질환자에게서 이상뇌파가 높은 비율로 검출되었다고 보고하였다. M·오스트로우는 다양한 카테고리에 속하는 자의 이상뇌파 비율을 조사하였는데, 정신병질환자나 동성연애자에 비해 간질이나 정신분열병 환자에게 이상뇌파의 비율이 높다고 보고하였다. 이상과 같은 지금까지의 뇌파 연구를 통해 일반인 중에서 뇌파에 이상이 검출되는 비율은 5%∼25%인 반면 범죄자의 경우에는 25%∼50%에 달한다는 사실이 확인되고 있다.

이상뇌파와 범죄의 관련성에 관한 연구조사 중에서 가장 중요한 것의 하나로 D·윌리엄스가

1969년에 제출한 보고서를 들 수 있다. 윌리엄스는 이 보고서에서 355명의 폭력적 비행자의 뇌파를 조사한 결과, 습관적 비행자의 65%에 이상이 보여지는 데 비해 초범 비행자의 경우에는 24%에 지나지 않았다고 발표했다. 아울러 샘플 중에서 뇌장애, 뇌 성숙지체, 간질의 증상을 지닌 자를 제외하고 나면, 초범 비행자의 이상뇌파는 전체 인구 중에서 이상뇌파 평균치와 동일한 12%였으며 습관적 비행자는 57%였다는 사실도 발표하였다.

이상과 같은 지금까지의 일련의 연구를 통해 어린이의 이상뇌파와 상관관계가 있는 정신상태로는 다음의 5가지가 지적되고 있다. (a) 충동제어력이 낮다. (b) 사회적응성이 결여되어 있다. (c) 호전적이다. (d) 짜증을 잘 낸다. (e) 파괴적이다. 그리고 성인의 이상뇌파와의 관련성이 지적되고 있는 정신상태로는 다음의 5가지가 있다. (a) 호전적이다. (b) 과도하게 비판적이다. (c) 자극에 민감하다. (d) 순응성이 결여되어 있다. (e) 충동적이다.

그렇다면 종래의 연구에서는 범죄와 관련이 있는 뇌파로써 구체적으로 어떠한 것이 지적되어 왔을까? 일반적으로 여파餘波라 불리는 2.5~5사이클/초의 큰 파가 많은 경우에 반사회적인 행동을 취한다고 여겨져 왔는데 이보다 특수한 타입을 꼽아보면 다음과 같다. ① 전두부前頭部 여파전두부에서 여파가 측정된 것으로서 공격성과 상관성이 깊고 난폭범에 많다고 여겨졌다. ② 후두부 여파후두부에서 여파가 측정된 것으로서 내향성, 무기력, 미숙 등의 성격과 관련이 깊으며 절도범이나 방화범 등에 많다고 여겨졌다. ③ 측두부 초점측두부에 초점을 가진 발작파로서 반사회성이나 다동성多動性 등과 관련이 있다고 지적되고 있다. ④ 14~6c/s 양성극파陽性棘波 1초 사이에 6사이클과 14사이클의 뾰족한 파형이 동시에 나타나는 것으로서 자율신경증상, 행동이상, 분노 발작, 공격성 등과 관련성이 높으며 충동적인 살인이나 방화를 저지른 자에게 높은 비율로 검출된다고 여겨졌다.

이와 같은 이상뇌파, 특히 여파의 원인으로는 다음과 같은 설이 주창되고 있다. ① 대뇌기능의 발육부진 혹은 미성숙, ② 대뇌피질의 자극 수준의 저하, ③ 간질, ④ 뇌장애. 그렇지만 현재까지는 어느 것이 원인인지는 충분히 해명되지 않고 있다.

범죄자는 뇌를 보면 안다?

'2054년 미국 워싱턴의 경찰은 범죄가 일어나기도 전에 범인을 잡는다.'

영화배우 톰 크루즈가 출연했던 영화 '마이너리티 리포트'의 상황 설정이다. 이는 범죄 발생 시간과 장소, 범인을 예측하는 '프리크라임 시스템Precrime System'을 갖췄기 때문이다. 최근 영화 내용과 비슷한 주장이 제기됐다. 사람의 뇌를 관찰하면 범죄자를 가려낼 수 있고, 범죄도 예방할 수 있다는 것이다.

미국 남캘리포니아대 에이드리언 레인 교수는 "범죄는 사회나 환경적 요소와 더불어 생물학적 요인이 매우 중요하다"고 밝혔다. 특히 뇌가 범죄와 밀접한 관련이 있다고 한다. 그는 각 41명의 정상인과 살인범의 뇌를 양전자 방사 단층촬영PET 방식으로 비교했다. 살인범의 뇌가 일반인보다 활동량이 적었다. 특히 전전두엽前前頭葉* 부분에서 큰 차이가 났다.

그는 또 1978년 15세 소년 101명을 무작위로 뽑아 검사했다. 심장 박동이 느리고, 피부전도율이 낮고, 뇌파가 느린 소년들이 장래 범죄를 저지를 가능성이 큰 것으로 예상됐다. 9년이 지난 뒤 실제로 24세가 된 소년들 중 17명이 범죄자가 됐다. 예측 정확도는 74.7%였다. 레인 교수는 "사회·환경적 분석과 함께 할 경우 정확도는 88.5%로 올라간다"고 말했다.

72년부터 인도양의 모리셔스에서 한 실험 결과도 흥미롭다. 그는 3~5세의 원주민 아이 100명에게 영양·교육·신체활동에서 상대적으로 풍족한 환경을 제공했다. 아이들이 23세가 됐을 때 평범하게 자란 아이들과 비교했다. 풍족한 아이들이 범죄로 기소된 비율은 3.6%로 평범한 아이들(9.3%)보다 훨씬 낮았다. 레인 교수는 "실험에서 충분한 영양 공급이 범죄 성향을 가장 많이 떨어뜨렸던 변수"라고 설명했다.

범죄 예방과 생선 섭취

레인 교수는 결론에서 "생선을 많이 먹는 게 범죄를 예방하는 것"이라고 주장했다. 생선기름의 DHA와 오메가3 등의 성분이 뇌신경을 활성화한다는 이유에서다. 그에 따르면 생선 섭취와 살인 발생률의 상관성은 높은 편이다. 생선을 많이 먹는 일본·홍콩·한국 등의 살인 발생 건수가 적은 반면 생선을 잘 안 먹는 불가리아·미국·헝가리 등에선 살인이 많이 일어난다는 것이다. 교도소 수감자에게 생선유를 꾸준하게 줬더니 공격 성향이 눈에 띄게 줄었다는 실험 결과도 있다.

* 전전두엽 : 대뇌의 앞 부분인 전두엽 중 운동 신경부위를 제외한 앞쪽 뇌. 의지, 창의성, 도덕성 등을 조절한다. 인간은 다른 동물보다 전전두엽이 발달했다중앙일보, 2004. 4. 7 참조.

③ 「이상뇌파」 연구의 영향

　앞에서 기술한 바와 같이 이상뇌파와 범죄의 사이에 일정한 상관관계가 존재한다는 것은 널리 인정되고 있다. 그러나 이러한 연구에도 많은 문제점이 존재한다. 여기서는 다음의 4가지 문제점을 살펴보기로 하겠다. 첫째, 이상성異常性의 판단기준이 주관적이며 데이터의 기록·정리 방법도 통일되어 있지 않기 때문에 과학적인 검증이 불충분하다. 둘째, 피험자가 형무소 등의 특수환경에 처해 있기 때문에 이상뇌파의 원인을 확정할 수 없다. 셋째, 피험자에 대한 장기간의 관찰조사가 이루어지지 않았다. 넷째, 이상뇌파가 범죄의 원인이라면 이상뇌파가 감지되었음에도 불구하고 범죄를 저지르지 않은 자를 어떻게 설명할 것인지 그 해명이 이루어지지 않고 있다. 이전에는 이상뇌파를 유발하기 위해 섬광 자극, 과다 호흡, 약물 투여 등의 방법을 이용한 검사가 실시되었지만 오늘날에는 행해지지 않고 있다.

　뇌파는 1920년대에 그 존재가 밝혀진 이래 정신병이나 간질의 치료에 활용되어 왔다. 아울러 뇌파와 범죄의 관련성을 증명하기 위한 연구도 긴 기간 동안 시도되었다. 그 결과 양자 사이에 일정한 상관관계가 인정되기에 이르렀다. 그러나 앞서 말한 바와 같이 많은 문제점을 해결하지 못한 채 현재에 이르고 있다. 최근에는 과학기술의 진보에 따라 뇌파계 이외에도 뇌 상태를 관찰하기 위한 수법이 개발되고 있다. 예를 들어 MRI자기공명 영상법, CT컴퓨터 단층촬영 등을 이용해 뇌의 구조나 활동을 조사할 수 있다. 신경생리학 측면에서 범죄를 고찰하고자 할 때 뇌파 이외의 것에 주목하는 접근방법이 존재할 것이라는 인식이 고조되고 있다.

　또한 뇌와 범죄의 관련성에 관한 그 밖의 접근방법으로는 뇌내 화학의 연구를 들 수 있다. 최근의 뇌내 화학의 연구에서는 뇌와 신경시스템이 천연의 내인성內因性 마약을 만들고 있음이 밝혀졌다. 이 마약은 화학적으로 아편이나 몰핀과 유사하다뇌내몰핀이론. 이 신경계의 마약은 사람이 위험이나 스릴을 경험한 경우에 그 양이 증가한다. 즉 뇌는 위험한 행위를 행한 보수로서 스스로 natural high자연스럽게 생기는 큰 만족도상태를 만드는 것이다. 여기서 이 high상태를 얻기 위해 암벽 등반을 하는 자나 스카이다이빙을 하는 자도 있는가 하면, 범죄를 저지르는 자도 있다는 지적이 생겨나게 되었다.

　스릴을 얻는 것 자체가 범죄의 동기가 될 수 있다는 생각은 이전부터 존재하고 있었다.

　예를 들어 사회학자인 J·캣츠는 『범죄의 마력』(1988)에서 소년에게 있어서 탈취만을 목적으로 한 강도행위는 자신의 힘을 과시하기 위한 스릴 넘치는 시위에 지나지 않는다고 기술하고 있다. 또한 폭력적인 범죄자에게 있어서 피해자의 생사를 결정하고 마치 신처럼 행동하는 것은 스릴과 흥분의 원천이 된다는 견해도 피력하고 있다. 이러한 뇌내 화학의 지견은 왜 특별한 동기도 없이 범죄를 저지르는 자가 존재하는지를 설명하기에 어느 정도 유익하다는 설도 있지만, 뇌내에서 분비되는 화학물질의 양 측정이 곤란한 현재의 상태로서는 실증이 불가능하다.

제6장 뇌장애와 범죄

　뇌는 순우리말로 골이라고 한다. 뇌는 신경세포들이 뭉쳐 큰 군집을 이루고 있는 덩어리로서, 동물의 중추 신경계를 관장하는 기관이다. 대부분의 움직임, 행동을 관장하고, 신체의 항상성을 유지시킴과 동시에 인지, 감정, 기억, 학습 등을 담당한다. 뇌장애는 뇌의 혈관장애나, 종양, 뇌염, 뇌막염, 진행마비 등 뇌 자체의 손상에 의한 이질적 장애를 비롯해 두부외상이나 각종의 중독 등에 의해 장애가 일어나는 것도 있다. 급성의 경우에는 의식장애가 현저하나 관성적인 상태에서는 지적능력의 저하가 보이며 비교적 경증의 경우에는 건망증이 나타난다. 실어증처럼 언어중추라는 뇌의 특정부위에 장애가 한정되어 일어나는 것도 있다. 환각, 망상 등은 일시적으로 보이지 않는다.

　이처럼 뇌장애는 이상뇌파 이외에 범죄와의 관련을 둘러싸고 주목을 받고 있다. X선 검사 등에 의한 방법으로 두뇌손상과 범인성의 관계를 분석해본 결과, 재소자나 폭력적인 환자들은 뇌기능에 장애를 앓고 있는 경우가 많다고 보도되었다. 이와 같이 이전부터 특정 뇌장애가 중추신경에 지장을 초래하여 범죄를 유발한다는 견해가 있었으나 그 대부분이 추측의 영역을 넘지 못하고 있다. 그러던 것이 최근에는 대뇌생리학 및 신경학의 급속한 발전으로 인해 범죄나 비행과 관련된 다양한 견해가 제시되고 있다. 특정 뇌장애와 범죄의 관련성을 지적하는 연구를 대별하면 뇌의 기질적(器質的)인 장애에 초점을 맞춘 것과 유소년기의 뇌장애에 초점을 맞춘 것 2가지로 나눌 수 있다.

기질성 뇌장애와 범죄타고난 성질에 의한 뇌의 장애

우선적으로 뇌의 기질적 이상이 뇌기능에 장애를 일으켜 범죄를 유발한다는 지적이 있다. 이러한 뇌의 기능 장애의 원인으로는 뇌의 외상, 부적절한 영양섭취, 공해, 알콜이나 약물 남용에 의한 영향이 지적되고 있다. 이들 요인에 의해 생기는 기질적 이상과 범죄의 관련성에 관한 연구에서는 ① 뇌종양 ② 뇌손상 ③ 기타 중추신경계의 질환 ④ 전두엽 장애 ⑤ 뇌 반구 기능 장애 등 5가지 증상에 주목하고 있다.

1) 뇌종양과 범죄휘트먼 사건과 뇌종양

뇌종양과 관련해서는 성격의 변화, 환각 및 정신병 증상의 출현 등을 포함한 다양한 정신증상이 문제시되고 있다. 오늘날에는 뇌종양 환자는 우울증 상태에 빠지거나 흥분·폭발 증상을 나타내거나 공격행위에 다다를 가능성이 있다는 것이 명백해졌다. 뇌종양과 범죄의 관련성은 미국에서 1966년에 일어난 「휘트먼 사건」을 계기로 주목을 끌게 되었다.

휘트먼 사건이라 함은 1966년에 해병대원이었던 C·휘트먼이 텍사스 대학 구내의 29층짜리 고층 빌딩에서 라이플로 지상에 있던 15명을 사살, 30명 이상을 중상 입혔던 사건을 말한다. 휘트먼은 경찰관에 의해 현장에서 사살되었고 그 후 시신을 해부했을 때 전두엽에서 커다란 호두크기만한 종양이 발견되었는데 범행에 이 종양이 어떠한 영향을 미친 것은 아닌가? 라는 의문 하에 주목을 끌었다. 그러나 전문가들 사이에서도 이 점에 대해서는 견해가 일치하지 않았고 결국 결론은 내리지 못했다.

2) 뇌손상과 범죄헌팅톤무도병과 범죄

뇌손상은 높은 장소에서 전락하거나 교통사고 등에 의해 두부에 강한 충격을 받았을 때 생겨난다. 이러한 종류의 뇌장애도 반사회적 행위나 폭력행위에 다다를 가능성을 지닌 인격으로 변

화하는 데 있어 관련성이 있다고 여겨졌다.

헌팅톤무도병HUNTINGTON'S CHOREA

헌팅톤무도병Huntington's chorea은 신경계 퇴행질환으로서 뇌의 신경세포가 퇴화되면서 근육간의 조정능력의 상실과 인지능력 저하 및 정신적인 문제치매유발가 동반되는 선천성 중추신경계 퇴행성 질환이다. 3대 특징은 상염색체 우성으로 유전되며, 증상은 일반적으로 손, 발, 얼굴, 몸통 등에 있는 불수의근의 점진적인 변화가 발생되며, 조절되지 않고, 갑자기 움직이는 듯한 불규칙적인 움직임무도병과 틱tics 또는 근육경련과 같이 무의식적으로 몸을 비트는 듯한 비교적 느린 움직임이 나타난다. 대개 30~40대에 나타나고, 남자에게 조금 더 흔히 발생하는 것으로 알려져 있으며, 부모 중 한 사람이 이 병에 걸렸다면 자녀들 중 절반에서 이러한 증상이 나타날 것을 예상할 수 있다.

최근에 이 질환은 삼 핵산염기의 반복이상에 의해 발생하는 질환의 하나인 CAG반복질환으로 판명되었으며, 이에 의해 Huntington이라는 비정상적인 단백질이 형성되어 병이 발생한다는 사실이 밝혀져 이 분야의 연구가 활발히 이루어지고 있다.

증상은 초기에는 성격변화의 증상으로 정신과적인 치료를 받는 경우가 흔하며, 이후에 무도증이 나타나는데 초기에는 주로 얼굴과 팔에서 시작하여 전신으로 진행된다. 치매증상은 기억력과 집중력의 장애가 우선적으로 나타나며, 이 외에 안구운동의 장애도 동반되어 안구운동이 느려지는 증상이 발생한다.

병이 진행하면서 무도증은 오히려 감소되고 대신에 파킨슨증상이 나타나며, 이에 따라 병의 후기에는 자세반사자극에 대한 반응의 이상, 구음 및 언어장애, 근육의 경직 등의 증상이 뚜렷해진다. 진단은 가족력 등의 과거병력과 진찰에 의한 임상소견에 의하며, CT촬영이나 뇌MRI와 같은 신경방사선 검사에서 미상핵대뇌반구의 기저부에 있는 회 백질 덩어리의 위축과 함께 측뇌실의 확장이 관찰되고 아울러 전두엽과 측두엽의 위축이 관찰되는 경우에 이 질환을 의심하게 된다.

3) 기타 중추신경계의 질환과 범죄분노와 흥분, 정서장애와 관련된다

그 밖에 대뇌동맥 경화, 간질, 노인성 치매, 코르사코프 증후군[39] 및 헌팅턴 무도舞蹈병 등의

---

39 코르사코프 증후군(Korsakov's syndrome) : 기억력의 장애, 시간적·공간적인 짐작이 곤란한 짐작의식의 장애, 건망·작어증(作語症) 등의 여러 증세를 나타내는 증후군(症候群)으로 건망증후군(健忘症候群)이라고도 한다. 환자는 시일을 잊어버리고 지금 막 지나온 길도 잊어버리며 그날의 식사의 내용이나 면회자 등도 잊어버리고 생각해내지 못한다. 또 짐작의식의 장애 때문에 자기가 놓여 있는 현재의 상황도 정확하게 판단하지 못한다. 질문에 답하는 내용은 공상적이거나 그 장소의 자극에 촉발되어 애매한 말을 하게 된다. 일반적으로 지능장애를 나타내는 노인성치매나 진행마비 외에, 알코올 정신병 등에서 볼 수 있으며, 두부외상이나 뇌종양 등의 경우에도 나타난다.

중추신경계 질환은 분노나 흥분을 동반하는 기억장애, 소재식자기가 시간적·공간적·사회적으로 어떠한 위치에 있는지에 대한 의식장애, 정서장애와 관련성이 있다고 지적되고 있다.

4) 전두엽의 장애와 범죄전두엽 손상은 억제 능력을 상실시킨다

전두엽은 행동규율에 중요한 역할을 한다는 것이 밝혀져 있다. 즉 전두엽은 행동을 허가함과 동시에 그 결과를 평가하고 필요에 따라서는 변경을 가하는 역할을 지닌다고 알려져 있다. 이 부분의 손상은 다음과 같은 증상을 발생시킨다고 한다. (a) 행위의 결과를 이해하는 능력에 중대한 영향을 미친다. (b) 경험 학습 능력을 잃게 된다. (c) 집중력을 감퇴시킨다. (d) 자기제어를 결여시킨다. (e) 충동적 행위를 증가시킨다. (f) 타인의 감정에 대한 배려 심을 저하시킨다. (g) 수치심, 죄악감, 자책감을 상실시킨다. 그 밖에도 전두엽의 손상은 공격적인 행동이나 성적 일탈을 억제하는 능력을 저하시키며, 알콜에 대한 반응을 과민하게 만든다는 사실도 알려져 있다.

5) 뇌 반구기능 장애와 범죄사이코패스는 양쪽 뇌의 소통에 문제가 있다

뇌는 좌우 두 반구로 나누어진다. 대뇌는 좌우의 반구와 양자를 잇는 뇌 기둥으로 구성되어 있다. 우반구우뇌와 좌반구좌뇌는 그 기능을 분담하고 있다는 사실이 알려져 있다. 특히 정보처리를 함에 있어서 우반구가 분석적·수직적 처리를 하는 데 반해 좌반구는 전체적·수평적 처리를 한다고 알려져 있다. 즉, 좌 뇌가 하나하나의 정보처리에 능하고, 우뇌가 전체적 형상화imaging에 능하다고 할 수 있다. 따라서 우반구에 기능장애가 존재하는 경우에는 환경적인 자극에 대한 세밀한 대응이 곤란하게 되어 범죄 등의 반사회적 행동에 이른다고 여겨지고 있다. 사이코패스는 이런 양쪽 뇌의 소통에 문제를 겪는다.

또한 좌반구에는 공격행동을 제어하는 기능이 있기 때문에 그 장애는 폭력행위를 용이하게 만든다는 지적도 있다. 범죄자에게 언어지능 장애가 높은 비율로 나타난다는 사실에 비추어 보더라도 범죄와 좌반구 장애의 관련성은 명백하다는 주장도 있다. 그러나 이와는 반대로 우반구 장애가 범죄에 관련성을 지닌다는 견해도 보인다. 다만, 우반구와 좌반구는 완전히 독립된 존재가 아니므로 이러한 지적처럼 명확하게 어느 한쪽 반구의 장애만을 범죄와 결부시키는 것이 적절한지에 대해서는 의문이 남는다.

6) 왼손잡이와 범죄 왼쪽 잡이가 범죄자 성격 형성이 강하다

전세계 인구의 10-12%가 왼손잡이이고, 남성은 여성에 비해 왼손잡이가 될 확률이 4% 가량 더 높다는 게 일반적 통계이다. 이미 C·롬브로조는 범죄자에 관한 실증적 연구의 결과로서 범죄자에 왼손잡이가 많다는 것을 지적했다 남성의 경우 3배, 여성의 경우 5배. 따라서 롬브로조는 왼손잡이가 범죄자의 성격 형성에 강한 영향을 미친다고 생각했다. 이러한 지적은 최근의 연구에서도 보여 진다. 캐나다의 심리학자 스탠리·코렌의 연구에서는 왼손잡이는 오른손잡이보다 사회적 동조성이 결여되어 있으며 준법의식이 희박한데, 그러한 성격적인 특징이 범죄자의 성격과 공통된다고 지적했다. 코렌은 출산 시에 조산이나 난산을 한 경우에 왼손잡이가 되기 쉽다는 사실을 예로 들어 왼손잡이와 범죄자의 성격형성의 관련성을 지적하고 있다.

역사 속에서도 왼손잡이는 악마, 신경쇠약, 반란, 범죄와 동성애 등의 상징으로 간주된 경우가 많다. 그러나 다른 한편으로는 현재의 사회가 여러 가지 점에서 오른손잡이 위주로 만들어져 있기 때문에 그러한 사회에 대한 반발이나 스트레스가 성격형성에 영향을 미칠지도 모른다는 가능성에 대해서도 언급하고 있다. 이러한 주장은 여전히 가설의 영역을 넘지 못하고 있지만, 사용하는 팔은 좌우의 뇌와 관련되어 있으므로 이와 같은 시점으로부터의 연구도 진행되고 있다.

② 유소년기의 뇌장애와 범죄

출산 전후나 유아기에 어떠한 요인으로 인해 뇌에 장애가 발생하고 그것이 나중에 범죄·비행의 원인이 된다는 설이 있다. 이러한 형태의 연구에서는 다음의 2가지 뇌장애와 범죄의 관련에 주목하고 있다.

1) 주의 결함 다 동성 장애와 범죄

주의 결함 다 동성 장애attention-deficit hyper-activity disorders : ADHD의 주된 특징은 주의가 산만하고 충동성이 있다는 것이지만, 그 특징이 장점일 수도 있다. ADHD인 사람은 그렇지 않은 사람에 비해 창조성이 높은 것으로 새로운 연구에서 보고되기도 했다. 또한 ADHD는 뇌손상, 태아기의 스트레스, 식품 첨가물의 알레르기 유전 등의 원인에 의해 발생되는데, 미국의 정신의학 회 공식진단분류표 DSM-Ⅳ에서 처음으로 사용된 명칭으로 예전에 미세 뇌기능 장애minimal brain disfunction : MBD로 불리던 개념에 상당한다고 일컬어 진다.

한편 세계보건기구(WHO)의 정신보건 프로그램의 일환으로 짜여 있던 진단 기준에서는 「다 동성 장애hyperkinetic disorders」라는 명칭의 카테고리가 설정되어 있다. 이 장애는 뇌 조직의 이상과 관련이 있다고 여겨지고 있다. 주의 결함 다동성 장애의 전형적인 증상으로는 (a) 주의력이 결여되어 있다, (b) 학업성적이 부진하다, (c) 침착하지 못하고 안절부절못한다, (d) 인내력이 결여되어 있다이상, 미국 정신 의학회 등을 들 수 있다. 또한 주의 결함·다 동성 장애의 증상으로 폭발성도 거론되고 있다. 그리고 이 증상이 가정 내의 폭력, 아동학대, 자살, 폭행, 충동살인 등의 범죄요인이 된다고 여겨지고 있다.

2) 조유아기 뇌장애와 범죄

독일의 R·렘프는 주의 결함·다 동성 장애와 흡사한 증상을 「조유아기早幼兒期 뇌장애」라고 부르고 이 장애와 범죄의 관련성에 대해 연구를 하였다. 임신 6개월부터 생후 1년 무렵까지는 「조유아기」라 불리는데, 이 시기는 뇌의 추체로 계錐體路系에서 신경돌기인 수초髓가 만들어지고 그 기능이 분화되는 중요한 시기에 해당한다. 모태의 영양장애, 중독, 외상 그리고 출산시의 타박, 산소 결핍, 외상 그 밖에 유아기의 고열질환, 영양장애, 감염증, 뇌 외상 등이 생기면 뇌에 운동장애를 동반하는 뇌성마비나 지적 발달 지체가 발생한다. 렘프는 이들 장애 중 경미한 증상을 「조유아기 뇌장애」라 부르고 조유아기 뇌 증상을 다음과 같이 종합했다. (a) 지능은 평균적이지만 물체의 상像과 배경의 식별 능력에 장애가 있다. (b) 주의력이 산만하며 어떠한 일에 쉽게 질린다. (c) 감정의 기복이 심하다. (d) 충동적이다.

(e) 외적 자극에 대한 반응이 과민하다. (f) 대인 거리감이 마비되어 아는 사람과 타인의 접촉에 구별이 가지 않는다. (g) 위험에 대한 공포심이 결여되어 있다. (h) 지능에 비해 학업성적이 나쁘고 글씨가 서투르며 손재주가 없고 옷차림이 서투르며 침착하지 못하다. 렘프는 이러한 특징을 지닌 어린이가 사회에 적응하지 못하고 열등감이나 공격성 등의 성질을 지니게 되며 결국 신경 증세나 범죄 등의 문제행동에 이른다고 생각했다. 그에 의하면 14세 미만의 형법범 중 반수 이상이 이러한 종류의 뇌장애를 보였다고 한다.

3) 학습장애와 범죄

학습장애는 개인내적 요인으로 발달적 학습듣기, 말하기, 주의집중, 지각, 기억, 문제해결 등이나 학업적 학습읽기, 쓰기, 수학 등 영역 중 하나 이상에서 심각한 어려움을 겪는 것으로 예전부터 학습능력 장애로 불리면서 범죄학뿐만 아니라 교육학에서도 높은 관심을 기울여 왔다. 따라서 범죄·비행과 학습장애learning disability의 관계가 주목되고 있다. 학습장애의 원인은 충분히 해명되지 않았지만 뇌장애를 비롯한 여러 가지 견해가 주창되고 있다. 그 증상으로는 읽기 장애, 실어증, 다동 성 등이 알려져 있다미국 정신의학 회, 세계보건기구.

학습장애 어린이는 학교에서의 학습활동에 적응할 수 없다. 비행소년의 대부분이 학습에 대해 거부반응을 나타냈기 때문에 비행과 학습장애 사이에는 연관성이 있을 것이라고 여겨졌다. 그러나 조사 결과에서 학습장애 소년의 범죄·비행 비율과 일반의 범죄·비효율 사이에는 별다른 차이를 보이지 않았다월드/버나드, 1990. 따라서 현재는 학습장애는 소년재판소 등의 통계과정에서 과잉으로 취급될 뿐 그 이상의 어떠한 의미도 지니지 않는다는 지적도 보인다. 또한 지금까지의 조사에서는 학습장애에 대한 정의가 통일되어 있지 않고 무엇이 장애의 원인인지조차 규명되지 않아 범죄성의 원인을 설명함에 있어서 과연 이러한 조사가 유효한가 하는 의문도 제기되고 있다.

4) 자율신경과 범죄

자율신경은 호흡, 순환, 대사, 체온, 소화, 분비, 생식 등 생명활동의 기본이 되는 기능이 항상

성homeostasis 을 유지하는 데 중요한 역할을 하고 있다. 자율신경은 무의식적으로 작용한다. 즉, 인간의 신경 중에서 불수의근不隨意筋: 의지와 관계없이 움직이는 근육의 운동이나 선(腺)의 분비 등을 자동적으로 조절하는 역할을 하는 부분이다. 그 활동은 투쟁이나 도피 등의 상황 하에서 특히 활발하게 이루어진다. 예를 들어 그러한 상황에 처했을 때 자율신경은 심박 수 증가, 피 흐름 변경, 동공 확대, 호흡 횟수 증가, 땀샘 자극 등을 일으켜 신체가 효과적으로 움직일 수 있도록 준비를 한다. 자율신경이 있는 덕분에 우리는 특별히 인식하지 않아도 각종 내장의 상태를 파악할 수 있으며, 심장을 움직이는 속도를 변화시키거나 음식을 먹은 후에도 소화관을 움직일 수 있는 것이다원심로. 그래서 자율신경 원심로의 중추는 시상하부hypothalamus에, 구심로의 중추는 시상thalamus에 있다.

영국의 심리학자 H·아이젠크는 이러한 자율신경 기능에 주목하여 범죄와의 연관성을 검토하였다. 즉 사람은 유아기에 어떠한 상황 하에서 벌이 주어지는지를 예측할 수 있도록 훈련됨으로서 벌에 대한 불안을 느끼면 그것을 회피하는 쪽으로 행동을 수정한다. 아이젠크는 이 불안반응이 자율신경에 의해 생겨나는 현상이라고 생각했던 것이다. 그리고 범죄자는 벌에 대해서 강하게 훈련되지 못함으로써 벌에 대한 불안을 강하게 느끼지 못하여 범죄를 저지른다고 생각했다. 이러한 아이젠크의 주장이 일반론으로서는 타당한 점도 있으나 오늘날에는 고전적 조건을 이론의 전제로 하여 단순하게 모델화하고 있다는 점에 의문을 던지는 목소리가 높아지고 있다.

③ 「뇌장애와 범죄」 연구에 대한 평가

척수와 함께 우리 몸의 중추신경계에 속하는 뇌는 신체 각 부분을 통솔하는 기관이다. 뇌를 구성하는 약 천억 개의 신경세포들은 끊임없이 정보를 교환하여 근육과 심장, 소화기관 같은 모든 기관의 기능을 조절할 뿐 아니라, 생각하고 기억하고 상상하는 등 인간의 복잡한 정신 활동을 일으킨다. 뇌의 구성과 기능에 관한 연구는 현대 과학기술의 발달에 수반하여 비약적인 진보를 이루었다. 특히 CT스캔이나 MRI가 뇌의 형태학적 조사방법으로서 활용되고 뇌의 연구가 활발하게 진행되고 있는 오늘날, 「뇌의 이상 소견과 범죄」의 문제가 다시 주목을 받게 될 여지가 있음은 부인할 수 없다.

단, 지금까지의 연구에서는 뇌장애와 범죄가 상관관계를 지니고 있는지에 대해 아직도 충분한 해명이 이루어지지 않고 있으며, 현재에도 가설의 영역을 벗어나지 못하고 있다. 종래의 연구는 뇌장애를 지닌 범죄자의 환경요인에 주의를 기울이지 않았다는 감이 있다. 따라서 오늘날에는 뇌장애와 사회적 부적응 사이에 어느 정도의 연관성이 존재하는지에 대해서는 어느 정도의 의견 일치가 이루어지고 있지만, 범죄와의 관련성에 대해서는 앞으로의 추가적인 연구에 기대를 걸 수밖에 없다.

범죄의
심리학적
요인

제1장 서설

학문적으로 분류하면 심리학은 마음의 이치를 따지는 학문으로 궁극적인 목적은 인간의 심리만을 알고 이해하려는 것이 아니라 인간전체를 알고 이해하려는 학문이다. 따라서 범죄의 심리학적 원인론은 모든 인간의 행위는 하나의 정신적 과정에서 그 기능이 상호작용하여 나타나는 결과로 보고, 범죄의 원인을 찾기 위해 인간의 심리과정을 추적해 보는 것으로 범죄자의 심리적 문제, 특히 정신질환 등에 포커스를 두는 관점이다. 즉, 개인의 정신 상태나 심리상태를 중심으로 범죄현상을 설명하는 접근방법으로 생물학적 이론과 마찬가지로 환경의 영향보다는 개인의 자질이나 속성을 중심으로 하는 이론이다. 심리학자들은 모든 인간의 행위를 어떠한 정신적 과정의 기능으로 조망하기 때문에 범죄행위까지도 인격특성의 장애로 파악하는 것이 어쩌면 당연한 것인지도 모른다. 물론 모든 범죄자가 정신적인 또는 심리적인 이상이나 결함을 가진 것은 아니지만 심리학적원인론자 들은 범인성의 원천을 사람들의 정신적 과정에서 추적하고, 따라서 범죄를 충동하는 심리학적 과정을 결정하지 않고서는 범인성의 원인을 이해할 수 없다고 주장한다.

이 장에서는 범죄의 심리학적 요인에 대하여 검토한다. 최근의 범죄의 심리학적 요인에 관한 연구 동향은 ①「심층심리와 범죄」 연구, ②「성격과 범죄」 연구, ③「지능과 범죄」 연구, ④「정신장애와 범죄」 연구의 4가지로 대별할 수 있다. ①「심층심리와 범죄」 연구는 프로이드Freud에 의해 시작되었으며 이후 계승자들에 의해 이론적으로 발전을 이루었다. ②「성격과 범죄」 연구는 유형론적인 접근방법과 특성론적인 접근방법의 두 가지로 나뉜다. ③「지능과 범죄」 연구는 범죄자의 지능이 낮다는 가정 하에서 출발한 것으로 1950년대에는 완전히 종식되다시피 했으나 1980년대에 들어서면서 다시 활성화되었다. ④「정신장애와 범죄」 연구는 다양한 종류의 정신장애와 범죄의 관련성을 검토하고 있다.

특히 최근에는 정신의료가 향상되고 정신장애자에 대한 인권의식이 고조되면서 정신장애의 진단기준의 객관화를 지향하는 정신 및 행동장애 분류표ICD-10이나 DSM-IV를 개발하는 등 「정신장애와 범죄」 연구를 둘러싼 움직임이 눈부시다. 그 밖에도 오늘날의 심리학에서는 구조주의 심리학이나 인지심리학이 활성화되고 있다. 이중에서 구조주의 심리학은 심리학이 의식을 연구하는 과학이고 경험의 세계를 연구한다는 입장으로 특히 경험의 세계를 3분하여 시각과 청각과 같은 물리적 감각과 비슷하면서도 다른 면이 있는 감정 또는 느낌, 그리고 기억이나 꿈과 같은 심상으로 나누어 보았으며, 이와 같은 요소들을 분석하여 이들의 조합관계 및 연구방법을 밝히는 데 두었다.

반면에 인지심리학은 인지란 모든 형태의 지식을 일컫는 용어로 사람들이 정보를 취하고 조작, 전달하는 방식을 연구하는 것으로 인간의 뇌에 의해 이루어지는 주의, 기억, 언어 및 사고 등의 정보처리 과정을 탐구하고 그 결과를 응용하는 학문이라 할 수 있다. 범죄의 심리학적원인론은 개인의 범죄 동기나 문제를 설명할 수는 있지만, 사회적 원인을 별로 감안하지 않고, 또한 정신적으로 심각한 질환이 아닌 많은 사례들을 설명하기에 부적합할 수 있다는 평가도 있으며, 현재까지 범죄학의 영역에서는 현저한 실적을 올리지는 못했지만 향후의 동향은 주목할 만하다.

제2장 범죄심리학의 발전

범죄행동을 이해하고 설명하기 위해서는 심리학뿐만 아니라 범죄학, 사회학, 법학, 인류학, 의학, 철학 등의 다양한 학문적 바탕이 있어야 하고, 개인적인 범죄행동을 설명하기 위해 다양한 요인의 영향을 받기도 한다. 그중에서도 범죄심리학Criminal Psychology은 범죄의 원인을 범죄자의 이상심리에서 구하려고 하는 학문으로 심리학적 이론과 원리를 적용하여 범죄자의 행동을 이해 및 설명하고 범죄행동의 교정 및 예방을 과학적으로 연구하고 응용하는 분야이다. 즉 범죄자에 대한 지식을 수집·정리하여 체계화함으로써 잠재해 있는 범행의 심리를 해명하여 범죄자를 보다 타당하게 이해하려는 이론이다. 앞에서 설명된 롬브로조의 선천성 범죄자설이 제시한 범죄자의 선천적인 신체적 특징은 심한 비판의 표적이 되었고 결국 지지를 잃어갔던 것에 비해, 정신적 특징은 꾸준한 지지를 받으면서 오늘날의 범죄심리학 발전으로 이어졌다. 그렇다고 해서 범죄심리학이 범죄인류학의 흐름에서 파생된 것으로 보는 것은 단편적인 이해다. 왜냐하면 롬브로조의 생래적 범죄인설이 발표된 이후에 범죄심리학 연구가 싹트기 시작했기 때문이다. 오히려 18세기 말엽부터 시작된 범죄 심리의 해명에 대한 초기적인 시도가 롬브로조에게 영향을 주었고, 그것이 생래적 범죄인설을 거쳐 범죄심리학으로 결실을 맺은 것이라고 보는 것이 올바른 이해다.

1 범죄심리학의 시작

범죄행동을 이해하기 위해서는 엄격한 의미에서 심리학뿐 아니라 다양한 요인에 의해 설명되어져야하기 때문에 유럽에서는 범죄심리학이란 용어를 사용하고 있으나, 반면에 영미 권에서는 아직 범죄심리학이라는 용어사용이 찾아보기 어렵다. 오히려 법심리학이라는 용어가 사용된다. 법심리학은 법적절차에 관한 광범위한 분야를 연구하는 학문으로 범죄 심리학 이외에 경찰심리학, 법정심리학, 교정심리학을 하위 분야로 두고 있다. 그러나 최근에는 법심리학의 하위분야로 나누기보다는 함께 통합되어 가고 있으며, 법정에서 피고인의 정신장애, 피소역량, 재범예측, 치료 및 예방뿐만 아니라 용의자의 행동 특성을 분석하여 수사에 도움을 주고 있다.

범죄심리학의 시작을 살펴보면 범죄나 비행에 관한 여러 가지 문제 중에서 심리학적 이론 방법을 사용하는 학문으로 범죄의 심리학적 요인이나 범죄자의 정신적 특징을 찾아내려고 하는 시도는 18세기 말부터 19세기에 걸쳐 정신의학자를 중심으로 시작되었다. 그 중에서도 근대 정신의학의 창시자인 프랑스의 P·피넬Philippe Pinel은 1793년의 프랑스 혁명 시에 쇠사슬에 묶여 있던 정신병원 환자를 해방시킨 것으로 유명하지만피넬 혁명, 범죄자의 선천적인 정신적 특징을 인정하였다는 사실도 널리 알려져 있다.

그의 제자인 J·에스키롤Jean Esquirol은 1816년에 자신의 「모노마니monomanie : 부분적 망상」 논문에서 피넬의 설을 옹호하였고, 독일의 정신과 의사 그롤망도 에스키롤과 마찬가지로 1818년에 피넬의 설을 지지한다는 입장을 밝혔다. 19세기 중반부터 후반에 걸쳐 오늘날 범죄심리학의 원류라고 말할 수 있는 이론이 출현하였다. 이와 같은 정신의학의 진보는 "형벌은 광인을 일반인과 구별하지 않는다"고 하는 19세기 초기까지 이어진 사조에 수정을 가했다.

19세기 중반에 오늘날의 범죄심리학에 이어지는 두 가지의 중요한 이론이 제기되었다. 하나는 영국의 J·프리챠드James Prichard가 제기한 「도덕적 정신장애＝배덕설moral insanity」이다. 이 설에서는 범죄자는 도덕감각이 마비되어 선악의 구별이 되지 않기 때문에 범죄에 빠지는 것으로 판단하여 그들을 일종의 도덕적 광인으로 취급하였다. 다른 하나는 프랑스의 정신의학자인 B·모렐

Benedict Morel이 제기한 「변질」설이다. 이 설에서는 범죄자는 원시인 레벨까지 퇴화되어 신체적·정신적인 변질의 징후를 지닌 자로서, 이들 징후는 유전된다고 생각하였다.

프리챠드의 「도덕적 정신장애」 사고를 발전·계승시킨 사람은 영국의 정신의학자 H·모즐리Henry Maudsley이다. 그는 기질器質: 器官형태의 해부학적 소견으로 인정될 만한 성질론적인 입장에서 정신장애의 개념을 파악하여 도덕성과 뇌기관의 연관성을 주장했다. 한편 모렐의 변질설을 발전·계승시킨 사람은 프랑스의 V·마넨Valentin Magnen : 1835-1916이다.

그는 당시의 진화론이나 골상학의 성과를 토대로 하여 「평형 상실자」정신적 밸런스를 상실한 자의 개념을 제시하였다. 이러한 도덕적 정신장애설이나 변질설의 흐름에 맞추어 수많은 이론연구가 출현하였고, 이들 연구는 롬브로조의 선천성 범죄자설에 영향을 줌으로써 이후의 정신병질 개념의 확립에 이어졌다. 또한 1872년에는 독일의 크래프트·어빙Kraft-Ebing이 범죄심리학의 이름을 붙인 최초의 서적『범죄심리학의 기초』를 출판하였으며 1898년에도 H·그로스Hans von Gross가 『범죄심리학』을 출판하는 등 범죄심리학의 흐름이 정착되어 갔다.

G·따르드Gabriel Tarde : 1843-1904는 리용학파에 속하는 사회학자로 재판관의 실무경험을 지니고 있고 후년에는 사법성의 범죄통계국장에 취임한 사람이다. 따르드는 맑스주의적 세계관 위에 서서 범죄의 원인을 자본주의 경제 질서의 제도적 모순에서 구하면서, "범죄자를 제외한 모든 사회에 책임이 있다"는 극단적 환경일원론을 주장하였으며, 사회심리학적 연구를 기초로 개인의 특성과 개인의 사회와의 접촉 과정을 분석하여 모든 사회적 현상이 모방이듯이 범죄행위도 모방으로 이루어진다고 주장했다. 또한 따르드는 "범죄자를 제외한 모든 사람에게 죄가 있다"는 철저한 환경중시의 입장에 서서 라까사뉴와 함께 롬브로조를 통렬히 비판했다.

즉 따르드는 롬브로조가 말하는 선천성 범죄자는 직업범죄자에 지나지 않으며, 어떠한 신체적·정신적 특징이 있다고 해서 숙명적으로 범죄를 저지를 만한 자는 존재하지 않는다고 비판한 것이다. 따르드는 범죄의 원인으로 빈곤여기에 수반되는 영양부족이나 질병 등의 사회적 요인을 중시하여, "빈곤한 자와 약자가 처해있는 환경을 개선한다면 범죄자의 수는 감소할 것이다"라고 주장하였다. 또한 그는 재판관의 경험을 바탕으로 하여 도의적 책임론을 지지하였다. 이러한 따르드의 비판은 범죄인류학의 기반을 심하게 흔들었다. 범죄학사에 따르드의 이름을 남긴 것은 그가 범죄심리학의 기초를 쌓았기 때문이다.

특히 따르드의 모방설은 당시의 학계에 반향을 불러일으켰다. 모방설은 다음과 같은 3개의 가설로 이루어져 있다. (a) 거리의 법칙 : 여기에서 거리란 심리학적인 의미의 거리와 기하학적 의미의 거리를 포함하는 개념으로 모방성의 정도는 사람과 사람의 거리에 정비례하며 밀접한 심리적 접촉이 있으면 모방되기 쉽다. 예를 들면 지방보다 도시가 범죄의 모방이 빈번하고 빠르게 진행되며, 시골은 관습이 지배적이고, 도시는 유행이 지배적이다. (b) 방향의 법칙 : 모방이 확대되는 방향은 「높은 곳에서 낮은 곳으로」이다. 따라서 사회적으로 상위에 있는 자로부터 하위에 있는 자에게 확대된다. 예를 들면 이전에는 왕족의 범죄였던 독살이 지금은 서민에까지 번지고 있다.

(c) 삽입의 법칙 : 무한진행의 법칙이라고도 하는데 범죄의 발전과 변화과정을 설명하는 이론으로 모방이 확대되는 형태는 행위 ⇒ 관습이라는 형태로 진전된다. 범죄는 다른 어떠한 사회적 현상과도 마찬가지로 유행으로 나타나며, 그리고 나서 마침내 관습이 된다. 즉 새로운 「유행」으로서의 모방이 종래의 모방 속에 삽입되어 예전부터 있었던 「관습」으로 변화한다. 예를 들면, 칼에 의한 살인과 총포에 의한 살인 등 배타적 범죄수단 중 총포에 의한 범죄가 증가함에 따라 칼에 의한 범죄방법이 감소되거나, 산업사회에서 배금주의 사치풍조가 유행함에 따라 배타적인 금전획득 수단인 노동과 절도가 다 같이 증가하는 경향이다.

또한 모방의 법칙은 사회현상은 모방에 의해 발전한다는 것을 주장한 것으로서, 르봉의 저서 『군중심리학』(1918)과 함께 사회심리학의 고전으로 꼽을 수 있다. 사회학 영역에서는 이러한 따르드의 생각을 경제적 조건 등 사회적 동기를 무시하고 유전의 법칙, 사회적 도태 이론을 경시, 사회현상을 지나치게 단순화한 단편적인 견해이며 모방으로 설명하기 어려운 새로운 사회현상에 취약하다고 비판하였다. 그러나 모방설의 아이디어는 심리학 영역에서는 나중에 학습이론으로 결실을 맺었을 뿐만 아니라, 도시범죄와 농촌범죄를 분석하고 범죄통계의 부적정성을 지적하고, 롬브로조에 대한 비판과 미국의 학습이론에 깊은 영향을 끼쳤으며, 범죄학 영역에서는 직업범죄자의 존재를 지적함으로써 E·H·서덜랜드의 분화 적 접촉이론의 발전 토대가 되었다는 점에서 반드시 기억해 둘 필요가 있다.

범죄심리학의 발전

심리학적 이론과 원리를 적용하여 범죄자의 행동을 이해 및 설명하고 범죄행동의 교정 및 예방을 과학적으로 연구하고 응용하는 분야인 범죄심리학적 접근방법은 19세기에 프리챠드, 모렐, 따르드에 의해 전개되었으며, 20세기에 전반에 들어서면서 비약적인 발전을 이룩했다. 범죄심리학적 접근방법의 주된 영역으로는 ① 정신측정학파 ② 정신병질학파 ③ 정신분석학파의 세 학파가 있다.

1) 정신측정학파

정신측정학파는 범죄의 주요 요인으로 정신박약_{지능 결함}을 들었다. 이 학파는 범죄자는 지능에 결함이 있으며 그 결함은 유전적으로 계승된 것이라고 주장하였다.

(1) 고다드의 가계조사

정신박약_{지능 결함}이 범죄의 주요 원인이라고 생각한 사람은 20세기초반 유명한 미국의 심리학자이자 우생학자인 H·고다드_{Henry Goddard}였다. 앞에서 설명한 것처럼 고다드는 2차례에 걸쳐 유명한 가계조사를 실시하였는데, 범죄인 가계란 범죄인의 계보적 연구 결과, 특정한 가계 내에 범죄인이나 정신병자, 정신병질자 등의 이상성격자, 부랑자들이 많이 배출된 가계를 말한다. 이 연구는 가계 내에서의 범죄성의 유전여부를 분석 평가하는 것이다.

연구 중 하나는 1912년에 실시한 "칼리카크家: 정신지체의 유전에 관한 연구"로 조사대상이 된 것은 다음의 두 가계였다. ① 남북전쟁에 종군했던 뉴저지주의 마틴·칼리카크_{가명}가 戰地인 어느 시골에서 알았던 정신박약자인 여성과의 사이에서 태어난 자식의 자손_{480명}, ② 마틴·칼리카크가 전후 귀향하여 선량한 여자인 퀘이커교도_{개신교의 한 종파}의 여성과 정식 결혼한 사이에서 태어난 자식의 자손_{490명}. ①의 경우, 후손들 중에서 정신박약자 143명, 성적 비행자 33명, 알콜중독자 24명, 간질환자 3명, 범죄자 3명, 매춘관리업자 8명 등이 발견되었다. 이에 비해 ②의 경우는 후손들 중 3명을 제외하고는 모두 정상이었다.

또한 그는 1908년 비네의 지능테스트 방식을 영어로 번역해 미국에 처음으로 소개하였는데, 프랑스인이었던 비네는 정신수준이라는 개념을 사용했는데 반해, 고다드는 이 개념을 정신연령이라는 개념으로 바꿔 자신의 검사방법으로 미국에 이민 온 이민자 22,000명을 대상으로 지능검사를 하게 되었다. 그리고 1914년에 저술한 『정신박약 원론』에서 고다드는 비네式지능측정법을 이용한 방법으로 16명의 소년원 수용자를 조사하였다.

그 결과 각 시설에는 28%～89% 정도의 정신박약 소년이 수용되어 있었는데 평균적으로 약 50%의 소년이 정신박약이라는 조사결과가 나왔다. 고다드는 이들 조사결과에 근거하여 다음과 같은 범죄자 ＝ 정신박약자설을 제시하였다. (a) 거의 모든 범죄자는 정신박약이며 모든 정신박약자는 잠재적 범죄자이다. (b) 정신박약자는 법률위반의 결과가 어떠한 것인지, 즉 법의 의의를 이해하지 못한다. (c) 정신박약은 멘델의 법칙에 따라 유전한다. (d) 정신박약자는 멸종 또는 격리되어야 한다.

(2) 고다드에 대한 평가

이와 같은 조사결과 범죄학적으로 범죄와 유전의 문제가 상당히 중요한 비중을 차지함을 말해주고 있다. 이처럼 고다드의 연구는 당시의 학계에 놀랄만한 반향을 불러일으켜 범죄자·비행소년의 정신측정과 관련된 많은 조사연구를 낳았다. 그러나 그의 연구방법론은 곧 많은 의문제기를 가져오기도 했다. 왜냐하면 그의 이론은 쉽게 말해 '천재의 자식은 천재가 되고, 바보의 자식은 바보가 된다'라는 주장으로 우생학의 강력한 옹호자라는 비판을 받았기 때문이다. 또한 「범죄자 ＝ 정신박약자」설은 롬브로조의 선천성 범죄자설을 재탕한 것이라든가, 고다드가 실시한 1914년의 조사는 실제로는 5개 시설만을 가지고 지능테스트를 하였기 때문에 불완전한 것이라는 등의 비판힐리의 『소년 비행』(1936), 서덜랜드의 『정신박약과 범죄』(1931)도 뒤따랐다.

결정적으로는 제1차 세계대전 시에 군대에서 실시된 몇 가지 지능테스트 결과를 이용하여 병사와 수형자를 비교한 결과, 수형자 쪽이 지능지수가 높았다는 보고가 있은 다음부터는 고다드의 가설 근거는 크게 흔들리게 되었다. 이러한 사정을 배경으로 지능과 범죄라는 테마는 종식된 것처럼 보였다. 그러나 이 테마는 1980년대에 다시 부활하였고 범죄학에서는 현재까지도 심한 논쟁을 벌이고 있다. 또한 최근에는 『정신박약 원론』에 게재한 인물을 우둔하게 보이기 위해 고다드가 사진을 수정했다는 사실이 판명되기도 했다.

2) 정신병질학파

개념적으로 정신이상정신병이라 함은 의학적 측면에서는 신경정신계통의 장애로 비정상적이고 괴이한 행동을 하는 증상으로 넓은 의미에서 정신기능에 이상을 나타내어 사회생활에 적응하지 못하고 일상생활에 지장을 초래하는 병적상태를 말하지만, 좁은 뜻으로는 선천성인 정신이상, 즉 정신지체나 인격의 변질을 일으킨 정신병질이나 심인성반응노이로제 등을 제외한 나머지의 병적 정신 상태를 말한다. 그런 측면에서 정신병질은 정신이상과는 그 개념의 차이를 구분하고 있다.

즉, 19세기 말부터 20세기에 걸쳐서 유전 편중이라는 비판을 받으면서도 당시의 우생優生운동의 고조를 배경으로 지지자를 늘려나갔던 이론이 프리챠드의 도덕적 정신장애설이나 모렐의 변질론 이었다면, 20세기에 들어서면서 정신장애의 개념을 엄밀하게 정의하여 정신의학을 체계화하는 기운이 높아짐에 따라, 「도덕적 정신장애」나 「변질」의 대용으로 「정신병질」이라는 용어가 빈번하게 사용되게 되었다. 정신병질 개념에 대한 연구는 크게 '고흐'와 '슈나이더'의 연구 등 2가지 흐름으로 대별할 수 있다.

(1) 고흐의 정신병질 개념

첫 번째 흐름은 정신병질을 정신병과 정상의 중간상태로 이해하는 입장으로, J·고흐J. Kooch가 그 창시자이다. 고흐는 다음과 같이 정신병질을 설명하고 있다. "선천적인 것과 후천적인 것을 불문하고 개인의 생활에 커다란 영향을 주는 정신이상이긴 하지만, 가장 불량한심한 경우라 하더라도 반드시 정신병은 아니며, 가장 가벼운 경우라 하더라도 정상적인 행위능력을 지닌다고는 볼 수 없다." 고흐는 이러한 정신병과 정상의 중간에 위치하는 존재를 가리키는 개념으로 「정신병질樣底格」이라는 말을 사용했다. 이 연구를 지지하는 사람으로는 T·쩨헨T. Ziehen, E·크레펠린E. Kraepelin, K·번

바움K. Birnbaum, E·크레취머E. Kretschmer 등이 있다.

(2) 슈나이더의 정신병질 개념사이코패스

1920년대 독일의 심리학자로서 사이코패스의 개념을 처음으로 소개한 K·슈나이더는 정신병질을 질병과는 무관한 「정상에서 변이·일탈한 상태」로 파악하는 입장으로, 다음과 같이 말하고 있다. "그 인격의 이상성에 자신 스스로 고민하거나 혹은 그 이상성 때문에 사회가 고민하게 되는 이상인격"이 정신병질이다. 나아가 슈나이더는 사이코패스Psychopath란 보통 사회적 인격장애증을 앓고 있는 사람을 가리키는데 다음의 10가지 유형으로 세분화하여 파악할 것을 제창했다.

① 발양 형發揚型 ② 억울 형 ③ 자기불확실 형 ④ 광신 형 ⑤ 자기현시 형 ⑥ 기분이변 형易變型 ⑦ 폭발 형 ⑧ 성정결여 형 ⑨ 의지결여 형 ⑩ 무력 형. 이 입장을 지지하는 자로는 H·그룰레Hans Gruhle가 있다. 결국 정신병의 원인에 대해서는 아직 밝혀지지 않은 것이 많지만, 이전에는 유전병이라고 단정적으로 생각하였으나, 정신의학의 발달과 향 정신약물과 치료법의 발달로 유전병이라는 생각은 점차 변하였다.

최근에는 그 원인으로서 흔히 내인內因, 외인外因으로 나눈다. 내인이란 사람이 가지고 있는 소질을 뜻하며, 가장 중요한 것으로 소질과 유전 문제를 든다. 성별, 연령, 민족의 차이 등도 문제가 된다. 외인이란 후천적인 것으로 신체, 특히 뇌에 가해진 신체적 원인을 말하며, 심인은 정신적, 심리적 원인을 뜻한다. 이 중 한 가지만이 정신병을 일으킨다고 볼 수 없고, 평소에는 내부에 잠재되어 있다가 범행을 통하여서만 밖으로 드러나기 때문에 주변 사람들이 알아차리지 못하며 이런 원인들이 서로 복합하여 병적 상태를 만든다고 보고 있다. 이들은 감정을 지배하는 전두엽 기능이 일반인의 15%밖에 되지 않아 다른 사람의 고통에 무감각하므로 자신이 저지른 죄의 대가로 받게 될 처벌을 두려워하지 않음으로써 재범률도 높고 연쇄 범죄를 저지를 가능성도 일반 범죄자들보다 높다.

또 공격성 성향을 억제하는 분비물인 세로토닌이 부족하여 사소한 일에도 강한 공격적 성향을 드러낸다. 사이코패스는 이 같은 유전적 생물학적 요인에 사회 환경요인이 결합되어 나타나는 전인격적 병리 현상으로 본다.

3) 정신분석학파

정신분석학파의 이론의 주창자는 오스트리아의 정신과 의사인 S·프로이드Sigmund Freud :1856-1939이다. 그는 인간은 본래 공격적·파격적이며 반사회적 충동이나 본능을 갖고 있기 때문에 범죄는 그릇된 어린 시절의 훈련이나 부모의 무관심 또는 효과로 개인을 통제하지 못하기 때문에 생기는 것으로 범죄나 비행을 적절히 통제하고 조정함으로써 범죄를 방지할 수 있다는 것으로 인간의식 하의 심층심리를 분석함으로써 범죄에 이르는 메커니즘을 해명하는 데 기여를 하였다. 프로이드는 범죄행동에만 초점을 맞춘 것이 아니라 임상의로서의 체험을 살려 인간행동 전반에 대한 해명을 시도하였다.

(1) 프로이드의 정신분석학

정신분석학이론의 창시자라 할 수 있는 프로이드는 정신분석이라는 조직적인 성격이론을 처음으로 제안하고 체계화하였다. 이학파의 주요내용은 1. 심리적 장애의 원인은 대부분 어릴 때의 손상상처, 트라우마이 원인이 된다. 2. 남녀의 차이점은 성기의 유무에 있다. 3. 생물학적 기제와 본능적인 충동을 기초로 하고 있다. 또한 우리의 정신세계가 의식과 무의식의 두 부분으로 구성되어 있다고 하였다. 특히 무의식의 본질과 기능에 연구의 초점을 두고 성격이나 심리적, 가시적인 행동은 무의식에서 온다고 하며, 그의 저서 '꿈의 해석1900'에서 인간의 마음을 의식consciousness, 전의식preconsciousness, 무의식unconsciousness의 3가지 층으로 이루어진다고 파악하고, 특히 무의식의 과정을 굉장히 중요하게 보고 있다.

또한 프로이드는 인간의 심층심리구조는 다음의 세 가지 요소로 되어 있으며 그것들은 서로 갈등하고 있다고 생각했다. ① id원초아: 태어날 때 지닌 원시적 충동, 원본능, 가장 본질적이고 1차적인 욕구 ②ego자아: id와 현실의 타협을 도와주는 여과기 ③ superego초자아, 양심, 가장 도덕적인 정신체계로 죄악을 용납하지 못함. 이 중에서 성욕, 식욕, 공격충동 등의 본능인 이드가 무의식 세계에 존재하며, 이를 초자아가 제어하면서 인간은 일상생활을 보내고 있는 것이다당시 프로이드는 초자아를 의식세계에 위치시키고 있었으나 나중에 무의식 세계에 속하는 것으로 변경하였다. 그리고 자아가 이드와 초자아 사이에서 양자의 조화를 이루도록 하고 있지만, 이드나 초자아가 너무 강하면 자아는 양자 사이에 끼어 그 작용을 하지 못하기 때문에 신경 증세를 일으킨다고 생각하였다.

이처럼 프로이드는 무의식에서 인간의 모든 행동과 심리적 장애 등이 발발한다고 보았다. 더구나 프로이드는 "어린이는 범죄자로 이 세상에 태어난다"고 말하고 있는 것에서 알 수 있듯이, 인간은 본래 리비도[40]라고 불리는 성적 에너지에 지배되고 있으며, 리비도의 고착이 중지했을 때 인격이나 행동의 불균형이 발생하고, 끊임없이 이드에 의해 본능적인 욕망에 따라 살아가려고 하는 경향이 있다고 생각했다.

그러나 다른 한편으로는 이러한 이드는 성장함에 따라 의식적으로 초자아에 의해 억제되고, 자아가 이드와 초자아의 조화를 이루도록 한다고 보았다. 즉 범죄를 저지르는 자를 가리켜, 이드나 초자아가 너무 강하기 때문에 자아가 양자의 사이에서 딜레마에 빠지게 되고, 그 결과 「신경증세를 일으킨 자」나 성장했음에도 불구하고 어떤 이유에 의해 초자아의 기능이 완전히 작동되지 않아 이드를 충분히 「억제할 수 없는 자」라고 설명했다.

(2) S. Freud 이론의 세 가지 성격구조

프로이드는 인간의 성격이 다음과 같이 원초아id, 자아ego, 초자아superego의 세 부분으로 구성되어 있다고 설명했다.

① id원초아, 본능

원초아는 인간성격의 가장 원시적이고 본능적인 개인의 충동으로 의식주, 음식, 배설, 성적 쾌락 등 생리적 본능과 자기보존, 종족보존의 욕구 등 생물학적 충동을 의미하는 것으로, 모든 에너지의 원천이며 심리적 행동에 힘과 방향을 준다. 따라서 본능적 충동은 자아의 힘이 약화되었

---

40 성적 본능인 리비도(libido)
　　① 리비도는 일생을 통하여 일정한 순서에 따라 각각 다른 신체부위에 집중된다. ② 집중되는 신체부위를 성감대(erogenous zone)라고 하였다. ③ Freud는 성감대가 옮겨지는 연령변화에 따라 발달단계를 구분하였다. 즉 개인의 성격은 5~6세 이전에 그 기본적 구조가 완성되고 그 후의 발달은 이 기본구조가 정교화되는 과정으로 보아 초기경험의 중요성을 강조하였다. ④ 각 발달단계에서 추구하는 만족을 충분히 얻으면 다음 단계로의 발달로 이행되고 각 발달단계에서 욕구의 불충족이나 과잉충족은 다음 단계발달을 저해하고 고착현상(fixation)으로 나타나 성인이 되었을 때 정신건강의 문제로 나타난다.

을 때에는 의식세계의 공상으로 나타날 수 있으나 보통 때는 무의식에 잠겨 있다. 또한 원초아는 일차과정으로서 쾌락원칙에 지배를 받아 쾌락만 추구하고 고통을 회피하며 자기의 욕구를 충족시켜 나아가는 과정이라 할 수 있다.

아울러 원초아는 생물학적 소산인 동시에 성격의 기초적인 면이며, 자기의 욕구를 충족하기 위해 외부와 싸우는 과정에서 자아ego가 발달하기 때문에 성격의 무의식적 부분으로 기본적 욕구들의 저장고이며 성격의 기초가 된다. 따라서 원초아는 욕구가 발생하면 즉각적이고, 직접적으로 충족되기를 원하는 쾌락의 원리에 의해 작동된다. 따라서 주로 성적이고, 공격적이며 현실의 제한이나 미래의 결과와는 상관없이 현실의 만족을 추구한다. 억압된 원초아의 욕구는 무의식 속에 숨겨진 채로 사람의 삶에 대한 본능에 영향을 미치게 한다.

프로이드S. Freud는 원초아의 충동을 크게 두 가지 범주로 분류하여 삶의 본능life instinct과 죽음의 본능Death instincts, Todestrieb으로 구분하였다. 우선 삶의 본능을 에로스eros라고 하는데, 삶을 유지하고 향상시키려는 무의식적 충동에 관련된 본능으로 개인의 생명을 유지시키고 자신과 타인을 사랑하게 만들며 종족 보존과 번창을 가능하게 한다. 그러나 이들 본능은 종종 비합리적이고 무의식적인 특징을 지니기도 한다.

그러나 삶의 본능 중에서도 개인의 성격발달에 가장 큰 영향을 미치는 것은 성적 본능이며 이것에 내재하는 정신에너지를 리비도라고 한다. 또한 프로이드는 초기 자신의 이론에서 리비도를 성적 에너지를 지칭하는 용어로 사용하였다. 그러나 이후에는 즐거움, 쾌락, 만족을 추구하는 모든 활동을 삶의 본능이라는 개념에 포함시키고 리비도를 이러한 모든 삶의 본능적 에너지를 일컫는 개념으로 확장하였다.

이처럼 삶의 본능은 굶주림, 갈증, 배설, 성욕과 같이 유기체가 생존하는 데 필요한 기본적인 것이며 개인과 인류의 생존에 기여하며 성장, 발달, 창조성을 추구한다. 또한 죽음의 본능과 동등하며 대립하는 힘이다. 그러나 프로이드는 생명이 없는 상태가 생명이 있는 상태를 항상 이기기 때문에 죽음의 본능이 우세하다고 보았다상담학 사전, 2016. 01. 15., 김춘경, 이수연, 이윤주, 정종진, 최웅용.

이에 반해 죽음에 대한 본능Death instincts, Todestrieb은 생명 본능의 반대 개념이며, 모든 생명체는 본래의 무기물의 상태 즉, 죽음의 상태로 돌아가고자 하는 본능을 가지고 있다는 것이다. 유기적 본능은 보수적이고, 이 본능은 역사적으로 습득되고 이전의 상태로 회복하려는 경향이 있다고 가정한다면, 생명체는 원래의 상태로 되돌아가려는 본능을 가진다고 할 수 있으며, '모든 생명체의 목적은 죽음이다'라고 그는 주장한다. 이렇게 해서 첫 번째 본능은 무생물 상태로 돌아가려는 본능인데, 유기체가 단순한 구조일 경우에는 죽는 일이 쉬웠으나, 유기체가 복잡해지면서 죽음에 이르기까지 상당한 '우회로'를 택해야 했다고 설명한다.

이러한 주장은 살아있는 존재들이 일반적으로 가지고 있다고 믿어지는 자기 보존 본능이나 자기주장의 본능, 지배 본능과는 반대라고 할 수 있다. 실제로 유기체들은 '유기체 그 자체에 내재한 것 외에는 어떠한 무기체적 존재로도 돌아가지 못하게 차단하는 기능'을 한다. 그렇지만 죽음 본능에 따르면 이 유기체들의 본래의 성격은 자기를 보존하는 것에 있는 것이 아니라 다만 '그 자신의 방식대로만 죽기를 바란다'고 할 수 있다.

이 각각의 유기체는 죽음을 거부한다기보다는 죽음에 이르는 방식에 있어서 단순한 유기체들이 가지고 있는 단순한 방식의 죽음이 아니라, 우회로를 거친 죽음을 향해 나아간다는 것이다. 그러므로 프로이드는 '생명의 수호자들도 원래는 죽음의 충실한 앞잡이'라고 설명한다. 성적본능은 죽음본능과 다른 측면이 있다. 생식 세포들은 본래의 유기체에서 떨어져 나와 그들이 생기도록 한 과정을 반복하고, 결국에는 본래 유기체의 일부였던 것이 끝까지 발생을 거듭하여 발생과정의 출발점으로 돌아오게 된다.

이 과정을 통해서 생식 세포들은 살아있는 물질의 죽음에 대항해서 일하고 '잠재적 불멸'이라고 할 만한 상태에 이른다. 그것들은 살아있는 물질의 이전의 상태를 복원하려 한다는 점에서 다른 본능들과 같은 의미에서 보수적이다. 그러나 그들은 외부적 영향에 대해서 특이하게 저항한다는 점에서 더 보수적이다. 그리고 그들은 생명체를 비교적 오랫동안 보존한다는 점에서 또 다른 의미에서 또한 보수적이다. 이것은 죽음본능에 상대된다는 점에서 진정한 생명본능이다_{김학}

균, 문학비평용어사전, 2006. 1. 30. 한국문학평론가협회.

② ego자아

정신분석 이론의 발달사에서 중요한 위치를 차지하고 있는 용어로서, 자아는 원초아와 초자아 그리고 본능적인 욕구와 외적인 현실세계간의 중재자 역할을 하는 정신의 중심적인 구성요소이다. 세부적으로 살펴보면, 한 마디로 자아는 현실원칙에 따라 작동되는데, 우리의 현실에 맞추고, 맥락을 고려해서 원초아의 욕구를 자제시키거나 억제하도록 한다.

즉 의식된 성격의 부분으로 충동을 조절하여 현실에 적응하도록 하는 정신구조로서 외부와 직접적으로 대치하고 있으며 동시에 원초아의 충동을 만족시키는 행동을 선택하는 역할을 하면서, 개인의 행동이 사회적으로 용납될 수 있도록 통제하는 기능을 갖고 있는 성격의 한 부분이다.

더구나 자아는 전부는 아니라 해도 대부분 의식적인 성격의 기능으로서, 개인으로 하여금 객관적 현실을 이해할 수 있는 판단력을 가지게 하며, 합리적인 사회생활을 영위하고 사회규범을 따르게 하는 부분이다. 원초아가 쾌락의 원칙에 지배를 받는 반면, 자아는 현실원칙에 지배를 받기 때문에 현실파악을 위해 인식과정이 발달되었다. 여기서 현실원리란 적절한 대상이나 환경조건이 나타날 때까지 원초아에서 비롯된 긴장의 발산을 지연시킬 수 있는 능력을 말한다. 결국 자아는 성격의 행정적 구실을 하여 '성격의 집행관'이라고 불리기도 한다.

③ superego초자아

초자아는 우리 성격의 도덕적인 부분으로 자아로 하여금 현실보다 이상적인 목표를 추구하도록 한다. 즉, 도덕적 태도, 양심, 죄의식을 나타내는 정신기능으로 개인의 행동을 이상에 따르도록 하는 역할을 하며, 쾌락이나 현실보다는 이상적이고 완전한 것을 지향한다. 또한 초자아는 사회적 가치가 내면화된 것으로 부모의 영향을 받은 도덕기준과 부모와의 동일시 과정을 통해 발달한다. 그래서 사회의 가치에 위반되는 행동을 하면 양심에 가책을 느끼고, 보람된 일을 하면, 만족과 자긍심을 느끼는 것은 초자에 의해 나타나는 현상이다.

이 외에 문화적·전통적으로 내려오는 가치와 그 사회가 요구하는 이상 등의 윤리적 가치를 포함하며 양심이라는 말로 표현할 수 있으며, 어린이가 부모의 명령이나 금지 등을 내면화함으로써 발달하기도 하는 것으로 초자아는 자기통제의 형태로 완벽을 지향하며 양심과 자아이상으로 구성된다.양심: 자아로 하여금 본능의 직접적인 표현을 막고 id의 충동에 대해서 여러 가지 방어기제를 쓰게 한다. 자아이상: 개인이 동일시하려는 사람과 비슷한 양상으로 행동하게 한다. 어린이가 5세쯤에 이르면 초자아 형성의 기틀이 잡히기 시작하여 청년기에 이르기까지 계속 형성·발달된다.

결국 본능적 욕구에 대해 원초아는 즉각적인 만족을 추구하는 반면, 초자아는 우리에게 도덕성을 추구하게 하므로 원초아와 초자아 사이에는 긴장이 발생하게 된다. 둘 간의 중재자 역할을 자아가 하는데, 역할이 잘되지 않으면 우리는 갈등을 느끼게 되고, 이것이 불안이다. 따라서 불안을 제거하기 위해 사람들은 무의식적으로 자신을 속이거나 상황을 다르게 해석하여, 감정적 상처로부터 자신을 보호하는 심리의식이나 행위인 일종의 방어기제를 사용하게 된다.

(3) 오이디푸스와 엘렉트라 콤플렉스

오이디푸스 콤플렉스라 함은 남자아이들이 어머니에게 성적인 애정을 느끼고근친상간 소망 아버지를 어머니의 애정쟁탈의 경쟁자로서 적대감정살인 소망을 지니게 되는 것으로, 거세불안증 Castration anxiety: 아버지가 자기의 성기를 없앨까 염려하는 불안을 갖게 된다. 이에 비해 엘렉트라 콤플렉스는 남근선망penis envy 사상으로서 여성이 페니스가 없는 자신을 남성보다 열등한 존재로 여겨 그러한 상태로 자신을 낳아 준 어머니에 대한 실망과 남근이 없는 책임을 어머니에게 돌리고 이때부터 아버지를 더 좋아하여 아버지의 자식을 임신한다고 하는 환상을 가리킨다.

프로이드는 정신분석학 용어로 성본능性本能, 성충동性衝動의 뜻인 리비도Libido는 인간의 성장에 따라 옮겨간다 하며, 사춘기에 갑자기 나타나는 것이 아니라 태어나면서부터 서서히 발달하는 것이라고 생각하였다. 그래서 인간 정신구조의 성장과정을 다음의 5단계로 구분하였다. ① 구강기생후부터 1세 ② 항문기2세부터 3세 ③ 남근 음핵기4세부터 5세 ④ 잠복기6세부터 12세 ⑤ 성기기청년기 이후. 이 중 초자아나 이드의 발달에 있어서 가장 중요한 시기는 ③인데, 이 시기는 자기 성기를 만지고 주무르며 쾌감을 느끼는 때로서 이성의 부모에게 강한 성애적인 감정을 보이며 동성의 부모에게는 질투나 적의를 나타내는 오이디푸스 콤플렉스Oedipus complex나 엘렉트라 콤플렉스Electra complex 형성기에 해당한다. 많은 어린이는 잠복기인 ④의 시기에 사회적 규범에 동조하고 콤플렉스를 극복하는데, 극복에 실패한 어린이는 무의식중에 신경증세의 죄악감이 생겨나며, 이러한 죄악감으로부터 도피하기 위해 처벌 요구가 생겨 범죄에 이르게 된다는 것이다. 프로이드는 이러한 심리 메커니즘에 의해 범죄에 이르는 자를 「신경증 범죄자」혹은 「죄악감으로부터의 해방범죄자」라고 불렀다.

또한 프로이드의 문하생인 A·아들러Alfred Adler는 오이디푸스 콤플렉스 대신에 열등감을 기본개념으로 설정하여 범죄에 이르는 심리과정을 ① 기질적器質的·사회적으로 낮은 지위 → ② 정신적 열등감 → ③ 권력추구와 남성적 저항 → ④ 지나친 대가 → ⑤ 범죄의 순서로 나타내었다. 한편 헤르만은 프로이드의 이론을 범죄학에 도입하여 롬브로조의 선천성 범죄자설에 정신분석적인 요소를 가미하였다.

또한 1930년대에 활약한 W·힐리William Healy는 비행을 자아실현의 일종으로 보고, 비행을 이상한 시각으로 바라보지 말아야 한다고 주장했다. 그리고 비행원인을 유소년기의 애정관계의 결여에서 기인하는 정서장애에서 찾고자 했다정서장애 이론. 이와 같이 프로이드를 중심으로 한 정신분석학의 주장은 그동안 많은 지지를 받았으며 이후의 이상심리학, 역동심리학, 임상심리학 발전에 커다란 발자취를 남겼다.

(4) S. Freud의 성격발달 단계

프로이드의 성격발달은 5단계이다. 발달단계에서 고착과 퇴행이라는 단어를 주목할 필요가 있다. 다음 단계가 시작된 이후에도 이전단계의 쾌락추구에 집착하여 머무는 것을 고착이라 한다. 이전 단계의 집착과 고착이 심화되면, 만족을 얻었던 이전단계로 돌아가려는 경향이 있다. 이것을 퇴행 이라 한다. 성본능은 구순기·항문기를 통해 발달하다가 5세경에 절정에 이른 후 억압을 받아 잠재기에 이르고, 사춘기에 다시 성욕으로 나타난다고 주장한다.

그러나 리비도는 중도에서 발달이 중지되기도 하고固着, 완전히 발달했다가 거꾸로 되돌아가기도 한다退行. 이상성욕이나 신경증神經症이 이에 속한다. 리비도가 충족되기를 바라다가 충족되지 않을 때는 불안으로 변한다. 또한 리비도는 승화되어 정신활동의 에너지가 되기도 한다. 프로이드는 처음에 리비도를 자기보존본능과 대립되는 것으로 보았으나, 나중에는 이 둘을 결합, 에로스영원의 결합을 구하는 본능라고 하여 죽음의 본능, 즉 삶을 파괴하려는 본능과 대립시켰다.

① 구강기oral stage. 0~18개월

구순기라고도 하는 시기로서 출생에서 약 1세까지의 시기0~18개월이며, 입술 혹은 입 부위가 쾌락의 원천으로서 이 시기에는 엄마젖을 먹거나 손가락을 빨면서 본능적인 쾌감을 느끼는 시기로 어머니에게 의존하여 안정과 위협을 경험한다. 따라서 즐거움의 근원은 빨기, 물기, 삼키기 등의 충동으로, 즉각적인 만족에 빠지게 되며, 유아는 자신에게 만족과 쾌감을 주는 인물이나 대상에게 애착을 느끼며, 성적 쾌감을 얻을 수 있는 것은 자신의 의지가 아닌 타인, 즉 주로 어머니에 의해서이다. 만약 이 단계에서 고착이 되면, 수동적이고 친절하며 낙천적, 호의적인 성격을 형성하게 된다.

반대로 반동형성_{발달단계}에서는 쾌락추구 이전에 해야 할 일들이 있는데, 이 일들에 대해 불안감이 심화되거나 좌절이 있게 되면 나타난다_이 되면 이 시기의 욕구의 불충족이나 과잉충족은 성장과정에서 성격적 결함으로 나타나, 거칠며 빈정대고 야심이 많은 사람이 된다. 즉, 이 시기와 관련된 성장기 성격결함으로 지나친 흡연, 깨물기, 과음, 과식, 남을 비꼬는 일 등의 미숙한 행동을 나타낸다.

② 항문기_{anal stage, 2~3세}

구순기 이후 단계로 약 2세에서 3세까지의 항문이 성적 쾌감을 주는 원천이 되는 시기로 배설기관이 쾌감을 가져오는 부위가 되며, 배변훈련이 유아의 성격에 미치는 영향이 중요한 시기이며 주된 성감대는 항문으로, 유아는 배변훈련을 통해서 항문근육의 자극을 경험하게 되고, 이 경험을 통해서 성적 쾌감을 얻게 된다. 이때 대소변 가리기 훈련이 시작되며, 유아는 이때 처음으로 본능적 충동에 대한 외부적 통제를 경험하게 되며, 엄격한 대소변 통제훈련은 성장과정에서 고착현상을 야기할 수 있다.

이 단계에서 고착이 되면, 무절제하고 기분파가 된다. 반동형성이 되며 지나칠 정도로 정돈을 잘하고 규칙적이며, 완고하고 인색한 성격이 된다. 즉, 고착현상의 징후는 대소변이라는 더러운 대상으로부터 정반대의 깨끗한 것을 찾는 반동형성으로 지나치게 규율을 준수하는 결벽성을 갖게 된다.

③ 남근기_{phallic stage, 3~5세}

이 시기에는 성기에 대해 주의를 하게 되고, 다른 사람의 몸에 흥미를 가지게 된다. 약 3세에서 5세까지의 본능적인 에너지가 성기 주위에 집중되는 시기로 주된 성감대는 성기에 있다. 이 시기의 아동은 남녀의 신체차이, 아기의 출생, 부모의 성 역할 등에 관심을 갖는다. 남자아이는 오이디푸스 콤플렉스가 나타나며, 여자아이에게는 엘렉트라 콤플렉스가 나타난다. 또한 동성부모의 가치를 자기 것으로 내면화시키고 초자아를 형성하는 동일시가 나타나는 시기로 매우 복잡하고 자극적인 감정이 교차되는 특징을 보이며, 성격형성에 매우 중요한 단계이다. 고착현상의 징후는 성 불감증, 동성애 등의 신경성 질환을 유발한다.

동일시 현상 IDENTIFICATION PHENOMENON

정신분석학에서 다른 개인이나 집단의 특징을 자신의 것과 동일하게 여기는 정신적 조작이다. 즉, 구별하지 않고 동일한 것으로 보고 똑같이 취급하는 현상을 말하는 것으로 ㉠ 자기 환경 속에 있는 중요한 인물의 행동을 본받으려는 현상으로 남근기에는 거세불안을 감소시키고, 어머니의 애정을 얻기 위해 아버지에 대한 동일시 기제가 나타난다. ㉡ 동일시에 의해 아버지의 생각 · 태도 · 행동 등을 모방하고 자기 것으로 삼음으로써 아버지를 닮게 된다. ㉢ 동일시에 의해 아버지를 자아가 도달할 수 있는 이상으로 삼음으로써 자기이상이 형성된다. ㉣ 여아는 거세불안증이 없으므로, 이를 해소하기 위한 동일시 기제가 없다. ㉤ 오이디푸스 콤플렉스는 유아기 아동의 성격발달에 결정적 영향을 미친다.

④ 잠복기 latent stage. 6~11세 사춘기 이전

본능적인 충동이 점점 쇠퇴해지는 시기로, 약 6세에서 11세의 사춘기이전이다. 성적인 욕구가 철저히 억압되어 심리적으로 평온한 시기로 성적 활동은 침체되지만 지적 호기심이 강해지고 동성의 또래관계가 긴밀하게 된다. 이 시기를 잠복기간이라고 하는 이유는 단지 성격으로 침체된 시기라는 의미이다. 성적인 부분을 제외하고는 학교생활을 하게 되면서 본능적인 충동을 사회적으로 받아들여지는 쪽으로 순화된다. 즉, 새로운 학습, 사회적 지위역할, 운동능력의 신장 등 매우 활동적인 모습을 나타내는 등 이 시기에 논리적으로 사고하여 타인의 입장도 고려할 수 있게 된다.

⑤ 생식기 genital stage. 11세 이후

사춘기라고 하는 시기로 11세 이후 사춘기에 접어들면서 여러 성기관이 성숙하게 되고, 생식의 욕구가 왕성해지는 시기이다. 성적 욕구가 다시 생기게 되는 등 성적인 것과 공격성이 잘 드러

나는 시기이며, 급속하고 왕성한 성적 성숙에 의하여 이성에 대한 성애性愛의 욕구가 본격화된다. 이 단계의 성적 쾌감은 진정한 이성적 사랑의 대상을 찾아 만족을 얻고자 하는 것이다. 이성의 부모에 대한 지나친 애정은 불가능하고 부모와의 성적 관계는 금기시됨을 알고, 따라서 부모로부터 독립하려는 욕구가 생기며, 진정한 사랑의 대상으로서의 이성을 찾게 된다. 즉, 감정적으로 불안정하지만, 어린 시절을 순조롭게 보낸 사람은 곧 불안정을 끝내게 된다.

3 인격심리학적 이론인성이론: personality theory

인성이란 자신만의 생활스타일로서 다른 사람들과 구분되는 지속적이고 일관된 독특한 심리 및 행동양식을 말한다. 즉, 인성은 일상생활을 유지하기 위한 개인의 방법을 특색지우는 일련의 습관이라 할 수 있다. 따라서 인격심리학적 이론은 사람의 성격을 다양한 기준으로 분류하여 범죄원인이 개인의 심리적 성향에 있는 것으로 이해한다. 이 이론은 개인은 사회화과정을 통하여 도덕적 행동을 하도록 조건 지어지는데, 범죄자는 정상인과 달리 도덕적 인성을 형성시키지 못해 제재의 위험성이 있는데도 순간적인 자기 통제력이 결핍되어 범죄를 저지르게 된다고 한다.

즉 인성이론에서는 범죄란 인간의 심리적 테두리 내에 존재하는 개별적 갈등이 표출된 것으로 보는데, 이러한 인성의 발전은 현재의 생활경험에서도 영향을 받지만 그 발생기원은 아동기에 있으며, 특정한 인성적 특징이 인간의 전반적인 행위·외관을 특징지워지며 비정상적인·파괴적 인성 특징이 범죄를 유발시키도록 작용한다고 가정하고 있다. 그러나 이 이론은 범인성과 인성변수의 인과관계가 규명되지 않고 있어 일반적인 이론으로 지지되지는 못하고 있다. 즉 범죄행위가 특정 인성특징의 결과인지 아니면 인성특성이 범죄경험의 결과인지 확실하게 밝혀지지 않고 있다김옥현, 2000: 291.

인지발달이론cognitive development theory

인지발달이론은 인간이 선천적으로 타고난 발달적 단계와 학습의 상호작용을 통해 환경에 대해 지각하고 생각하며 이해하는 인지적 발달이 이루어진다는 심리학 이론으로서 도덕적 판단력이 인간의 인지발달에 따라 내재화하는 과정을 상정하여 범죄원인을 규명하고자 하는 접근방법이다. 이 이론은 사람이 어떻게 외부사회의 가치와 규범을 획득하여 자신의 사고로 조직화내재화하느냐의 문제를 범죄행위 연구에 있어서 중요한 관점으로 보고 있다. 즉 사람은 법이나 규율에 대한 자신의 사고를 조직화하는데, 그들이 자신의 사고를 조직화하는 방법에 따라 비행적 또는 준법적 행위가 초래된다고 본다.

이에 의하면 범죄자들은 동일한 사회적 배경을 가진 준법자들보다 도덕적 판단의 발달이 매우 낮은 것으로 밝혀졌다. 또한 이 이론에 의하면, 단순히 처벌을 피하기 위해서 또는 자기이익을 위해 법을 지키는 사람들은, 사회의 모든 구성원에게 이익이 되는 것으로 법을 간주하고 타인의 권리를 존중하여 사회규범을 내재화하는 사람들보다 범죄를 범할 가능성이 훨씬 높다고 한다. 따라서 더 높은 도덕적 수준을 갖도록 성장과정에서 도덕심을 배양하는 것이 중요하다는 점을 강조한다. 그런데 이러한 도덕적 판단의 발전은 개인의 지적능력과 생활경험에 좌우된다고 한다.

이 이론은 도덕성과 범인성의 관계를 직접 검증한 경험적 연구가 거의 없는 실정이고, 도덕수준이 낮은 것이 폭력적 행동을 유발시킨다는 것을 적절하게 과학적으로 증명하지 못하고 있으므로 하나의 추측에 머무르고 있다이윤호, 1996: 153.

5 행동 및 학습이론

1) 의의

행동 및 학습이론은 인간의 공격적 행동성향은 학습된 것이 아니라 본능에 의존한다고 설명하는 본능이론과 인간의 공격욕구는 외부조건, 즉 좌절의 정도에 의해 생성된다고 보는 좌절·공격이론의 오랜 논쟁을 극복하면서 등장했다 배종대, 1996: 171.

이 이론에 의하면, 인간의 행위는 학습경험을 통하여 발전된다고 보기 때문에, 이 이론에서는 초기 아동기에 형성된 무의식적인 인성특징이나 인지발달보다는 사람들이 일상생활 중에 체험하게 되는 실제행위를 중시한다. 즉 사람은 타인으로부터의 반응에 따라 자신의 행동을 변용시키는 존재이므로 인간의 행위는 인생경험에 의해서 끊임없이 변용되는 것이며, 범죄행위도 생활상황에 대한 학습된 반응이지 반드시 비정상적이거나 도덕적으로 미성숙한 인성에 의한 것이 아니라는 것이다. 그리고 인간은 폭력적으로 행동할 능력을 가지고 태어나는 것이 아니라 오히려 생활경험을 통하여 폭력적인 것을 학습한다고 한다.

미국의 심리학자로 사회학습이론social learning theory의 주창자인 밴두라Bandura에 의하면, 공격적인 행위의 형태 및 빈도, 공격적인 행위가 나타나는 상황 그리고 공격을 위하여 선택되는 특정 목표 등은 대개 사회학습요인에 의해 결정된다고 한다. 즉, 인간의 학습과정은 직접적인 경험을 통해 학습되는 행동도 있지만 타인의 행동을 관찰하고 모방함으로써 새로운 행동을 학습할 수 있다는 것이다. 그러나 사람들은 자기가 학습한 모든 행위를 다 실제 행동으로 옮기는 것이 아니라 그것을 실행할 만한 자극이나 동기가 주어질 때에만 행동으로 옮기게 된다고 이해한다. 이처럼 행동 및 학습이론은 행위자에게 주어지는 자극이나 동기를 강조하는 점에서 심리학적 원인론의 범주에 속한다 외부적 환경을 통한 학습을 범죄의 직접원인으로 보고 학습과정을 중시하는 사회학적 이론인 학습이론들과는 이 점에서 구별된다.

2) 연상학습이론Pavlov 조건반사

가장 오래된 학습이론으로서 연상 작용에 의한 학습이론을 다룬다. 즉, 조건화된 자극의 제시에 의하여 조건화된 반응을 이끌어내는 것을 주요내용으로 한다. 이 이론은 러시아 생리학자 Pavlov가 종소리와 먹이를 연상토록 한 것을 시작으로 발전되었다. Pavlov는 개를 묶어 놓고 종을 울리고 먹이주기를 계속했다. 그러자 개는 먹이가 없이 종소리만 들어도 침을 흘리는 반응을 보였다. 종소리와 먹이가 동시에 연상된 것이다. Pavlov는 이러한 연상이 동일한 종소리에 국한되는 것이 아니라 유사한 소리에도 침을 흘리는 것을 발견하고, 일반화generalization를 소개하였다.

한편 그는 먹이 없이 종소리만 계속 들려주었을 때, 침의 양이 점점 줄어드는 것을 알고서 소거distinction가 일어남을 주장했다. 이러한 Pavlov의 실험을 조건반사reflexible responses라고 부른다. 이 이론은 이름에서 나타나는 의미처럼 자극에 대한 반사적 행동reflexible responses: 종소리와 타액반응이 나타나며 Freud의 이론을 필두로 많은 성격이론이 나타난 것 같이 Pavlov의 이론을 시작으로 많은 학습이론들이 선을 보이게 되었다.

(1) 거스리의 인접성 연상이론association by contiguity 첫 번째 경험의 중요

Guthrie Horton은 자극-반응적응이론의 대표자로서 Pavlov 의 이론을 심리학계에서 공인하여 이론의 체계를 세우는데 공헌한 학자로 그가 주장한 인접성 이론은 한 번-시도 연상one-trial association에 근거를 둔다. 인접성 이론은 Pavlov와 같이 여러 번의 연상을 시도한 후에 자극과 반응의 관계가 형성되는 것이 아니라, "행위는 첫 번째 경우에 충분한 강도strength가 있었다면, 단한 번의 시도에 의해서 학습된다"Guthrie, 1952, p. 155는 것을 주장한다. 그래서 기억memory은 빈번한 반복보다 이와 같은 첫 번째 경험에 의해서 얻어진다고 주장한다.[41]

---

41 Guthrie에 따르면, Pavlov가 실험용으로 사용했던 개는 첫 번째 자극-연상의 학습이 이루어지지 않았기 때문에 자극을 반복적으로 주어서 연상할 수 있었다. 이런 주장을 설명하기 위해서 Guthrie가 실험실의 다른 소리를 제거했을 때, 자극과 연상의 짝수(the number of pairs)가 줄어들었다는 것을 알 수 있었다. 이 말의 의미는 Pavlov가 개에게 주었던 자극이 매번 약간씩 달랐다는 것이다. 그래서 만약 학습하기에 충분한 강도의 자극이 첫 번째 주어졌다면, 그렇게 많은 자극-반응의 연상이 필요치 않았을 것이라는 주장이다(Sahakian, 1976). 그러므로 Guthrie에 따르면 "조건화(conditioning)는 유무사건(有無事件: an all-or-nothing affair)이다"(Guthrie, 1952, p. 81).

'충분한 자극'이 무엇인지 이해하기 어려울 수 있겠지만, 다음의 예가 이해를 도울 것이다. 어린이가 뜨거운 주전자에 손을 댔다가 혼쭐이 난 경우에 다시는 주전자에 손을 대려하지 않는다. 만일 어린이가 어설프게 주전자에 손을 대었다면, 또다시 그것에 손을 댈 것이다. 이와 같이 뜨거운 주전자에 혼쭐이 난 것은 충분한 자극이다. 그러면 어린이는 다시 뜨거운 것에 손을 대지 않는다.

따라서 대부분의 사람들은 학습이 여러 번 반복됨으로써 성사될 수 있는 것으로 알고 있지만, 단 한 번의 시도로 학습된다는 것을 알면 더 효과적인 학습방법을 고안할 수도 있을 것이다. 그리고 망각은 자극이 있을 때 일어나야 할 반응이 나타나지 않는 경우다. 반응이 나타나지 않는 이유는 자극이 인식할 수준 이하였거나, 피곤해서 다른 반응을 보이는 것 등이다. 즉 자극-반응의 연상은 성격상 행동적behavioral이기에 예측될 수 있다. 왜냐하면 비슷한 조건을 맞이하면 그가 마지막 연상에 의해서 행했던 것을 다시 행동으로 보여 줄 수 있기 때문이다.

또한 학습된 행동은 비슷한 조건이 주어지면 반복된다. 이런 행동이 바로 습관habit이다. 그러나 "습관은 아주 다양한 환경에 대해서 일정한 방식으로 행동하는 경향"Guthrie, 1938, p. 65이다. 그러므로 우리들의 습관은 아주 다른 상황에 직면해서도, 정해진 식대로 행동한다.[42]

3) 강화이론Skinner의 조작적 학습이론

수단적 조건화 이론과 효과의 법칙을 기초로 스키너에 의해 개척 되었다. 행동의 결과를 조건화함으로써 행태적 반응을 유발하는 고정을 설명하며, 오늘날 대부분 동기이론에서 준거로 삼는 학습개념이다. 한 마디로 '인간은 주무르는 대로 만들어진다'는 것으로 보상과 처벌에 관한 행동주의 이론으로 사람이든지 혹은 동물이든지 어떤 행위에 대해서 보상이 뒤따를 때 학습된다는 주장이 바로 강화이론이며 이와 같은 강화가 행동에 미치는 영향을 측정한 것이 Skinner의 조작

---

42 Guthrie의 이론에서 "습관을 제거하는 방법은 새로운 습관으로 먼저 것을 대치하는 것"이다(Guthrie, 1952, p. 65). 다시 말하면, 어떤 행위를 일으키는 단서를 찾아내고, 이러한 단서에 다른 반응을 행하게 하는 것이다. 공부를 안 하고 컴퓨터 게임에 열중하는 학생에게 게임을 못하게 할 것이 아니라, 게임을 이용해서 공부할 수 있는 다른 방안을 찾게 하여야 한다. 이러한 "대치 방법(sidetracking)은 습관을 아주 깨버리는 것보다 더 쉽다"(Sahakian, 1976, p. 46).

적 학습이론이다.[43]

즉 "환경을 통제하면, 당신은 행동의 질서를 볼 수 있다"Skinner, 1967, p. 339는 것이 Skinner의 주장이다. 여기서 「환경을 통제한다」는 의미는 주어지는 자극을 조절한다는 의미이며, 「행동의 질서」는 행동을 나타내는 법칙과 규칙성을 의미한다. 이것이 바로 조작적 학습이론에서 주장하는 학습의 정의다. 따라서 Skinner의 이론에서 중요한 의미를 지니는 것은 유기체가 방출하는 행동emitting behavior이다. 앞에서 설명한 Pavlov 이론에서도 자극과 반응의 연상관계에서 행동이 나타나지만, 이때에 행동은 반사적 행동reflexible behavior이었다. 그러나 방출된 행동과 반사적 행동은 매우 큰 차이를 갖는다.

Skinner의 학습이론은 자극-반응의 연상을 기본으로 하는 행동주의 심리학에 포함되지만 다른 이론들과 근본적인 차이를 갖는 것은 바로 행동이 이끌려서 나오는 것이 아니라 유기체가 스스로 만들어낸다는 점方出이다. 우리가 Skinner의 이론을 조작적 학습이론이라고 일컫는 이유는 다음과 같다.

예를 들어서 병아리를 바bar가 있는 새장에 놓는다. 새장에 있는 병아리는 우연히 바를 쫀다. 한 번 쫀 바를 다시 쪼고, 다시 쪼고, 반복해서 쪼아댄다. 우연히 10번을 쪼았을 때, 먹이가 나온다. 다음에 또 10번을 바를 쪼았을 때, 먹이가 나왔다. 이렇게 되었을 때 병아리는 정확히 10번을 계속해서 바를 쪼고 먹이를 먹게 된다. 즉 병아리는 먹이를 얻기 위해서 스스로 바를 조작하는 행동을 학습한다. 이때에 병아리의 행동은 스스로 만들어서 밖으로 방출하는 것이지, 외부의 자

---

43 1904년에 출생하여 1990년에 사망한 미국의 대표적인 신행동주의 심리학자 B. F. 스키너(Burrhus Frederic Skinner)는 동물 실험을 통해 보상과 강화가 행동의 형성 과정에 엄청난 힘을 미친다는 것을 보여주어 심리학 분야에서 명성을 떨쳤다. 그는 음식과 지렛대. 그 밖에 환경자극을 이용하여 언뜻 보기에 자율반응(autonomous response)처럼 보이는 것들이 실제로는 자극에 의해 유도된 것임을 실험으로 증명했으며, 오랫동안 추앙해온 인간의 '자유의지'라는 개념에 의문을 제기했다. 스키너는 인간과 동물에게 긍정적인 강화를 해줌으로써 다양한 종류의 기술을 습득하고 임무를 수행하게 하는 조작적 조건화(operant conditioning: 체계적이고 선택적으로 반응을 강화시킴으로써 그 반응이 다시 일어날 가능성을 높이는 것)를 연구하고 발전시키면서 과학자로서의 인생을 보냈다. 당시 그는 소위 유심론(mentalism)이라는 것, 심지어 마음 같은 것도 전혀 의미가 없으며, 그런 것은 아예 존재하지 않는다고 주장하면서, 심리학은 오로지 구체적이고 측정 가능한 행동에 집중해야 한다고 강조했다. 그가 추구한 이상세계는 조건반사를 이용하여 시민들을 착한 로봇 군단처럼 훈련시킬 행동 심리학자들로 정부를 구성하여 전 세계커뮤니티를 만드는 것이었다. 그는 자신이 실험을 통해 도출해낸 남녀에 관한 기계론적인 본성으로 인해 20세기 심리학자들 가운데 가장 많은 비판을 받고 있지만, 그의 발견은 날로 기술이 진보해가는 오늘날에도 현대적 의의를 지니고 있다(스키너의 심리 상자열기, 조종열 역, 2005).

극에 의해서 끌려 나오는 것이 아닌 것이다.

이처럼 학습은 조작적 행동에 의해서 강화_{보상}를 받아야 성취된다. 만약 병아리가 바를 아무리 쪼아도 먹이를 얻지 못한다면 점차 그런 행동은 사라지고 말 것이다. 그래서 "환경을 통제하면, 행동의 질서를 볼 수 있다"는 Skinner의 말은 바로 강화를 어떻게 줄 것이냐에 따라서 행동을 조절할 수 있다는 의미이다.

그러면 어떻게 환경을 통제할 수 있을까? Skinner의 학습이론이 강화이론_{theory of reinforcement in learning}이라고 불리는 것을 보아서는, 환경의 통제란 어떻게 줄 것인가 하는 문제와 관계된다. 앞의 병아리 예에서 바를 어떻게 하면 더 많이 쪼게 할 수 있을까 하는 생각에서 일정하게 바를 쪼았을 때 먹이를 주는 것이 아니라, 불규칙하게 쪼았을 때 먹이를 준다면 바를 쪼는 행동은 더 많이 일어날 것이다. 즉 보상을 주는 방법에 따라서 행동의 강도라고 할 수 있는 학습의 정도가 달라진다는 것이 그의 주장이다_{홍성열, 2003: 98}.

또한 조작적 학습이론에서 긍정적인 강화는 긍정적인 행동의 발생빈도를 높인다. 예를 들어서 병아리의 실험같이 바를 쪼는 행동에 따라서 먹이를 얻는 것은 바로 긍정적 강화를 받는 것이고, 따라서 바를 쪼는 행동은 더 많이 발생된다. 한편 부정적 강화란 전기 쇼크를 받고 있던 쥐가 우연히 우리 안에 있는 바를 눌러 전기 쇼크를 피할 수 있었다. 그러면 이후에 쥐는 바를 눌러 전기 쇼크를 피하게 되는 것이다. 이와 같이 긍정적이든 부정적이든 모두가 행동의 발생빈도를 높이게 된다.

이처럼 Skinner는 조작적 조건화를 이용하여 언어습득이론을 꾸준히 만들었고, 제2차 세계대전 때는 비둘기에게 미사일유도훈련을 시키고 비둘기들에게 강화를 계속하여 탁구를 할 수 있는 행동까지도 만들었다. 그는 연속적인 행동의 단계들을 강화함으로써 행동이 학습된다는 것을 알았다. 그래서 그는 지렛대를 누르는 쥐들에게 음식이라는 보상을 지속적으로 제공하여 행동을 형성할 수 있는 방안을 고안하고 어떤 것이 가장 효과적인지를 알아보기 위한 시도를 하기도 하였다.

위의 강화계획 중에서 마지막의 변동강화계획이 가장 효과적이라는 주장이다. 이 강화계획이 가장 효과적이라는 증거는 우리들의 생활에서 흔히 볼 수 있는 것들이다. 예를 들어, 뜨거운 태양볕 아래에서 언제 물고기를 낚을지 모르지만 한없이 기다리고 있는 강태공은 언젠가 한 번 힘차게 낚싯대를 끌어 당길 잉어를 연상하고 있을 것이다. 또한 도박에 빠져서 전 재산을 탕진한 도박꾼들은 예전에 한 번 멋지게 터진 대박을 연상하며 "이제 한 번 걸리겠지" 하는 마음에서 오늘도 계속하고 있다.[44]

Skinner에 의하면, "상은 부가적 의미를 가져서 행동의 발생률을 높이지만, 벌은 반대로 발생 빈도를 낮춘다. 그리고 벌의 효과는 행동의 일시적 억압이므로 전체 반응수의 감소는 아니다" Skinner, 1953, p.184고 주장한다. 이런 이유 때문에 벌은 그 효과가 끝날 때 다시 이전의 상태로 돌아가므로 비효과적이라는 것이다.

요약하면 벌은 일시적일 수는 있지만, 영구적인 효과는 없다. 그래서 벌을 받는 사람은 단순히 벌을 피하는 것을 배울 수는 있지만, 행동 수정의 수용성을 배우는 것은 아니다. 도박을 좋아하는 꾼이 계속해서 돈을 날리면, 그 날은 손을 털고 일어설 것이다. 그러나 다음날 새 마음으로 다시 도전할 것은 자명하다. 돈을 털렸다는 것은 그에게 일종의 벌이다. 그래서 그의 행동은 일시

---

44 Skinner는 인간이 저지르는 어리석은 행동의 대부분을 체계적으로 설명할 수 있었다. 보상이 지속적으로 생기지 않는데도 어리석은 행동을 계속하는 이유가 무엇인지, 그리고 여자 친구가 기분이 내킬 때만 전화를 거는 못된 애인의 전화를 애달프게 기다리는 이유는 무엇이고, 왜 평소에 멀쩡한 남자가 연기 자욱한 카지노에만 가면 돈이 한 푼도 남지 않을 때까지 도박을 하다가 끔찍한 지경에 이르는지 또한 왜 여자들은 지나친 사랑을 하고, 남자들은 위험할 정도까지 주식 투자를 하는가? 그것은 소위 '간헐적 강화'라는 것으로, 스키너는 그 메커니즘과 우연성이 가진 강박성을 여실히 보여주었다. 실로 강박이 지니는 힘은 엄청나다고 할 수 있다.

적으로 주춤하지만, 사라지지 않는다홍성열, 2003: 97.

4) 행동 및 학습이론의 응용

행동 및 학습이론은 범죄자의 행동수정요법에 원용되고 있다. 행동수정요법은 개인의 권리나 윤리적인 문제와 관련하여 비록 사회의 공익을 위한다고 하더라도 범죄자의 행동을 변화시키는 조작이 가능한가 하는 점에 대해서 비판이 가해지기도 한다.

제3장 심층심리와 범죄

마음을 의식적 영역과 무의식적 영역으로 나누고 그 가운데 무의식적 영역에 관한 심리를 심층심리라 말한다. 심층심리는 프로이드S.Freuid의 정신분석에서 "의도"와 "초자아"에 의해 표시되고 융C.G.Jung의 분석적 심리학에서는 "집합적 무의식"에 의해 표시되는 분야이다. 많은 임상실험을 통해 얻은 지견을 밑바탕으로 「심층심리와 범죄」 연구에서는 인간의 마음 속 깊은 곳에 범죄의 근원적인 에너지가 존재한다고 보고 있으며, 또한 많은 임상실험을 통해 그 에너지의 정체를 규명하고자 노력해 왔다. 이러한 관점에서 범죄의 원인을 설명하려는 수많은 시도가 현재까지도 이루어졌고, 이러한 시도는 범죄의 심리학적 요인 탐구에 많은 공헌을 했다.

여기에서는 프로이드의 정신분석학적 범죄관과 Adler의 개성개인 심리학적 범죄관 등에 대하여 살펴보고자 한다. 이 이론은 특별한 외형적 질환이 없음에도 불구하고 비정상적인 행위를 하는 사람들에 대해서 대처하는 데 필요하다.

1 범죄행위에 대한 정신분석학적 접근

1) S·프로이드의 「이드」와 「에고」, 「슈퍼에고」

지그문트·프로이드Sigmund Freud는 오스트리아의 정신의학자로서 정신분석학의 시조라 불리는 현대적인 의미에서의 심리학의 시점에서 범죄의 원인을 설명하고자 했던 최초의 시도자이다. 정신분석학에서 강조하는 개념은 원초아, 자아, 초자아로 구성되는 성격구조, 무의식, 전의식, 의식으로 구성되는 정신구조와 성 에너지인 리비도에 의한 5단계 성적 발달 단계이다. 프로이드는 정신분석에서 "의도"와 "초자아"에 의해서 심층심리를 표시하였다. 그러나 그는 일정 기간마다 연구의 관심을 다른 곳으로 돌려 자신의 이론을 몇 번이고 수정, 변경하였기 때문에 어느 시점에 주목하느냐에 따라 견해를 달리하고 있다. 프로이드의 연구는 관심이 어디에 놓여 있느냐에 따라 다음의 세 시기로 분류할 수 있다.

제1기는 『꿈 해석』이 출판된 1900년까지의 기간으로 히스테리나 신경증에 대한 임상적인 관찰을 통하여 정신분석학의 기본적인 구상이 구축되었다. 성에 관한 문제나 무의식의 문제는 이 시기에 제기된 것이다. 제2기는 1900년부터 1914년까지의 기간으로 신경증 환자의 심층심리를 파악하는 방법으로써 자유연상법이 확립되었으며, 그 밖에도 유아기 체험, 리비도Libido의 발달 과정, 오이디푸스 콤플렉스Oedipus Complex 등이 중심적으로 연구되었다. 제3기는 1914년부터 1939년까지의 기간으로 정신구조론에 중점이 두어졌으며, 이드Id[45], 에고Ego[46], 슈퍼에고Superego[47]의 기능이 연구되었다.

정신분석학적 입장에서는 범죄를 퇴행에 의하여 원시적이고 폭력적이며 비도덕적인 어린 시절의 충동이 표출한 것으로 유아적 충동과 초자아의 통제의 불균형의 표출이라고 본다. 즉 3가지 인격구조의 불균형과 성적 발달 단계에서의 고착이 범죄의 가장 큰 원인이라는 입장을 취한다. 즉, 범죄행위는 에고ego나 superego가 제대로 형성되지 않았거나 적절히 작동하지 않기 때문에 범죄가 발생하며, 이드id, 슈퍼에고superego, 에고ego의 개념으로 설명될 수 있는데, 대부분의 범죄행위는 직접적인 만족을 추구하는 이드id의 결과로서 이드id가 의식으로 돌출되는 것을 슈퍼에고superego가 차단해야 하는데 그렇지 못하다는 것이다.

프로이드의 범죄관은 오이디푸스 콤플렉스의 처리 여하가 정상자와 신경증환자, 통상인과 범죄인의 분기점이 된다고 생각하고, 잠복기의 가족관계의 장애로 인하여 콤플렉스의 처리가 저해

---

45 원초적 본능(성욕)으로 비도덕적·동물적 쾌락원칙에 지배되며, 의식할 수 없는 인성부분이다. 이드를 구성하는 핵심적인 요소는 생존의지와 같은 본능적 요소인 리비도(Libido)이다.

46 본능과 현실세계 및 초자아를 조화롭게 연결시키는 역할을 하는 의식할 수 있는 인성이다.

47 인간의 도덕성·이상·양심·자아비판력·의무감 등 규범행동과 관련되는 정신기능으로서 의식할 수 없는 인성부분이다. 슈퍼 에고를 형성하는 데 있어 가장 중요한 과정으로 프로이드는 어렸을 때 부모와 맺는 애정을 들었다.

된 결과가 비행이나 범죄를 유발한다고 인식하여 잠재의식 측면에서 비정상적인 행위를 설명하였다. 즉 부모와의 관계를 가장 중요한 범죄원인으로 보고 있다.

따라서 프로이드는 형벌의 위하력에 대하여는 부정하는 관점을 취하면서, 범죄인의 치료법으로 인간의 무의식적인 동기를 의식화시키는 의학적 치료와 사회적 보호처분을 해야 한다고 하면서 범죄나 비행은 어린 시절부터 부모가 적절히 통제하고 조정함으로써 방지할 수 있다고 주장한다.

프로이드가 제시한 정신분석에 의한 범죄원인 접근은 범죄자의 배경, 가족생활, 인성, 태도, 범행의 동기나 이유 등에 대한 이해와 범죄자의 처우에 있어서 중요한 역할을 수행하였으며, 범죄학에도 강한 충격을 주었고 이후 정신분석학적인 접근방법은 범죄학에서 특정 위치를 차지하게 되었다.

그러나 주요한 개념을 측정하고 기본가정이나 가설을 검증하기 어려우며, 초기 아동기의 경험과 성적욕구를 지나치게 강조하였다는 점, 문화와 환경적 영향을 무시하고, 가정의 구성과 역할의 변화로 인한 성역할 동일체성이나 일탈의 발전에 있어서 오디푸스 콤플렉스나 엘렉트라 콤플렉스의 역할과 같은 중요한 몇 가지 프로이드 학파에 대한 의문이 제기되기도 하였다.

사실 프로이드가 범죄와 심리의 연관성에 관심을 보인 것은 심리학자로서의 오랜 기간을 보낸 그의 인생에서 보면 극히 짧은 기간에 지나지 않았으며, 오히려 프로이드의 문제의식을 계승하여 정신분석학적 수법을 통해 범죄의 원인을 설명해 온 것은 그의 후계자들의 역할이 크게 작용하였다.

2) C·융의 「내향성」과 「외향성」

우리가 심리학자에 대한 기억을 떠올린다면 우리는 대부분 프로이드Freud를 생각할 것이다. 그러나 프로이드의 심리학에 영향을 받아, 정신분석학을 기반으로 하면서도 성욕설이나 무의식설에 관해서는 견해의 차이를 보였던 사람이 스위스의 정신의학자, 심리학자 C·융Carl Gustav Jung : 1875-1961이다. 그는 프로이드의 정신분석학과의 차이에서 출발하여 정신분석의 유효성을 인식하고 연상 실험을 창시하여 분석심리학이라는 새로운 체계를 정립하고 프로이드가 말하는 억압된 것을 입증하고, '콤플렉스'라 이름 붙이고, 성격을 '내향형내성적'과 '외향형'으로 나눴다.

다시 말하면 융은 리비도를 프로이드처럼 정신현상을 성욕에 귀착시켜 설명하는 프로이드에 반대 하여, 성적인 욕구 문제에 한정시키지 않고 모든 행동의 기초를 이루는 심적 에너지로 보았다. 그는 이러한 심적 에너지의 방향에 따라 아들러A.Adler의 사상을 받아들여 성격에는 내향형과 외향 형이 있다고 주장하여, 인간의 태도를 「외향성extraversion」과 「내향성introversion」으로 분류하였다.

외향적인 사람은 지나치게 외부 세계에 몰두해서 자기 마음속 내면세계와의 접촉이 끊어진 사람으로 자신의 관심이 외계의 사건이나 일에 향해져 있는 반면, 내향적인 사람은 그 관심이 내적인 세계에 향해져 있다는 점에서 서로 다르다. 따라서 외향적인 사람은 내면의 자극만으로는 충분한 각성을 경험할 수 없기 때문에 외부 세계로부터의 자극을 끊임없이 추구하는 성향으로 사교적, 협조적, 순응적, 단락적인 경향이 있는 반면, 내향적인 사람은 자기의 내면 세계만으로도 충분한 자극을 받는 성향으로 내성적, 소극적, 순응적, 회의적인 경향이 강하다. 그리고 폭력적인 충동 등도 외향성에 속한다고 하였다. 그렇기 때문에 융의 분류에서는 외향적인 사람과 범죄의 친화성이 지적되었다.

이러한 융의 정신구조 론은 상습범죄자를 설명함에 있어 때때로 이용되기도 한다. 즉 융의 설명을 응용하자면 내향성인 자는 주의가 깊고 사회규범 등에 대한 학습능력이 높기 때문에 상습범죄자가 되기 어렵다는 것이다. 그러나 학습능력이 높다는 것은 법규 준수 측면에서만 발휘되는 것이 아니라는 반론도 있다. 즉 구금형 등의 형벌을 부과받았을 때 법이 어떠한 행위를 금지하고 있는지를 이해했다 하더라도, 석방되고 나면 반사회적인 행동도 재학습하여 상습적으로 범죄를 일으킬 가능성이 있다는 것이다. 또한, Jung은 우리의 정신에서 유전heredity을 강조한다.

그러나 이러한 강조는 신체적이라기보다는 오히려 정신적이다. 신체적 유전은 자연 발생적인 반면, 정신적 유전은 목적적teleological이기 때문에 한 세대에서 다음 세대로 목적을 가지고 이어져 간다고 생각했다. 그래서 Jung은 "우리들의 정신은 오늘의 것이 아니다. 정신은 수백만 년 전으로 거슬러 올라가야 한다.

그래서 개인의 의식은 땅 아래 뿌리를 내리고 있는 계절의 꽃이며 또한 과일에 불과하다" Rychlak, p. 181. 그러므로 지금 우리들이 나타내고 있는 사고와 행동의 근거는 내가 아니라 우리 조상들이 경험한 것들의 누적에서 비롯된 것이다 고 주장하였으며 홍성열, 2003: 61. 또한 그는 인도와 북아프리카 등지를 여행하면서 미개인의 생활을 관찰하였고 그것을 바탕으로 심층심리에는 단순히 개인적인 것뿐만 아니라, 오랜 집단생활에 의해 심리에 침전된 '집단무의식'이 있다는 사실을 밝혀냈다.

3) 알프레드 아들러의 「열등감」과 「과잉보상」

'열등감 콤플렉스'라는 용어를 고안해 낸 오스트리아의 정신의학자인 A·아들러Alfred Adler : 1870-1907는 융과 마찬가지로 프로이드의 성욕 설을 비판하여 개성개인심리학이라는 체계를 수립한 심리학자이다. 그에 의하면 인간의 행동과 발달을 결정하는 것은 인간존재에 보편적인 열등감, 무력감과 이를 보상 또는 극복하려는 권력에의 의지, 즉 열등감에 대한 보상욕구라 생각하였다. 그래서 인간의 심층심리에 작용하는 원동력은 프로이드가 말하는 성욕이 아니라, '힘의 의지'라고 한다. 이 힘에 대한 의지, 즉 우월감 충동을 꺾는 「열등감 콤플렉스inferiority complex」는 각종 신경증노이로제의 근본원인이 되는 동시에 각종 범죄와 비행의 원동력이 된다는 것이 그의 설명이다.

인간은 특정신체기관이 다른 신체기관에 비해서 더 약한 상태로 태어나게 되면 신체적 열등감을 극복하려고 훈련과 연습을 통한 보상적 노력을 하게 된다. 이러한 노력은 한 개인에 있어 괄목할 만한 성공을 가져다주기도 하는데 실패했을 경우에는 병적 열등감에 머물게 된다. 이러한 보상과정은 심리학적인 면에서도 적용될 수 있다고 하였다. 즉 욕구충족을 중심으로 하여 신체적·사회적 열등감을 채우려는 욕구가 충족되지 않는 경우에 이를 위법한 수단을 통해서라도 만족시키려는 욕구가 범죄의 원인이라고 하며, 사람은 사회와 접촉했을 때 자신이 열등하다는 감정열등감과 이를 보상극복받으려는 의지를 지니게 된다. 특히 가정환경이 열악한 사람이나 신체적인 핸디캡을 지닌 사람은 강한 열등감을 가지게 된다. 그 중에는 이 열등감을 과잉으로 보상받으려는 사람도 있다. 아들러는 이 과잉보상이 사람을 여러 가지 내적·외적 갈등에 휩싸이게 하며 나아가서는 범죄나 비행을 유발시키기도 한다고 주장한 것이다.

따라서 사회·문화적 영향이나 개인의 사회적 관심을 원만하게 형성시켜 열등감 콤플렉스에 빠지지 않게 하므로 이러한 조건의 형성이 범죄예방에 중요하다는 점을 제시하였다.

A·아들러의 범죄원인론

A·아들러의 범죄원인론을 요약하면 다음과 같다. (a) 인간의 기본적 욕구는 힘권력에 대한 의지와 자기보존 욕구이다. (b) 그런데 이러한 욕구에 장애가 되는 조건 때문에 이를 충족시키지 못하는 사람들은 열등감 콤플렉스를 지니게 된다. (c) 범죄란 콤플렉스에 대한 보상을 위해 다른 사람의 이목을 끄는 행동이다. (d) 콤플렉스의 주된 요인은 신체적 결함이지만 자본주의 사회의 사회적 소외도 중시되므로 사회적 콤플렉스로 확대시킨 이론이다. (e) 범죄방지 수단으로 형벌은 무용하고 심리적 치료를 중시해야 한다고 주장한다. (f) Schmidt는 이를 사회적 의기소침의 범죄화 도표로 정리했다. 즉,「기질적·사회적 열등 내지 저격低格 → 정신적 열등감 콤플렉스 형성 → 권력추구와 남성적 반발심내적·외적 갈등 → 과잉대상보상추구 → 범죄」의 과정을 거친다고 한다.

4) A·에이크혼의 「비행의 잠복」

반사회적 심리소질은 소년이 부모에게 애정 결핍된 경우 또는 과잉 보호인 경우 모두 유발가능하므로 치료 방법을 각기 달리해야 한다고 주장하며 소년비행의 원인을 반사회적 행위를 준비시키는 심리적 소질에 있음을 지적하고 이것을 '비행의 잠복'이라는 용어로 부르는 등 정신분석학을 범죄, 비행에 대한 설명에 가장 밀접하게 접목시킨 인물로 평가받고 있는 사람은 오스트리아의 정신과 의사인 A·에이크혼August Aichhorn이다. 에이크혼은 1935년『다루기 힘든 어린이』속에서 많은 비행소년을 검증한 결과, 사회적인 스트레스가 소년에게 유해한 영향을 미치는 것은 사실이지만 그렇다고 해서 그러한 스트레스만으로는 소년들이 비행을 저지르지는 않는다는 결론에 도달했다.

에이크혼에 의하면 비행을 저지르기 위해서는 사회적인 스트레스 이외에도 소년들에게 반사회적인 행위를 준비시키는 심리적인 소질이 필요하다고 한다. 그는 소년교화시설의 비행청소년들을 대상으로 연구하여, 비행청소년의 경우 슈퍼에고가 제대로 형성되지 않아 이드가 전혀 통제되지 못함으로써 이들이 반사회적 행위를 아무런 양심의 가책 없이 저지르는 것으로 보았다. 또한 슈퍼에고가 적절히 형성되었으나 에고 측면에서 부모의 범죄성을 내면화한 경우도 지적하고 있다. 에이크혼은 소년이 이러한 심리적 소질을 지닌 상태를「비행의 잠복latent delinquency」이라 불렀다. 이 비행의 잠복은 소년이 다음의 세 가지 성격 중 어느 하나를 갖추고 있을 때 형성된다. (a) 눈앞의 욕구를 충족시킬 것을 갈망할 때충동적이다. (b) 자신의 개인적인 욕구를 충족시키는 것이 타인과의 관계보다 중요하다고 생각할 때자기중심적이다. (c) 선악을 생각하지 않고 본능적으로 행동할 때죄의식이 없다. 이들 성격은 비행소년이 부모로부터 애정을 받지 못하거나 지나친 과잉으로 슈퍼에고가 제대로 형성되지 않아 이드를 충분히 억제할 수 없다는 것을 의미한다. 그러므로 비행소년을 처우함에 있어서 권위나 제재가 아닌 애정에 의한 교정이 필요하다고 에이크혼은 주장하였다.[48]

2

정신분석학적 범죄이론에 대한 공헌점과 비판점

이처럼 범죄원인에 대한 심리학적 접근방법에는 프로이드를 비롯한 정신분석학자가 기여한 바크고, 오늘날에도 그 영향력을 지속적으로 발휘하고 있다. 우리나라에서도 연구자와 실무자 쌍방에 많은 지지자가 있다. 분명히 일반적인 범죄와 비행을 설명하는 것으로서 정신분석학적 접근방법은 많은 사람들을 설득시키고 있다. 특히 Freud의 이론은 인생의 초기경험을 강조함으로써 유아교육의 중요성을 일깨워 주었다. 즉 아동의 초기경험이 정의적 특성의 건전한 발달에 큰 영향을 미치며, 개인의 성격과 사회성이 아동 초기에 형성된다고 하였으며 행동의 무의식적 결정요인을 강조함으로써 성격 연구의 새로운 측면을 보여주었다.

그러나 인간의 본능을 지나치게 강조하여 성격장애를 일으킨 사람들의 회복가능성에 지나치게 비관적 견해를 가지고 있으며 이론에 과학적 정확성이 결여되어 있다는 비판을 받는다. 또한 프로이드의 「이드」와 「슈퍼 에고」, 융의 「내향성」과 「외향성」, 아들러의 「과잉보상」, 그리고 에이크혼의 「비행의 잠복」 등과 같이 정신분석학에서 제시한 개념이나 이론은 추상적인 것이 많다. 결국 이러한 정신분석학적 범죄이론은 검증이 불가능하다는 취약점을 극복하지 못하고 있어 아직은 가설수준에 머물러 있다. 국내에서도 정신분석 요법은 널리 보급되었고 많은 성공사례도 보고되고 있어 그 유효성을 부인하기 어렵다. 하지만 범죄자나 비행소년에 어느 정도의 효과가 있을지는 여전히 흡족할 만큼 증명되지 못하고 있다.

---

48 Freud는 범죄자는 과도하게 발달한 초자아로 인하여 항상 죄책감과 불안감을 느끼기 때문에, 범죄에 따른 처벌을 통하여 죄의식을 해소하고 심리적인 균형감을 얻고자 하는 심리에서 범죄를 저지른다고 보았으나, 에이크혼은 '정신분석학적 비행자인격이론'을 주장하여 Freud와는 달리 초자아의 미발달을 범죄의 원인으로 보았다.

제4장 성격과 범죄

　개인을 특징짓는 지속적이며 일관된 행동양식인 성격personality, 性格은 심리학에서는 「인격」이라는 개념으로도 사용되고 있는데, 일반적으로 「성격」이라 함은 지知·정情·의意 중에서 지知를 제외한 의지와 감정을 가리킨다. 양자의 차이는 인격개념에 적응이라는 시점이 들어있다는 데 존재하며, 성격은 인격보다 사회, 문화적 조건의 영향을 덜 받으며, 일관성 있는 개인의 심리적 특성에는 독특성과 안정요소가 포함된다. 또한 성격과 비슷한 용어로서 기질이 있다. 이 용어는 성격과 인격을 형성하는 기반으로 성격보다도 더 본질적인 개념이며, 개인의 생리학적 요인에 의해 결정되기 때문에 개인차가 있다.

　단, 범죄심리학에 관한 한 양자 사이에 커다란 차이는 없으며 거의 동일한 의미라고 생각해도 무방할 것이다. 그렇다면 성격을 범죄의 요인으로 보아도 되는 것일까? 이 문제를 놓고 범죄심리학에서는 지금까지 ① 유형론적 접근방법 ② 특성론적 접근방법 등 두 가지의 다른 접근방법이 시도되었다.

1 유형론적 접근방법

　유형론적 접근방법은 성격을 몇 가지 타입으로 분류하여 이해하고자 하는 연구방법이다. 이러한 접근방법의 대표적인 예로는 E·크레취머, W·셀든, E·젤리히 등을 들 수 있다.

1) 신체구조와 성격·기질유형론E·크레취머

한의학에서도 사상의학으로 신체구조와 성격으로 자신의 체질을 검증하기도 하는데(태양인, 태음인, 소양인, 소음인) 심리학에서도 신체구조와 성격이 주장된다. 체형은 신체구조의 전체적 특징의 형태를 가리키는 것으로서 이러한 체격형은 각 개인의 성격, 기질형과 밀접한 상관관계를 갖는다고 한다. 이에 관한 연구의 개척자는 독일의 정신병학자 E·크레취머Ernst Kretschmer인데 인간의 기질과 체형의 관계를 조사하여 그 결과를 1921년에『신체구조와 성격』을 통해 그 나름의 독자적인 기질유형론을 공표하였다. 그의 견해에 따르면 인간의 기질은 ① 순환기질조울성 기질 ② 분열기질 ③ 점착기질의 세 가지로 나눌 수 있으며 각각의 기질은 특정 체격과 결부될 가능성이 높다고 한다. 이 중 순환기질의 구체적인 특징으로는 사교적, 개방적, 명랑·쾌활하지만 그 반면으로 조용하고 침착한 면이 있다. 이러한 특징의 소유자는 비만형pyknic type에 많다. 분열기질의 구체적인 특징으로는 비사교적, 내성적, 진지함, 민감함과 둔감함을 동시에 지닌다. 이러한 특징의 소유자는 세장형키가 크고 마른 쇠약형에 많이 나타난다. 점착기질의 구체적인 특징으로는 매사에 끈질기고 집착이 강하며 세심하고 신중한 반면, 참을성이 약하고 울화통을 터뜨리는 것 등을 들 수 있다. 이러한 특징의 소유자는 투사형근육질형 : athletic type에 많다.

2) 크레취머설의 검증

이러한 크레취머의 성격 분류를 G·슈바브Schwab, 필론슈타인, L·리이들Riedl 등이 범죄자에게 적용시켜 보았다. 슈바브는 크레취머의 체형분류방식에 입각하여 누범자들의 범죄초발연령과 체형의 관계를 통하여 일반적 범죄생활 곡선 연구를 행한 대표적 인물로서, 그는 3,052명의 범죄자를 대상으로 그 체격을 조사하여 크레취머의 세 가지 유형을 적용시켜 보았다. 그 조사 결과 범죄자의 체격은 비만형이 10%, 세장형이 34%, 투사형이 13%였다(기타 2개 이상의 체격의 특징을 지닌 혼합형이 36%, 발육 이상이 7%였다). 여기서 슈바브는 "범죄자에는 비만형이 적다"는 명제를 도출해냈다. 그 밖에도 그는 조사를 통해 "세장형과 투사형 체격자는 사춘기에 더 위험하고, 비만형 체격자는 갱년기에 더 위험하다"는 결론도 이끌어냈다.

한편 리이들이 800명의 상습범죄자를 조사한 결과 비만형이 15%, 키가 크고 마른형이 33%,

투사형이 25%로 나타났다. 여기서 리이들은 키가 크고 마른형과 상습범죄자의 상관성을 지적했다. 이와 비슷한 결론은 독일 바이에론의 슈트라빙 형무소에서 중징역 수형자 150명을 조사한 필른슈타인에 의해서도 보고되었다. 특정 범죄 유형과 체격의 관련성에 대해 살펴보면 슈바브는 세장형과 절도, 투사형과 강도, 비만형과 사기 사이에 친화성이 존재함을 인정하였다.

크레취머의 체격과 성격 유형을 범죄자에 적용시키는 조사는 요시마스吉益 박사, 다나카中田 박사 등에 의해 일본에서도 실시되었다. 먼저 요시마스 박사가 1948년에 불량 흉악범 62명을 대상으로 조사를 실시한 결과, 키가 크고 마른형이 12명(19.4%), 비만형이 4명(6.5%), 투사형이 28명(45.1%)이었다. 그리고 다나카 박사가 1965년에 지발범遲發犯 단기수형자 89명을 대상으로 조사를 실시한 결과, 키가 크고 마른형이 19명(21.4%), 비만형이 7명(7.9%), 투사형이 13명(14.6%)으로 나타났다. 이러한 결과는 종래의 연구와 어느 정도 일치하는 것으로 받아들여지고 있다.

3) 체형과 기질W·셀든

오늘날 서구에서 운동처방을 할 때 널리 쓰이는 기준인 체형 분류법을 확립한 사람은 미국의 의사겸 심리학자인 W·셀든William Sheldon이다. 그는 대학생 200명을 대상으로 크레취머의 체격 유형을 적용시켜 조사를 실시한 결과, 그 어느 유형에도 속하지 않는 대상자가 다수 있었다. 거기서 셀든은 독자적인 신체 측정법을 이용하여 체형과 성격의 관련성을 좀 더 조사하게 되었다. 즉 생명의 발생 근원인 배胚는 내배엽內胚葉 : endoderm, 중배엽中胚葉 : mesoderm, 외배엽外胚葉 : ectoderm 으로 구성되어 있는데, 이 중 내배엽은 주로 소화기 계통으로 내장, 중배엽은 골격이나 근육 조직으로, 외배엽은 피부나 세포 조직으로 분화 발달한다.

여기서 셀든은 배胚의 3요소 중 어느 부분이 가장 발달하느냐에 따라 ① 내배엽형 ② 중배엽형 ③ 외배엽형의 세 가지 체형으로 분류할 수 있다고 생각했다. 이 중 내배엽형은 소화기 계통이 발달하여 외견은 통통하며 손과 발이 짧은 사람이 많다. 중배엽형은 근육이나 골격이 발달하여 흉곽이 넓고 손과 발이 큰 사람이 많다. 외배엽형은 피부나 세포조직이 발달하여 외견상으로는 마르고 장신이며 밋밋하게 내려온 어깨를 지닌 사람이 많다.

그 밖에도 셀든은 기질의 특성을 나타내는 650단어를 분석하여 50가지의 특성으로 종합하였다. 그리고 이들 특성을 기준으로 ① 내장긴장형內臟緊張型 ② 신체긴장형身體緊張型 ③ 두뇌긴장형

頭腦緊張型의 세 가지로 분류하였다. 이 중 내장긴장형은 온화, 활달하며 사교적인 것이 특징이다. 신체긴장형은 자신에 넘치는 사람이며 위험이나 권력을 좋아하는 성향이 있는 것이 특징이다. 두뇌긴장형은 감수성이 강하고 내향적인 것이 특징이다. 나아가 셀든은 ① 내배엽형과 내장긴장형 ② 중배엽형과 신체긴장형 ③ 외배엽형과 두뇌긴장형 사이에 비교적 밀접한 상관관계가 존재한다고 보았다. 이러한 셀든에 의한 체형과 기질의 유형화도 범죄학에서 응용되어 범죄자에 대한 적용이 이루어졌다.

먼저 셀든은 200명의 남자 학생과 같은 숫자의 비행소년을 비교하여 "비행소년 중에는 중배엽형의 비율이 높다"는 보고를 하였다. 그밖에도 미국의 글륙Glueck부부가 500명의 비행소년과 같은 숫자의 비행경력이 없는 그룹을 비교한 결과, 비행소년 그룹에서는 중배엽형이 60.1%, 외배엽형이 14.4%로 나타난 반면, 표본 그룹에서는 중배엽형이 30.7%, 외배엽형이 39.6%로 나타났다. 이러한 사실로부터 글륙부부는 "비행소년 중에는 중배엽형이 높은 비율을 차지하며 외배엽형의 수는 적다"는 결론을 내렸다.

4) 범죄인의 행동양식의 특징과 성격에 의한 분류E·젤리히

지금까지 검토한 두 가지 유형은 일반인을 대상으로 한 유형화를 범죄자에게 적용시킨 것이었다. 이에 대해 E·젤리히는 K·와인들러와 함께 1949년에 저술한 『범죄자의 유형』을 통해 범죄자의 특질이라는 것은 체형과는 아무런 관계가 없고 법적으로 정해진 공통점에 의해 결정된다고 주장하였으며, 범죄인의 행동양식의 특질과 성격 경향의 양면을 종합하여 범죄자를 다음의 8가지로 유형화 하였다.

① 노동 기피에 의한 직업적 범죄자일하는 것을 싫어하며 범죄로 자신의 생계를 유지하는 범죄자·절도범이나 사기범 등. ② 의지력이 약한 재산범통상은 근면하며 법을 준수하지만 환경변화에 저항이 약하여 재산범 등을 반복하는 범죄자·횡령을 한 회계 사무원. ③ 공격성을 지닌 폭력범죄자상습적으로 공격성을 나타내기 때문에 사소한 일에도 폭력을 휘두르는 범죄자·처자식을 학대하는 자 등. ④ 성적 억제력 결여에 의한 성범죄자성도착 상태에서 성적인 억제력이 약하기 때문에 쉽게 성범죄를 저지르게 되는 범죄자·강간범 등. ⑤ 위기범죄자갱년기 파산 등 갈등 상황에 처했을 때 이로부터 도피하는 수단으로 범죄 이외에는 머리에 떠올리지 못하는 자·살인범이나 방화범 등. ⑥ 원시반응 범죄자월경 시 등 일시적인 흥분으로 인해 생기는 자극에 대해 직접적으로 반응하여 범죄를 저지르는 자·감정을 억누르지 못해 살인이나 방화를 하는 격정

범. ⑦ **확신범**일정한 개인적·사회적 신조를 지키기 위하여 범죄를 저질러야만 한다는 의무감으로부터 범죄를 저지르는 자·정치범 등. ⑧ **사회적 적응훈련 부족에 의한 범죄자**사회 훈련이 부족하기 때문에 교통법규·경제법규 등 사회생활의 규범을 위반하는 범죄자·과실범 등.

5) 유형론적 접근방법의 문제점

유형론적 접근방법에서는 개인의 성격을 전체적·종합적으로 파악하는 것을 목표로 하고 있다. 즉 다양한 성격 가운데에서 공통점을 찾아내고 이를 분류함으로써 성격의 본질을 이해하고자 하는 접근방법이다. 이러한 유형론적 접근방법에는 몇 가지 문제점이 지적되고 있다. 첫째, 유형론적 접근방법은 다양한 성격을 한정된 숫자의 유형으로 분류하기 때문에 중간적인 것이나 혼합적인 것이 무시되기 쉽다.

따라서 유형론적 접근방법에서는 때때로 예외가 존재하기 때문에 현실과 커다란 갭이 생기게 된다. 둘째, 유형화함으로써 각 개인이 지니지 못하는 성격까지도 그 사람에게 부여하게 될 위험성이 있다. 셋째, 종래의 유형론에서는 성격을 고정적인 것으로 받아들였기 때문에 환경적인 요인이 성격 형성이나 변화에 미치는 영향을 충분히 고려하지 못했다. 이러한 유형론적 접근방법의 문제점이 의식되면서부터 성격 연구는 특성론적 접근방법으로 서서히 이행하게 된다.

 ## 특성론적 접근방법

유형론적 접근방법이 사람의 성격의 공통점에 주목함으로써 세부적인 차이를 무시한 것에 비해 특성론적 접근방법에서는 사람의 성격을 다양한 성격특성의 집합체로 파악하고 개개의 성격특성을 검토함으로써 그 사람의 성격을 이해하고자 하였다. 여기서 말하는 「성격특성」이란 시간이나 장소가 바뀌어도 일관해서 행동으로 나타나는 개인의 특성을 가리킨다. 특성론적 접근방법과 비슷한 사고는 옛날부터 논의되어져 왔지만 미국의 글륵부부, 영국의 아이젠크 등에 의해 금세기 중반에 범죄심리학적인 이론으로써 구축되었다.

1) 글륙부부의 비행소년 연구

글륙Shelden & Eleanor Glueck부부의 비행소년 연구는 특성론적 접근방법을 범죄·비행의 연구에 적용시킨 고전적인 연구이다. S·글륙과 E·글륙 부부는 500명의 비행소년과 표준그룹500명의 비행경력이 없는 소년을 대상으로 로르샤하 테스트Rorschach test : 스위스의 정신의학자 Herman Rorschach가 처음으로 시도한 방법. 잉크의 얼룩과 같이 여러 가지로 해석이 가능한 부정형의 도형을 제시하고 이를 해석시킴으로써 그 사람의 성격을 검사하는 방법와 정신의학적 면접을 실시하였고, 양자를 비교하여 비행소년에게 공통되는 성격특성을 발견해 내는 조사를 시도하였다. 글륙부부는 조사를 토대로 반사회적 성격을 지닌 소년의 성격특성을 다음과 같이 지적하였다.

"전체적으로 비행소년들은 자기주장이 강하고 반항적이며, 외향적이며, 충동적이며, 국가기관의 권위에 대해서도 양면적인 태도를 가지고 있었다. 그리고 이들은 자기도취가 심하고 시기심이 강하며, 화를 잘냈고, 가학적이며, 파괴적이었다.

뿐만 아니라 타인에 대한 배려와 인격적인 역량이 결여되어 있고, 자신에 대한 낮은 사회적 평가에 대한 불만이 가득했으며, 권위에 대한 불신과 정신적 불안정, 강한 적개심을 드러냈다." 이러한 글륙부부의 견해 이후에 범죄자의 성격특성을 식별하기 위한 많은 시도가 이루어졌다.

2) H·아이젠크의 범죄자의 성격 특성

H·아이젠크Hans J. Eysenck는 독일계 영국인 심리학자이다. 그는 실험심리학의 기법으로 퍼스낼리티를 연구하였고 특성론적 접근방법을 심리학적인 이론으로 구축한 공적에 힘입어 널리 알려지게 되었다. 그는 1964년에 『범죄와 성격Crime and Personality』을 저술하였고 범죄자의 성격특성에 관해 논하였다. 이 책에서는 인간의 태도나 성격을 분류함에 있어서 융의 내향성·외향성 개념을 기초로 삼았다. 다른 한편으로는 파블로프의 고전적 조건이론을 응용하였다.

아이젠크에 의하면 반사회적인 행동과 관련성이 있는 특성은 외향성과 신경증세의 경향 두 가지가 있다고 한다. 이 중 외향성은 사교적, 낙관적, 충동적, 공격적인 특성에 의해 형성된다. 이

외향성이 강한 사람은 그 조건을 밝혀내기가 곤란하다고 생각되었다. 이에 비해 신경증세의 경향은 자율신경계가 강하며 빠르게 활동하고 정서 과잉으로 인해 불안정한 행동을 하기 쉬우며 걱정이나 긴장을 하는 경우가 많다고 한다. 따라서 외향성과 신경증세의 경향이 양쪽 모두 높은 사람은 효과적인 지도조건 형성가 이루어지지 않았기 때문에 양심을 배양할 수 없었으며 충분히 사회화되지 못했다고 할 수 있다. 다른 한편으로 그들은 부적응에서 오는 정동情動반응을 강하게 나타내고 범죄에 대한 저항감이 없다고 생각되어졌다.

또한 아이젠크는 이러한 자신의 입장을 전제로 한 경우에 외향성 혹은 내향성을 지닌 본인당사자의 특성에 맞추어 유아기부터 적절한 지도가정교육를 행함으로써 범죄를 방지할 것을 설파했다. 나아가 한 번 범죄가 발생한 경우에는 범죄자의 특성에 맞는 개별적 처우가 필요하다고 주장했다.

3) 성격 테스트

20세기 중반부터 심리학에서는 성격 테스트가 자주 사용되기 시작했다. 이들 테스트는 피검자의 성격특성을 객관적으로 측정하기 위하여 개발된 것이지만 결과적으로는 특성론적 접근방법을 강화하는 결과를 초래하였다. 성격 테스트에는 인성검사표나 투사법 등이 있다. 이 중 인성검사표personality inventory는 질문이 기재된 용지에 해답을 쓰게 하고 그 해답을 분석하는 방법을 말하며 구체적인 방법으로는 미네소타 다중성격검사Minnesota Multiphasic Personality Inventory : MMPI 등이 있다. 이에 비해 투사법projective techniques은 추상적인 그림, 모양, 문장, 소리 등을 자극재료로 사용하여 피검자들 각자에게 과제를 주고 거기에 대한 자유로운 반응을 얻어 그 반응을 분석하는 방법을 말한다. 구체적인 방법으로는 로르샤하 테스트, P·F 스터디, 주제통각검사Thematic Apperception Test : TAT 등이 있다.

범죄와의 관련성을 알아보기 위한 성격 테스트 중에서 비교적 이른 시기부터 이용된 것은 MMPI이다. MMPI는 원래 심리진단을 목적으로 1940년에 미국의 R·하더웨이와 J·맥킨레이에 의해 고안된 질문지법 테스트로서 550개 질문 항목을 묻고 그 응답유형을 바탕으로 피검자의 성격을 검사하는 방법이다. 이들 질문에 대한 해답은 타당성 척도① 의문 ② 허구 ③ 타당 ④ 수정와 임상 척도① 심기증(心氣症) ② 억울 ③ 히스테리 ④ 정신병리적 일탈 ⑤ 성도(性度) ⑥ 편집(偏執) ⑦ 정신쇠약 ⑧ 정신분열 ⑨ 경조(輕躁)

⑩ 사회적 경향성에 의해 분석된다.

왈도Waldo와 디니츠Dinitz는 1950년에서 1965년 사이에 이들이 가장 신빙성 있는 주관적 인성검사의 방법으로 제시한 MMPI를 이용하여 범죄자의 성격프로파일을 조사한 94편의 연구결과를 재분석하였다. 그 결과 이중 80% 이상의 연구에서 범죄자와 정상인이 인격 특성상 구별된다는 것을 알 수 있었다.

앞서 언급한 MMPI의 10가지 임상 척도 중 가장 현격한 차이가 있었던 것은 제4척도인 정신병리적 일탈 부분이었으며 이에 따라 왈도와 디니츠는 범죄자들은 일반인에 비해 정신병리적 일탈 경향이 강한 성격이라고 특징지울 수 있다고 보았다.

주제통각검사TAT; THEMATIC APPERCEPTION TEST

인간은 불명료한 사회장면을 해석할 때 무의식 속에 잠재해 있는 성격의 여러 측면을 드러낸다는 이론적 배경에 기초하여 만든 그림으로 된 투사적 방법의 성격검사로 그림을 보고 연상되는 생각을 자유롭게 이야기시켜 그 내용을 분석하여 측정한다.

1. 제작자
프로이드의 정신분석학에 근거하여 머레이H. A. Murray와 모건C. D. Morgan이 만들었다.
2. 특징
① 개인의 인성을 욕구와 압력이라는 곳에 집약시켰다.
② 맥켈란드는 주제통각검사를 이용하여 성취동기와 인성과의 관계를 연구하였다.
3. 구성
30매의 불분명한 그림과 한 장의 백색white blank카드로 구성되어 있다. 이 중 어떤 카드는 모든 피험자에게만 실시할 수 있게 되어 있으며, 이것을 보통 10매씩 나누어 2회에 걸쳐 실시하도록 한다.
4. 절차
20매의 카드를 한 피험자에게 실시하되, 10매씩 나누어 며칠 간격으로 실시한다. 본래 각 카드를 실시하는 시간에는 제한이 없으나 대개 한 카드에 5분씩의 시간을 준다. 실시의 주안점은 각 카드의 그림을 보고 자기 마음대로 이야기를 꾸미되,
첫째, 이 장면이 무엇이라고 생각하며 어떻게 그러한 장면이 생기게 되었는가
둘째, 지금은 무슨 일이 일어나고 있으며 주인공 및 인물들은 무엇을 생각하고 느끼는가
셋째, 장차 결과는 어떻게 되겠는지를 말하게 한다.

4) 성격 테스트의 신뢰성 저하

MMPI 등의 인성검사를 이용한 성격 테스트는 많은 사람에게 일제히 실시할 수가 있고 채점도 매뉴얼화가 가능하며 채점하기 쉽다는 이점을 지니고 있다. 이러한 간편함이 높은 평가를 받게 되어 인성검사를 이용한 성격 테스트는 1940년대 이후 급속히 보급되었으며 성격과 범죄·비행의 관련성을 검토하기 위해 수없이 이용되었다.

그렇지만 이러한 성격 테스트가 널리 이용됨에 따라 그 문제점도 지적되었다. 1960년대 후반 이후 성격 테스트를 가지고 범죄자의 성격특성을 추출하는 것 자체에 부정적인 견해가 고조되어 범죄자의 성격특성을 발견하기 위한 성격 테스트는 지지를 잃게 되었다.

성격 테스트가 지지를 잃게 된 이유로는 성격 테스트에 대한 다음과 같은 4가지 비판이 고조되었다는 점을 들 수 있다. 첫째, 성격 테스트에 의한 범죄자의 성격특성 연구에서는 피검자의 환경요인이 무시되고 있다. 둘째, 종래의 연구 대상은 가두범죄를 저지른 자에 한정되어 있었기 때문에 화이트칼라 범죄에 대한 연구가 없었는데, 이는 성격 테스트의 대상이 되고 있는 범죄에 대한 편견을 말해주는 것이다.

그렇기 때문에 성격 테스트를 통해 범죄자 특유의 성격특성을 찾아내는 것이 아니라, 공통의 성격특성을 지닌 범죄자에게 성격 테스트를 실시한 것에 지나지 않는다는 비판의 목소리가 높아졌다. 셋째, 성격특성과 범죄를 직접 결부시킨다는 발상 자체가 비약적이다. 가령 성격 테스트에서 공격성이 높게 나타났다 하더라도 범죄와 직접적인 연관성이 없다는 사실은 스포츠 선수의 예를 통해 알 수 있다.

여기서 범죄자와 동일 성격특성을 지니고 있으면서도 범죄를 저지르지 않는 자, 혹은 다른 범죄자와 공통의 성격특성을 지니지는 않지만 범죄를 저지른 자에 대한 설명이 불가능하다는 지적이 생겨나게 되었다. 넷째, 성격 테스트에 의존하려는 형사사조가 지지를 잃었다. 1970년대에 미국을 비롯한 서구의 형사사조가 의료모델로부터 정의모델로 전환되는 과정 속에서 성격 테스트는 의료모델적인 발상에 근거하는 것으로 받아들여짐으로써 서서히 그 신뢰성을 잃어갔다.

5) 부활된 범죄자 특성 연구

이리하여 범죄자 고유의 성격을 찾아내려는 연구는 한때 수그러들었지만 1970년대 중반에 다시 주목을 끌게 되었다. 이러한 계기를 만든 것은 미국 워싱턴에 있는 정신장애 범죄자 전용병원인 세인트 엘리자베스 의원의 정신과 의사 S·요첼슨과 임상심리학자 S·세임나우였다. 두 사람은 그 때까지 자유파 심리학자로서 알려져 있었고, "범죄자는 사회의 희생자이며 심각한 심리적 문제를 안고 있는 사람들이다"라는 입장을 표명하고 있었다.

두 사람은 이러한 신념 아래 14년 동안 255명의 범죄자 치료에 임했으며, 그 경험을 토대로 『범죄성격Criminal Personality』1976, 1977년을 저술하여 범죄심리학 접근방법의 부흥을 꾀하였다. 그들이 도출해 낸 결론은 다음 4가지로 요약할 수 있는데 이는 그들이 지니고 있던 신념과 꼭 일치하는 것은 아니었다. 첫째, 개인의 범죄성에 있어서 사회환경의 영향은 전혀 없다. 둘째, 「범죄성격」이라는 것이 존재한다. 셋째, 범죄성격을 지닌 자가 범죄를 저지르는 것은 자유의지에 의한 선택의 결과이다. 넷째, 이러한 범죄 성격은 화이트칼라 범죄자에서 강간범에 이르기까지 각종 범죄자에 공통된다.

또한 그들은 범죄자의 치료에 있어서 중요한 포인트로서 이하의 6가지를 강조하였다. (a) 범죄성격은 출생 시에 이미 형성되어 있기 때문에 가족에 의한 영향은 비교적 적다. (b) 범죄 성격은 범죄의 자극을 필요로 한다. (c) 범죄 성격을 지닌 자는 깊이 파고드는 것을 좋아하며 대인관계에서는 이기적이다. (d) 범죄 성격을 지닌 자는 도덕관념이 결여되어 있으며 타자에 대해서 편협하고 때때로 계산을 속이기도 하며 매사에 감정이입이 불가능하여 불만이나 화에 가득 차 있다. (e) 범죄 성격을 지닌 자는 신뢰감이 결여되어 있으며 타자로부터 부탁받는 것을 싫어한다. (f) 범죄자로부터 52가지의 사고 패턴만성적으로 거짓말을 한다. 타인의 것과 자신의 것에 대한 구별이 없다. 완고한 낙관주의자이다. 상처를 입거나 모욕을 당하는 것을 두려워한다이 발견되었다.

이들 포인트를 근거로 하여 요첼슨과 세임나우는 범죄자에 대한 치료방법으로서 범죄자에게 자신의 반사회적인 사고를 직시하도록 하는 것이 중요하다고 주장했다. 이 주장은 행동요법의 하나로서 어느 정도 기대되는 것이었다. 그럼에도 불구하고 그들의 시도는 과거의 범죄심리학의 재탕에 지나지 않는다는 평가를 받았고 폭 넓은 지지를 얻지는 못했다. 특히 그들이 사용한 용어의 정의가 불명확할 뿐 아니라 환경요인이 범죄자에게 거의 영향을 미치지 않는다는 주장의 근거가 희박했다는 점은 치명적인 결점이었다. 그들의 행동요법이 성공했다는 사례는 거의 나타나지 않았다.

3 「성격과 범죄」 연구에 대한 한계

이상과 같이 범죄와 성격의 관련성이 있는가를 결정짓는 것은 참으로 어려운 일이다. 「성격과 범죄」 연구에 있어서의 유형론적 접근방법과 특성론적 접근방법 양쪽 모두 한계가 있음이 지적되고 있다. 단, 이러한 경위를 살펴보았을 때 범죄자의 성격 연구가 무의미하다고는 말할 수 없다. 실제로 오늘날에는 다음 두 영역에서 성격과 범죄의 연구 성과가 활용되고 있는 것이다.

첫째, 특수한 유형의 범죄자 조사에 응용됨으로써 그 실적을 쌓아가고 있다. 구체적으로는 과거의 범죄자의 성격특성·행동특성을 데이터화하여 분석함으로써 범죄자의 특징을 유형화하였으며 이를 범죄수사에 응용하고 있다. 이러한 데이터의 수집·분석을 프로파일링이라 하는데 최근 미국에서 연쇄살인 수사 등에 효과를 거두고 있다. 둘째, 교정 단계에서는 감별이나 처우를 분류하고 결정하는 데 이용되고 있다. 여기서는 개개인 범죄자의 성격특성을 부각시킴으로써 적절한 처우 방법이 모색되고 있다. 결국 범죄와 성격은 관련성이 없지는 않으나 범죄를 일으키는 사람 모두에게 공통적인 성격이 나타나지 않으며, 오히려 어떤 특수한 환경에 의해서 일어난다고 생각한다. 즉 심리학에서는 사람의 성격을 검사를 통하여 일반적인 자료를 추출해내기도 하지만 범죄를 저지르는 사람의 마음이나 성격, 즉 심리상태를 어떤 검사를 통해서 일반적인 자료를 뽑아내는 것은 쉽지 않으나 범죄를 저지르는 사람의 어릴 적 특수한 상황을 토대로 범죄를 추론할 수 있다는 것이 학자들의 일반적 견해이다.

제5장 　지능IQ과 범죄

　　범죄자에 대한 20세기 초반의 연구의 전제는 범죄자는 일반인보다 지능이 낮고, 지능이 낮은 것은 범죄의 원인이 된다는 것이다. 범죄자는 지능이 낮은 게 아닐까, 아니면 지능이 낮은 것이 범죄의 원인이 되고 있는 것은 아닐까라는 지적이 옛날부터 있었다. 이러한 지적은 20세기로 접어들면서 지능지수IQ의 개념이라든지 그 측정법이 보급됨에 따라 실증적으로 연구되게 되었고 20세기 초에는 정신측정학파가 주목을 끌게 되었다. 이 연구는 20세기 중반에는 일단 종식되었다가 1980년대에 부활하여 흥미진진한 논의가 전개되고 있다.

프로파일링

　　프로파일링이라 함은 매우 유사한 범죄를 저지르는 사람들은 거의 비슷한 성격특성personality traits을 가진 사람들이라는 가정에 기초를 둔 것으로서, 범죄현장에 남겨진 유형有形의 법의학적 증거와 더불어 무형無形의 심리학적 증거인 행동을 통해 범인의 유형有型을 추정하는 것으로, 1971년 살인사건을 해결하는 일선수사진들을 도와주기 위하여 미국의 연방수사국FBI 등에서 체계화되어 단기간 내에 국제적으로 관심을 불러일으킨 범죄수사의 수법을 말한다. 우리나라에서도 영화 『양들의 침묵』이라든지 R · 레슬리의 저서 『FBI 심리수사관』1994년 등을 통해 널리 알려지게 되었다. 프로파일링의 개요는 다음과 같다. (a) 과거의 범죄자의 성격특성 · 행동특성에 관한 데이터를 수집하고 이를 행동과학, 심리학 및 정신의학적인 지식에 근거하여 분석하고 유형화한다. (b) 이렇게 축적된 범죄자의 성격이나 행동에 관한 특징을 수사시에 범죄현장에서 얻어진 정보와 조회해 보고, 이를 통해 과거에 있었던 사건과의 공통점을 발견함으로써 범인상像을 부각시킨다.
　　프로파일링의 구체적인 예로는 다음의 것들을 들 수 있다. (a) 강간범의 경우 범죄자는 피해자와 동일 인종일 가능성이 높다. (b) 강도 살인의 경우 범죄자는 20세부터 30세의 백인 남성이다. (c) 엽기적인 살인이 비합리적인 방법이나 경과에 의해 실행된 경우 범죄자는 심각한 정신병에 걸려 있는 경우가 있다. 이 프로파일링에서는 크레취머나 셀든의 「체형과 성격」에 관한 견해도 응용되고 있다.
　　범죄자의 성격이나 행동에 대한 과학적인 데이터를 축적하고 범죄수사에 활용하는 것은 당연히 지지되어야 한다. 그럼에도 불구하고 우리나라에서는 획기적인 사건이 발생하면 곧 바로 매스컴에서 범죄 추리를 한다거나 범인상에 대해 게임 감각으로 가볍게 말해 버리는 경향이 있는데 이 점은 경계할 필요가 있다. 과학적인 프로파일링 매뉴얼을 이용했다 하더라도 손쉽게 범인을 특정짓는 것은 현실적으로도 용이하지 않으며, 그것이 오히려 면죄를 낳을 위험성이 있다는 사실을 항상 경계해야 할 것이다.

1 지능측정

지능개발의 개척자인 영국의 Galton은 '모든 지식은 감각을 통해서 나온다'는 Locke의 언명을 이어받아 감각 능력을 측정하는 문항들로 구성된 정신검사를 만들어 감각 변별능력의 개인차로 지능을 이해하려 하였다. 그러나 이러한 것은 학교 성적을 거의 예언하지 못했다. 지능에 관한 통일된 정의는 존재하지 않지만 일반적으로는 지각, 인식, 기억, 사고, 개념형성 등의 기능에 의해 새롭게 직면한 문제에 적절히 대처하는 능력 정도로 여겨지고 있다. 지능은 IQ 테스트에 의해 얻어진 데이터를 기초로 하여 지능지수IQ라는 척도를 통해 객관적으로 수량화되고 있다. 초기의 지능지수는 독일의 슈텔론에 의해서 고안되어 미국의 L·터어만에 의해 공식화된 것으로서, 「정신연령 ÷ 생활연령 × 100」의 공식으로 산출된 것이었다.

이러한 방법을 통해 처음으로 지능을 측정하고자 했던 사람은 프랑스의 A·비네와 T·시몬이다. 그들은 1904년에 일상적인 과제 중에서 추리력을 필요로 하는 것을 추출하고 난이도 순으로 배열함으로써 과제에 임한 자의 지능을 측정하는 방법을 고안해 냈다비네·시몬 지능 척도. 이 측정방법은 1908년에 개정되었는데 그 때에 정신연령의 개념이 채용되었다. 그 후 다양한 수정과 변경을 거치면서도 비네·시몬 지능 척도를 이용한 지능측정은 좋은 평가를 받았으며 세계 각국에서 채용되기에 이르렀다.

최근에는 지능지수 대신에 지능편차치 개념을 이용하는 방법이 늘고 있다. 비네·시몬지능 척도는 인간이 성장함에 따라 지능이 지속적으로 발달한다는 것을 전제로 하고 측정대상을 어린이로 선정하였다. 하지만 실제로는 지능의 발달은 20세에 달하면 거의 멈추기 때문에 일정한 연령에 달한 이후에는 생활연령이 지능연령보다 커지게 된다. 그렇기 때문에 이를 대신해서 동세대 중에서 피검자의 지능지수를 측정하고 그 평균치를 100으로 나타내는 웩슬러식의 지능편차치 검사의 이용 빈도가 늘고 있다

이러한 지능측정이 보급됨에 따라 지능과 범죄의 관련성을 지적하는 목소리가 높아지게 되었다. 이하에서는 지능과 범죄에 관한 연구를 20세기 전반의 초기 연구와 1980년대 이후의 최근 연구로 나누어 살펴보기로 하겠다.

2. 초기의 지능과 범죄의 연구

1) 고다드의 실증적 연구

지능과 범죄의 관련성을 연구함에 있어서 다음과 같은 점이 전제로 되어 있었다. "지능이 낮은 것정신박약은 범죄의 원인이 된다."이러한 전제 하에서 이루어진 「지능과 범죄」 연구로는 우선적으로 미국 정신측정학파의 제1인자인 H·고다드가 1914년에 보고한 것을 들 수 있다.

고다드는 16개의 교정시설에 수용된 자의 지능을 측정한 결과 각 시설에 수용된 자의 28%~89%, 평균 약 50%가 정신박약자였다고 보고하였다. 이러한 결과를 통해 고다드는 "모든 범죄자는 정신박약자이며 모든 정신박약자는 잠재적인 범죄자이다"라는 결론을 내리고 있다. 그리고 지능은 유전하는 것이므로 범죄방지를 위해서는 단종斷種대인적 보안처분을 제도화할 것을 제창하였다.

2) 지능과 범죄의 관련성

그러나 그 이후의 조사에서는 범죄자 중의 정신박약자 비율이 저하하였기 때문에 지능과 범죄의 관련성 자체가 부정되기에 이르렀다. 한 예로서 1925년에 보고된 C·버트의 연구에서는 비행소년 중에서의 정신박약자는 8%였으며, 1926년에 보고된 W·힐리와 A·브론너의 연구에서는 13.5%, 1934년의 글륙부부의 연구에서는 13.1%, 1947년의 메릴의 연구에서는 11.6%였다. 또한 E·H·서덜랜드에 의하면 1925년부터 1928년 사이에 보고된 350건의 범죄자나 비행소년을 대상으로 한 지능검사 연구를 종합해 보면 전체적으로 정신박약자의 비율은 20%에 지나지 않았다.

제1차 세계대전 중 미국 육군은 정신장애자는 군 복무에 부적합하다는 판단에서 징병자에 대한 지능 테스트를 실시하였다. 그런데 테스트 결과는 예상을 뒤엎고 징병자의 반수가 정신박약자로 나타났다. 이로 인해 육군은 정신박약의 지능수준을 낮추어 정신박약 해당자를 줄임으로써 채용자를 확보했다. C·매티슨은 10만 명의 수형자에게 육군이 실시했던 것과 동일한 병역 테스트를 실시하였다. 그 결과 병사의 지능 평균은 근소하기는 하지만 수형자의 평균보다 낮았다. 즉 이들 테스트 결과로 인해 그 동안 생각하고 있었던 만큼 일반인의 지능이 높지 않았다는 것이 명확해진 것이다.

「정신박약」 개념의 변천

「지능과 범죄」 연구가 진행됨에 따라 범죄자 중의 정신박약자의 비율은 확실하게 줄어들었다. 이처럼 정신박약자의 비율이 저하된 원인은 어디에 있는 것일까? 그 이유는 「정신박약」이라는 말의 의미가 차츰 변화하였다는 점에 있다. 그 밖에도 다음의 4가지 점이 지적되고 있다.
① 지능 테스트의 개량 ② 검사자의 기술 향상 ③ 피검자의 확대 ④ 정신박약자에 대한 복지향상. 이 중 ①, ②, ③은 지능 테스트에 관한 변화인 반면 ④는 정신박약자 측의 변화이다. 또한 우생학 사상에 대한 비판의 고조도 적지 않은 영향을 미치고 있었다는 사실도 간과해서는 안 될 것이다.

이러한 경위를 거쳐 지능과 범죄의 관련성이 적다는 인식이 서서히 고조되어갔다. 지능과 범죄의 관련성을 강조한 고다드도 나중에 자신의 조사가 정확성이 결여되어 있었음을 인정했다.실제로 테스트가 이루어진 것은 16개의 교정시설 중 5개에 지나지 않았으며 그 밖의 시설에 대해서는 조사자의 관찰로 지능지수를 예상하였던 것이다. 그리하여 고다드는 지능이 순전히 유전되어 계승되는 것이 아니라 적어도 교육에 의해 개선이 가능한 것이라고 자신의 견해를 수정했다. 제2차 세계대전 후에는 「지능과 범죄」연구의 숫자도 감소하면서 서서히 수그러들기 시작했다.

 「지능과 범죄」 연구의 활성화

1) 최근의 「지능과 범죄」 연구

「지능과 범죄」 연구가 다시 활성화 된 것은 1980년대에 들어서부터이다. 이 때 지능과 범죄의 상관관계가 인정되었으며, 지능이 낮은 것은 유색인종과 하층계급에 속하는 백인이라는 것이 전제가 되었다. 이러한 「지능과 범죄」 연구의 부활에 선구자적 역할을 한 것이 T·허쉬와 M·힌데랑의 논문 「지능과 범죄 : 수정론자의 리뷰」1977였다. 두 사람은 이 논문에서 지능과 범죄에 관한 기존의 데이터를 재검토한 후, 범죄나 비행을 예측함에 있어서 지능지수가 인종이나 사회계급보다도 중요한 근거가 될 수 있다는 결론을 도출했다. 그리고 그 동안의 지능 테스트에 인종이나 계급에 대한 편견이 내재되어 있었다는 견해를 부정하고 동일 인종이나 계급에 속하는 범죄자와 비범죄자 사이에도 명확한 지능 차이가 존재한다고 하였다.

또한 지능이 낮은 자는 소년 시절에 학교생활에 잘 적응하지 못했기 때문에 낙제나 퇴학의 가능성이 높으며, 이러한 학교생활의 부적응과 범죄·비행 사이에 밀접한 관련성이 있다고 주장하였다. 1980년대를 맞이하면서 이러한 허쉬와 힌데랑의 견해는 많은 연구 성과에 의해 지지를 얻게 되었다. 1982년에 L·유우덜 등은 비행소년과 표본그룹을 대상으로 웩슬러식 지능편차치 검사를 실시하였다. 그 결과 전자는 후자에 비해 평균 20포인트 낮은 것이 밝혀졌다. 한편 R·고든은 1986년에 인종과 지능이 범죄에 미치는 영향을 연구하였는데, 지능의 차이가 범죄를 예측함에 있어 중요한 지표가 되며 인종에 따른 범죄율의 차이를 설명하는 근거가 된다는 보고를 하였다.

같은 해에 D·데노도 상습적인 폭력 소년범죄자를 연구하였는데 그들이 초범폭력 소년 범죄자에 비해 언어능력 테스트와 지능 테스트 모두 수준이 떨어진다는 사실을 지적했다. 그리고 T·모핏, W·가브리엘, S·메드닉, F·슐징어는 1989년에 덴마크의 비행소년의 지능을 조사하고 지능이 낮은 것과 비행 사이에 중요한 상관관계가 존재한다는 것을 지적했다. 그들은 지능이 낮은 소년은 언어능력도 낮으므로 학교생활에서 핸디캡을 지니게 되며 비행에 빠져들기 쉽다고 생각하였다.

이러한 일련의 연구 중에서 가장 주목을 집중시킨 것은 J·Q·윌슨과 R·한스타인의 1985년에 출간된 명저 『범죄와 인간의 본성』이다. 윌슨과 한스타인은 이 책에서 지능이 낮은 것과 범죄의 관련성을 지적했다. 단, 지능이 낮은 것만으로는 사람이 반사회적 행동을 일으키는 원인을 설명하기엔 부족하다고 하였다. 즉 지능이 낮다는 것은 어디까지나 범죄의 간접적인 요인의 하나에 지나지 않으며 오히려 학교에서의 부적응을 더 큰 요인으로 보아야 한다고 주장했다.

2) 패린튼과 웨스트의 종단적 연구

1980년대의 「지능과 범죄」 연구의 성과는 금세기 전반의 「지능과 범죄」 연구와는 다른 결론을 도출하였다는 점에 유의할 필요가 있다. 이 점을 명확히 밝히기 위해서는 D·패린튼과 D·웨스트를 중심으로 영국 케임브리지 대학의 범죄학 연구소에서 실시된 종단적 연구longitudinal study에 주목할 필요가 있다.

종단적 연구라 함은 다수의 피검자를 장기간에 걸쳐 관찰함으로써 범죄나 비행의 요인을 밝혀내려는 연구방법을 말한다. 패린튼과 웨스트의 연구에서는 런던의 북동지역에 사는 소년들이 대상이 되었으며 8세에서 시작하여 32세가 될 때까지 관찰을 계속하였다. 장기간에 걸친 연구 결과 패린튼 등은 범죄에 영향을 미치는 요인으로 양친의 불화, 양친과의 별거, 부적절한 가정교육, 비행소년과의 교우관계, 저소득, 양친의 범죄경력, 낮은 지능 등을 들었다.

패린튼 등의 연구에서는 25세까지 비행경력이 있는 자의 지능지수 평균은 95로 나타났으며, 이에 비해 비행경력이 없는 자의 평균은 101로 나타났다. 단, 패린튼 등은 비행경력이 있는 자가 빈곤 상태에 처해 있었다는 사실도 지적했다. 즉 패린튼 등의 연구로부터는 지능이 낮은 것과 범죄의 관련성을 지적할 수 있으나 이는 유전적인 영향보다 가정이 빈곤하기 때문에 적절한 교육을 받을 수 없었다는 환경의 영향이 강하다는 것을 알 수 있다고 한 것이다. 기타 다른 연구에서도 지능을 유전적인 연구에 결부시킨 것은 적다. 이러한 점이 「지능과 범죄」의 초기 연구와 최근 연구의 중요한 차이라 할 수 있다.

4 지능의 유전 여부

1) IQ 논쟁

이와 같이 지능과 범죄의 관련성이 1980년대에 들어와 다시 주목을 받게 된 계기는 지능을 유전적인 요인에 결부시키는 주장이 대두되었기 때문이다. 즉 새로운 「지능과 범죄」 연구의 배경에는 미국에서 널리 퍼졌던 IQ논쟁의 존재가 있었던 것이다. IQ논쟁이라 함은 「지능은 유전하는가」라는 문제를 둘러싸고 벌어진 논쟁을 말한다. 하나의 예로써 R·젠센은 지능은 유전에 의해 거의 결정되며 흑인의 지적 수준이 낮은 것은 유전적 요인에 의한 것이라고 주장했다.

고든은 앞서 말한 연구결과를 보고할 때에 이 젠센의 견해를 인용하였다. 또한 트랜지스터 개발로 노벨 물리학상을 수상한 W·셔클리는 백인의 평균 43%가 지니고 있고 흑인 중에서는 1% 밖에 지니지 않은 유전자가 있다고 하는 유전학자 T·리이드의 연구를 기초로 하여, 이 유전자는 지능에 관련되어 있으며 이 유전자의 비율이 증가할수록 지능이 높아진다고 생각하였다.

이로부터 셔클리는 뛰어난 자손을 남기기 위해서는 지능이 낮은 자는 불임수술을 해야 하고 지능이 높은 자는 정자은행에 정자를 제공해야만 한다고 주장했다. 이러한 셔클리의 주장은 그가 노벨상을 수상하였고 또한 미국을 대표하는 과학자였기 때문에 커다란 파문을 불러 일으켰으며, 나아가 「셔클리 쇼크」라 불리는 사회현상을 낳았다.

이에 대해 지능의 유전성을 부정하는 논자들은 젠센이나 셔클리의 주장의 근거가 되고 있는 데이터의 정확성에 의문이 존재한다는 것과 인종차별의 편견이 담겨 있다는 것을 지적했다. 그리고 그들을 우생주의자, 인종차별자라고 강하게 비판했다.

2) 한스타인과 마리의 벨 곡선

「지능은 유전하는가?」라는 문제는 오늘날의 미국에서도 여전히 흔들리고 있다. 특히 1994년에 R·한스타인과 C·마리가 공동 출판한 『벨 곡선Bell Curve』의 영향으로 인해 최근에는 지능의 유전성을 지지하는 견해가 그 세력을 확장하고 있다.

이 책 속에서 한스타인과 마리는 그 동안 이루어졌던 156건의 지능과 유전에 관한 연구를 검증하였다. 두 사람은 이들 데이터를 통계 처리하여 그래프화하였는데 그 모양은 양 사이드에 꼬리를 형성하는 벨종형으로 나타났다. 이 그래프 안에서 지능이 낮은 자는 왼쪽 경사면에 위치하게 된다.

한스타인과 마리는 이 종형 그래프를 5개로 분할하였는데 이 중 왼쪽 경사면은 제4계층둔함과 5계층매우 둔함의 2개로 분류하였다. 미국에서는 이 2개의 계층에 포함되는 자가 인구의 약 25%6,250만 명로서 두 사람은 범죄, 부랑자, 미혼모 등 많은 사회문제가 이러한 지능지수가 낮은 25%의 사람들에 의해 생겨난다고 주장했다. 또한 백인과 흑인의 지능지수에는 평균적으로 16포인트의 차이가 있다는 주장도 하였다.

그리고 이러한 차이가 경제적인 격차에서 유래한다는 종래의 주장에 대해서는 사회적·경제적으로 높은 지위에 있는 흑인과 백인의 지능지수 차이는 흑인과 백인 전체의 평균 지능지수 이상으로 크다며 이를 부정하였고, 양자의 지능의 차이는 유전에 기초하는 것이며 이로써 앞에서 예로 든 사회문제의 대부분이 왜 흑인에 의해 생겨나는지를 명확하게 설명할 수 있다고 주장했다. 한스타인과 마리는 지능의 유전성이나 인종간의 격차를 근거로 삼아 사회적 약자 보호를 위한 복지정책이나 차별 철폐조치affirmative action를 검토하거나 폐지할 것을 호소했다.

이러한 주장이 미국에서 정착되지 못하고 흔들리고 있는 우생학이나 인종차별적인 사상을 배경으로 하여 출현된 것임은 부언할 필요가 없다. 그렇기 때문에 향후에도 형태만을 바꾼 이와 비슷한 주장이 전개될 가능성은 얼마든지 있다. 이 한스타인과 마리의 주장은 1980년대 후반부터 우경화가 점점 더 심해지고 있는 미국의 정치·사회 정세 속에서 많은 지지와 반향을 불러 일으킬 것이다.

5 「지능과 범죄」 연구에 대한 지적

이상과 같이 지능과 범죄의 관련성은 현재에도 끊임없이 제창되고 있다. 동시에 이러한 주장에 대한 많은 의문점도 지적되고 있다. 첫째, 지금까지의 「지능과 범죄」 연구에서는 조사대상 자체에 편견을 가지고 있었던 것은 아닌가? 둘째, 지능이 낮은 자는 체포되기 쉽기 때문에 범죄자 중에 지능이 낮은 자가 유독 많다고 느껴졌던 것은 아닐까? 셋째, 사회계급이나 인종문제에서 벗어나 지능과 범죄의 관련성을 논하는 것은 불가능하지 않은가? 특히 미국에서 하류계층에 속하는 자나 유색인종은 학교나 직장에 적응하기 어렵기 때문에 비행이나 범죄에 빠지기 쉽다는 측면을 무시할 수는 없는 것이다.

넷째, 지능 테스트의 기준 자체가 명확한 것이라고 단정지을 수 있는가? 이전부터 지능 테스트에는 문화적인 편견이 개입되기 쉽다는 지적이 있어 왔듯이, 지능 테스트는 피검자의 지능만을 측정하는 것이 아니라 피검자를 둘러싼 환경까지도 포함하여 수치화하였다고 보는 것이 타당하지 않을까?

지능 테스트 그 자체가 많은 이점을 갖추고 있는 것은 사실이다. 비근한 예로 비행소년이나 범죄자 처우에 지능 테스트의 데이터가 이용되고 있다는 사실을 상기해 보면 좋을 것이다. 그리고 지적 장애아의 조기 발견에도 도움이 되고 있다. 그러나 오늘날에도 「지능과 범죄」 연구의 배후에 우생학 사상이 드리워져 있다는 점은 부정할 수 없으므로, 결국 이러한 상황 속에서는 범죄와 지능의 관련성 연구가 지지를 얻기는 힘들 것이다.

제**6**장 **정신장애와 범죄**

정신장애란 일상생활 속에서의 여러 가지 원인에 의해 정신건강을 유지해 나가지 못하여 정상생활을 해나가기 어려운 병적 상태이다. 정신장애가 범죄의 한 요인이 된다는 생각은 범죄학사를 살펴볼 때 그 동안 일관되게 지속되어져 왔다. 다만 정신장애의 정의라든지 분류는 시대나 국가에 따라 다양하기 때문에 일정한 틀은 존재하지 않는다. 여기서는 범죄와 관련이 있다고 여겨지는 다음의 5가지 유형을 살펴보기로 하겠다. ① 3대 정신병 ② 기질성器質性 정신병·중독성 정신병 ③ 정신지체정신박약 ④ 반사회성 인격장애정신병 질환 ⑤ 신경증. 이 중 ③에 대해서는 이미 'V. 지능IQ과 범죄'에서 검토하였다.

 정신장애 진단기준ICD-10과 DSM-IV

정신장애를 분류함에 있어 지금까지는 주로 독일 정신의학의 지견을 도입하여 실시하여 왔다. 그리고 이러한 종래의 정신병 진단은 현실적으로는 의사의 주관에 의한 것이 많으며, 나아가 국가나 시대별로 혹은 학파나 논리적 입장에 따라 서로 다른 판단이 내려져 왔다.

이와 같은 상태에서는 정보의 교환이나 의료적인 대응을 효과적으로 실시할 수 없으므로 객관적인 진단기준의 필요성이 국제적으로 요구되어 왔다. 이러한 측면에서 세계보건기구WHO는 정신보건 프로그램의 일환으로써 정신장애 진단과 분류의 개선에 힘을 쏟아 왔다. 그 성과로는 진단기준인 「질병과 관련이 있는 건강문제에 대한 국제통계분류International Statistical Classification of

Disease and Related Health Problems : ICD」를 만들었다.

또한 이와 마찬가지의 문제의식에서 출발하여 미국 정신의학회에서 진행되고 있는 「정신질환의 진단·통계 매뉴얼Diagnostic and Statistical Manual of Mental Disorders : DSM」의 개발도 커다란 관심을 모으고 있다.

DSM작성은 1950년대에 착수되었는데 ICD를 참고로 하면서 다수의 전문가에 의한 연구나 과거의 데이터를 수집·검토하는 등 다양한 노력이 이루어져 왔다. 그리고 1980년대에 출판된 제3판 DSM-Ⅲ에서 새로운 진단 시스템이 채용되는 한편 전문가가 아니더라도 사용 가능한 매뉴얼 체제가 갖추어지면서, 미국뿐만 아니라 유럽이나 일본에서도 급속히 보급되었다. 현재 국내에서는 최근에 출판된 제5판 DSM-5가 널리 사용되고 있다. 참고적으로 ICD는 제10판ICD-10을 넘어서고 있다.

ICD-10은 유럽의 정신과 의사들과 심리학자들에 의해서 사용되며, 미국에서 주로 활용하는 정신장애 진단 및 통계편람DSM과 함께 정신장애의 진단 및 평가를 위한 대표적인 기준이다. ICD-10이나 DSM-5에서 이루어진 정신병의 명칭이나 분류는 반드시 종래의 것과 일치하지는 않는다. 이하에서는 기본적으로 종래의 연구에 의한 분류에 따르기는 하지만 가능한 한 ICD-10이나 DSM-5의 지견에 대해서도 언급하고자 한다.

② 정신장애의 종류

정신장애는 일반적으로 정신병이라 하는데, 뇌에 외상을 입었거나 마약이나 각성제 따위의 약물중독, 그리고 체질적인 원인으로 비정상적인 행동을 하여 보통사람들처럼 정상적으로 사회생활을 할 수 없는 상태로서 정신병성 장애와 비 정신병성 장애가 있다. 전자의 경우 일반적으로 내인성內因性의 것과 외인성外因性의 것이 있다고 알려져 있다. 내인성 정신병이라 함은 명확한 외적 요인은 발견할 수 없지만 그 발병에 어떠한 신체적·생물적인 기반이 존재해야만 한다는 이른바 질환 단위로서의 요건을 충족한다고 여겨지는 정신장애를 가리킨다. 대개 유전에 의하여 체내에 어떠한 이상이 생기는 것으로 '정신분열증', '조울증', '진성 간질' 등이 있다. 이러한 증상은 심리적 요인과 겹쳐서 일어나는 경우가 대부분이다.

이에 비해 외인성 정신병은 정신작용의 중추인 뇌에 병이 생기거나 여러 가지 사고에 의해 뇌에 손상을 입게 되면 정신작용이 비정상적으로 일어나는 것으로 뇌의 외상·종양, 감염증, 중독 등 외적인 요인에 의해 발병한 정신장애를 가리키며, 여기에는 기질성뇌에 주 병변[主病變: 병으로 인하여 일어나는 육체적·생리적인 변화]을 지니며 기본적인 증상으로는 치매와 의식장애가 있다, 중독성알콜이나 기타 약물의 남용이나 의존, 증상성신체질환에 관련해서 일어나는 신진대사 이상이나 분비 이상 등이 있다. 실제 정신병 환자의 대부분은 3대 정신병인 ① 정신분열증 ② 조울증 ③ 간질환자로 알려져 있다.

1) 정신분열증精神分裂症

정신분열증schizophrenia은 만성적인 환각증상 및 피해망상 등 보통사람은 전혀 이해할 수 없는 생각이나 행동을 하는 것으로 사고력이나 판단력 등이 점차 둔해질 뿐만 아니라, 지능까지도 약해져서 하는 일 없이 멍청히 지내는 경우가 많다. 주요증상으로는 이하의 증상을 나타내는 것이 특징이다. ① 환각이나 망상 등의 인지장애와 이에 기초한 이상행동(예를 들어 흥분이나 혼미 등) ② 특유의 사고장애 ③ 자아의식의 장애 ④ 경과에 따라 진행될 수 있는 인격 황폐.

정신분열증의 주요 형태는 다음의 세 가지로 분류된다. ① 망상형 정신분열증망상, 환각증상을 주체로 하며 비교적 늦은 연령에서 발병한다는 특징이 있다 ② 긴장형 정신분열증의지발동 장애가 증상을 지배하며, 격한 흥분상태에서 의지발동이 거의 정지되어 버리는 혼미상태까지 다양한 정도의 증상이 나타난다. 급격히 발병하고 관해[寬解: 정신분열증의 증상이 없어짐]되기 쉽다 ③ 파과형破瓜型 정신분열증감정과 의지의 마비를 주체로 하며, 비교적 젊은 연령에서 발병하고 만성화되기 쉽다.

정신분열증에 대해서는 이상과 같은 세 가지 유형이 장기간 동안 정착되어 왔다. 하지만 최근에는 너무 단순화되어 있어 현실적으로 무의미하다는 의식이 고조되고 있다. ICD-10과 DSM-5에서는 파과형 정신분열증을 해체형 정신분열증이라 부르고 있는데, 이들 세 가지 유형 이외에도 감별불능형환각, 망상, 앞뒤가 안 맞는 대화 등 정신분열증의 기본적인 증상은 보이지만, 앞의 세 가지 유형 그 어느 것에도 속하지 않는 형과 잔유형殘遺型 환각, 망상 등의 양성 증상은 나타나지 않고 감정 마비 등의 음성 증상을 나타냄을 포함하여 정신분열증을 5가지 유형으로 분류하고 있다.

정신분열증과 범죄의 연관성을 놓고 볼 때, 현재까지 두드러진 특징이 보이지 않는다는 견해가 있는 반면, 돌발적인 공격성이 강하게 나타난다는 견해가 있기도 하다. 죄의 종류별로는 살인, 상해, 방화의 비율이 다른 정신병에 비해 높다. 또한 일반적으로 재산범은 적다고 일컬어지지만 파과형 정신분열증과 같이 감정·의지가 마비된 결함상태에 처해 있는 경우는 경미한 재산범을 저지르기도 한다.

분명히 범죄통계 상으로는 이상과 같은 지적이 가능할지 모르지만 정신분열증의 발병원인에 대해서는 유전, 생화학적인 원인, 신경발달적 원인, 심리적 원인, 사회문화적 원인 등이 복합적으로 작용하여 발병하는 증후군 내지 복합질병이라는 것이다. 그러나 분명한 것은 인간의 사고와 감정, 행동 등을 지배하는 기관인 뇌에 생긴 질병이며 이들 신경 사이의 정보를 전달하는 신경전달물질인 도파민과 세로토닌 등의 분비나 작용의 이상일 가능성이 가장 크다는 것이다.

그러나 이제까지 많은 견해가 제시되어 왔음에도 불구하고 완전히 해명되었다고는 말할 수 없다. 정신분열증과 범죄의 인과관계에 대해서도 여전히 검증의 여지가 남아 있으며, 정신「분열」이라는 용어를 사용하는 것 자체가 적절한지에 대해서도 논의의 여지가 남아 있다는 것을 부언해 두고자 한다.

2) 조울증躁鬱症

조울증은 20세전 후에 흔히 일어나는 병으로 흥분하여 떠들거나 광폭해지는 상태와, 공연히 슬퍼하고 절망에 빠지는 우울한 상태가 교대로 나타나는 증상으로서 대체로 우울한 상태가 많이 나타나는 것으로, 조울 상태초조하고 답답한 상태라고 하는 기분의 장애 증상을 주기적으로 반복하는 질환이다. 초조한 상태에서는 고양된 기분, 의욕 앙진昻進: 정도가 심하여짐, 다동多動, 다변多辯, 수면 단축, 억제 결여 등이 그 특징으로 나타난다. 한편 답답한 상태에서는 억눌린 듯한 기분, 의욕이나 흥미의 감퇴, 피로감, 동작 완만 및 방안에 틀어박혀 활동하지 않는 등의 특징을 나타낸다. 실제로는 초조한 상태와 답답한 상태 중 그 어느 하나만을 나타내는 「단극성 울병鬱病」이

주를 이루며 초조한 상태만을 나타내는 「단극성 조병躁病」은 아주 드물거나 거의 없다고 한다.

흔히 「단극성 조병」이라고 말할 때 그 대부분이 초조한 상태와 답답한 상태를 반복하는 쌍극성 기분장애의 제2증상을 말한다.[49] ICD-10과 DSM-5에서는 이상과 같은 점도 고려하여 종래에 「조울병」이라 불렸던 질환을 기분장애Mood Disorders라고 하는 카테고리로 분류하고 있다. 예로서 DSM-5는 기분장애를 다음 4가지로 세분화하여 진단기준을 정하고 있다. ① 울병성장애우울증 ② 쌍극성장애조병과 울병이 교대로 나타나는 기분장애 ③ 증상성 혹은 중독성 기분장애일반적인 신체질환이나 약물 등의 영향에 의한 기분장애 ④ 특정 불능의 기분장애.

조울증과 범죄의 친화성에 대해서는 부정적인 견해가 있는 반면 의외로 높다고 보는 견해도 있다. 이 중 친화성을 긍정하는 견해를 살펴보면, 초조한 상태에서는 기분 격앙이나 자기억제 결여로 인하여 무전취식, 무임승차, 절도, 공갈, 상해의 범죄 가능성이 있으며, 성욕 앙진에 의한 강제적 외설행위 등도 적잖이 나타난다고 한다. 이에 비해 답답한 상태에서는 강한 죄책감 등으로 인해 자살을 기도하거나 동반자살확대자살을 꾀하는 경우가 있다고 한다.

3) 간질癎疾

간질은 가끔 일어나는 신경성 질환으로, 이 병은 뇌의 상태가 원인이 되어 일어나는 발작으로 갑자기 온몸에 경련을 일으키고 입에서 거품을 품어내며 의식을 잃고 쓰러진다. 경련이 멈춘 뒤에는 깊은 잠에 빠졌다가 점차 의식이 회복되는데, 경력 발작대신에 의식을 잃는 발작만을 일으키는 경우도 있다. 발작적으로 의식상실이나 경련을 일으키는 만성 중추신경성 질환으로서 예전부터 3대 정신병의 하나로 여겨져 왔다. 롬브로조가 간질을 선천성 범죄의 요인이라고 지적한 이래 기나긴 세월 동안 범죄와의 친화성이 제기되어 왔다. 이와 같이 간질이 범죄의 원인이라고 여겨진 이유에는 두 가지가 있다. 하나는 간질환자의 발작이 표면상으로는 폭발적·공격적인 인상을 주었다. 또 하나는 간질에 수반되는 의식장애나 간질성 인격 변화폭발성·점착성로 인해 살인, 방화 등의 중대 범죄가 이루어질 수 있다고 생각되었다.

---

49 사교적이고 활발한 성질과 비사교적이고 침울한 성질이 번갈아 나타나기 쉬운 성격유형으로 순환기질(회귀성기질)이며, 독일의 정신의학자 크레취머가 분류한 성격유형의 하나이다.

간질의 주요 발작형태로는 크게 4가지가 있다. ① 대발작. 이 형태는 최초의 10초를 전후로 전신의 근육이 경직되고 이후의 20초에서 30초간 크게 흔들리는 경련이 일어나며, 이 경련이 멈추고 나면 호흡은 회복되지만 몇 분간 의식상실 상태에 빠진다. ② 소발작. 이 형태는 10초 정도의 짧은 시간 동안에 일어나는 의식상실 발작으로 경련은 일어나지 않는다. ③ 정신운동 발작. 이 형태는 발작이 정신면의식장애과 행동면자동증(自動症) 등으로 나타나는데 그 사이의 기억은 없다. 통상은 몇 분 지나면 의식을 회복하지만 몇 시간에 걸쳐서 무의식 상태가 지속되는 케이스도 있다. ④ 단순 부분발작. 이 형태는 사지의 일부에 경련이 일어나는데 의식은 잃지 않는다. 이 중 현실적으로 볼 때 ①, ②, ④의 상태에서는 고의적인 범죄의 가능성이 없다. 따라서 범죄학에서는 ③의 상태가 문제시되어 왔다.

한편 간질성 성격변화도 문제가 되어 왔다. 간질성 성격변화에서는 점착성과 폭발성이 그 특징으로 나타난다. 전자의 경우에는 재산범이, 후자의 경우에는 폭력범이 많다고 여겨져 왔다. 그러나 오늘날 입장에서 보면 간질과 범죄의 친화성은 부정되어야만 한다. 첫째로 예전에는 간질 발작 시에 범죄를 일으킨다는 보고가 종종 보였는데 실제적으로는 극히 드물다는 것이 인정되고 있기 때문이다.

둘째로 현재에는 뇌파검사에 의해 조기에 간질을 발견할 수 있고 약물치료가 비약적으로 발전함에 따라 간질환자 스스로가 행동을 컨트롤하면서 사회생활을 용이하게 할 수 있게 되었다는 사실을 직시할 필요가 있기 때문이다. 따라서 최근에는 간질로 입원하는 환자가 격감하고 있다. 다만 간질성 성격변화특히 폭발성와 범죄와의 관련성은 문제시 될 수 있다는 점을 밝혀두고자 한다.

무엇보다도 중요한 것은 오늘날에 있어서 간질이 정신질환으로 분류되지 않고 있다는 사실이다. 따라서 오늘날에는 간질을 3대 정신병의 하나로 보는 견해가 지지를 잃었다고 할 수 있다. 물론 간질이 요인이 되어 어떠한 정신장애를 초래하는 경우는 있을 수 있다. 하지만 현대 의학적 지견을 빌리자면 간질 그 자체는 정신질환이 아닌 신경질환으로 보아야 한다. ICD-10이나 DSM-5에 간질이 정신질환으로 기재되어 있지 않은 것도 그러한 이유에서이다.

4) 비정형 정신병

내인성 정신병에는 분열증, 우울증 이외에도 비정형 정신병이 있다. 비정형 정신병을 정의함에 있어 두 가지 견해가 있다. 하나는 정신분열증과 우울증의 중간증상 내지는 혼합증상_{혼합 정신병}으로 파악하는 견해이며, 다른 하나는 정신분열증이나 우울증에서 독립된 증후군_{독립 정신병}으로 파악하는 견해이다. 일종의 심리적 요인으로서 사업실패, 실직, 시험에 낙방, 이혼이나 사별 등의 이유로 정신적 타격을 받아 잠을 못 이루거나 비관에 빠지기도 하고 다른 사람과 말도 잘하지 않는 등의 상태이다. 이러한 정신적 충격이 오래 지속되거나 감당하지 못하면 신경증이나 정신분열 등을 일으키기도 하며 때로는 자살을 하는 경우도 있다. 비정형 정신병과 범죄의 관련성에 대해 논해진 것은 거의 없다. DSM-5에서는 비정형 정신병을 「기타 정신병성 장애」라 부른다.

 기질성 정신병·중독성 정신병

1) 기질성 정신병

기질성 정신병은 두부 외상, 종양, 뇌출혈, 뇌염 등 기질적_{器質的} 병변_{病變}으로 인해 생겨나는 정신 증상을 말한다. 그 정신 증상은 기억력, 판단력의 저하를 중심으로 하는 치매, 인격 변화, 환각, 망상 등이 있다.

기질성 정신병은 ICD-10에서는 「증상성을 포함하는 기질성 정신장애」라는 카테고리로 분류하고 있다. 이에 비해 DSM-5에서는 이 유형에 속하는 정신병에 「기질성」이라는 용어를 사용하지 않고 「섬망_{알콜중독이나 모르핀중독 및 급성 전염병 등에 따르는 병종. 의식혼탁, 착각, 망상 및 이야기의 요령부득. 때로는 비애, 고민, 상쾌성을 띠며 혼미에 빠짐}, 치매, 건망 장애 및 기타 인지 장애」라 부르고 있다. 전자의 카테고리에는 노년성 치매나 섬망 이외에도 ① 두부 외상에 의한 치매 ② 뇌진탕 후장애 ③ 경미한 신경인지 장애 등도 포함되어 있다.

기질성 정신병과 범죄의 관련성은 과민·기분 이변성易變性 등의 증상이 나타났을 때 급격한 정동情動: 강렬한 감정이나 기분의 변화에 의해 폭행, 상해에 이를 가능성이 있다고 한다.

2) 중독성 정신병

중독성 정신병은 알콜이나 마약·유기용제 등의 약물중독에 빠짐으로써 발생하는 정신병을 말한다. 이 중 알콜중독은 오늘날에는 알콜증이라 하여 의존증이라는 정신병으로 분류하고 있다. 알콜의존증은 알콜 남용과 의존을 포함하는데, 알콜 남용은 발작적 혹은 충동적으로 단기간에 술을 마시는 행동 패턴이며, 알콜 의존은 내성의 상승음주량 증가이나 이탈증상의 특징을 보인다. 알콜 정신병에 빠지면 음주에 기인하는 망상예를 들어 질투 망상이나 환각증이 발생한다.

이에 비해 약물중독은 각성제, 마약 등의 섭취에 의한 중독 증상을 말한다. 약물 남용은 환각이나 망상을 유발하기도 한다. 지속적인 남용은 분열증과 흡사한 증상을 초래하기도 한다.

이러한 증상은 ICD-10에서는 「정신작용 물질 사용에 의한 정신 및 행동장애」라는 카테고리로 분류하며, DSM-5에서는 「물질 관련 장애」라는 카테고리로 분류하고 있다. 여기에는 알콜이나 대마, 코카인 이외에도 니코틴, 카페인, 진정제, 수면제 등의 남용이나 부작용 등으로 인해 생긴 정신장애에 대한 진단기준이 상세히 기술되어 있다.

종래에는 중독성 정신병과 범죄의 관련을 둘러싸고 「알콜과 폭력범죄」, 「약물과 재산범죄」에 관련성이 있다고 보아 왔다. 예를 들어 알콜 정신병에서는 질투망상이 때때로 나타나면 망상 속에서의 가해자를 살인하게 될 가능성이 있다는 지적을 하고 있다. 그리고 약물중독에서는 유기용제 중독자에 의한 절도가 많다는 것을 지적하고 있다. 하지만 최근에는 약물 사용자가 폭력범이 될 가능성과 함께 알콜중독자가 재산범이 될 가능성을 시사해주는 보고서 정도가 있다.

4 반사회성 인격장애정신병질

인격장애 또는 정신병질이라 함은 정신병은 아니지만 행동, 태도, 사고방식 등이 보통 사람과 달라 고민하거나 주위 사람들을 고민하게 만드는 상태를 가리킨다. DSM-5에서는 다음과 같이 정의하고 있다. 즉 "그 사람이 속해 있는 문화로부터 기대되는 기대치보다 현저하게 한쪽으로 치우쳐 있고 광범위하며 유연성이 없는 상태가 청년기 혹은 성인 초기에 시작되어 장기간에 걸쳐 나타나는 증세이며, 고통이나 장애를 일으키는 내적 체험 및 행동이 지속적으로 나타나는 증상"이다.

이러한 인격의 편향은 옛날부터 다양한 이름으로 불러왔다. 앞에서 기술한 영국의 J·프리챠드의 「도덕적 정신장애」 개념이나 프랑스의 B·모렐의 「변질」 개념도 그 한 예이다. 그러한 개념 중에서 가장 강한 영향력을 행사해 온 것은 독일의 K·슈나이더가 제시한 「정신병질」 개념이다. 영국과 미국에서는 「사회병질」이란 개념도 사용되어져 왔다.

반정신의학

1960년대부터 1970년대에 걸쳐서 구미를 중심으로 과학적 정신의학을 비판하는 「반정신의학」 사조가 탄생했다. 반정신의학의 주장은 논자에 따라 차이를 보이고 있지만, 전통적인 정신의학이 무비판적으로 광기狂氣를 일종의 병으로 파악해 온 점을 비난하고 「정기正氣와 광기」 문제를 사회적·정치적 차원에서 재검토할 것을 요구하였다는 점에서는 일치하고 있다.
반정신의학의 이론적·실천적 의의는 다음 3가지로 볼 수 있다. ① 반질병론종래의 정신의학이 형성해 온 질병학에 대한 비판 ② 반치료론의학적·과학적 치료로 여겨져 왔던 정신의학에 의문점을 제기 ③ 반구금주의정신병원에 구금시키는 것을 당연한 것으로 여겨 온 정신의학의 상식에 도전.

발양형發揚型, 정서 결여형, 의지 결여형의 세 가지가 정신병질이 범죄와 관련성을 지닌다는 지적이 있어 왔다. 한 예로서 발양형은 때때로 집단적으로 강도, 강간 등을 저지르는 경우가 있다고 한다. 정서 결여형은 흉악한 범죄를 반복해서 저지른다고 한다. 그리고 의지 결여형은 생존경쟁에서 뒤처짐으로써 재산범을 상습적으로 행하게 된다고 한다.

그러나 오늘날 우리나라의 정신의료 현장에서는 「정신병질」이라는 진단명칭을 이용하는 케이스가 급격히 줄고 있다. 우리나라의 정신의료계에서 「정신병질」이라는 용어는 이미 사어死語가 되었다고 해도 과언은 아닐 것이다. 이와 같이 정신병질이라는 말이 사용되지 않게 된 요인으로는 ① 정신병질의 진단기준이 애매하다는 점 ② 정신병질자에 대한 치료방법이 확립되어 있지 않다는 점 ③ 과학적인 정신의학의 본질을 비판한 반정신의학의 주장이 영향력을 지니고 있다는 점 ④ 정신병질이란 용어가 보안처분 문제와 결부되어 있어 보안처분 반대운동의 표적이 되고 있다는 점 등을 들 수 있다.

최근에는 정신병질 대신에 「반사회성 인격장애」라는 개념이 압도적으로 많이 이용되고 있다. 이는 ICD-10이나 DSM-5의 영향을 받은 것이다. 반사회성 인격장애의 내용은 이전의 정신병질과 거의 동일하지만, 이전부터 정신병질에 대한 정의의 불확실성이 비판을 받아 왔기 때문에 최근에는 반사회성 인격장애의 범위를 확정하기 위해 다양한 노력이 펼쳐지고 있다.

그러나 의학 개념 중에서 「반사회성」이라는 가치개념이 과연 친화성을 지니는지 이에 대한 의문이 남는다. 왜냐하면 극단적으로 말해 범죄자의 대부분을 「반사회적」인 존재로 볼 수 있기 때문이다. 「정신병질」 개념을 포괄적으로 파악하면 기타의 인격장애(예를 들어 연기성演技性 인격장애라든지 경계성境界性 인격장애 등)도 포함된다. 한편 정신병질 개념을 고수한 상태에서 판단기준을 정밀화하려는 시도도 있다. 예를 들어 R·헤어는 H·클렉리의 기준을 근거로 하여 임상용 체크 리스트를 작성하였는데 이들 기준으로 정신병질 개념의 애매함을 극복할 수 있는지는 의문이다.

남성 호르몬 과다 – 전두엽 이상 양심의 가책 못 느껴…안정제 – 항우울제 등 처방

■ **반사회성은 어려서부터 형성돼**(동아일보, 2007. 1. 15)
반사회적 인격장애자는 남의 권리를 무시하고 침범한다. 미성년자는 사회성이 충분히 발달하는 시기가 아니어서 인격장애자로 판정되지는 않는다. 하지만 18세 이상 반사회적인 행동을 하는 사람 중 15세 이전부터 같은 성향을 보였다면 반사회적 인격장애자다.
일반인은 폭력적인 행동을 할 때 불안해하거나 우울해하지만 반사회적 인격장애자는 죄책감, 불안감, 우울감이 거의 없다.

40대 중반 최모 씨는 툭하면 사람들에게 화를 내고 사소한 농담에도 자존심을 상해 분노를 터뜨린다. 그는 술만 마시면 시비를 걸고 음주운전을 수시로 한다. 최 씨는 기분이 아주 좋다가 급격히 우울해지는 조울증 때문에 병원을 찾았다가 반사회적 인격장애라는 진단을 받았다. 반사회적 인격장애자라고 모두 폭력적인 것은 아니다. 50대 도박중독자인 이모 씨가 대표적이다. 그는 아내가 친정에서 빌린 아들의 대학등록금까지 도박으로 날렸다. 이 씨는 "조금만 노력하면 몇 배를 벌 수 있을 것 같아 그랬다"며 "가족에게 미안하지만 후회하지는 않는다"고 말했다. 그는 결국 가족과 헤어졌다.

27세인 한 남성은 상습적으로 교통사고를 가장해 보험금을 타내다 법망에 걸렸다. 그는 경찰서에서 "큰 보험사들이 가난한 내게 돈을 좀 주면 어떠냐. 나도 계속할 생각은 없었고 이번에만 한 건 크게 해서 제대로 살아보려 했다"며 오히려 화를 냈다.

신경증

흔히 노이로제 라고 하는 신경증이란 뇌나 기타 기관에 어떤 병리적 장애가 발생하여 나타나는 현상이 아니라 태어날 때부터 그 소질을 가지고 있는 사람에게 많이 있는데, 지나친 근심이나 불안, 충격 등이 원인이 되어 생활환경에 적응하지 못하고 일어나는 장애로서 심리적 장애 때문에 정신생활이나 신체생활에 장애를 초래하는 것을 말한다. 즉 신경증은 심인성心因性의 심신 기능장애로서 그 구성요인에 신체적 기반이 없는 것을 가리킨다. 신경증의 범위는 입장이나 이론에 따라 다르며 정상, 심신증, 정신병, 인격장애 등과의 경계선이 애매하다. 다만, 신경증이 현실과 차단된 상태에서 환상, 망상, 환각 등을 겪지 않고 정상적인 지각작용과 사고가 가능하다는 점에서 정신병과 구별되며, 그 원인이 기질적이지 않고 심인적이며 생활상의 장애까지도 초래한다는 점에서 성격장애와는 구별되고 있다고 알려져 있다.

일반적인 증상으로는 머리가 무겁고 가슴이 답답하며 잠을 잘못이루는 가벼운 증세와, 대인공포증, 고소공포증 등 불안감이 계속되는 등의 심각한 증세를 나타내기도 한다. 증상에 따라 불안신경증, 심기증, 신경쇠약, 히스테리, 억울신경증, 강박신경증, 공포증, 이인신경증[50] 등으로 분류된다. 예를 들면 욕구불만으로 인하여 불안감과 고민이 생겨 침착성을 잃게 되며 어떤 상황에 대하여 공포감을 가지는 불안신경증, 강박관념에 사로잡혀 불안해하는 강박신경증, 그리고 과로로 인하여 기억력, 주의력이 떨어지는 등의 증세가 오는 신경쇠약증이 있으며, 계속되는 욕구불만이나 갈등 때문에 과민한 반응을 일으키는 히스테리도 있다. 신경증과 범죄의 관련성은 적다고 여겨지고 있다. 그러나 그 정도가 심할 경우에 각종 정신병적 징후를 나타내고 급기야는 범죄를 유발하는 원인이 되기도 한다.

지금까지 신경증의 개념은 매우 불명확하다는 비판을 받아 왔는데, ICD-10에서는 「신경증성 장애, 스트레스 관련 장애 및 신체표현성 장애」라는 카테고리를 설정하여 각종 증상을 이 유형에 포함시키고 있다. 이에 비해 DSM-Ⅲ에서는 신경증의 개념을 사용하지 않고 있다. 이는 신경증적인 장애를 DSM으로부터 배제한 것을 의미하는 것이 아니라 감정장애, 불안장애, 신체표현장애, 분리장애, 성심리장애 등의 카테고리로 분배한 결과인 것이다. DSM-5도 마찬가지로 신경증이라는 진단 개념을 사용하지 않고 있다.

6 다중인격과 범죄

「다중인격Multiple Personality」은 최근 들어 정신장애와 범죄의 관련을 둘러싸고 주목되고 있는 것으로 해리장애의 일종으로, 한 사람의 인간 속에 2개 이상의 인격주체성이 존재하면서 그 각각의 존재가 교대, 반복하여 그 사람의 행동을 제어하는 증상을 말한다. 과거에는 다중인격 장

---

50 자신에 대한 지각(知覺)의 변화와 일시적인 현실감의 상실을 특징으로 하는 신경증이다. 정당한 인식과 판단을 하면서도 자기자신이나 실재 환경 및 실재 감정의 상실로 자신의 주체나 신체에 대한 확신을 상실할 뿐 아니라, 비현실적인 것 같고 변화된 것 같이 느끼고 외부세계도 비현실적이고 달라진 것 같이 느낀다. 흔히 현기증이나 '미치지나 않을까' 하는 공포감이 있다. 또한 지적이고, 과민하고, 인정적이고, 내성적이며, 상상적인 성격의 소유자로 견딜 수 없는 상황에서의 도피수단으로서 현실로부터의 후퇴를 초래한다.

애로 불렸으나 지금은 '해리성 정체감 장애'로 부른다. 그 각각의 인격은 성별, 연령, 성격, 국적 등이 전혀 다른 존재인 경우도 있다. 「다중인격」을 고유의 정신장애로서 처음으로 인정한 것은 DSM-Ⅲ였다. 그 후 ISD-10에서도 「다중인격」이라는 용어를 채용하게 되었다. 단, DSM-5는 진단기준은 동일한 것을 사용하면서 「분리성 동일성장애Dissociative Identity Disorder」라는 명칭으로 변경하였다.

다중인격은 1989년에 체포된 연속 유아살해 사건의 피고인의 정신감정에서 「분리성 동일성 장애」라는 결론을 보고함으로써 이에 대한 관심이 한층 고조되었다. 다중인격의 원인에 대해서는 불명확한 점이 많지만 현재까지의 연구에서는 거의 모든 환자들은 유소년기에 받은 심각한 트라우마를 경험한 것으로 조사된다. 이 때문에 사람은 유아시절에는 원래 인격이 여러 개인 가운데 성장하면서 인격이 하나로 정립되지만 트라우마를 겪으면 인격이 성립되지 못하고 나뉜 채로 남아 이 질환을 갖게 된다는 전문가들의 의견이 있다. 유아가 극한의 정신적 충격을 받게 되면 뇌가 정신건강을 유지하기 위해 방어적으로 그 사건이 본인이 아닌 다른 사람에게 일어난 일이라고 생각해 같은 몸속의 다른 자아를 만든다고 설명된다. 즉 아동학대 경험이나 마음의 상처로부터 회피하기 위해 인격을 분리시키고 그 중 하나에 자신의 무거운 짐을 맡겨버리고 있는 것이 아닐까라는 정도가 이야기되고 있다. 환자들은 본인의 머릿속의 내부 세계 안에 다른 자아들이 존재하고 내부세계에는 자아들이 사용하는 각자 방이나 공간이 존재한다고 말한다. 그러다가 특정 자아가 나오고 싶을 때 몸의 통제권을 가져간다고 설명한다. 해리성 정체감 장애는 본인의 의식이 인정할 수 없는 인격적 부분을 무의식중에 분리(=해리)시켜 두었다가 폭발하여 나오는 것으로 이해된다.

그러나 일반적으로 다중인격 속에는 알려진 것처럼 인격이 둘만 있는 것보다는 그 이상 있는 경우가 많다는 주장도 있다. 환자들 중 50%는 10명 이하이지만, 한 남자에게 무려 24명의 인격이 들어있는 사례도 발표되었다. 다중인격 환자가 지니고 있는 복수의 인격 속에는 공격적인 성격을 지닌 것도 존재할 가능성이 높다. 하지만 다중인격이 범죄의 직접적인 원인이 되는지에 대해서는 현재까지 명확하게 밝혀지지 않고 있다. 더구나 다중 인격 장애의 존재를 인정하지 않는 정신과 전문의들도 있다. 무죄를 선고받기 위해 변호사와 심리학자가 다중인격을 과장했다는 것이다.

다중인격 장애가 존재하느냐에 대한 의문보다는 존재를 인정하면서도 이를 악용하여 범죄 혐의를 호도하거나 형량을 낮추려는 시도 등을 방지하기 위해 진단의 엄밀성을 요구하는 것이다. 범죄자들이 범행을 저지르고 형량을 감소해 받겠다며 정신질환이 있다고 말하는 것은 드문 일이 아니며, 정신 질환을 제외하고도 다른 질환들도 변명 수단으로 이용한다. 다중인격 연구가 가장 활발한 미국에서는 범죄자를 정신 감정한 결과 다중인격 증상이 확인되었어도 책임능력을 이유로 유죄를 언도한 판례가 다수를 점하고 있다. 다중인격과 범죄의 관계에 대해서는 한동안 지켜볼 필요가 있을 것이다.

 이상성욕

정신장애와 범죄의 관련에 대해 살펴볼 때 위에서 예로 든 것 이외에도 이상성욕이 있다. 여기에는 양적 이상과 질적 이상이 있다. 성욕도착증paraphilias, 변태성욕증으로도 불리는 것으로 성적 만족이 일반적인 상식에 있지 않고, 성적 충동과 함께 성적 흥분 유발을 위해서 비정상적 상상, 대상, 행위, 방법 등을 사용하는 성적 장애이다. 양적 이상은 성욕 앙진과 성욕 감퇴로 분류되며 질적 이상은 성 대상의 이상동성애, 유아애, 근친상간 등과 성 목표의 이상사디즘, 마조히즘, 노출광 등으로 분류된다.

ICD-10에서는 이러한 증상을 「생리적 장애 및 신체적 요인에 관련된 행동 증후군」이라는 카테고리에 포함시킨 반면, DSM-5에서는 성 장애 카테고리에 포함시켜 성욕을 유발하는 대상이나 그 만족을 위한 방법에서의 이상을 말하는데, 대상에 따라서는 소아기호증, 노인애, 물품음란증, 사체애, 동물애, 근친상간, 자체애, 인형애 등으로 구분할 수 있다. 일반적으로 성 장애는 성 기능 부전성적 욕구 장애, 성적 흥분 장애, 성교 통증 장애 등, 성 기호 이상노출증, 페티시즘, 접촉증 등, 특정 불능의 성 장애로 분류되고 있다. 성욕도착증은 최소 6개월 이상 지속적이며, 반복적이어야 하고, 유병율은 낮다. 50% 이상이 18세 이전에 발병하고 남성에게 더 흔하다. 도착행위는 15-25세 사이에 가장 많이 드러나고, 이후에는 감소 추세에 든다. 50세 이후는 고립적 생활을 하는 경우, 도와주는 상대가 있는 경우가 아니면 매우 드물다.

성욕도착증의 원인으로는 프로이드의 정신역동 심리성적 발달단계에서 구순기 및 항문기 고착과 오이디푸스 콤플렉스 관련을 들 수 있으며, 어머니와의 이별, 어린 시절 경험한 성적 폭행 등의 원인도 있으며, 기질 및 호르몬 문제, 대뇌장애 관련 등도 원인으로 주장되기도 한다. 이상성욕과 범죄의 관련성에 대해 살펴보면, 남자 성욕 앙진증이 성격 이상과 병합되었을 때 강간, 외설 등의 행위의 원인이 된다는 지적이 있다. 또한 성욕 감퇴나 성 대상의 이상이 유아애로 나타난 경우에는 유아에 대한 강제적인 외설행위나 강간에 이를 가능성이 있다고 한다. 사디즘에 의한 상해, 노출광에 의한 공공연한 외설행위 등의 가능성도 지적되고 있지만, 이상의 원인이 시대에 따라 변화한다는 점을 잊어서는 안 될 것이다.

범죄의
사회학적
요인

제**1**장 서설

이 장에서는 범죄의 사회학적 요인에 대하여 검토한다. 검토를 함에 있어서 편의상 범죄의 사회학적 요인을 사회집단가정, 학교, 직장, 인종, 사회계층, 연령과 사회 환경도시화, 경제상황, 매스미디어의 둘로 나누고자 한다. 사회학적 범죄이론은 범죄의 발생 또는 범죄적 인격형성에 있어서 환경의 역할을 특히 강조하고, 그 중에서 범죄의 원인을 범죄자의 사회학적 환경을 중심으로 파악하는 범죄이론으로서 그 이론의 밑바탕에는 범죄의 원인을 범죄자의 개인적 자질과 속성만으로는 설명할 수 없다는 기본적인 가정이 전제되어있다.

특히 사회집단 중 「가정과 범죄」 연구에서는 한때는 결손가정, 갈등가정 등 특수한 가정구조가 범죄의 요인이 된다고 여기고 있었다. 그러나 1970년 이후의 연구에서는 「가정의 상호작용」에 중점을 두고 있다. 「학교와 범죄」 연구에서는 학력學力이나 학교부적응과 범죄의 관계가 논해져 왔는데, 오늘날에는 성적에 편중된 교육이 문제시되고 있고 학교 부적응의 이유도 다양해짐에 따라 새로운 관점에서의 연구가 요구되고 있는 실정이다.

「직장과 범죄」 연구에서는 예전에는 특정한 직장 경험이나 실업 등이 범죄와 결부되어 논해져 왔는데, 오늘날에는 종신고용제 붕괴 등 직업에 관한 전제 그 자체가 변화하고 있으므로 시점의 전환이 요구되는 한편 직장환경과 범죄의 연관성이 문제시되고 있다. 그 밖에도 「인종과 범죄」라든지 「사회계층과 범죄」 연구도 종래의 연구에 수정을 가하면서 추진되고 있다.

한편, 사회환경 중에서 「도시화와 범죄」 연구에서는 도시화 개념을 재음미하는 쪽으로 연구가 이루어지고 있다. 「경제정세와 범죄」 연구에서는 「가난한 자」의 범죄뿐 아니라 「부유한 자」의 범죄에 주목할 필요성을 느꼈기 때문에 상대적 결핍론이 각광을 받고 있다. 「매스미디어와 범죄」 연구에서는 매스미디어가 범죄를 억제하는 효과를 거두는 한편, 그와는 반대로 범죄를 촉진하는 효과를 지닌다는 점을 둘러싸고 한창 논의가 진행되고 있다.

제 2 장 범죄의 사회학적 요인

　범죄의 생물학적 요인과 심리학적 요인에 관한 연구가 각 범죄자에게 개별적으로 작용하는 범죄요인을 대상으로 하고 있는 것에 비해, 사회학적 요인에 관한 연구에서는 범죄자를 둘러싸고 있는 환경 전체에 주목하고 있다. 범죄의 사회학적 요인에 대한 분류는 다양하지만 정설은 없다. 여기서는 편의상 사회집단과 사회 환경의 두 가지로 분류하기로 하겠다.

　이 중 사회집단은 개인에 직접적으로 관련이 있는 미시적인 환경을 말하는데, 구체적으로는 가정, 학교, 직장, 사회계층 등이 있다. 인종이나 연령도 개인의 사고와 행동에 영향을 미치기 때문에 사회집단으로 이해할 수 있다. 이에 비해 사회환경은 사회 전체에 거시적으로 영향을 미치는 환경을 말하며, 구체적으로는 도시화, 경제상황, 매스미디어 등이 있다.

제3장 사회집단과 범죄

1 가정과 범죄

가정은 「인류 최초의 사회집단」이며 원래 범죄를 억제하는 역할을 한다. 아울러 가정은 범죄의 원인을 제공하기도 한다. 따라서 지금까지는 「가정은 범죄의 요람이다」라고 인식되어 왔다. 가정 환경 문제는 특히 소년비행과 관련이 있다고 지적됨으로써 방대한 조사연구가 축적되어 왔다. 제2차 세계대전 후에 이루어진 가정과 범죄·비행에 관한 연구는 두 시기로 나눌 수 있다.

1) 가정구조에 초점을 맞춘 연구제1기

제1기 연구전후~1960년대는 가정구조에 초점을 맞추어 범죄·비행의 원인을 탐구하였다. 그 대표적인 접근방법은 범죄·비행의 원인이 될 수 있는 가정을 다음의 4가지 유형으로 분류한 것이다. ① 결손가정사망, 이혼, 유기 등으로 인해 친부모 중 어느 한 쪽이 없거나 모두 없는 가정 ② 갈등가정심리적인 갈등으로 인해 가족 내의 인간관계에 대립 불화를 발생시키고 있는 가정 ③ 범죄가정범죄에 대한 생각이나 행동이 긍정적인 가정 ④ 빈곤가정경제적인 생활수준이 낮은 가정. 이러한 4가지 유형은 언뜻 보기엔 그럴싸하기 때문에 범죄요인 탐구의 기본적인 전제가 되어 왔다. 그러나 이러한 접근방법에 대해 두 가지 정도의 비판이 이루어지지 않으면 안 된다. 첫째, 특수한 가정상황이 범죄에 결부된다는 전제는 도덕적인 가정을 최상으로 여기는 과잉 도덕주의에 기초한 발상일 수 있다. 둘째, 이상과 같은 유형화는 가정환경을 과도하게 단순화시킨 것으로서 비행의 실태에 부합되지 않는다. 최근에는 우리나라에서도 "비행소년의 대부분이 양친이 모두 있으며 게다가 경제적으로도 '중류'에 속한다"는 사실비행의 일반화이

지적되고 있어 가정에 대한 4가지 유형은 시대의 흐름에 적합하지 않게 되었다.

뒤집어서 생각해 보면 원래 4가지 유형의 명칭 자체도 재검토할 필요가 있다. 가정에 범죄자가 한 사람 있다고 해서 일가족 전체를 범죄가정이란 식으로 부르는 것은 그야말로 좋지 않은 낙인의 전형적인 예이다. 그리고 일가족 전체가 범죄를 긍정한다는 발상은 과도한 단순화의 결과이므로 가계에 관한 연구에서도 부정되어야만 한다. 나아가 결손가정이라는 말은 영어의 'broken home'을 번역한 것으로서 일반적으로 사용되고 있는데, 여기에는 차별적인 뉘앙스가 내포되어 있기 때문에 사용을 자제해야만 한다. 최근 양친이 없어서 가정의 기능이 이루어지지 않는 경우를 가리켜 기능적 결손가정이라는 식으로 부르는 예가 있는데 이것도 마찬가지로 사용을 자제할 필요가 있다.

2) 가정의 사회화 기능에 의한 연구제2기

이상과 같이 제1기 연구는 정태적인 연구였다. 이에 비해 제2기1970년대 이후에서는 연구의 중점을 가정구조보다는 「가정의 상호작용family interaction」에 두어야 한다는 동태적인 연구를 지향하고 있다.

다양한 가정의 기능 중 이 접근방법에서 가장 중시하는 것은 자식을 교육·보호하는 이른바 가정의 사회화 기능이다. J·콘크린에 의하면 가정의 사회화 기능에는 다음 4가지의 중요한 요소가 있다. ① 부모의 감독 ② 애정의 끈 ③ 가정 전체의 조화 ④ 부모와 자식 간의커뮤니케이션. 제2기 연구에서는 가정의 형태보다는 이들 요소가 결여되어 가정의 사회화 기능이 없어진 경우에 가정이 범죄비행의 원인이 될 수도 있다고 생각하였다.

이 시기의 이론은 T·허쉬가 밴드이론에서 "애착attachment의 끈이 비행을 억제한다"고 지적한 것과 마찬가지의 점에 주목한 것이라 할 수 있다. 허쉬에 의하면 소년이 비행에 대한 유혹에 직면했을 때 결정적인 역할을 하는 것은 부모의 물리적인 존재가 아니라 양친의 심리적인 존재라고 한다. 학생을 대상으로 범죄를 저지르지 않는 이유를 청취 조사한 J·로겨도 그들이 법을 준수하는 이유로 "형벌을 두려워해서가 아니라 부모의 마음을 생각해서"라는 이유를 든 학생이 많다는 결과를 보고하고 있다.

1991년에 미국의 J·맥코드는 가정환경과 소년비행의 관계를 조사한 결과, 소년을 비행으로부터 차단함에 있어서 특히 부모가 중요한 역할을 한다는 결론을 내렸다. 맥코드에 의하면 부모가 자신있게 행동하고, 징벌 행동을 취하지 않고, 애정이 깊고, 지도력을 겸비하고 있는 경우에 그 자식이 비행에 빠질 가능성이 감소한다. 이에 비해 가정에서의 아버지의 역할이 소년비행에 미치는 영향은 크지 않다. 그렇지만 성인범죄에 미치는 영향은 크다. 맥코드는 자식이 유소년기일 때 아버지가 어머니의 자존심을 훼손시킨다든지 극히 공격적이라든지 부부싸움이 끊이지 않는 경우에는 그 자식이 성인이 된 후에 범죄를 저지를 가능성이 높다고 지적했다.

이상과 같이 가정의 사회화 기능에 초점을 맞추더라도 빈곤이나 가정붕괴를 무시할 수는 없으므로, 이 요소들이 가정 사회화에 영향을 미치는 범위 내에서 실질적으로 판단하지 않으면 안된다. 물론 가정의 사회화를 저해하는 요인은 시대에 따라 변화하고 있으며 최근에는 점점 더 다양화되고 있다. 예전에는 핵가족화, 맞벌이 가정의 증가가 가정의 사회화를 저해하는 요인으로 간주되었지만, 최근에는 단신부임, 이혼, 미혼모 등도 가정의 사회화를 저해하는 요인으로 간주되고 있다.

2 학교와 범죄

과거에 이루어진 학교와 범죄·비행에 관한 연구를 살펴보면, 학력學歷과 학교생활 부적응이 포인트가 되고 있다. 그러나 오늘날의 교육의 실태를 보면 시대착오적인 것도 포함되어 있어 재검토의 여지가 있다. 학교와 범죄·비행의 관계를 살펴볼 경우에는 학교 측이 지니는 어떠한 요인이 작용하여 「학교 밖에서 이루어지는 범죄·비행 문제」와 「학교 내에서 이루어지는 범죄·비행」을 동시에 다루어야 한다. 이 중 후자의 경우에 이전에는 학교폭력이 문제시되었지만 최근에는 소위 「집단 따돌림(이지메)」도 문제시되고 있다.

1) 학력學力과 범죄

지금까지 "범죄자나 비행소년의 학력은 일반인의 학력에 비해 낮다"고 일컬어져 왔다. 그리고 그 요인으로 학교에서 충분한 교육을 받지 못한데서 기인하는 사회성·도덕성 발육지체, 낮은 식자識字 능력에 의한 도시생활 부적응이 지적되어 왔다. 다른 한편으로는 저학력자의 대부분이 빈곤가정 출신이며 그 지능이나 성격에 결함이 있는 경우가 많기 때문에 이들 조건이 범죄의 원인으로 작용했다는 설명도 있다. 이들 견해는 저학력 그 자체가 범죄의 원인이 되는 것이 아니라 빈곤이나 지능·성격의 결함 등과 같이 저학력자에게 공통되는 다른 원인이 범죄에 영향을 미친다고 보는 것이다.

학력과 범죄의 연관성에 관한 연구에는 그 밖의 다른 측면에서의 접근방법도 필요하다.

예를 들어 W·크바라시아스와W·밀러는 학력이 높은 사람은 지적능력이 높기 때문에 저학력자보다 면밀하게 비행의 발각을 막는 방법을 강구할지도 모른다는 지적을 하였다. 현대사회는 학력을 중시하는 경향이 강하기 때문에 저학력자의 사회적 성공에 대한 갈망과 그것을 저해하는 현실 사이에서 오는 긴장이 저학력자를 범죄로 이끌고 있다는 측면(사회무질서론)도 부정할 수 없다고 생각된다.

조사결과를 놓고 볼 때는 저학력을 범죄의 요인으로 보는 것을 긍정적인 방향으로 받아들이는 것처럼 보이지만, 종래의 연구가 가두범죄를 염두에 둔 것이라는 점을 잊어서는 안 된다. 즉 연구의 대부분은 화이트칼라 범죄, 기업 범죄, 고급관료의 범죄, 정치가의 범죄 등을 시야에 넣지 않았다는 것이다. 그 숨은 범죄의 크기를 고려해 볼 때, 통계상의 수치에만 주목하여「학력과 범죄」 문제를 다루고 범죄학의 일반 법칙으로 정립하는 것은 문제가 있다. 실제로 학력과 범죄의 관계를 범죄 종류별로 살펴보면, 대부분의 범죄에서 저학력자의 비율이 높기는 하지만 뇌물수수나 횡령 등에서 고학력자가 차지하는 비율이 비교적 높다는 사실을 확인할 수 있다.

실제 우리나라도 전체 범죄자의 1/2 이상이 고등학교 교육 이상으로 대체로 범죄자의 교육수준이 높은 것으로 나타났다. 범죄종류별로 세분화하였을 때에 절도 및 강도범죄는 중학교 및 고등학교 수준이 높고, 뇌물의 경우는 대학교 이상의 교육수준이 상대적으로 높은 추세이다. 방화, 손괴, 폭행이나 상해, 살인 등의 경우에는 초등학교 수준이 상대적으로 높다.

2) 학교 부적응과 범죄

"학교 부적응_{구체적인 예로는 수업 태만, 학업성적 부진, 등교 거부} 학생은 비행률이 높다"는 것이 종래의 정설이다. 예를 들어 글룩부부가 수업 태만과 비행의 상관관계를 조사해 보니 비행소년의 수업 태만 경험은 95%였지만 비행경력이 없는 소년의 경우에는 11%였다는 결과가 나왔다. 이러한 학교 부적응에는 개인적 요인과 환경적 요인이 영향을 미치고 있다고 여겨져 왔다.

개인적 요인으로는 저학력低學力과 집단생활에 적응하기 어려운 심신장애를 들 수 있다. 이에 비해 환경적 요인으로는 가정빈곤이나 가정불화 등의 가정요인과 학력 편중으로 인한 획일적인 지도체제 등의 학교요인을 들 수 있다. 이러한 견해는 지극히 타당하다고 볼 수 있으나 그 인과 관계는 아직 명확하게 해명되지 않고 있다. 최근에 우리나라에서는 등교 거부자의 수가 많아지고 그 원인도 다양하여 등교거부와 범죄비행의 관계를 명확하게 밝혀내지 못하고 있다. 특히 나중에 기술하게 될 집단 따돌림이지메 문제에 대해서는 오히려 등교 거부자가 범죄·비행의 피해자인 것으로 나타나 향후의 논의에서는 근본적인 수정이 요구되고 있다.

3) 교내폭력

'학교폭력 예방 및 대책에 관한 법률(제2조2항)'에 의거 학교폭력을 정의하면, 학교 내외에서 학생 간에 발생한 상해, 폭행, 감금, 협박, 약취, 유인, 명예훼손, 모욕, 공갈, 강요, 강제적인 심부름 및 성폭력, 따돌림, 사이버 따돌림, 정보통신망을 이용한 음란, 폭력정보 등에 의하여 신체, 정신 또는 재산상의 피해를 수반하는 행위를 말한다.

우리나라 학교 내에서 학생폭력이 「교내폭력」이라 불리면서 사회적으로 주목을 끌기 시작한 것은 1990년대부터이다. 교내폭력에는 크게 ① 교사에 대한 폭력 ② 학생간의 폭력 ③ 기물파괴 폭력 등이 있다. 우리보다 일찍 이러한 문제를 겪었던 일본에서 1982년에 문부성이 작성한 『건전한 학생 육성을 둘러싼 제 문제–교내폭력 문제를 중심으로』에 의하면 교내폭력의 경향과 관련해 다음 7가지 점이 지적되고 있다. (a) 수업시간 중에 교실 내에서도 발생하고 있다. (b) 악질화되고 있다. (c) 충동형과 계획형이 있다. (d) 때때로 외부의 폭력배나 불량 그룹과 관련되어 있다. (e) 전국적으로 발생하고 있다. (f) 연간 내내 발생하고 있다. (g) 복수의 교사가 집단으로 폭력을 당하고 있다.

이상과 같은 교내폭력에 대한 대책으로 학교의 본질이나 설립 목적에서 교사의 자세에 이르기까지 다양한 지적이 이루어졌는데, 단순히 학교교육의 문제로 생각하여 학교에 그에 대한 대응을 전면적으로 맡겨서는 안 되며 가정이나 지역사회가 모두 힘을 모아 포괄적인 대책을 강구할 필요가 있다. 즉 청소년범죄인 학교폭력에 대해서는 학생 개인보다는 사회 환경적 접근을 하는 것이 효과적일 것이다. 형사정책은 센세이셔널한 보도를 통하여 범죄를 극적으로 묘사하는 언론보도에 의해서 수립되어서는 안 되며, 특히 청소년_{학교}범죄의 경우 장기적이고 지속적인 정책수립이 필요하며, 국민들이 갖는 범죄자에 대한 응보관념을 이용하여서는 안 된다.

4) 집단 따돌림_{이지메}

'학교폭력 예방 및 대책에 관한 법률(제2조2항)'에서 정의한 따돌림이란 학교 내외에서 2명 이상의 학생들이 특정인이나 특정집단의 학생들을 대상으로 지속적이거나 반복적으로 신체적 또는 심리적 공격을 가하여 상대방이 고통을 느끼도록 하는 일체의 행위를 말하며, 사이버 따돌림이란 인터넷, 휴대전화 등 정보통신기기를 이용하여 학생들이 특정학생들을 대상으로 지속적, 반복적으로 심리적 공격을 가하거나, 특정학생과 관련한 개인정보 또는 허위사실을 유포하여 상대방이 고통을 느끼도록 하는 일체의 행위를 말한다.

학교와 범죄·비행의 관계를 놓고 교내폭력과 함께 진지한 검토를 요하는 것이 바로 「집단 따돌림(이지메)」이다. 원래 집단 따돌림은 인간관계 상의 문제이므로 범죄·비행과는 관계가 없다고도 말할 수 있다. 그러나 실제 집단 따돌림에는 형법의 구성요건에 해당하는 경우도 적지 않다. 따라서 최근에는 범죄학의 영역에서 집단 따돌림이 논의되는 경우가 늘고 있다. 하지만 집단 따돌림이 인권침해를 수반하는 위법행위이자 범죄라는 사실을 정면에서 파악하지 않으면 안 된다. 최근에 집단 따돌림에 의한 자살이 잇따라 보도되어 사회적인 관심을 고조시키고 있다. 집단 따돌림의 문제는 비단 우리나라만의 현상이 아니고 세계 각국에서도 문제시되고 있는 현상이다.

원래 집단 따돌림이 실제로 있었는지 그 존재 여부는 가해자와 피해자 쌍방에 「괴롭히고 있다,거나 「괴롭힘을 당하고 있다」는 인식의 존재 여부에 의해 결정되는 이른바 주관적인 측면이 강하다. 최근에는 가해자 측이 집단 따돌림을 단순히 놀리는 정도나 게임 정도로 위장하여 자신을 정당화하는 악질적인 사안도 적지 않다. 그리고 집단 따돌림이 교사에게 들키지 않도록 하기 위해 피해자나 주위 사람들의 입을 막음으로써 그러한 정보가 교묘하게 차단되는 경우도 적지 않다. 따라서 집단 따돌림 문제가 발각되었을 때 학교 측이 그러한 경위를 알지 못하는 경우도 적지 않다. 이러한 사정들을 고려하면 발표되는 통계상의 수치를 있는 그대로 받아들일 수는 없는 노릇이다.

최근의 집단 따돌림은 그 수단의 음성화에 박차가 가해지고 있다고 한다. 최근의 집단 따돌림에서는 「집단 무시」나 「따돌림」 등의 방법이 집요할 정도로 반복되어 피해자가 정신적으로 강한 상처를 입게 되며, 어린이들이 PTSD심적 외상 후 스트레스 장애에 빠지는 케이스도 많이 보고되고 있다.

그 밖에 오늘날의 집단 따돌림의 특징으로는 다음의 4가지 점이 지적되고 있다. (a) 「집단 따돌림」은 괴롭히는 어린이가해자와 괴롭힘을 당하는 어린이피해자, 그리고 그들을 둘러싼 주위의 어린이들로 구성되어 있다. 이 주위의 어린이들은 집단 따돌림 광경을 즐겁게 보고 있는 자관중와 보고서도 보지 않은 체하는 자방관자로 분류할 수 있다집단 따돌림의 4중 구조. (b) 집단 따돌림에 어떠한 형태로든 관련이 있는 어린이들이 증가하는 추세에 있다집단 따돌림의 일반화. (c) 집단 따돌림의 가해자가 다른 사람과의 관계에서는 피해자가 될 수도 있다관계의 상대화·유동화. (d) 집단 따돌림의 피해가 학업성적이 양호한 학생에게 많으며 이러한 현상이 퍼져가고 있다피해대상의 확대화.

이상과 같은 집단 따돌림의 원인에 대해서는 다양한 지적이 있는데, 오늘날의 집단 따돌림 문제는 「옛날에도 있었다」는 차원을 넘고 있다는 사실을 간과해서는 안 되며, 악질 집단 따돌림은 범죄와 동일하며 명백한 인권침해라는 점도 잊어서는 안 된다. 특히 최근에 발생하였던2007. 4 미국 버지니아공대 총기난사사건의 범인인 조승희의 병적 심리상태와 '외톨이loner' 생활 역시 이와 무관치 않다는 분석이다.

5) 「학교와 범죄·비행」 원인

앞에서 기술한 내용 이외에도 학교와 관련이 있는 비행원인으로 다음의 4가지가 지적되고 있다. ① 학력 편중 교육을 배경으로 한 저학력低學力 학생의 욕구 불만: 저학력 학생은 「성적」이라는 가치기준으로는 높은 평가를 받을 수 없다. 그렇기 때문에 그들은 학교 안에서 강한 욕구불만 상태에 빠지게 되며, 또한 이를 해소하기 위하여 가치기준 자체를 「폭력」이나 「악」으로 바꾸어 버린다긴장이론 접근방법. ② 학교를 무대로 한 드라마 시리즈의 영향: 비행소년은 비행의 내용이나 수단을 어떠한 식으로든 학습하고 있다. 예전에는 TV 등의 매스미디어에 의해 대량의 정보가 비행소년에게 전달되었다. 특히 「학원學園드라마」 등은 직접적으로 비행소년의 행동에 영향을 미치고 있다학습이론 접근방법. ③ 학교·교사의 지도력 저하에 의한 통제 약화: 부모나 학교·교사에 의한 통제가 강한 경우 비행은 발생하기 어렵다. 그러나 어떠한 이유에서든 교사에 대한 존경심이나 애착이 엷어지게 되면 교사에 의한 통제가 약화되게 되고 학교에서의 비행발생을 막을 수 없게 된다통제이론 접근방법. ④ 학교·교사에 의한 일탈 낙인 붙이기: 비행소년은 학교나 교사로부터 붙여진 「낙제생」, 「불량」 등의 낙인으로 인해 「비행소년」이 된다. 이러한 낙인을 붙임으로써 비행소년은 그러한 역할기대에 부응하기 위해 비행을 반복해 나간다낙인이론 접근방법.

6) 「학교와 범죄」 연구에 대한 평가

우리나라와 같이 취학률과 진학률이 높고 청소년 인구의 대부분이 학교에 귀속되어 있는 상황인 만큼 소년비행의 원인을 학교측에서 찾고자 하는 주장은 설득력이 있다. 특히 지금까지 지적되어 온 편차치 중시, 시험지상주의 교육 시스템이나 관리교육에 대한 비판과 더불어 비행소년을 그러한 잘못된 교육 시스템의 희생자로 보는 견해가 강하게 제기되었다.

분명히 이 주장은 오늘날 비행소년 문제의 핵심을 찌르는 일면을 지니고 있다. 하지만 이러한 주장이 안이한 학교 비판, 교사 비판으로만 이어진다고 한다면 이것 역시 신중한 자세를 취하지 않으면 안 된다. 본래는 학교만이 교육의 장인 것은 아니다. 오늘날에는 가정환경의 변화(단신부임, 이혼, 맞벌이로 인한 부모 자식간의 대화 부족)와 지역사회의 연대의식 희박으로 인해 부모나 인근 주민이 어린이의 생활 면이나 인격형성 면의 교육을 담당할 수 없게 되었고 그 역할을 모두 학교에 떠미는 경향이 없지 않다. 오히려 사회 전체에서 부담해야 할 교육문제를 학교 혼자서 떠맡고 있는 것은 아닐까? 따라서 「학교와 범죄·비행」 문제를 논할 때에는 그 배후에 있는 다양한 사회문제를 고려해야 한다.

물론 학교의 범죄·비행 통제기능에 주목한 견해가 있다는 사실도 잊어서는 안 된다. 예를 들어 T·허쉬의 밴드이론이라든지 M·펠슨의 일상생활이론에서는 학교에서 구속하고 있는 시간이 길면 길수록 소년들은 비행을 저지를 시간이 없어진다고 주장하고 있다. 금후의 「학교와 범죄·비행」 연구에서는 학교의 이러한 기능에도 유의하여 다각적인 검증을 해나가야 할 것이다.

 ## 직장과 범죄

많은 사람이 장시간에 걸쳐 직장이라는 사회 환경 속에 놓이게 된다. 그렇기 때문에 사회 환경과 범죄의 관련성을 검토함에 있어서 직장은 빼놓을 수 없는 중요한 검토 대상이 되어 왔다.

1) 직장과 범죄의 관련성

이전부터 직장과 범죄 사이에 일정한 관련성이 있다고 생각되어져 왔다. 첫째로, 직장과 범죄의 관련성을 둘러싸고 "단순 노동자의 범죄율이 높고, 전문적·기술적 직업, 관리직에 종사하는 사람의 범죄율은 낮다"고 파악되어 왔다. 이 견해는 특정 직업에 있는 사람의 성격이 범죄화 경향을 지니고 있다는 듯한 뉘앙스를 내포하고 있는데, 화이트칼라 범죄를 고려해 보면 그렇지 않다는 것을 알 수 있다. 직종의 다양화가 진행되고 있는 오늘날에는 직종과 범죄의 관계가 희박해지고 있다. 둘째로, 실업과 범죄의 관련성에 관해서는 절도를 중심으로 양자의 상관관계가 지적되고 있다. 실제로 실업과 범죄가 관련성을 지니고 있을 거라는 추측은 얼마든지 가능하다. 그러나 실업자의 증가시기는 경제상황의 악화시기와 겹쳐지는 경우가 많기 때문에, 실업만을 가지고는 범죄의 증가를 충분히 설명할 수 없다는 사실을 간과해서는 안 된다. 현대의 고령화 사회에서 고령 실업자 비율이 증가하고 있고 또한 실업의 내용에도 변화가 발생하고 있다는 사실을 놓고 보더라도 실업과 범죄의 관련성을 지나치게 강조하는 것은 적절하지 않다고 생각된다. 셋째로, 전직과 범죄의 관련성을 둘러싸고는 전직 경험자가 범죄와 관련이 있다고 지적되어 왔는데 그 근저에는 전직을 바람직하지 않은 것으로 여기는 사고가 깔려 있다. 탈종신고용제도가 진행되고 있고 전직자의 비율이 급속히 증가하고 있는 오늘날에 있어서 전직과 범죄의 관련성은 희박하다고 할 수 있다. 또한 전직에는 취업조건이나 인간관계가 커다란 영향을 미치는 경우도 있기 때문에 전직과 범죄의 상관관계를 안이하게 인정하는 것은 피해야만 한다. 우리나라에서도 IMF 이후 범죄율이 증가한 바 있었으나, 그것은 대부분 불황기에 나타나는 범죄현상에 기인한 것이라 할 수 있다. 아무튼 현재까지는 이들의 상관관계에 대한 실증적인 연구가 충분히 이루어지지 않고 있으며, 따라서 원인론적인 규명은 진전을 보이지 않고 있다.

2) 직장범죄

최근 기업체들의 비리와 범죄를 주체로 하는 사례들이 빈번히 발생하고 있다. 기업들의 범죄학상 직장과의 관련을 둘러싸고 주목해야 할 것은 「직장범죄occupational crime」이다. 직장범죄라 함은 개인이 자신의 이익을 위해 직무 중에 저지르는 범죄, 혹은 종업원이 고용자에게 저지르는 범죄를 말하는데, 이는 1973년에 미국의 범죄학자 M·클리너드와 R·퀴니에 의해 제창되었다. 클리너드와 퀴니의 문제의식은 직장에서 이루어지는 범죄를 나타내기 위해 당시에 사용되고 있던 「화이트칼라 범죄white collar crime」의 정의가 매우 애매하였기 때문에, 이를 직장범죄와 기업범죄기업의 종업원이 기업을 위해 저지르는 범죄, 혹은 기업자신이 저지르는 범죄로 분류하여 범죄의 성질을 명확히 규정하고자 하는 데 있었다. 두 사람의 견해는 이후 범죄학에서 폭넓은 지지를 얻게 되어 오늘날에는 직장범죄와 기업범죄에 대한 많은 연구가 축적되고 있다.

3) 직장환경

직장범죄에 관한 연구 중에서 가장 중요한 테마의 하나는 "직업 환경이 범죄 촉진 요소로 작용하는가"라는 점이다. 지금까지의 연구에서는 직장범죄의 발생을 촉진하는 요소로서 다음의 5가지 점이 지적되고 있다.

첫째, 상거래에 신뢰관계가 구축되어 있지 않다는 점. 상거래에는 물건을 파는 사람과 사는 사람 사이에 신뢰관계를 구축해 가면서 지속적으로 유지되는 것과 기계적으로 한 번으로 끝나는 것이 있다. 이 중 전자의 경우에서 범죄를 저지른 경우, 이익과 신뢰 두 가지를 동시에 잃어버리게 되며 범죄에 수반되는 위험부담도 크다. 이에 비해 후자의 경우에는 범죄가 발각되었다 하더라도 잃게 되는 이익은 적으며 신뢰관계도 처음부터 존재하지 않았기 때문에 큰 문제가 되지는 않는다. 그러므로 직장범죄는 후자와 같은 상거래에서 발생하기 쉽다.

둘째, 직무상 전문지식을 필요로 한다는 점. 직무를 수행함에 있어서 고도의 전문지식이 요구되는 경우, 거래 상대나 주위 사람들은 거래나 직무가 적절히 이루어지고 있는지를 판단하기가 어렵다. 그렇기 때문에 직무상 고도의 전문지식이 요구되는 경우에 오히려 범죄가 발생하기 쉽다.

셋째, 직무를 수행함에 있어서 폭넓은 재량권이 주어지고 있다는 점. 직무상 특정 지위에 올라가면 직무를 수행함에 있어서 많은 경험이나 지식이 요구되는 경우가 있다. 그 반면 지위에 어울리는 폭넓은 재량권도 주어진다. 이러한 재량권의 범위 내에서 범죄가 이루어진 경우, 여기에 관여되지 않은 사람은 범죄를 방지하거나 발견하는 것이 곤란하다. 그렇기 때문에 직무를 수행함에 있어서 폭넓은 재량권이 주어진다는 것은 범죄의 발생을 촉진하는 요소가 된다.

넷째, 범죄 방지 시스템이 완비되어 있지 않다는 점. 기업 내부에서 범죄가 발생할 가능성이 있다는 것을 알고 있으면서도 방지 시스템을 도입하는 데 큰 비용이 소요될 경우에는 이를 도입하지 않는 경우가 있다. 이러한 기업의 내부에는 범죄를 유발하는 요소가 내포되어 있으므로 어느 정도의 범죄는 예견된다.

다섯째, 거래상품의 질이나 양이 애매하다는 점. 상거래에서는 상품의 질, 양 혹은 종류가 명확하게 명시되어 있지 않은 경우가 있다. 이러한 상품을 취급하는 경우에는 품질을 약간 저하시킨다든지 양을 미묘하게 감량하는 등의 부정한 행위가 용이해진다. 따라서 이러한 상품을 거래하는 것은 범죄의 가능성을 높이는 요소가 된다.

직장범죄의 특징으로 다음의 5가지 점이 지적되고 있다. (a) 한 번의 범죄에 의한 피해는 작지만 그것이 계속해서 반복된다. (b) 통상적인 직무 중에 이루어지기 때문에 발견이 곤란하다. (c) 통상의 업무 중에서 이루어지고 피해 규모도 작기 때문에 죄의식이 적다. 그렇지만 (d) 직장범죄 전체의 피해는 심각하여 (e) 경제적인 영향은 매우 크다.

이러한 환경에서 나오지 않는 경제활동은 「암闇 경제hidden economy」라든지 「감추어진 경제」라고 불리며, 직장범죄에 관한 연구가 진전됨에 따라 그 중요성이 지적되고 있다. S·헨리의 『암 경제』(1978)에 의하면 최근에는 「암 경제」를 통제하기 위한 방책도 검토되고 있다. 현재까지는 기업 내부에서의 감시강화 등이 지적되고 있으나 어느 정도 효과를 거둘지는 의문이다.

 인종과 범죄

지금까지 인종에 대해서는 범죄의 생물학적 요인의 하나로서 논의되어 왔다. 그러나 오늘날에는 인종이 하위문화subculture를 형성하는 경우가 많다는 견지에서 사회집단의 카테고리로서 논의되고 있다.

1) 「인종과 범죄」 관련성

기존에 미국에서는 흑인의 범죄율이, 유럽에서는 유태인의 범죄율 등이 연구되었다. 그리고 그러한 연구 중에는 인종에 따른 범죄율의 차이를 지적하는 것도 적지 않았다. 예를 들어 19세기 후반에 실시된 유럽에서의 유태인 범죄율 연구에서는 유태인 범죄율이 다른 인종에 비해 낮다는 점이 지적되었다. 또한 1940년대에 미국에서의 흑인 범죄율 연구에서는 흑인 범죄율이 백인에 비해 3배 이상이라는 결과가 나왔다. 물론 이러한 연구에 의해 특정 인종의 범죄율이 높다는 것이 밝혀졌다고 해서 인종 자체가 직접적으로 범죄의 소질을 지녔다는 것은 아니다.

오히려 빈곤이나 높은 실업률 등 특정 인종을 둘러싼 사회적인 요인이 문제가 된다고 할 수 있다. 예를 들어 특히 미국에서 하류계층에 속하는 자나 유색인종은 학교나 직장에 적응하기 어렵기 때문에 비행이나 범죄에 빠지기 쉽다는 측면을 무시할 수는 없는 것이다. 또한 동일 인종이 집단적으로 거주하면서 하위문화를 형성하고 있는 경우에는 그러한 하위문화의 영향도 고려해야만 한다. 이러한 관점에서 볼 때 「인종과 범죄」 문제도 사회집단의 문제로써 파악할 수 있는 것이다. 아무튼 지금까지의 「인종과 범죄」 연구가 인종 차별적인 시점을 지니고 있었던 것은 사실이다.

2) 신보수주의의 대두에 따른 「인종과 범죄」 연구의 부활 조짐

1960년대 이후 인권운동의 고조에 따라 「인종과 범죄」 연구는 시들기 시작했지만, 일시적으로 침체된 듯했던 「인종과 범죄」 문제가 최근 들어 다시 부활의 조짐을 보이고 있다. 예를 들면 미국에서는 흑인, 멕시코계 미국인, 푸에르토리코인, 기타 소수민족의 범죄율이 높은 점이라든지 그 원인이 소질적인 요인에서 기인한다는 점이 주장되고 있다. 이러한 주장의 배경으로는 앞서 「지능과 범죄」 연구에서 언급한 바와 같이 1980년대 후반부터 우경화가 점점 더 심해지고 있는 미국의 정치·사회 정세와 결부된 신보수주의의 대두를 들 수 있다

3) 「인종과 범죄」 연구에 대한 평가

지금까지의 조사에서는 인종 간에 범죄율의 차이가 존재한다는 것이 전제가 되어 왔다. 그러나 「인종과 범죄」 연구의 기초가 되고 있던 데이터는 가두범죄를 대상으로 한 것이었으며 화이트칼라 범죄를 고려하지 않았다는 점을 간과해서는 안 된다. 그렇기 때문에 종래의 조사를 전제로 하는 한 「인종과 범죄성」에 대한 논의는 성립되지 않는다고 볼 수 있다.

미국에서 최근에 실시된 대규모의 자기보고조사에서는 인종 간의 범죄율에 두드러진 차이는 없었다. 그리고 범죄의 대부분이 서로 다른 인종 간에 이루어지는 것이 아니라 동일인종 내에서 발생하고 있다는 사실에도 주의를 기울일 필요가 있다. 미국에서 중대한 폭력범죄에서 흑인이 체포되는 비율이 백인에 비해 매우 높은 것은 분명하지만, 인종차별이나 도시문제가 흑인의 범죄율을 높이고 있다는 사실도 간과해서는 안 된다.

5 사회계층과 범죄

사회계층은 사회생활이나 경제상황에서 개인이 차지하는 위치이다. 이러한 측면에서 사회계층이란 경제적 부, 정치적 권력, 사회적 지위 등이 복합적으로 관련된 개념이며, 일반적으로는 상류계층, 중류계층, 하류계층의 세 가지로 유형화된다. 이 사회계층과 범죄의 관련성을 둘러싸고 종래에는 하류계층이 범죄와 관련성이 깊다는 지적을 받아 왔다. 하류계층과 범죄의 친화성을 지적하는 경우에는 다음의 두 가지 관점이 존재한다. ① 하류계층의 경제상황, 특히 빈곤이 미치는 영향 ② 하류계층의 독자적인 문화가 미치는 영향. 그러나 Beck의 위험사회론을 따르면 오늘날의 위험은 모든 계층에 평등하게 영향을 끼치며, 범죄라는 사회적 위험에 대해서도 계층의 의미는 크게 상실하게 된다. 그러나 위험이나 범죄가 평등하게 분배된다고 하여 그에 대한 의식도 차이가 없으리라고 전제할 수는 없다.

1) 빈곤과 범죄

가난한 사람이라고 해서 양심이나 도덕성까지 가난한 것은 아니다. 오히려 돈 많은 사람들이 각종탈법, 편법을 저지르고도 '유전무죄'로 죄 값을 덜 치르기도 한다. 그러나 배운 것도 없고 생계가 어려워지면 먹고 살기 위해 범죄에 빠지는 경우도 있다. 지난 IMF 위기 같은 불황기에는 범죄발생이 대폭 증가하였는 바, 이때 발생하였던 범죄는 일자리를 구하지 못한 20대, 생활고에 쪼들린 30대 주부, 실직한 40대 가장 등 평범한 사회인들로 대부분 초범들에 의한 소위 보릿고개형 '생계범죄'가 대부분이었다. 이러한 사람들의 자포자기한 심정은 '한탕'을 노리는 강력범죄로 이어질 개연성이 높아질 수 있다. 따라서 사회계층과 범죄와의 관계를 규명하기 위한 연구는 특히 빈곤과 관련하여 많은 연구가 있었다.

초기의 연구들이 주로 관심을 두었던 분야는 생계비 이하의 수입인 절대적 빈곤이 범죄에 미치는 영향이었다. 예를 들어 쇼와 맥케이Shaw and Mckay : 1942, 밀러Miller : 1965 등의 연구에서도 하류의 사람들이 상류의 사람들보다 범죄율이 높다는 사실을 발견함으로써 절대적 빈곤과 범죄와의 관계를 보여주었다. 우리나라의 경우에도 전체 범죄자의 과반수 이상인 형법범의 55.4%, 특별법범의 56.4%가 하류계층 출신이다2006년 대검찰청 범죄분석자료. 마찬가지로 절도, 사기, 강도, 폭행, 상해, 강간, 살인 등 주요범죄 유형별로도 하류계층이 차지하는 비율은 다른 계층에 비해 월등히 높은 수준이다.

특히 절도, 사기, 강도, 살인의 경우에 하류계층의 비율이 높다는 것이 주목된다. 앞에서 기술한 「가정과 범죄」라든지 「학교와 범죄」 문제를 놓고 볼 때, "빈곤가정이 범죄와 친화성을 지닌다"든지 혹은 "저학력자의 범죄율이 높은 것은 그들 대부분이 빈곤가정 출신이기 때문이다"라는 등의 견해가 제시되어 온 것도 앞의 사실을 토대로 한 것이라고 말할 수 있다. 단지 오늘날에는 사회복지 정책이 발전됨에 따라 빈곤에 질적인 변화가 나타나고 있다. 실증적인 연구에서도 하류계층에 속하지 않는 자에 의해 많은 재산범죄가 이루어지고 있다는 사실이 명백해졌다. 따라서 문제의식의 중점도 경제적인 불평등, 나아가 상대적 결핍relative deprivation과 범죄와의 관계로 이행되고 있다.

2) 하류계층 문화와 범죄

하나의 집단을 지배하는 하위문화 속에서 비행이 불가결한 요건으로 되어있다는 것은 A·코헨Albert Cohen이 그의 저서 '비행소년Delinquent Boys—갱 문화(1955)'에서 주장한 견해이다. 이것을 비행하위문화이론Theory of delinquent subculture이라 한다. 즉 하류계층 고유의 문화가 범죄의 원인이 된다는 지적으로 한 것으로는 코헨은 이 저서를 통하여 청소년들 사이에서 반사회적 가치나 태도를 옹호하는 비행문화가 형성되는 과정을 집중적으로 다루었다.

그는 하류계층의 슬럼slum지역에 공식적으로 인지된 비행이 지나치게 많다는 사실에 착안하여, 하류계층의 비행이 실제로 중류계층의 가치와 규범에 대한 저항이라고 보았다. 사회적 조건이 이들 하류계층의 청소년들로 하여금 사회적으로, 특히 중류사회의 성공목표를 합법적으로 성취할 수 없게 하기 때문에 하류계층의 청소년들은 신분좌절status frustration이라고 하는 일종의 문화갈등을 경험하게 된다. 이러한 지위좌절을 경험하는 하류계층 청소년들 중 다수는 전통적 문화에 적대감정을 품게 되고, 그 반동으로 특유의 하위문화subculture를 만듦으로써 비행에 빠지게 된다고 주장했다.

이에 반해 W·밀러Walter Miller는 범죄행위를 독특한 하류계층 하위문화의 가치와 규범에 대한 정상적인 반응으로 보고 있다. 하류계층의 소년이 비행에 빠지는 것은 코헨이 말하는 것처럼 중류계층문화에 대한 적대감정에서 비롯되는 것이 아니고 하위계층인 남성 갱단 특유의 트러블이나 스릴 등을 강하게 추구하는 가치 관념에 뿌리를 둔 하류계층문화에 적응했기 때문이라는 이른바 하류계층문화이론Theory of lower-class culture을 제창했다.

3) 「사회계층과 범죄」 연구에 대한 평가

초기의 범죄학에는 범죄의 대부분이 하류계층에 속하는 사람에 의해 이루어진다는 관념이 존재하였다. 그렇기 때문에 사회계층과 범죄 사이에 상관관계가 인정되어 왔다. 이러한 인식은 현재에도 뿌리 깊은 지지를 받고 있다. 가령 호주의 범죄학자 J·블레이스웨이트는 1970년대 이후에 발표된 90건을 넘는 「사회계층과 범죄」 연구를 재검증하여 "사회 계층이 범죄와 관련성을 지닌다는 사실은 많은 실증적인 연구에 의해 명확하게 지지되고 있다"고 논평하고 있다.

그러나, 오늘날에는 범죄가 하류계층에 속하는 사람에 의해서만 이루어지지는 않는다는 것이 의식되고 있다. 왜냐하면 「하류계층과 범죄」 연구에서도 조사대상이 주로 가두범죄이고 화이트칼라 범죄는 별로 고려되지 않았기 때문이다. 예를 들어 기업인들의 경제범죄가 분명히 사회구조적 문제로 인한 하류계층 생활의 긴장 때문은 아니라는 사실을 지적할 수 있다.

또한, 앞에서 살펴본 우리나라의 경우도 공식통계에 의한 자료는 로빈슨Robinson의 지적처럼 중류계층이나 상류계층의 범죄는 공식통계상에 누락되기 쉽고, 또한 공식통계 자료의 계층구분이 범죄자 개인의 경제적 수준이나 사회적 위세에 대한 외부평가에 의하지 않고 범죄자 자신의 응답에 의한 것이기 때문에 자료의 객관성 측면에서 심각한 한계가 있다. 따라서 대부분의 「사회계층과 범죄」 연구는 광의의 의미라기보다 단지 하류계층의 노상범죄의 설명에 지나지 않을 수도 있다는 것이다. W·렉클리스는 화이트칼라 범죄까지 포함하여 「사회계층과 범죄」의 통계를 수정한다면 상류계층과 하류계층에서 범죄 분포율이 높아지며 중류계층에서 계곡을 그리는 곡선이 된다고 주장했다.

따라서 이 점에 대해 데이터를 수정한다면 범죄와 하류계층 사이에 지금까지 인정되었던 만큼의 상관관계를 인정할 수 없을 것이라고 생각된다. 오히려 데이터를 수정한 후에도 여전히 남는 것은 사회계층에 따른 범죄의 질적 차이가 아닐까? 금후 이 점에 대한 실증연구가 진행되어야만할 것이다.

그럼에도 불구하고 「사회계층과 범죄」 연구는 많은 사회정책에 심대한 영향을 미쳤다. 만약 범인성의 원인이 목표와 기회의 간극에 있다면 그들에게 보다 많은 기회를 제공하면 될 것이다. 이러한 관점에서 1960년대 미국의 '빈곤과의 전쟁war on poverty'이나 '청소년을 위한 동원mobilization for youth'은 범죄의 예방분야에 있어서 「사회계층과 범죄」 연구가 그 기초를 제공해 주었다.

또 한편으로는 교정단계에서 사회적 처우를 통한 재소자의 교화개선과 사회복귀를 위하여 재소자 교육과 직업훈련의 제공을 강조한 사실도 재소자에게 합법적 기회를 제공함으로써 재범을 방지할 수 있다고 보고 그 맥락을 같이 하는 것이다.

연령과 범죄

2020년 한해를 놀라게 한 사건이 텔레그램 디지털 성범죄 사건인 'n번방 사건'이다. 연령층을보면, 이 사건의 가해자 가운데 20대는 절반에 가까운 41.8%, 10대는 31.2%였다. 전문가들은 디지털 성범죄가 어린 연령층에서 발생한 이유는 부실한 현행 성교육 및 인권교육시스템에 있다고지적한다. 통상적으로 연령은 개인의 소질적인 요소로 이해되고 있다. 여기서는 일정한 연령층을사회집단으로 파악하여 그 집단의 특징을 검토하고자 한다.

1) 연령과 범죄와의 관계

우리사회에서 연령과 범죄는 어떠한 관계를 보이는가? 대부분의 공식범죄통계는 20세 전후의 젊은 층이 가장 많은 범죄를 범하고 있음을 보여주고 있고, 상당수의 자기보고식 조사와 피해자 조사의 결과도 이를 뒷받침해 주고 있다. 미국에서의 연령과 범죄의 관련성을 살펴볼 때 가장 체포율이 높은 연령층은 15∼16세이다. 범죄종류별로 살펴보면 가장 체포율이 높은 것은 재산범의 경우 15∼17세, 폭력범의 경우 18∼19세, 화이트칼라 범죄의 경우 30∼55세, 정치범의 경우 30∼55세로 나타나 있다.

이에 반해 우리나라의 경우에 가장 많은 범죄를 저지르는 연령층은 30대이다. 즉 30대 연령층이 전체 형법범죄에서 차지하는 비율이 35% 가량으로 다른 연령층에 비해서 가장 많다. 다음으로는 20대가 24%, 40대가 19% 가량이며, 10대의 범죄자들이 차지하는 정도는 12% 가량이다. 범죄유형별로 살펴보면 절도범죄를 가장 많이 저지르는 연령층은 10대이다. 특히 16∼20세의 비율이 33% 가량으로 가장 높고, 다음으로 15세 이하의 청소년이 29% 등으로 전체 절도범죄의 과반수 이상이 이들 10대들에 의해 저질러진다는 것을 알 수 있다.

그리고 절도범죄는 연령이 많아짐에 따라 그 비율이 점차 감소하는 경향이다. 강도의 경우는 16∼20세가 차지하는 비율이 47%로, 전체 강도범죄의 과반수 가량이 이들 10대 후반에 의해 저질러지는 추세이다. 그 다음으로 강도범죄가 많은 연령층은 21∼25세로 약 20%를 차지한다. 강도의 경우도 절도와 마찬가지로 연령이 많을수록 그 비율이 감소하는 경향이다. 이에 비하여 사기, 횡령 및 배임, 뇌물, 손괴 등과 같이 직무와 관련된 범죄나 범죄기술을 요하는 범죄들에서 10대가 차지하는 비율은 전체의 5% 미만으로 앞서 절도와 강도와 대비되는 양상이다.

폭행이나 상해를 가장 많이 저지르는 연령층은 41∼50세로 전체의 24%를 차지한다. 강간범죄를 저지르는 사람들은 상대적으로 젊은 층으로 26∼30세19.4%가 가장 많고, 그 다음으로 21∼25세18.5%, 16∼20세17.9% 순이다. 이를 통하여, 전체적으로 범죄발생이 가장 많은 연령대는 30대라는 것을 알 수 있다. 그러나 이러한 일반적 경향은 범죄유형별로 다소의 차이가 있다. 절도, 강도 등의 범죄는 16∼20세가 가장 많고, 이에 비하여 사기, 폭행 등의 범죄는 30대가 가장 많은 추세이다.

특히 절도, 강도범죄의 경우에 10대의 범죄가 많다는 것과 절도범죄의 경우에 15세 이하의 연령층이 30% 정도를 차지한다는 것은 매우 주목해야만 할 사항이다. 이와 같이 미국과 마찬가지로 우리나라에서도 연령과 범죄 사이에 일정한 연관성을 찾아낼 수 있다. 특히 성인과 소년의 차이는 명백하며 소년도 각 연령층에 따라 차이가 보여진다.

2) 범죄요인으로서의 연령

그러면 이러한 특정 관련성을 발생시키는 요인은 어디에 있는 것일까? 연령에 따라 범죄의 종류가 달라지는 것에 대하여 일반적으로 ① 신체적·정신적인 변화 ② 사회적 관계의 변화가 영향을 미친다고 생각되어 왔다. 이 중 전자에 중점을 둔 견해에서는 범죄발생률이 소년기에 저하 경향을 보이는 근거를 「신체적·정신적 성숙」에서 찾고 있다.

이에 비해 후자에 중점을 둔 견해에서는 사회와의 상호관계 차이에 주목함으로써 소년기와 성인기 이후의 범죄발생률 차이를 각각의 시기에 받게 되는 「비공식적인 사회통제의 차이」에서 찾고 있다. 즉 청년기 이후의 범죄발생률 저하를 직업이나 가정 등의 구속력의 영향으로 파악하고 있는 것이다. 또한 사회적 관계의 변화에 관한 고찰 중에서는 소년비행이 경제성장, 도시화, 사회의 고학력화 등 사회의 구조적 병리에 강한 영향을 받고 있다는 지적도 있다.

3) 위기이론

연령과 범죄의 관련성을 보다 상세하게 설명하는 이론으로는 「위기이론」이 주목된다. 이 이론에 의하면 인간은 수차례 겪게 되는 인생의 중요한 시점에서 발달 과제를 부여받게 된다. 대부분의 사람은 이 과제를 극복함으로써 성장을 해 나가지만 그 중에는 개인의 적응처리 능력을 넘어선 발달 과제에 직면하는 자도 생기게 된다.

이러한 「위기」에 직면한 자는 기본적인 사회적응기능이 형성되지 못함으로써 각종 문제행동을 일으키게 된다. 예를 들어 유아기에는 애착이나 기본적인 신뢰 등의 기본적 사회적응 기능을 배움으로써 「특정 애정대상을 갖는 것」이 발달 과제로 요구된다. 그러나 어머니의 애정을 충분히 받지 못한 자는 「위기」에 빠지게 되며 장차 반사회적 행동을 취하게 될 가능성이 생겨난다고 한다.

청년기에는 정신적 자립이나 가치관 등의 재편에 의해 「한 사람의 성인이 되는 것」이 발달 과제가 된다. 그러나 아버지나 어머니에 대한 콤플렉스 등으로 인해 성인이 되는 것을 주저하는 자는 「위기」에 빠지게 되고 정신 불안정 상태가 되어 범죄나 비행에 도달하게 된다.

위기이론은 인생의 장면 장면마다 서로 다른 범죄 촉진요소에 직면하게 된다는 점을 지적한다. 이러한 지적은 개개의 범죄 케이스에 따라서는 설득력을 지닌다. 그러나 다른 한편으로는 다음과 같은 문제점도 내포하고 있다. 우선 정신분석학파의 범죄심리학 이론과 마찬가지로 실증이 용이하지 않다. 그리고 「위기」에 빠졌기 때문에 범죄를 저지른 자와 「위기」에 빠져 있으면서도 범죄를 저지르지 않은 자의 차이에 대해서 충분한 설명을 할 수 없다. 따라서 위기이론은 범죄자를 고찰하는 시점으로서는 중요한 것이라 할 수 있으나 이를 범죄대책론에 어떻게 접목시켜 나갈 것인지의 문제는 향후의 과제로 남는다.

4) 노년기와 범죄

'무서운 노인'이 급증하고 있다. 2008년 토지 보상에 불만을 품은 69세 최모씨에 의한 숭례문 방화사건과 2015년 70대 노인의 도곡역 방화사건 등이 대표적이다. 노인들의 방화는 화를 극단적 폭력이나 공격적 행동으로 폭발시키는 전형적인 '충동조절장애 범죄'이다. 우리보다 먼저 고령화 사회에 진입한 일본에서는 이미 10년 전에 '폭주' 노인 문제로 시끄러웠다. 노녀기 삶의 유형을 은둔형, 자학, 분노형, 성숙형으로 나눌 수 있다. 최근에는 '노인범죄가 생계형에서 강력형으로, 경범죄 중심에서 중범죄 중심으로 악성 화하는 추세이다. 젊은 층 못지 않게 체력을 과시하는 노인들도 많다. 특히 오랜기간 쌓여 오다 주로 주변 인물들을 향해 폭발하는 일종의 노인들의 '퇴적堆積 분노'는 사회적 병리해소 차원에서 맞서 싸워야 할 적適이다. 사회적 역할이 축소되면서 느끼는 굴욕감, 은퇴 이후 경제난 등이 노인 충동조절 장애를 일으키는 요인들이다.

2017년 고령 사회의 도래와 더불어 연령과 범죄의 관계에 「노년기와 범죄」라는 새로운 측면이 지적되고 있다. 교통과실을 제외한 형법범 검거 인원 중에서 60세 이상의 고령자가 차지하는 비율도 계속 증가하고 있다. 이러한 고령자 범죄의 대부분은 절도, 횡령, 사기 등 경미한 재산범죄이며 그 배경에는 경제적인 문제가 존재하고 있다. 「연령과 범죄」 연구 중에서도 「노년기와 범죄」는 지금까지는 없었던 문제의식이다. 이 테마에 대해서는 향후 급속한 고령화가 예상되는 우리나

라에서도 주목할 필요가 있으며,

UN에서 정한 기준에 따르면 고령화 사회는 65세 이상 인구가 총인구에서 차지하는 비율이 7% 이상, 고령 사회는 14% 이상, 20% 이상인 사회를 초고령사회라 한다. 우리나라 경우는 2026년으로 초고령사회 진입이 예상되고 있다. 따라서 우리나라에서도 세대갈등과 노인범죄가 융합해 일어나는 갈등에 대한 이해와 대응이 중요하다. 향후 다른 연령층과는 다른 특징을 지니는 「노년기와 범죄」 문제에 대한 연구에도 힘을 기울일 필요가 있다.

5) 「연령과 범죄」 연구에 대한 평가

연령과 범죄에 일정한 관련성이 존재한다는 사실은 명백해졌다. 범죄와의 관련을 놓고 볼 때 오히려 연령이야말로 가장 확실한 것이다. 총체적으로 보면 연령에 따라 범죄의 양·질 모두 변화한다는 사실은 범죄학에 있어서 유일한 「영원의 진리」이다. 연령과 범죄의 문제에는 지금까지 지적되어 온 바와 같이 신체적·정신적 변화와 사회적 변화 쌍방이 영향을 미친다고 할 수 있다. 단, 그러한 영향의 상세한 메커니즘은 불명확하다. 같은 연령에서도 범죄를 저지르는 자와 범죄를 저지르지 않는 자가 있다는 사실은 기타의 요소가 범죄 발생에 영향을 미치고 있다는 것을 대변해 준다. 따라서 연령과 범죄의 상관관계에 대해 더욱 철저한 규명이 요구되는 반면, 위기이론을 포함한 그 밖의 다른 요인과의 상호작용을 어떻게 설명할 것인지가 과제로 남아 있다.

제4장 사회환경과 범죄

1 도시화와 범죄

도시화란 도시에 거주하는 인구의 비중이 증가하고, 이와 더불어 도시적 특징과 생활양식이 확산되는 과정을 말한다. 도시화가 초래하는 사회의 변화에는 많은 것들이 있지만 범죄문제로는 빈부격차에 따른 상대적 박탈감의 증가와 익명성을 통한 범죄가 증가한다. 도시사회학자들은 자본주의 사회에서의 도시화과정에서 나타나는 사회현상에 대해 도시화가 진행되면 될수록 개인주의 및 물질적 금권주의가 팽배하게 되고, 혈연이나 이웃관계보다는 경제적, 정치적 이해관계가 노골화 되며 나아가서는 사회적 정신질환이 만연되어 사회범죄가 많아진다고 주장하고 있다.

한국의 도시화 속도는 세계최고수준이다. 요즈음의 우리사회가 도시학자들이 말하는 바와 매우 흡사하다는 느낌이다. 인간을 둘러싼 사회 환경 중에서 범죄와의 관련을 놓고 범죄학사상 처음으로 주목된 것이 바로 「도시화」이다. 도시와 범죄의 관계에 대하여 종래에는 「지역사회와 범죄」라는 형태로 논의되었다. 이는 시카고학파의 문제의식에 힘입은 바 크다.

1) 지역사회와 범죄

C·쇼Shaw와 그의 동료 H·맥케이Mckay는 시카고 시내의 비행 발생지를 지도상에 하나씩 점으로 표시하고 시가지역을 1마일 단위로 구분한 다음 지역별 비행자 수를 해당 지역에 거주하는 동성·동연령 집단 인구로 나누어 비행률을 산출하였다. 이를 근거로 비행률이 도시 안에서도 지구

에 따라 서로 다르다는 사실을 밝혀냈다. 이러한 쇼와 맥케이의 연구에 촉발되어 이후 이와 동일한 시점에서 많은 범죄조사가 실시되었으며 이는 미국의 범죄사회학 기초를 쌓는 역할을 하였다. 그러나 그 후에 시카고학파의 연구 수법이나 기초 데이터에 문제점이 있다는 지적을 받게 되었고, 도시를 둘러싼 범죄 정세에 변화가 일면서 시카고학파는 지지를 잃게 되었다.

2) 도시와 농촌

지역 간의 범죄율 격차에 대하여 조사·연구한 것으로는 「도시와 농촌의 비교」가 많이 보인다. 2006년 대검찰청 범죄분석의 지역별 전체 범죄수의 통계를 살펴보면 전체 범죄발생건수 1,765,887건 중 대도시가 1,418,619건이 발생하였고 도시 이외 지역이 201,342건, 기타 지역이 145,926건 발생하였다. 그리고 범죄의 질적 측면에서는 강력범죄의 경우를 보면 강도의 경우 대도시가 86.4%를 차지하고 도시 이외의 지역이 7.6%, 기타 지역이 7.8%로 나타났다. 살인의 경우 대도시의 비율이 74.7%, 도시 이외의 지역이 15.5%, 기타 지역이 9.8%로 나타났다.

즉 도시범죄는 재산범, 풍속범의 경향각종 위조, 사기, 횡령, 공갈, 장물, 강간, 간통이며, 농촌범죄는 순간적, 기회 적 폭력범방화, 살인, 폭행, 상해, 강간의 경향이다. 그러나 최근에는 매스컴과 교통기관의 발달로 범죄의 지역격차가 감소하는 경향이다. H·브뤼히아르트는 1936년에 도시화와 범죄발생과의 관계에 대해 다음의 8가지를 들었다. (a) 경제활동이 활발하기 때문에 이익의 상극·마찰이 크다. (b) 도시는 익명성이 높다. (c) 청소년 및 성인의 도시 유입이 현저하다. (d) 도시생활은 경제적으로 불안정한 자가 많다. (e) 도시에는 환락가나 상업적 오락이 발달해 있어서 도덕적으로 문란하다. (f) 도시는 법 규제가 많기 때문에 위반의 기회도 증가한다. (g) 도시에서는 빈부의 격차가 크다. (h) 도시는 지역 전체의 종교적인 결속력이 희박하여 풍속, 습관, 도덕관의 변화도 심하다.

물론 오늘날에는 고속 교통망·통신망의 발달과 매스미디어의 발전으로 인해 농촌과 도시의 격차가 여러 측면에서 좁혀지고 있다. 그러므로 이상과 같은 종래의 이원적인 파악을 가지고 현재의 현실에 그대로 적용시키는 데는 무리가 따를 수 있다. 오히려 최근에는 ① 도시에 근접해 가고 있는 농촌농촌의 도시화 ② 한층 더 발전하는 도시도시의 도시화라는 두 가지 측면에서 지역사회와 범죄문제를 파악하는 것이 의의가 있을 것이다.

3) 도시화와 범죄

도시의 팽창, 교통수단의 발달, 매스미디어의 보급 등을 조건으로 하여 근대기술이 초래한 사회의 구조적 변질을 지역의 도시화, 개인의 도시화라 한다. 이 같은 도시화는 소위 범죄의 도시화를 초래한다상해, 폭행은 대도시일수록 많다. 이러한 문제의식에서 출발하여 예전부터 논의되어 온 것이 「도시화와 범죄」이다. 이 중 지역의 도시화는 도시 자체가 팽창하여 도시의 주변지역에 도시권을 형성해 나가는 것을 말하는 것으로 우리나라 경우도 과거에는 서울의 변두리에 불과하였던 경기지역이 지금은 수도권지역으로 도시화되는 것이 대표적 사례라 할 수 있으며, 개인의 도시화는 시골의 인구를 도시가 집중하고 흡수하여 그 개인을 도시화시키는 것을 말한다.

전자의 경우는 사회구조의 변화에 의해 도시화된 지역의 범죄현상에 변화가 생겨나며, 후자의 경우는 지방 출신자가 도시에 유입하여 향토의 전통이나 습관과는 다른 문화에 접촉하게 되고 이러한 문화 차이에서 오는 가치관의 변화와 갈등에 빠지기 때문에 범죄를 저지르는 경우가 있다.

그러나 개인의 도시화는 도시화의 문제보다도 이질문화 접촉에 의한 갈등문제로 이해하는 편이 적절할 것이다. 따라서 여기서는 지역의 도시화가 중점적인 검토의 대상이 된다. 이 「지역의 도시화」와 범죄의 문제는 서로 다른 두 가지 측면을 지니고 있다. 하나는 농촌의 도시화이고 다른 하나는 도시의 도시화이다.

4) 농촌의 도시화

「농촌의 도시화」라 함은 교통망·통신망의 발달이나 매스미디어의 발전으로 인해 농촌지역의 생활양식이나 사회구조 등이 도시와 크게 다를 바 없게 된 상태를 지칭한다. 이러한 농촌의 도시화는 범죄의 증가를 초래한다는 지적을 받고 있는데, 이는 도시화에 수반되어 발생하는 사회병리현상에 적절히 대응하기 위한 시책이 미처 도시화를 따라가지 못하는 데서 기인하는 것이다.

5) 도시의 도시화

「도시의 도시화」라 함은 도시사회 혹은 도시의 물리적 환경·공간이 한층 더 팽창하여 다양화, 고차원화 되어가는 상황 또는 그 과정을 말한다. 미국에서는 1920년대 무렵부터 도시의 도시화가 급속히 진행되기 시작했다. 그리고 우리나라에서는 해방 이후, 특히 1970년대 이후부터 산업화 과정과 맞물려 도시인구가 급속하게 증가하였다. 인구나 산업의 도시집중이 진행되어 산업경제구조나 사회구조도 커다란 변화를 이루었다.

이러한 도시의 도시화는 ① 공간적 측면 ② 사회심리적 측면 ③ 경제적·사회적 측면의 세 가지 측면에서 파악할 수 있으며, 도시화의 진전에 수반하여 다음과 같은 움직임이 보여진다. 도시의 공간적 측면에서 살펴보면, 도시화의 진전에 수반하여 토지 부족이 심각해지고 건축물의 고층화가 진행되는 한편 하나의 건축물을 다양한 종류나 형태로 이용하는 경우가 증가하였다.

그리고 경제의 급속한 발전과 더불어 건축물 이용자가 눈부실 정도로 변화했다. 도시의 사회심리적 측면에서 살펴보면, 인구 증가와 한 곳에 주거하는 주거기간의 단축으로 인해 도시주민의 상호관계가 희박해지고 프라이버시가 우선시되는 개인주의적인 경향이 강해졌다. 그리고 도시 유입 인구의 증가로 인해 지역의식이 희박해졌다. 도시의 경제적·사회적 측면에서 살펴보면, 노동인구가 도시에 집중함으로써 생산·소비물질도 필연적으로 도시에 집중되었다.

이러한 도시환경이나 공간의 확대는 다음과 같은 범죄 촉진요소의 증대를 초래한다. (a) 책임 분담 및 소재가 애매하게 되며 건축물에 의해 시계가 막히게 된다. (b) 집단이나 개인이 익명화 되어 주민의 지역사회 귀속의식이 저하된다. (c) 범죄를 유발하는 요인이 되는 물질이 도시에 집중됨과 동시에 잠재적인 범죄자로서의 인구가 증대한다.

「도시의 도시화」상태에서는 여유 공간이 없어지기 때문에 교통망이 발달하게 되고 그로 인해 공간 이용은 입체적·복합적으로 된다. 예를 들어 지하철이나 입체교차도로 등이 만들어진다. 또한 건축물도 고도의 토지 이용, 지역 환경 정비, 방재 등을 목적으로 건립되기 때문에 근대적인 빌딩으로 모습을 바꾸게 된다. 이러한 도시화의 귀결은 다수의 시민의 눈에 띄지 않는 공간을 만들어냄으로써 범죄자의 행동범위를 넓히는 등의 문제를 빚어내게 된다.

6) 범죄의 도시화 대책

도시화에 따른 범죄의 대책으로는 먼저 범죄원인을 제거하여야 한다. 이를 위해서는 범죄, 비행 다발지역의 파악과 사회병리 적 요소의 개선을 위한 정책 수립이 필요하며, 범죄현상에 따른 방안강구로써 지역사회의 조직화와 범죄통제기능도 중요하다. 공적통제기능으로서 형사사법기관의 강제적 통제와 설득적 방법과 동시에 사적 통제로서 가정, 지역사회, 시민단체의 역할을 강화해야 한다.

또한 도시화로 인한 범죄의 질적·양적 변화에 대응하기 위한 대응책으로는 공동조직community organization이 제기되었다. 공동조직이라 함은 지역사회의 조직화를 가리키는데, 구체적으로는 각 지역이 지니는 범죄적인 하위문화를 개선하기 위해 지역사회가 하나의 단위를 구성하여 추진하는 비행 방지책을 말한다. 이러한 시책에 의해 경찰 등의 사법기관이나 교육·복지기관에 의한 공적인 통제와 더불어 지역사회에 대한 비공식적인 사회통제가 가능해진다. 이 비공식적인 사회통제의 중요성은 컨트롤통제 이론에서도 강조된 바 있다. 최근 영국과 미국에서 유력시되고 있는 환경범죄학의 주장은 그 대다수가 도시화로 인해 발생하는 범죄에 대한 대책으로서도 유효하다고 생각된다.

2 경제정세와 범죄

일반적으로 지금까지 범죄학 연구들은 경제적 양극화가 사회의 폭력성을 높이는 주요 원인 중의 하나라고 주장하여 왔으며, 이러한 인과관계를 설명하기 위하여 런시만Runciman의 상대적 박탈이론과 머튼Merton의 긴장이론을 이론적 배경으로 제시하여 왔다. 두 이론은 경제적 양극화와 같은 객관적인 경제적 박탈상태가 개인의 범죄에 영향을 미친다고 주장한 점에 대해서는 공통점이 있으나 런시만의 상대적 박탈이론은 이러한 객관적인 경제적 불평등 상태가 개인의 비교를 통한 불평등에 대한 심리학적인 인식과 감정적 분노를 통하여 폭력성에 영향을 주장한 반면, 머튼의 긴장이론은 보다 객관적 상태의 직접적인 영향에 주목한다는 차이점이 있다. 이러한 두 이론의 차이점에도 불구하고 이전의 실증적인 연구들은 두 이론을 동일시하고, 비교를 통한 실증적 연구는 찾아보기 힘들다.

종래의 「경제정세와 범죄」 연구에서는 경제적인 발전이나 변동이 범죄에 영향을 미치는지의 여부가 문제시되었다. W·봉거Willem Bonger 이후 오늘날에 이르기까지 양자의 관계를 부정하는 사람은 거의 없다. 그럼에도 불구하고 현재까지 경제상황이 범죄를 낳는 메커니즘에 대해서는 상세하게 설명된 것이 없다.

분명히 예전에는 범죄자의 대다수가 빈곤하였고 열악한 경제상태에 놓여 있었기 때문에 「빈곤주요인설」이 유력한 것으로 자리매김하고 있었다. 그러나 경제정세와 범죄의 관련성을 무시하는 것은 아니지만, 오늘날에는 사회복지정책의 발전으로 인해 빈곤에 질적인 변화가 생기면서 오히려 부가 범죄에 연계된다는 지적도 나오고 있다.

1) 경제적 불평등과 범죄

다양한 범죄 원인 중에서 소득불평등과 범죄발생의 원인을 찾고자 하는 것은 우리사회가 점차적으로 소득에 대한 불평등이 높아짐에 있어서이다. 소득불평등을 중심으로 범죄 원인을 오늘날에 있어서의 빈곤이란 과거에 생각되어지던 만큼 절대적인 개념이 아니라 부유한 자와의 상호관계 속에서 생겨나는 상대적인 개념으로 인식되게 되었다. 여기서 중요한 것은 경제적인 불평등이다. 예를 들면 호주의 범죄학자 J·블레이스웨이트는 『불평등, 범죄 및 공공정책』(1979)에서 소득의 불평등과 범죄의 상관관계를 국제비교 데이터와 미국의 데이터를 사용하여 조사한 결과, 범죄와 경제적 불평등 사이에 일정한 상관관계가 나타난다는 보고를 하고 있다. 이와 동일한 취지의 보고는 그 밖에도 다수 이루어지고 있다. 그 중에는 재산범죄와의 관련성뿐 아니라 살인죄와의 관련성을 지적하는 것도 있다. 이러한 보고에 대해서는 데이터 처리 방법 등의 문제를 지적하면서 관련성을 부정하는 견해도 있다.

2) 상대적 결핍론

이러한 경제적인 불평등에 대한 불평등의식·차별의식이 범죄와의 관련에서 더 중요하다는 상대적 결핍론도 제창되었다. 상대적 결핍론은 S·스토퍼S. A. Stouffor 등에 의해 사용되어진 개념으로서 이를 제일 처음 체계적으로 논한 사람은 W·런시만W. G. Runciman이다. 단지 이들은 상대적 결핍론을 범죄 원인을 설명하기 위해 적용한 것이 아니라 정치학 논의의 일환으로 사용한 것이었다.

런시만에 의하면, 「X에 대한 상대적 결핍」이라 불리는 것은 다음과 같은 상황이다. (a) 어떤 사람이 X를 가지고 있지 않다. (b) 그에게는 많은 사람이 X를 가지고 있는 것처럼 생각된다. (c) 그는 X를 갖고 싶다고 생각한다. (d) 그는 자신이 X를 갖는 것은 불가능하다고 생각한다. 이러한 상황에서 상대적 결핍이 존재하는 경우 선망이나 불공평한 느낌의 감정이 고조된다.

급진적인 범죄학자들은 이 상대적 결핍론을 범죄원인론에 응용하였다. 가령 S·스터크는 상대적 결핍이 범죄의 원인이 된다고 주장했다. 단, 그는 상대적 결핍만으로는 범죄를 야기하지 않는다는 견해도 밝혔다. 즉 상대적 결핍 상태에 있는 자는 일반적으로는 이러한 불공평을 시정하기 위해 정치투쟁 등의 합법적인 방법을 사용하여 자신의 요구를 관철시키려고 한다.

따라서 부의 재분배를 위해 투쟁하는 정당이나 조합이 존재한다면 범죄는 발생하지 않는다. 그러나 상대적 결핍 상태에 있는 자가 자신의 역경을 그와 같은 정치적 수단으로는 달성될 수 없다고 생각하거나 부적절하다고 간주한 경우에는 불균형의 시정을 범죄를 포함한 기타의 방법으로 달성하려고 한다. 그리고 이렇게 실행된 범죄는 이미 불공정을 시정하기 위한 정치적 행위가 될 수 없으며 자신보다 열악하거나 비슷한 처지에 있는 다른 사람들을 희생으로 삼아 자신의 지위 개선을 시도한 이기적인 행동이라고 스터크는 주장했다.

한편, 영국의 S·복스는 상대적 결핍론이 경기후퇴불경기 시의 높은 범죄율을 설명함에 있어 유효하다고 주장했다. 그에 의하면 불경기 시기에는 부의 분배를 견실한 방법에 의해 변경하는 것이 어려우므로 범죄의 세력이 커진다고 한다. 현대 사회에서는 부나 재산이 중요시되고 미디어가 부에 대한 욕구를 부채질하기 때문에 사회가 불경기에 빠지면 선망이나 불공평한 느낌이 배가된다. 복스는 불경기 시에는 관심 밖으로 밀려나기 쉬운 소년, 소수민족, 여성 등 특정 그룹일수록 범죄에 의존하고자 하는 경향이 더욱 커진다고 지적했다.

 매스미디어와 범죄

미디어의 역할은 방대하다. 그렇기 때문에 명확한 철학과 기준 위에 서서 온전한 모습을 갖춰야 한다. 2020년 방영된 영화 '미디어 재판'은 세간의 이목을 집중시켰던 드라마틱한 사건들의 쟁점을 왜곡하고 오도했던 떠들썩한 미디어와 여론의 영향력을 살펴보는 작품이다. 그래서 우리는 알 권리를 천명으로 알고 독창적이고 독립적인 정신을 선전하는 미디어들을 경계해야 한다.

우리가 일반적으로 알게 되는 범죄에 대한 인식은 뉴스, 신문 등에 보도된 범죄내용을 통해서이다. 또한 영화나 드라마를 통해 극화된 범죄현상을 통해 개인은 범죄에 대한 인식을 강화하는 것이다. 영화, TV, 신문, 잡지 등은 범죄의 질적·양적 변화에 영향을 미치는가? 우리나라뿐만 아니라 서구에서도 이 문제를 놓고 장기간 논의되고 있다. 특히 범죄보도나 드라마와 관련성이 있다고 여겨지는 잔악한 범죄가 발생할 때마다 논의는 더욱 활발하게 이루어졌다.

1) 자기정화설과 범죄촉진설

매스미디어특히 폭력에 관한 것와 범죄의 관련성에 대해서는 두 가지의 상반되는 가설이 제기되고 있다. 하나는 자기정화카타르시스설이고 다른 하나는 범죄촉진설이다. 전자는 매스미디어에서 보도되고 있는 폭력에 접함으로써 시청자는 스트레스를 해소대리만족할 수 있다는 입장에서 전개된 가설이다.

따라서 자기정화설에서는 매스미디어에는 범죄를 진정시키는 효과가 있다고 주장한다. 이에 비해 후자는 매스미디어에서 보도되는 폭력에 접함으로써 그것이 현실이냐 픽션이냐에 관계없이 시청자의 공격성이나 폭력성에 영향을 미친다는 입장을 취하고 있다. 특히 '매스커뮤니케이션 분야에서 사람들의 지각과 문제인식에 미치는 '매스미디어'의 효과를 잘 설명하고 있는 이론으로 '의제 설정 효과 이론'이 있다. 이 이론은 미디어는 반복된 뉴스보도를 통해 대중의 마음에 쟁점의 중요성을 부각시키는 능력을 가진다고 주장한다.

그렇기 때문에 범죄촉진설에서는 매스미디어는 범죄의 증가에 영향을 미친다고 주장한다. 예를 들어 D·필립스는 미국에서 복싱 헤비급 타이틀매치가 있은 후에 살인사건이 현저하게 증가하였다고 보고하고 있다.

그렇다면 이 두 가지 설 중에서 어느 쪽이 맞는 것일까? 총론적으로 말하면 어느 한 쪽이 옳다기보다는 쌍방 모두 「매스미디어와 범죄」의 관계성의 한 측면을 설명해 주고 있다고 말할 수 있다. 예를 들어 A·밴듈러는 TV가 소년에게 미치는 영향으로 다음 4가지 점을 지적한다. (a) 공격적인 형태의 행위를 가르친다. (b) 공격행동 억제를 가르친다. (c) 폭력에 대한 감각을 마비시키고 습관화시킨다. (d) 자신의 행위에 대해 사람들이 품고 있는 이미지를 구체화시킨다. 그렇기 때문에 밴듈러는 TV가 현실세계에 대한 사람들의 인식을 비뚤어지게 만들며, TV 시청 시간이 과도하게 많은 사람의 눈에는 사회가 실제 이상으로 위험한 것으로 비춰진다고 주장했다.

자기정화설과 범죄촉진설의 두 가지 가설은 매스미디어로부터 받은 자극이 곧바로 행동으로 이어진다고 보기 때문에 「주사바늘이론」이라고도 불린다. 매스미디어에 의한 자극과 그 반응인 행동 사이에는 몇 단계의 심리과정이 형성되는데, 자극이 그 단계를 통과하면서 범죄행동이 환기되는 경우가 있다는 견해도 제시하고 있다. 이러한 견해는 「다단계이론」이라 불리며 현재 많은 심리학자들로부터 지지를 받고 있다고 한다.

2) 모방범죄copy cat 범죄

매스미디어가 범죄에 미치는 영향에 관한 다양한 지적이 있는데 이는 「copy cat 범죄」라고 불린다. copy cat이라는 말은 영어의 imitation모방을 의미하는 속어이다. 허스켈과 야브론스키에 의하면 폭력적 사회병질 인격자는 마음 속에 품고 있는 폭력적인 환상을 종합할 수 있는 문학이나 역사 자료를 구하려 한다. 이러한 픽션이나 가공 서술을 접했을 때 대부분의 경우에는 아무런 영향도 받지 않지만 때로는 곡해되어 범죄를 실행할 때 견본의 역할을 하는 경우가 있다.

특히 구체적인 범죄수단은 매스미디어로부터 모방될 가능성이 높다. 예를 들어 헬리콥터에 의한 탈옥이라든지 러시안 룰렛은 영화로부터 받은 영향이라고 지적되고 있다. 또한 소년 갱단의 행동 패턴도 TV나 영화로부터 많은 영향을 받고 있다.

그 밖에도 매스미디어가 특정 범죄자를 찬양하거나 전설화함으로써 범죄에 대한 관심을 고조시킨다는 주장도 있다. 이러한 주장을 토대로 하여 미국의 36개주州에서는 범죄자가 자신의 범죄를 저서로 출판하는 것을 법률에 의해 금지시키고 있다. 이 중 몇 개의 주에서는 이러한 저서에 의한 수입을 제삼자에게 예탁시키고 있으며 피해자에 대한 배상에 사용하고 있다.

3) 포르노그래피와 인셀폭력범죄

미국의 급진주의 페미니스트인 '안드레아 드워킨Andrea Dworkin'은 성적 폭력을 고발하고 강간에 대한 사회적 관심을 불러일으키는 데에 힘썼고 미국전역에 포르노에 대한 담론을 형성시키는데 기여한 학자이다. 그는 1981년 그의 저서 『포르노그래피: 남성의 여성소유』에서 포르노그래피에서 남자의 권력은 제국주의적 권력, 잔학하고 오만한 지배자라고 표현하였다. 최근 우리사회에서 포르노와 관련된 사건과 범죄는 새로운 형태로서 발생하고 충격을 주었다.

2020년 발생했던 이른바 텔레그램 N번방 사건에서는 가해자들은 피해자를 '노예'라고 지칭했다. 피해자들을 협박해 성 착취 영상을 찍도록 하고, 그것을 팔아넘겨 수익을 얻었다. N번방 안에서 여성은 남성의 성적 지배를 받는 성적 노예로 다루어졌다. 여성도 모자라 심지어 어린아이까지 성 노예로 묘사하고 상상할 수 없는 학대행위를 공유하며 유희로 삼은 이들에 대해 전 국민은 분노했다. 그 동안 남성 전유의 판타지 물로서 거래되던 포르노가 범죄의 형태로 실제화된 사건이었다. 물론 포르노그래피는 어떤 형태로든 우리 사회에도 분명히 존재하고 있다. 『플레이보이』나 『허슬러』 같은 '포르노' 잡지에 등장하는 성기 노출이 포함된 누드 사진이나 성행위 사진, 노골적인 성행위만을 다루고 있는 영화나 비디오, 디지털 영상 등 현대를 사는 우리들의 관행상 대부분이 동의할 전형적인 포르노그래피의 사례들이 존재한다. 폭력적이거나 전혀 순화되지 않은 성적 재현으로 대다수 사람들의 가치관과 상치되는 정도가 심각한 소위 '하드코어' 포르노그래피도 역시 '전형적인' 포르노그래피에 포함된다.

최근 우리나라에서는 성性에 일찍 눈뜨는 초등학생들에 대한 논란이 있었다. 이는 요즘 아이들의 성장은 몸과 마음이 성장을 이루며 발달하는 것이 아니라 신체적 발달도 빠르지만 TV와 인터넷 등 다양한 미디어 환경에 노출되면서 정신만 성숙하는 일종의 '어른 흉내'를 내는 현상을 초래하는 등 성과 관련되어 매스미디어의 영향이 매우 심각한 수준이다.

이처럼 종래의 「매스미디어와 범죄」 연구에서는 주로 폭력에 관한 매스미디어와 범죄의 관련성이 논의되었지만 최근에는 포르노그래피와 범죄의 관련성이 주목을 받고 있다. 미국에서도 이와 같은 문제에 관심이 높아진 데는 「T·밴디 사건」의 영향이 크다. T·밴디는 워싱턴주, 오레건주, 플로리다주 등 5개의 주에서 23건의 강간살인을 저지른 혐의로 기소되어 1979년에 유죄가 확정, 사형이 언도되었다. 이와 같은 성범죄를 반복하게 된 원인을 밴디는 포르노그래피의 영향이라고 진술함으로써 양자의 관련성이 주목을 받게 된 것이다.

물론 포르노그래피와 범죄의 관련성은 이 사건으로 인해 주목을 받기 이전부터 포르노 규제 문제와 관련하여 지속적으로 논의되고 있었다. 예를 들어 1968년에 출판된 미국 연방사법부의 포르노그래피에 관한 위원회 최종보고서에서는 특정 공격행동과 포르노그래피 사이에 인과관계가 있음을 인정하였다. 최근에는 R·슐레츠가 『미디어, 범죄 및 형사사법』1992에서 수치상으로는 정확하지 않지만 여성을 성폭행하는 묘사가 사회적으로 부정적인 영향을 초래하고 있다는 증거는 늘고 있다고 기술하고 있다.

그러나 포르노그래피와 범죄의 관련성을 긍정하는 이러한 견해에 반대하는 반대론도 제기되고 있다. 예를 들어 연방사법부의 보고서 내용 중에서 데이터 분석방법에 문제가 있다는 점과 1970년에 대통령 자문위원회가 내린 결론에 반한다는 이유에서 위원회 내부에서도 반대론이 일고 있다. 또한 덴마크에서는 1967년과 1969년에 포르노그래피 규제가 대폭으로 완화되었지만 그 이후에도 성범죄에 관한 커다란 변동은 보이지 않았다고 한다.

포르노그래피와 범죄의 관련성을 긍정하는 견해는 포르노그래피를 규제하려는 보수주의의 대두와 시기를 같이하고 있는데, 포르노그래피의 외설성은 시대와 함께 변화하는 것이다. 오늘날 사회 각층에 다양한 견해가 존재한다는 점을 고려한다면 포괄적인 규제론의 근거는 빈약하다고 말할 수 있다. 최근 들어서는 '인셀 폭력'이라는 새로운 범죄유형이 하나 사회현상으로 다뤄야 한다는 목소리가 높아지고 있다. 인셀은 '비자발적 독신주의자involuntary celibate'의 약자로 여성과 성적 관계를 맺고 싶어 하지만 나누기 위해 만든 용어로 알려졌다. 최근에는 여성 혐오자를 인셀이라는 단어가 처음 사용된 것은 993년이다. 토론토의 한 대학생이 성적 어려움을 다른 사람과 나누기 위해 만든 용어로 알려졌다. 최근에는 여성 혐오자를 지칭하는 단어로도 쓰고 있다. 자신을 거절한 여성을 혐오하고 실제 범죄로까지 이어지고 있다. 자폐증을 비롯해 신체적, 정신적 질병을 앓는 응답자도 상당했다. 더구나 인셀들은 현실에서 아무런 영향력이 없기 때문에 온라인에서 영향력을 얻고자 하는 경향이있다. 2020년 발생한 박서방n번방 사건의 본질도 인셀리즘으로 분석하고 있다.

4) 범죄보도의 범죄

언론에서 범죄를 보도하는 이유는 무엇일까? 국민의 알권리, 동종범죄의 재범방지, 범죄예방이 고려되어 결정되지만 보도로 인해 발생할 수 있는 나쁜 영향도 고려되어야 한다. 원래 범죄보도의 경우, 공인이 아닌 이상 익명보도를 원칙으로 하고 있다. 그래서 범죄와 매스미디어의 관계를 논함에 있어서 범죄 원인으로서의 매스미디어라는 관점뿐 아니라 해당보도가 우리사회에 어떤 메시지를 줄 수 있는지 고민하는 등 범죄보도의 범죄문제에 대해서도 논의될 필요가 있다. 사실 오늘날 매스미디어의 사회적 영향은 매우 크기 때문에 「제4의 권력」이라고 불릴 정도이다. 따라서 지나친 보도는 보도 경쟁 과정에서 사법 활동을 방해하고 보도되는 특정인의 인권을 침해할 위험성이 높을 뿐만 아니라 범죄의 모방에 영향을 미칠 수 있다.

그래서 최근 매스미디어 보도의 본질을 묻는 목소리가 고조되고 있다. 신문의 오보 또는 과잉보도에 의한 피해 발생 사례를 「범죄보도의 범죄the crime of crime reporting」라고 표현하고 매스미디어 규제는 보도의 자유나 국민의 알권리 등 기본적 인권의 제한에 연계되는 문제인 만큼 안이한 규제는 삼가야만 한다는 주장이다. 물론 「제4의 권력」이라고까지 평가되는 강대한 매스미디어의 권력 남용을 억제할 필요성은 매우 크며 시급한 대응책 또한 필요할 것이다.

따라서 이에 대한 대책으로 ⓐ 신문사 측에서 경찰의 기사제공에 너무 의지하지 말 것 ⓑ 자체적인 조사노력이 있어야 할 것 (c) 본인에게 유리한 기사를 억제하는 등 편파적인 보도 태도를 피할 것 등을 주장하기도 한다. 그럼에도 불구하고 우리의 범죄보도를 보면 유죄가 확정되기까지 피고인은 무죄無罪라는 전제무죄 추정가 무시된 흥미 위주의 보도가 여전히 존재한다. 보도의 본질이나 규제방법에 대해 활발하게 논의되어야 할 사항이다.

특히 지금까지의 「매스미디어와 범죄」 연구를 통해서 양자 사이에 일정한 상관관계가 존재한다는 사실은 거의 인정되고 있다. 단, 그 관계를 인정한다고 하더라도 매스미디어가 범죄의 직접적인 원인이 되었는가 하는 점은 별개의 문제이다. 예를 들어 미국에서는 일반적으로 남성보다 여성 쪽이 TV 시청시간이 많음에도 불구하고 여성범죄가 남성범죄보다 적다는 사실이라든지, 성인보다 소년 쪽이 TV 시청시간이 적음에도 불구하고 재산범죄의 대부분이 소년에 의해 이루어지고 있다는 사실을 설명하기 어렵지 않으냐는 의문이 제시하기도 했으며, 또한 폭력적인 TV프로그램을 본 모든 사람이 범죄를 저지르는 것이 아니라는 관점에서 TV에서 배운 공격행동을 실제로 사용할 것인지의 여부는 그 밖의 다양한 요인에 의거한다고 주장되기도 하였다.

 # 4 전쟁과 범죄

전쟁은 범죄 발생에 영향을 미치는가? 「전쟁과 범죄」에 대해서는 F·엑스너Exner의 『오스트리아의 전쟁과 범죄』1927, M·리프만Liepmann의 『독일의 전쟁과 범죄』1930 등 주요 연구가 1차 대전 이후에 집중적으로 이루어졌다. 엑스너는 1914년부터 1923년까지의 10년 동안 오스트리아의 범죄 상황을 조사하여 보고하였다.

그는 이 책에서 전시, 전후를 다음의 네 시기로 나누어 국민의 심리적 경향과 범죄 동향을 논하였다. ① 전쟁 초기: 국민 대다수의 사기가 고양되어 범죄 건수는 현저하게 감소한다. ② 의무수행 시기: 개전 초기의 흥분이 식고 자포자기의 심경으로 의무를 수행하는 정도의 소극적인 상태가 된다. 그러나 소년은 이러한 의무감이 엷기 때문에 소년범죄가 증가하기 시작한다. ③ 피폐기: 전황이 불리하게 되어 패전에 대한 불안과 물자 결핍이 발생한다. 이 시기가 되면 소년뿐만 아니라 성인범죄도 증가한다. ④ 붕괴기: 정치·군사·경제 등 다양한 측면에서 파탄이 생겨나고 기존의 가치관이 붕괴하여 범죄가 폭발적으로 증가한다.

이러한 엑스너의 분류는 제1차 세계대전 중과 대전 후의 오스트리아 상황을 정확하게 나타내고 있다. 그러나 이러한 분류라든지 범죄현상이 모든 나라에 해당하는 것은 아니다. 예를 들어 S·H·서덜랜드는 지역에 따라 소년비행 증가율에 큰 차이가 있었고 비행률이 저하된 지역도 적지 않다는 점을 지적하고 있다.

또한 전시 중에는 소년, 여성, 화이트칼라 범죄가 증가한다고 하였다. 이 중 소년범죄의 증가는 부모의 감독이 약화되고 그만큼 소년의 행동범위가 확대됨으로써 비행에 접할 기회가 증가하기 때문이라고 설명하였다. 여성범죄의 증가는 남성의 감소로 인해 범죄기회가 늘어났기 때문이며, 화이트칼라 범죄의 증가는 전시의 경제통제 법규가 엄격해짐에 따라 위반행위 또한 증가하기 때문이라고 하였다.

지금까지의 「전쟁과 범죄」 연구 성과는 각 나라별로 시대나 전황에 따라 크게 다르다. 따라서 「전쟁과 범죄」의 관련에 대해서 논할 경우에는 그 밖의 다른 요인을 사용하여 설명하는 것이 타당하다는 인식이 고조되었고, 2차 대전 이후 이 테마에 관한 연구는 급속히 감소하였다. 향후 우리나라의 '6·25전쟁과 범죄상황'을 조사해 보는 것도 의의가 있으리라 생각된다.

 ## 5 자연환경과 범죄

사회 환경에는 지금까지 검토한 문화적인 환경 이외에도 자연환경도 포함시켜야 한다는 견해가 있다. 자연환경이란 사람들의 인위적인 조작에 의해 영향을 거의 받지 않으며, 우리 인간에게 직, 간접으로 영향을 주는 제반환경을 말하며, 기상, 기후, 지세, 경관, 그리고 낮과 밤의 움직임이 여기에 포함된다. 이러한 자연환경이 사람들의 의식구조, 심리상태와 행동양식에 직접적으로 또는 간접적으로 영향을 미친다는 사실은 다 아는 사실이다. 자연환경과 범죄의 문제를 놓고 예전에는 생물학적 요인과 범죄라는 측면에서 논의되었다. 그래서 종래의「자연환경과 범죄」연구에서는「지리적 요인과 범죄」,「시간적 요인과 범죄」,「기후적 요인과 범죄」의 세 가지 측면에서 검토되었다. 여기서는 그 내용을 간단하게 기술하는 정도에 그치고자 한다.

1) 지리적 요인과 범죄

「지리적 요인과 범죄」의 관련성은 이전부터 지적되어 왔다. 예를 들어 게리는 프랑스의 범죄통계를 바탕으로 적도에서 멀수록 재산범죄가 증가하고 가까울수록 인신범죄가 증가한다고 하였다. 독일의 아샤펜부르그나 미국의 서덜랜드의 연구에서도 범죄발생률에 지역적인 차이가 존재한다는 사실이 보고되었다. 단, 이들 보고는 게리와 동일한 결론을 내리지는 않고 있다.

2) 시간적 요인과 범죄

「시간적 요인과 범죄」에서는 계절 변동에 의한 범죄 감소 변화가 주목되어 왔다. 이전에는 재산범죄는 겨울에 많고 인신범죄와 성범죄는 여름에 많다고 알려져 있었다. 이는 연말에는 새해를 정리하고 맞이하기 위한 자금이 없어 재산범죄를 저지르는 빈곤자가 많은 반면, 여름에는 옥외 활동이 늘고 개방적인 기분과 노출 정도가 심한 의상이 상해 등의 인신범죄라든지 강간 등의 성범죄를 유발한다고 여겨졌기 때문이다.

한편 시각과 범죄의 관계에 대해서 살펴보면, 공갈이나 협박이 대부분의 경우 주간에 이루어지고 있었던 반면, 기타 폭력범죄는 야간에 많이 발생하는 것으로 알려져 있다. 성범죄의 경우는 강제 외설 행위가 주간에 많이 발생한 반면, 강간은 저녁 무렵부터 심야에 걸쳐서 발생하는 비율이 높은 것으로 나타나 있다.

3) 기후적 요인과 범죄

더운 여름철 기상예보에 불쾌지수를 발표하는 것은 기후적 요인과 범죄의 관계를 보여주는 단적인 예이다. 「기후와 범죄」에서는 인신범죄와 재산범죄 공히 맑은 날에 가장 많이 발생하며 그 다음으로 흐린 날에 많다고 한다. 이에 비해 비 오는 날특히 호우나 폭풍우에는 범죄가 적다고 한다. 푄炎風: 높새바람현상과 범죄의 관련성을 지적한 견해도 있다. 푄현상이 사람의 생리적·심리적 상태에 변화감정의 흥분성, 환각, 알콜에 대한 저항력 저하 등를 초래하고 경우에 따라서는 범죄에 이르게 된다는 것이다.

자연환경이 주민의 생활양식, 경제, 풍속, 습관 등을 제약하는 것은 당연하지만, 현재는 자연환경과 범죄를 직접 결부시키는 것은 곤란할 것이다. 그보다는 지리적·기후적 조건 하에서 제한된 경제 형태라든지 기타 사회적 제 요인이 범죄현상에 어떠한 역할을 담당한다고 이해하는 편이 좋을 것이다. 시간적 요인에 대해서 살펴볼 때에도 자연환경보다는 현대사회의 타임스케줄이 영향을 미치고 있다고 보아야 할 것이다.

아무튼 「자연환경과 범죄」를 조사해 보면 어떠한 관련성이 발견될지도 모른다. 그러나 그러한 자연환경이 어떻게 범죄에 영향을 미치는가, 그 원인론적인 규명은 아직 이루어지지 않고 있으며, 금후에도 이와 같은 큰 문제가 실증되기를 기대하기는 어렵다. 따라서 오늘날의 범죄학에서는 「자연환경과 범죄」 연구에 관심을 가지는 사람이 적다. 「자연환경과 범죄」 문제와 관련해서는 우선적으로 자연환경이 인간의 정신구조에 미치는 영향에 대해 검토하는 것이 선결과제라고 생각된다.

범죄학의
신이론과
경향

제1장 서설

　범죄학 이론은 그동안 많은 연구결과를 발표하는 등 꾸준한 발전이 있었으나 1970년대에 들어와 쇠퇴기를 맞이하였기 때문에 새로운 발전이 거의 없었다는 게 일반적인 인식이었다. 그러나 영국이나 미국에서는 1980년대 후반 이후부터 현재에 이르기까지 괄목할 만한 움직임이 계속되고 있다. 이 장에서는 그러한 1980년대부터 오늘날에 이르기까지 대두된 범죄학의 새로운 동향 중에서 ① 합리적 선택이론 ② 환경범죄학 ③ 새로운 범죄생물학 3가지를 검토하고자 한다.

　이 3가지 새로운 동향을 개괄하면, ① 합리적 선택이론은 범죄에 의한 이익이 손실을 상회할 때에 범죄가 이루어진다는 내용의 것이며, ② 환경범죄학은 1980년대 후반부터 시작된 범죄예방론 대두를 배경으로 하여 생겨난 것으로서 현재까지 유력한 지지를 얻고 있는데, 건물이나 지역 등의 환경이 지니는 범죄의 유발요인을 분석함으로써 범죄의 기회를 감소시키는 것을 그 목적으로 하고 있다. ③ 또한 새로운 범죄생물학은 종래의 유전적 접근방법에서 벗어나 생화학이나 신경생물학 수법을 이용하여 범죄의 생물학적인 요인(범죄생화학)을 탐구하려 한 것이다.

제2장 합리적 선택이론

전통적으로 범죄학은 범죄자의 행동과 그들의 동기를 분석하고, 그들이 일반인과는 어떻게 다른지 설명하려고 노력하였다. 합리적 선택이론이라 불리는 범죄학 이론은 범죄자를 알기 위해서는 범죄자의 목표와 욕망 그리고 어떻게 성취해 내는지를 알아야 한다는 주장이 제기되었고 이런 주장의 실행에서 나온 이론이다. 이 이론은 영국과 미국에서는 1980년대에 들어서 급속히 대두되기 시작하였다. 범죄학 고유의 이론은 아니지만, 범죄에 관해서 다음과 같이 설명한다. 범죄자는 「범죄를 통해 생겨나는 이익을 최소화할 것」과 「범죄가 실패했을 때의 손실을 최소화할 것」을 고려하여 범죄의 유무, 방법, 장소 등을 선택하고 있다.

이 이론에서는 범죄를 합리적인 인간이 자유의지에 따라 행한 것으로 보았기 때문에 유전이나 환경의 산물이 아니라고 주장한다. 즉 합리적 선택이론은 경제학의 호모·에코노믹스 가설인간은 기대되는 자기의 효용을 최대화하기 위해 행동한다을 그 기반으로 하고 있다. 이 이론은 18세기에 베카리아, 벤덤 등이 주장한 고전범죄학파와 마찬가지로, 범죄에 의해서 발생하는 손실과 이익을 비교하여 범죄 실행을 결정한다고 하는 합리적인 범죄자상像을 전제로 하고 있기 때문에 「고전파 범죄학의 부활」이라고도 평가받고 있다.

1 합리적 선택이론의 등장

합리적 선택이론은 인간의 행동은 목적을 가질 뿐만 아니라, 합리적이다. 이들은 자신이 목표를 달성할 수 있는 방법 내에서 목표달성을 추구한다 범죄 역시 인간의 행동으로 자신이 가지고 있는 방법 내에서 최선의 방법을 선택하여 목표달성을 위해 행동한다. 따라서 모든 범죄는 목적이 있고, 의도적으로 자행되었다고 범죄를 분석한다. 범죄자는 범죄를 통해서 이익을 얻고, 이런 이익은 성적 만족, 즐거움, 자유, 존경, 복수, 긴장의 완화, 물질, 돈은 이런 만족을 대부분 만족시킬 수 있고 그래서 금전문제가 범죄의 목적이 되고 있다고 주장한다. 이 이론이 1980년대에 등장하게 된 배경으로 ① 의료모델의 쇠퇴로 인한 정의모델의 대두 ② 범죄경제학의 출현을 들 수 있다.

1) 정의모델의 대두

이 이론은 1970년 영국범죄학의 생각의 전환에서 나왔다. 1960년대의 범죄학은 범죄는 범죄자의 성향과 정신병에서 나온다고 생각했다. 이게 의료모델이다. 그래서 그들을 치유하고 재교육하는 프로그램을 많이 개발하려 노력하였다. 그러나 이런 프로그램은 실패했다. 이런 치유와 교육은 명백하게 효과가 있었지만, 범죄자들이 프로그램이 끝나고 사회로 복귀하면, 그들은 다시 범죄를 저질렀다. 이런 발견은 새로운 이론을 불러왔으며, 범죄자가 속한 환경을 범죄분석에 있어서 중요가치로 인식하기 시작했다. 이에 대안으로 나온 이론이 환경, 학습이론이며, 비행을 중점적으로 연구한 이론이다. 또한 범죄 증가가 중대한 사회문제로 인식되기 시작한 1960년대 이후 미국 사회에서도 서서히 기존의 형벌시스템에 대한 회의론이나 비관론이 고조되기 시작하였다. 특히 당시의 형사 사조의 주류를 이루고 있었던 의료모델에 대해서는 심한 비판이 끊이지 않았다. 의료모델은 범죄자를 특정 질환을 지닌 환자로 규정하였기 때문에, 이들을 유익한 사회구성원으로 만들기 위해서는 그들에 대한 처우과정 속에서 치료할 필요가 있다는 생각을 기본적으로 하고 있었다.

이 의료모델은 제2차 세계대전 이후의 인권의식 고조에 영향을 받은 것으로, 형사사조의 근간을 이루고 있었다. 그러나 범죄 증가가 사회문제화되어 가는 가운데 상습범죄자 등에 대한 처우곤란과 처우효과에 한계가 있다는 지적이 생겨났다. 미국의 사회학자인 R·마티슨이 과거의 범죄자 처우기법에 관한 231가지 케이스에 대한 연구를 검증한 보고서마티슨 보고서는 처우 프로그램이 범죄자의 개선에 아무런 「효과가 없다nothing works」고 결론을 내림으로써, 의료모델 지지파에게 커다란 충격을 주었다. 다른 한편으로는 「치료」라는 미명 하에 범죄자에게 심한 처우가 부과되어 인권침해가 이루어지고 있었다는 비난도 고조되었다.

이리하여 특별예방을 목적으로 한 의료모델은 급속히 지지를 잃기 시작했고 그 대신에 보상, 격리무해화 혹은 억제를 중심으로 한 정의모델이 대두되었다. 정의모델에서는 의료모델에 대한 반성을 토대로 범죄자의 개선이 아닌 재판에 의해 확정된 형벌의 엄격한 집행에 중점을 두었으며, 형벌자유형의 효과를 자유행동 제한으로 한정할 것을 주장하였다. 바꾸어 말하면 기타 제 권리는 범죄자에게도 보장되어져야 한다는 것이었다. 따라서 정의모델에서는 범죄자를 「병자」로 취급하지 않고 자신의 의지에 기초하여 매사를 결정할 수 있는 합리적인 존재로 파악하였다. 하지만 여기서 말하는 합리성이란 모든 것을 아는 절대적인 합리성이 아니다. 자신의 경험으로 쌓이고 불확실성을 정확하게 계산할 수 없는 제한적인 합리성이다. 따라서 사람에 따라 범죄의 방식과 결과도 다를 것이며, 그들이 범죄를 저지르면서 실수를 할 수밖에 없는 이유도 이 때문이다. 또한 일반인의 눈에는 비합리적으로 보여도, 범죄자의 시각과 상황에선 합리적으로 보일 수 있다.

2) 범죄경제학의 출현

1992년 노벨경제학을 수상한 게리베커Gary Becker 시카고대학교 교수가 범죄경제학이라는 독특한 경제학자로 불린다. 베커는 범인이 범죄를 결정할 때 범죄에 드는 비용과, 범죄가 가져올 이익을 비교해서 어느 쪽이 큰지를 판단한 뒤 범행여부를 결정한다고 주장했다. 범죄로 인해 얻는 효용보다 위험도 등과 같은 비용이 더 클 경우 범죄는 생기지 않을 것이라는 가정을 전제로 펼쳐지는 이론이라 할 수 있다. 즉 범죄자들은 범죄행동에 따르는 기대소득과 기대손해를 따지고, 그에 따라 범죄행동을 선택한다는 합리적 선택이론이다. 사실 1960년대 후반부터 미국에서는 연방정부의 원조를 받아 경제학자들 손에 의해 형벌 억제력에 대한 실증적인 연구가 차츰 활성화되기 시작했었다. 이와 같은 경제학의 범죄학 진출은 「경제학의 침략」이라 불린다. 경제학의 침략 배경에는 다음의 2가지 요인이 있었다. (a) 당시의 연방정부에서는 예산을 비롯한 각종 정책에 대해 경제학적 방법론이 중시되고 있었다. (b) 경제학자 중에는 인간의 행동도 경제학의 원리에 의거하여 설명할 수 있다는 생각을 강하게 지닌 사람이 있었고, 그 실증의 장소를 범죄학에서도 찾으려 했다.

초기 「범죄경제학」의 주요 연구로는 G·베커Gary Becker의 논문 「범죄와 형벌 – 경제학적 접근방법」1968과 I·에릭Isaac Ehrlich의 논문 「위법행위에 대한 관여 – 이론적·경험적 연구」1973가 있다. 이들 논문은 주로 형벌의 억제력에 대한 실증적인 연구였다. 그리고 이들 연구에서도 당연히 범죄자는 형벌에 의한 위협을 이해할 수 있는 합리적인 존재라는 것이 전제로 깔려 있었다. 그러나 베커의 주장대로 범죄란 범죄가 가져다 주는 이익이 비용보다 클 때 발생한다면, 범죄의 비용을 어떻게 계산하는지를 먼저 확인해야 한다. 베커는 범죄 때 예상되는 비용을 '적발될 확률체포나 구속 등× 처벌 강도형량'이라는 공식으로 수치화했다.

한편 1960년대에 G·캐러브레이시, R·포즈너 등의 법학과 경제학 양방면에 뛰어난 식견을 지닌 학자에 의해 법률문제를 경제학적 관점에서 분석·검토한 「법과 경제학」이라는 연구영역이 개척되면서, 이러한 연구가 1970년대 이후 급속히 발전을 이룬 것이 합리적인 선택이론의 대두에 박차를 가했다는 점을 덧붙이고자 한다.

사형의 억제효과

사형 집행이 가져오는 살인 억제효과를 검증한 사람은 I·에릭Isaac Ehrlich이다. 그는 1977년 「사형의 억제효과」라는 논문에서 1935년부터 1969년까지의 미국을 대상으로 연구하여 체포 가능성이나 형량 등의 관련요소도 변수로서 고려한 후에 사형의 억제력에 대한 계량적인 분석을 하였는데, 그 결과 1회의 사형이 7~8건의 살인발생을 억제한다고 결론을 내렸다.

에릭의 연구는 미국이 사형의 합헌성이나 존폐 문제로 흔들리고 있었던 시기에 보고되어 주목을 집중시켰고, 또한 많은 경제학자, 범죄학자, 법률가들의 논쟁을 불러일으켰다. 에릭의 연구는 기초 데이터의 신뢰도 혹은 분석방법의 단순함 등에 대해 강한 비판을 받았다. 그러나 그때까지 관념론으로 일관하고 있었던 논의를 실증적인 논의로 이끌었으며, 범죄분석에 경제학의 새로운 접근방법을 도입한 에릭 등의 공적은 그 결론의 옳고 그름에 관계없이 높이 평가되어져야 할 것이다.

2 합리적 선택이론의 중점

행위자가 자신의 경험이나 학습한 지식을 기초자료로 하여 범죄를 선택한다고 하는 것이 합리적 선택이론이다. 이 이론에서 행위자의 범죄선택 단계는 3단계로 구분할 수 있는데, 첫 번째 단계는 범죄행동의 선택이다. 행위자는 ① 범죄로부터 얻어지는 이익 ② 체포의 위험성 ③ 형벌의 무게를 비교 고려하여 범죄를 실행에 옮길 것인지 아닌지를 결정한다.

즉 「① 범죄의 이익 〉 ② 체포 위험성 × ③ 형벌의 무게」가 되는 경우에 범죄를 실행한다고 보면 된다. 두 번째 단계는 범죄종류의 선택이다. 행위자는 입수한 정보를 분석하여 어떠한 범죄를 행할 것인지를 결정한다. 세 번째 단계는 범죄대상자의 선택이다. 행위자는 피해자를 무작위로 선정하는 것이 아니라, 합리적인 계산에 의해 범죄대상자를 선택한다. 역으로 말하면 범죄 포기 결정은 범죄자가 경제적인 이익을 얻을 수 없다고 판단했거나 혹은 체포될 확률이 매우 높다고 판단한 경우에 내려진다. 즉 「① 범죄의 이익 〈 ② 체포 위험성 × ③ 형벌의 무게」가 되는 경우이다.

1) 고전파 범죄학과의 비교

합리적 선택이론의 전제인 합리적인 범죄자라는 전제는 1980년대에 처음으로 제창된 것은 아니다. 합리적 선택이론의 기본적인 사고는 앞에서 말한 바와 같이 베카리아, 벤덤의 고전파 범죄학에서 비롯되었다. 그들의 견해와 합리적 선택이론 사이에 공통되는 (a) 범죄자를 자유의지와 합리성을 지닌 존재로 파악한다는 점, (b) 그 행동기준을 쾌락을 추구하고 고통을 기피하는 공리주의에서 찾고자 한다는 점이 2가지 중요 요소이다.

단, 고전파 범죄학의 견해와 합리적 선택이론 사이에는 상이점도 보여진다. 예를 들어 고전파 범죄학은 전제군주에 의한 자의적인 형사사법 운영에 반발하여 무엇이 범죄이고 범죄를 저지르면 어떠한 형벌이 부과되는지가 명시되어 있다고 한다면 사람들은 그것을 저지르지 않으려고 한다는 입장의 성선설적인 시점으로 일관되어 있다. 이에 비해 합리적 선택이론은 범죄에서 얻어지는 이익이 손실을 상회할 때 사람들은 범죄를 실행에 옮긴다는 성악설적인 입장에 서 있는 것이다. 또한 고전적 범죄학은 합리적 선택이론과는 달리 범죄에 의한 손실 측면에 초점을 맞추고 있었다는 점도 지적할 수 있다.

2) 형벌부과의 효과

1970년대 이후 범죄학 분야에서는 "범죄자는 합리적인 사고의 소유자이며 처벌을 두려워하기 때문에, 범죄에 대해서 형벌을 부과하는 것 자체에 의의가 있다"는 주장이 다수 출현하고 있다. 이러한 동향을 상징하는 저서가 J·Q·윌슨의 『범죄문제의 고찰Thinking about Crime』1975이다. 윌슨은 이 책에서 우선 "범죄는 빈곤 등의 환경적인 요인에 의해 발생하므로 정책적인 차원에서의 대응에 의해 개선될 수 있다"는 종래의 실증주의적인 범죄학 주장을 부정하였다.

그리고 형벌이 지니는 범죄자 개선효과에 대해서도 회의적인 태도를 보였다. 또한 의료모델에 근거하여 형벌을 내리기보다는, 잠재적인 범죄자를 합리적인 판단의 소유자로 파악하고 그들에 대해서는 엄격한 형벌로 위협하여 범죄를 생각 차원에서 머무르게 하는 것이 중요하다고 주장했다. 단, 윌슨은 잠재적인 범죄자 중에는 자기억제력이 결여되고, 범죄 스릴을 즐기고, 사회적인 협조성을 중시하지 않아 형벌에 의한 위협이 유효하지 않은 자가 있다는 것도 사실이라고 하여 일반 예방론의 재검토를 주장하였다. 이 책은 그때까지의 리버럴한 범죄학 사조를 부정하고 보수파 범죄학의 선구자 역할을 하였다.

합리적 선택에 의한 범죄 사례

범죄자가 합리적인 판단결과 범죄를 실행한다고 하는 합리적 선택이론의 구체적인 예로써 미국에서 발생한 「포드·핀트사건」을 들 수 있다. 이 사건은 1978년 8월 10일 인디애나 북부의 국도 33호선에서 3명의 여성이 탄 포드사의 소형승용차 핀트가 뒤에서 트럭에 가볍게 추돌되는 바람에 화염에 휩싸여 차에 탄 세 사람 모두 불에 타 숨진 사건을 말한다. 그 후의 조사에서 포드사는 사고발생 이전부터 핀트 자동차가 뒤에서 가벼운 추돌에도 오일이 새어나와 화재를 일으킬 위험성이 있다는 사실을 인식하고 있었다는 것이 밝혀졌다.

사실 포드사는 화염사고에 의한 피해자 손해보상액을 계산180명의 사망자와 180명의 부상자가 발생한 경우에 495만 달러하여 그 금액을 결함부인 연료탱크 설계변경과 수리에 드는 비용1대당 11달러×판매한 자동차 대수 약 1,250만대 = 1억 3,700만 달러과 비교하고 있었던 것이다결함차를 수리하는 데 드는 손익 1억 3,700만 달러)실시하지 않았을 때의 손익 495만 달러. 즉 포드사는 cost와 benefit를 저울에 달아보고 사상자가 나올 가능성을 알면서도 이익추구를 위해 핀트 자동차의 설계변경이나 수리를 실시하지 않는 쪽을 택했던 것이다.

결국 포드사는 인디애나주에서 고살죄故殺罪로 기소되었지만 증거 불충분으로 배심에서 불기소되었다. 포드 · 핀트사건은 기업범죄에 대한 사회의 관심을 고조시키는 계기가 되었다.

3) 합리적 선택이론이 형사정책에 미친 영향

윌슨은 당시의 범죄대책이 엄격하지 못하다고 지적하고 기회주의적인 형사사법기관의 태도가 「범죄는 수지가 맞다」는 메시지를 범죄자에게 던져주는 결과를 초래한다고 주장하였다. 이러한 합리적 선택이론 관점을 도입한 윌슨의 주장은 1980년대의 R·레이건 정부의 보수화 정책과 결부되어 있으며, 그 이후에도 부시 대통령의 공화당 정권에 이르기까지 미국의 범죄대책 기본이념으로 이어져오고 있다.

구체적으로 살펴보면, 합리적 선택이론은 미국에서 다음과 같은 실제 형사정책으로 결실을 맺었다. ① 경찰예산의 증액 ② 경찰순찰 강화 ③ 범죄예방대책 실시 ④ 적정한 보상에 기초한 형량 실시 ⑤ 형량 가이드라인 도입 ⑥ 형무소 운영 강화. 이 중에서 ①, ②, ③은 체포의 위험성을 높이기 위한 정책이며, ④, ⑤, ⑥은 형벌을 무겁게 하는 시책이다.

합리적 선택이론에 대한 평가

1) 합리적 선택이론의 기여

화이트칼라 범죄나 조직범죄뿐만 아니라 가두범죄나 약탈범 등도 주의깊게 cost와 benefit를 비교한 다음 실행에 옮기느냐 마느냐를 판단한다는 주장이 유력해지는 등 합리적 선택이론에 기초한 연구가 진행됨에 따라 범죄는 무작위로 행해지는 것이 아니라는 사실이 명백해졌다.

또한 「범죄의 기회」에 조우하느냐 아니냐가 범죄의 실행에서 매우 중요한 요소로 작용한다는 사실이 명백해짐에 따라, 범죄를 실행에 옮길 가능성이 있는 자도 범죄의 기회가 찾아오지 않는다면 범죄를 저지르지 않는다는 사실, 그리고 준법의식이 강한 자도 범죄의 기회가 있으면 범죄를 실행할 가능성이 있다는 사실이 지적되게 되었다. 나아가 합리적 선택이론은 범죄의 성공률을 낮추어 범죄를 예방하는 것을 목표로 한 환경범죄학의 주장에 강한 영향을 주었다. 예를 들어 R·클라크 등이 제창하는 상황적 범죄예방론은 그야말로 합리적 선택이론을 기초로 하고 있다.

2) 합리적 선택이론의 한계

합리적 선택이론은 실증적인 데이터에 의해 보완됨으로써 오늘날에는 높은 지지를 얻게 되었지만, 다른 한편으로는 점차로 특정 문제점이나 한계도 명백히 드러났다. 첫째로, 형벌의 억제효과는 아직도 충분히 실증되지 않았다는 점이다. 합리적 선택이론에 의하면 형벌이 엄하면 엄할수록 범죄는 감소한다하지만 그러한 결론은 현재까지도 여전히 실증되지 않았다특히 사형의 억제력에 대해서는 충분한 효과가 밝혀지지 않았다.

둘째로, 인간행동의 수량적인 분석이 어디까지 가능한가 하는 의문점이다. 예를 들어 다음과 같은 경제분석의 한계가 지적되었다. (a) 재산범 이외의 범죄에 의한 이익을 수량화하는 것이 가능한가? (b) 체포확률이나 자유형의 무게를 범죄에 의한 이익과 비교한다고 해도 이를 구체적인 수치로 증명할 수 있는가? (c) 수량화가 곤란한 감정이 범죄의 실행 유무에 영향을 미치고 있는 경우도 있지 않은가? 셋째로, 합리적 선택이론으로 모든 범죄를 설명할 수 있는가 하는 점이다. 범죄의 유형별로 말하자면 특히 격정범 등에 대한 설명이 합리적 선택이론으로 가능한가가 문제시되고 있다.

이와 같이 다수의 문제점과 한계가 범죄현상의 경제분석에서 지적되고 있다. 또한 「법과 경제학」 영역에서도 범죄현상의 경제분석에 대해 회의적인 견해가 강하다는 점에도 주의할 필요가 있다. 그럼에도 불구하고 오늘날 미국에서 합리적 선택이론이 무시할 수 없는 영향력을 유지하고 있는 것 또한 사실이다. 그러한 배경에는 범죄의 지속적인 증가 속에서 합리적 선택이론이 정부의 「법과 질서」 정책을 이론화하고 있다는 점과, 이를 대치할 만한 유력한 설명이 아직도 제시되지 않았다는 점이 작용하고 있다. 현재에도 「법과 경제학」의 시점을 형법이나 범죄학의 영역에까지 확대시키자는 주장은 R·포즈너를 비롯한 「법과 경제학」의 시카고학파에 의해 추진되고 있다.

제 **3** 장 **환경범죄학**

환경범죄학environmental criminoiogy이라 함은 범죄 기회를 감소시킬 목적으로 건물이나 지역 등의 주변환경이 지니는 범죄 유발요인을 분석함으로써 범죄환경의 설계관리를 제기한 새로운 범죄학을 가리키는 것으로 특정한 범죄가 일어난 장소와 범죄유형을 이해하고 설명하기 위해 범죄가 발생하는 범주를 연구하기 때문에 공해나 환경파괴 등의 범죄를 가리키는 「환경범죄」라는 용어와는 다른 것이다.

 ## 환경범죄학의 탄생

생태학적 수법을 사용하여 범죄와 환경과의 관계를 연구했던 1920년대의 시카고학파가 환경범죄학의 원류라고 전해진다. 원래 범죄발생의 지리적 요인을 탐구하는 발상 자체는 길게는 19세기 중반의 게리나 케틀레의 범죄통계학파까지 거슬러 올라가지만, 근대의 생태학적 수법을 이용하여 범죄의 지리적 분포를 분석함으로써 범죄와 환경에 대한 연구의 원형을 형성시킨 것은 시카고학파이다. 그러나 앞에서 말한 바와 같이 시카고학파는 주장의 기초가 된 사회생태학 이론이나 연구방법에 대한 비판이 끊이지 않아 1940년대 이후 급속히 지지를 잃게 되었다.

그러다 1970년대 후반에 범죄와 환경의 관계가 다시 각광을 받게 되었다. 이 직접적인 계기를 만든 것은 범죄학자가 아니라 J·제이콥스와 O·뉴먼 등의 건축학·도시계획 전문가였다. 그 후 1970년대 후반부터 1980년대에 걸쳐서 미국에서는 「환경설계에 의한 범죄예방crime prevention through environmental design = CPTED」이 연방사법부를 중심으로, 그리고 영국에서는 「상황적 범죄예방situational crime prevention」이 내무부를 중심으로 하여 범죄학, 건축학, 도시공학의 전문가들로 구성된 팀에 의해 연구가 진행되었고 현실 시책으로 구체화되기 시작했다.

또한 「환경범죄학」이라는 용어는 캐나다의 범죄학자인 브랜팅검 부부가 1981년에 저술한 자신들의 책에 이 이름을 명명함으로써 생겨났다. 단 오늘날에는 환경설계에 의한 범죄예방과 상황적 범죄예방도 포괄하는 하나의 학파를 나타내는 말로 사용되고 있다.

그 후 1980년대에는 환경범죄학에 관한 많은 논문이 발표되면서 실태조사의 결과도 속속 보고되어 이론과 실천 양면에서 두께를 더해 갔다. 국제적인 학회에서도 범죄예방을 테마로 한 보고나 섹션이 급속히 증가했다. 또한 1990년대에 들어서면서부터는 환경범죄학에 관한 국제 연구 그룹이 조직화되고 세미나가 매년 1회 개최되었다. 1993년부터는 전문지인 『범죄예방 연구Crime Prevention Studies』가 간행되는 등 환경범죄학은 영국과 미국을 중심으로 1980년대 후반부터 커다란 주목을 받기 시작하여, 1990년대에는 범죄예방론의 대두를 배경으로 삼아 그 세력을 키워나가고 있다.

환경범죄학은 이상과 같은 경위를 거쳐 발전해 왔기 때문에 「시카고학파의 재편성」이라고 파악되기도 한다. 이러한 이해는 올바르다고 할 수 있다. 그러나 다른 한편으로 영국 환경범죄학의 제1인자인 케임브리지대학 범죄학연구소 소장 A·E·보텀즈Anthony E. Bottoms는 환경범죄학은 시카고학파가 비행소년의 주거율과 비행 발생률을 구별하지 않은 것은 치명적인 오류라고 생각하고, 이점에 시정을 가한 논의를 전개하고 있다는 점에서 양자는 근본적으로 다르다고 지적한다. 이러한 관점에 입각한 영국의 환경범죄학에서는 보텀즈 외에도 P·와일즈나 T·베네트 등에 의해 실증적인 연구가 착실하게 축적되고 있다. 따라서 환경범죄학이란 범죄기회를 감소시킬 목적으로 건물이나 지역 등의 주변 환경이 지니는 범죄유발요인을 분석함으로써 범죄환경의 설계관리를 제기한 새로운 범죄학을 가리킨다. 이처럼 환경범죄학에서는 특정한 범죄가 일어난 장소와 범죄유형을 이해하고 설명하기 위해 범죄가 발생하는 범주를 연구한다.

신시카고학파

1920년대에 발전을 이룬 시카고학파는 1940년대 이후 급속히 쇠퇴하였다. 그러나 1980년 무렵부터 시카고학파의 수법을 계승하면서 그 결점을 보완한 범죄의 사회생태학적 접근방법이 등장하였다. 이 학파가 신시카고학파이다. 신시카고학파의 주장은 반드시 통일된 것이 아니어서 논자에 따라 다양하지만, 「사회해체」를 중시하면서도 해체된 사회 속에서 범죄나 비행을 저지르지 않는 사람들을 설명하기 위해 조직적 혹은 사회심리학적 변수를 고찰 범주에 포함시켰으며 양쪽의 요소가 갖추어졌을 때 범죄나 비행이 발생한다고 주장하는 점에서는 대동소이하다.

 범죄예방론 시대로 전환

범죄예방론이 형사사조로서 대두된 1980년대 후반부터 환경범죄학이 주목을 받게 되었는데, 이 시기에 범죄예방론이 대두하게 된 배경은 무엇인가에 대해 다음과 같은 2가지 점에서 설명이 가능하다.

1) 형사사법 시스템에 대한 실망

1980년대 이후 형사사법제도가 범죄의 증감에 미치는 영향 및 역할이 현실적으로는 한정적이거나 혹은 전무한 것은 아닌가 하는 주장이 고조되기 시작하였는데, 이것은 1970년대 이후 사회복귀 사상이 후퇴하고 정의모델이 대두하였으나 이 정의모델 하에서도 범죄는 지속적으로 증가하였기 때문이다.

이러한 상황 속에서 1980년대 중반에 「범죄실행 후에 형사사법기관이 범죄를 처리하는 사후처방전 식의 시스템」으로부터 「조직 및 단체를 기반으로 하여 범죄실행 자체를 사전에 저지하는 예방 시스템」으로의 전환을 주장하는 범죄예방론이 대두되었다. 따라서 영국과 미국의 형사정책이

1970년대 ~ 1980년대 전반의 「사회복귀 사상의 후퇴 ⇒ 정의모델 대두 시대」부터 크게 흔들리기 시작했고, 21세기에 들어서면서부터는 조직 및 단체를 기반으로 한 범죄예방론 시대로 전환되고 있다고 이해할 수 있을 것이다.

2) 범죄예방에 대한 기대와 합리적 선택이론의 지지

1980년대 전후부터는 종래의 범죄원인론이 범죄요인을 생물학적·심리학적 접근방법, 사회학적 접근방법으로 분석해 왔던 접근방법으로는 더 이상 범죄요인 탐구가 곤란할 뿐 아니라 요인을 밝혀냈다 하더라도 용이하게 대책을 강구할 수 없다는 비관론이 고조되어 범죄의 원인탐구보다는 범죄예방에 대한 기대가 높아져 갔다.

다른 한편으로 영국과 미국의 범죄학에서 합리적 선택이론이 강한 지지를 얻고 있다는 사실도 간과해서는 안 된다. 앞에서 기술한 합리적 선택이론이 대두된 결과로서 2가지 형사정책적 귀결이 도출된다. 하나는 억제형론이고 다른 하나는 범죄예방론이다. 즉 합리적 선택이론은 합리적 인간상을 전제로 하고 있지만, 합리적인 인간은 형벌의 억제효과를 이해할 수 있다는 측면과 예방된다면 성공의 가능성이 낮으면 실행에 옮기지 않는다는 측면을 지닌다고 상정하고 있었던 것이다. 그러나 억제형론은 효과가 실증되지 않았을 뿐 아니라 사형이나 장기 구금형 증가를 초래하는 부정적인 측면이 크다. 이러한 점에서 범죄예방론에 주목하게 된 것이다.

③ 환경범죄학의 기본개념

여기에서는 환경범죄학은 구체적으로 어떠한 이론을 기초로 하고 있는 것일까? 그 주요 이론의 내용을 간단히 소개하고자 한다.

1) 방범공간이론

제이콥스와 뉴먼이 주장한 방범공간defencible space이론은 후술하게 될 환경설계론의 선구가 된 이론이다. 미국의 건축 저널리스트인 제이콥스는 도시재건축에 대한 글을 쓰던 중에 전통적인 도시계획에 대한 문제의식을 가지고 이 분야에 대한 흥미로운 연구를 하게 되어 1950년대 후반에 뉴욕 그리니치빌리지에서 실시한 조사를 토대로 하여 1961년에 『미국 대도시의 죽음과 삶』을 출판하여 새로운 도시계획의 패러다임을 제시하였다. 이 저서는 환경이 시민의 안전에 미치는 영향을 논한 최초의 업적물로서 미국의 도시계획1958–1961년 사이에 씌어진 책임을 감안에 대한 비평과 제언이다. 그녀는 도시환경을 관찰하고 개선시키고자 할 때 어떤 점에 관심을 기울여야 하는지 알려주었다. 오늘날 도시계획의 중심 아이디어들 중 하나인 CPTEDCrime Prevention Through Environmental Design의 원형이 되는 개념을 최초로 제시한 사람으로 당시 급속하게 진행되고 있던 주택 고층화가 범죄를 유발한다고 지적하였다. 그의 핵심아이디어를 요약하면 1. 대도시는 교외근린과 근본적으로 다르며, 그것은 대도시에서는 거리에 익명의 사람들이 모이기 때문이다. 2. 익명의 사람들이 모이는 장소에서는 자연적인 감시가 문명화된 생활의 근간이 되며, 적절한 감시가 없는 곳에서는 각종 비행과 범죄가 일어나기 쉽다. 3. 이러한 비행과 범죄가 일어나는 우범지대는 슬럼화되기 쉬우며, 슬럼이란 그곳을 떠날 수 있는 사람이 남아있기보다는 떠나기를 선택하는 곳을 의미한다. 4. 자연적인 감시가 종일 작동하기 위해서는 모든 시간대에 걸쳐서 사람들이 모이고 돌아다닐 수 있는 환경이 만들어져야 한다고 주장하며, 다음과 같은 범죄예방 기본원리를 제안했다. ① 공적 공간과 사적 공간을 명확히 구별한다지역 구별. ②「도로상의 눈eyes on the street」이 확보될 수 있도록 건물 방향을 고려한다주민에 의한 감시 확보. ③ 도로가 빈번하게 이용되는 상태로 만든다통행인에 의한 감시. 또한 그는 '우리 인류는 세상에서 도시를 건설한 유일한 생물이다. 도시는 일회용품이 아니다. 어느 시대, 어느 사회든 정체하거나 쇠퇴하지 않고 번영하고 번성한 경우에는 언제나 창조적이고 기능적인 도시가 그 중심에 자리잡고 있었다. 인류가 도시의 생태에 관해 가능한 한 많은 것을 이해하는 게 시급하다고 밝히기도 하였으며 대규모 고속도로 건설 반대 캠페인과 도심 근린 주거지역 해체 반대 캠페인에 앞장서기도 하였다.

그리고 뉴먼은 1972년에 『지키기 쉬운 주거 공간』을 저술하였다. 이 저서는 제이콥스의 문제제기를 계승하여 주거환경의 실태를 조사한 것으로 일종의 사회지리학으로 우범지역과 주택거주환경과의 관계를 말하였다. 그는 공식통계에 의하면 범죄의 피해자가 되는 가장 좋은 예측기준은 주거위치라 하며, 범죄의 분포는 다음 세 가지의 특징을 지니고 있다 하였다. 1. 소수의 범죄자들이 대다수의 범죄를 저지른다. 2. 소수의 피해자들이 대다수의 범죄를 당한다. 3. 소수의 지역들이 불균등하게 많은 수의 범죄를 당한다. 그리고 이 세 가지의 특성은 도시의 가장 퇴락한 지역이 특히 가장 높은 수준의 재산범죄를 경험하기 때문에 서로 일치하는 경향이 존재하며, 이러한 지역들은 미국에서는 종종 도심이나 그 인근지역 에 해당하며, 유럽에서는 공공주택의 공급패턴에 의해 도시외곽에서도 추가적으로 범죄가 빈발하는 지역이 존재할 수 있다 하고, 정밀한 공간적 스케일에서 범죄의 발생과 주택 거주지역간의 관련성을 지적하고, 디자인과 범죄간의 인과적 연계를 이론화하였다.

즉 그는 1950년대부터 1960년대에 걸쳐 미국에서는 고층의 공영단지가 세워졌는데, 뉴먼은 이들 공영주택이 범죄의 온상이 되고 있다고 지적했다. 그리고 경찰력이 아닌 조직 및 단체의 통제에 의해 범죄를 방지해야 한다는 입장에서 새로운 환경설계Newmann의 방어공간: defensible space를 제언했다. 다음은 그가 제안한 지키기 쉬운 주거공간의 4원칙이다.

(1) 개념

■ 거주자가 그 공간을 통제할 수 있도록 주거환경에 실제적, 상징적 방어물이나 영향력, 감시기회 등을 확대시켜 놓은 공간

■ 1960년대 초 제이콥스Jane Jacobs는 당시의 경향이었던 방사형 도시 디자인형태가 범죄를 통제하였던 많은 전통적 통제수단거리에 대한 감시 등을 파괴하였으며, 현대 건축설계는 주택, 보도, 거리에 대한 전통적 연관성을 포기함으로써 범죄를 증가시켰다고 지적하였으며, 이에 경찰력을 통한 범죄통제의 한계극복 및 어떤 지역의 방어공간의 특성을 강화하여 잠재적 범죄를 예방하려는 시도로써「환경설계를 통한 범죄예방CPTED, Crime Prevention Through Environmental Design」의 개념을 제기하였다. 이후 뉴먼Oscar Newmann이 동료교수들과 '도시거주지역의 방범설계프로젝트'를 수행하면서 방어공간Defensible Space으로 정리하였다.

(2) Newmann의 방어공간defensible space의 요건

- **영역성**territoriality**의 설정**

이는 외부로부터의 침입을 방지하기 위해 주택지를 블록화하고 각 블록마다 영역성을 강화하는 것을 말한다. 거주자들 사이의 소유에 대한 태도를 자극하기 위한 주거건물 안팎의 공적 공간의 세분화/구획작업(직선형 주택배치, 위계적 주택배치, 가로폐쇄 등)을 말한다.

- **자연스런 감시**natural surveillance**의 확보**

이는 건물 배치 등의 환경설계에 의해 주거자가 지역을 일상적으로 감시할 수 있도록 하는 것을 말하는 것으로 거주자들이 주거환경의 내/외부 공동지역을 자연스럽게 감시할 수 있도록 아파트 창문위치선정, 건축물 배치(일자형/타워형 배치 등)하는 것이다.

- **거주지의 이미지**image**형성**

이는 치안이 나쁜 마을이라는 식의 이미지 실추가 발생하지 않도록 거리를 조성하는 것을 말하는 것으로 범죄의 주된 목표라는 이미지를 갖지 않도록 하며, 범행을 하기 쉬운 대상이라는 느낌을 주지 않도록 설계하는 것이다.

- **환경**milieu**의 정비**

이는 주택지를 안전지대에 인접하도록 배치하는 것을 말하는 것으로 안전하다고 생각되는 도시지역safe zone에 주거지역을 선정정부기관지역 등하는 것이다.

2) 방범환경설계론환경설계 통한 범죄예방: CPTED

범죄 없는 도시를 만들기 위한 시스템인 '셉티드'가 최근 우리나라에서도 주목받고 있다. '셉티드'란 골목길, 베란다 등 물리적 주거환경을 범죄예방적 환경으로 바꾸는 작업이다. 범죄와 환경설계라는 테마에 최초로 발을 들여놓은 범죄학자는 방범공간defencible space이론을 주장한 제이콥스와 뉴먼의 문제제기를 이어받은 미국의 도시설계학자인 레이 제프리이다.

그는 이 이론을 1970년대 처음 도입하여, 1980년대부터 미국, 영국 등 선진국에서는 도시설계 등에 적용 정착되기 시작했다. 또한 제프리는 1971년에 『환경설계에 의한 범죄예방』을 저술하여 범죄실행 후에 범죄자를 처우한다고 하는 종래의 형사사법의 본질을 엄하게 비판하는 한편, 범죄실행 전에 환경을 직접 통제하여 범죄를 예방할 필요성을 역설하였다. 제프리는 종래의 사회복귀사상이나 억제형론을 철저히 비판하고 환경공학에 기초한 범죄예방론을 내놓았던 것이다.

제프리의 방범환경설계론Crime Prevention through Environmental Design=CPTED은 뉴먼의 『지키기 쉬운 주거공간』이 주택지만을 대상으로 한 것과는 달리 주택지 이외의 학교나 상업지까지도 시야에 넣어 종합적인 환경설계를 지향한 것이다. 이후 많은 연구 프로젝트가 조직되어 이러한 개념을 체계화하려는 움직임이 일어났다. 단, 최근에는 제프리가 생물학의 지견도 도입시킨 독자적인 방범환경설계론을 전개하고 있기 때문에 실제로 추진되고 있는 CPTED에서 그의 영향은 줄어들었다. 최근의 방범환경설계론의 실용 매뉴얼에 의하면 방범환경설계론은 다음의 4가지 전략에 기초하고 있다고 한다.

① 감시 강화예 : 가로등 개선, 전자감시장치 이용. ② 외부인의 행동규칙예 : 입구의 수를 줄임, 자물쇠나 울타리 설치. ③ 주민에 의한 방범활동 원조예 : 활동을 위한 장소 제공, 가두활동 지원. ④ 방범의식 계발예 : 방범 캠페인, 경찰과의 연대강화. 선진국 사례로 호주 시드니는 올림픽 개최 1년 전인 1999년 셉티드를 적용한 안전설계를 모든 건물과 공공시설에 적용했다. 주차장 조명을 밝게 하고 건물마다 CCTV와 출입 잠금장치 등을 설치했다.

미국 보스턴시 캐슬스퀘어는 1980년대 초 셉티드 개념을 도입했다. 건물 뒤편 계단과 연결통로를 없애고 주택단지 앞쪽에 가로등을 설치한 뒤 도로를 밝은 색으로 칠했다. 노숙자들이 모이는 후미진 장소는 울타리를 치거나 식물을 심어 정원으로 바꿨다.

영국은 1998년 '범죄와 무질서에 관한 법률'을 제정해 범죄를 줄이는 관점에서 모든 정책과 계획을 짠다고 명시했고 방범환경설계제도SBD: Secured by Design와 관련한 인증제도를 만들었다.

우리나라에서도 가스배관에 윤활유·비상벨 설치 등 셉티드 활동을 하기도 하였으며 신도시 및 주택 단지와 공원, 도로 등 전지역에 CCTV를 달고 공용주차장 입구에 주차장 상황을 알리는 전광판설치24시간 상시감시 시스템 설치를 위해 지방자치단체와 민간업체들이 노력하고 있으나 예산 부담이 큰 문제가 되고 있다.

3) CPTED의 한계

그러나 셉티드는 몇 가지 한계가 지적된다. ① 건축설계나 도시설계의 주된 목적으로 사용될 수 없고, 항상 부차적인 목적으로 사용되며 ② 범죄로부터 안전에 대한 욕구와 사생활보호 등의 욕구와 충돌되며 ③ 물리적 환경이 영역성의 느낌, 지역사회의 관심과 같은 매개요인을 만들지 못한다는 지적이다.

4) 상황적 범죄예방론

1970년대 중반부터 영국 내무성 조사부에서 주관했던 범죄예방활동을 중심으로 상황적 범죄예방situational crime prevention론이 시작되었고, 그 조사연구가 진행됨에 따라 구체적인 시책이 실시되었다. 연구사업의 목적은 상이한 범죄, 장소, 상황에 고유한 범죄유발 요인을 감소시키는 것이었다.

주요 연구보고서로는 1980년에 R·클라크Ronald Clark와 P·메이휴Pat Mayhew가 편찬한 『설계에 의한 방범』, 1981년에 K·힐Kevin Heal과 G·레이콕Glaria Laycock이 편찬한 『상황적 범죄예방』, 1992년에 클라크가 편찬한 『상황적 범죄예방 - 성공 사례의 케이스 스터디-』가 있다. 여기에서 클라크는 범죄는 범죄자의 위험, 노력, 이득 등에 대한 계산결과를 반영한 것이라는 인식이 있었다고 지적하였다.

즉 범죄자는 자기에게 가장 이득이 되는 기회가 어떤 것인가를 선택하고 이러한 계산결과에 따라 행동한다는 것이다. 이 이론이 탄생하게 된 직접적인 계기는 비행소년을 수용하는 보호관찰소 등의 처우효과를 조사해 본 결과, "소년의 도망이나 반칙행위 가능성은 소년들의 성장과정이나 성격에서 비롯되는 것이 아니라, 그때 그때의 시설의 상황특히 도망이나 반칙행위가 가능한 상태인지의 여부에서 비롯된다"는 결론을 얻은 데서 마련되었다. 상황적 범죄예방론은 이 조사결과를 토대로 「범죄 기회를 부여하는 상황」을 없애는 것이 범죄예방의 요점이라고 주장하게 된 것이다.

상황적 범죄예방은 다음 4가지의 기본원칙으로 이루어져 있다. (a) 범죄예방의 목적은 범죄의 기회를 감소시키는 데 있다기회감소이론. (b) 범죄예방 대상은 구체적인 특정 범죄형태이다. (c) 범죄예방 방법은 범죄자의 갱생이나 환경의 일반적인 개선이 아니라, 범죄발생의 가능성이 있는 환경에 대해 직접 관리, 설계 및 조작하는 것을 말한다. (d) 범죄예방의 중점은 범죄 실행시의 노력과 위험성을 증대시킴으로써 범죄로부터 얻을 수 있는 이익을 감소시키는 데 있다.

즉 상황적 범죄예방의 기본이념은 잠재적 범죄자에게 범죄가 매력적이지 않은 것으로 생각하도록 환경변화를 할 수 있다는 것이다.

5) 일상활동이론

일상활동이론routine activity theory은 개인의 범죄피해 가능성에 영향을 미치는 요인을 분석하고자 한 이론으로, 범죄의 피해자는 피해의 위험이 높은 생활양식을 가지고 있기 때문에 피해를 당한다는 입장이다예: 심야에 공공장소를 돌아다니는 것 등. 즉 개인의 생활양식이 범죄자와의 접촉 및 범죄자에 대한 노출이라는 두 가지 요인에 의해 개인의 범죄피해에 영향을 미친다는 것으로 Cohen, M·펠슨Marcus Felson 등이 「사회변화와 범죄발생률의 경향 – 일상적 활동 접근방법 –」이라는 제목의 논문에서 제시한 것이다. 펠슨 등은 범죄가 실행되는 기회는 일상생활 속에 수없이 존재하고 있으며, 범죄의 표적이 무방비 상태로 방치되어 있을 때에 범죄가 발생하는 것은 아닌가 하는 문제의식에서 출발하여 연구를 시작한 것이다.

펠슨 등은 미국의 일상활동의 변화와 범죄율의 관계를 1947년부터 1974년 사이의 자료를 토대로 검토하였다. 그들은 1960년대 이후의 생활양식 변화로서 ① 청소년 인구의 증가 ② 운반하기 쉬운 소형 전기제품의 보급 ③ 맞벌이 가정의 증가와 전통적 사회연대 의식 희박을 들고, 이러한 현상들이 1960년대 이후의 범죄증가에 기여하였다는 결론을 내렸다.

그들은 범죄를 발생시키는 구체적인 요소로서 상기의 ① ~ ③에 대응하는 다음 3가지 점을 지적했다. ① 잠재적인 범죄자Motivated Offender ② 적당한 범죄대상Suitable Target ③ 감시자의 부재Absence of Capable Guardianship. 이상과 같이 펠슨 등은 범죄는 일상적인 활동기회 구조 속에서 발생한다고 생각하고, 결국 자신의 일상생활 유형에 따라 범죄의 기회를 증대시킬 수도 감소시킬 수도 있기 때문에 범죄기회를 감소시키기 위해서는 생활양식을 바꿀 필요가 있다고 주장하였다.

6) 황폐이론깨진 유리창 이론

황폐이론incivility theory은 「깨진 유리창 이론Broken Windows theory」이라고도 불리는데, 이는 하나의 깨진 유리창 방치가 주민에게 나쁜 사회심리학상의 영향을 끼쳐 결과적으로 마을 전체를 황폐화시킨다는 내용의 이론이다. 즉 유리창 파손이 방치되고 있다는 사실은 한편으로는 그러한 행위가 주민의 비난으로 이어지지 않는다는 것을 의미하기도 하며, 다른 한편으로는 주민 상호간의 존중심이나 시민으로서의 의무감이 엷어지고 있다는 것을 의미하기도 한다.

건물주인이 깨진 유리창에 관심을 갖지 않고 방치하고 있다면 지나가는 사람들은 건물주인과 주민들이 이 건물을 포기했으며, 이곳은 무법천지라는 인식을 하게 되어 아무도 관심을 갖지 않으니, 당신 마음대로 해도 좋다는 메시지를 전달하게 된다는 것이다. 그렇기 때문에 이를 계기로 지역환경의 황폐화가 확대되고 범죄증가가 초래됨과 동시에 지역 전체의 방범환경에 대한 의식이 저하되어 마을 전체가 한층 더 황폐화된다는 것이다. 이 이론은 J·Q·윌슨과 G·켈링이 1982년에 발표한 논문 「깨진 유리창 – 경찰과 지역안전"Broken Windows": The Police and Neighborhood Safety」에서 제창한 것이다.

두 사람은 현실의 범죄 유무보다도 지역환경을 황폐화시키고 있는 자의 존재가 지역주민에게 범죄에 대한 불안감을 초래한다고 주장하고, 경찰을 중심으로 사소한 부분까지도 잘 살펴 지역환경의 황폐화를 방지하여 지역사회 전체를 지키는 것이 얼마나 중요한 것인지를 역설하였다.

깨진 유리창

도시 변두리에 유리창이 몇 장 깨진 채 방치된 빈집이 있다. 아이들이 던진 돌에 맞아 깨지는 유리창이 늘어나 결국 온전한 유리창이 하나도 없는 지경에 이른다. 불량 청소년과 노숙인들이 몰려들어 빈집은 부랑자 숙소로 변한다. 이사 가는 사람이 늘어나면서 동네는 슬럼화하고 우범지대가 된다. 반대로 깨진 유리창을 갈아 끼워 놓으면 더는 깨지는 유리창이 없고 범죄도 발생하지 않는다. 범죄학자 조지 켈링과 제임스 윌슨의 이른바 '깨진 유리창 이론'이다.

■ 뉴욕 경찰은 범죄의 천국으로 불리던 뉴욕의 치안 문제를 해결하기 위해 1990년대에 이 이론을 행동으로 옮겼다. 건물 낙서나 지하철 무임승차, 구걸 같은 질서문란 행위를 단속하면 범죄도 줄어들 것으로 봤다. 실제로 뉴욕의 범죄는 1991년부터 지속적으로 줄었다. 폭력사건은 지난 12년 동안 75% 감소했다. 1990년 30.72건이던 인구 10만 명당 살인은 2005년 6.57건으로 1963년 이후 최저를 기록했다. 지금 뉴욕은 미국 10대 도시 가운데 가장 안전한 도시로 꼽힌다.

■ 뉴욕의 범죄가 줄어든 것은 '깨진 유리창 이론' 때문이 아니라는 반론도 만만찮다. 경제 성장으로 50만 명이 일자리를 갖게 됐고, 인종갈등이 줄어들고, 주거환경이 개선되고, 낙태의 합법화로 범죄 가능성이 큰 사생아가 줄어든 것이 진짜 이유라는 것이다. 그럼에도 '깨진 유리창 이론'의 적용으로 뉴욕시민의 질서의식과 준법정신이 크게 향상됐음은 부인하기 어렵다.

■ 국내에서는 서울 강남구와 경기 파주시가 뉴욕의 선례를 따라가고 있다. 강남구는 작년 10월부터 불법 주정차, 담배꽁초 마구 버리기, 불법 광고물 부착 등 '작지만 나쁜' 법규 위반을 집중 단속해 질서 있고 매력적인 도시 만들기를 시도하고 있다. 하기야 '사소한 위반을 바로잡아야 큰 질서가 잡힌다'는 이론을 실천해야 할 곳은 중앙정부다. 과격 노동단체와 좌파세력의 도심 불법시위 같은 것에 엄정 대처하기는 커녕 정치권력부터 법을 우습게 아는 형태를 심심찮게 보이니 말이다.동아일보 34면, 2007. 2. 7.

 4 **환경범죄학의 제안**

과거 10년간이 앞에서 말한 바와 같이 환경범죄학이 급속한 발전을 이룬 시기이다. 따라서 환경범죄학이 제안하는 범죄예방책은 여전히 시행의 단계에 머물러 있으며, 그렇기에 확정된 시책이 존재하는 것도 아니다. 다만 최근에는 지금까지의 연구를 토대로 구체적인 시책이 적극적으로 제시되기 시작하고 있다. 환경범죄학의 제1인자인 클라크는 『상황적 범죄예방 – 성공 사례의 케이스 스터디 –』 속에서 12가지의 범죄예방책을 ① 범죄실행의 곤란성을 증대시키는 방책 ② 범죄에 수반하는 위험성을 억제시키는 방책 ③ 범죄의 보수_{이익}를 감소시키는 방책 등의 3가지로 분류하여 제안하고 있다.

1) 범죄실행의 곤란성 증대 방책

이는 범죄자를 범죄의 표적이나 범죄에 사용되는 도구로부터 격리시키는 것을 말한다. 구체적으로는 다음의 4가지 방책이 제시되고 있다.

(1) 표적의 강화

「표적의 강화target hardening」는 범죄에 대한 물리적인 장벽을 설치 혹은 강화 또는 범죄의 표적이 되는 대상물의 약점을 보강함으로써 범죄의 실행을 곤란하게 하는 것으로, 범죄의 기회를 감소시키는 가장 간편한 방법이다. 구체적으로는 자물쇠, 금고, 쇠사슬 등의 설치나 자동차의 핸들 잠금장치 도입 등을 들 수 있다.

(2) 시설 출입 제한

「시설 출입 제한access control」은 「표적의 강화」와 더불어 옛날부터 사용되고 있는 범죄예방책의 하나이다. 예를 들면 중세의 성채에서 볼 수 있는 늘어뜨리는 격자, 호, 도개교跳開橋 등이 그 전형이다. 오늘날에는 기업이나 공장에서 사용하고 있는 출입문 시건, ID카드에 의한 신분조회 등의 방법이 범죄예방책으로 폭넓게 이용되고 있다.

(3) 범죄자 移置

「범죄자 移置deflecting offenders」는 특정지역에서 일탈행위나 범죄를 묵인함으로써 다른 지역의 치안을 유지하려는 것이다. 예를 들면 특정 벽면에 낙서를 허가함으로써 다른 장소의 미화를 유지하는 것, 그리고 술집 영업을 특정지역에 한정시킴으로써 다른 장소에서의 술에 취한 자로 인한 트러블을 감소시키는 것 등이 여기에 해당한다.

(4) 범죄 촉진수단의 제한

「범죄 촉진수단의 제한controlling facilitators」은 범죄를 촉진하는 기회 취득, 도구 입수 등에 대해 특정자격 보유나 신분증명서 제시 등을 요구함으로써 범죄의 기회를 감소시키는 것이다. 총기나 음주의 규제 등을 예로 들 수 있지만, 그밖에도 과거에 폭력사건이 발생한 술집에서는 유리제 식기 대신에 플라스틱제품을 사용토록 하는 것도 이 유형에 포함시킬 수 있다.

2) 범죄에 수반되는 위험성 억제 방책

이는 감시나 확인체제를 강화함으로써 범죄 발견을 용이하게 하는 것을 말한다. 구체적으로는 다음의 4가지 시책이 제안되고 있다.

(1) 출입구 규제

앞에서 기술한 「시설 출입 제한」이 사람의 배제를 주요 목적으로 삼고 있는 것에 비해, 「출입구 규제entry/exit screening」에서는 입장 조건을 갖추지 않은 자의 발견 가능성을 높이는 것을 주목적으로 하고 있다. 여기서 말하는 입장 조건은 금지된 물품을 소지하지 않을 것, 정규 티켓이나 신분증을 휴대할 것 등을 의미한다. 출입구 규제의 구체적인 예로는 세관이나 입국심사를 들 수 있다.

(2) 규칙적인 감시

「규칙적인 감시formal surveillance」는 경찰관이나 경비원 등의 순회에 의해 잠재적인 범죄의 위험성을 억제하는 것이다. 최근의 「규칙적인 감시」 능력은 속도위반 단속에 이용되는 자동속도측정기나 불법침입자를 탐지하는 경보기 등 전자기기의 발달로 인해 급속히 향상되고 있으며, 그 역할도 증대될 것으로 기대가 모아지고 있다.

(3) 종업원에 의한 감시

「종업원에 의한 감시surveillance by employees」는 종업원이 감시의 역할을 담당하는 것을 말한다. 특히 종업원이 많은 사람과 접촉하는 일에 종사하는 경우에는 감시의 범위가 넓어 범죄예방의 효과가 높다고 한다. 예를 들어 호텔의 도어맨, 공원의 관리인, 열차의 차장 등이 여기에 해당한다.

(4) 자연스런 감시

「자연스런 감시natural surveillance」는 일상생활 속에서 사람들의 시선이 넓은 범위에 미치도록 함으로써 범죄예방에 보탬이 되는 것을 말한다. 구체적인 예로는 집 앞의 나무 울타리를 짧게 깎는 것, 가로등 설치 등을 들 수 있다.

3) 범죄 보수이익의 감소 방책

이는 범죄로부터 얻어지는 이익을 감소시키는 것을 말한다. 구체적으로는 다음 4가지 시책이 제안되고 있다.

(1) 표적 제거

「표적 제거target removal」는 범죄의 피해를 입기 쉬운 대상물을 접촉하기 어렵게 교환한다든지 접촉하기 어려운 장소로 이전함으로써, 범죄의 발생을 방지하는 것을 말한다. 예를 들면 편의점이나 카지노에서의 현금거래를 제한하여 절도나 강도행위를 어렵게 만든다.

(2) 소유물의 식별

「소유물의 식별identifying property」이라 함은 소유물에 이름이나 마크를 새겨 넣어 소유주를 명확히 하는 것을 가리킨다. 가축의 소인을 비롯한 이러한 범죄예방책은 이전부터 사용되어 왔는데 오늘날에도 기업의 로고마크 등 폭넓게 이용되고 있다.

(3) 범죄 유발요인 제거

「범죄 유발요인 제거removing inducements」는 범죄자의 흥미를 유발한다든지 범죄를 유발하는 물건의 휴대 혹은 설치를 줄이는 것을 말한다. 예를 들면 강도가 빈번히 발생하는 특정지역에 가게 될 경우에는 고가의 귀금속을 소지하지 않는다든지 고급 자동차를 노상에 주차하는 것을 피해야 한다.

(4) 규칙 설정

「규칙 설정rule setting」이라 함은 조직의 내부에서 범죄가 발생하지 않도록 일정 규칙을 설정하여 종업원 등 구성원의 행위를 규제하는 것을 말한다. 예를 들면 기업에서는 사적인 용무의 전화 사용, 현금 취급, 재고관리 등에 대해 엄격한 규칙을 설정해 놓은 곳이 많다. 또한 병원, 호텔, 레스토랑 등의 공적인 시설, 혹은 버스나 지하철 등의 공공 교통기관은 고객의 행위에 대해서도 규칙을 설정하고 특정 행위에 대한 규제를 실시하고 있다.

데이터 분석 소프트웨어로 살인범 잡는다

미국 워싱턴 지역을 공포로 몰아넣고 있는 연쇄 총격 살인범에 대한 단서를 찾기 위해 경찰이 '지리적 분석'이란 첨단기술을 사용하고 있다. 지리적 분석이란 연관된 범죄 현장들의 데이터를 컴퓨터로 분석해 범인의 소재를 파악하는 수사 기법을 말한다.

경찰은 최근 워싱턴 주역 주민 6명을 연쇄 살해한 범인에 대한 단서를 얻기 위해 '리겔 시스템'이란 지리적 분석 소프트웨어를 쓰고 있다고 외신들이 최근 보도했다. 리겔 시스템은 '환경범죄학 연구소ECRI'가 개발한 자바 기반 소프트웨어로 범죄 현장의 데이터를 바탕으로 복잡한 연산을 수행, 범죄가 특정지역에서 벌어졌을 가능성을 3차원 컬러 차트로 보여준다.

리겔 시스템은 "사람이 무언가를 할 때 최소의 노력만을 하려 한다"는 전제 하에 출발한다.
범인이 범죄를 저지를 때 필요 이상으로 멀리 나가려 하지 않는 반면 자신의 거주지와 너무 가까운 곳도 꺼리기 때문에 대략의 행동반경을 파악할 수 있다는 것. 이안 래버티 ECRI 소장은 "사람이 무작위로 행동한다는 것은 어렵다"고 말한다. 범인이 계속 범행을 저지를수록 그의 소재를 파악할 수 있는 데이터는 더 늘어나게 된다. 범인이 경찰의 눈을 속이기 위해 피해자를 살해하고 다른 곳에 유기해도 자신을 드러내는 데이터만 더 많이 흘리는 셈이 된다.

이 기법은 자체적으로 범죄를 해결해 준다기보다는 경찰에 수사의 시작점을 제시하는 역할을 한다. 범인이 있을 가능성이 높은 지역을 집중적으로 수사할 수 있도록 우선순위를 제시하기 때문이다_{전자신문, 2002. 10. 14.}

 환경범죄학에 대한 비판과 과제

1) 환경범죄학에 대한 비판

1980년대 후반부터 환경범죄학은 눈부신 발전을 이루었지만, 다른 한편으로는 심한 비판을 받기도 했다. 그 비판은 여러 갈래로 나뉘는데 개략적으로 살펴보면 다음 3가지 점으로 요약할 수 있다. 첫째는 급진적인 범죄학 입장에서의 비판이다. 환경범죄학의 제안은 표면적인 환경개선을 목표로 삼고 있기 때문에 범죄의 진정한 원인인 사회적 부정의_{빈곤, 실업, 차별}를 은폐하고 있으며, 진정한 문제해결 방책이 될 수 없다는 것이다.

둘째는 자유분방한 범죄학 입장에서의 비판으로, 방범을 위한 환경설계를 추진해 나가다 보면 결국 사회가 「요새화」되어 버려 시민은 폐쇄적이고 부자유한 생활을 강요당하게 된다는 것이다. 셋째는 전통적인 범죄학 입장에서의 비판으로, 미국의 방범환경 설계론이나 상황적 범죄예방론이나 그 어느 것도 실제 시책의 효과가 명확하게 드러나지 않았다.

이상과 같은 비판은 종래의 환경범죄학에서의 문제점을 예리하게 지적한 것으로, 이들이 환경범죄학의 존재의의를 부정하면서 범죄예방에 소극적으로 대처하는 것이라고 보는 것은 잘못이다. 분명한 것은 환경범죄학이 범죄예방에 있어서 모든 문제를 해결하는 만능처방전이 아니라 범죄예방론의 한 학파에 불과하다는 사실이다. 그리고 범죄방지를 위한 환경설정이라는 영역에는 상식론적인 부분도 많다. 따라서 범죄예방을 실천하기 위해서는 꼭 경청할 필요가 있는 구체적인 제언을 해나가야 한다는 것에는 의심의 여지가 없다.

최근에는 국내외에서 일상생활 속에서의 범죄예방책이 급속히 강구되고 있다는 사실에도 주목할 필요가 있다. 예를 들면, 국가적인 차원에서는 영국과 미국에서 공동체 경찰기능화 community policing의 필요성이 제기되었고, 우리나라에서도 지역에 밀착한 경찰활동이 추진되면서 지구대 및 치안센터 제도의 중요성이 재인식되고 있다. 지역적인 차원에서는 「안전한 마을 만들기」가 제창되어 범죄방지를 포함한 도시계획이 진행되고 있으며, 동시에 지역주민에 의한 지역 안전활동도 착실하게 지속되고 있다. 또한 비교적 큰 관청이나 기업에서도 출입 점검을 엄중히 실시하고 있으며, 방범카메라를 설치하거나 다수의 경비원을 배치하는 곳도 많다. 한편 가정 차원에서는 home security service가 보급되면서 현관에 방범카메라를 설치한 가정도 적지 않다.

2) 환경범죄학의 과제

현재 이상과 같은 형태로 일상생활에까지 범죄예방책이 침투하고 있다는 사실을 놓고 환경범죄학의 제안에 따른 결과라고 단정지을 수는 없지만, 향후 이 환경범죄학의 연구조사를 통해 다양한 범죄예방책이 제기될 것임은 분명하다. 아무튼 환경범죄학은 앞에서 기술한 비판을 염두에 두고 범죄예방의 필요성과 시민자유권이 균형을 이루도록 고려하면서 유효한 방책을 모색해 나갈 것으로 여겨진다. 이를 위해서는 환경범죄학에 남겨진 과제 또한 많다고 할 수 있다.

첫째, 예전부터 지적되고 있는 「범죄의 轉移displacement」 문제가 아직도 미해결 상태로 남아 있다. 즉 특정 범죄에 대한 예방이 성공했다 하더라도 시간이나 장소에 따라 다른 범죄로 전이될 수 있다는 것이 미해결 문제로 남아 있다. 이에 대해서는 많은 연구가 이루어지고 있으며 논쟁도 활발히 진행되고 있다.

둘째, 피해대상 선택과정의 문제가 지적되고 있다. 범죄자가 범죄를 실행에 옮길 때의 인식상태와 피해대상의 선택과정 등은 일부의 범죄유형을 제외하고는 여전히 불명확하다. 이 점에 관련하여 침입강도 등의 재산범을 대상으로 한 연구조사가 이루어져 왔으나, 폭력 범죄, 화이트칼라 범죄 등에 대한 해명은 아무런 진전이 없다.

셋째, 구체적인 범죄예방 시책의 한계가 지적되고 있다. 환경범죄학이 제창하는 시책은 기회범에 대해서는 유효하지만, 상습범이나 화이트칼라 범죄자에 대해서는 아무런 효과가 없다는 것이다. 환경범죄학 주창자는 상습범이나 화이트칼라 범죄자에 대해서도 자신들이 제창하는 시책이 유효하다고 주장하면서 「범죄의 유형」에 관한 연구를 진행하고 있으나, 범죄유형에 따른 범죄예방 체계화는 앞으로의 과제로 남아 있다.

제 **4** 장   **新범죄생물학**

17세기 후반 롬브로조가 진화단계에 있어서 퇴행성이라는 생물학적 요인이 범죄에 미치는 영향을 지적한 이래 범죄생물학 영역에서는 20세기 전반부터 가계 및 쌍생아에 대해 많은 연구성과가 보고되었지만 1960년대에는 쇠퇴하기 시작했다. 또한 1960년대 중반에는 XYY염색체 연구가 일시적으로 각광을 받았으나 그다지 오래 지속되지는 않았다. 때문에 1970년대에는 범죄생물학에 대한 관심이 급속히 저하되었지만, 1980년대 이후 유럽과 미국에서 범죄생물학이 새롭게 부활_{생화학·신경생리학}하여 각광을 받게 되었다.

1 新범죄생물학의 특징

1980년대에 주목받기 시작한 新범죄생물학은 유전적·생물학적 요소만을 강조한 종래의 범죄생물학과는 다르다. 즉 新범죄생물학은 종래의 범죄생물학의 문제점을 자각적으로 인식하고 그 극복을 위해 많은 시도를 하고 있다. 여기서 말하는 종래의 범죄생물학의 문제점은 다음의 3가지로 요약할 수 있다.

(a) 유전적 숙명론에 치우친 나머지 현실에서 나타나는 범죄현상_{예를 들면 사람의 성장에 의한 범죄율 변화 등}을 충분히 설명할 수 없다_{이론적 문제점}. (b) 조사대상의 수가 적을 뿐만 아니라 control group과의 비교가 불충분한 개략적인 분석방법이다_{방법론적 문제점}. (c) 결국 범죄에 관한 악성 생물학적 요소를 배제하고 불량한 자손 배출을 방지한다는 이른바 우생학적 사상과 결부되기 쉬우므로 정

치적으로 남용될 우려가 있다_{정치적 문제점}.

이에 비해 1980년대 이후에 등장한 新범죄생물학의 기본적 입장은, 인간의 행동은 유전에 의해 일률적으로 결정되는 것이 아니라 유전과 환경의 상호작용에 기인한다는 것이다. 즉 개인의 생물학적 특징은 유전에 의해서만 만들어지는 것이 아니라 환경에 의해서도 만들어지는 것이므로, 개인은 유전에 의한 소질에 얽매이면서도 환경에 선택적으로 적응해 나가는 것이라고 생각하고 있다. 따라서 오늘날의 범죄생물학에서는 유전학적 수법이 그다지 강조되지 않고 생화학이나 신경생리학 수법이 중시되고 있다.

2 新범죄생물학의 대두 배경

1980년대 초반에 新범죄생물학이 활발히 전개된 배경으로는 다음의 2가지 점을 지적할 수 있다. (a) 1960년대 이후 미국을 비롯한 유럽 각국에서 범죄가 급격히 증가하였는데, 범죄사회학으로는 이러한 상황에 충분히 대응할 수 없다는 인식이 고조되어 1970년대 후반에는 범죄학의 쇠퇴기를 맞이했다. (b) 1970년대 후반 들어 생물학 분야에 사회생물학_{sociobiology}이 대두되어 높은 관심을 자아냈다. 이하에서는 이들 2가지 점에 대해 개별적으로 살펴보겠다.

1) 범죄증가와 범죄학의 쇠퇴

1960년대 이후 미국과 유럽 각국에서는 급격히 범죄가 증가하였기 때문에 이에 대한 대응이 긴급과제로 부상했다. 이러한 상황 하에서 의료모델에서 정의모델로 형사사조의 전환이 이루어졌다. 범죄사회학에서는 A·코헨의 비행하위문화론, W·밀러의 하류계층문화론, S·스타크 등의 상대적 결핍론, R·클라워드와 L·올린의 분화적 기회구조론 등 각종 이론이 대두되었다.

나아가 D·맛차의 표류이론, H·베커 등의 낙인이론, T·허쉬의 통제_{컨트롤}이론 등 종래와는 다른 시각에서 범죄현상을 파악한 이론이 제창되었다. 그리하여 이 시기에 범죄사회학적 접근방법은 최고의 융성기를 맞이하게 되었다.

그러나 1970년대 후반에는 이상과 같은 범죄사회학 시점만으로는 범죄증가에 충분히 대응할 수 없다는 것이 밝혀졌다. 특히 범죄경력criminal career에 대한 연구가 진전됨에 따라 소년기부터 청년기에 걸쳐 지속적으로 범죄를 반복하는 사람들이 존재한다는 사실이 확인되었고, 범죄사회학적 접근방법만으로는 범죄요인의 해명에 한계가 있다는 사실을 드러낸 것이다. 이로 인해 범죄사회학 수법을 이용한 거시적 연구뿐만 아니라 미시적으로도 생물학적 요인을 탐구할 필요가 있다는 생각이 다시 대두되기 시작했다.

2) 사회생물학의 대두

1975년 미국의 생물학자 E·O·윌슨이 『사회생물학 ─ 새로운 종합』에서 제창한 사회생물학 주장이 1970년대 후반에 주목을 받기 시작해 범죄학에도 적지 않은 영향을 주었다. 사회생물학의 기본적인 주장은 다음과 같이 요약할 수 있다. (a) 자연선택자연도태이 생물의 진화에 있어서 중요한 요인이라고 한다면, 체질이나 구조뿐 아니라 생존을 위한 생활양식이나 행동양식도 유전적으로 계승되어져야 한다.

(b) 따라서 동물의 사회학적 행동은 번식능력을 높이기 위해 유전적으로 환경에 적응한 결과라는 합리적인 설명이 가능하다. (c) 지금까지 자연선택자연도태의 단위는 종種이나 개체로 여겨졌는데, 사실은 유전자이다따라서 개개의 생물은 자손이 태어나 유전자가 다음 세대에 복제되어 보존되기까지의 일시적인 개체에 지나지 않는다. (d) 이상과 같은 생각은 동물뿐만 아니라 인간에게도 적용된다인간을 대상으로 한 사회생물학 주장은 특히 인간사회생물학이라 불린다.

즉 사회생물학은 인간을 포함한 동물의 사회적 행동을 「유전자의 자기보전과 증식을 목적으로 한 진화의 결과」라는 통일적인 틀 속에서 설명하고자 했던 것이다. 이 『사회생물학 ─ 새로운 종합』의 출간을 계기로 미국을 중심으로 한 유럽 각국에서는 사회생물학 주장의 찬반을 둘러싸고 격한 논쟁이 벌어졌다. 「사회생물학논쟁」이라 불리는 이러한 현상은 생물학자뿐만 아니라 철학자, 윤리학자, 종교학자, 사회학자 등도 가세함으로써 1970년대 후반부터 1980년대에 걸쳐 활발하게 진행되었다.

이 논쟁에서 전개된 사회생물학 비판은 여러 가지가 있는데 개략적으로 다음 4가지로 정리할 수 있다. ① 사회생물학에서 전제로 하고 있는 자연선택자연도태에 의한 진화론다위니즘 비판, ② 진화의 단위를 유전자 레벨에서 파악하고 있는 점에 대한 비판, ③ 동물의 사회적 행동을 유전적 관점에서 설명하려고 하는 것에 대한 비판, ④ 인간의 사회적 행동을 유전적 관점에서 설명하려고 하는 것에 대한 비판.

이 중에서 가장 격한 쟁점이 된 것은 ④였다. 즉 사회생물학의 주장에 의하면 범죄를 포함한 각종 인간의 행동은 유전자에 의해 결정된다고 하는데, 이러한 주장은 반사회적인 행동을 방지하기 위해서는 열성 유전자를 도태해야만 한다는 우생학이나 사회진화론 사상에 부당한 근거를 부여하는 결과가 된다고 反사회생물학자들이 주장하고 나선 것이다.

제일 먼저 사회생물학을 비판한 사람은 경제학자인 P·새뮤엘슨이었지만, 격렬한 비판을 펼친 사람은 S·J·그루드와 R·레온틴 등 좌익계 그룹인 「인민을 위한 과학Science for the People」에 속한 과학자들이었다. 그들은 『뉴욕 서평』誌를 통해 사회생물학을 과거의 각종 유전결정론, 20세기 초엽 미국의 斷種法이나 이민제한법, 나아가 나치스의 유태인 대학살 등과 결부시켜 「반동적 시도」라고 평하고, 윌슨을 생물학적 결정론자라고 규탄한 것을 필두로 사회생물학자에 대한 통렬한 비난을 퍼붓기 시작했다.

3) 사회생물학에 대한 평가

만일 반사회생물학자가 지적하는 바대로 사회생물학을 유전결정론이라고 본다면, 이러한 견해는 부정되어야만 한다. 사회생물학의 취지는 오히려 유전적 영향의 가능성을 시사하는 것이었기 때문이다. 또한 사회생물학 제창자의 한 사람인 영국의 R·도킨스단, 영국에서는 사회생물학을 동물사회학이라고 한다는 『이기적 유전자Selfish Gene』1976에서 인간의 뇌는 유전자에 대항할 수 있는 힘을 지닐 때까지 발달하므로 사욕이 없는 이타주의를 계획적으로 육성하고 교육하는 방법을 논하는 것마저도 가능하다고 기술하였기 때문에, 사회생물학이 반드시 유전자결정론과 결부된다고는 말할 수 없다.

이러한 주장은 일반에게 이해되고 있어 오늘날 사회생물학은 특정 학문영역으로서의 지위를 확립하게 되었다. 이상과 같이 인간의 사회적 행동을 1970년대 후반의 사회생물학에 의해 새로운 시각에서 다시 파악하려는 시도가 이루어졌다. 그 속에는 이타적 행동타인을 위해 자신을 희생하는 행동, 성별에 의한 분업 시스템, 전쟁 등과 더불어 공격행위가 포함되어 있었다. 이처럼 사회생물학의 자극을 받아 유전적 요소를 가미한 범죄원인론을 탐구하는 움직임이 활성화된 것이다.

③ 新범죄생물학의 수법

종래의 범죄생물학이 유전학 영향을 강하게 받았던 것에 비해 新범죄생물학은 후천적인 생물학적 요소에 주목하였다. 특히 생화학적 접근방법과 신경생리학적 접근방법은 급속한 발전을 이루어 범죄생물학에서도 커다란 주목을 받게 되었다.

생화학이라 함은 생물을 형성하고 있는 물질이나 생물의 생명현상을 화학적으로 연구하는 학문을 가리킨다. 생화학은 20세기 중반부터 비약적인 과학기술 진보와 더불어 급속히 발전하였고, 체내에서의 다양한 물질의 작용을 해명해 왔다. 아울러 그러한 작용이 인간의 심리나 외부적 행동에 미치는 영향에 대한 연구도 진행되어 왔다. 범죄원인에 대한 생화학적 접근방법에서는 호르몬의 불균형 분비나 부적절한 영양섭취 등이 체내에서 생화학적인 이상현상을 일으키고 나아가 범죄를 유발한다고 여기고 있다.

신경생리학이라 함은 뇌나 척추 등의 중추신경과 신체 각 부위에 분포된 말초신경의 생리학적 역할을 연구하는 학문영역을 말한다. 종래에는 살아있는 인간의 뇌나 신경을 연구하는 데에는 한계가 있었지만, 최근에는 과학기술의 진보와 더불어 신경생리학이 급속한 발전을 이루고 있다. 신경생리학 중에서 범죄와의 관련성을 밝히고자 하는 뇌파 연구 및 뇌장애 연구가 주목된다.

제 **5** 장   좌익현실주의left realism 범죄학

전통적인 범죄학에 비판적인 시점을 제시한 것으로 이 절에서는 1980년대부터 오늘날에 이르기까지 대두된 범죄학의 새로운 이론에 대해서 살펴본다. 그러한 새로운 움직임으로는 ① 좌익현실주의left realism 범죄학, ② 페미니스트Feminist 범죄학 두 가지를 들 수 있다.

이 중 좌익현실주의left realism 범죄학은 종래의 좌익계열 범죄학이 관념론에 치우쳤기 때문에 범죄의 현실과 유리되어 있었다는 점을 반성하면서 1980년대 후반에 제창되기 시작한 범죄학의 새로운 사조이다. 이에 비해 페미니스트Feminist 범죄학은 페미니즘 운동의 고양에 수반하여 1970년대부터 주장되기 시작한 것으로 지금까지의 범죄학에 여성의 시점이 결여되어 있었다는 점을 강력하게 비판하고 있다. 최근에는 페미니스트 범죄학이 형사법제를 둘러싼 논의에도 적지 않은 영향을 끼치고 있다.

급진적 범죄학은 전통적인 범죄학을 「자본주의체제에 봉사하는 보수적 학문」이라고 비판하면서 사회변혁을 위한 이론 수립을 호소하였는 바, 이 이론은 특히 영국과 미국에서 1970년대에 각광을 받았다. 영국에서는 이 범죄학이 「신범죄학new criminology」이라 불리는 반면, 미국에서는 「비판적 범죄학critical criminology」이라는 명칭이 붙여졌다. 이러한 급전적인 범죄학이 변모하여 오늘날에는 좌익현실주의left realism를 표방하고 관념론으로부터 현실주의로 전환할 것을 주장하고 있다.

1 급진적인 범죄학

초기 급진적인 범죄학은 새로운 범죄학의 움직임인 좌익현실주의left realism의 전신인 바 먼저 살펴보도록 하겠다. 1968년에 영국의 젊은 범죄학자가 전통적인 범죄학에 대항할 목적으로 NDCNational Deviancy Conference : 전국 일탈 회의를 설립한 것을 계기로 급진적 범죄학은 탄생하게 되었다. 그들은 「실증주의 범죄학의 함정」에 빠져들어 과학성을 표방하면서도 체제옹호적인 학문으로 타락한 전통적인 범죄학을 비판하였고, 새로운 세대에 의한 새로운 범죄학 수립을 주장하였다. 당시 그들의 방법론상의 기초를 이루는 것은 주로 낙인이론이었다.

그러나 그 후 낙인이론으로는 변혁적인 이론을 수립하는 것이 불가능하다는 인식이 고조되어, 영국에서 I·테일러Ian Taylor, P·월튼Paul Walton, J·영Jock Young이 공저로 『신범죄학The New Criminology』 1973을 출판하였다. 혜성처럼 나타난 이 책은 급진적인 범죄학의 성전으로 자리매김하였고 영국의 젊은 세대 범죄학자들로부터 지지를 얻었다.

또한 이 책은 미국에 건너가 전통적인 범죄학에 한계를 느끼고 있던 범죄학자들에게 강한 자극을 주었다. 미국의 급진적인 범죄학자로는 캘리포니아대학 버클리캠퍼스 범죄학부의 P·타카기 Paul Takagi, A·플랫Anthony Platt, 슈베딩거 부부Herman Schwedinger and Julia Schwedinger 등 버클리 학파에 속하는 학자들 이외에도, A·터크Austin Turk, W·샴블리스William Chambliss 등을 들 수 있다.

미국에서 급진적인 범죄학이 커다란 발전을 이루게 된 요인으로 ① 마르크스주의 연구의 역사가 짧았기 때문에 급진적인 시점예를 들면 법의 계급제에 대한 비판이 신선하게 비춰졌다는 점, ② 1960년 대부터 1970년대에 걸쳐 격변하고 있던 국내정세베트남전쟁에 대한 반전운동의 격화, 도시폭동의 빈발, 공민권운동의 고조 등를 들 수 있다. 미국의 급진적인 범죄학이 영국의 그것에 비해 전투적·정치적인 양상을 띠게 된 것은 이와 같은 시대적 배경에 의한 것이라 할 수 있다.

초기의 급진적인 범죄학의 내용은 다음 5가지로 요약할 수 있다. (a) 형법 및 형사사법은 노동자계급을 억압하기 위한 자본가계급의 도구이다. (b) 범죄는 사회적 약자가 국가에 대해 벌이는 레지스탕스이다. (c) 그야말로 비난받아 마땅한 범죄는 전쟁, 인종차별, 공해환경파괴, 대기업의 범죄카르텔, 탈세, 고급관료의 부정이다. (d) 범죄증가는 모럴패닉에서 기인하는 현상이며, 「법과 질서」 정책을 정당화시키기 위한 계책이다. (e) 범죄학의 최종 목표는 「국가와 형벌 없는 사회」달성이다.

이러한 주장에 대해 전통적인 범죄학은 「하나의 패션에 지나지 않는다」, 혹은 「현실의 형사정책에 거의 영향력이 없다」는 식으로 시종 냉담한 평가를 내렸다. 또한 급진적인 범죄학자들이 처해진 연구 환경이 반드시 좋은 것은 아니었다. 예를 들면 영국의 전통적인 범죄학의 아성인 케임브리지대학 범죄학연구소는 당시의 신범죄학자들을 무시하는 자세를 끝까지 버리지 않았다. 게다가 신범죄학자들은 내무부와의 연줄이 없었고 연구자금이 빈약했기 때문에 충분한 조사연구를 할 수 없는 상황이 지속되었다. 미국에서도 급진적인 범죄학자들에 대한 정치적 압력이 심화되어 1976년에는 버클리캠퍼스의 범죄학부가 폐지되기에 이르렀다. 이른바 「버클리 사건」이다.

다른 한편으로 1970년대부터 1980년대에 걸쳐서 급진적인 범죄학은 다음과 같은 냉엄한 비판을 받게 되었다. 첫째, 급진적인 범죄학의 이론적 기초는 낙인이론 혹은 마르크스주의 등 다양한 사상에 두고 있기 때문에 체계화가 곤란하며 사상적인 혼돈이 있다.

즉 급진적인 범죄학이 단일학파를 형성하는 것은 어려우므로, new criminologies는 존재할 수 있어도 a new criminology는 존재하지 않는다. 둘째, 급진적인 범죄학이 지금까지 오로지 이데올로기 분석이나 역사 분석에 치우쳐왔기 때문에 실제상의 범죄문제나 범죄대책에 대한 구체적인 해결책을 제시하지 못하고 있다. 즉 급진적인 범죄학은 제국주의, 독점자본주의, 계급, 착취 등 마르크스주의의 단일적인 개념을 사용하고 있을 뿐이어서 문제해결을 위한 실제적 수단을 갖추지 못하고 있다.

한 걸음 더 나아가 1980년대 중반 이후에 실시된 범죄 실태 조사는 급진적인 범죄학의 기초를 뿌리째 흔들어 놓았다. 첫째, 급진적인 범죄학자는 앞에서 말한 것처럼 범죄증가가 모럴패닉에서 기인한 것이므로 「법과 질서」 정책을 정당화시키기 위한 계책이라고 주장해 왔다. 그러나 실태조사를 통해 암수를 포함시키면 실제 범죄건수는 방대한 수에 이르며, 많은 시민은 범죄의 피해를 입고 있고 범죄에 대한 불안감을 지니면서 생활하고 있다는 사실이 드러났다.

이로 인해 모럴패닉론을 고집한다는 것은 범죄학자로서 무책임한 것이라는 반성이 급진적인 범죄학자들 사이에 퍼지기 시작했다. 둘째, 빈곤자들 사이에서도 서로 훔치고 상처를 입힌다는 사실이 많다는 실제조사 결과 앞에서는, "범죄는 사회적 약자가 국가를 상대로 벌이는 레지스탕스이다"라는 급진적인 범죄학의 전제도 수정되지 않으면 안 되었던 것이다. 셋째, 형사사법이 노동자계급을 억압하는 자본가계급의 수단이라는 주장도 실증적인 근거를 찾을 수 없어 결국 증명되지 못했다.

2 좌익현실주의left realism의 주장

관념적인 신범죄학에 대해 급진적인 범죄학자들은 「법과 질서」 정책에 대항할 수 없으므로 언젠가는 막다른 골목에 다다를 것이라는 예측을 하였고, 따라서 현실적인 정책논의에 하루빨리 참가하여야 한다는 설을 이미 1980년대 초반에 내놓은 사람도 있었지만I·테일러, 이러한 주장은 소수 의견에 지나지 않았다.

그러나 1980년대 중반 이후에 실시된 일련의 범죄 실태 조사를 직접적인 계기로 하여 "혁명이 필요한 것은 급진적인 범죄학이다"는 주장이 급진적인 범죄학자들 사이에서 많은 찬동을 얻게 되었고, 급기야는 좌익현실주의left realism 범죄학이 등장하기에 이르렀던 것이다. 그리고 종래의 급진적인 범죄학을 「좌익관념주의」라고 비판하고 현실주의로 전환할 것을 주창하는 사람도 출현하였다. 그 대표적인 사람으로는 J·영, R·매튜Roger Matthews, J·리John Lea를 들 수 있다.

1980년대 후반에 좌익현실주의가 탄생하게 된 배경을 여기에서는 특히 국제적인 동향과 국내적인 동향 이 두 가지로 나누어 살펴보고자 한다.

1) 국제 동향

국제적 동향으로 사회주의 국가의 붕괴를 들 수 있다. 즉 독일의 베를린장벽 붕괴, 소비에트연방의 해체, 그리고 일련의 동유럽 국가들의 탈사회주의화를 실제로 보면서 급진적인 범죄학이 지향하고 있던 「국가와 형벌 없는 사회」 건설이야말로 환상에 지나지 않았다는 주장이 고조되었다.

2) 국내 동향

영국에서는 급진적인 범죄학의 연구 환경에 변화가 생기기 시작했다. 즉 지방자치단체에 혁신 계열의 총수가 대다수 등장하여 그들의 조사연구에 예산을 지원하기 시작한 것이다. 미국에서는 종래의 급진적인 범죄학과는 별도로 젊은 연구자들이 보수적인 정치사조에 대항하여 급신적인 시점에서 조사연구를 실시하기 시작했다.

나아가 페미니즘 운동이나 인종차별 반대운동 등의 시민운동이 고조되면서 종래의 급진적인 범죄학으로는 이와 같은 현실에 충분히 대응할 수 없다는 것이 명백히 밝혀졌다. 그렇다면 새로이 대두된 좌익현실주의(left realism) 범죄학의 주장은 어떠한 것일까? 이하에서는 ① 연구방법 ② 연구대상 ③ 범죄자관 ④ 범죄대책론 이 네 가지 관점으로 나누어 살펴보기로 하겠다.

(1) 연구방법

추상적 용어의 나열에 불과하다는 비판이 강했던 만큼 관념적인 논의로부터 벗어나 「도그마(이론)에서 리서치(조사)로의 전환」이 진행되었다. 종래의 급진적인 범죄학자들은 범죄통계를 권력자가 지배하기 위하여 조작하고 있다는 부정적인 인식을 가지고 있었기 때문에 결국 통계에 의한 사회학적 조사를 스스로 실시하게 되었다. 구체적인 테마로는 소년비행, 약물범죄, 여성범죄 등의 범죄의 개별문제와 경찰이나 형무소의 개혁문제 등 주로 사회학적인 수법을 사용하였고, 그 조사결과를 토대로 전통적인 범죄학에 논쟁을 걸었다.

(2) 연구대상

권력범죄를 다루는 것에 그치지 않고 전통적인 범죄에 대한 연구도 진행하였다. 종래의 급진적인 범죄학에서는 국가, 관료, 기업, 경찰의 범죄에 초점을 맞추고 있었지만, 범죄 실태 조사를 실시하는 과정에서 일반범죄도 무시할 수 없다는 인식이 고조되었다. 즉 "약자가 강자에게 상처를 입히고 있다"는 범죄 실태가 명백해짐에 따라 범죄를 단순히 사회적 약자에 의한 레지스탕스라고 평가할 수 없게 된 것이다. 또한 이러한 일반적 범죄가 노동자계급의 단결력을 약화시키고 시민생활을 위협하게 된다는 우려도 높아졌으며, 그 결과 시민들 간에서 일어나는 일상적인 범죄에 대한 연구의 필요성이 크게 인식되게 된 것이다.

ABOLITIONISM폐지론

지금까지 범죄대책을 논함에 있어 형사사법 시스템의 존재는 당연한 전제가 되어왔다. 그러나 1980년대를 맞이하면서 북유럽을 중심으로 형사사법 시스템이야말로 범죄자를 발생시키는 주 요인이며 일탈자를 사회로부터 배제시키고 있다는 주장이 강력히 제기되어 주목을 끌었다.

이것이 abolitionism이다. abolitionism은 이러한 시점에서 종래의 형사사법 시스템을 부정하고 그 대신에 손해배상 등을 범죄처리에 이용할 것을 주장하였다. abolitionism의 이러한 주장의 근저에는 범죄증가에 효과적으로 대응할 수 없는 현행 형사사법 시스템에 대한 비관론이 깔려 있다. 형사 시스템이 없는 사회에서 살인을 포함한 각종 범죄를 처리한다는 것은 비현실적이며 설득력이 없지만, abolitionism은 범죄방지에 현저한 효과를 거두고 있지 못하는 현행 형사 시스템의 문제점을 날카롭게 부각시켰다는 점에서 범죄학사의 한 획을 그었다고 할 수 있다.

(3) 범죄자관

종래의 급진적인 범죄학에서는 범죄자를 국가에 도전하는 대항자, 로빈 훗과 같은 영웅, 혹은 레미제라블의 주인공과 같은 사회의 희생자로 파악하고 있었다. 그러나 범죄 실태 조사를 놓고 보니 그와 같은 이해는 「패배자 이상화」에 불과하다는 반성을 하게 되었다. 그리고 범죄자는 「사회적 약자를 제물로 삼는 이기적인 인간」이며 따라서 비난받아 마땅한 존재로 여기게 되었다. 예를 들면, 가정 내 폭력이나 아동학대가 노동자계급에서의 발생률이 높다는 사실이 연구를 통해 밝혀졌는데, 이것이 급진적인 범죄학자들 스스로의 손에 의해 밝혀졌다는 사실은 좌익주의의 터부와의 결별을 의미하는 것이었다.

(4) 범죄대책론

종래의 관념주의론자들은 국가를 악으로 간주하고 형사사법제도 전체를 폐지abolitionism할 것을 주장해 왔다. 그러나 경찰이 자본가뿐만 아니라 시민도 지키고 있다는 사실을 경시하는 것은 비현실적이라는 인식이 대두되면서 경찰의 민주화와 형무소 개혁을 지향하는 방향으로 주장을 전환하게 되었다.

현대 범죄학은 「신구 범죄학의 상호대립 시대」로부터 「전통적 범죄학을 상대로 좌익현실주의 범죄학이 논쟁을 거는 시대」로 탈바꿈했다. 또한 최근의 영국과 미국 정치의 보수화 흐름 속에서는 급진적인 주장이 좌익현실주의와는 무관하게 인기를 얻고 있으며, 젊은 세대의 연구자들 사이에서는 많은 지지를 받고 있다. 그러나 좌익현실주의 범죄학자의 주장과 전통적 범죄학의 주장을 비교해 보면 많은 점에서 거리감이 크게 없어진 것도 사실이다.

특히 좌익현실주의 범죄학자가 모럴 패닉론을 포기했다는 사실은 급진적인 범죄학의 기본적 시점을 포기한 것이나 마찬가지다. 이처럼 전통적인 범죄학과의 차이가 불명확한 좌익현실주의를 두고 상대적 결핍론에 가깝다는 평가도 있다.

또한 범죄대책 측면에서 보더라도 좌익현실주의 범죄학에 걸맞은 구체적인 대책이 출현되지 않고 있다. 그리고 좌익현실주의 범죄학의 대두로 인하여 실증연구가 증가된 반면 종래의 이론연구가 엷어진 감이 있다. 따라서 좌익현실주의 범죄학이 종래의 급진적인 범죄학의 문제점을 극복하면서 지속적으로 전통적인 범죄학에 도전장을 내밀고 있다는 점은 평가될 만하지만 그 성과를 평가하기에는 좀 더 관망할 필요가 있다.

제6장 페미니스트 범죄학

페미니스트 범죄학Feminist Criminology는 여성해방운동의 영향을 받아 비판범죄학의 연장선상에서 최근 제기되는 범죄이론이다. 1970년대 이후 영·미 범죄학은 전통적 범죄학과 새로운 범죄학의 대립 구도 속에서 발전을 이루어왔다. 그러나 최근 영·미에서는 이러한 종래의신구 모두 포함하여 범죄학의 본질과 거기에 의문을 제기하는 움직임이 일고 있다. 페미니스트 범죄학Feminist Criminology이 그것이다. 성과 범죄의 관계에서 여성범죄의 원인론에 해당하는 것으로서, 연혁적으로는 여성범죄가 적은 원인을 생물학적 원인에서 찾거나롬브로조, 페레로, 약자이론에 따라 여성의 신체적 연약성이나 지능적 열세에서 찾는 견해뫼비우스, 사회과학적 접근방식에 따라 선택적 제재이론폴락 등이 등장하였다. 페미니스트 범죄이론은 부분적으로는 역 여성우월주의 현상을 강조한 부분이 있기는 하지만, 사회적 소수 또는 약자계층으로 인식되었던 여성문제를 전면으로 끌어들였다는 점과 여성의 범죄피해자로서의 문제점을 부각시킨 점에 주목할 필요가 있다. 페미니스트 범죄학에도 나름대로의 다양한 입장이 있지만 다음 3가지의 공통된 문제의식이 있다. (a) 지금까지 여성범죄 연구는 여성에 대한 편견에 기초하고 있지는 않았는가? (b) 종래의 범죄학 이론에서는 여성이 무시되어져 오지는 않았는가? (c) 형사사법 과정 속에서 여성은 부당하게 차별받는 것은 아닌가?

1 페미니스트 범죄학의 등장

사회적으로 페미니즘 운동이 고양되자 페미니스트의 주장이 범죄학에서 주목을 받게 되었다. 아직까지 페미니즘에 관한 통일적인 정의는 없지만 일반적으로는 남녀동등권이나 여성해방을 지향하는 사상을 의미하는 것으로 이해되고 있다. 이러한 사상은 프리페미니즘이라고 불리는 시대까지 거슬러 올라가 보면 200년을 넘는 기나긴 역사를 갖고 있다. 현대적인 의미로서의 페미니즘은 1960년대 이후 급속한 발전을 이루어 왔다. 페미니스트 범죄학은 이러한 페미니즘의 문제제기를 이어받아 1970년대에 주장되기 시작하여 1980년대에 주목을 끌게 된다.

페미니스트 범죄학의 선구자적인 업적을 살펴보면 D·크라인의 논문 「여성범죄의 원인론−관련문헌 리뷰」1973와 C·스마트의 저서 『여성, 범죄 그리고 범죄학』1916의 두 가지를 들 수 있다. 그밖에도 저명한 페미니스트 범죄학자로는 F·하이덴존, L·겔스숍, A·모리스이상 영국, M·체스니·린다, K·데일리, J·클레스, J·펫산슈미트, S·심프슨이상 미국을 들 수 있다.

2 여성범죄 연구에 대한 평가

롬브로조 시대 이후부터 많은 연구실적은 아니지만 여성범죄 연구는 계속 이어지고 있어 범죄학사상으로는 긴 역사를 지니고 있다. 여기서는 지금까지의 대표적인 여성범죄 연구에 있어서 여성범죄자를 어떻게 파악해 왔는지를 정리하고 이에 대한 페미니스트 범죄학에 대한 비판을 살펴나가기로 하겠다.

1) 롬브로조의 여성범죄 연구

C·롬브로조는 당시 유행하고 있던 「인체 측정학」의 수법을 사용하여 범죄자를 개별적으로 조사하고 구체적인 예증을 통해 선천성 범죄자가 존재한다는 사실을 검증하고자 했다. 앞에서 기술한 바와 같이 그 후 선천성 범죄자설 자체는 부정되었지만, 롬브로조는 현재도 실증주의 범죄학의 아버지로 평가되고 있다. 롬브로조는 여성범죄자를 대상으로 그와 같은 조사를 실시하였고, W·페레로와 공동 저술한 『여성범죄자와 매춘부』(1895) 속에서 그 조사결과를 다음과 같이 기술하고 있다.

(a) 여성은 신체적·정신적으로 수동적이면서도 다른 한편으로 냉혹하고 계산 빠른 부도덕한 생물이다. (b) 진화론적인 입장에서 보면 여성범죄자는 그러한 선조가 환생한 존재이므로 동물에 훨씬 가까운 존재이다. 또한 형태학적으로 보면 보통 여자에 비해 남성에 가까운 특징을 지니고 있다.

예를 들면 여성범죄자는 체모가 짙다. 이것은 여성범죄자가 일반적인 여자보다 진화하였다는 것을 나타내는 것이 아니라 이상 존재임을 의미하는 것이다. (c) 범죄인류학상에서 나타난 신체적 특징을 지니는 비율이 남성범죄자보다 높다_{선천성 범죄자의 비율이 높다}. 그리고 이를 토대로 롬브로조 등은 여성범죄자는 이처럼 정상인 자와 다를 뿐만 아니라 일반적인 여성과도 다르므로, 특이한 존재로서의 이중적인 의미를 지닌 「괴물」이라고 결론지었다.

2) 기타 여성범죄 연구

시카고학파의 한 사람인 W·토머스는 자신의 저서 『성과 사회』1907에서 여성은 남성보다 덜 진화된 하층인류이므로 백인 남성에 비해 난폭하고 현명하지도 않다고 주장했다. 또한 사례연구의 선구적인 공적이라 할 수 있는 『부적응소녀』1923에서는 소녀의 性비행을 조사하고 이를 토대로 여성은 남성에 비해 수동적이며 사회적 변화에 적응하는 능력이 결여되어 있으므로 비행을 저지르기 쉽다는 결론을 도출하였다.

O·폴럭은 제2차 세계대전 후 여성범죄자를 다각적으로 검증한 연구자로 잘 알려져 있다. 폴럭은 1950년에 저술한 『여성범죄』에서 그 조사결과를 다음과 같이 기술하고 있다. (a) 여성범죄는

발각되기 어렵고 게다가 형사사법 속에서도 「기사도 정신」에 입각하여 관대하게 취급되기 때문에 범죄 수가 과소하게 집계되기 쉽다.

(b) 여성은 선천적으로 교활하고 감정적이며 복수심도 강하기 때문에 범죄성이 남성에 뒤지지 않는다. 또한 1961년에 『여성범죄』가 페이퍼백판으로 출판되었을 때에는 무릎 꿇은 남성을 묶어 올리는 마녀의 일러스트가 표지로 사용되기도 했다.

이러한 롬브로조 이후의 일련의 여성범죄 연구에 대해서 페미니스트 범죄학은 여성에 대한 편견에 기초한 것이며 여성 차별에 직결되는 것이라고 강력하게 비판하였다. 우선 일련의 연구의 기저에는 "여성범죄자는 보통사람_{혹은 여성}과는 다른 별종이다"라는 발상이 드리워져 있는데, 이 점에 대한 정확한 실증적 연구는 없다.

또한 종래의 연구에서는 여성범죄의 원인을 주로 생물학적·심리학적 요인에서 찾으려 했기 때문에 환경적인 요인이기도 한 성차이를 무시하고 있는데 이는 용인할 수 없는 것이다. 예를 들어 미국 범죄사회학의 원류인 시카고학파의 한 사람인 W·토머스가 여성범죄자는 이상한 생물학적 요소를 지니고 있다고 주장한 바 있는데 이는 그야말로 바보 같은 이야기다. 그리고 사회학적 기법이 지배하고 있었던 1950년대에 미국의 폴럭도 범죄생물학적 발상으로부터 벗어나지 못하고 있었기 때문에 결국 이데올로기적·경험적인 접근방법에 머무르고 있었다는 것을 알 수 있다.

게다가 이들 연구에서는 매출이나 성비행을 여성범죄의 전형으로 간주하였는데 여기서도 여성에 대한 편견이 나타난다. 이와 관련하여 F·하이덴슨은 "이들 연구를 통해 밝혀진 것은 여성범죄의 원인이 아니라 당시 여성의 사회적 지위가 낮았다는 사실과 여성에 요구하는 도벽이 남성의 그것과 다른 이중적인 기준에 기초하고 있었다는 사실뿐이다"라고 주장한다.

페미니스트 범죄학은 기타 범죄학에서 이루어진 여성범죄 연구에도 비판의 화살을 돌리고 있다. 예를 들면 프로이드는 여성범죄자에 대해 다음과 같이 기술하고 있다. 일반적으로 여성은 남성의 성기를 지니지 못한 것에 대해 늘 열등감을 품고 있다. 그뿐 아니라 여성범죄자는 어머니나 아내로서의 여성의 역할에 만족하지 못하기 때문에 신경증, 부적응 혹은 성적 부적응의 증상을 보이고 있다. 이러한 행동의 원인은 남성이 되기를 갈망하는 것에서 비롯되며 그 결과 건전한 여성적 자세를 갖추지 못한 데서 기인한다. 페미니스트 범죄학은 이러한 프로이드의 견해는 심리학 관점에서 범죄원인론에 접근하고 있다는 점에서 앞에서 말한 세 사람의 견해와 다르기는 하지만, 결국 그 근저에는 근거 없는 여성멸시 관념이 존재하고 있다는 점에서는 다를 바 없다고 지적한다.

그리고 F·아들러는 『신여성 범죄자의 출현』1975에서 여성해방과 범죄의 관계를 분석하였는데, 여기서는 1970년대 중반에 나타난 여성해방·여성의 사회진출로 인해 여성이 남성화된 결과, 여성 범죄가 폭력화되고 양적으로도 증가하였다는 결론을 내렸다. 이에 대해 페미니스트 범죄학에서는 아들러의 연구의 기초가 되고 있는 데이터의 출처가 불명확하다는 점, 그리고 여성의 사회진출이 구체적으로 무엇을 가리키는지 그 의미가 불명확하다는 점을 근거로 들어 그의 주장이 추론에 지나지 않는다는 비판을 하였다.

여성취급에 대한 비판이론

페미니스트 범죄학은 종래의 범죄학 이론이 남성을 주된 연구대상으로 삼았으며 여성의 존재는 무시되어져 왔다고 비판함과 동시에, 전 인구의 반수를 점하는 여성을 고려하지 않는 범죄학 이론은 넌센스라고 주장했다. 또한 페미니스트 범죄학은 종래의 범죄학 이론이 남자 비행소년을 영웅화시키고 비행을 남성다움의 표현으로 파악한 반면, 여자비행에 대해서는 고정적인 관념에 지나지 않는 여성다움을 전제로 깔고 있지는 않았는가 하는 의문을 제기했다.

그리고 여성을 시야에 넣을 경우에는 대부분의 범죄학 이론이 이론적이나 체계적으로 붕괴해 버릴 것이라고 주장했다. 전통적인 범죄학 이론에서 이루어져 온 여성취급에 대한 페미니스트 범죄학의 비판을 개별적으로 살펴보면 다음과 같다.

1) 시카고학파에 대한 비판

시카고학파는 생태학을 응용한 조사연구를 통해 미국의 범죄사회학 기초를 쌓았다는 평가를 받고 있다. 그러나 페미니스트 범죄학은 시카고학파의 연구를 다음과 같이 비판하고 있다. 즉 쇼

그리고 맥케이는 『소년비행과 비행지역』1942에서 비행소년의 주거지 등을 조사할 시에 소녀비행은 거의 다루지 않았다. 실제로 이 책에서 소녀에 대해 언급한 부분은 모두 합해서 수 페이지에 지나지 않는다.

또한 그 조사결과에서 소녀비행의 특징으로 ① 소녀비행은 소년비행에 비해 특정 지역에 집중되어 있다는 점, ② 소녀비행의 대부분이 성비행이라는 점의 두 가지가 지적되었지만, 왜 소년비행과 소녀비행에 차이가 나는지에 대한 고찰은 전혀 이루어지지 않았다.

2) 분화적 접촉이론에 대한 비판

E·H·서덜랜드는 『범죄학 원리(제4판)』1947에서 분화적 접촉이론을 명확하게 제창하였다. 이 이론은 각종 범죄에 대해 적용이 가능한 일반이론으로 구축되었다는 점에서 높이 평가받고 있으며 이후의 범죄학 이론에도 커다란 영향을 주었다. 하지만 페미니스트 범죄학은 서덜랜드 역시 여성을 고려하지 않은 상태에서 범죄원인론을 전개하였다고 한다.

예를 들면 『범죄학 원리(제4판)』 속에서 여성은 집단폭력 활동에 참가하지 않는다는 전제를 두고 있다. 이는 여성을 전혀 시야에 넣지 않은 결과라는 것이다. 서덜랜드는 자신이 제창한 분화적 접촉이론에서 남성의 범죄가 여성범죄보다 많은 이유를 들 수 있다고 했지만 이 문제를 구체적으로 논하지는 않았다. 또한 여성이 남성과 다른 행동양식을 학습하는 이유를 분석할 필요성이 있었음에도 불구하고 이 점에 대해 논한 적도 없다.

3) 사회무질서론에 대한 비판

『사회적 이론과 구조』1937를 통해 사회무질서론을 주장한 R·머튼은 범죄학상 높은 평가를 받았다. 이 사회무질서론에 대해 페미니스트 범죄학은 사회무질서론을 여성범죄에 적용시킬 수 있을 것인지에 대한 검증을 하지 않았다는 점에서 비판하고 있다. 즉 머튼의 이론은 남성과 마찬가지로 사회무질서에서 오는 긴장 속에서 생활하고 있음에도 불구하고 여성범죄가 남성범죄에 비해 상대적으로 적다는 점을 설명할 수 없었으며, 공통 목표를 「경제적 성공」으로 보는 것은 남성의 경우에나 해당하는 것이므로 여성의 경우에는 별도의 검토여지가 남아 있다고 지적한 것이다.

4) 비행하위문화론에 대한 비판

비행하위문화론은 A·코헨이 머튼의 사회무질서론을 발전시킨 이론이다. 이 이론은 이론 그 자체로도 높은 평가를 받았을 뿐 아니라, 이후에 W·밀러의 하류계층문화론, S·스터크 등의 상대적 결핍론, R·클라워드와 L·올린 등의 분화적 기회균등론으로 계승되어 범죄학 이론 발전의 계기를 마련했다는 점에서도 높이 평가되고 있다.

그러나 페미니스트 범죄학은 비행하위문화론이 소년에 초점을 맞추어 이론을 구성하고 있다는 점에 대해서도 비판을 가하고 있다. 그리고 코헨의 저서 중에는 "여성의 최대의 관심은 이성과의 관계이다"라든지, "여성의 성비행은 이성관계가 원만하게 이루어지지 않았을 때의 해결책이다"라는 등의 여성 멸시적인 기술이 보인다고 지적한다. 결론적으로는 코헨의 하위문화론도 왜 여성범죄가 남성범죄보다 적은가, 여성이 범죄를 저질렀을 때 그것이 어떻게 이성관계에 연관되는가 하는 의문에 대해서는 답변하지 못하고 있으며, 숫자가 적은 여성에 대한 언급도 고정관념에서 오는 여성관에서 탈피할 수 없다는 비판을 받았다.

5) 마르크스주의 범죄학·신범죄학에 대한 비판

페미니스트 범죄학의 비판의 화살은 마르크스주의 범죄학이나 신범죄학에도 향해진다.

첫째, 마르크스나 엥겔은 범죄의 원인을 자본주의 사회구조에서 찾으려 했다. 그러나 자본주의 사회에서의 여성과 범죄의 관계에 대해 충분한 검토를 하지 못했다. 그뿐 아니라 여성에 관한 기술이 거의 보이지 않는다. 그렇기 때문에 페미니스트 범죄학은 그들이 지향한 사회구조 변혁은 남성사회를 전제로 한 것에 불과하다고 지적하고 있다.

둘째, H·베커는 『아웃사이더들』1963에서 낙인이론을 제창했다. 이 이론은 종래의 범죄학이 오로지 범죄자 개인에 초점을 맞추어 범죄자에 대한 형사사법기관이나 사회의 대응을 경시하였다는 점에 반성을 촉구하였고, 범죄가 원래부터 존재하는 것이 아니라 누군가가 그것을 비난하고 꼬리표를 붙였기 때문에 범죄가 되었다고 주장했다. 그리고 형사사법 기관이나 사회가 범죄자에게 꼬리표를 붙이는 과정에 주목하여 낙인 그 자체에 대한 재검토를 주장했다.

그러나 베커는 일탈에 대한 실태조사의 일환으로 재즈 음악가를 대상으로 인터뷰를 실시하였는데, 그 주된 대상이 남성이었으며 하물며 그들 부인에 대한 인터뷰조차 실시하지 않았다. 또한 마리화나 사용자를 조사함에 있어서도 그 대상을 남성으로 한정하였다. 이로 인해 베커는 여성과 범죄의 문제에 대해 철저하게 조사할 필요가 있었음에도 불구하고 이를 행하지 않았다는 비판을 받게 된 것이다.

셋째, 신범죄학은 많은 전통적 범죄를 시민의 「체제에 대한 레지스탕스」로 보는 한편, 진정한 범죄는 전쟁이나 인종차별이며 이것이야말로 문제시 삼아야 한다는 입장에서 종래의 범죄학의 문제의식을 비판하였다. 그러나 I·테일러, P·월튼, J·영이 저술한 『새로운 범죄학』1972에는 여성에 관한 기술이 한 마디도 보이지 않았으며, 흑인 차별 문제를 논할 때에도 흑인 여성이 처해 있는 열악한 경제 환경에 대해서는 논하지 않았다. 이와 같은 신범죄학의 태도에 대해 A·모리스는 말한다. "그들은 마르크스주의적인 수법을 채용하지 않으면 일탈이론을 구축하는 시도 속에서 방치되어져 온 공백을 메울 수 없다고 주장했지만, 자신들 주장의 공백이라 할 수 있는 여성 문제에는 전혀 무의식적이다."

 ## 4 페미니스트 범죄학의 형사사법 과정 비판

페미니스트 범죄학은 입법·행정·사법 3권을 지금까지 남성이 지배해 왔기 때문에, 법의 제정, 집행 및 적용 등 모든 단계에서 여성의 시점이 결여되어 있고 여성의 권리가 적절하게 보호되지 못했다고 지적한다. 즉 형사사법의 모든 과정에서 여성은 평등하게 취급되지 못하고 남성의 편견이 드리워져 있으며, 비유적으로 말하면 「남성에 의한 남성을 위한 남성의 형사사법」이 되었다고 주장한 것이다. 또한 여성범죄자나 여성피해자를 옹호하는 주장도 남성 지배를 위한 편법에 지나지 않는다고 하였다. 페미니스트 범죄학의 형사사법과정 비판을 정리해 보면 다음과 같다.

1) 입법의 여성 멸시

동성애가 범죄시되었던 시대에는 그 주체가 남성에 한정되어 있었고 강간죄도 남성만이 실행 가능하다는 인식이 뿌리 깊게 남아 있었기 때문에 여성은 어디까지나 피해자의 입장에 놓여 있었다. 이러한 입법례에서는 남성만이 규제의 대상이 되어 왔으며, 반대로 매춘은 여성만이 행하는 것으로 이해되어 왔다. 이러한 여성에 대한 대응 실태를 살펴보면, 입법기관은 여성에 대해 「성모」의 이미지(예를 들어 강간의 피해자)와 「마녀」의 이미지(예를 들어 매춘부)를 구별하여 적용시켰으며, 동시에 후자에 대해서는 엄격한 대응을 해 온 것은 아니었는가? 만약 그렇다고 한다면 입법의 시점에서 이미 여성 멸시가 전제가 되고 있었다는 것은 명백하다고 할 수 있다.

2) 수사와 재판의 불공정

폴럭은 공식적인 데이터에서 여성범죄의 수가 적은 근거로서 수사기관이나 재판소가 여성을 관대하게 취급해 왔다는 점을 들었다. 그렇지만 이 주장은 명확한 근거를 제시하지 않고 있어 결국 추측의 범주를 벗어나지 못하고 있다. 오히려 여성이 남성보다 엄격하게 취급되어 온 것은 아닌가 하는 의문조차 생긴다.

즉 여성이 범죄를 저질렀을 경우 법률 위반에 대한 것뿐 아니라 여성에 대한 수사기관이나 법원의 기대에 어긋났다는 점에서도 비난을 받았다는 것이다. 그 결과 성적으로 불순한 이성교제나 가출 등의 우범을 예로 들면 소녀에 대해서는 소년에 비해 엄한 조치가 강구된다. 또한 성인 여성이 범죄를 저질렀을 때에도 아내나 어머니로서의 역할 기대에 어긋났다고 하여 엄한 조치가 취해지는 경우가 많다. 이러한 경우에는 여성의 체포율, 기소율, 실형률이 높아진다.

한편 하이덴존은 다음 4가지로 종합하여 법원을 비판하고 있다. (a) 법원은 성적 행위에 대해 「이중적인 기준」을 적용하고 있다. 예를 들면 미성년의 난잡한 교류나 성교에 대해 여자에게는 과도하게 엄격한 태도를 취하면서 남자에게는 아무런 간섭도 하지 않는 경우가 많다. (b) 법원은 여성범죄·비행을 자칫하면 성적인 의미를 부여하여 특징지으려 하고 그것을 과잉으로 드라마화하려 한다. (c) 소녀는 반항적일수록 형량면에서 부정적인 평가를 받아 낙인의 대상이 된다. (d) 법원은 일반적으로 인정되고 있는 일부일처제나 동성애 금지규범을 받아들이지 않는 여성에 대해 엄격한 형량으로 처벌하는 경향이 있다.

3) 여자수형자 차별

페미니스트 범죄학의 범죄자 처우에 대한 비판의 화살은 지금까지 주로 여자형무소에 겨누어져 왔다. 영국과 미국에서는 형무소의 인구가 현저하게 증가되었는데, 그 중에서도 최근에는 여자수형자 증가율이 남자수형자 증가율에 비해 극히 높은 수치를 나타내고 있다. 이러한 사실을 배경으로 1960년대 이후 여자수형자에 관한 연구가 활발히 이루어졌고, 그 연구의 대부분이 현행 여자수형자 처우에는 여자에 대한 적절한 배려가 결여되어 있다고 비판하고 있다. 즉 종래의 연구에 의하면 자유형 부과에 따르는 부정적인 측면이 남성보다 여성이 훨씬 크다는 것이다_{남편과의 관계 악화, 자식들에 미치는 악영향 등}. 하지만 이러한 비판은 가사나 자식 양육을 여성의 역할로 간주하는 밝은 고정관념을 전제로 하고 있고 또한 여성에 대한 편견을 나타내는 것이므로 인정할 수 없다.

오히려 진정한 문제점은 여자수형자 처우 중에서 이러한 고정관념에서 도출되는 여성상이 강화되고 있다는 점에 있다. 예를 들면 여자수형자에게는 재봉이나 조리 등의 가사를 배울 기회가 부여되고 있는 반면, 출소 후의 고용에 직결되는 일을 배울 기회는 남자수형자에 비해 적기 때문에 사회진출의 가능성이 처우제도 속에서 이미 제한되고 있는 실정이다.

여자수형자는 편견에 의한 두 가지의 별도 취급을 받고 있다. 즉 여자수형자를 사회에 대한 위험한 존재로 보는 것이 아니라 교육이나 지도가 필요한 「미성숙하며 연약한 여성」으로 파악하고 있는 것이다. 다른 한편으로는 중죄를 저지른 자는 「여성 고유의 악의나 부도덕성이 노출된 전형」으로 간주되어 남자수형자보다 엄격한 처우를 받고 있다는 것이다.

페미니스트 범죄학의 주장

페미니스트 범죄학은 최근 들어 종래의 범죄학의 실체를 비판하는 데 그치지 않고 실제 형사 법제에도 적잖은 영향을 미치고 있다. 그 중에서도 강간죄, 낙태죄 및 매매춘 규제를 재검토하려는 구미의 움직임에 대한 페미니스트 범죄학의 주장은 결코 간과할 수 없다.

1) 강간죄

남성 지배와 성적 불평등의 현실을 가장 상징적으로 나타내는 범죄로 페미니스트들은 강간죄를 들고 있다. 종래에 미국에서는 강간죄가 성립되기 위해서는 피해자인 여성의 동의의 부존재가 요건이 되었었다. 그러나 실제로는 여성이 마음에 내키지는 않지만 어쩔 수 없이 동의한 경우나 일정시간 동안 저항한 후에 저항을 그만 둔 경우까지도 동의의 존재를 긍정하는 식으로 취급되어져 왔다.

이에 대해 페미니스트들은 가해자인 남성을 부당하게 보호하는 처사라는 비판을 가하였던 것이다. 또한 종래에는 부부간에 이루어진 강간에 대해서는 (a) 혼인 자체가 성교를 동의하는 의사표시이다, (b) 강간의 사실 입증이 곤란하다, (c) 가정내의 문제에 형법은 개입하지 않는다는 3가지 이유에서 면책이 인정되어 왔다.

그러나 이러한 면책은 기혼여성의 자기 결정권이나 프라이버시를 불합리하게 제한하는 것이 되므로 부부간의 강간죄 성립도 인정해야만 한다고 주장하였다. 게다가 원래 강간죄의 가해자를 남성, 피해자를 여성으로 규정하는 점 자체가 성적 차별이라는 비판과 더불어 여성의 남성 강간도 고려하여 범죄의 주체와 객체에 대한 규정이나 정의를 중성적인 것으로 개정해야 한다고 주장했다.

미국에서는 1970년대 후반부터 이들 페미니스트 범죄학자의 주장을 고려하여 강간죄에 대하여 (a) 진지한 동의 이외에는 동의의 존재를 인정하지 않는다, (b) 부부 간에도 강간죄를 적용한다,

(c) 법률상의 문구를 중성화한다는 등의 법개정이 추진되었다. 이러한 강간죄의 규정 개정 움직임은 유럽 각지에서도 나타났으며 영국의 경우에는 1994년에 강간죄 규정 개정이 이루어졌다.

REAL RAPE진정한 강간

당시 하버드대학 로스쿨 교수였던 S·에스트리치는 『real rape』1987에서 자신의 피해 체험에 비추어 볼 때, 일반적으로는 낯선 남성에게 폭력적으로 당하는 성적 행위만을 강간으로 생각하기 쉽지만 우리가 문제 삼아야 할 진정한 강간은 「가해자가 피해자와 안식이 있는 자이면서 폭행이나 협박에 의하지 않은 강간simple rape」이라고 고발하였고, 종래의 강간관련법이 여성보호는 커녕 오히려 남성보호의 수단으로 이용되어 왔다고 주장했다. 이 주장은 「rape강간」의 개념 자체에 이미 문제점이 내재되어 있다는 사실을 지적한 것으로서 사회에 커다란 충격을 안겨주었다.

또한 영국과 미국에서는 1970년대 초두부터 페미니스트 범죄학자들이 강간위기센터rape crisis center의 설립과 운영에도 적극적인 자세를 취해 왔다. 이 강간위기센터에서는 강간 피해자에 대한 상담이나 전화상으로 정보를 제공하는 등의 원조사업을 실시하고 있다.

2) 낙태죄

우리나라에서 낙태죄criminal abortion는 형법(제269~270조)에 처벌규정을 명시하고 있고 모자보건법(제18조)에서는 우생학적·유전학적·윤리적·보건의학적 이유가 있을 때에는 본인임신부과 배우자의 동의를 얻어 의사가 낙태수술인공 임신중절을 할 수 있으며, 이 경우에는 위법성 조각 사유가 적용되어 낙태죄가 성립하지 않는다. 이와같은 인공 임신중절을 규제하는 법률의 합헌성을 둘러싸고 1970년대 이후 미국에서는 낙태죄에 대한 재검토가 논의되었다.

페미니스트의 주장은 여러 갈래로 나뉘지만 실제적인 법제도의 개정과 관련해서는 다음의 2가지 제언이 주목된다. (a) 여성의 중절 결정권자기 결정권을 확장한다.

(b) 기혼 여성의 경우에 인공 임신중절의 요건이 되어 온 「남편의 동의」를 삭제한다. 이 중 (a)에 대해서는 인공 임신중절을 원칙적으로 자유화해야 할 필요가 있다는 논의가 있었으며, 다른

한편으로는 인공 임신중절이 금지되는 기간_{태아가 생존 가능한 시기}을 단축함으로써 임신으로 인해 행동의 자유를 제한당하는 여성에게 인공 임신중절의 결정권을 가능한 범위 내에서 부여해야 한다는 의견도 제시되었다. 그리고 (b)에 관련해서는 인공 임신중절의 요건인 「남편의 동의」는 여성의 자기 결정권을 제한하는 결과를 초래하므로 이를 삭제해야 한다는 의견이 제시되었다.

단, 인공 임신중절의 자유화 문제는 미국의 경우 종교적·정치적 색채를 짙게 드리우고 있으며_{예를 들어 선거 캠페인에서는 원칙적으로 공화당이 인공 임신중절 규제를 지지한 반면, 민주당은 규제를 반대한다는 입장이 이미 공식화되어 있다고 한다}, 그러한 동향을 하나의 요인을 가지고 설명하기란 매우 어렵다. 그러나 그러한 상황 속에서도 페미니스트의 주장이 이 문제에 일정한 영향력을 미치고 있음은 부정할 수 없다.

3) 매매춘 규제

매매춘 논의는 남성위주의 이중규범을 확대 재생산해 왔다. 즉 매매춘은 사회적으로 불가피한 것으로 승인되어 온 반면 여성은 사회적으로 지탄 받는 대상이었다. 매매춘에 대한 이러한 이중규범은 페미니스트 매매춘 이론에 의해 도전받게 되었다. 페미니스트 내부에서도 매매춘 문제에 대한 대응책은 갈라진다. 즉 매매춘에 대한 형법적인 규제는 여성의 행동의 자유를 제한하는 것이라는 입장에서 반대하는 견해가 있는 반면에, 여성을 경시하고 성을 상품화하는 용인할 수 없는 행위라 하여 엄격한 규제를 펴야 한다는 견해로 나누어진다.

다만, 형법상의 규제에 반대하는 논자는 매춘 여성을 벌하는 것은 매춘 문제의 근본적인 해결책이 될 수 없으므로 약자에게 상처만 입힐 뿐이라고 주장하고 있으며, 반면에 형법상의 규제를 지지하는 논자는 여성은 어디까지나 피해자이므로 가해자인 매춘 알선자나 고객 등의 남성을 벌하는 것을 주장하고 있다는 사실에 주의를 요할 필요가 있다.

즉 매매춘의 규제에 반대하는 입장은 주로 여성에 대한 제재를 중점으로 논하고 있는 것에 비해, 지지하는 입장은 남성에 대한 제재를 중점으로 논하고 있는 것이다. 따라서 양자의 입장의 차이는 그다지 크지 않다고 할 수 있다. 형사법 상으로 규제할 것인가 아닌가의 문제는 논외로 하고 볼 때, 페미니스트는 매매춘을 한편으로는 남성들에게 유리하도록 여성을 상품화하면서 다른 한편으로는 여성을 멸시하는 남성의 이기주의를 여실히 드러내는 「이중적인 기준」의 실례로 보고 그 근절을 목표로 삼고 있다.

⑥ 페미니스트 범죄학에 대한 평가

지금까지 페미니스트 범죄학의 주장을 개관해 보았다. 그러면 현 시점에서 이러한 주장을 놓고 어떠한 평가를 내리는 것이 적절한 것일까? 페미니스트 범죄학에 주목할 때 우리는 종래의 범죄학이나 형사사법을 통렬히 비판하는 급진적인 측면에만 눈을 돌리기 쉽다. 그러나 이를 근거로 하여 페미니스트 범죄학의 주장을 당돌하다고 평가해서는 안 될 것이다. 오히려 페미니스트 범죄학의 취지는 종래의 범죄학이 범죄특히 여성범죄의 원인을 안이하게 생물학적인 요인에서 찾으려 한 점, 사회에서 남성과 여성이 처해 있는 상황이 다르다는 점을 무시한 채로 범죄의 원인을 사회학적인 요인에서 찾으려 한 태도에 경종을 울리고 있다는 점을 높이 평가해야 할 것이다. 또한 지금까지 형사사법이 전형적인 사고에 의해 빚어진 여성상을 전제로 하여 「남성과 여성, 혹은 일반 여성과 여성범죄자를 서로 다른 기준」이중적인 기준에 맞추어 평가해 왔다는 지적도 중요한 문제를 제기한 것으로 받아들일 필요가 있다.

한편, 페미니스트 범죄학은 종래의 범죄학을 시종 비판하면서도 생산적인 논의는 하지 않았기 때문에 하나의 범죄학파로서 성립될 수 없다는 비판도 보여진다. 그렇지만 페미니스트 범죄학의 주장은 앞에서 말한 것처럼 실제 형사법제에도 일정한 영향을 끼쳤다는 점에서 결코 경시할 수 없다. 그리고 1980년대 후반에 형사사법기관 등의 무성의한 대응으로 인해 피해자의 범죄피해를 더욱 심각하게 만드는 「제2차 피해자화」 문제가 주목을 끌었을 때에도 강간죄 피해자에 대한 형사사법기관의 부당한 취급을 비판한 페미니스트 범죄학의 공헌도를 잊어서는 안 될 것이다.

그러나 지금까지 범죄학이 여성의 존재를 완전히 무시해 왔다고 하는 페미니스트 범죄학의 주장은 실제 사실과는 다르다. 또한 전체 범죄자 중에서 여성이 차지하는 비율이 낮다는 사실에 비추어 볼 때 그 동안의 조사연구가 남성을 중심으로 이루어져 왔다는 점에 대해서도 나름대로의 견해를 제시했어야 한다. 게다가 페미니스트 범죄학은 종래의 범죄학이 여성의 존재를 간과해 왔다는 점을 지적하면서 종래 범죄학의 차별이나 편견을 비판했음에도 불구하고, 스스로도 노인이나 소수민족을 시야에 넣지 않음으로써 결국은 설득력을 잃었다.

형사사법에 대한 페미니스트 범죄학 비판이 검증되지 않았다는 사실에 유의할 필요가 있다. 즉 형사사법기관의 차별적인 대응이 성차별에서 기인하는 것임을 명확하게 실증할 만한 데이터는 아직까지도 제시되지 않고 있다. 오히려 차별적인 대응의 원인은 인종, 사회적 지위, 범죄의 종류, 전과, 가정환경 등의 다양한 요소가 복잡하게 얽히면서 발생한다고 보는 것이 현대 범죄학의 개념일 것이다.

오늘날 유럽이나 미국뿐 아니라 우리나라에서도 여성범죄의 양상이 변화하여 주목을 끌고 있다. 이와 더불어 "여성범죄가 상대적으로 적은 것은 생물학적 요인에 의한 것일까, 아니면 사회학적 요인에 의한 것일까?"의 논의도 다시 기지개를 켤 기미를 보이고 있다. 이와 같은 현실을 둘러싸고 종래의 범죄학의 시점 변경을 요구하는 한편, 남성의 편견에서 벗어나지 못하고 있는 점에 반성을 촉구하는 페미니스트 범죄학의 도전적인 자세는 높이 평가할 만하다.

한편, 페미니스트 범죄학을 "이론이라기보다는 하나의 시점 제시에 지나지 않는다"는 비판도 뿌리깊다는 사실을 명심할 필요가 있다. 따라서 페미니스트 범죄학에 의해 조금씩 밝혀진 문제점이나 한계를 극복하는 것이 향후의 과제로 남아 있다. 그러한 의미에서 페미니스트 범죄학은 "아직 완전하게 개화되지 않았다"고 볼 수 있다. 페미니스트 범죄학의 도전이 우리에게 새로운 이정표를 제시한 만큼 결실을 맺기 위해서는 앞으로 그 내부에서 어떠한 변용을 보여주느냐에 달려 있다고 할 수 있다.

피해자학

제1장　서설

　　피해자학victimology은 피해자의 특성과 피해를 입기 쉬운 상태, 상황, 범죄행위에 관련된 가해자와 피해자의 상호관계 등을 사실학적으로 해명하는 분야이다. 즉 범죄에서 피해를 당했거나 당할 우려가 있는 사람의 생물학적 특성과, 범죄에서 차지하는 피해자의 비중, 형사사법에서 고려해야 하는 피해자 보호 따위를 대상으로 연구하는 학문분야로 범죄의 예방 및 범죄에 대한 선후조치善後措置의 형성에 이바지한다. 피해자학이란 용어는 1948년 wartham이 『폭력의 현장』이라는 저서에서 처음 사용하였다.

　　피해자학에 대한 논의는 첫째로 종래의 범죄학이 가해자인 범죄인의 특징과 그 환경 등에 관한 분석에만 관심을 기울이고 범죄피해자는 무시되었거나 단순히 수동적인 객체에 불과하였던 것과는 달리 피해자에 주목하여, 피해자 측의 제반 특징을 분석하여, 이를 범죄예방피해예방에 응용하고 가해자의 행위 및 형사책임과 양형의 적정화에 사용하며, 둘째는 범죄자의 권리보호에 못지 않게 중요한 것이 형사사법을 통한 피해자의 보호라는 점에서 논의되기 시작하였다. 피해자학은 제2차 세계대전 이후 특히 한스 폰 헨티히Hans von Hentig와 멘델존Mendelsohn의 연구를 필두로 그 동안 수많은 연구결과가 나왔다.

　　초기의 피해자학 이론은 종래의 범죄학적 접근을 전제로 한 피해자 문제가 논의되었던 까닭에 피해자의 지위는 범죄원인규명의 한 축으로서 의미가 부여되어 왔다. 따라서 이때의 피해자학적 관심은 어디까지나 범죄발생과 관련한 피해자화의 과정이라는 원인적 측면에만 모아졌을 뿐 피해자측의 피해구제나 회복은 사법적 영역에의 위임으로 만족하여 왔음을 부인할 수 없다.

　　하지만 1970년대 이후 피해자 구제 측면이 급속히 발전되어 1980년대에는 형사절차에 있어서의 피해자 지위 문제, 1990년대에는 범죄자 처우에 있어서의 피해자 시점 문제 등으로 논의의 대상을 넓혀왔다. 최근에는 다양한 범죄유형의 피해자가 연구대상에 포함되고 피해자의 지원·원조라든지 범죄예방론과의 연대가 보여지는 등 한층 더 발전하였다. 그 반면 피해자 구제의 움직임이 인과응보적인 처벌사상과 과도하게 결부될 수 있다는 위험성에 경종을 울리는 비판적 피해자학도 나오고 있어 그 동향이 주목된다. 이 장에서는 피해자학에 대하여 검토한다.

제 2 장 | 피해자학의 기본개념

　'피해를 입은 사람들보다 피해를 입지 않은 사람들이 더 분노한다면, 그 사회는 정의를 지킬수 있다'. 러시아의 소설가 '톨스토이'가 말한 정의에 관한 말이다. 2020년 봄 일명 'n번방 사건'이라는 텔레그램 성 착취 범죄는 많은 국민들의 공분을 사고, 시민단체들도 디지털 성 착취 범죄피해자 지원과 가해자들에 대한 강력한 처벌을 촉구하였다. 종래의 피해자학은 오로지 범죄자에 초점을 맞추어 범죄현상이나 범죄원인을 고찰하였었다. 그러나 범죄는 가해자와 피해자의 상호작용에 의해서 발생한다. 따라서 이와 같이 피해자 연구 없는 일면적인 고찰방법만으로는 범죄의 원인을 규명하고 그 방어대책을 수립할 수 없다는 입장에서 범죄의 피해자에 주목하고자 하는 움직임이 있는데, 이것이 바로 피해자학Victimology이다.

　피해자학은 범죄의 피해자 및 피해를 입을 위험이 높은 자에 대해서 생물학적·심리학적·사회학적 특성을 과학적으로 연구하고 피해자화를 미연에 방지하며, 이미 발생한 피해자에 대해서는그 피해의 회복대책을 강구하며 피해의 확대를 방지할 수 있는 지식과 기술을 개발하고 또는 피해자화에 대한 정보를 일반국민들에게 널리 공표함으로써 예방적 활동을 촉진하여 넓은 의미에서 형사정책에 기여하고자 하는 경험과학이다. 그러나 피해자학은 형사사법제도에 있어서 피해자의 법적 지위를 문제삼고 피해자의 인권과 피해자 정책의 필요성을 제시하는 데 활용되므로 정책학으로서의 성격을 지니고 있다김옥현, 2000:44.

피해자학의 태동

피해자학은 범죄의 피해자를 과학적으로 연구하는 것으로 범죄로 인해 신체적·감정적·경제적으로 고통 받는 사람들에게 초점을 두고 있는 것으로, 피해자와 가해자와의 관계, 피해자의 곤경에 대한 일반인들의 반응, 피해자를 다루는 형사재판제도, 곤경에서 벗어나려는 피해자의 노력 등을 연구대상으로 삼으며, 제2차 세계대전 이후에 범죄자에 대한 연구와 더불어 범죄학의 주된 분야로 탄생한 비교적 새로운 학문이다. 원래 범죄학의 일분과로 출발한 피해자학은 그 동안 눈부신 발전을 거듭하여 이제 형사사법체계의 전반에 걸쳐서 커다란 영향을 미치고 있다.

1) 피해자학의 연구대상은 무엇이며, 학문상의 분류는 무엇인가?

피해자학은 무엇을 내용으로 하는가 하는 점에 대해서 뿐 아니라 어느 학문분과에 자리매김 되어야 하는가 하는 점에 대해서도 명확하게 의견이 일치되어 있지 않은 학문분야이다. 그래서 오늘날 피해자학의 연구가 활발하게 전개되고 있는 서구에서는 피해자학을 범죄학의 한 분과로서 범죄피해자의 관점에 의미를 부여하는 것을 내용으로 하는 분야로서 이해하는 시각이 지배적이다.

그러나 피해자학의 연구대상을 이와 같은 좁은 범위로 국한시키지 않으려는 견해는 우선 피해자학을 독립된 학문분과로 취급하면서, 범죄피해자에 한정하지 않고 "모든 종류의 피해사례를 대상으로 하여 사회에서 문제되는 모든 범주의 피해자를 연구대상으로 하는 것"이라고 규정하고 있다Mendelsohn.[51] 또한 협의의 피해자학은 광의의 피해자학의 배경 하에서만 추진될 수 있다는 의미에서 앞의 두 가지 견해를 모두 수용하는 견해도 있다Schneider.

한편 피해자학의 연구대상을 넓게 이해하는 이른바 일반적인 피해자 론은 피해자개념을 정확하게 파악하지 못하기 때문에 독자적인 학문영역으로 인정받기에 불충분한 것으로 생각되고 있

---

[51] 최광의의 개념으로 범죄피해자에 한정하지 않고, 산업재해로 인한 피해자·자연재해에 있어서의 피해자·부주의한 운전으로 인한 부상·자살피해자·비범죄피해자까지 포괄하는 개념이다.

다. 뿐만 아니라 범죄행위로 야기된 피해자상황은 범죄학의 다른 인식적 관심의 대상이 되기도 한다. 게다가 피해자학을 협의로 이해하더라도 이를 범죄 아닌 다른 피해자 상황을 연구하는 데도 유용한 자료로 삼을 수 있다.

그것은 인도주의적 관점에서나 사회정책적 관점에서 볼 때 모든 피해자상황은 유사하기 때문이다. 이러한 이유 때문에 오늘날 피해자학적 문제제기가 범죄학적 연구의 한 구성부분이 되고 있다는 사실을 어느 누구도 의심하지 않고 있다.

2) 범죄학과 피해자학의 차이는 무엇인가?

가) 우선 범죄학은 특정한 개인들이 왜 범죄를 저지르게 되는지, 즉 범죄의 동기를 연구하지만, 피해자학은 어떤 사람들이 왜 피해자가 되는지를 연구하며, 범죄자의 공격을 받게 되는 피해자의 약점을 규명하고 피해자가 부주의하게 행동했는지, 아니면 범죄를 유발한 측면은 없었는지에 관심을 둔다. 특히 왜 특정한 사람들이 다른 사람들에 비해 더 많은 범죄의 희생양이 되어야 하는지에 대해 관심이 크다. 그리고 피해자가 피해상황에 빠질 수밖에 없었던 개인적, 사회적, 문화적 요인을 분석한다. 범죄의 요인이 다양하듯이 피해의 요인도 다양하다는 것이다.

나) 범죄학자들은 범죄자에 대한 자료를 수집한다. 이런 자료를 바탕으로 범죄 예방책을 강구한다. 반면에 피해자학자들은 피해자에 관한 자료를 수집한다. 이런 자료를 토대로 피해 예방책, 즉 피해자가 직면하는 위험요소를 최소화하는 방안을 모색한다.

또한 범죄학자들은 피의자, 피고인이 형사제도 내에서 어떻게 다루어지는지를 연구하지만, 피해자학자들은 피해자들이 경찰, 검찰, 법관들에 의해 어떻게 다루어지는지를 연구한다.

다) 범죄학자들은 범죄자들이 범법행위를 하기 전에 어떤 정신적인 문제를 가졌는지에 관심을 둔다. 그러나 피해자학자들은 피해자들이 피해를 당한 후, 입게 되는 정신적인 문제들 예컨대, 불안정한 인간관계, 자기파괴 충동, 심한 스트레스 등에 관심을 둔다.

라) 범죄학자들은 범죄자들이 법을 지키는 시민이 되도록 하는 데 관심이 있지만, 피해자학자들은 피해자들에게 도움이 되는 서비스와 정책에 관심을 둔다. 또한 범죄학자들은 범죄의 사회적 피해를 연구하며, 반면에 피해자학자들은 피해자들의 개인적 손실을 측정하고 그 손해를 보상해주기 위해 얼마만큼의 노력이 필요한가에 관심이 있다.

마) 더구나 범죄학자들은 자신들의 연구범위가 불법행위 또는 일탈행위에 국한되어 있다는 것을 잘 알고 있지만, 피해자학자들은 자신들의 연구범위에 대해 의문을 품고 있다. 일부는 통계로 나타나는 분명한 피해만을 연구대상으로 삼아야 한다고 보는 반면, 일부는 범죄피해의 종합적인 연구를 위해 홍수, 지진 등 자연재해의 피해자들 전쟁과 기아와 같은 인간이 야기한 재앙의 피해자들, 그리고 그런 사건 자체도 연구해야 한다고 주장한다.

3) 현대 피해자학의 유형

오늘날의 피해자학을 A·카멘은 연구대상이나 사상기초에 따라 보수파 피해자학과 자유파 피해자학, 그리고 급진파 피해자학, 이 세 가지 입장으로 나눌 수 있다고 하였다.

(1) 보수파 피해자학

보수파 피해자학은 주로 가두범죄를 연구대상으로 한다. 그리고 그 사상기초는 자기책임의 철저화에 있다. 따라서 범죄방지나 범죄구제는 기본적으로 개인부담으로 이루어져야만 한다는 입장이다. 세금으로 피해자의 피해를 보완해 주고 피해자에게 서비스를 공급하는 프로그램은 「커다란 정부」의 고복지·고부담 사상이므로 그 도입에는 반대한다. 보수파는 형사사법 시스템을 피해자의 보상감정을 충족시키기 위한 보상적 정의를 보증하는 시스템으로 간주하고 있다.

(2) 자유파 피해자학

자유파 피해자학은 피해자학의 연구대상을 가두범죄에 한정짓지 않고 기업 간부나 고급관료 등의 위법행위로 인해 발생한 범죄피해에까지 확대하고 있다. 자유파 피해자학의 사상적 기초는 「법 아래서의 평등한 보호」에 두어져 있다. 따라서 이 피해자학에서는 피해자는 자신이 입은 피해의 종류에 관계없이 공평한 원조를 받을 자격이 있다고 생각한다. 자유파는 피해자 구제를 위한 정부의 원조프로그램에 나타난 결함 부분을 보완하기 위해 복지 차원의 관점에서 피해자 구제의 안전망을 펼 것을 주장하고 있다. 따라서 피해자를 피해를 입기 전의 상태로 돌려놓기 위해 손해배상기금, 공적 조성을 기반으로 한 범죄피해보험, 강간 위기센터 혹은 학대받은 여성의 피난 장소 등이 준비되어야 한다고 주장한다. 이러한 자유파피해자학 등장의 배경에는 페미니즘 운동의 융성이란 사회적 움직임이 존재하고 있었다.

(3) 급진파 피해자학

급진파 피해자학은 피해자학의 연구대상을 범죄피해자로 한정짓지 않는다. 즉 공해, 노동재해, 허위광고, 경찰이나 기타 공적기관의 권력남용 등에 의해 생겨난 피해자도 연구의 대상으로 삼아야 한다고 주장한다. 이와 같은 입장에서 피해자를 특정 개인이 아니라 노동자, 소수민족, 소비자, 인근 주민, 나아가 영세기업 등 자연인이 아닌 법인의 경우에까지 확대한 것이다. 급진파 피해자학의 입장에서 보면 그때까지의 피해자학이 문제 삼아 온 폭력, 절도, 사기, 성적 착취 등은 그 유해성을 논함에 있어서 아무런 논의의 실익이 없는 것들뿐이었다. 오히려 피해자학이 문제 삼지 않으면 안 될 것은 빈곤, 영양실조, 부랑자, 불평등한 부의 분배 등의 문제였던 것이다. 급진파 피해자학은 형사사법 시스템이 권력자의 이익을 보호하기 위한 수단으로 존재한다고 보았기 때문에 사회구조 자체가 부정의 근원이라고 논하고 있다.

4) 피해자를 보는 관점의 변천 과정

형사정책에 있어서 피해자에 대한 대응의 역사를 S·쉘파는 다음 세 시기로 구분하였다.

제1기는 「피해자의 황금시대」라 불렸으며 부족 간의 복수가 인정되었던 고대를 가리킨다. 그 후 형사책임과 민사책임의 분화가 진행되고 처벌권이 국가에 이양되는 과정에서 피해자에 대한 배려가 희박해지면서 제2기인 「피해자의 쇠퇴시대」로 돌입하였다. 이 시대는 장기간 지속되었으며 피해자는 방치된 상태로 놓여 있었다.

즉 형사사법 시스템에서는 범죄자의 갱생, 사회복귀가 가장 중시되었기 때문에 피해자에 대한 보호나 배려는 소홀해질 수밖에 없었던 것이다. 하지만 1960년 전후부터 이러한 상황을 비판하는 주장이 고조되고 제3기인 「피해자의 부활시대」에 들어섰다.

이 「피해자의 부활시대」는 다음의 3단계로 분류되고 있다. ① 피해자학적인 관점에서 서구 각국이 범죄보상제도를 도입하고 피해자 구제에 관심을 기울이기 시작한 제1단계1960년대~1970년대. ② 형사절차 과정에서 피해자의 권리문제가 제기된 제2단계1980년대. ③ 범죄자를 처우하는 과정에서 피해자의 시점이 자각적으로 논의되고 있는 제3단계1990년대.

(1) 범죄피해자 지원

1960년대 이후 서구 선진국을 중심으로 범죄피해자 지원을 위한 법제도가 마련되기 시작했다. 피해자 지원제도는 원래 범죄피해로 인해 경제적 곤란을 겪는 피해자와 그 가족을 위한 경제적 부조를 주목적으로 하였지만, 최근에는 정신적·심리적 또는 사회적 부조에도 힘을 기울이고 있다.

(2) 범죄피해자의 권익보호

범죄자피의자 또는 피고인의 인권보장은 근대 이후 형사법학의 가장 중요한 과제였지만, 그 자의 범행으로 인해 고통받는 피해자의 입장은 의도적으로 외면되었다. 공형벌公刑罰 제도가 확립된 현대 국가에서는 피해자 대신 국가가 범인을 처벌해 주기 때문에 피해자는 중립적인 입장에 있어야 한다는 것이다.

그러나, 범죄사건의 한쪽 당사자인 피해자의 협조 없이는 사건의 진상을 정확하게 파악하기 어렵고 피해자를 배제한 채 국가가 일방적으로 행하는 처벌절차는 정당화되기 어렵다. 1970년대부터 서구제국에서는 형사절차에서 피해자 지위 강화를 위한 법개정작업이 활발히 전개되고 있다.

5) 피해자학의 국내외 동향

1960년대 이후 미주와 유럽 각국에서는 피해자보호를 위반 법제 정비를 비롯한 국가적 노력이 행해짐과 동시에, 범죄피해자 지원을 위한 시민·사회단체의 활동도 눈부시게 전개되고 있다. 일본에서도 1980년대 이래 피해자 문제에 대한 일반의 관심이 높아졌고 1990년대 중반부터는 경찰의 적극적인 노력에 힘입어 피해자 관련 자원봉사조직이 전국적인 규모의 연대활동을 전개하고 있다. 2000년 5월에는 형사절차에서 피해자 지위를 강화하기 위한 형사절차법 개정도 이루어졌다.

범죄피해자 문제에 대한 국제적 관심도 매우 높다. 1973년 예루살렘에서 제1회 국제피해자학 심포지엄이 개최되고 1979년에는 세계피해자학회가 창립되었다. UN에서도 2001년 12월 현재 회복적 사법모델에 관한 권고안Recommendation 작성을 추진한 바 있다. 우리나라에서도 외국의 입법례를 본받아 다양한 형태의 제도개선이 이루어져 왔다.

『1987년 헌법』에서는 범죄피해자에 대한 국가적 지원을 명문으로 규정하였고, 이 규정에 근거하여 1988년에 『범죄피해자구조법』이 시행되었으며 『형사소송법』도 일부 개정되었다. 나아가, 『특정 강력범죄의 처벌에 관한 특례법1990』, 『성폭력 범죄의 처벌 및 피해자보호 등에 관한 법률1993』, 『가정폭력범죄의 처벌 및 피해자보호 등에 관한 법률1998』 등의 범죄피해자보호에 관한 규정들을 신설하였다.

---

② 초기의 피해자학 이론

종래의 범죄학이 범죄자와 범죄현상에 주목하여 범죄이론을 수립하였듯이 피해자학도 피해자와 피해현상에 주목하여 피해자학 이론을 구축해 왔다. 피해자학 이론은 피해자학의 선구자들과 그 계승자들에 의해 제창된 초기1950년대~1970년대 이론과 현재1980년대 이후 이론으로 나뉘는데 그 성질은 서로 다르다. 그래서 이하에서는 피해자학 이론을 초기와 현재로 분류하여 고찰해 나가기로 하겠다.

피해자학의 초창기에는 주로 피해자 유형·피해수용성 내지 피해자의 범죄유발요인과 같은 사실학적 연구에 주력하였다. 그 기초를 쌓은 사람은 '피해자학의 아버지'라 할 수 있는 H·헨티히Hans von Hentig, B·멘델존Benjamin Mendelsohn, H·엘렌베르거Henri Ellenberger, M·볼프강Marvin Wolfgang, S·쉐퍼Stephen Schafer, R·스팍스Richard Sparks 등이었다. 이들은 그때까지 논의된 적이 거의 없었던 피해자 문제에 정면으로 뛰어들어 이후의 피해자학 발전에 커다란 기여를 하였다.

1) H·헨티히의 「범죄의 이중주적 구조」 가설

미국에 망명한 독일인 범죄학자 H·헨티히는 1941년 「행위자와 피해자의 상호작용에 관한 연구」라는 논문을 통해 범죄피해자는 단순한 수동적 객체에 불과한 것이 아니라 범죄화 과정에 있어서 적극적인 주체라는 점을 부각시켜, 최초로 동적 관점에 근거하여 범죄자와 피해자의 상호작용에 의하여 범죄가 발생한다고 주장하였다.

또한 1948년에 출간된 자신의 저서 『범죄자와 그 피해자The Criminal and His Victim』를 통해 범죄자와 피해자는 서로 밀접한 관련을 가지고 있어서 양자의 상호관계와 그것을 바탕으로 하는 발전과정을 전체적·동적으로 파악해야 한다고 주장하는 등 피해자에 관한 과학적인 연구의 필요성을 주장했다. 이 책은 범죄학에 관한 저서였지만 제4장전체의 약 6분의 1에서는 범죄의 발생요인으로서의 피해자의 역할에 대해 논하였다.

또한 이 책에서 그는 「범죄의 이중주적二重奏的 구조The Duet Frame of Crime」라는 가설을 제시하였다. 이는 범죄를 가해자doer와 피해자sufferer의 상호관계로 파악해야 한다는 점을 주장한 것으로서, 범죄의 실태를 정확하게 파악하기 위해서는 범죄자뿐만 아니라 피해자도 주목하여 그 특성을 추출하고 유형화할 필요성이 있다는 가설이다. "어떤 의미에서는 피해자가 범죄자를 만든다"라는 말은 그의 유명한 말이다.

헨티히는 피해자학을 범죄학에 대한 '보조과학'으로서의 성격을 가진다고 보고, "피해자의 존재가 오히려 범죄를 만들어 낸다"고 하여 피해자를 범죄발생원인 내지 환경요소로 파악하고자 하여 일반적 특성연령, 성별, 정신장애, 사회적 지위 등이나 정신·심리적 특성성격, 심리상태 등에 따라 피해를 입을 가능성이 다르다는 점을 주장했다.

그리고 피해를 입기 쉬운 일반적 특성으로, 젊은 사람, 여성, 정신장애자, 이민, 소수민족을 들었고, 정신·심리적 특성으로는 억울한 감정, 강한 욕구, 바람기, 고독, 폭군, 심리적 궁핍 등을 들었다. 그는 이러한 특성 중에는 피해자가 선천적으로 지니고 있는 것도 있다는 견지에서 「선천적 피해자born victim」의 존재를 강하게 주장했다선천적 피해자설.

헨티히의 이러한 착상은 다원론적 범죄원인론이 주류였던 미국의 범죄사회학에서 이를 보완하는 노력에서 비롯되었다. 즉 종래의 범죄자지향적 범죄학에서는 다원론적 이론에 의해서도 여전히 범죄의 발생원인을 완전하게 설명할 수 없다는 이론적 반성을 거쳐 종래의 이론가설의 불완전성을 보완할 수 있는 새로운 관점 내지 요인을 찾으려는 노력에서 그러한 착상이 나온 것이다.

따라서 헨티히에 의한 피해자연구가 범죄학 분야에서 차지하는 위상은 어디까지나 전통적인 범죄원인론의 실증주의적 패러다임 내에서 하나의 관점확대 내지 새로운 초점이동에 해당한다는 사실에 유의하여야 한다. 아무튼 헨티히의 공적은 범죄학적 연구 분야에서 처음으로 조직적이고 과학적으로 범죄행위의 출현기제 가운데 범죄자와 피해자의 상호관계에 초점을 맞추었다는 점이다.

그리고 '범죄발생에서 피해자의 역할'을 설명하는 시도에서 이제까지 범죄자의 그늘에 은폐되고 무시되었던 피해자 특성론 내지 피해자 유형론이라는 새로운 연구영역을 다른 사람에 앞서 독자적으로 개척하였다는 점도 그의 공적에 해당한다.

2) B·멘델존의 「피해자의 책임성」 설

이스라엘의 변호사였던 B·멘델존은 1940년경 강간범의 변호를 담당하는 동안 그 피해자인 여성의 역할과 강간범죄의 상관성에 관심을 갖고 피해자인 여성의 역할을 정확히 분석하기 위해서는 여성법관을 양성할 필요가 있다는 것을 주장하였으며 피해자 문제를 다룸에 있어 생물학, 심리학 혹은 사회학 등 다각적인 시각에서의 연구가 필요하다고 주장하였다.

(1) 피해자학의 제창

멘델존은 이와 같이 피해자를 다각적으로 연구하는 학문을 「피해자학Victimology」이라 부를 것을 제창하였다. 멘델존의 피해자학에 관한 업적은 다양하게 이루어졌는데, 각국의 법제도나 사회정세 등에 따라 서로 다르게 나타나는 피해현상을 실증적으로 연구하기 위해 다음의 세 가지 점을 제창하였다.

① 피해자학의 문헌을 수집하는 도서관 창설 ② 피해자의 심리적 혹은 신체적 피해를 치료하기 위한 중앙 클리닉 창설 ③ 세계적인 수준으로 피해자에 관한 문제를 토의하기 위한 장으로서의 국제회의 창설. 또한 멘델존은 「피해수용성」, 「피해자의 책임」이라는 가설을 제창한 것으로도 널리 알려져 있다.

(2) 「피해성 내지 잠재적 피해수용성」 설

「피해성victimité 내지 잠재적 피해수용성」 설은 피해자에게는 피해를 입기 쉬운 소질이나 환경이 갖추어져 있다는 내용의 이론이다. 멘델존은 가해자와 피해자 사이에 존재하는 생물학적·심리학적 혹은 사회학적인 우열을 「잠재적 피해수용성le potentiel de réceptivitévictimelle」이라 불렀으며, 성 차이, 체격차이, 심리적 피해의식이나 사회적 지위의 차이 등이 범죄를 용이하게 만든다고 보았다.

따라서 그는 미국에서 헨티히 등에 의해 제기되었던 '범죄발생에서 피해자의 역할'과 '피해자유발'이라는 문제를 '피해자와 가해자의 유책성귀책성의 상관관계'와 거의 같은 취지의 문제라고 주장하였다.

(3) 「피해자의 책임」 설

「피해자의 책임」 설에서는 범죄의 책임을 가해자뿐만 아니라 피해자에게도 돌려야 하는 경우가 있다고 보고 있다. 즉 ① 피해자가 가해행위의 원인이 되는 경우. ② 피해자가 가해의 구실이 되는 경우. ③ 피해자가 동의한 결과로 범죄가 발생한 경우. ④ 피해자가 우연의 일치로 피해를 입는 경우 등 4개의 심리학적·사회학적 측면이 있다고 보고 멘델존은 피해자의 책임을 다음 5가지 유형으로 분류하였다.

① 아무런 책임이 없는 피해자이상적인 피해자 : 예를 들어 전혀 안식이 없는 지나가는 악인으로

부터 살해되는 경우의 피해자 등. ② 책임이 적은 피해자_{무지에 의한 피해자} : 예를 들면 범죄 다발지역이라 알려져 있는 장소에서 범죄를 당한 경우의 피해자 등. ③ 가해자와 동일한 정도의 책임이 있는 피해자_{자발적 피해자} : 예를 들면 동반 자살이나 안락사의 피해자 등. ④ 가해자보다 책임이 큰 피해자_{도발적 혹은 부주의로 인한 피해자} : 예를 들면 가해자에게 도발적인 행위를 하여 상해를 입은 피해자나 신호를 무시하여 교통사고를 당한 피해자 등. ⑤ 가장 책임이 큰 피해자_{공격적인 피해자} : 예를 들면 정당방위의 공격자 등. 멘델존은 형사재판에서 이러한 분류에 따라 피해자의 신청을 받아들임으로써, 오판을 초래할 가능성을 저하시키고 적절한 형량 언도가 가능하게 된다고 주장했다.

그 밖에도 멘델존은 「형사상의 대립자_{le couple pénal}」이론을 주장하였다. 이 이론에서는 범죄현상에 있어서 가해자와 피해자를 대립하는 존재로 파악하였고, 이러한 양자의 상관관계에 의해서 범죄현상을 적절하게 설명할 수 있다고 하였다. 그리고 종래의 범죄원인론이나 범죄대책이 가해자인 범죄자에게만 초점을 맞추었고 가해자와 분리하여 범죄현상을 파악하려 했다는 점을 비판하였다.

멘델존은 가해자와 피해자의 상관관계를 다음의 4가지로 분류하였다. ① 피해자가 가해 행위의 원인을 제공한 경우_{자초위난에 의한 상해 등}. ② 피해자가 가해행위의 구실을 제공한 경우_{협박 등}. ③ 피해자가 가해행위에 동의한 경우_{동의에 의한 살인 등}. ④ 피해자가 가해행위를 입은 것이 우연인 경우_{안식이 없는 지나가는 악인으로부터 상해를 입은 경우 등}.

3) H·엘렌베르거의 「잠재적 피해자」 설

정신의학자인 H·엘렌베르거는 1954년에 발표한 「범죄자와 피해자의 심리학적 관계」라는 논문에서 범죄학자가 '범죄원인'을 탐구하는 것과 마찬가지로 '피해원인'에 대해서도 연구를 할 필요가 있다는 견지에서 범죄자와 피해자의 관계에 대해서 다음의 세 가지 점을 지적하고 있다.

① 범죄자는 다른 상황에서는 피해자가 될 수도 있다. ② 범죄자가 동시에 피해자일 수도 있다. ③ 남에게 알려지지 않은 범죄자의 심층심리가 갑자기 돌출하여 범죄를 야기하여 피해를 발생시키는 경우가 있다. 이러한 지적은 헨티히가 제창한 가해자와 피해자의 관계를 심리학적인 관

점에서 재접근한 것이라 할 수 있다.

이러한 접근방법을 기초로 하여 「잠재적 피해자」 설이 제창되었다. 즉 어릴 때의 학대·착취 등의 피해자였던 자가 범죄자로 발전하는 경우가 많다고 하였다. 이는 헨티히와 마찬가지로 연령, 직업, 정신상태, 사회적·신체적 상태에 따라 피해를 입을 가능성이 서로 다르다는 점을 주장한 것이다. 특히 엘렌베르거의 설 중에서 피해자 중에는 무의식적으로 피해를 유인하고 반복적으로 피해자가 될 가능성이 높은 이른바 「누적 피해자」라 불리는 자가 존재한다는 주장은 주목할 만한 가치가 있다.

또한 그는 가해자와 피해자 사이에는 다음 세 가지의 특수한 관계가 존재하는 경우가 있다고 하였다. ① 신경증적 관계프로이드의 오이디푸스 콤플렉스의 개념을 응용한 것으로서, 이성 부모에 대한 자식의 굴절된 애정을 기초로 한 심리적인 관계를 가리킨다. 예를 들면 존속 살인 등. ② 심리학적 관계체질적·기질적으로 상반되는 자가 결합된 관계를 가리킨다. 예를 들면 과도한 가학적 행위나 피학적 행위의 결과로서의 살인. ③ 유전학·생물학적 관계유전학·생물학적으로 유사한 자끼리 결합한 관계를 가리킨다. 예를 들면 알콜중독 부부 사이에 발생한 학대 행위.

4) M·볼프강의 「피해자유발」 설

헨티히의 연구는 그 이후 미국에서 일부의 범죄사회학자에게 직접적인 영향을 주었으며, 예컨대 1958년에 발간된 M·볼프강의 저서 『살인의 제 유형Patterns in Criminal Homicide』에서 발전적으로 계승되었다. 이 연구의 특징은 헨티히의 「범죄의 이중주적 구조」 가설에 기초하면서, 「피해자와 범죄자의 관계victim-offender relationship」라는 문제에 초점을 두고 특히 사회학적 관점으로부터 경험적으로 접근한 점에 있다.

즉 헨티히에 의해 제시된 '범죄발생에서 피해자의 역할'이라는 연구과제를 부연함으로써 「피해자가 유발한 살인victim-precipitated criminal homicide」이라는 작업가설을 새로이 제시하고 경험적 자료에 의해 그 이론가설의 타당성을 검증하려고 하였던 점이 볼프강의 가장 큰 공적이다. 볼프강은 피해자 유발의 구체적인 예로써 피해자가 먼저 살상능력을 지닌 무기를 보여주었다든지 사용한 경우, 그리고 말싸움 도중에 상대방을 가격하는 등의 폭력을 사용하였고 이로 인해 상대방의 반격을 받아 사망한 경우 등을 들었다.

볼프강은 경찰통계를 이용하여 조사한 결과 표본으로 삼은 588건의 살인사건 중에서 150건 약 26%이 피해자 유발 사례였다고 보고하였다. 이러한 조사결과로부터 볼프강은 헨티히의 견해를 지지하게 되었고 피해자가 범죄의 결정요인의 하나라는 결론에 도달했다. 따라서 볼프강은 피해자학과 관련된 초기의 경험적 연구에 대한 선구자 가운데 한 사람으로 평가받는다.

또한 볼프강의 연구는 그 이후의 피해자학적 연구에 커다란 촉매 역할을 수행하였다는 평가를 받고 있다. 왜냐하면 볼프강의 연구에 직접적으로 영향을 받은 미국의 후속연구자들은 단지 살인뿐만 아니라, 예컨대 강간·절도·주거침입강도·자동차절도 등과 같은 기타의 개별적 범죄에 관한 연구에서 볼프강의 연구를 모델로 삼아 「피해자유발」 가설을 적용하려고 시도함으로써 피해자연구의 범위를 확대하였기 때문이다. 예컨대 M·아미르Menachem Amir는 강간에 대한 연구에서 「피해자유발」 가설을 적용·검증하려고 시도하였다.

5) S·쉐퍼의 「기능적 책임」 설

멘델존의 피해자학 이론을 계승한 사람이 미국의 범죄학자 S·쉐퍼이다. 쉐퍼는 일찍부터 피해자학을 연구하기 시작하여 「기능적 책임functional responsibility」 설을 제창하였다.

이 이론은 멘델존의 「피해자 책임성」 설을 발전시킨 것으로서, 범죄의 발생에 수반되는 책임에 따라 피해자를 다음 7가지로 분류하였다. ① 무관계한 피해자 ② 도발적인 피해자 ③ 유발적인 피해자 ④ 생물학적으로 결함이 있는 피해자 ⑤ 사회학적으로 결함이 있는 피해자 ⑥ 스스로 피해를 초래하는 피해자 ⑦ 정치적 피해자. 이와 같은 피해자 유형화는 멘델존과 마찬가지로 범죄가 발생했을 때 피해자측에 책임을 물어야 하는 경우도 존재한다는 점을 시사하고 있다.

6) R·스팍스의 「피해자화」 설

피해자는 말이나 행동·생활방식 등을 통하여 여러 가지로 범죄자의 범죄행위에 작용을 미친다. 이러한 작용요소로 R·스팍스는 피해자학의 이론에서 중요하다고 여겨지는 피해자화被害者化 과정의 특징으로서 다음의 6가지 점을 들었다. ① 유발precipitation ② 촉진화facilitation ③ 피해 입기 쉬운 성질vulnerability ④ 기회opportunity ⑤ 매력attractiveness ⑥ 무벌성impunity.

(1) 유발

대인 폭력범죄에는 피해자측이 유발했다고 여겨지는 경우가 있다. 특히 가해자와 피해자가 안식이 있는 경우라든지 친한 사이의 경우에는 피해자측이 범죄를 유발하는 원인을 제공했을 가능성이 크다예를 들면 부인이 잦은 남편의 폭력에 참을 수 없어 남편을 살해한 케이스.

(2) 촉진화

피해자 자신은 범죄의 일부를 적극적으로 수행하지 않았다 하더라도 집 문단속을 잊는 경우 또는 피해자가 말과 행동으로 범죄자를 자극함으로써 범죄를 유발시키는 경우 등과 같이 부주의 혹은 무의식 중에 자신을 위험한 상황에 처하게 함으로써 범죄의 발생을 촉진시키는 경우가 있다.

(3) 피해 입기 쉬운 성질

피해자는 자신을 위험에 빠지게 하는 등의 행동을 하지 않았다 하더라도 신체적 또는 정신적으로 허약하여 자신이 지니고 있는 이러한 특성으로 인해 결과적으로 스스로를 위험에 빠지게 하는 경우가 있다.

(4) 기회제공

범죄발생의 여부는 범죄가 발생할 수 있는 기회의 존재 여부에 크게 좌우된다. 특히 야간외출 등 특정 행동양식을 취하느냐 아니냐의 여부에 따라 범죄의 피해를 입을 가능성은 크게 변동된다. 가령 귀금속을 다량으로 소지한다든가 여성이 밤늦게 호젓한 거리를 배회한다든지 해서 범죄기회를 제공하는 경우이다.

(5) 매력

범죄자에게 접근하기 쉽다거나 혹은 감시가 철저하지 않은 경우 등 범죄자에게 있어서 범죄를 저지르기 쉬운 경우가 있다. 예를 들어 범행대상으로서 이익이 크고 처분하기 쉽고 접근하기 용이한 것 등으로 인해 범죄유혹을 강하게 자극하는 경우이다.

(6) 무벌성_{비처벌성}

피해를 경찰에게 신고_{고소·고발}할 수 없다든지 범죄 후 검거될 가능성이 희박한 경우 공공연하게 밝힐 가능성이 적은 자는 다른 사람보다 범죄의 피해를 입기 쉽다.

7) 초기의 피해자학 이론에 대한 비판

이상과 같이 서구에서는 1940년대 후반부터 1970년대에 걸쳐서 피해자학 이론은 다양하게 전개되면서 피해자학 발전의 기초를 쌓아 왔다. 앞에서 살펴본 바와 같이 생성기의 피해자학의 가장 큰 특징은 다원론적 접근의 결함을 극복하려는 순수한 학문적인 관심으로부터 헨티히에 의해 처음으로 제기된 「범죄발생에서 피해자의 역할」을 해명하려는 과제를 중심으로 발전하였다는 것이다.

따라서 그것의 중점은 피해자의 문제가 아니라 범죄원인을 더 적절하게 이해하는 데 도움을 주기 위한 피해자연구였다. 물론 헨티히를 대표로 하는 초기 피해자학적 연구의 이론적·방법론적 문제점에 대한 다음과 같은 비판도 있었다.

첫째, 초기 피해자학연구의 이론적·방법론적 특징은 미시적 관점에서 범죄문제를 피해자와 가해자라는 개인과 개인 사이의 관계라는 좁은 틀로 환원시킴으로써 범죄문제의 중요한 측면인 사회구조적·거시적 관점을 경시하거나 배제하였다.

둘째, 피해자특성 및 피해자와 가해자의 상호작용을 동태적으로 연구할 필요성을 주장하면서도 결국 그들의 연구는 종래의 범죄원인론과 마찬가지로 제한된 범죄통계를 기초로 범죄자와 피해자의 성별, 연령, 인종 등과 같은 인구통계학적 특징을 정태적으로 기술하고 분석하는 데 그쳤다.

셋째, 초기 피해자학 이론은 그 의도는 차치하더라도 결과적으로 범죄의 원인을 피해자에게서 찾으려 했으며 피해자의 책임을 가혹한 형태로 추구하지는 않았는가? 앞서 기술한 것처럼 초기의 피해자학 이론은 범죄의 원인을 피해자측에서 찾아내어 그 책임을 피해자에게 귀속시키는 일면을 지닌 것이었다. 형식적으로는 "범죄자와 피해자의 상호관계가 범죄를 발생시킨다"고 주장했지만, 이 경우에도 실질적으로는 피해자를 비난하는 경향이 나타났다. 즉 범죄발생에는 피해자가 특정 역할을 담당했다고 생각한 것이다.

하지만 이러한 생각은 「피해자 두드리기bashing」에 이어질 위험성이 있다는 사실을 부인하기 어렵다. 또한 가지 일부 피해자학 이론이 전제로 한 「범죄에 적극적인 역할을 한 피해자」의 존재는 관념적으로 도출된 것에 불과하지 않은가? 1980년대에 피해조사가 활발하게 이루어짐에 따라 범죄의 발생에는 피해자가 적극적인 역할을 담당했다고 하는 전제도 현실적으로 꼭 그렇지 않다는 것이 차츰 밝혀지기 시작했다. 그리하여 실증적인 근거가 없는 상태에서 피해자를 한층 더 궁지로 몰아넣었다는 견지에서 초기의 피해자학 이론은 비난을 면치 못했다. 범죄의 원인을 피해자측에서 찾아내어 이를 비난하는 것은 범죄자의 책임을 경감시킨다든지 범죄행위를 합리화시키는 쪽으로 연계될 가능성마저 있다는 비판이 고조되었다.

넷째, 초기의 피해자학 이론은 피해자의 유전적 혹은 생물학적 요소를 중시하면서 피해자에 대한 편견이나 멸시 태도를 보이지는 않았는가? 초기의 피해자학 이론 중에는 피해자에게 유전적·생물학적으로 피해자가 될 소질이 갖추어져 있다고 주장한 것이 많다. 특히 「선천적 피해자」라는 개념 자체가 범죄생물학의 원조라 할 수 있는 롬브로조의 「생래적 범죄인설」로부터 영향을 받은 것이다. 이러한 주장은 범죄생물학과 동등한 관계에 있는 「생물학적 피해자학」이라 할 수 있는 것으로서, 이 역시 가계 연구나 쌍생아 연구와 마찬가지로 실증적인 근거를 지닌 것은 아니다. 한편 초기의 피해자학 이론에는 여성을 멸시하는 풍조가 엿보인다는 지적도 있다.

예를 들어 강간 피해자에 대해서는 피해자측에도 문제가 있다는 설이 때때로 제기되기도 하였다. 이러한 견해에 대해 페미니스트를 중심으로 "남성사회의 에고이즘에 기초한 주장이다"라든지 "여성에 대한 차별이나 편견에 기초한 것으로 이는 또 다른 차별이나 편견을 조장하고 있다"라는 등의 비판이 끊이지 않았다.

다섯째, 초기의 피해자학 이론은 피해자와 범죄자의 대립관계라는 단순한 구도에 기초하여 범죄현상을 파악해 오지는 않았는가? 범죄가 발생한 경우에 그 책임을 누구에게 돌릴 것인지는 매우 어려운 문제이다. 그럼에도 불구하고 「범죄자」와 「피해자」라는 단순한 꼬리표를 붙이고 양자를 완전히 분리하여 범죄현상을 이해하려는 시도는 현실과 너무나 동떨어진 것이 아니냐는 견해가 고조되었다.

한편 피해조사가 진전됨에 따라 피해를 입기 쉬운 자의 특징이 많은 범죄자의 특징젊은 사람, 흑인, 남성과 일치한다는 사실이 밝혀졌다. 따라서 그때까지 이루어져 온 범죄자와 피해자를 「흑 對 백」으로 파악하려는 절대적·형식적 구별이 부정되었고, 이른바 「회색 對 회색」이라는 상대적인 구분이야말로 현실에 입각한 패러다임이라고 여겨지게 됨으로써 초기 피해자학 이론의 반성이 촉구되었다.

요컨대 이러한 비판은 실제로 생성기의 모든 피해자연구가 피해의 실태, 피해의 영향, 피해자 구제 등과 같은 범죄피해자 자체의 문제에 대한 관심보다는 오히려 범죄문제의 해결에 관심의 초점을 두었던 점에서 비롯된 것으로 보인다. 즉 초기의 피해자학적 연구는 항상 범죄연구의 목적에 대한 하나의 유력한 보조수단에 불과하였다. 이와 같은 피해자학적 연구의 문제점은 1970년대 이후에 비로소 극복되었다.

3 새로운 피해자학 이론

초기의 피해자학 이론에 대한 비판이나 피해조사에 의해 밝혀진 피해자 실태를 바탕으로 1980년대 중반 이후 새로운 피해자학 이론범죄기회이론이 전개되었다. 범죄기회이론으로는 생활양식 노출이론, 일상활동행위이론 및 구조적 선택이론 등이 있으며, 이 이론은 감시라는 측면을 중시하여 범죄발생을 설명하고 있는 점에서 억제이론통제이론의 요소를 내포하고 있고, 범죄자가 적절한 대상과 감시 등을 고려하여 범행을 한다는 측면에서는 합리적 선택이론과 맥을 같이 하고 있다.

범죄기회이론은 범죄자의 입장에서보다 피해자의 입장에서 범죄현상을 파악하고 원인을 분석하고 있기 때문에 범죄원인론보다는 피해자이론으로 소개되고 있다. 여기서는 ① 생활양식노출이론 ② 일상활동이론 ③ 등가그룹이론 ④ 구조적 선택이론 ⑤ 표적선택과정이론 ⑥ 단계적 피해자화론에 대하여 개관하기로 하겠다.

1) 생활양식노출이론lifestyle-exposure theories

생활양식노출이론이라 함은 범죄와 접촉할 가능성이 높은 생활양식을 취하고 있는 자가 범죄의 피해를 입기 쉽다는 취지의 이론이다. 여기서 말하는 생활양식은 일상생활 속에서 습관화된 활동을 가리키는데, 구체적으로는 ① 일에 관련된 활동통근, 노동 등, ② 학교생활에 관련된 활동통학, 수업, 서클활동 등, ③ 가정생활에 관련된 활동가사, 육아 등, ④ 레저활동 등을 말한다.

이러한 생활양식은 사람에 따라 제각기 다른데 그러한 차이가 범죄의 피해자가 될 가능성의 차이로 나타나는 경우가 있다는 것이다. 종래의 범죄이론이 범죄자에 주목하여 범죄현상을 설명한 것이라 한다면, 이 이론은 피해자 자체에 대한 분석에 중점을 두고 있다고 말할 수 있다. 생활양식노출이론은 M·힌데랑, M·거트프레드슨, J·가로팔로가 1978년에 저술한 『인신범죄의 피해자』에서 명확한 형태로 제창되었으며 1980년대에 그 지지 기반을 확대해 갔다.

생활양식노출이론은 범죄가 그 피해자의 행동과는 관계없이 무질서하게 발생하는 것은 아니라고 주장한다. 바꿔 말하면 피해자의 행동양식이 잠재적인 범죄자와의 접촉기회의 양과 질을 결정하는 데 커다란 역할을 하고 있기 때문에 결국 피해를 입을 가능성을 좌우한다는 것이다. 특히 야간에 공적 공간에서 시간을 많이 보내는 자, 가족 이외의 사람과 시간을 많이 보내는 자는 피해를 입을 가능성이 크다. 이 이론에 의하면 젊은 사람·남자·미혼자·저소득층 및 저학력층 등은 노년층·여자·기혼자·고소득층 및 고학력층보다 폭력범죄의 피해자가 될 확률이 높다.

이상과 같은 생활양식노출이론의 주장은 통일범죄조사나 미국 범죄통계의 데이터를 통해 한층 지지를 받고 있다. 즉 이들 통계자료는 독신생활, 소년과의 교제, 야간외출, 도시생활 등에 의해 피해자가 될 위험성이 증가한다는 것을 나타내고 있는 것이다. 바꾸어 생각하면 이 이론에 근거하여 결혼을 하고 야간의 외출을 삼가고 농촌에 이주를 하면 범죄의 피해자가 될 위험성을 감소시킬 수 있다는 결론을 도출할 수 있는 것이다.

2) 일상활동이론 routine activity theory

일상활동 routine activity[52]이론은 피해자의 생활양식뿐만 아니라 범죄자의 생활양식도 범주에 포함시켜 범죄의 원인을 검토하는 이론이다. 이 이론은 M·펠슨 Marcus Felson과 L·코헨 Lawrence Cohen의 「사회변화와 범죄발생률의 경향 : 일상활동 접근방법」이라는 제목의 논문을 통해 제시되었다. 여기서 범죄는 ① 잠재적인 범죄자의 존재, ② 적당한 범죄 표적의 존재, ③ 감시자의 존재의 세 요소가 중복되는 경우에 발생한다고 주장했다.

이들은 범죄가 실행되는 기회가 일상생활 속에 수없이 존재하는데 그 중에서도 범죄 표적인 피해자나 재물이 무방비로 방치되어 있는 경우에 범죄가 발생하는 것이 아닐까 라는 문제의식에서 출발하였다. 구체적으로는 미국의 범죄통계로부터 1947년에서 1974년까지의 범죄율 변화를 추출하여 이러한 변화와 생활양식 변화의 관계를 검토한 것이다.

검토 결과 그들은 1960년대 이후의 생활양식의 변화로서 ① 청소년 인구의 증가, ② 운반하기 쉬운 소형 가전제품의 보급, ③ 맞벌이 가정의 증가와 전통적 사회연대의식 희박화를 들었으며 이러한 변화들이 1960년대 이후의 범죄증가에 기여했다는 결론을 내렸다.

즉, 생활양식노출이론이 주로 피해자의 생활양식에 주목한 것에 비해, 일상활동이론은 범죄자와 피해자 쌍방의 생활양식을 똑같이 취급하고 거기에 나타난 변화가 범죄증가로 이어진다고 주장한 것이다. 따라서 이 이론에서는 범죄발생을 범죄자와 피해자의 상호관계 속에서 찾고자 하는 경향이 강한데, 피해자화 관점에서 보면 다음과 같은 점이 범죄발생의 요인으로서 중시된다.

① 가족으로부터 떨어져 야간에 외출한다. ② 고가의 장신구를 몸에 부착한다. ③ 상점 등의

---

52 이 이론의 요지는 일상적 행동유형이 범죄발생의 세 가지 요건(범죄동기가 주어진 잠재적 범죄자에게 범죄에 적합한 대상 및 범죄를 저지하는 감시의 부재상황 제공)의 내용과 범죄피해발생의 네 가지 요건(범죄자와의 근접성, 범죄위험에의 노출, 범죄대상으로서의 매력, 감독의 부재)의 정도를 결정하게 되는데, 일상적 행위유형이 동기화된 잠재적 범죄자와의 접촉빈도가 많고, 범죄위험에 노출될 가능성이 높으며, 범죄대상으로서의 매력적이고 주위의 감시가 취약하면 범죄피해확률이 그만큼 높아진다는 논리이다.

감시체제가 취약하다. 따라서 범죄기회를 감소시키기 위해서는 시민잠재적 피해자들이 자신의 일상 행위유형을 조절하여 근접성, 매력성 및 감시 부재상황을 줄이고 자기보호나 방어수준을 높이면 범죄피해가능성을 줄일 수 있고, 범죄예방에도 기여할 수 있다는 것으로 생활양식을 개선해야 한다고 두 사람은 주장한 것이다.

범죄기회이론 또는 일상활동이론이라는 범죄이론은 급진범죄학의 대두, 고전적 범죄학의 부활 과 함께 1970년대 이후 미국의 범죄학이론에서 중요한 발전 가운데 하나로 평가받았다. 이 이론 은 기본적으로 범죄의 상황적 결정요인을 강조함으로써 범죄가 사회생태학 내지 생물학적 환경 의 맥락에서 범죄자의 합리적인 의사결정, 그에 상응하는 표적피해자의 존재 및 범죄방지를 위한 효과적인 감시인의 결여와 상호작용의 결과로서 발생한다는 것이다.

다시 말해서 범죄를 하나의 사건으로 파악하고 일정한 시간과 장소에서 범죄자, 범죄기회피해자 의 존재 및 범죄유발적 요인감시인의 결여의 수렴으로 본다는 것이 가장 큰 특징이다. 즉 이 이론에서 새로운 것은 이론적으로 범죄의 지리적 분포에 관심을 보인 시카고학파의 생태적 접근과 범죄행 동의 합리성을 주장한 경제학적 이론 내지 합리적 선택이론 및 범죄발생에서 피해자의 역할을 강 조한 피해자학 이론을 종합하려 했던 점이다. 이와 같은 통합이론은 피해자학연구에서 생활양식 모델lifestyle model로서 발전하게 된다.

(1) 생활양식노출이론과의 異·同點

① 공통점

일상행위이론은 일상생활 진행에 따른 범죄율의 변화를 설명하기 위한 이론으로 제시되었지 만, 이 이론과 생활양식노출이론은 사회생활 중 일상활동이나 생활양식의 유형이 범죄를 위한 기회구조 형성에 어떻게 기여하는가를 분석하는 '기회이론'이라는 점에서는 공통점이 있다.

② 차이점

생활양식노출이론은 범죄기회구조의 내용으로서 범죄자와의 근접성과 범죄위험에의 노출이라 는 거시적 요소를 중시하나, 일상활동이론은 미시적·상황적 요소인 '대상으로서의 매력성'과 '감 시의 부재'를 강조한다는 점에 있어서 차이가 있다.

따라서 일상활동이론은 범죄대상의 보호능력이나 매력성이라는 측면에서, 잠재적 피해자의 일상생활이나 활동은 곧 범죄기회를 증대시킬 수도 있으며 반대로 범죄기회를 경감할 수도 있다는 점을 중시한다이윤호, 1996:403. 또한 일상활동이론은 어느 시대, 어느 사회에서든 잠재적 범죄자의 수에는 거의 변화가 없다는 가정 하에, 범죄규모는 범죄동기가 부여된 자, 범행대상, 범죄감시자의 증감에 영향을 받을 뿐이라고 본다.

(2) 범죄기회이론에 대한 비판

생활양식 노출이론과 일상활동이론은 범죄자의 입장에서보다 피해자의 입장에서 범죄현상을 파악하였기 때문에 범죄자가 구체적으로 범죄상황에서 상황을 어떻게 해석하고 그 적절한 대상과 위험성을 어떻게 판단하는지를 분석하는 데 미흡하다는 비판을 받고 있다김옥현, 2000:60.

3) 등가그룹이론

생활양식이론에서 파생된 또 하나의 이론이 바로 등가그룹equivalent group이론이다. 이 이론은 가해자인 범죄자와 피해자가 아주 유사한 가치관을 지닌 그룹에 속해 있기 때문에 동일한 특성을 지닌다고 지적한 것으로 이 이론은 실증적인 조사에 의해 검증된 것이다.

예를 들면 S·싱거는 미국의 필라델피아에서 실시한 코호트 연구에서 많은 폭행 피해자가 다른 사례에서는 가해자였다는 사실이 확인되었다고 보고하였다. 또한 J·로리첸, R·샘프슨, J·롭은 자기보고 연구 결과로부터 비행소년과 피해자 사이에 상관관계가 존재한다고 하였다.

그러므로 등가그룹이론은 범죄자와 피해자를 서로 다른 카테고리로 분류하는 것은 무리이며, 범죄자가 될 수 있는 환경은 모든 사람의 일생 동안 수차례 정도는 존재한다고 주장하였다.

4) 구조적 선택이론structural choice theory

이 이론은 생활양식노출이론과 일상활동이론을 통합한 것으로서, 범죄피해의 필요조건으로 ① 동기부여된 잠재적 가해자와의 물리적 거리가 근접하고, ② 범죄의 위험성이 높은 환경에 노출될 때, ③ 범죄표적이나 대상이 표적으로 매력적일 때, 그리고 ④ 보호가능성이 결여될 때를 제시하여, 피해자 측면에서 제공하는 범죄기회구조와 가해자 측면에서의 대상 선택과정을 동태적으로 설명하고자 했다.

구조적 선택이론의 주창자인 미테T. D. Miethe와 메이어R. F. Meier는 생활양식이론에서 중시되는 범죄자와의 접근성과 범죄위험에의 노출은 범죄기회구조를 나타내는 보다 거시구조적 요소소인적 요인가 되며, 일상행위이론에서 중시하는 대상으로서의 매력과 감시의 부재는 보다 미시적인 상황적 요인촉진적 요인이 된다고 보고, 범죄발생은 이미 조성되어 있는 구조적 여건과 더불어 주위의 감시·대상의 매력성 등을 고려하면서 합리적으로 적절한 범행대상을 선택하는 역동적 과정의 결과라고 보고 있다.

구조적 기회이론에 의하면 어떠한 지역이 구조적으로 범죄에 상당히 노출되어 있더라도 적절한 범죄대상이 없고 감시가 강한 상황이면 범죄발생의 가능성은 낮고, 어떠한 사람이 범죄대상으로서 적절하고 감시가 부재한다고 할지라도 낮은 범죄기회를 갖는 지역에 거주한다면 이미 범죄기회가 차단되어 있기 때문에 범죄피해의 가능성은 낮다. 결국 구조적 선택이론에 의하면 범죄가 발생하기 위해서는 구조적 여건과 상황적 요건이 부합되어야 한다송광섭, 1998:72.

5) 표적선택과정대상선정이론target-selection process theory

표적선택과정이론은 특정한 사회공간적 배경이나 여건내에서 특정한 사람이 범죄대상으로 선택되는 이유와 관련해서 특히 범죄자가 범행을 결정하여 실제로 범죄를 행하게 된 범행동기에 중점을 둔다. 즉 범죄자도 합리적 사고를 하기 때문에 범죄행위를 통하여 이익을 추구하려고 하며 최소한의 노력과 위험부담을 가지고 최대한의 이익과 보상을 얻을 수 있는 피해자를 표적으로 선택한다는 것이다.

휴Hough에 의하면, 범죄자가 특정집단의 삶들을 다른 집단에 비해 범행대상으로 빈번히 선택하는 이유는 그들이 동기부여된 범죄자에게 보다 빈번히 노출되고근접성, 범죄자에게 더 많은 보상을 제공할 수 있는 성질을 갖고 있고보상, 보다 쉽게 접근할 수 있어서 범행대상으로서 매력이 있고, 범죄피해에 대한 방어가 되어 있지 않은 상황보호성의 부재 등의 조건을 갖추기 때문이라는 것이다.

휴는 일련의 범죄선택과정을 도식적으로 설명하고 있다. 인구학적 특성을 구성하는 나이·성별과 사회·경제적 계층이 그 사람의 직업·소득·거주지역 등 생활양식과 일상생활유형을 결정하고, 생활양식에 따라 직접 범죄자에의 노출, 보상 그리고 접근성의 정도가 달라지든지, 아니면 일상행위유형을 통하여 간접적으로 이 세 요소에 영향을 미치든지 아니면 인구학적 특성 자체가 직접 보호성의 부재라는 접근성에 영향을 주어, 이렇게 결정된 근접성, 보상 그리고 접근가능성 정도를 고려해서 범행대상을 합리적으로 선택·결정하게 된다는 것이다.

6) 피해자화의 세 단계

'피해자화'라는 용어는 1967년 미국의 대통령위원회보고서 「자유사회에 있어서 범죄의 도전」에서 처음 사용되었고, 그 후 미연방 법무부에 설치된 「법집행과 사법행정에 관한 위원회」에 의하여 실시되었던 피해자화 실태조사를 통하여 일반화되었다. 이것은 일정한 원인으로부터 범죄에 이르는 일련의 과정을 의미하는 범죄화criminalization에 대응하는 개념으로서 범죄피해도 일정한 원인에 기하여 그로부터 일련의 과정을 거쳐 발생하게 된다고 하는 가설에 기초한 것이다.

키엘프W. Kielf와 람넥S. Lamnek은 「피해자의 사회학Soziologie des Opfers」에서 피해자화를 3단계로 나누어 설명하였다. 이에 따르면 범죄의 직접적인 피해를 당하는 것을 제1차 피해자화Primäre Viktimologie라고 하고, 종래의 연구는 이러한 1차 피해자화의 요인이나 과정에 관심을 나타냈었다. 그렇지만 피해자학이 문제삼아야 할 피해자화는 이러한 직접적인 피해뿐만 아니라 간접적인 것도 포함되어야 한다는 주장이 1980년대 중반부터 고조되기 시작했다. 이러한 문제의식에서 제창된 것이 「제2차 피해자화」, 「제3차 피해자화」 문제이다.

(1) 제1차 피해자화

「제1차 피해자화」는 개인이나 집단이 범죄 또는 위법행위 등에 의해 직접적인 피해를 당하는 과정을 말한다. 1차적 피해는 크게 신체적 피해, 경제적 피해, 정신적 피해로 나눌 수 있다.

최근 많은 국가에서 실시하고 있는 범죄피해자에 대한 물적 구조제도의 출발점은 범죄로 인한 직접 피해제1차 피해가 가져다 준 피해자의 비참한 실정을 고려한 데서 찾을 수 있다. 즉 피해자의 비참한 현실에 대한 공적 동정심의 표현이 범죄피해자 보상의 실제적 배경으로 작용하고 있다는 것이다.

피해자 보상제도의 기원국이라 할 수 있는 영국에서 새로운 제도를 도입하면서도 그에 관한 실태파악과 과학적 분석이라는 기초적인 절차조차 생략한 채 이 제도의 입법작업에 착수하였다는 사실은 범죄피해자의 비참한 현실에 대한 실증적 접근이 불필요하다는 것으로 받아들였기 때문으로 이해할 수 있다. 실제 범죄피해자 보상제도를 처음 실시한 뉴질랜드를 비롯한 주요 국가들이 이 제도에 대한 입법동기에 피해자의 비참한 실태가 반영되었음에 주목하여야 한다.

(2) 제2차 피해자화

「제2차 피해자화」라 함은 범죄사건을 계기로 하여 또는 범죄사건을 처리하는 과정에서 피해자가 정신적·사회적으로 상처를 입는 것을 말한다. 범죄의 피해를 받은 자가 경찰, 검찰 등의 기관에 고소를 하고, 참고인으로서 사정을 진술하고 또 사건이 기소되면 공개된 법정에서 증인으로서 피고인과 그 변호인으로부터 반대신문의 형태로 엄격한 질문을 받게 되고, 그 과정에서 프라이버시가 침해되고 정신적·심리적 제2차 피해를 입는다고 하는 문제가 당사자주의 소송구조를 취하고 있는 영미에서뿐만 아니라 직권주의적 소송구조를 가지고 있는 유럽에서도 아울러 지적되고 있으며, 실제 이러한 제2차 피해자화 문제는 1970년대 후반 유럽국가에서 형사사법과정에 대한 비판적 검토로부터 중요한 주제로 등장하기 시작했다.

(3) 제3차 피해자화

이와 같은 제1차·제2차 피해자화로 인해 정신적·육체적 고통을 느끼고 있는 피해자에 대해 적절한 대응이 이루어지지 않은 채 방치해 두면 피해자는 더욱 더 자기파멸적인 길을 걷게 되는 경우가 적잖이 있다. 수사기관이나 법원이 피해자에 대한 배려를 결여한 채 피의자·피고인을 중심으로 한 종래의 형사절차의 기본적인 틀을 고집한다면, 피해자 특히 성범죄의 피해자는 형사사

법절차의 과정에서 받을 제2차 피해를 두려워하여 사건을 고소하지 않게 될 뿐만 아니라,

재차 동종의 피해를 받을 것을 염려하여 사회생활이 위축되고 또 가해자가 아무런 처벌도 받음이 없이 사회생활을 하는 것을 보면서 국가나 법에 대한 불신을 느끼게 되며, 결국 이로 인하여 일종의 자폐상태에 빠져서 정신적으로 불안정한 생활을 하게 될 우려가 있게 된다.

이러한 자기처벌적 생활방식에 의해 자신의 재능이나 사회인으로서의 자신의 존재를 파괴해 버리는 과정이 「제3차 피해자화」이다. 강간피해자의 경우에 이러한 제3차 피해자화는 「second rape」라고 불린다. 미국에서는 강간피해자를 보살피기 위한 목적으로 한 강간피해자 보호센터rape crisis center가 설립되어 상담이나 전화에 의한 정보제공 등 적극적인 활동을 펴고 있다.

7) M·볼프강의 제2차·제3차 피해자화 개념

오늘날에 있어 「제2차 피해자화」와 「제3차 피해자화」는 앞서 기술한 것과 같은 의미로 널리 사용되고 있다. 미국의 범죄학자 볼프강은 개인 범주의 피해자화를 제1차 피해자화, 조직 규모의 피해자화를 제2차 피해자화, 사회제도나 질서의 피해자화를 제3차 피해자화라 부르고 있다.

앞에서 기술한 「제2차·제3차 피해자화」 개념이 피해자가 시간의 경과에 따라 범죄 이외의 것에서 오는 간접적인 피해를 입은 점에 주목한 것이라면, 볼프강의 「제2차·제3차 피해자화」 개념은 하나의 범죄가 직접적인 피해자뿐만 아니라 간접적으로 그 피해자가 속해 있는 조직이나 범죄가 발생한 사회 전체에 피해를 준다는 점에 주목한 것이라 할 수 있다. 피해자 실태를 그 성격에 따라 파악하는 데 있어서는 이러한 볼프강의 제창도 의의가 있다고 생각된다.

제3장 범죄피해자의 특징

범죄학이 범죄자의 특징을 찾아내려 한 것과 같이 피해자학은 피해자의 특징을 발견하고자 노력해왔다. 지금까지 일반적으로는 피해자를 「고령」, 「여성」, 「사회적약자」라는 이미지를 가지고 보아왔다. 하지만 영국과 미국에서 범죄피해의 실태조사가 활발하게 진행됨에 따라 이러한 종래의 이미지가 실제 범죄피해자와 일치하지 않는다는 점이 밝혀졌다.

① 범죄피해 실태조사

그 동안 범죄의 실태를 파악하기 위한 수단으로 범죄통계가 사용되어져 왔다. 그러나 공식적인 범죄통계에 「숨은 범죄hidden crime」가 존재한다는 점은 이미 주지의 사실이므로, 공식통계만으로는 정확한 범죄실태를 나타낼 수 없다는 한계가 지적되기도 하였다. 이러한 상황을 타개하기 위해 미국에서는 1970년대부터, 영국에서는 1980년대부터 피해조사가 실시되었다. 이들 일련의 대규모 피해조사는 숨은 범죄조사를 주된 목적으로 하고 있었지만 차츰 피해실태의 해명으로 그 중점이 옮겨갔다. 바꿔 말하면 피해조사는 양적 조사에서 질적 조사로 발전한 것이다.

1) 미국의 피해조사

미국에서 범죄피해조사를 실시하게 된 계기는 1967년에 대통령 자문위원회에서 공표한 「범죄피해 전국 조사」 보고였다. 이 조사는 미국 전체에 걸쳐 1만 세대를 대상으로 범죄피해경험을 조사한 것이었다. 피해자가 경찰에 통보하지 않은 것이 많아 미국의 범죄피해자 수는 예상보다 훨씬 많다는 사실이 조사보고를 통해 밝혀졌다. 이러한 보고 이후에 범죄피해자의 실태를 보다 정확하게 파악할 수 있는 조사가 필요하다는 인식이 생겨났고,

1973년부터 연방국세조사국이 연방사법성 사법통계국과 협력하여 「전미 범죄조사National Crime Survey : NCS」를 매년 실시하게 되었다. 이 통계는 피해조사를 주된 내용으로 하고 있다는 점을 명확히 밝히기 위해 1990년에 명칭을 「전미 범죄피해조사National Crime Victimization Survey : NCVS」로 변경하였다. 최근에는 조사 규모가 확장되어 미국 전체에 걸쳐 약 48,000세대, 12세 이상 약 97,000명을 대상으로 피해실태를 조사하였다.

2) 영국의 피해조사

영국에서는 1980년대를 맞이할 무렵부터 M·대처 수상이 이끄는 보수당 정권이 범죄증가를 근거로 하여 「법과 질서」 캠페인을 전개하였고, 경찰력 강화·중벌화 등의 정책을 실시하였다. 그러나 이러한 정부의 범죄정책에 대해 "범죄증가는 시민 측의 모럴 패닉정신적 공황에 지나지 않는다"라는 비판이 급진파 범죄학자들로부터 제기되었다. 이와 같은 상황 속에서 범죄현황을 정확하게 파악하기 위해 영국 내무성은 1983년에 「영국 범죄조사British Crime Survey : BCS」를 실시하였다.

조사는 16세 이상 약 1만 명을 대상자로 선정하여 피해 경험을 인터뷰하는 형식으로 이루어졌는데, 그 결과 공식통계에 나타나지 않는 수많은 범죄가 존재한다는 것이 밝혀졌다. 그 후 BCS는 오늘날까지 수차에 걸쳐 실시되면서 범죄피해의 실태 파악에 있어서 중요한 역할을 담당하였으며, 영국의 형사사조에 커다란 영향을 미치고 있다.

3) 일본의 피해조사

미국의 NCVS라든지 영국의 BCS는 일반시민이 수많은 범죄에 둘러싸여 있다는 현실을 환기시킴으로써 피해자측의 시점이 범죄학 연구에서도 필요하다는 사실을 인식시키고 나아가 피해자

학의 비약적인 발전 계기가 되었다. NCVS라든지 BCS와 같은 대규모의 조사는 용이하게 실시되는 것은 아니지만, 일본에서는 도시방범 연구센터에서 범죄피해자 발생 실태에 관한 조사JUSRI 리포트와 더불어 1992년부터 약 3년간에 걸쳐서 범죄피해자 실태조사 연구회에서도 전국규모의 범죄피해자 실태조사가 이루어졌고 1996년에는『범죄피해자 연구』가 출판되었다.

4) 우리나라의 피해조사

국내에서는 1991년 서울지역에 대한 범죄피해조사가 2,000가구를 대상으로 전화면접의 방식으로 이루어진 적이 있으며 한국형사정책연구원이 3년마다 전국적인 범죄피해조사를 실시하지만 이러한 범죄피해자료를 통하여 범죄실태를 정확히 파악하는 데에는 몇 가지 문제가 있다.

우선 조사에서 누락되는 범죄가 많아 사회전체의 범죄파악에 문제가 있으며, 면접조사의 한계로, 피해자 없는 범죄, 화이트칼라White Collar 범죄, 조사대상자의 수치심과 명예의 문제가 발생하고 또한, 범죄피해에 대한 추정일 뿐 피해자가 생각하는 피해와 실제 피해상황과는 괴리가 있다. 따라서 보다 정확한 피해실태를 파악하기 위해서는 향후에도 대규모의 그리고 지속적인 조사가 실시될 필요성이 있다.

② 피해자의 특징

일련의 피해조사에 의해 그 동안 밝혀지지 않았던 피해자의 특징이 부상하기 시작했다. 그 구체적인 피해자의 특징으로서는 성별, 연령, 사회적 지위, 인종이 주목된다.

1) 성별

피해조사 데이터를 살펴보면 성별은 범죄피해자를 특징 짓는 중요한 요소의 하나이다. 예를 들어 미국 NCVS에는 강도나 폭행의 피해자의 경우 남성이 여성의 약 2배에 달하는 것으로 나타나 있다. 단, 과거 15년간 폭력범죄의 피해자가 될 위험성은 남성의 경우 약 20% 감소한 반면, 여성은 거의 동일한 수준이 유지되고 있다. 이는 여성에게는 무기를 사용하지 않는 형태의 강도가 증가하였다는 점1973년부터 17년간 14% 증가이 영향을 미친 것이라 여겨진다.

강간의 경우 그 피해자의 대부분은 여성이지만, 매년 약 7,500명의 남성 강간피해자가 발생한다고 추산되고 있다.

2) 연령

피해조사에 의하면 피해자가 될 가능성은 고령자에 비해 젊은 층이 높다. 미국 NCVS의 데이터에 의하면 피해자가 될 위험성은 십대 후반부터 높아지기 시작하여 25세를 경계로 급격히 감소한다.

연령과 피해자화의 상관관계는 소년들이 공유하는 생활양식과 깊은 관련이 있다. 예를 들어 심야 외출이나 비행소년과의 교제는 소년들의 비행 가능성을 높일 뿐 아니라 피해를 입을 위험성도 높인다. 범죄피해자 전체의 75% 이상은 20세를 넘은 범죄자에 의해 위해를 입은 것에 비해 12세부터 19세까지의 소년 피해자의 경우에는 64%가 같은 세대의 범죄자에 의해 위해를 입고 있다.

또한 미국에서는 교내범죄가 다발하고 있는데 이러한 상황이 소년들의 피해 위험성을 높이고 있다. 예를 들어 미국에서는 매년 전국 폭력범죄의 9%가 교내에서 발생하고 있다. 여기에는 약 6만 건의 강도, 4만 건의 폭행, 2,000건의 강간이 포함되어 있다.

3) 사회적 지위

피해조사 결과, 빈곤층의 피해자 비율이 높다는 사실이 밝혀졌다. 미국의 NCVS는 연간소득 7,500달러 이하의 자가 범죄피해를 입을 가능성이 극히 높다는 사실을 나타내고 있다. 그 원인은 미국의 경우 빈곤층이 범죄 다발지역에 거주하고 있기 때문으로 여겨진다. 단, 여기서 문제로 삼고 있는 것은 강도, 폭행, 강간 등 폭력범죄의 피해자이다. 같은 연령, 같은 성별, 같은 인종끼리 모여 있는 경우에는 경제적으로 빈곤한 쪽이 피해를 입기 쉽다. 이에 비해 재산범죄의 경우에는 부유층이 피해자가 될 위험성이 높다.

이러한 점으로부터 절도범은 범죄를 실행하기 전에 그 대상을 주의 깊게 선택한다고 예측할 수 있다. 사회적 지위와 피해자의 관련성에서 볼 때는 결혼이 미치는 영향이 주목된다. 미국의 NCVS에 의하면 기혼자는 미혼자에 비해 피해자가 될 위험성이 낮다. 단, 이 결과는 결혼에 의한 영향으로 받아들이기보다는 성별이나 연령에 의한 영향의 결과도 포함시켜서 이해해야 할 것이다.

4) 인종

피해조사를 통해 인종에 따라 피해자가 될 위험성이 서로 다르다는 사실도 밝혀졌다. 미국의 NCVS에 의하면 타 인종에 비해 흑인은 폭력범죄의 피해자가 될 위험성이 높다. 예를 들어 흑인이 강도 피해자가 될 위험성은 백인에 비해 약 2배나 높다고 한다.

또한 1987년에 실시된 미국 질병관리센터U.S. Center for Disease Control의 조사에 의하면 흑인 남성이 모살 살해자가 될 위험성은 흑인 여성에 비해 4.8배, 백인 남성에 비해 7.7배, 백인 여성에 비해 21.9배로 나타났다. 최근의 분석에서는 흑인에 대한 범죄가 백인에 대한 범죄에 비해 흉악화범죄의 양태 및 무기 사용되고 있다는 지적도 나오고 있다.

---

③ 피해자의 사회생태학적 특징

피해조사를 통해 피해자의 생태학적 특징이 상당수 밝혀지고 있다.

1) 시간

미국에서는 범죄의 대부분이 오후 6시부터 오전 6시 반 사이에 발생하고 있다는 사실이 NCVS의 데이터에 의해 밝혀졌다. 주간에 발생하는 비율이 높은 범죄로는 강탈이나 소매치기 등 피해자에게 직접 접촉하는 절도범죄에 한정되어 있었다. 폭력범죄도 야간에 발생하는 비율이 높았다. 폭력범죄의 경우 오후 6시 이전에 발생한 것보다 오후 6시 이후에 발생한 것이 폭력의 정도가 심한 것으로 나타났다. 예를 들어 중대한 폭행, 상해는 야간에 많았으나 무기를 사용하지 않는 형태의 강도는 주간에 많았다.

우리나라의 경우 「범죄분석」에 의하면 절도범죄의 경우 가장 많았던 시각은 오후12~18시와 밤20~24시이다. 이에 비하여 폭행이나 상해범죄는 오후12~18시에 가장 많이 발생하는 추세이다. 그리고 강도와 강간범죄는 밤20~24시에 주로 발생하지만, 살인범죄의 경우는 시각별로 주목할 만한 차이를 찾아볼 수 없다. 즉 범죄종류별로 차이는 있지만 대체로 상당량의 범죄가 오후부터 밤에 걸쳐 발생하는 추세이다.

2) 장소

여러 종류의 범죄가 도로, 공원, 들판 등의 공적 장소에서 발생하고 있다. 비교적 가옥 내에서 많이 발생하는 범죄는 무기를 사용하지 않는 형태로 이루어지는 폭행과 강간뿐이었다. 단, 이러한 범죄의 대부분도 공적 공간에서 발생하고 있다. 주거지역도 피해자가 될 위험성에 커다란 영향을 미친다고 한다. 도시의 중심부에 주거하는 사람은 교외에 주거하는 자에 비해 강도나 폭행의 피해를 입을 위험성이 높다. 전자가 범죄의 피해자가 될 위험성은 후자에 비해 약 2배라고 한다.

우리나라의 경우 절도, 강도범죄 모두 노상과 주택가에서 전체의 과반수 이상이 발생하였으며 폭행, 상해, 강간, 살인도 정도의 차이는 있으나 역시 노상이나 주택가 지역에서 주로 발생하고 있다. 다만 사무실이나 지하철이 현대 사회생활에서 중요한 생활공간이 된다는 점에서 이러한 장소에서의 범죄가 앞으로 증가하리라 예상된다.

3) 가족

미국의 NCVS에 의하면 미국 전체 9,500세대 중에서 약 25%가 가족 중 어느 한 사람이 과거 12개월 사이에 범죄의 피해를 입고 있는 것으로 나타났다. 이 수치가 1970년대에 31%였던 것에 비한다면 감소하는 경향이라고도 볼 수 있지만 1980년대 이후에서 살펴보면 거의 보합상태라 할 수 있다. NCVS에 의하면 가장 피해를 입기 쉬운 것은 서부 도시에 거주하는 고소득자 흑인이었다. 한편 가장 피해를 입지 않는 것은 북동부의 농촌에 사는 빈곤층 백인이었는데 이들이 재산범죄의 피해자가 될 위험성은 그 중에서도 가장 낮았다.

미국의 최근의 인구동향이나 가족구성 변화가 피해자가 될 수 있는 가정 형태에 변화를 가져오고 있다고 한다. 예를 들어 급속한 자동차화의 결과 교외나 농촌의 인구가 증가하고 도시인구가 감소하고 있으며, 핵가족화나 독신자의 증가에 따라 가족구성원의 인원수가 감소하고 있다.

④ 피해자 이미지 변화

미국 연방사법통계국의 추산에 의하면 현재 미국에서 일생 동안 한 번 이상 폭력범죄의 피해를 입을 가능성은 83%세 번 이상 피해를 입을 가능성은 25%에 달하는 것으로 나타났다. 그리고 절도 등 재산범죄의 피해를 입을 가능성은 99%세 번 이상 피해를 입을 가능성은 87%로 산정되었다.

범죄학이 범죄자의 특징을 발견해 내고자 한 것과 마찬가지로 피해자학은 피해자의 특징을 찾아내고자 노력해 왔다. 일련의 피해조사에 의해 종래의 피해자 이미지에 커다란 수정이 필요하게 되었다는 사실은 특필할 만한 가치를 지니고 있다. 종래에는 신체적·사회적 약자라는 이미지가 「피해자」의 일반적인 이미지였다.

그러나 영국과 미국에서 범죄피해 실태조사가 활발하게 진행됨에 따라 이러한 종래의 이미지가 실제의 범죄피해자와 일치하지 않는다는 사실이 밝혀지게 되었다. 영국과 미국의 피해조사에서는 ① 남성 ② 30세 미만 ③ 독신 ④ 야간 외출주당 수차례 ⑤ 다량의 음주 등이 일반적으로 피해자가 되기 쉬운 요소로 나타났다. 또한 범죄피해자의 대부분은 가장 범죄자가 되기 쉬운 요소로 지적되고 있는 요소남성, 젊은 층, 빈곤, 유색 인종를 동시에 갖추고 있다는 보고도 있었다.

제4장 피해자학의 새로운 시도

　지금까지 살펴본 바와 같이 1950년대에 탄생한 피해자학은 이론적인 면에서는 피해자 책임론의 색채를 다분히 띠고 있기 때문에 피해자 구제에 직결되지 않는다는 비판을 받아 왔지만, 오늘날에는 피해자·가해자 상호작용론으로 옮겨가고 있는 실정이다.

　1970년대 이후는 피해자 구제 측면이 급속히 발전하여 1980년대에는 형사절차에 있어서의 피해자 지위문제, 1990년대에는 범죄자 처우에 있어서의 피해자 시점 문제 등으로 논의의 대상을 확대해 나가고 있다. 피해자학은 국제적·국내적으로 착실하게 발전을 이루어 왔다고 평가할 수 있다. 최근의 피해자학에서는 새로운 관점에서 피해자 문제에 접근을 시도하고 있으며, 금후의 피해자학 전망에 대해서도 한층 활발하게 논의되고 있다.

1 범죄에 대한 불안감

　현실 세계에서 범죄피해를 경험하는 것은 매우 한정되어 있지만 실제로는 더욱 많은 사람이 범죄의 피해에 대한 두려움과 불안감을 지니고 있다. 서구의 범죄학이나 피해자학에서는 이와 같이 실제의 피해경험과는 상관없이 많은 사람이 품게 되는 범죄 공포심을 「범죄에 대한 불안감fear of crime」이라 부르며 많은 관심을 기울이고 있다.

1) 범죄에 대한 불안감의 의미

미국에서는 범죄에 대한 불안감이 범죄의 증가와 더불어 과거 30년 동안에 급격히 고조되었다. 하지만 이 범죄에 대한 불안감은 실제 범죄통계나 피해자 실태조사 결과 이상으로 확산되고 있다고 한다. 한 예로 W·스코갱과 M·맥스필드는 1981년 『범죄에 대한 대처』에서 미국 국민의 약 반수가 범죄에 대한 불안감을 지니고 있지만 실제로 범죄피해를 입는 경우는 6% 전후에 지나지 않는다는 지적을 하고 있다.

일반적으로 범죄에 대한 불안감은 여성 쪽이 크다. 반면 실제로 피해를 입을 가능성은 남성 쪽이 높다. 이를 연령별로 나누어 살펴보면 실제로 범죄의 피해를 입을 가능성은 고령자가 가장 낮다. 그럼에도 불구하고 그들은 범죄에 대한 불안감을 크게 지니고 있는 것이다.

2) 범죄에 대한 불안감의 원인

그러면 실제로 피해를 입을 가능성과 많은 사람들이 품고 있는 주관적인 불안감 사이에 커다란 갭이 생기는 원인은 어디에 있는 것일까? 이 문제와 관련해서는 다음의 두 가지 점이 중요하다. 첫째, 매스미디어의 범죄보도 영향을 들 수 있다. 오늘날에는 범죄의 피해를 직접 접하지 않더라도 그 실태를 매스미디어를 통해 간접적으로 알 수 있다.

그렇기 때문에 오히려 범죄의 증가나 흉악화를 대대적으로 보도하는 매스미디어의 자세가 실제의 피해와는 동떨어진 불안감을 많은 사람들에게 심어주는 결과를 낳고 있다고 말할 수 있다. 둘째, 범죄의 증가나 흉악화를 널리 알리는 것은 모럴패닉을 낳게 되며, 「법과 질서」 정책을 정당화하는 근거를 정부에게 제공하는 빌미가 된다는 측면도 지적할 수 있다.

3) 「범죄에 대한 불안감」에 대한 대책

범죄에 대한 불안감은 시민생활에 각종 영향을 미친다. 예를 들어 실제로 범죄에 대한 불안감을 느끼고 있는 사람들은 여행이나 외출을 삼가거나 혼자서 외출하는 것을 꺼리는 등 행동을 스스로 제한해 버리는 경우가 많다. 불안감이 커지면 경찰을 비롯한 형사사법기관에 대한 신뢰감이 엷어질 수밖에 없다. 따라서 이러한 상황을 막기 위해서는 다음과 같은 세 가지 대응을 강구할 필요가 있다. ① 정확한 범죄피해 실태를 파악하기 위해 범죄피해 조사를 한층 활성화시킨다. ② 범죄정세를 정확하게 전달하고 특이한 범죄사건 등에 대한 과잉보도를 자제한다. ③ 범죄예방책을 강구하여 실제로 범죄피해를 입을 가능성을 저하시킨다.

② 새로운 범죄유형의 피해자

오늘날의 사회정세가 눈부시게 변화함에 따라 범죄현상도 새로운 국면을 맞이하고 있다. 따라서 피해자학에서는 새로운 범죄현상의 피해자에 대해서도 고찰을 할 필요가 있다. 새로운 범죄현상의 피해자로는 구체적으로 다음의 것들을 예로 들 수 있다.

1) 기업범죄의 피해자

기업범죄는 통상적인 기업 활동에 부수적으로 따르는 경우가 많고 그 실태를 파악하는 것이 곤란하므로 「전혀 의식하지 못한 범죄」의 전형으로 여겨지고 있다. 그러나 오늘날에는 기업범죄가 워낙 광범위하고 또한 다양한 피해를 발생시킨다는 지적이 일고 있다. 구체적으로는 기업범죄의 피해자에는 소비자카르텔이나 결함 상품 판매 등라든지 노동자임금착취나 노동안전위생 기준 위반 등뿐만 아니라 일반시민대기오염이나 소음 등도 여기에 포함된다.

그 밖에도 공공사업의 입찰과정에서 담합이 이루어진 경우에는 담합에 참가하지 않았던 기업이나 사업의 발주자인 국가나 지방자치단체 등의 공공단체도 피해자가 될 수 있다.

또한 기업범죄의 피해자는 재산상의 피해뿐만 아니라 생명·신체에 대한 피해, 사회제도의 신뢰성에 대한 피해에까지 이른다. 예를 들어 위험한 약품이라든지 안전성에 문제가 있는 자동차 사용은 생명·신체에 중대한 위험을 수반하며, 카르텔이나 내부거래는 자유주의 시장경제제도나 증권제도에 대한 신뢰 자체에 상처를 입히게 된다. 이처럼 기업범죄는 광범위하며 중대한 피해를 초래하므로 기업범죄의 중대성이 널리 인식되고 있으며 기업에 대한 형법의 적용을 비롯하여 적절한 대응이 모색되고 있다.

2) 아동학대의 피해자

서구에서는 「가정폭력」이라고 할 때 주로 남편이 부인이나 자식에게 폭력을 휘두르는 것을 가리킨다. 특히 미국에서는 가정폭력이 커다란 사회문제로 취급되면서 높은 관심을 기울이고 있다. 미국에서는 매년 약 150만 명의 어린이가 부모로부터 폭력 등의 학대를 받고 있다고 한다.

오늘날에는 부모가 자식에게 성적인 학대를 일삼는 것이 중대한 문제로 대두되고 있다. 미국에서 부모로부터 성적 학대를 받고 있는 어린이의 수는 1976년에는 1만 명에 1명 꼴이었다. 그러던 것이 오늘날에는 대략 1만 명에 100명의 비율로 부모로부터 성적학대를 받고 있다고 한다. 이와 같은 학대 경험은 어린이가 성인이 된 후에도 마음의 깊은 상처로 남게 되며 정신장애 등을 일으키는 경우도 있다고 한다. 따라서 아동학대를 금지하는 법률 제정이나 캠페인 활동, 부모와의 상담 등 각종 아동학대 방지활동이 펼쳐지고 있다. 물론 피해를 입은 아동에 대한 보살핌의 필요성이 제기되고 있다.

3) 음주운전 피해자

음주운전飮酒運轉은 술이나 약물을 음용한 후 정상상태로 신체가 회복되기 이전에 도로에서 운전하는 행위를 말하며, 차마車馬의 운동력이 지니고 있는 인명살상의 위험성 때문에 세계 대부분의 나라에서 중범죄로 처벌하고 있다. 현행법상으로는 도로교통법 제44조에서 규정하는 '술에 취한 상태에서의 운전'에 해당되며, 인명과 관계될 경우에는 특정범죄 가중처벌 등에 관한 법률로도 가중 처벌된다.

그러나 법률적으로도 도로교통법 위반에 대해 문책을 받는 경우는 있어도 살인죄 등으로 문책 받는 경우는 적었다. 대부분의 경우 음주운전으로 인해 보행자가 상해를 입거나 생명을 빼앗겼다고 하더라도 보통은 「사고」로 취급되어 사회적으로 심한 비난을 받지 않았다. 하지만 음주운전이 원인이 되어 발생한 교통사고 피해자인 음주운전의 피해자drunk driving victim는 대다수의 경우 가해자와 아무런 관계도 없으며 그러한 의미에서 보면 안식이 없는 지나가는 악인으로부터 살해된 경우와도 아무런 차이가 없다.

미국에서는 음주운전 피해자와 그 유족들은 음주운전을 「일상적으로 가장 빈번하게 발생하는 폭력적인 범죄」라 부르고 있고 음주운전 자에 대해 엄중한 단속이나 처벌을 요구해 왔다. 우리나라경우 형법은 '원인에 있어서 자유로운 행위'제10조 제3항의 규정을, 도로교통법은 주취운전 죄의 처벌규정을, 교통사고처리특례법은 주취운전으로 인한 과실범죄자에 대한 공소특례의 불인정을, 사회보호법은 명정범죄자에 대한 치료감호처분을 각각 규정하고 있다.

4) 아동 행방불명

'코드아담'실종예방지침이 실종아동을 줄이는데 상당한 효과를 내고 있다. '코드아담'은 1981년 미국에서 실종, 살해된 아담월시당시 6세의 이름에서 따온 제도로 시설봉쇄 등을 통해 미아발생을 방지하고 10분내 아동을 찾는 선진국형 시스템이다. 백화점, 유원지등 다중이용시설 등에서 미아발생신고가 접수되면 즉각 안내방송과 경보를 발령하고 출입구를 봉쇄해 집중적으로 수색하고, 10분이 지나도 발견하지 못하면 경찰에 신고하도록 의무화한 것이다. 우리나라에서는 2014년 7월부터 '실종아동 등의 보호 및 다중이용시설을 대상으로 실종아동 등을 조기에 발견하기 위한 한국형 코드아담으로 '실종예방지침'이다. 1981년 미국에서 시1980년대부터 미국에서는 매년 수많은 아동이 행방불명되고 있는데 이 「missing children」 문제는 커다란 관심을 불러 일으켰다. 이 문제를 심각하게 받아들이는 논자는 유괴의 급증을 지적하면서 그에 대한 방지를 강력하게 주장하였다. 미국에서는 매년 5만 명이 유괴되고 있으며 그 대다수가 매춘, 포르노, 장기 추출에 관련되어 있다는 사실이 대대적으로 보도되는 경우가 종종 있다.

그러나 이러한 견해에 회의적인 입장을 취하는 논자도 있다. 예를 들어 A·카르멘 등은 아동 행방불명 문제가 어린이를 잃은 소수의 부모, 선동적인 기사를 만들고 싶어하는 저널리스트, 자신들의 존재가치를 높임으로써 많은 기금을 거두어들이고 싶어하는 아동조사 조직들에 의해 과장되고 있다고 주장하였다.

또한 행방불명의 아동 중에는 가출한 아동이나 친부모에게 유괴된 자예를 들어 이혼하여 양육권을 상실한 자가 아이를 탈취하는 경우도 포함되어 있다고 하였다.

1980년대 중반까지 양자의 주장에는 커다란 갭이 있었다. 그 원인은 ① 유괴의 정의가 애매하며, ② 유괴수사의 관할이 주와 연방 양쪽 모두로 되어 있기 때문에 정확한 수치가 연방수사국에 조차 남아 있지 않기 때문이다. 이와 같이 「행방불명이 된 어린이들」의 실태가 명확히 밝혀지지 않은 상태에서 그 대응책으로써 「유괴kidnapping」의 정의를 정립하자는 움직임이 차츰 거세지기 시작했다.

즉 「유괴」의 정의에 ① 부모에 의한 유괴, ② 유괴 미수, ③ 성적 욕구를 충족시키기 위한 단기간 유괴도 포함시키려는 움직임이다. 이 새로운 「유괴」의 정의는 공적 기관에 채용되기에 이르렀으며, 1984년에는 「행방불명아동에 관한 법률Missing Children Act」이 제정되어 1988년에는 법무부에서 행방불명아동에 관한 본격적인 조사를 실시하였다.

이 조사결과 다음의 4가지 점이 밝혀졌다. ① 전형적인 유괴는 결국 드문 사례이다. ② 친부모에 의한 유괴는 상상 이상으로 큰 문제였다. ③ 가출소년은 1975년과 1988년의 두 조사에서 커다란 차이를 보이지 않았다. 하지만 그들 중 20%를 넘는 숫자가 실제로는 「버려진」 어린이들이었다. ④ 길을 잃거나 혹은 상해를 입어서 귀가하지 못한 어린이들, 또는 귀가하려 해도 어디로 가야 할지 몰라서 결국 귀가하지 못한 어린이도 적지 않게 존재했다.

5) 강간 피해자

2020년 3월 코로나19사태로 미증유의 위기상황에서 '모든 국민을 공분을 사게 한 '텔레그램 n번방' 사건이 발생하였다. '강간문화'라고 지시되는 어떤 구조, 관행, 문화가 우리사회에 넓게 퍼져 여성들의 몸을 공격대상으로 삼아왔다는 사실 자체는 큰 문제이다. 그래서 강간죄에서 가해자는 남성, 피해자는 여성에 한한다는 생각이 일반적인 것이었다. 그러나 페미니스트 운동의 고조를 배경으로 오늘날에는 여성이 남성에게 행하는 강간이나 동성 간의 강간도 있을 수 있다는 견해도 늘어나고 있다. 구미에서는 이와 같은 새로운 형태의 강간을 규제하는 방식으로 형법개정이 진행되고 있다.

또한 종래 구미의 판례에서는 부부 간에는 강간이 성립되지 않으므로 부인은 남편의 강간 피해자가 될 수 없다고 인식해 왔다. 그러나 이러한 종래의 판례가 남성을 불합리하게 보호하고 있다는 비판을 받게 되면서 차츰 변경되고 있다. 영국이나 미국의 대다수 주에서는 부부 간의 강간죄 성립을 면제하는 규정을 점차적으로 폐지하고 있다. 결국 강간죄에 있어서 피해자는 최대로 가려지고 보호되는 상태에서만이 강간문화는 근절될 수 있다.

6) 매스미디어 피해자

우리는 자극적인 것에 너무 열광하는지도 모른다. 그래서 인터넷이나 TV속 뉴스들 역시 자극적인 내용이나 화면들로 채워질 때도 있다. 대중의 자극을 채워주기 위한 매스미디어의 과도한 접근은 심각하다. 특히 범죄보도에 대한 사회의 관심은 매우 높다. 따라서 신문이나 TV를 비롯한 매스미디어의 범죄보도는 가열화되어 왔다. 하지만 이러한 매스미디어의 태도로 인해 유죄판결을 받기 전의 피의자나 피고인이 마치 범죄자와 같은 취급을 받게 된다는 비판이 일게 되어 오늘날에는 특정 배려가 이루어지고 있다.

이에 비해 피해자에 대해서는 이러한 고려가 결여되어 실명이나 얼굴 사진이 크게 보도되고 있다. 그뿐 아니라 피해자의 프라이버시를 침해하는 내용의 보도도 적잖이 보인다. 그렇기 때문에 피해자의 인권을 보호할 필요성이 주장되게 되었으며, 미국에서는 피해자 원조기구NOVA가 보도윤리 강령을 작성하여 매스미디어 측에 절제된 보도를 요구하고 있다.

그럼에도 불구하고 오늘날에 이르기까지 근본적인 개선책은 제시되지 않고 있다. 그로 인해 보도기관의 자주적인 규제 이외에도 보도 옴부즈맨의 필요성 등이 제창되고 있다.

7) 학교폭력 피해자

학교폭력이란 일반적으로 '학교에서 가해지는 폭력이나 학교에서 학생에 의해 사람에게 행해진 폭력'이라는 뜻으로 사용되는 용어이다. 법에서 규정한 정의는 학교폭력 예방 및 대책에 관한 법률 제2조에 따르면 학교내외에서 학생을 대상으로 발생한 상해, 폭행, 감금, 협박, 약취, 유인, 명예훼손, 모욕, 공갈, 강요, 강제적인 심부름 및 성폭력 따돌림, 사이버 따돌림, 정보통신망을 이용한 음란, 폭력 정보 등에 의하여 신체, 정신 또는 재산상의 피해를 수반하는 행위를 말한다.

그러나 우리사회에서 학교폭력이라 함은 일반적으로 학교 안이나 주변의 폭력은 물론이고 금품갈취, 집단따돌림, 집단 괴롭힘 등을 의미한다. 이와 같은 학교폭력의 문제는 최근들어 단순히 우려의 정도를 넘어서서 자살에 이르기까지 다른 범죄와 사회문제에 연관이 되어 심각한 사회문제로 대두되고 있다.

물론 학교폭력은 예전부터 존재해 왔다. 하지만 이제까지 그랬듯이 그대로 방치해 둔다면 머지 않아 학교는 배움의 터이기보다는 각종 범죄의 근원지가 되고 말 것이다. 따라서 정부, 사회, 학생 그리고 일반인에 이르기까지 학교나 교사에게만 맡긴 채 방치하지 말고 학교폭력문제는 청소년 문제의 거의 대부분을 차지하고 있다는 생각과 함께 지금 학교에서는 무슨 일들이 일어나고 있는지 관심을 가지고 폭력예방프로그램을 개발하는 등 예방대책강구에 노력하여야 하겠다.[53]

8) 기타 피해자

그 밖에도 다음과 같은 피해자에 대한 실태 파악과 적절한 대응의 필요성이 제기되고 있다. ① 정신장애 범죄자의 피해자. ② 고령자 학대의 피해자. ③ 집단 따돌림 피해자. 이처럼 연구대상을 새로운 피해자에까지 확대할 것이 요구되고 있는 것은 피해자학의 연구영역이 확대되고 있다는 점 이외에도 사회구조 변화에 따라서 새로운 범죄현상이 탄생하고 있다는 점에서 기인하고 있다. 따라서 피해자학의 연구대상은 사회의 변화에 맞추어 향후에도 지속적으로 확대되어 나갈 것이다.

---

53 민간단체인 청소년폭력예방재단에서 실시한 학교폭력 실태조사보고서(2006. 12)에 의하면 학교폭력의 새로운 양상으로 학교폭력 피해가 가장 심각한 곳이 초등학교이고, 여학생 폭력이 남학생 폭력문제와 마찬가지로 위험한 형태를 나타내고 있으며, 학생들은 학교폭력 피해를 당하고도 어느 누구에게도 도움을 청할 수 없는 어려운 환경에 놓여 있다는 사실이 확인되었다.

③ 비판적 피해자학

지금까지 피해자학은 이론과 실천 양면에서 착실한 발전을 이루어 왔다. 그러나 향후에도 피해자학이 무비판적으로 전개될 것이라고는 보지 않는다. 1970년대 이후 범죄학이 새로운 범죄학이나 급진파 범죄학의 비판에 부응하면서 발전을 이루어 온 것처럼 피해자학도 항상 논의나 논쟁이 펼쳐지는 가운데서 발전을 이루어야 할 것이다. 이 점과 관련하여 1990년대를 맞이할 무렵부터 활발하게 펼쳐진 「비판적 피해자학Critical Victimology」의 제언은 경청할 만한 가치가 있다.

1) 비판적 피해자학의 주장

비판적 피해자학의 이론에는 몇 가지 형태의 것이 있는데 여기서는 E·패타Ezzat A. Fattah의 견해에 주목하고자 한다. 그는 피해자학의 발전은 필요하지만 졸속이 되어서는 안 됨을 경고한다. 최근에는 특히 피해자 구제라든지 피해자 권리보호가 외쳐지고 있는데, 그 주장이 정당한 것이라 하더라도 본질적으로는 사회의 보상심리 및 「법과 질서」 캠페인의 고조와 맥을 같이 하는 것이다. 특히 최근의 아동학대 캠페인은 그와 같은 요소를 지니고 있지는 않을까? 다시 말하면 아동학대자라는 새로운 「괴물」을 만들어내 그에 대한 엄격한 처벌을 요구하고 있는 것은 아닐까?

패타는 북미 피해자학의 제1인자이며 따라서 그의 논의가 피해자학의 발전을 바라는 마음에서 이루어진 것이라는 점은 의심의 여지가 없다. 실제로 미국에서는 성적 아동학대를 이유로 아버지가 딸에게 고소당한 케이스가 증가하고 있다.

반면 그 고소가 심리요법에 의한 유도로 이루어진 고발이기 때문에 부당한 단죄라는 반론도 유력시되고 있어 주목을 끈다. 1994년 5월에는 캘리포니아주에서 성적 학대로 아버지를 고발한 딸의 기억이 세라피스트Therapist: 치료전문가의 잘못된 치료 결과라는 이유로 피고인 아버지가 승소하는 소송도 있었다.

2) 비판적 피해자학에 대한 평가

물론 이러한 비판적 피해자학의 주장을 우리나라의 상황에 그대로 적용시킬 수는 없다. 하지만 피해자학의 피해자 구제나 피해자 권리보호 주장이 보상심리와 과도하게 결부될 위험성을 내재하고 있다는 점을 경계하지 않으면 안 된다. 피해자학의 착실한 발전을 위해서는 향후에도 비판적 피해자학이 우려하고 있는 폐해를 가능한 한 제거해 나가는 노력이 요구된다.

회복적 사법모델

일반적으로 형벌의 본질을 응보라 하고, 범죄행위에는 그에 상응하는 형벌을 가하는 것이 정의의 실현이라고 주장하는 이론 및 사상을 응보형론이라 말한다. 이는 응보형 주의라고도 하며, 목적형론교육형론과 대립되는 구파 형법학의 기본사상이다. 형벌의 내용으로는 악에 대한 악의 반동으로서의 고통이어야 하고, 형벌의 종류와 분량도 범죄의 그것과 상응하여야 한다고 주장한다.

또한 형벌에는 응보 이외의 다른 목적이 있는 것이 아니고 응보 그 자체가 절대적인 것, 응보 자체가 정의라고 한다. 따라서 응보형론을 절대주의 또는 정의주의라고도 한다. 응보형론은 죄형 균형론에 의하여 죄형법정주의의 확립에 공헌하였고, 그 근간을 이룬 점에 현대적 의의가 없는 바는 아니다. 그러나 19세기 말기에 이르러 신파의 목적형론이 주장된 뒤, 응보형론은 빛을 잃었다. 그러나 형법이 가령 상해죄보다 살인죄의 형벌을 무겁게 규정하고 있는 점에 응보형론의 잔재가 남아 있다고 할 수 있다.

반면에 회복 적 사법은 특정 범죄에 이해관계를 가진 당사자가 모두 모여 그 범죄가 미친 영향, 피해의 회복, 그 범죄가 장래에 가진 함의를 도출하는 과정을 말한다. 범죄자 처벌을 중심으로 하는 기존 형사 사법 체계의 틀에서 벗어나 범죄 피해자의 권리 신장과 피해 회복에 초점을 두는 것이 특징이고, 범죄자와 피해자 그리고 지역사회 공동체 사이의 관계를 복원하는 것이 핵심이다. 이것을 실현하기 위해 조정 모델, 협의 모델, 서클 모델 등 다양한 프로그램이 운영되고 있다.

회복적 사법의 목표는 첫째, 피해자의 의견을 듣고 표현하게 하며 해결 과정에 참여하도록 하는 등 필요한 도움을 제공하는 것이다. 둘째는 범죄에 가장 잘 대처하는 방법이 무엇인지 합의하여 범죄로 인해 손상된 관계를 회복하는 것이다. 그리고 셋째는 범죄행동을 받아들일 수 없는 행동으로 비난하고 지역사회의 가치를 재확인하는 것이고, 넷째는 관련자 모두가 책임을 지는데, 특히 가해자가 책임을 통감하도록 만들고 회복적이고 미래지향적인 결과를 이끌어 내는 것이다.

다섯째는 가해자를 변화시키고 이들을 지역사회에 재통합시켜 재범을 줄이는 것이고 마지막 여섯째는 범죄를 야기한 요인들을 밝혀 국가로 하여금 범죄 감소 전략을 마련하도록 하는 것이다. 회복적 프로그램이란 회복적 사법의 원리로 특징지어지는 분쟁 및 갈등 해소방법을 말한다. 회복적 사법 프로그램들은 매우 다양한 형태를 지니고 있지만 이 모든 것들은 근본적으로 직접적으로 피해자와 가해자가 참여한다는 원리에 기반을 두고 있다.

피해자는 범죄가 어떻게 해결되기를 원하는가에 대해서 이야기할 기회를 가지고, 범죄자는 자신의 행위로 인해서 나타난 결과와 그것이 야기한 손상을 이해할 필요가 있다. 뿐만 아니라 또 다른 근본적인 부분으로서 범죄가 발생하게 된 상황이나 사회적 맥락에 관심을 가진다.

원래 회복적 사법의 형성에 가장 큰 영향을 미친 것은 뉴질랜드의 마오리족과 북아메리카 원주민의 구두의 사법전통이다. 이들의 회복적 사법의 전통을 보면 범죄자와 피해자 두 사람이 마주 앉는 형태 대신에 두 지역사회의 구성원들이 함께 모여 서클을 만든다. 이들 서클 구성원은 부모와 형제자매에 제한되지 않았다.

이들 서클은 30명 이상의 사람이 모인 경우도 있었지만, 전형적인 경우는 일반적으로 10명 내외였다. 1990년대에 들어와 북아메리카의 회복적 사법의 변형을 양형서클sentencing circle 또는 치료서클healing circle이라 불렀으며, 남쪽 지역에서 행해진 또 다른 변형을 가족회합이라고 불렀다.

이러한 전통에 의거한 회복적 사법의 구체적인 프로그램으로는 피해자–가해자 조정, 양형서클, 가족집단회합, 지역사회보상위원회 등이 있다. 이러한 다양한 프로그램 중에서 회복적 사법을 대표하는 세 가지의 모델이 피해자–가해자 조정모델과 뉴질랜드와 호주의 가족회합, 북미의 양형서클이다.

정리하면 절도범에게 벌금형이 선고되더라도 그 벌금은 국고에 귀속할 뿐, 피해자 개인에 대해서는 아무런 배려도 행해지지 않는다. 살인범에게 징역형이 선고되더라도 가장을 잃고 경제적 어려움에 빠진 유족에게는 아무 도움도 되지 않는다. 범죄피해자구조법에 의한 구조금이 지급되더라도 경제적 곤궁에서 완전히 벗어날 수 없으며, 가해자를 징역에 처하는 것만으로 유족들의 억울함과 슬픔이 해소되지도 않는다.

그래서 회복적 사법모델은 범죄자가 자신의 범죄로 인해 발생한 손해를 배상하고 사죄함으로써 피해자를 납득시켰다면 국가형벌권의 발동을 자제해야 한다는 생각에 기초한 새로운 범죄대응방식이다. 1980년대 이후 독일을 비롯한 여러 나라에서 가해자가 피해자와 화해하거나 또는 피해회복을 위해 진지하게 노력한 경우에는 형을 감면해 주는 새로운 제도가 도입된 것이다.

제 5 장 우리나라의 범죄피해자 제도

　2020년 미성년자 등을 협박해 성착취 동영상을 촬영하도록 하고 그 영상을 유포한 텔레그램 N번방 사건들은 그 피해자가 너무 많아 국민들의 공분이 엄청났다. 범죄피해로 인해 피해자 당사자는 물론 그 가족이나 유족은 많은 어려움을 겪는다. 경제적 손실도 그 중에 하나다. 그러나 인간의 삶을 파괴하는 가해자들에게 처벌은 마땅하지만 이로 인한 피해 보상은 쉽지 않다. 무엇보다도 피해자의 어려움은 여기에 그치지 않고, 정신적 피해와 함께 형사사법기관과의 절차적인 측면에서도 많은 불편을 경험하게 된다. 이러한 피해자에 대한 지원은 경제적 지원, 정신적 지원이나 위기 개입 등을 포함한 직접적, 실무적 지원과 형사사법에서 피해자의 법적 지위의 향상 등이 이야기된다. 우리나라 현행법상 범죄피해자를 구제하고 보호하기 위해 「소송촉진 등에 관한 특례법」 제25조에 '배상명령제도'를 규정하고 있다. 배상명령제도란 법원의 직권 또는 피해자의 신청에 의해서 형사사건의 피해자가 피고인에게 범죄행위로 발생한 손해의 배상을 받을 수 있도록 명하는 절차를 말한다.

　배상명령제도에 의한 피해자의 구제는 피고인이 손해배상을 하는 것이기 때문에 피고인이 무자력無資力인 때에는 아무런 의미가 없다. 그러나 형사피고인은 무 자력인 경우가 대부분이다. 그렇기 때문에 피해자의 구제를 위해 국가에 의한 범죄피해자구조제도가 필요하게 된 것이다.[54]

54　배상명령절차의 주된 취지는 피해자의 신속한 구제에 있다. 즉 범죄행위로 인하여 손해배상청구권이 발생한 경우에 형사절차에서 손해배상까지 판단하게 함으로써 피해자가 민사소송에 의한 번잡과 위험을 부담하지 않고 신속히 피해를 변상하게 하는 것이 피해자에게 이익이 될 뿐만 아니라 소송경제를 도모하고 판결의 모순을 피할 수 있는 결과가 된다는 것이다. 이 이외에 형사판결과 동시에 손해배상의무를 확정하는 것은 피고인의 사회복귀와 개선에 도움이 된다는 점도 함께 고려되어 있다고 할 수 있다. 피해자가 배상신청에 의하여 형사절차에 참여하는 것이 실제적 진실 발견에도 도움이 된다고 설명하는 견해도 있다. 그러나 배상명령은 실체진실을 발견하기 위한 수단이 아니라 피해자의 보호를 위하여 손해를 원상회복하게 하는 제도라고 해야 한다(이재상, 2003:748).

① 범죄피해자구제제도

1) 범죄피해자구조법의 의의

'범죄피해자 구조법'은 범죄로 인한 생명 또는 신체피해자를 구조하기 위해 제정한 법률이다. 헌법 제20조는 "타인의 범죄행위로 인하여 생명·신체에 대한 피해를 입은 국민은 법률이 정하는 바에 의하여 국가로부터 구조를 받을 수 있다"고 규정하고 있으며 이에 근거하여 제정된 것이다. 국가에 의한 피해자구조는 범죄에 대한 투쟁과 형사소추권을 독점하고 있는 국가는 범죄로 인하여 야기된 피해를 구조할 책임이 있을 뿐만 아니라 국가가 잠정적으로 피해자 구조를 맡아 행위자의 사회복귀를 촉진하는 것이 합리적 형사정책으로 될 수 있다는 점에 근거가 있다.

2) 대상 및 범위

대한민국 선박 또는 항공기 안에서 행해진 생명 또는 신체를 해하는 범죄행위로 인하여 피해를 입은 중장해 당사자나 사망한자의 유족을 구조할 목적으로 시행된 법률이기도 하다. 이에 따라 이 제도의 대상으로는 범죄피해로 인해 심한 부상을 입은 피해당사자나 사망한자의 유족에게 범죄 피해자 구조금 형태로 국가가 일정금액을 지급한다. 재산범죄피해자는 제외되고 대인범죄피해자만으로 한정된다. 또한 국가에 대한 구조청구권의 향유주체는 타인의 범죄행위로 인하여 사망한 자의 유가족이나 중장해를 당한 자이며배우자와 자녀, 부모, 형제자매 등, 외국인은 상호보증이 있는 때에 한하여 그 주체가 될 수 있다범죄피해자구조법 제1조, 제10조. 그리고 우리나라 주권이 미치는 영역우리 항공기, 선박 포함 내에서 발생한 범죄행위로 인한 피해자만이 그 주체가 될 수 있다. 자기 또는 타인의 형사사건의 수사 또는 재판에서 수사단서의 제공, 진술, 증언, 자료제출과 관련하여 피해를 입은 자도 청구할 수 있다.

3) 성립요건

① 타인의 범죄행위로 인한 피해이어야 한다.

다만 가해자와 피해자 사이에 친족관계가 있거나, 피해자가 범죄행위를 유발했거나 범죄발생에 귀책사유가 있는 경우에는 구조금을 지급하지 아니할 수 있고제6조, 유족이 피해자를 고의로 사망케 한 경우 또는 정당행위·정당방위 또는 과실에 의한 행위에 기한 피해는 제외된다긴급피난의 경우는 청구가 가능하다.

② 생명·신체에 대한 피해이어야 한다.

따라서 명예나 재산 등에 가해진 피해는 제외된다. 그리고 피해자의 사망 또는 중장해가 발생하여야 한다.

③ 가해자는 불명 또는 무자력으로 피해자가 보상을 받지 못하여야 한다.

아울러 피해자도 생계유지가 곤란하여야 한다. 다만 자기 또는 타인의 형사사건의 수사 및 재판에 협조한 것과 관련하여 구조를 청구하는 경우에는 가해자의 무자력 또는 피해자의 생계유지 곤란이라는 요건이 적용되지 않는다.

4) 구제내용

범죄행위로 사망한 사람의 유족은 유족구조금을, 중장해자는 장해구조금을 일시급으로 청구할 수 있다. 피해자가 범죄피해를 원인으로 국가배상법 기타 법률에 의하여 지급받을 수 있는 경우에는 구조금을 지급하지 아니한다구조청구권의 보충성. 피해자가 당해 범죄피해를 원인으로 일부의 피해배상을 받을 경우에는 그 범위 내에서 구조금을 삭감할 수 있으며, 구조금을 지급한 경우에는 유족이나 중장해가 청구할 권리를 국가가 대위한다.

5) 구조금 신청

사망자의 유가족_{유족구조금}이나 피해자_{장해구조금}는 주소지나 범죄행위지를 관할하는 지방검찰청 소속의 범죄피해구조심의회에 신청한다. 범죄피해구조법 제11조에 의하면 구조금의 지급신청은 범죄피해의 발생을 안 날로부터 1년, 또는 당해 범죄피해가 발생한 날로부터 5년 이내에 하여야 한다. 구조금의 지급을 받을 권리_{구조금수령권}는 양도·압류·담보로 제공할 수 없으며, 구조금지급결정이 신청인에게 도달된 때로부터 2년간 행사하지 않으면 시효로 소멸한다.

6) 구제제도의 문제점

① 형사정책적 측면
   ㉠ 범죄인들이 덜 자제할 우려가 있다.
   ㉡ 피해자들도 덜 주의할 우려가 있다.
   ㉢ 범죄자도 죄책감을 덜 가질 우려가 있다.
   ㉣ 국가기관도 수사를 게을리 할 우려가 있다. 따라서 생계유지상 필요한 최소한도에 그쳐야 한다.
② 배상범위의 문제: 대통령령으로 정한 금액_{유족구조금: 1천만원, 장해구조금: 600, 400, 300만원}이 생활보호대책으로서는 부족하다.
③ 기금마련의 문제: 구조금 예산이 턱없이 부족하다.
④ 구조요건의 경직성: 구조요건을 완화하여야 한다.
   ㉠ 범죄피해자의 구조에 관해 규정한 헌법 제30조의 조항을 '법률이 정하는 바에 의하여 국가에 구조금을 청구할 권리를 가진다'로 하여 범죄피해자구조청구권으로서의 성격을 명확하게 할 필요가 있다.
   ㉡ 과실범죄로 인한 피해자를 구조대상에 포함시켜야 한다.
   ㉢ '가해자의 불명 또는 무자력'을 구조금지급요건으로 정한 부분을 합리적으로 개정하여 구조금을 지급받는 것이 합당한 피해자가 법률의 불합리 때문에 구조금을 지급받지 못

하는 사례가 없도록 해야 한다.

ⓔ '피해자와 가해자 간에 친족관계가 있는 경우'를 구조금을 지급하지 않을 수 있는 사유에서 제외시켜야 한다.

 형법상의 제재로서의 원상회복제도

1) 원상회복의 개념

원상회복이란 광의에 있어서는 피해자가 범죄행위에 결과를 상쇄받기 위하여 취득하는 일체의 급부제도를 의미하지만, 형사제재로서 협의의 원상회복이라 함은 형법상의 제재로서 행위자가 피해자에게 손해에 대해 급여토록 강제하는 제도를 말한다. 형사제재로서 원상회복은 '소송촉진 등에 관한 특례법' 상 배상명령과는 달리 제재로서의 성격을 강하게 지닌 제도이다.

2) 원상회복제도의 형사정책적 의의

(1) 피해자보호이념을 실현하기 위해서는 피해자가 입은 손해에 대한 원상회복을 형벌집행이나 형사절차상의 제도로서 유지해야 할 뿐만 아니라 형법상의 제재로 도입하는 문제를 적극적으로 검토해야 한다.

(2) 이 제도는 전통적인 형벌을 대체함으로써 형사사법기관의 부담을 경감시킬 수 있고 형법의 자유화·인도주의화에 기여하고, 적극적 일반예방기능도 제고시킬 수 있으므로 영국·그리이스·아일랜드 등은 독자적인 형사제재로서 채택하고 있고, 미국에서는 다이버젼Diversion : 선도조건부훈방의 한 가지 방안으로 활용되고 있다.

(3) 우리나라에서는 원상회복제도가 형벌을 대체하는 독자적 제재가 될 수 있는가 하는 점에

대해서는 아직까지 많은 의문이 제기되고 있다. 따라서 형법상 제재로서 원상회복을 도입하기 위해서는 우선 원상회복을 집행유예의 조건으로 집행유예와 결합시키고, 집행단계에서 피해자의 원상회복요구에 부응할 수 있는 방안으로서는 가석방의 조건으로 원상회복을 부과하고, 벌금형보다 원상회복을 우선시키는 것도 바람직하다.

3) 원상회복제도의 성격

원상회복은 그 자체가 형벌목적이라고 할 수는 없으며, 형벌적 요소와 민법적 요소를 겸비한 중간처벌제도로서 '제3의 추적제재'라고 해야 한다.

형사사법절차의 피해자참여 논의

지금까지 피해자는 증인의 지위만을 가지고 진술을 강요당하는 대상에 지나지 않았다. 그러나 형사정책은 피해자가 형사절차에 정당하게 참여하여 정보를 얻고 방어방법을 찾으며, 피해배상과 원상회복을 위한 활동을 할 수 있도록 요구한다.

1) 현행제도

현행법상 피해자는 ㉠ 수사절차에서 고소인으로 고소를 하고, ㉡ 불기소처분에 대해 항고하거나, ㉢ 재정신청을 통해 검사의 공소권불행사를 규제하고, 헌법소원을 제기할 수 있으며, ㉣ 공판절차에서는 증인이 되어 신문을 받고, ㉤ 피해자의 신청에 의해 증인으로 진술할 수도 있다. 이외에도 배상명령절차에 의해 손해배상을 신청하는 것도 가능하다. 뿐만 아니라 친고죄에서의 고소는 소송조건이 되고, 반의사불벌죄의 경우는 피해자의 일방적인 의사에 의하여 형사소추를 제한하는 지위를 가진다.

2) 피해자참여의 확대방안

형사정책적으로 피해자를 형사절차에 더욱 활발하게 참여하게 하기 위해서는 다음과 같은 방법이 모색되어야 할 필요가 있다.

(1) 사인소추私人訴追

사인소추는 피해자 자신이 공소를 제기하는 제도로서 피해자보호에 필요하다는 견해가 있다. 그러나 이러한 주장은 피해자의 중립화이념과도 상충되므로 국가소추주의의 사인소추주의로의 완전대체는 인정될 수 없고, 다만 경미범죄 등에 한정해서 도입이 검토되고 있다.

(2) 재정신청사건의 대상확대

기소편의주의법제 아래에서는 재정신청사건의 대상을 전면적으로 확대하는 것이 피해자보호를 위해서 필요하다.

(3) 피해자의 인격권보호

피해자가 형사절차에 적극적으로 참여해야 한다는 논의와 별개로 절차 안에서 피해자의 사생활이 침해되지 않도록 하여야 한다. 그러나 이러한 피해자의 프라이버시권 보호는 국민의 알 권리와 첨예한 대립관계를 보이는 경우가 적지 않다.

(4) 피해자의 정보권

피해자에게 절차에 대한 정보권을 보장해야 한다. 공판기일을 피해자에게 통지해야 하고, 피해자의 기록열람권을 보장하는 것이 그 방법이다. 피해자가 증인으로 신문을 받는 경우에는 변호인선임권을 보장해 주어야 한다.

(5) 원상회복절차의 보완

우리나라의 배상명령제도는 제대로 활용되지 못하고 있으므로, 영미법과 같은 형사제재로서의 원상회복제도를 도입해야 한다는 의견이 있다.

12

범죄학의
새로운 시도

제1장 　서설

　　우리나라의 범죄학 연구는 초기에는 법학분야 중 하나인 형사정책학의 일부분으로 간주되면서 시작되었다. 형사정책은 사법시험의 일부과목에도 포함되기도 하였다. 그러나 2000년대 이후 범죄학에 대한 연구가 활발하게 진행되면서 형사정책학에서 독립된 학문으로 범죄학 연구가 본격적으로 시작되었다. 규범학적 접근에서 사실학적 접근으로의 전환이 이루어진 것이다. 하지만 우리나라의 범죄학연구는 영미의 범죄학 연구와는 다르게 대륙법계의 영향을 받아서 범죄원인을 파악하여 형사정책학에 도움을 주는 방향으로 연구되는 것이 특징이다.

　　이 장에서는 지금까지의 고찰을 토대로 21세기를 향한 범죄학의 전망을 살펴보고자 한다. 사람은 왜 범죄를 저지르는 것일까? 범죄학은 이 문제를 풀기 위해 시대를 초월하여 다양한 조사와 논의를 펼쳐왔고 수많은 귀중한 이론을 탄생시켜 왔다. 이와 같이 범죄의 원인을 탐구하고 이론을 구축하는 노력은 활발하게 전개되어 왔지만, 1970년대 무렵부터 혼미기를 맞이했다. 그 요인이 된 것은 낙인이론의 대두와 의료모델의 쇠퇴였다.

　　그러나 범죄학은 혼미기를 탈출하여 1980년대 중반부터 다시 활기를 띠기 시작했다. 범죄학 부흥의 배경에 대해서는 다음의 세 가지 관점에서 설명이 가능하다. (a) 새로운 범죄생물학의 대두生화학 측면, (b) 새로운 시각에서의 범죄학 접근방법, (c) 신구 범죄학 대립의 새로운 국면. 그리고 혼미 속에서의 탈출을 지향한 또 하나의 움직임으로 범죄원인론의 통합 움직임이 있었다는 사실에도 주의를 기울일 필요가 있다.

　　21세기의 범죄학에서는 형사정책을 고찰의 범주에 넣어 논의할 필요가 있다. 그 중에서도 범죄예방론은 불가결한 것이다. 궁극적인 범죄학의 목적은 범죄피해화 방지에 있다. 따라서 이러한 범죄예방을 전제로 해야만 범죄학의 의의는 높아진다고 생각된다.

　　범죄학의 보다 활발한 전개를 위해 향후의 연구에서는 다음의 3가지 점에 유의해야만 한다. ① 현실적인 논의, ② 범죄자에 대한 편견·차별의식 배제, ③ 상식에 얽매이지 않는 유연한 자세.

제**2**장 | # 범죄학의 새로운 시도

① 범죄학의 영원한 테마, 사람은 왜 범죄를 저지르는 것일까?

　사람은 왜 범죄를 저지르는 것일까? 범죄학의 영원한 테마라 해도 무방한 이 문제를 둘러싸고 롬브로조Lombrozo의 범죄인류학파와 라까사뉴Lacassagne 등의 리용Lyon환경학파 등장 이래, 시대를 넘어서 다양한 조사와 논의가 펼쳐져 왔다. 일찍이 「유전소질인가, 환경인가?」라는 양자택일적인오늘날의 입장에서 보면 실익 없는 논의가 이루어져 왔지만, 현재는 양자를 종합적으로 고찰하고자 하는 입장이 정착되고 있다. 이러한 범죄원인 탐구는 지금까지 각종 인접 과학의 도움을 빌리면서 집요하게 지속되어 왔다. 그리고 수많은 귀중한 지견과 이론을 낳으면서 범죄원인 규명에 기여해 왔다.

　이와 같이 범죄원인을 탐구하고 이론을 구축하려는 시도는 활발하게 전개되어 왔지만, 1970년대 무렵부터 그 전도에 검은 구름이 깔리기 시작했다. 그 요인이 된 것은 낙인이론의 대두와 의료모델의 쇠퇴였다. 이 중 전자는 범죄는 선천적으로 존재하는 것이 아니라 형사사법기관이나 사회가 낙인했기 때문에 범죄가 되었다는 견지에서 범죄자라는 낙인을 지우는 측과 낙인찍히는 측의 상호작용을 중시하였다.

　그리고 이러한 입장에서 종래의 범죄자 개인에 대한 원인규명즉 범죄원인론 대신, 형사사법기관이나 사회가 범죄자에게 낙인을 지우는 과정과 그 낙인의 결과에 초점을 맞추어 낙인을 지우는 측의 자세를 문제시 삼을 것을 주장했다.

　한편, 후자는 범죄자를 이른바 「환자」로 파악하는 범죄자 처우에 관한 모델인데, 환자를 치료하기 위해서는 그 원인규명이 불가피하다는 견지에서 범죄원인론과 긴밀한 친화성을 지니고 있었다. 그러나 1970년대에 들어서자 의료모델 효과에 대한 의문이나 인권침해에 대한 우려가 급속하게 고조되어 의료모델이 쇠퇴하게 되었고, 그와 동시에 범죄원인을 탐구하는 시도도 퇴조 화 경향을 나타냈다. 이리하여 범죄학은 혼미기에 돌입한 것이다.

② 활성화되는 범죄학

범죄학은 이렇게 혼미기를 맞이하게 되었는데, 1980년대 중반부터 다시 활기를 띠게 되고 예전의 활력을 회복하기 시작했다. 이러한 범죄학의 활성화는 다음의 세 가지 점에서 설명이 가능하다.

첫째, 새로운 범죄생물학이 대두하여 범죄원인론에 새로운 기운을 불어넣었다새로운 범죄생물학의 대두. 새로운 범죄생물학은 종래의 범죄생물학에 대한 비판을 토대로 유전학적 측면을 약화시키고 생화학이나 신경생리학의 관점에서 범죄의 원인 탐구에 접근함으로써 세간의 이목을 집중시켰다. 또한 이러한 새로운 범죄생물학의 대두에 자극을 받아 범죄심리학이나 범죄사회학의 영역에서도 활발한 전개가 이루어졌다.

둘째, 새로운 시점에서 범죄학에 접근하고자 하는 움직임이 범죄학에 자극을 주었다새로운 시점의 도입. 예를 들어 페미니스트 범죄학은 종래의 범죄학이 인류의 반수를 점하는 여성의 존재를 경시하고 있었다는 점을 지적하고 여성을 고려한 범죄학을 구축할 필요성이 있다고 주장하였다. 또한 환경범죄학은 지금까지 중시되지 않았던 범죄예방이란 관점을 도입시켜 논의를 전개하고 있다.

셋째, 신구 범죄학이 새로운 형태로 대립하면서 많은 범죄학자를 끌어들였고 이러한 상태에서 논의가 전개되고 있다신구 범죄학 대립의 신국면. 1980년대에 들어서자 영국과 미국에서는 합리적 선택이론, 환경범죄학, 사회생물학적 범죄학 등 실증적인 연구와 자료를 토대로 범죄상황을 엄격하게 파악하여 현실적인 범죄대책을 검토하는 우익현실주의right realism 범죄학의 움직임이 주목을 끌고 있다.

다른 한편으로는 급진파 범죄학도 범죄의 실태를 토대로 한 논의의 필요성을 인식하여 좌익현
실주의left realism로 변모하였다. 이러한 신구범죄학의 최근 동향은 종래와는 다른 논쟁을 낳으면
서 범죄학을 활성화시키고 있다.

③ 범죄원인론 통합 시도

혼미기로부터의 탈출을 목표로 한 범죄학의 움직임으로써 또 한 가지 주목되는 것은 범죄생
물학, 범죄심리학, 범죄사회학을 유기적으로 통합하려는 시도이다. 앞서 기술한 바와 같이 오늘
날에는 범죄원인을 유전과 환경의 상호작용으로 받아들이고 있다. 따라서 최근에는 범죄생물학,
범죄사회학, 범죄심리학이 각각 별개로 범죄의 원인에 대해 논하는 것이 아니라,

이 삼자가 학제적인 견지에서 범죄의 원인에 대해 논할 필요성이 제기되고 있다. 여기서는 그
예로써 범죄생물학, 범죄심리학으로부터의 통합 시도와 범죄사회학으로부터의 통합 시도로 분류
하여 소개하고자 한다.

1) 범죄생물학·범죄심리학 접근방법에서 이루어진 통합 시도

범죄원인론의 통합을 지향한 시도는 생물학·심리학 접근방법에서 제기되고 있다. 여기에는 과
거의 범죄생물학이나 범죄생물학의 유전결정론적 측면에 대한 반성의 의도가 담겨져 있다. 단,
사회학 접근방법의 통합에 따라 유전결정론이나 우생학 사상과 필연적으로 결별하는 것은 아니
므로 항상 경계를 늦추지 않아야 한다.

1977년부터 1978년에 걸쳐 미국 범죄학회의 회장을 역임한 C·제프리는 범죄생물학과 범죄예방
론의 결합을 주장하였다. 종래의 범죄예방 론 에서는 주로 환경디자인을 고안함으로써 범죄의 기

회를 감소시키는 것을 목표로 하였다. 이에 비해 제프리는 생물학의 지견을 응용하면 새로운 범죄예방책이 나올 것이라고 주장하였다.

구체적으로는 태아에 미치는 영향을 고려하여 임산부에 대한 강한 충격을 막고 영양을 충분히 공급하며 스트레스를 받지 않도록 배려하는 것과 출산 후의 유아 영양 문제, 그리고 유아기의 야뇨증, 폭력, 불장난, 가출, 무단결석 등의 문제에 대해 조속히 대응하는 것이 중요한 범죄예방책이 된다고 하였다. 지금까지 제프리의 범죄생물학적 주장은 특이한 것으로 받아들여져 왔다. 또한 급진파 범죄학자도 이러한 주장을 "과학성이 결여된 반동적인 것이다"라고 비판해 왔다. 하지만 제프리의 견해는 범죄예방 론이 새로이 전개됨에 따라 최근 다시 주목을 끌고 있다.

J·Q·윌슨과 R·헌스타인은 1985년 『범죄와 인간의 본성』에서 범죄생물학, 범죄심리학과 범죄사회학의 통합을 주장하여 범죄학계에 커다란 반향을 불러일으켰다. 두 사람은 합리적 선택이론과 마찬가지로 범죄자는 범죄에 의해 얻어지는 이익과 범죄의 수행에 따르는 비용을 비교 검토한 다음에 범죄를 실행할 것인지 그 여부를 결정한다고 생각했다.

다만, 범죄 실행 여부를 선택함에 있어서 생물학적 요인이라든지 심리학적 요인이 커다란 영향을 미친다고 보았다. 가령 낮은 지능, 중배엽형의 체형, 범죄자의 자식, 강한 충동성, 외향성, 자극에 대한 자율신경계의 과민반응 등의 생물학적 요소는 범죄실행의 선택에 밀접하게 연관되어 있다는 것이다.

즉 어떠한 생물학적 특성을 지니고 있다고 해서 반드시 범죄자가 되는 것은 아니지만, 다른 조건이 동일한 경우에 그러한 특성을 지닌 자는 범죄를 선택할 가능성이 높다고 주장한 것이다. 한편 두 사람은 가정생활이 문란하거나 학교에 적응하지 못하거나 비행소년들의 하위문화에 속해 있는 등의 환경적인 요인도 범죄성에 커다란 영향을 미친다고 기술하고 있다. 그렇기 때문에 범죄를 방지하는 것은 엄격한 형벌보다 가정 내에서의 유대관계와 교육이라고 주장하였다.

두 사람의 주장을 놓고 생물학적 요인을 지나치게 강조하고 환경적인 요인을 경시한다는 등의 비판이 이어졌는데, 두 사람의 주장이 생물학적인 요인과 환경요인을 통합하는 새로운 시도를 제시했다는 점에서 그 의의는 크다고 할 수 있다.

2) 범죄사회학 접근방법에서 이루어진 통합 시도

범죄원인 론을 통합하려는 시도 중에서 주목하지 않으면 안 될 것이 「인생경로life course」에 착안한 사회학적인 접근방법의 움직임이다. 범죄학의 분야에서도 연구가 진전됨에 따라 다음의 두 가지 점이 명백히 밝혀졌다. (a) 범죄의 요인은 각양각색이며 개개의 범죄요인의 영향의 크기도 사람에 따라 다르다.

(b) 한 사람의 범죄자가 범죄를 저지르게 된 요인은 성장함에 따라 변화한다. 이 점을 설명하기 위해 사람들은 각각 서로 다른 인생경로를 걷고 있으며 완전히 똑같은 인생경로를 걷는 자는 아무도 없다는 사실에 주목하게 되었다. 이와 같은 사실을 토대로 한 범죄학 이론을 「인생경로life course이론」이라 부르는데 이는 1990년대를 맞이할 무렵부터 높은 관심을 끌었다. 이 이론에서는 개개인의 인생경로의 차이에 영향을 미치는 요소에 사회학적인 요소뿐만 아니라 생물학적인 요소라든지 심리학적인 요소도 포함시키고 있다.

(1) 종단적 연구

시간의 경과에 따른 유기체의 변화에 관심을 두는 발달연구에는 종단적 연구와 횡단적 연구가 있다. 종단적 연구는 같은 집단 또는 개인을 연구대상으로 하여 그 대상의 특성을 일정기간 반복적으로 관찰하고 조사하는 것으로 시간의 변화를 추적하는 연구방법이다. 반면에 횡단적 연구는 현장연구 중 표본조사에서 모든 관련된 변수들에 대한 자료를 하나의 시점에서 동시적으로 수집하여 분석하고 추론하는 방식이다. 범죄학의 영역에서 인생경로에 주목하는 계기를 만들어 준 것은 영미에서 활발하게 이루어지고 있던 종단적 연구다. 종단적 연구는 무작위로 추출한 피검자집단동일 연령의 자을 대상으로 아동·소년기에서 성인 이후까지 장기간에 걸쳐 수년 주기로 자기조사와 심리테스트를 실시하여, 그 중에서 범죄·비행을 저지른 자와 저지르지 않은 자의 차이가 어디에서 유래하는지 그 요인을 추출함으로써, 범죄·비행의 원인을 규명하고자 한 방대한 시도이다.

이와 같은 연구의 기원은 1930년대에 미국에서 이루어진 글룩부부의 연구에서 비롯되었다고 한다. 하지만 글룩부부의 연구는 사회학적인 요인뿐만 아니라 생물학적 요인이나 심리학적 요인도 중시하는 것이었기 때문에 시카고학파를 중심으로 범죄사회학이 전성기를 맞이하고 있었던 당시의 미국에서는 높은 평가를 받지 못했고, 이후 오랫동안 사람들의 뇌리에서 잊혀지고 있었다.

그렇지만 1960년대부터 이와 같은 종래의 범죄학의 한계가 의식되기 시작하면서 몇 개의 크고 작은 종단적 연구가 실시되기에 이르렀다. 그리하여 30년 이상을 경과한 현재에는 그 성과가 축적되었으며 미국이나 영국에서 커다란 주목을 끌게 되었다.

(2) 패린튼의 비행발전 연구

종단적 연구에서 가장 주목을 받고 있는 것은 영국 케임브리지대학 범죄연구소가 중심이 되어 실시하고 있는 「비행발전delinquent development」 연구이다. D·패린튼 등은 1953년에 런던에서 태어난 500명최종적으로는 403명의 남성을 대상으로 10세에서 32세까지 사이에 8회에 걸쳐서 자기조사보고, 상세한 인터뷰, 심리 테스트 등을 실시하였고, 이를 토대로 상습범죄자가 범죄를 행하게 된 요인을 분석하였다.

연구결과 패린튼은 다음과 같은 6가지 점을 지적하였다. (a) 유년기에 다음과 같은 조건에 해당하는 자는 10대 시기에 반사회적 행동을 취할 가능성과 성인이 된 후에 범죄를 저지를 가능성이 높다.

① 가정이 경제적으로 빈곤하다. ② 부모나 형제 중에 범죄경력이 있다. ③ 자식에 대한 부모의 감시기능이 결여되어 있다①~③ : 사회적 요인. ④ 학업성적이 낮다. ⑤ 학업에 게으른 경향을 보인다. ⑥ 정직하지 않다. ⑦ 공격성이 강하다. ⑧ 다동성이 있다. ⑨ 충동성이 강하다. ⑩ 주의결함 장애가 보인다④~⑩ : 개인적 요인. (b) 범죄성을 지닌 아동에게는 흥분, 물건에 대한 소유욕, 동료 사이에서의 지위에 대한 욕구가 범죄의 동기를 유발하거나 촉진요소로 작용한다.

(c) 일상생활의 다양한 일들이 아동의 행동에 영향을 미친다. 예를 들어 부모의 매우 세심한 가정교육이나 감시 등은 사회적 학습과정을 거치면서 범죄에 대한 아동의 자기억제를 고양시킨다. 반대로 반사회적인 가정에서는 이와 동일한 과정을 통해 범죄 경향을 고조시킨다. (d) 구체적인 상황 하에서 범죄를 실행할지의 여부 판단은 비용과 이득의 비교 차이에 의거한다. 단, 비

용이나 이득의 평가는 주관적인 것이어서 사람에 따라 다르다. 예를 들어 충동적인 소년은 근시 안적인 이득밖에는 관심이 없기 때문에, 이후에 체포되어 형벌을 부과받을 가능성이 높다하더라도 범죄를 일으키기 쉽다. (e) 인생경로 중에서 어느 기간시기에서는 범죄를 촉진하는 요소로 작용한다 하더라도 다른 기간시기에서는 영향을 미치지 않는 경우도 있다.

예를 들면 신경과민nervousness, 소극적 태도, 친구가 적은 것은 유년기나 소년기에는 마이너스범죄를 촉진하는 방향로 작용하지만, 성인이 된 후에는 플러스범죄를 삼가는 방향로 작용한다. (f) 성인범죄는 외적 요소와 내적 요소에 따라 예측 가능하다. 외적 요소로는 폭력적인 행위, 체포 경력, 유죄경력 등이 있다. 반면 내적 요소로는 정신장애, 신경과민, 사회적 고립 등이 있다.

패린튼의 이론은 인생경로 중에서의 다양한 경험이 행동선택의 방향이나 흐름을 결정한다는 것을 말해주고 있다. 특히 유년기의 경험이 이후의 범죄경력에 커다란 영향을 미친다는 사실이 강조되고 있다. 따라서 패린튼의 비행발전이론은 오늘날에는 유력한 인생경로이론의 하나로 헤아려지고 있다.

(3) 샘프슨과 롭의 단계적 성장이론

인생경로의 다양한 장면에 따라 범죄를 촉진하는 요소가 다르다는 주장은 미국의 R·샘프슨과 J·롭의 단계적 성장이론에서도 제기되고 있다. 두 사람은 1993년의 『범죄의 생성Crime in the Making』에서 비행경력이 있는 남성 500명과 비행경력이 없는 남성 500명을 대상으로 유아기부터 40대에 이르기까지 장기간에 걸쳐 살펴본 글룩부부와 셀든의 조사 데이터를 컴퓨터를 이용해 재분석하여 다음과 같은 결론을 도출해 냈다.

(a) 비행을 저지르는 아동들 중에는 가정, 학교, 동료 사이에서 트러블을 지니고 있는 경우가 많다. 이 점에서는 범죄의 원인을 사회적 통제 결여에 있다고 하는 사회적 통제이론의 주장이 옳다. (b) 단, 범죄자가 성인이 될 때까지 상습적인 범죄경력을 쌓게 되면 이미 그것을 멈추게 할 수단이나 기술이 없다고 하는 사회적 통제이론의 주장은 잘못된 것이다. 성인상습범죄자를 범죄로부터 격리하는 것은 가능하다. 이를 위해서는 중요한 전환점이 2개 있다. 결혼과 취직이 그것이다.

(c) 과거의 경력을 아는 상태에서 이해해 주려는 배우자나 기회를 부여해 주려는 고용주의 존재는 사회자본social capital을 쌓는 데 도움이 된다. 사회자본이라 함은 생활을 유지해 나가기 위해 필요한 개인이나 사회제도와의 적극적인 관계를 가리키는데, 통제이론에서의 사회적 유대와 거의 비슷한 의미로 쓰인다. (d) 비행소년이나 범죄자를 형사사법기관에서 처리함으로써 그들의 범죄성에 직접적인 영향은 주지 않는다. 하지만 그들이 형사사법기관에 의한 처리를 경험함으로써 결혼이나 취직의 가능성이 낮다고 한다면, 오히려 그들의 범죄경력을 촉진하는 방향으로 작용하게 된다.

이상과 같은 샘프슨과 롭의 주장은 다음과 같은 의문에 답변을 하지 못한다는 지적도 있다. (a) 왜 소년기에 비행경력으로부터 벗어나는 자가 있는가? (b) 결혼이나 취직에 성공하는 자와 성공하지 못하는 자의 차이는 어디에 있는 것인가? (c) 실제로는 사회자본이 결여되어 있음에도 불구하고 왜 범죄를 저지르지 않는 자가 있는가?

이상과 같은 의문에 적절한 해답을 제시하지는 못했다 하더라도 두 사람의 주장은 범죄나 범죄자를 범행시점뿐만 아니라 장기간의 인생경로라는 시점에서 고찰하였다는 점에서 매우 높은 평가를 받고 있다. 우리나라의 범죄학에 대해서도 중요한 점을 시사하고 있다고 생각된다.

 범죄의 원인탐구는 미시적, 거시적인 시점을 겸비하는 것이 불가결

범죄학에서는 이상과 같은 통합 시도가 과감하게 모색되면서 활성화를 띠기 시작했지만, 범죄의 원인이 복잡하기 때문에 실제로 개개의 범죄자가 범죄에 이르는 과정을 완전히 해명하지는 못했으며, 아직까지도 해명되지 못한 점이 많다는 사실을 부정할 수 없다. 바꾸어 생각하면 행동과학이 진보했다고는 하나 정상적인여기서는 일탈행위가 표면화되지 않고 있는 정도의 의미로 사용되고 있다.

사람의 행동과정에 대한 이해가 거의 진전을 이루지 못하고 있는데,「무슨 일탈자의 행동과정이냐?」라고 말할 수 있을지도 모른다. 만일 범죄학이 소기의 발전단계에 도달되어 있다고 한다면 세계적으로 현저한 범죄감소가 나타나야 한다. 범죄학이 혼미 상태를 완전히 벗어나지 못하고 있다는 것은 부정할 수 없는 사실이다.

원래 범죄가 생물학적 요인, 심리학적 요인, 사회학적 요인에 의해 발생한다고 하더라도 구체적인 범죄현상을 복수의 요인으로 분해한 다음 각각의 요인을 개별적으로 파악하는 것만으로는 범죄의 발생 이유를 설명할 수 없다. 오히려 개개의 요인으로 분해할 때마다 범죄의 본질이 상실될 가능성조차 있다.

범죄는 개개의 범죄요인의 단순한 덧셈이 아니라, 몇 개의 요인이 복잡하게 얽히면서 상호작용하는 과정 속에서 증폭된 결과이다. 환언하면 하나의 범죄는 그것을 일으킨 복수 요인의 「총화 이상의 현상」이 되어 나타나는 것이다. 범죄의 원인 탐구가 어려운 것은 이러한 사실에서 기인한다고 말할 수 있다.

따라서 범죄의 원인을 탐구하기 위해서는 개개의 범죄요인을 고찰하는 미시적인 시점과 복수의 범죄요인의 상호작용을 검토하는 거시적인 시점을 겸비하는 것이 불가결하다. 혼미기로부터의 탈출을 목표로 삼아 향후의 범죄학 이론이나 범죄원인론에서는 이러한 문제의식을 전제로 하면서 연구를 진행하지 않으면 안 된다.

제3장 범죄학의 미래예측과 논의

1 형사정책을 포함한 범죄학 논의

범죄학에서 형사정책을 시야에 넣어 논의할 필요가 있다는 점은 오늘날 거의 의견일치를 보고 있다. 이러한 관점은 특히 낙인이론이나 통제이론이 대두됨에 따라 명확하게 인식되게 되었다. 즉 낙인이론은 범죄자 개인에 대한 범죄원인 규명을 중지하고 형사사법기관이 범죄자에게 낙인지우는 과정에 초점을 맞추어 낙인지우는 측의 자세나 태도를 문제삼으려 한 것이다. 이 이론은 범죄행동을 분석함에 있어서 형사사법기관의 집행과정을 시야에 넣을 것을 제기하였다는 점에서 참신한 것이었다. 통제이론에서는 문제점이 "왜 범죄를 저질렀는가?"에 있지 않고 "왜 범죄를 저지르지 않았는가?"에 내포되어 있다는 견지에서 범죄에 이르지 못하도록 하는 통제과정 탐구를 중시하였다.

이 이론은 인간은 누구나 범죄를 저지를 가능성이 있다는 전제 하에서 개개인이 지니는 범죄에 대한 에너지를 어떻게 통제할 것인가에 역점을 두고 있다는 점에서 낙인이론과 더불어 형사정책을 시야에 넣으면서 범죄학 구축을 지향한 이론이라고 평가할 수 있다. 단, 이들 이론이 염두에 두고 있는 형사정책은 여전히 추상적인 단계에 머물러 있다. 따라서 향후의 범죄학에서는 보다 구체적인 형사정책을 시야에 넣을 필요가 있다. 특히 범죄예방론이라는 시각은 향후의 범죄학에 있어서 불가결한 요소라고 생각된다.

2 범죄예방론의 시대 대두

오늘날의 서구 형사사조를 살펴보면 1970년대의 「사회복귀 사상 후퇴의 시대」, 1980년대의 「의료모델에 대한 정의모델 우위의 시대」를 거쳐 1990년대는 「범죄예방론의 시대」라 할 수 있다. 이러한 범죄예방론의 대두 저변에는 종래의 형사사법제도가 범죄 증감과 관련하여 담당하는 역할이 작았고 특히 범죄발생 후에 범죄자를 처우하는 제도는 무의미했다고 보는 발상이 있었다.

범죄학이나 피해자학의 관점에서 보더라도 범죄의 방지와 피해발생의 저지야말로 가장 중요한 과제임에 틀림없다. 오늘날의 범죄예방론은 범죄실행 후에 형사사법기관이 범죄자를 사후에 처리하는 체제로부터 공동체를 기반으로 하여 범죄실행 자체를 사전에 억제하는 체제로 전환할 것을 주장하고 있다.

1) 범죄예방론

여기서 말하는 범죄예방의 개념에 대해서는 대략 세 가지의 접근방법이 가능하다. 첫째는, 「상황적 범죄예방론」을 축으로 한 접근방법이다. 이는 범죄발생을 억제하는 물리적인 환경을 조성함으로써 범죄를 예방하려는 것이다.

구체적으로는 ① 주택에 방범 기기 설치, ② 공공장소에 감시 카메라 설치, ③ 공항에서의 소지품 검사 등을 예로 들 수 있다. 둘째는, 「공동체 범죄예방론」을 축으로 한 접근방법이다. 이는 범죄가 발생하기 어려운 공동체를 형성함으로써 범죄를 예방하려는 것이다. 구체적으로는 ① 지역사회의 조직화, ② 인근범죄방지조직창설, ③지역 내에서의 사회문제 해결 등을 예로 들 수 있다.

셋째는, 「공동체 경찰기능화community policing」를 축으로 한 접근방법이다. 이는 경찰이 시민과 밀접한 관계를 유지하고 협력하면서 범죄를 예방하려는 것이다. 구체적으로는 ① 경찰관의 지역 순찰, ② 민원처리위원회 강화, ③ 여성, 소수민족 경찰관 채용 등을 들 수 있다.

2) 범죄예방론에 대한 평가

범죄예방론은 범죄예방에 일익을 담당하고 있고 형사사법 비용을 삭감하는 데 도움이 되는 등 긍정적인 평가를 받고 있다. 그러나 다른 한편으로는 결국 범죄는 시간적·공간적으로 이동할 따름이다. 따라서 범죄예방론이 실제적인 범죄감소에 도움이 되는가 하는 의문의 목소리가 들리고 있다.

또한 치안활동이라는 국가의 책임을 공동체에 전가시키고 있다는 비판도 나오고 있는 실정이다. 이러한 범죄예방론의 대두 배경을 살펴봄에 있어서 피해자학이나 환경범죄학의 발전을 간과할 수 없다. 특히 「생활양식이론」, 「일상활동이론」, 「등가그룹이론」 등은 피해자의 일상생활과 생활환경이 범죄와 마주칠 기회의 증감에 영향을 미치고 있다는 점을 시사하고 있다.

지금까지의 범죄학 이론이 대개 범죄자만을 주목해 온 것에 비해 위의 이론들은 피해자측의 일상생활 실태까지 파고들어 범죄자와 피해자 쌍방의 움직임을 역동적으로 파악하려 했다는 점에서 동적인 접근방법이라 할 수 있다.

지진이나 화재에 대한 대책을 둘러싸고 「재해에 강한 사회」 건설이 제창되는 것처럼 형사정책에 있어서도 「범죄에 강한 사회」 건설이 목표가 되어야 한다. 범죄의 원인을 탐구하는 목적은 최종적으로는 범죄방지에 있다. 따라서 이와 같은 범죄예방을 전제로 할 때 비로소 범죄학의 의의는 높아진다고 말할 수 있을 것이다.

제4장 새로운 범죄학의 과제

　범죄는 그 사회의 법률에 따라 정의되는 것이 일반적이다. 또한 그 사회와 구성원을 통해 범죄의 원인을 발견하므로 사회의 병리현상으로 이해하기도 한다. 그래서 범죄학은 범죄 또는 범죄자에 대해 법학, 사회학, 심리학, 의학생물학, 통계학 등에 이르기까지 다양한 분야의 지식을 통해 과학적으로 연구하는 학문이라고 정의하며, 역사와 발전과정에 따라 종합과학적성격의 학문적 정체성을 확립해왔다. 그러나 한국범죄학은 지금까지 방대한 양에 달하는 노력이 이루어져 왔음에도 불구하고 이러한 다양성으로 인해 학문의 분류체계에 있어 여전히 독자적 학문으로 정립되지 못한 상태이다. 따라서 범죄학은 앞으로도 "사람은 왜 범죄를 저지르는가?" 혹은 "어떻게 범죄피해화를 예방할 것인가?"라는 문제에 답변하기 위해 다양한 관점에서 끊임없이 연구를 진행해 나가지 않으면 안 된다. 마지막으로 금후의 연구에 있어서의 유의점을 종합해 보기로 하겠다.

1 현실에 부합된 논의

　첫째, 가능한 한 현실에 부합한 논의를 지향하지 않으면 안 된다. 범죄는 일상적으로 발생하고 있으므로 범죄보도가 없는 날이 없다. 따라서 범죄학의 살아있는 소재는 언제나 우리 신변에 있다고 해도 좋다. 그럼에도 불구하고 그러한 소재로부터 눈을 돌리고 관념적인 논의로만 일관한다면 범죄의 실태를 이해하는 것은 불가능하다. 끊임없는 관심과 강한 문제의식을 가지고 접근할 때 비로소 범죄의 실태가 사실적으로 부상하게 되는 것이다. 철저한 현실주의사실주의야말로 범죄학의 보편적인 원리이다.

2 범죄자에 대한 차별과 편견 배제

둘째, 범죄자에 대한 편견이나 차별의식을 제거해야 한다. 범죄는 현실과 동떨어진 세계의 일이 아니다. 범죄자는 우리들과 별반 다른 점이 없는 사람들이며 피해자 측에서 보더라도 그들 자신은 범죄의 피해를 입을 것을 예상하지 못했던 사람들이다. 그렇기 때문에 그러한 범죄자와 피해자들에 의해 만들어지는 범죄현상도 당연히 우리들이 살고 있는 일상세계 속에서 일어난 일이다.

롬브로조를 비롯한 종래의 범죄학 학설 중에는 비록 시대적인 제약이 있었다 하더라도 범죄자에 대한 편견이나 차별의식을 그 근저에 두고 있었던 것이 적지 않았다. 이에 반해, 이미 한 세기 전에 "모든 사회와 시대에서 공통적으로 적용될 수 있는, 시간과 장소를 초월한 범죄의 개념이란 인정될 수 없으며,

특정사회에서 형벌의 집행대상으로 정의된 행위가 바로 범죄이고 따라서 어느 사회든지 일정량의 범죄는 있을 수밖에 없다"는 범죄정상설犯罪正常說을 주장한 뒤르껭Durkheim의 시각은 오늘날에도 여전히 유효하다. 범죄는 범죄자와 동일한 선상에서 파악할 때 비로소 그 실태를 파악할 수 있다는 사실을 명기해 둘 필요가 있다. 그리고 이를 위해서는 범죄자에 대한 편견이나 차별의식을 범죄학으로부터 제거해 나가지 않으면 안 된다.

3 미지의 분야에 대한 도전의식 새로운 범죄학The new criminology

셋째, 범죄학의 「상식」에 휩싸이지 않도록 노력하지 않으면 안 된다. 범죄학은 인접한 여러 과학적인 지견을 구사하여 범죄의 실태와 원인을 탐구하고 있다. 따라서 이러한 인접 과학의 진보에 따라 발전을 이루어 나가고 있지만, 어제까지의 상식이 한 순간에 뒤집혀 버릴 가능성

도 있는 것이다.

범죄학은 「침체기」에 있다고 지적을 받기도 한다. 이러한 지적은 혼미한 상황에서 아직도 벗어나지 못하고 있는 범죄학의 단면을 보여주는 것이기도 하지만, 현재의 서구에서의 범죄학 동향을 살펴보면 미지의 분야에 끊임없이 도전하는 역동성을 범죄학은 잃지 않고 있다. 범죄학에서는 절대적인 상식은 존재하지 않는다.

그렇기 때문에 기존의 상식에 휩싸이지 않고 종래에 이루어져 왔던 논의를 뒤집어 보려는 자세를 견지하는 것이 그야말로 필요한 것이라고 할 수 있겠다.

1. 국내문헌

경찰청【경찰백서】. 2020

경찰청【경찰백서】. 2019

경찰청【범죄분석】. 2019

김상균【범죄학개론】. 청목출판사. 2010

김준호 외【사기범죄의 실태에 관한 연구】. 한국형사정책연구원. 1994

김준호 외【음란물과 청소년 비행과의 관계에 관한 연구】. 한국형사정책연구원. 1994

노성호【상점절도에 관한 연구】. 한국형사정책연구원. 1996

대검찰청【범죄분석】. 1999

대검찰청【마약류 범죄백서.2017】. 2018

마프끄 앙셀【신사회 방위론】. 이수성, 이영란 공역. 서울대학교 출판부. 1985

미셀 푸코【감시와 처벌】. 오생근 역. 나남출판사. 2020

문영호 외【조직폭력의 실태와 대책】. 한국형사정책연구원. 1993

법무부【성범죄 백서】. 2020

박기석【범죄학의 발달과 현대적 의미】. 수사연구 11월호. 1999

박상기·손동권·이순래【형사정책】. 한국형사정책연구원. 2015

배종대·홍영기【형사정책】. 홍문사. 2019

송광섭【범죄학과 형사정책】. 유스티니아누스. 1998

송광섭【형사정책】. 대왕사. 1996

송광섭【형사절차에 있어서 피해자의 지위 강화】. 피해자학연구 8. 2000. 6

신진규【범죄학 겸 형사정책】. 법문사. 1993

오영근【뇌물죄에 관한 연구】. 한양대 법학논총 15. 1998. 10

윤덕중【범죄와 소년비행학】. 박영사. 1991

이건수【범죄학개론】. 정독. 2020

이만종【최신범죄학개론】. 학현사. 2008

이만종【경찰수사총론】. 청목출판사. 2007

이만종【범죄와치안세미나】. 진영사. 2017

이만종【한국의 여성범죄 증가 원인 분석 및 대책】. 교정연구, 제32호. 2006

이보영【형사정책】. 제일법현. 1996

이보영【형사절차상 증인 및 피해자보호에 관한 연구】. 단국대법학논총 24. 2000. 12

이상현【범죄심리학】. 박영사. 1999

이윤호【범죄학개론】. 박영사. 2005

이윤호【교정학】. 박영사. 1995

이재상【형법총론】. 박영사. 1998

이재상【범죄피해자의 지위강화-입법론적 대책을 중심으로-】. 동산 손민육 박사 화갑기념논문집. 1993

이재상【형사법학의 현대적 과제】. 2000

이황우 외 9명【형사정책】. 법문사. 1997

지광준【현대사회와청소년범죄】. 더썬. 2006

전돈수【범죄학 개론】. 21세기사. 2019

전영실 외【강간범죄의 실태에 관한 연구】. 한국형사정책연구원. 1992

정영석·신양균【형사정책】. 법문사. 1997

해양경찰청【해양경찰백서】. 2018

한기찬【재미있는 법률여행 3】. 2014

한국형사정책 연구원【지역특성과 범죄발생에 관한 연구】. 1999

프로이드【정신분석 입문】. 최석진 譯. 돋을새김. 2020

2. 국외문헌

Albert K. Cohen, Deviance and Control(Englewood Cliffs : N. J. Prentice-Hall, 1996)

Alfead Cohen, Delinquency Boys(New York : Free Press, 1955)

Allen E. Liska, Perspectives on Deviance, (Englewoo, NJ : Prentice-Hall, Inc., 1981)

Andrew von Hirsch, Doing Justice, 1976, new york : Hill and Wang

Becker, Outsiders Caroline Wolf Harlow, Robbery Victims, Washington, D.C : Bureau of Justice Statistics, 1987

Charles Tittle and Robert Meier, "Specifying the SES/Delinquency Relationship, "Criminology 28, 1990)

Christopher Birkbech and Gary LaFree, "The Situational Analysis of Crime and Deviance", Annual Review of Sociology 19(1993)

Cohen Albert, Deviance and Control, Englewood Cliffs, NJ, 1968)

Hirshi, T., Causes of Delinquency, 1969, Berkeley Nigel South, Avi Brisman and Piers Beirne, "A guide to a green criminology", in Routledge International Handbook of Green Criminology, Edited by Nigel South and Avi Brisman, New York: Routledge, 2014

Reckless, W., A new theory of delinquency and crime, in: Federal   Probation 2f(1961)

South, Brisman and Beirne, p.28.

Shaw, c/Mckay, H., Junenile Delinquency and Urbar Areas 1942, Chichago Sheldon Glueck and Eleanor Glouck, Unravelling Juvenile Delinquency, New York, 1950

Eysenck, H., Crime and Personality, 1964, London

Schneider, Kriminologie, 1987

Tim Newburn, Criminology. Devon:Willan Publishing, 2007

Lemert, E., Human Deviance, Social Problems and Social Control, 1967, New York

3. 일본문헌

藤本哲也『犯罪と暗數』宮澤浩一·藤本哲也·加藤久雄 編『犯罪學』(2018) 1頁以下

大村英昭『新版·非行の社會學』(2019)

河田雅圭『進化論の見方』(2017)

福島章『犯罪心理學入門』(1982)

柳本正春 編譯『刑事學のペイオニア』(1993)

米川茂信『現代社會病理學』(1991)

大村英昭『非行の社會學』(2018)

瀨川皇『犯罪學』成文堂(2017)